中国社会科学院创新工程学术出版资助项目

马克思主义中国化的基本经验及规律性研究

赵智奎 等 著

中国社会科学出版社

图书在版编目(CIP)数据

马克思主义中国化的基本经验及规律性研究/赵智奎等著.—北京:中国社会科学出版社,2015.12

ISBN 978 - 7 - 5161 - 6602 - 4

Ⅰ.①马…　Ⅱ.①赵…　Ⅲ.①马克思主义—发展—研究—中国　Ⅳ.①D61

中国版本图书馆 CIP 数据核字(2015)第 160114 号

出 版 人	赵剑英
责任编辑	田　文
特约编辑	陈　琳
责任校对	季　静
责任印制	王　超

出　　版	中国社会科学出版社
社　　址	北京鼓楼西大街甲 158 号
邮　　编	100720
网　　址	http://www.csspw.cn
发 行 部	010 - 84083685
门 市 部	010 - 84029450
经　　销	新华书店及其他书店

印刷装订	三河市君旺印务有限公司
版　　次	2015 年 12 月第 1 版
印　　次	2015 年 12 月第 1 次印刷

开　　本	710×1000　1/16
印　　张	41.75
插　　页	2
字　　数	706 千字
定　　价	139.00 元

凡购买中国社会科学出版社图书,如有质量问题请与本社营销中心联系调换
电话:010 - 84083683

目　　录

导论　马克思主义中国化的研究对象和方法 ……………………… (1)

一　马克思主义中国化的提出 ……………………………… (2)

（一）马克思主义中国化的逻辑原点是多发的,毛泽东是
集大成者 ……………………………………………… (2)

（二）马克思主义中国化的逻辑:与时俱进的历史过程……… (5)

（三）马克思主义中国化的成果:两次伟大的历史性
飞跃 ……………………………………………… (9)

（四）马克思主义中国化与科学社会主义理论形态、实践
形态、制度形态的关系 ………………………… (12)

二　马克思主义中国化的可能性与必然性 ……………………… (23)

（一）马克思主义传播的历史必然性 ……………………… (23)

（二）中国需要马克思主义 ………………………………… (27)

（三）马克思主义中国化的可能性 ………………………… (29)

（四）马克思主义中国化的必然性 ………………………… (35)

三　马克思主义中国化的基本经验和规律性的研究方法 ……… (37)

（一）马克思主义中国化基本经验的研究方法 …………… (37)

（二）马克思主义中国化规律性研究的重要意义 ………… (39)

（三）马克思主义中国化规律性研究的原则和方法 ……… (42)

（四）中外案例分析法 ……………………………………… (51)

第一章　马克思主义中国化的内涵分析 ………………………… (53)

第一节　马克思主义普遍原理在中国的具体化 ……………… (53)

一　把马克思主义理论同民族性特点相结合的民族化
过程 ……………………………………………… (53)

二　把马克思主义理论同时代特征相结合的时代化
　　过程 ……………………………………………………（55）

三　把马克思主义理论同具体性实践相结合的实践化
　　过程 ……………………………………………………（57）

四　把马克思主义理论同群众性实践相结合的大众化
　　过程 ……………………………………………………（59）

第二节　中国经验的马克思主义化 ……………………………（61）

一　经验上升到理论是马克思主义发展的重要途径 ………（61）

二　经验向理论飞跃是马克思主义中国化的重要向度 ……（63）

三　当代中国发展经验马克思主义化的重要体现 …………（65）

第三节　中国化马克思主义的对外传播 ………………………（70）

一　中国共产党历来重视公开传播自己的理论主张 ………（71）

二　中国化马克思主义能够而且需要走向世界 ……………（73）

三　推进当代中国马克思主义的对外宣传阐释 ……………（75）

第四节　马克思主义中国化的成果存在形态 …………………（78）

一　中国化的理论体系 ………………………………………（78）

二　中国化的实践道路 ………………………………………（83）

三　中国化的制度体系 ………………………………………（87）

第二章　马克思主义中国化的理论依据 ……………………（96）

第一节　马克思主义的理论性与实践性 ………………………（96）

一　马克思主义的理论性 ……………………………………（96）

二　马克思主义的实践性 …………………………………（100）

三　马克思主义理论性与实践性的统一 …………………（105）

第二节　马克思主义的世界性与民族性 ……………………（108）

一　马克思主义的世界性 …………………………………（108）

二　马克思主义的民族性 …………………………………（113）

三　马克思主义世界性与民族性的统一 …………………（116）

第三节　马克思主义的一般性与具体性 ……………………（119）

一　马克思主义的一般性 …………………………………（119）

二　马克思主义的具体性 …………………………………（121）

三　马克思主义一般性与具体性的统一 …………………（123）

　第四节　马克思主义的历史性与当代性 ·················· (126)
　　一　马克思主义的历史性 ·························· (126)
　　二　马克思主义的当代性 ·························· (129)
　　三　马克思主义历史性与当代性的统一 ·············· (133)

第三章　马克思主义中国化的历史起步与思想源泉 ·········· (137)
　第一节　十月革命与马克思主义中国化的历史启动 ········ (138)
　　一　中国人通过十月革命找到了中国革命的道路 ········ (138)
　　二　中国人通过十月革命认识了马克思主义的力量 ······ (140)
　　三　十月革命拉开了马克思主义中国化的序幕 ·········· (141)
　第二节　五四运动与马克思主义中国化的基础奠定 ········ (143)
　　一　积累了马克思主义中国化的理论基础 ·············· (143)
　　二　孕育了马克思主义中国化的组织主体 ·············· (144)
　　三　培育马克思主义中国化的思想主体 ················ (145)
　　四　奠定了马克思主义中国化的阶级基础 ·············· (146)
　第三节　井冈山斗争与马克思主义中国化的真正起步 ······ (147)
　　一　坚定马克思主义的理想信念 ···················· (148)
　　二　从中国实际出发运用和发展马克思主义 ············ (150)
　　三　不断把中国经验上升为马克思主义理论 ············ (152)
　　四　在同错误思想的交锋中运用和发展马克思主义 ······ (155)
　　五　用马克思主义理论武装全党和教育群众 ············ (158)
　第四节　马克思主义中国化理论框架的形成 ·············· (160)
　　一　提出了马克思主义中国化的科学命题 ·············· (160)
　　二　揭示了马克思主义中国化的历史必然性 ············ (162)
　　三　阐述了马克思主义中国化的根本原则 ·············· (163)
　　四　制定了马克思主义中国化的科学方法 ·············· (164)
　第五节　中国文化与马克思主义的独特融合 ·············· (166)
　　一　中国文化和马克思主义是两种具有契合点的
　　　　不同文化 ·································· (166)
　　二　两种不同性质文化在特定历史条件下的碰撞与
　　　　融合 ···································· (170)
　　三　中国化马克思主义是两种文化融合的成果 ·········· (174)

第四章　马克思主义中国化第一次历史性飞跃及其理论成果 ……（179）

第一节　新民主主义革命道路的艰辛探索 ………………………（179）

一　大革命失败后中国共产党人的艰难抉择 …………（180）

二　土地革命时期工农武装割据与农村包围城市道路的
发展 ……………………………………………………（181）

三　抗日战争时期农村包围城市、武装夺取政权道路的
成熟 ……………………………………………………（183）

四　解放战争时期农村包围城市、武装夺取政权道路的
胜利 ……………………………………………………（185）

五　新民主主义革命道路的主要特点 …………………（186）

第二节　新民主主义革命理论的形成 ……………………………（189）

一　新民主主义革命理论的形成过程 …………………（189）

二　新民主主义革命理论的基本内容 …………………（195）

第三节　毛泽东思想在全党指导地位的确立 ……………………（199）

一　延安整风使毛泽东思想成为全党共识 ……………（199）

二　"毛泽东思想"概念的提出 …………………………（201）

三　《关于若干历史问题的决议》对毛泽东思想的论述 …（204）

四　党的七大与毛泽东思想指导地位的正式确立 ………（206）

第四节　马克思主义中国化第一次历史性飞跃的延伸 …………（208）

一　社会主义改造过程中对马克思主义中国化的探索 …（208）

二　马克思列宁主义与中国实际的第二次结合及其理论
成果 ……………………………………………………（212）

第五节　毛泽东思想与马克思主义中国化 ………………………（218）

一　毛泽东思想的历史地位和长远指导作用 …………（218）

二　毛泽东推进马克思主义中国化的历史经验 ………（220）

第五章　马克思主义中国化第二次历史性飞跃及其理论成果 ……（226）

第一节　中国特色社会主义道路的开辟与拓展 …………………（226）

一　中国特色社会主义道路的历史渊源 ………………（226）

二　中国特色社会主义道路的现实基础 ………………（232）

三　中国特色社会主义道路的成功开辟 ………………（236）

四　中国特色社会主义道路的不断拓展 ………………（239）

五 坚定中国特色社会主义"道路自信" ……………… (242)

第二节 邓小平理论:科学社会主义新的理论形态 ……… (245)

一 邓小平理论的形成和发展 ……………………… (245)

二 邓小平理论的思想体系 ………………………… (247)

三 邓小平理论:科学社会主义新的理论形态 …… (251)

第三节 "三个代表"重要思想的形成和发展 …………… (252)

一 "三个代表"产生的时代背景 ………………… (252)

二 "三个代表"重要思想的科学体系 …………… (255)

三 "三个代表"重要思想:共产党执政规律的集中
体现 ………………………………………………… (258)

第四节 科学发展观:科学发展的世界观和方法论 ……… (259)

一 科学发展观的提出依据 ………………………… (259)

二 科学发展观的形成与发展 ……………………… (263)

三 科学发展观的内涵 ……………………………… (265)

四 科学发展观:科学发展的世界观和方法论 …… (268)

第五节 第二次历史性飞跃与第一次历史性飞跃的关系 …… (270)

一 马克思主义时代观:划分历史性飞跃理论依据 ……… (270)

二 马克思主义中国化两次历史性飞跃的精髓:实事
求是 ………………………………………………… (272)

三 马克思主义中国化两大理论成果的关系:一脉相承
又与时俱进 ……………………………………… (274)

第六节 中国特色社会主义理论体系与马克思主义中国化 … (277)

一 中国特色社会主义理论体系:马克思主义中国化的
最新理论成果 …………………………………… (277)

二 中国特色社会主义理论体系的科学性与真理性 …… (279)

三 中国特色社会主义理论体系的开放性 ………… (281)

四 坚定中国特色社会主义理论体系的理论自信 …… (284)

第六章 马克思主义中国化的基本经验及其特点 ………… (286)

第一节 马克思主义中国化基本经验的诞生基础 ………… (287)

一 马克思主义中国化基本经验的实践基础 ……… (287)

二 马克思主义中国化基本经验的理论基础 ……… (292)

第二节 马克思主义中国化经验的表述方式与层次划分 …… (296)

一 马克思主义中国化经验总结的表述方式 ………… (296)

二 与马克思主义中国化"经验"密切相关的若干范畴 … (297)

三 马克思主义中国化的整体经验与阶段性经验 …… (300)

四 马克思主义中国化历史经验的层次性 ………… (303)

第三节 中国共产党推进马克思主义中国化的基本经验 …… (304)

一 把握马克思主义理论精髓 ………………… (304)

二 扎根中国革命和建设实践 ………………… (308)

三 筑牢人民主体和群众根基 ………………… (315)

四 重视党的思想等各项建设 ………………… (320)

五 坚持兼收并蓄的世界眼光 ………………… (324)

第四节 马克思主义中国化基本经验的特点 …………… (328)

一 兼具理论性与实践性 ……………………… (329)

二 兼具民族性与世界性 ……………………… (330)

三 兼具时代性与传承性 ……………………… (334)

第五节 马克思主义中国化基本经验的当代意义与历史

价值 ……………………………………… (336)

一 理论意义:可升华为中国化的马克思主义 …… (336)

二 实践价值:进一步增强实践的主动性实效性 … (338)

三 世界历史价值:构成对世界文明的新贡献 …… (339)

第七章 马克思主义中国化的规律和规律性认识 ………… (343)

第一节 规律的内涵及规律的发现、把握和运用 ……… (343)

一 规律的基本内涵 ………………………… (343)

二 马克思、恩格斯对人类历史发展规律的认识和

揭示 ……………………………………… (345)

三 列宁对帝国主义发展规律的认识和揭示 …… (346)

四 毛泽东对中国革命战争规律的认识和揭示 …… (347)

五 邓小平对社会主义建设规律的认识和揭示 …… (349)

第二节 马克思主义中国化的规律是客观存在 ……… (351)

一 马克思、恩格斯著作的翻译 ……………… (351)

二 马克思主义从日本间接传入中国 ………… (352)

三　马克思主义从法国、德国等间接传入中国 …………（353）

四　列宁主义从苏联传入中国 …………………………（354）

五　马克思主义中国化规律客观存在的认识 …………（356）

六　马克思主义中国化"化"的规律性 …………………（359）

第三节　马克思主义中国化的"结合律"、"正反律"、

　　　　"创新律" ……………………………………（361）

一　"结合律" …………………………………………（361）

二　"正反律" …………………………………………（363）

三　"创新律" …………………………………………（372）

第四节　"结合律"、"正反律"、"创新律"的关系及

　　　　规律性认识 ……………………………………（381）

一　"结合律"、"正反律"、"创新律"的逻辑与历史

　　统一性原则 ………………………………………（381）

二　"结合律"、"正反律"、"创新律"的时空坐标：

　　两次历史性飞跃 …………………………………（384）

三　"结合律"、"正反律"、"创新律"与科学社会主义的

　　理论形态 …………………………………………（386）

四　"结合律"、"正反律"、"创新律"三者的辩证

　　统一性 ……………………………………………（388）

五　"结合律"、"正反律"、"创新律"与其他规律性的

　　关系 ………………………………………………（389）

第八章　中国化马克思主义的理论品格 …………………（393）

第一节　中国化马克思主义的品格之一：独立自主 ………（394）

一　独立自主的基本含义 ……………………………（394）

二　早期中国共产党人与独立自主 …………………（396）

三　毛泽东与独立自主 ………………………………（398）

四　邓小平与独立自主 ………………………………（403）

五　"三个代表"重要思想、科学发展观与独立自主 …（405）

六　独立自主的当代价值 ……………………………（407）

第二节　中国化马克思主义的品格之二：实事求是 ………（408）

一　实事求是的基本含义 ……………………………（408）

　　二　实事求是的历史线索 …………………………………（411）

　　三　反对教条主义 …………………………………………（418）

第三节　中国化马克思主义的品格之三：服务人民 …………（421）

　　一　服务人民与群众路线 …………………………………（421）

　　二　群众路线的历史发展 …………………………………（425）

　　三　人民群众的构成与作用 ………………………………（429）

　　四　中国化马克思主义的大众化 …………………………（433）

第四节　中国化马克思主义的品格之四：与时俱进 …………（435）

　　一　与时俱进的基本含义 …………………………………（435）

　　二　经典作家的与时俱进 …………………………………（436）

　　三　中国共产党人的与时俱进 ……………………………（439）

　　四　发展与坚持 ……………………………………………（445）

结束语　马克思主义中国化的发展趋势 ……………………（450）

　　一　巩固马克思主义的指导地位 …………………………（451）

　　（一）增强马克思主义的理论自信 ………………………（451）

　　（二）坚持马克思主义基本原理 …………………………（453）

　　（三）巩固社会主义经济基础 ……………………………（453）

　　（四）坚持马克思主义的阶级性和革命性 ………………（455）

　　（五）坚持马克思主义的开放性 …………………………（459）

　　二　中国化、时代化、大众化并行推进，突出和彰显大众化 ……（462）

　　（一）马克思主义中国化、时代化、大众化并行推进 ……（463）

　　（二）突出和彰显马克思主义大众化 ……………………（465）

　　（三）坚持改造客观世界与改造主观世界的统一 ………（467）

　　三　强化问题意识，马克思主义中国化面临新的历史课题 ……（468）

　　（一）强化问题意识，解决实际问题 ……………………（468）

　　（二）提出新的课题，作出新的科学回答 ………………（469）

　　四　引领社会思潮，践行与普及社会主义核心价值体系 ………（471）

　　（一）善于正确引领多样化社会思潮 ……………………（471）

　　（二）践行和普及社会主义核心价值体系 ………………（473）

　　五　扩大中国化马克思主义国际影响 ……………………（473）

附录一 马克思主义本土化的国际视野 ················· (475)

第一节 马克思主义在苏联东欧的发展及启示 ········· (475)

一 马克思主义在苏联东欧发展的主要历程 ········· (476)

二 马克思主义在苏东发展的教训启示 ········· (487)

第二节 马克思主义在越南的发展及启示 ········· (490)

一 越南的特殊国情 ········· (490)

二 马克思主义在越南发展的历史进程 ········· (493)

三 马克思主义在越南发展的理论成果 ········· (498)

四 马克思主义在越南发展的经验启示 ········· (501)

第三节 马克思主义在朝鲜的发展及启示 ········· (504)

一 朝鲜的特殊国情 ········· (504)

二 马克思主义在朝鲜发展的历史进程 ········· (505)

三 马克思主义在朝鲜发展的理论成果 ········· (508)

四 马克思主义在朝鲜发展的经验启示 ········· (511)

第四节 马克思主义在老挝的发展及启示 ········· (513)

一 老挝的特殊国情 ········· (513)

二 马克思主义在老挝发展的历史进程 ········· (516)

三 马克思主义在老挝发展的理论成果 ········· (518)

四 马克思主义在老挝发展的经验启示 ········· (520)

第五节 马克思主义在古巴的发展及启示 ········· (523)

一 古巴的特殊国情 ········· (523)

二 马克思主义在古巴发展的历史进程 ········· (525)

三 马克思主义在古巴发展的理论成果 ········· (527)

四 马克思主义在古巴发展的经验启示 ········· (529)

第六节 马克思主义本土化的共性分析 ········· (530)

一 社会主义国家的国情特点 ········· (531)

二 社会主义国家的发展历程 ········· (533)

三 社会主义国家的理论成果 ········· (536)

四 社会主义国家的经验启示 ········· (538)

附录二 马克思主义中国化部分典型案例解析 ········· (541)

第一节 李大钊与马克思主义中国化 ········· (541)

　　一　马克思主义为何需要中国化 …………………………（541）

　　二　对马克思主义基本理论的发展 ………………………（544）

　　三　对新民主主义革命道路的探索 ………………………（547）

第二节　陈独秀与马克思主义中国化 ………………………（550）

　　一　中国革命的道路与前途 ………………………………（551）

　　二　无产阶级政党建设 ……………………………………（553）

　　三　对待资本主义的态度 …………………………………（553）

　　四　社会主义与民主 ………………………………………（554）

　　五　与共产国际的关系 ……………………………………（556）

　　六　比较与评析 ……………………………………………（557）

第三节　毛泽东与井冈山革命根据地的建立 ………………（560）

　　一　井冈山革命根据地的开辟 ……………………………（561）

　　二　井冈山革命根据地的土地革命和党政军建设 ………（562）

　　三　井冈山斗争基础上诞生的工农武装割据理论 ………（566）

　　四　"井冈山道路"的宝贵启示 …………………………（569）

第四节　李立三与马克思主义中国化 ………………………（571）

　　一　过程 ……………………………………………………（571）

　　二　纠错 ……………………………………………………（573）

　　三　评析 ……………………………………………………（574）

第五节　左翼文化运动 ………………………………………（579）

　　一　文艺大众化运动与马克思主义文艺观的推广 ………（579）

　　二　社会科学大众化运动与马克思主义大众化 …………（581）

　　三　左翼文化运动培育了一批杰出的马克思主义
　　　　理论家 …………………………………………………（582）

第六节　"罗明路线"和对邓、毛、谢、古的错误批判
　　　　——教条主义对中国化马克思主义的残酷打击 ……（587）

　　一　教条主义对中国化马克思主义残酷打击的逐步
　　　　升级 ……………………………………………………（587）

　　二　反罗明路线,打击毛泽东的正确主张 ………………（588）

　　三　打击邓、毛、谢、古,矛头直接指向毛泽东 …………（591）

第七节　毛泽东与延安整风运动 ……………………………（594）

　　一　毛泽东发动整风运动的历史背景 ……………………（594）

二 整风运动的历史过程 …………………………………… （597）

三 整风运动与马克思主义中国化 ………………………… （598）

四 正确评价延安整风运动 ………………………………… （600）

第八节 社会主义三大改造 ……………………………………… （603）

一 三大改造的理论基础与历史背景 ……………………… （603）

二 三大改造的过程及成效 ………………………………… （605）

三 三大改造的启发：原则性与灵活性结合起来 ………… （610）

第九节 "双百方针"与马克思主义中国化 …………………… （613）

一 "双百方针"的提出和完善 …………………………… （613）

二 "双百方针"提出的原因 ……………………………… （617）

三 "双百方针"的贯彻与马克思主义中国化 …………… （622）

第十节 "大跃进"的重大失误 ……………………………… （626）

一 批评"反冒进"与"大跃进"的产生 ………………… （626）

二 "大跃进"的进程及特征 ……………………………… （628）

三 "大跃进"的影响和启发 ……………………………… （631）

第十一节 邓小平与经济特区建设 …………………………… （634）

一 经济特区建设理论是邓小平理论的重要组成部分 … （634）

二 经济特区建设理论是马克思主义中国化的重要

体现 …………………………………………………… （637）

三 经济特区建设的经验丰富发展了马克思主义 ……… （639）

主要参考文献 ………………………………………………… （642）

后记 …………………………………………………………… （650）

导论　马克思主义中国化的研究对象和方法

　　人类历史的车轮驶入 21 世纪以后，世界社会主义运动仍处于低潮。继 20 世纪 90 年代初，随着苏联解体和苏东剧变，世界上信奉社会主义的国家逐渐减少，至今只有中国和其他少数几个国家还在坚持马克思主义，走社会主义道路。在西方资产阶级看来，20 世纪社会主义的气数已尽，21 世纪将建立一个由资本主义一统天下的新的世界秩序。他们甚至宣称："马克思主义已经死亡"。

　　然而，与西方资产阶级的宣称正相反，21 世纪的马克思主义不但没有死亡，而且随着马克思本人被评为"千年伟人"，呈现出愈来愈旺盛的生命力。伴随着新世纪的曙光，马克思主义仍在世界的大地上广泛传播。特别是在占世界人口四分之一的社会主义中国，马克思主义不仅是执政党——中国共产党的指导思想，而且在国家的大法即《中华人民共和国宪法》中明确规定："中国各族人民将继续在中国共产党领导下，在马克思列宁主义、毛泽东思想、邓小平理论和'三个代表'重要思想指引下，坚持人民民主专政，坚持社会主义道路，坚持改革开放，不断完善社会主义的各项制度，发展社会主义市场经济，发展社会主义民主，健全社会主义法制，自力更生，艰苦奋斗，逐步实现工业、农业、国防和科学技术的现代化，推动物质文明、政治文明和精神文明协调发展，把我国建设成为富强、民主、文明的社会主义国家。"① 马克思主义作为国家意识形态的主旋律，是中国共产党和中国人民共同的思想理论基础。

　　在中国共产党看来，马克思主义是认识世界和改造世界的强大思想武器，是指导中国革命、建设和改革的指南。马克思主义从来都不是教条，

---

　　① 《中华人民共和国宪法》序言，法律出版社 2004 年版，第 3 页。

只有和中国的实际结合起来，正确运用于实践并在实践中不断发展，才具有强大的生命力。这个基本观点，就是马克思主义的中国化。

这也就是说，中国共产党认为，马克思主义在中国的传播和发展中，在指导中国革命、建设和改革的实践中，只能中国化，必须中国化，必然中国化，舍此无他。

为什么如此呢？什么是马克思主义中国化？马克思主义中国化的可能性与必然性是什么？马克思主义中国化的基本经验和规律性的研究方法是什么？这些，都是本书将要在《导论》中初步回答和解决的重大理论问题。

一 马克思主义中国化的提出

什么是马克思主义中国化？马克思主义为什么要中国化？马克思主义中国化是怎样提出来的？马克思主义中国化特定的含义是什么？马克思主义中国化的成果是什么？

这些问题，只有始终高举马克思主义旗帜的中国共产党——这个自1921年成立以来至今已有90多年历史的无产阶级、工人阶级政党，最有资格、最有权威来回答，只能通过中国共产党所拥有的大量文献和生动的实践来回答。

当然，回答这些问题，不仅需要从理论和实践两个最根本的层面来说明；更需要从科学社会主义的理论形态、实践形态、制度形态三者之间关系的高度上加以论证。这是研究马克思主义中国化的学者必须做的工作。

（一）马克思主义中国化的逻辑原点是多发的，毛泽东是集大成者

从理论逻辑上追根溯源，要搞清楚在中国共产党的历史上，马克思主义中国化是谁提出来的？怎样提出来的？什么时候提出来的？其特定含义是什么？

我们认为，从理论上寻找马克思主义中国化的历史源头或原点，应该从中国共产党成立之前那些曾经为马克思主义在中国传播作出重大贡献的先驱者的思想主张中寻找；从中国共产党建党初期第一代中共党人中的最优秀代表的思想观点中寻找；从党内最早提出马克思主义中国化的思想家、理论家和革命家中寻找。他们应该是一批人，集中代表着中国先进的

无产阶级、工人阶级，既是中国无产阶级、工人阶级的先锋战士，又是卓越的领导者。其中，集大成者是毛泽东。

这也就是说，要从思想史的高度进行理论的还原。不仅仅考察谁是第一个提出"马克思主义中国化"概念和命题的人，还要考察这一概念和命题提出的思想背景和理论渊源，要完整、准确地镌刻马克思主义中国化的思想谱系。

马克思主义中国化的历史，将永远铭记那些曾经为马克思主义在中国传播作出重大贡献的先驱者。他们中间有思想家、翻译家、理论家梁启超、朱执信、陈望道、吴黎平、郭大力、王亚南……

马克思主义中国化的历史，将永远铭记中国共产党建党初期第一代中共党人中的最优秀代表。他们中间有李大钊、陈独秀、瞿秋白、蔡和森、李汉俊、李达、毛泽东、董必武、周恩来、彭湃、施存统……

马克思主义中国化的历史，将永远铭记中共党内最早提出马克思主义中国化的思想家、理论家和革命家。他们中间有毛泽东、刘少奇、张闻天、周恩来、朱德……

上述所有这些最杰出的代表人物，毛泽东是集大成者。

毛泽东是怎样认识马克思主义在中国的传播并提出马克思主义中国化的？

早在1930年，为了反对当时红军中的教条主义思想，毛泽东提出了反对本本主义。他在《反对本本主义》中写道："我们说马克思主义是对的，决不是因为马克思这个人是什么'先哲'，而是因为他的理论，在我们的实践中，在我们的斗争中，证明了是对的。我们的斗争需要马克思主义。我们欢迎这个理论，丝毫不存在什么'先哲'一类的形式的甚至神秘的念头在里面。……马克思主义的'本本'是要学习的，但是必须同我国的实际情况相结合。我们需要'本本'，但是一定要纠正脱离实际的本本主义。"① 在这篇文章里，毛泽东明确地提出了马克思主义必须结合中国的实际这样一个根本原则问题。

事实上，毛泽东早在中国共产党建党之前，在与蔡和森来往的通信中，十分赞同蔡和森关于建立共产党的主张，认为蔡和森提出"应用俄国的方法去达到改造中国与世界，是赞成马克思的方法"，表示"深切地

---

① 《毛泽东选集》第1卷，人民出版社1991年版，第111—112页。

认同"①。这就表明,毛泽东比较早地觉悟和认识到,要像马克思主义和俄国的实际相结合一样,也要与中国的实际相结合,达到改造中国和世界的目的。

毛泽东比较全面地阐释马克思主义中国化的思想,是1938年9月29日至11月6日在延安召开了中国共产党第六届中央委员会扩大的第六次全体会议上。毛泽东作了《论新阶段》的政治报告。全会批准了以毛泽东为代表的中央政治局的路线,确定要不断巩固和扩大抗日民族统一战线,坚持统一战线中的独立自主原则,批判了王明"一切经过统一战线"的错误口号,重申党的独立自主地放手组织人民抗日武装斗争的方针,确定把党的主要工作方面放在战区和敌后。

毛泽东明确指出:"马克思主义必须和我国的具体特点相结合并通过一定的民族形式才能实现。""离开中国特点来谈马克思主义,只是抽象的空洞的马克思主义。因此,使马克思主义在中国具体化,使之在其每一表现中带着必须有的中国的特性……按照中国的特点去应用它,成为亟待了解并亟须解决的问题。"他还说:"洋八股必须废止,空洞抽象的调头必须少唱,教条主义必须休息,而代之以新鲜活泼的、为中国老百姓所喜闻乐见的中国作风和中国气派。""把国际主义的内容和民族形式分离起来,是一点也不懂国际主义的人们的做法,我们则要把二者紧密地结合起来。"②

从理论上讲,马克思主义中国化的基本内涵,就是使马克思主义通过一定的民族形式,来实现其"民族化"、"具体化"。

此后,毛泽东又多次提出"马克思列宁主义的理论(或普遍真理)和中国革命的实践(或具体实践)相结合(或之统一)"的科学概念,来表述马克思主义中国化思想。

因此,我们可以得出这样的结论:"按照中国的特点,使马克思主义在中国具体化、民族化"与"马克思列宁主义的普遍真理和中国革命的实践相结合",这就是毛泽东提出马克思主义中国化的科学内涵。这些概念、命题的提出,是马克思主义中国化认识史的里程碑。毛泽东关于马克

---

① 《毛泽东早期文稿》,湖南出版社1990年版,第572页。参见唐正芒等著《马克思主义中国化历程中的湘籍无产阶级革命家思想研究》,人民出版社2009年版,第353页。

② 《毛泽东选集》第2卷,人民出版社1991年版,第534页。

思主义中国化内涵的阐述，将始终是马克思主义中国化的根本原则；在马克思主义中国化的历史进程中，始终是根，是魂，是辨别马克思主义是否中国化的根本标志。

上述毛泽东关于马克思主义中国化的基本内涵的论断，可归结为两个要义：一是马克思主义在中国具体化、民族化；二是马克思主义普遍真理与中国革命实践相结合。这两个要义可谓一个铜板的两面，你中有我，我中有你。关键词为"民族化"、"具体化"、"相结合"。

阐述马克思主义中国化的基本内涵，除了毛泽东的科学论断，还有相当多的革命家、思想家、理论家以及传播马克思主义的先驱代表，都进行过各种各样的表述。马克思主义中国化的历史中"三个将永远铭记"的那些优秀代表人物，都有和毛泽东相类似的阐述。他们都为马克思主义中国化做出了卓越的贡献。但是，集大成者是毛泽东。

中国共产党在长期的革命战争年代以及社会主义革命、建设、改革时期，特别是新民主主义革命胜利以后，在中国特色社会主义建设的伟大事业中，从毛泽东到邓小平、江泽民、胡锦涛、习近平及其领导下的中共党人，都对马克思主义中国化的基本内涵不断加深理解和感悟，不断完善和丰富对基本内涵的认识："……马克思主义中国化，就是把马克思主义基本原理同中国具体实际和时代特征结合起来，运用马克思主义的立场、观点、方法研究和解决中国革命、建设、改革中的实际问题，坚持和发展马克思主义；就是运用中国人民喜闻乐见的民族语言来阐述马克思主义理论，揭示中国革命、建设、改革的规律，使之成为具有中国风格、中国气派的马克思主义。"[①]

（二）马克思主义中国化的逻辑：与时俱进的历史过程

马克思主义中国化——"按照中国的特点，使马克思主义在中国具体化、民族化"与"马克思列宁主义的普遍真理和中国革命的实践实践相结合"，是一个历史进程。

1. 中国共产党的成立，是马克思主义中国化的产物

"十月革命一声炮响，给我们送来了马克思列宁主义。"[②] 马克思列宁

---

① 习近平：《关于中国特色社会主义理论体系的几点学习体会和认识》，载《求是》2008年第 7 期。

② 《毛泽东选集》第 4 卷，人民出版社 1991 年版，第 1471 页。

主义对中国的知识分子特别是对五四运动产生了直接的影响。李大钊主张向俄国十月革命学习，肯定马克思主义的历史地位，称其为"世界改造原动的学说"。陈独秀在五四运动的推动下，否定了过去信仰的资产阶级民主主义，转向科学社会主义，主张改造中国必须走马克思主义指引的道路。毛泽东在五四运动之前，1918年4月与蔡和森等人在长沙发起组织新民学会；五四运动之后主编《湘江评论》，认为十月革命的胜利必将普及全世界。到了1920年夏天，在理论上，而且在某种程度的行动上，毛泽东已成为一个马克思主义者；1920年冬天，毛泽东第一次在政治上把工人们组织起来，在这项工作中他受到了马克思主义理论和俄国革命历史的影响和指引。马克思和恩格斯合著的《共产党宣言》，直接影响了毛泽东。

由于五四运动特别是马克思主义的广泛传播，中国共产党的酝酿、准备和成立加快了步伐。中国共产党的早期组织，无论是上海的共产党早期组织、北京的共产党早期组织，还是全国各地的共产党早期组织，都在与工人运动的结合中，宣传马克思主义，启发工人的觉悟，组织工会，促进进步团体的联合，成立文化书社或马克思学说研究会。经过多方面的筹备，党的第一次代表大会于1921年7月23日在上海开幕。

中国共产党的成立，是马克思主义中国化的产物。党的一大通过的纲领表明，中国共产党从建党开始，就已经找到马克思主义这个科学的革命理论，用这个理论作为指南，走俄国十月革命道路，这是中国历史上开天辟地的伟大历史事件，是近代中国历史和中国人民选择的必然结果，是近代中国革命历史上的里程碑。

2. 新民主主义革命的胜利，是中国化马克思主义的胜利

中国的新民主主义革命是从1919年五四运动开始的，是无产阶级领导的，以反对帝国主义、封建主义、官僚资本主义为主的人民民主革命。它的目标是无产阶级通过中国共产党牢牢掌握革命领导权，彻底完成反帝反封建的历史任务，并及时实现由新民主主义向社会主义的过渡。新中国的成立标志着我国新民主主义革命的基本胜利，1949年10月1日，中华人民共和国中央人民政府的成立，标志着新民主主义革命的基本胜利。

中国共产党成立，标志着新民主主义革命从此拥有了坚强的领导核心。大革命时期，中国共产党领导工人阶级进行了艰苦卓绝的斗争；"土

地革命"时期，打响了武装反抗国民党反动统治的第一枪，确定了"农村包围城市，武装夺取政权"的革命道路，开辟了革命根据地；经过八年抗战，最终打败了日本侵略者；解放战争时期，在人民群众的大力支持下，终于打败了国民党政权，解放了除台湾、西藏以及港澳以外全部的大陆领土。

新民主主义革命的胜利，是中国化马克思主义的胜利。新民主主义革命之所以胜利，就在于中国共产党坚持了马克思列宁主义的普遍真理同中国革命的具体实践相结合。在长期的革命斗争中，以毛泽东为代表的中共党人，以实事求是的科学态度，采取从群众中来到群众中去的群众路线的工作方法，独立自主地来思考和解决中国的问题，把马克思主义普遍真理同中国革命实践结合起来，从而成功地使其具有了为中国人民所理解接受和喜闻乐见的民族风格和民族形式。毛泽东思想是马克思主义普遍真理同中国革命实际相结合的产物，是马克思列宁主义在中国的运用和发展，是中国化的马克思主义，是被实践证明了的关于中国革命的正确的理论原则和经验总结，是中国共产党集体智慧的结晶。毛泽东思想的形成和发展，使马克思列宁主义在中国深深地扎下根来，并被中国共产党和中国人民转化为对中国社会进行革命改造的伟大的物质力量。

3. 社会主义建设的经验和教训证明，马克思主义中国化不是一帆风顺的

从中华人民共和国的建立到1956年社会主义三大改造的基本完成，标志着中国新民主主义社会阶段的结束和社会主义建设的开始。此后，历经十年社会主义全面建设和十年"文化大革命"；马克思主义中国化的进程出现了曲折和严重失误。

中国共产党在中华人民共和国成立以后社会主义革命和建设的历史，总的来说，是我们党在马克思列宁主义、毛泽东思想指导下，领导全国各族人民进行社会主义革命和社会主义建设并取得巨大成就的历史。社会主义制度的建立，是我国历史上最深刻最伟大的社会变革，是我国今后一切进步和发展的基础。

夺取政权并成为执政党，领导全国人民进行社会主义革命和建设，与新民主主义革命时期不同的是，"我们不但善于破坏一个旧世界，我们还将善于建设一个新世界"。毛泽东明确指出，中国的革命是伟大的，但革命以后的路程更长，工作更伟大，更艰苦。"务必使同志们继续地保持谦

虚、谨慎、不骄、不躁的作风，务必使同志们继续地保持艰苦奋斗的作风。"① 从共和国初建到党的八大召开，社会主义革命和建设顺利展开，在全国绝大部分地区基本上完成了对生产资料私有制的社会主义改造，工业、农业、商业等各行各业建设取得了重大成就。1956 年 4 月，毛泽东发表《论十大关系》的讲话，初步总结了我国社会主义建设的经验，提出了探索适合我国国情的社会主义建设道路的任务。1956 年 9 月党的第八次全国代表大会开得很成功。

但是，从 1956 年党的八大召开之后到 1966 年"文化大革命"开始之前，在社会主义全面建设的十年中，党的工作在指导方针上有过严重失误，经历了曲折的发展过程。反右派斗争被严重地扩大化；轻率地发动了"大跃进"运动和农村人民公社化运动，使得以高指标、瞎指挥、浮夸风和"共产风"为主要标志的"左"倾错误严重地泛滥开来。由于"大跃进"和"反右倾"的错误，加上当时的自然灾害和苏联政府背信弃义地撕毁合同，我国国民经济在 1959 年到 1961 年发生严重困难，国家和人民遭到重大损失。由于"左"倾错误在经济工作的指导思想上并未得到彻底纠正，而在政治和思想文化方面不断发展，在意识形态领域，对一些文艺作品、学术观点和文艺界学术界的一些代表人物进行了错误的、过火的政治批判，在对待知识分子问题、教育科学文化问题上发生了愈来愈严重的"左"的偏差，并且在后来发展成为"文化大革命"的导火线。1966年 5 月至 1976 年 10 月的"文化大革命"，使党、国家和人民遭到新中国成立以来最严重的挫折和损失。

产生上述错误的重要原因在于，毛泽东在关于社会主义社会阶级斗争的理论和实践上的错误发展得越来越严重，个人专断作风逐步损害党的民主集中制，个人崇拜现象逐步发展。发动"文化大革命"的主要论点既不符合马克思列宁主义，也不符合中国实际。这些论点对当时我国阶级形势以及党和国家政治状况的估计，也是完全错误的。毛泽东提出的无产阶级专政下的继续革命理论，既不符合国情，也不符合党情，偏离了马克思主义。

实践表明，这一时期马克思主义中国化出现了停滞、扭曲，教训极其深刻。

① 《毛泽东选集》第 4 卷，人民出版社 1991 年版，第 1438—1439 页。

4. 社会主义改革开放的历史表明，马克思主义中国化必须与时俱进

随着 1976 年 10 月全党粉碎江青等"四人帮"集团，1978 年 12 月党的十一届三中全会召开，中国进入了改革开放新的历史时期。

此后，改革开放走过了 30 多年的历程，社会主义中国发生了翻天覆地的变化。

痛定思痛。在新的历史时期，中国共产党不断总结社会主义革命和建设时期的经验和教训，在实践中，重新思考如何把马克思主义基本原理和中国革命、建设和改革的实际相结合的根本问题。主要思考了"什么是社会主义，怎样建设社会主义"、"建设什么样的党，怎样建设党"、"实现什么样的发展，怎样发展，发展为了谁"这些重大理论问题。

上述重大理论问题的展开，始终围绕着"马克思主义普遍原理和中国国情、党情和世情等具体实际相结合"进行的。在改革开放新的历史时期不同的发展阶段，中国共产党正确处理和解决了面临的不同重大理论问题。而这些重大理论问题的正确处理和解决，必须坚持马克思主义理论的创新。

实践表明，唯有坚持马克思主义理论的创新，坚持马克思主义中国化的与时俱进，才能正确指导改革开放。才能不走老路，也不走邪路。以邓小平、江泽民、胡锦涛、习近平为首的中共党人，从思想路线上开辟了马克思主义理论创新和马克思主义中国化与时俱进的道路。解放思想、实事求是、与时俱进、求真务实，像一条红线，始终贯穿在中国特色社会主义建设事业中，贯穿在中国特色社会主义理论体系中。

（三）马克思主义中国化的成果：两次伟大的历史性飞跃

在新民主主义革命、社会主义革命和建设、改革开放的伟大实践中，中国共产党始终坚持马克思主义普遍原理和中国革命、建设和改革开放的具体实际相结合，坚持马克思主义中国化，坚持马克思主义中国化的创新和与时俱进，产生了马克思主义中国化的伟大成果，即中国化马克思主义。

1. 马克思主义中国化与中国化马克思主义

前文所述，马克思主义中国化是一个历史进程，这是马克思主义在中国"化"的进程，是如何"化"的；而"化"出来了什么，则是"化"的结果。换言之，马克思主义中国化是在时空上"化"的进程；中国化

马克思主义是经过"民族化"、"具体化"而"化"出来的结果。

从理论和实践层面的结合上看，马克思主义中国化的最伟大成果，是诞生了中国化马克思主义，产生了两次伟大的历史性飞跃——毛泽东思想和中国特色社会主义理论体系。中国特色社会主义理论体系就是包括邓小平理论、"三个代表"重要思想以及科学发展观等重大战略思想在内的科学理论体系。

2. 毛泽东思想

毛泽东是伟大的马克思主义者，伟大的无产阶级革命家、战略家和理论家，是近代以来中国伟大的爱国者和民族英雄，是领导中国人民彻底改变自己命运和国家面貌的一代伟人。他在长期艰苦的革命斗争中成长为党的第一代中央领导集体的核心，为中国新民主主义革命的胜利、社会主义革命的成功和社会主义建设的进行，为实现中华民族的独立和振兴、中国人民的解放和幸福，作出了彪炳史册的贡献。毛泽东最突出最伟大的贡献，就是领导中国共产党和中国人民找到了新民主主义革命的正确道路，完成了反帝反封建的任务，建立了中华人民共和国，确立了社会主义基本制度，并从中国实际出发探索社会主义建设的道路，为古老的中国赶上时代发展潮流、阔步走向繁荣昌盛创造了根本前提，奠定了坚实的理论和实践基础。

毛泽东思想是以毛泽东为主要代表的中国共产党人，根据马克思列宁主义的基本原理，把中国长期革命实践中的一系列独创性经验作了理论概括，形成了适合中国情况的科学的指导思想，是马克思列宁主义普遍原理和中国革命具体实践相结合的产物。毛泽东思想是在同各种错误倾向作斗争并深刻总结历史经验的过程中逐渐形成和发展起来的。它在土地革命战争后期和抗日战争时期得到系统总结和多方面展开而达到成熟，在解放战争时期和中华人民共和国成立以后继续得到发展。毛泽东思想是马克思列宁主义在中国的运用和发展，是被实践证明了的关于中国革命的正确的理论原则和经验总结，是中国共产党集体智慧的结晶。中国共产党许多卓越领导人对它的形成和发展都作出了重要贡献，毛泽东的科学著作是它的集中概括。

3. 邓小平理论

邓小平是伟大的马克思主义者，伟大的无产阶级革命家、政治家、军事家、外交家，久经考验的共产主义战士，中国社会主义改革开放和现代化建设的总设计师，邓小平理论的创立者。他作为中国共产党的第二代中央领导集体的核心，顺应时代要求和人民愿望，指导我们党系统总结新中国成立以来的历史经验，解决了科学评价毛泽东同志的历史地位和毛泽东思想的科学体系、根据新的实际和发展要求确立中国社会主义现代化建设的正确道路这样两个相互联系的重大历史课题，根本否定了"文化大革命"的错误实践和理论，为我们党和国家的发展确定了正确方向。他响亮地提出了走自己的路、建设有中国特色的社会主义的伟大号召，领导我们党在新中国成立以来革命和建设实践的基础上，成功地走出了一条建设中国特色社会主义的新道路。

邓小平理论是在和平与发展成为时代主题的历史条件下，在我国改革开放和现代化建设的实践中，在总结我国社会主义胜利和挫折的历史经验并借鉴其他社会主义国家兴衰成败历史经验的基础上，逐步形成和发展起来的。邓小平理论是马克思列宁主义基本原理与当代中国实际和时代特征相结合的产物，是毛泽东思想的继承和发展，是当代中国的马克思主义，是马克思主义在中国发展的新阶段，是全党全国人民集体智慧的结晶。邓小平理论是指导中国人民胜利实现社会主义现代化的科学理论，是我们党必须长期坚持的指导思想。

4."三个代表"重要思想

中国共产党十三届四中全会以来，以江泽民为主要代表的当代中国共产党人，高举邓小平理论伟大旗帜，准确把握时代特征，科学判断我们党所处的历史方位，围绕建设中国特色社会主义这个主题，集中全党智慧，以马克思主义的巨大理论勇气进行理论创新，逐步形成了"三个代表"重要思想这一系统的科学理论。

"三个代表"重要思想紧密结合新的时代条件，生动而具体地坚持和发展了马克思主义，赋予马克思主义新的鲜活力量，有力地证明马克思主义基本原理仍然是我们正确认识和运用人类社会发展规律的锐利思想武器。"三个代表"重要思想是坚持和发展马克思主义的典范。它在建设中国特色社会主义的思想路线、发展道路、发展阶段和发展战略、根本任务、发展动力、依靠力量、国际战略、领导力量和根本目的等重大问题上取得了丰硕成果，用一系列紧密联系、相互贯通的新思想、新观点、新论断，进一步回答了什么是社会主义、怎样建设社会主义的问题，创造性地回答了建设什么样的党、怎样建设党的问题。

5. 科学发展观

中国共产党十六大以来，以胡锦涛为总书记的党中央，高举邓小平理论伟大旗帜，全面贯彻"三个代表"重要思想，立足社会主义初级阶段基本国情，总结中国发展实践，借鉴国外发展经验，适应新的发展要求，提出了科学发展观。科学发展观，是对党的三代中央领导集体关于发展的重要思想的继承和发展，是马克思主义关于发展的世界观和方法论的集中体现，是同邓小平理论和"三个代表"重要思想既一脉相承又与时俱进的科学理论，是经济社会发展的重要指导方针，是发展中国特色社会主义必须坚持和贯彻的重大战略思想。

科学发展观，第一要义是发展，核心是以人为本，基本要求是全面协调可持续，根本方法是统筹兼顾。科学发展观强调必须坚持把发展作为党执政兴国的第一要务，牢牢扭住经济建设这个中心，坚持聚精会神搞建设、一心一意谋发展，不断解放和发展社会生产力。强调必须坚持以人为本，始终把实现好、维护好、发展好最广大人民的根本利益作为党和国家一切工作的出发点和落脚点，尊重人民主体地位，发挥人民首创精神，保障人民各项权益，走共同富裕道路，促进人的全面发展，做到发展为了人民、发展依靠人民、发展成果由人民共享。强调必须坚持全面协调可持续发展，按照中国特色社会主义事业总体布局，全面推进经济建设、政治建设、文化建设、社会建设，促进现代化建设各个环节、各个方面相协调，促进生产关系与生产力、上层建筑与经济基础相协调，使人民在良好生态环境中生产生活，实现经济社会永续发展。强调必须坚持统筹兼顾，统筹城乡发展、区域发展、经济社会发展、人与自然和谐发展、国内发展和对外开放，统筹中央和地方关系，统筹个人利益和集体利益、局部利益和整体利益、当前利益和长远利益，充分调动各方面积极性。统筹国内国际两个大局，树立世界眼光，加强战略思维，善于从国际形势发展变化中把握发展机遇、应对风险挑战，营造良好国际环境。既要总览全局、统筹规划，又要抓住牵动全局的主要工作、事关群众利益的突出问题，着力推进、重点突破。

（四）马克思主义中国化与科学社会主义理论形态、实践形态、制度形态的关系

马克思主义中国化的结果，是产生了中国化的马克思主义，即毛泽东

思想和中国特色社会主义理论体系。无论是毛泽东思想，还是中国特色社会主义理论体系，从根本上说，是马克思主义所主张的无产阶级解放全人类最终实现共产主义的理论和实践的产物。具体讲，就是马克思主义的科学社会主义学说和实践的成果。

马克思主义中国化和中国化马克思主义，与科学社会主义理论形态、实践形态、制度形态具有密切的关系。

科学社会主义理论形态即科学社会主义学说。马克思、恩格斯的科学社会主义学说，可称为原生理论形态。这一理论形态随着时代主题的变化和世界科技革命的新发现，特别是随着生产方式的变革和无产阶级自身的理论需求，而不断发展和完善。马克思、恩格斯的科学社会主义原理，是对这一原生理论形态的诠释、概括。

科学社会主义实践形态即世界社会主义运动。19世纪中、下半叶欧洲工人阶级的革命运动，为社会主义革命扫清了道路，是社会主义运动的表现形式。从一个幽灵在欧洲徘徊，发展到声势浩大的工人阶级运动乃至席卷整个欧洲，是社会主义运动的生动实践。

科学社会主义制度形态即社会主义和未来共产主义制度。社会主义作为一种制度，由无产阶级夺取政权，建立无产阶级专政的社会主义国家，是"共产主义社会第一阶段"；"在共产主义社会高级阶段"，劳动本身成为生活的第一需要，随着个人的全面发展，生产力的增长，集体财富的一切源泉充分涌流，社会写在自己的旗帜上：各尽所能，按需分配。

上述理论、实践、制度三种形态之间，科学社会主义学说是世界社会主义运动的灵魂；世界社会主义运动是科学社会主义学说的实践舞台；社会主义和共产主义制度是世界社会主义运动的方向和目标；世界社会主义运动是社会主义和共产主义制度实现的方法和途径。三者相辅相成、相互促进、共同发展，上演出了人类社会最壮美和最崇高的历史活剧。

如上所述，在马克思主义中国化的进程中和中国化马克思主义的形成发展中，继承和发展了科学社会主义的理论形态；推进和丰富了科学社会主义的实践形态；巩固和完善了科学社会主义的制度形态。

1. 马克思主义的科学社会主义学说

马克思主义的科学社会主义学说，由马克思恩格斯的下列命题，构成了科学社会主义的原生理论形态。例如："共产主义是关于无产阶级解放条件的学说。""资产阶级首先生产的是它自己的掘墓人。资产阶级的灭亡和无产阶级的胜利是同样不可避免的。""无产阶级将取得国家政权，并且首先把生产资料变为国家财产。""必须以无产阶级所拥有的一切手段来为生产资料转归公共占有而斗争。""在资本主义社会和共产主义社会之间，有一个从前者变为后者的革命转变时期。同这个时期相适应的也有一个政治上的过渡时期，这个时期的国家只能是无产阶级专政。""（1）阶级的存在仅仅同生产发展的一定历史阶段相联系；（2）阶级斗争必然导致无产阶级专政；（3）这个专政不过是达到消灭一切阶级和进入无阶级社会的过渡……""所谓'社会主义社会'不是一种一成不变的东西，而应当和任何其他社会制度一样，把它看成是经常变化和改革的社会。""未来无产阶级革命的最终结果之一，将是称为国家的政治组织逐步解体直到最后消失。""人终于成为自己的社会结合的主人，从而也就成为自然界的主人，成为自身的主人——自由的人。完成这一解放世界的事业，是现代无产阶级的历史使命。"

上述马克思主义的科学社会主义学说，经过列宁、斯大林的社会主义实践，证明了它的真理性和科学性。中国新民主主义革命的成功和社会主义建设的胜利，特别是改革开放以来取得的巨大成就，丰富和发展了科学社会主义学说。

2. 马克思主义中国化继承和丰富发展了科学社会主义的理论形态

马克思主义中国化丰富和发展了科学社会主义理论形态。这种理论形态表现为中国化的马克思主义，换言之，是马克思主义中国化历史进程中产生的理论成果。这些理论成果体系化、形态化，是其逻辑进程的必然。

毛泽东关于社会主义革命和社会主义建设的重要思想，集中地体现在《在中国共产党第七届中央委员会第二次全体会议上的报告》、《论人民民主专政》、《论十大关系》、《关于正确处理人民内部矛盾的问题》、《在扩大的中央工作会议上的讲话》等主要著作中。

毛泽东从理论和实践上解决了在中国这样一个占世界人口近四分之一的、经济文化落后的大国中建立社会主义制度的艰难任务。他提出的对人民内部的民主方面和对反动派的专政方面互相结合起来就是人民民主专政的理论，丰富了马克思列宁主义关于无产阶级专政的学说。在社会主义制度建立以后，毛泽东指出在社会主义制度下，人民的根本利益是一致的，但人民内部还存在着各种矛盾，必须严格区分和正确处理敌我矛盾和人民内部矛盾。他提出人民内部要在政治上实行"团结——批评——团结"，在党与民主党派的关系上实行"长期共存、互相监督"，在科学文化工作中实行"百花齐放、百家争鸣"，在经济工作中实行对全国城乡各阶层统筹安排和兼顾国家、集体、个人三者利益等一系列正确方针。他多次强调不要机械搬用外国的经验，而要从中国是一个大农业国这种情况出发，以农业为基础，正确处理重工业同农业、轻工业的关系，充分重视发展农业和轻工业，走出一条适合我国国情的中国工业化道路。他强调在社会主义建设中要处理好经济建设和国防建设、大型企业和中小型企业、汉族和少数民族、沿海和内地、中央和地方、自力更生和学习外国等各种关系，处理好积累和消费的关系，注意综合平衡。他还强调工人是企业的主人，要实行干部参加劳动、工人参加管理、改革不合理的规章制度和技术人员、工人、干部"三结合"。他提出了调动一切积极因素，化消极因素为积极因素，以便团结全国各族人民建设社会主义强大国家的战略思想。所有上述，都是毛泽东思想的重要组成部分。无疑继承和发展了科学社会主义的理论形态。

中国特色社会主义是中国共产党坚持马克思主义一般原理和中国的具体实践相结合，进行社会主义革命和建设所选择的道路、方法和经验总结；是科学社会主义新的理论、实践和制度形态；是马克思主义中国化新的伟大成果。

"中国特色社会主义"的概念和命题是邓小平首次提出来的。邓小平在中国共产党第十二次全国代表大会致开幕词："把马克思主义的普遍真理同我国的具体实际结合起来，走自己的路，建设有中国特色社会主义，这就是我们总结历史经验得出的基本结论。"走自己的路，这就是中国特色社会主义道路。中国特色社会主义道路，就是在中国共产党领导下，立足基本国情，以经济建设为中心，坚持四项基本原则，坚持改革开放，解放和发展社会生产力，巩固和完善社会主义制度，建设社会主义市场经济、社会主义民主政治、社会主义先进文化、社会主义和谐社会，建设富强民主文明和谐的社会主义现代化国家。中国特色社会主义是对马克思主义的科学社会主义的继承和发展，是对科学社会主义学说的伟大创新。中国特色社会主义道路，绝不是走"文化大革命"的回头路，更不是走资本主义的邪路，而是一条能给人民带来福祉和实现中华民族伟大复兴的新路。这条新路的历史起点，是中国共产党的十一届三中全会。30多年来，这条新路，既有成功的经验，也有曲折发展的教训。实践证明，它既不是所谓民主社会主义道路，也不是西方新自由主义的道路。这条道路既不是"中国威胁论"，但也不等同于所谓"中国模式"。它还将继续受到实践的检验，在实践中不断完善，还将不断有新的突破。

3. 马克思主义中国化推进和丰富了科学社会主义的实践形态

在世界社会主义运动中，马克思主义中国化推进和丰富了科学社会主义的实践形态。第二次世界大战以前，世界上仅有苏联作为社会主义国家存在。尽管新生的苏联处在资本主义国家的包围之中，由于它代表着社会主义运动的方向，所以以其无与伦比的强大生命力蓬勃发展。在第二次世界大战中，社会主义苏联成功地抗击了德国法西斯侵略，保卫了自己的祖国，赢得了战争的胜利。第二次世界大战后，在社会主义苏联的影响和引导下，社会主义国家如雨后春笋般地成长起来，极大地推进了世界社会主义运动和丰富了科学社会主义的实践形态。

随着中国新民主主义革命的成功和社会主义建设的胜利，无论是毛泽东思想，还是中国特色社会主义理论体系，都对推进和丰富科学社会主义的实践形态，作出了重大贡献。从根本上解决了"什么是社会主义，怎样建设社会主义"的问题。特别是邓小平提出中国特色社会主义的命题，成功地开辟了中国特色社会主义道路。他的社会主义初级阶段理论、社会主义市场经济理论、社会主义本质理论、社会主义改革开放理论，都是对科学社会主义实践形态新的诠释和发展。

随着20世纪90年代初苏联的解体和苏东剧变，世界社会主义运动陷入低潮。处于社会主义运动低潮的中国特色社会主义建设事业，对于在新的历史条件下发展社会主义，丰富科学社会主义的实践形态，具有独特的世界意义。中国特色社会主义在世界社会主义低潮中蓬勃发展。在世界历史上，社会主义运动曾多次出现低潮。尽管每一次低潮都会引发革命阵营内部出现悲观失望情绪，但是也会考验和净化革命队伍，使真正的马克思主义者更加坚强。邓小平在苏东剧变后指出："不要惊慌失措，不要认为马克思主义就消失了，没用了，失败了。哪有这回事！"现在，许多国家的共产党人和坚信社会主义必定胜利的同志，都希望并相信中国特色社会主义能够建设成功。中国特色社会主义在世界社会主义运动中的地位，举足轻重。不仅如此，在世界大国中，也在发挥积极重要的作用。

中国共产党作为具有8000多万名党员的执政党，领导中国人民进行社会主义现代化建设，在世界社会主义运动史上，是一支重要的社会进步力量。在革命、建设和改革的各个历史阶段中，中国共产党既有每个阶段的基本纲领即最低纲领，也有确定长远奋斗目标的最高纲领，总是坚持最低纲领和最高纲领的统一。这就是坚持现实和理想的统一、手段和目的的统一、科学态度和革命精神的统一。在当代中国，坚定不移地贯彻和落实党在社会主义初级阶段的基本纲领，全面建设小康社会，建设中国特色社会主义，就是为共产主义的远大理想而努力奋斗。中国共产党将始终高举中国特色社会主义伟大旗帜，坚持走中国特色社会主义道路，坚持中国特色社会主义理论体系，为世界社会主义运动，为科学社会主义理论形态的发展，作出重大贡献。

4. 马克思主义中国化巩固和完善了科学社会主义的制度形态

马克思和恩格斯认为，所谓"社会主义社会"不是一种一成不变的东西，而应当和任何其他社会制度一样，把它看成是经常变化和改革的社会。自世界上第一个社会主义国家苏联成立伊始至今，社会主义制度的建立和完善，就始终是一个重大的理论和实践问题。

第一，建立社会主义国家的一系列制度，这是以毛泽东为核心的党的第一代领导集体制定的，奠定了中国特色社会主义各项制度的基础。

从政治制度来说，中国共产党在马克思主义中国化的进程中，通过社会主义革命、建设、改革，形成了具有中国特色的人民代表大会制度、政治协商制度、民族区域自治制度、基层群众自治制度等。

人民代表大会制度。人民代表大会制度作为中国的根本政治制度，是实现人民民主专政的政治形式，是中国的政体。中国各项政治制度都是在中华人民共和国的国体与政体的基础上，按照民主集中制的原则设计而建成的。中华人民共和国宪法规定："中华人民共和国实行的是人民代表大会制度，中华人民共和国的一切权力属于人民；人民行使国家权力的机关是全国人民代表大会和地方各级人民代表大会。"全国人民代表大会是中国的最高国家权力机关，统一行使国家最高权力，人民代表大会制度是中国的根本政治制度，是实现人民民主专政的政治形式，是中国的政体。全国人民代表大会和地方各级人民代表大会都由民主选举产生，对人民负责，受人民监督。

人民代表大会制度保障了人民当家作主的权力。人民通过普遍的民主选举，产生自己的代表，组成各级人民代表大会，各级人民代表大会都对人民负责、受人民监督，有力地保证了全国各族人民依法实行民主选举、民主决策、民主管理、民主监督，享有宪法和法律规定的广泛的民主、自由和权利。人民代表大会制度动员了全体人民以国家主人翁的地位投身社会主义建设。人民代表大会制度广泛调动了人民群众建设社会主义的积极性、主动性、创造性，把全国各族人民的力量凝聚起来，在中国共产党领导下，团结一心，艰苦奋斗，有领导、有秩序地朝着国家的发展目标前进。此外，人民代表大会制度还保证了国家机关协调高效运转。人民代表大会作为国家权力机关统一行使国家权力，实行民主集中制，集体行使职权，集体决定问题；国家行政机关、审判机关、检察机关由人民代表大会产生、对它负责、受它监督，合理分工、协调一致地工作，保证了国家统一有效地组织各项事业。同时，由于有了人民代表大会制度，它还维护了国家统一和民族团结。在中央统一领导下，合理划分中央和地方的职权，充分发挥中央和地方两个积极性；各少数民族聚居的地方实行区域自治，巩固和发展平等团结互助的社会主义民族关系，实现全国各族人民的大团结。

政治协商制度。共产党领导的多党合作与政治协商制度是我国基本的政治制度之一，也是符合中国国情，具有中国特色的社会主义新型政党制度。中国人民政治协商制度是中国共产党领导的多党合作和政治协商制度，中国共产党和各民主党派团结合作，互相监督，共同致力于建设中国特色社会主义和统一祖国、振兴中华的伟大事业。

共产党领导的多党合作与政治协商制度，是中国共产党统一战线理论的重大实践成果。马克思主义经典作家十分重视统一战线的作用。统一战线是一定社会政治力量的联合。马克思主义经典作家关于统一战线的基本理论包括：在革命中与其他阶级结成联盟，反对共同的敌人；在联合的过程中保持无产阶级政党的独立性与领导权；列宁关于党与非党结盟、实行多党派合作的思想。我国的统一战线，是指在马克思主义的理论指导下，由无产阶级及其政党组织和领导的统一战线。毛泽东精辟地总结了统一战线的历史作用，他认为，统一战线，武装斗争，党的建设，是中国共产党在中国革命中战胜敌人的三大法宝。建立包括两个联盟在内的占全民族人口绝大多数的最广泛的统一战线。一个是工人阶级同农民阶级、广大知识分子及其他劳动者的联盟，即工农联盟，是统一战线的基础；一个是工人阶级、农民阶级和全体劳动者同一切可以联合的非劳动者的联盟，这是建立在工农联盟基础上的、更广泛的联盟。同时必须坚持党对统一战线的领导权。

坚持四项基本原则，是多党合作的政治基础。中国共产党是社会主义事业的领导核心，是执政党；各民主党派是各自所联系的一部分社会主义劳动者和一部分拥护社会主义的爱国者联盟，是同中共通力合作、共同致力于社会主义事业的亲密战友，是参政党。中共对各民主党派的领导是政治原则、政治方向和重大方针政策的领导。各民主党派在同中国共产党的合作中认识到，否定了中共领导，就否定了自己的历史道路和前进方向。

"长期共存、互相监督、肝胆相照、荣辱与共"，是多党合作的基本方针。中国共产党处于执政地位，领导着拥有 13 亿多人口的国家，非常需要听到各种意见和批评，接受广大人民群众的监督。充分发挥和加强民主党派参政和监督的作用，对于加强和改善共产党的领导，推进社会主义民主政治建设等方面，具有重要意义。"肝胆相照、荣辱与共"真实反映了共产党同各民主党派相互信任、真诚合作的关系。

民族区域自治制度。中国是一个多民族的国家，56 个民族分布在全国各省、市、自治区，共同构成了中华民族的大家庭。在历史的长河中，汉族和少数民族共同创造了中华民族光辉灿烂的文化。中国共产党执政以来，民族区域自治制度始终是我国的基本政治制度之一。这是符合中国国情的政治制度，对于中国共产党团结各族人民，建设社会主义现代化强国，实现中华民族的伟大复兴，具有极为重要的作用。

民族区域自治制度，是我国的一项基本政治制度，是发展社会主义民主、建设社会主义政治文明的重要内容，是党团结带领各族人民建设中国特色社会主义、实现中华民族伟大复兴的重要保证。在国家统一领导下实行民族区域自治，体现了国家尊重和保障少数民族自主管理本民族内部事务的权利，体现了民族平等、民族团结、各民族共同繁荣发展的原则，体现了民族因素与区域因素、政治因素与经济因素、历史因素与现实因素的统一。实践证明，这一制度符合我国国情和各族人民的根本利益，具有强大的生命力。民族区域自治，作为党解决我国民族问题的一条基本经验不容置疑，作为我国的一项基本政治制度不容动摇，作为我国社会主义的一大政治优势不容削弱。这是中国共产党执政 60 多年来得出的科学结论。

巩固全国各族人民的大团结，是党和人民事业顺利发展的重要保证。民族关系是多民族国家中至关重要的社会关系。正确处理民族问题，使各族人民和睦相处、和衷共济、和谐发展，对于我们建设社会主义物质文明、政治文明、精神文明与和谐社会，具有十分重大的意义。我国是各族人民共同缔造的统一的多民族国家，我国各族人民的大团结具有深厚的历史渊源和广泛的现实基础。在漫长的历史进程中，我国各族人民密切交往、相互依存、休戚与共，形成了中华民族多元一体的格局，共同推动了国家发展和社会进步。中国共产党的领导和我国的社会主义制度，为实现全国各族人民的大团结奠定了根本政治基础，汉族离不开少数民族、少数民族离不开汉族、各少数民族之间也相互离不开的思想观念深入人心。这三个离不开，即是对执政具体规律的认识。与此相应的还有"四个认同"：对伟大祖国的认同、对中华民族的认同、对中华民族文化的认同、对中国特色社会主义道路的认同。全国各族人民的大团结，过去、现在、将来都是我们能够经受住各种困难和风险的考验、不断胜利前进的重要保证。

基层群众自治制度。基层群众自治制度，是在新中国成立后的民主实践中逐步形成的，并首先发育于城市，后扩展至农村的村民自治。中共十七大将"基层群众自治制度"首次写入党代会报告，正式与人民代表大会制度、中国共产党领导的多党合作和政治协商制度、民族区域自治制度一起，纳入了中国特色社会主义政治制度范畴。

基层群众自治制度的建设与实践活动，是在党和政府的主导下开展的，这是我国社会主义民主政治的一大特点，也是发展社会主义民主政治的一大政治优势。坚持党的领导，是基层群众自治坚持正确的政治方向，有计划、有步骤地稳定有序发展的根本保证。实践证明，基层群众自治制度较好地解决了我国人民民主发展问题，使得亿万人民群众广泛参与的民主政治建设健康有序地发展，成为推动社会进步的巨大力量。

基层群众自治是循序渐进、逐步发展的。主要体现在：党对发展基层群众自治的认识，与时俱进、逐步深化；基层群众自治的实践，由点到面、由浅入深，由单领域向多领域逐步推开；基层群众自治的各项制度、法律和法规，逐步健全；人民群众当家作主的能力，在实践中逐步提高。基层群众自治作为社会主义民主政治建设的基础，从做得到的事情做起，从广大人民群众最关心的事情入手，逐步提高参政议政能力，逐步学会依法、理性地行使民主权力，在稳定有序的基层民主实践中逐步提高群众的自身素质。

基层群众自治与人民群众的切身利益密切相关，能够直接反映人民群众的利益诉求，保护自己的权利不受侵犯。在行使民主权力的方式上，人民群众在自己生活的社区内，通过选举、决策、管理和监督，直接参与基层公共事务和公益事业的管理，使得民主参与具有直接性和有效性。有利于调动人民群众参与的积极性，增强民主的广泛性和切实性。

基层群众自治能够与经济社会发展相适应、相促进。农村村民自治制度适应了农村经济体制改革需要，对化解农村社会矛盾、解决三农问题、提高政府管理水平和农民素质，起到了重要作用；城市社区居民自治制度则是适应城市基层社会管理和居民生活需要的产物，在解决城市社会发展中的矛盾和问题等方面发挥了重要作用。

基层群众自治是一条发挥群众主体作用与国家主导作用有机统一的民主自治之路。把基层群众自治制度提升为我国政治制度的一项基本内容，顺应了时代潮流，符合党心民心，是马克思主义中国化的重要成果。

从经济制度来说，中国共产党领导中国人民建立了社会主义的基本经济制度。党的十五大把公有制为主体、多种所有制经济共同发展的制度确立为社会主义初级阶段的基本经济制度以来，保证了社会主义市场经济体制的建立和运转，推动了国民经济持续快速健康地发展。

党的十六大强调坚持和完善这一基本经济制度，提出了两个"毫不动摇"、一个"统一"，即"必须毫不动摇地巩固和发展公有制经济，必须毫不动摇地鼓励、支持和引导非公有制经济发展"，"必须统一于社会主义现代化建设的进程中，绝不能把这两者对立起来，也不能偏废任何一方"。

确立这一制度，是根据马克思主义关于生产力决定生产关系、生产关系一定要适应生产力的原理，基于我国社会主义性质和初级阶段的基本国情决定的。实践证明，以公有制为主体、多种所有制经济共同发展的经济制度，促进了我国经济建设和社会进步，是一项充满生机和活力的经济制度。

第二，吸取苏联改革失败的教训，正确地处理制度和体制的关系。

中国的改革开放，是社会主义的自我完善。从过去的计划经济体制转变为市场经济体制，实行的是社会主义市场经济体制。社会主义市场经济体制中的"社会主义"不是画蛇添足，而是画龙点睛，不可或缺。改革不是改变社会主义方向，而是完善社会主义制度。对体制的改革也要避免否定社会主义制度本身。

苏联的改革，由于混淆了体制和制度的关系，在改革中，目标对准了社会主义，从而导致从根本上否定了苏联社会主义制度，使改革变成了改向，朝着资本主义道路发展。而中国特色社会主义道路，则正确地处理和解决了制度和体制的关系。

第三，加强制度化建设，完善科学社会主义的制度形态。

中国共产党在改革开放的实践中，不断强调制度化建设，完善了科学社会主义的制度形态。科学社会主义的制度形态，是"怎样建设社会主义"的逻辑展开，即建设什么样的社会主义？其中包括党和国家的领导体制和具体制度，特别是党的制度建设，在当前显得尤为突出。

首先是改革现行制度中的弊端。邓小平告诫全党：如果不坚决改革现行制度中的弊端，过去出现过的一些严重问题今后就有可能重新出现。只有对这些弊端进行有计划、有步骤而又坚决彻底的改革，人民才会信任我们的领导，才会信任党和社会主义，我们的事业才有无限的希望。

邓小平在《党和国家领导制度的改革》中指出，我们过去发生的各种错误，固然与某些领导人的思想、作风有关，但是组织制度、工作制度方面的问题更重要。这些方面的制度好可以使坏人无法任意横行，制度不好可以使好人无法充分做好事，甚至会走向反面。……毛泽东同志就说过，这样的事件在英、法、美这样的西方国家不可能发生。他虽然认识到这一点，但是由于没有在实际上解决领导制度问题以及其他一些原因，仍然导致了"文化大革命"的十年浩劫。这个教训是极其深刻的。不是说个人没有责任，而是说领导制度、组织制度问题更带有根本性、全局性、稳定性和长期性。这种制度问题，关系到党和国家是否改变颜色，必须引起全党的高度重视。

全党统一认识到制度改革的重要性，稳妥渐进地进行制度改革，取得了一系列成果。例如，废除领导干部终身制度、实行党政分开制度、干部选拔民主公开化制度、从制度上遏制腐败等。

其次是在党的建设制度化上，中国共产党进行了不懈的探索和实践。仅以党的十六大以来的制度化建设为例。以胡锦涛为总书记的中央领导集体认为，在新的历史条件下提高党的建设科学化水平，必须坚持用制度管权管事管人，健全民主集中制，不断推进党的建设制度化、规范化、程序化。制度带有根本性、全局性、稳定性、长期性。必须始终把制度建设贯穿党的思想建设、组织建设、作风建设和反腐倡廉建设之中，坚持突出重点、整体推进，继承传统、大胆创新，构建内容协调、程序严密、配套完备、有效管用的制度体系。他强调推进党的制度建设，要坚持以党章为根本、以民主集中制为核心，坚持和完善党的领导制度，改革和完善党的领导方式和执政方式，发展党内民主，积极稳妥推进党务公开，保障党员主体地位和民主权利，完善党代表大会制度和党内选举制度，完善党内民主决策机制，保障党的团结统一，增强党的创造活力，坚决克服违反民主集中制原则的个人独断专行和软弱涣散现象。全党同志都要牢固树立法律面前人人平等、制度面前没有特权、制度约束没有例外的观念，认真学习制度，严格执行制度，自觉维护制度。

总之，在科学社会主义的制度形态上，中国共产党人带领中国人民，不断地探索和实践，取得的成就和经验，巩固和完善了科学社会主义的制度形态。时代在发展，社会在前进，对科学社会主义制度形态的探索和实践不是一朝一夕就能完成的，将随着马克思主义中国化的历史进程，不断地深入下去，取得更加丰厚的成果。

二　马克思主义中国化的可能性与必然性

马克思主义中国化的历史进程和中国化马克思主义的伟大成果，无疑是世界社会主义运动中活生生的伟大实践和载入世界文明历史的丰碑。为什么马克思主义能够在中国大地上传播？中国共产党为什么愿意接受马克思主义并把它作为自己的指导思想？为什么马克思主义中国化的结果一定会产生中国化马克思主义？其历史必然性在哪里？这些问题，都需要科学地阐释和明确地回答。

（一）马克思主义传播的历史必然性

马克思和恩格斯创立的马克思主义，是无产阶级革命和解放全人类最终实现共产主义的学说，是时代的产物。这一伟大的学说一经创立，就很快地在工人阶级中传播开来，在整个欧洲传播开来。

马克思主义传播的历史必然性，首先与马克思主义本身的阶级性、时代性、科学真理性以及人民大众性的理论品格息息相关。马克思主义有一个欧洲化、俄国化的进程，其时代化、大众化是相伴而生、相辅相成的，共同演绎了 19 世纪欧洲无产阶级的革命运动和 20 世纪俄国的无产阶级革命运动。阐述这个历史进程，我们可以 1880 年春夏之交恩格斯发表的《社会主义从空想到科学的发展》为例。这一篇历史文献，与马克思、恩格斯其他的许多著作，正说明了马克思主义时代化、大众化、欧洲化和俄国化的历史进程。

1. 马克思主义时代化是无产阶级解放事业的根本要求

恩格斯《社会主义从空想到科学的发展》的发表，正处于资本主义由竞争阶段向垄断阶段过渡时期。1871 年发生了无产阶级建立自己统治的第一次英勇尝试，即成立巴黎公社。公社被镇压以后，工人运动并没有消沉，而是广泛发展和不断巩固，准备发起对资本主义新的冲击。欧洲各国纷纷建立以马克思主义为指导的工人阶级政党，迎接新的革命高潮到来。

《社会主义从空想到科学的发展》是马克思主义时代化的产物。马克思和恩格斯的时代观反映了他们对时代的科学判断和对时代脉搏的准确把握。资产阶级革命、发展和产生危机与无产阶级兴起、斗争和获得解放，是时代发展的主脉。"无产阶级只有在世界历史意义上才能存在，就像共产主义事业——它的事业——只有作为'世界历史性的'存在才有可能实现一样。""完成这一解放世界的事业，是现代无产阶级的历史使命。深入考察这一事业的历史条件以及这一事业的性质本身，从而使负有使命完成这一事业的今天受压迫的阶级认识到自己的行动的条件和性质，这就是无产阶级运动的理论表现即科学社会主义的任务。"

把无产阶级和工人运动与推翻资产阶级的统治，从而与共产主义的事业连在一起，体现了马克思主义具有世界历史意义的时代观。应该说，马克思主义从诞生时起，时代化就是马克思主义的内在要求，是无产阶级解放事业的根本要求，是马克思主义的特有品格。

马克思主义时代化启示我们，马克思主义的发展始终与无产阶级的解放事业——共产主义事业，相互依存，始终与世界社会主义运动，相互依存。130 多年前，《社会主义从空想到科学的发展》是马克思主义时代化的产物；130 多年后，中国特色社会主义的旗帜、道路、理论体系、制度，也是马克思主义时代化的产物。

马克思主义时代化还启示我们，必须发展和创新马克思主义，用发展着的马克思主义指导新的实践。马克思主义必须紧密贴近时代，随着时代的脉搏一起跳动，始终走在时代的最前列。这就要求马克思主义必须科学地判断时代发展的主题，正确地认识世情、国情和党情发展的新变化，回答和解决新问题。与时俱进，永远创新，是马克思主义发展的不竭动力。

2. 马克思主义大众化是世界社会主义运动的现实需求

《社会主义从空想到科学的发展》脱胎于一本学术著作，是针对那位"博学的"欧根·杜林先生的理论体系所写的《反杜林论》，后来改编而成。作为科学社会主义的入门一书，恩格斯在形式和内容上做了一些修改。

在形式方面，恩格斯只限于删去一切不必要的外来语。在内容方面，恩格斯肯定地说，它对德国工人来说困难是不多的。因为这一部分正是概括了工人的一般生活条件。

后来，恩格斯在1891年德文第四版序言中说："我曾经预料，这篇论文的内容对我们的德国工人来说困难是不多的，现在这个预料已被证实。至少从1883年3月第一版问世以来已经印行了三版，总数达1万册。"

《社会主义从空想到科学的发展》在工人运动中得以广泛传播，证明了"理论在一个国家实现的程度，总是决定于理论满足这个国家的需要的程度"的真理性。其广泛传播的根本原因，在于马克思的唯物主义历史观和剩余价值理论，易于被工人阶级理解和接受。因为这两个理论，揭示了资本家剥削工人的秘密和生产方式变革的根本原因，与工人大众的生活息息相关。恩格斯把晦涩严肃的学术著作改编成通俗易懂的读物，为工人大众所喜闻乐见。可以说，《社会主义从空想到科学的发展》是对马克思主义大众化的最好说明和注释。

马克思主义大众化启示我们：马克思主义大众化，不是一种主观意愿，而是实践的呼唤和需要。从根本上说，是无产阶级解放事业和世界社会主义运动的需要。马克思主义大众化的根本原因，在于它的理论内容是工人阶级的理论，是为最广大人民群众谋利益的理论，正因为如此，最广大人民群众熟悉它、理解它、接受它。

马克思主义大众化还启示我们：马克思主义要为最广大人民群众所接受，无论是在理论形式还是理论风格，必须贴近人民群众，必须通俗易懂。马克思主义大众化而不是小众化，它不是为少数人服务的理论。正因为如此，马克思主义大众化不能学院化，也不能书斋化，既不能躲在学院和庙堂之中，也不能成为某些"理论家"的特有专利。因此，马克思主义必须走出书斋到群众中去，到实践中去，把马克思主义基本原理同人民群众的生动实践结合起来，运用马克思主义立场、观点、方法，回答人们普遍关心的重大理论和实践问题。这是马克思主义大众化的真谛。

3. 马克思主义欧洲化、中国化、世界化是历史发展的必然

马克思主义的欧洲化，是指 19 世纪下半叶马克思和恩格斯的学说已传遍欧洲并被付诸实践。

《社会主义从空想到科学的发展》从第一版印行以来，在恩格斯那个年代，就出版了几种外文译本。恩格斯这样说，1880 年法文版的书名为《空想社会主义和科学社会主义》，"波兰文版和西班牙文版就是根据这个法文本译出的。1883 年，我们的德国朋友用原文出版了这本小册子。此后，根据这个德文本又出版了意大利文、俄文、丹麦文、荷兰文和罗马尼亚文的译本。这样，连同现在这个英文版在内，这本小书已经用 10 种文字流传开了。据我所知，任何社会主义著作，甚至我们的 1848 年出版的《共产党宣言》和马克思的《资本论》，也没有这么多的译本。在德国，这本小册子已经印了四版，共约两万册"。

上述情况表明，19 世纪下半叶马克思主义的欧洲化，是工人运动和无产阶级解放事业的伟大胜利成果。此后，进入 20 世纪还有一个俄国化问题——列宁主义的诞生和发展，在一定意义上讲，马克思主义的欧洲化也包括俄国化。

马克思主义欧洲化、俄国化、中国化，是马克思主义发展史的不同历史阶段，而马克思主义的世界化，则是一个历史总趋势。无论是欧洲化、俄国化还是中国化，把马克思主义与本地区、本国家的具体情况相结合，通过一定的民族形式，来实现其"民族化"、"具体化"，这才是"化"的要义所在。

马克思主义欧洲化，是马克思、恩格斯时代欧洲工人运动和无产阶级的解放事业，在马克思主义指导下的伟大实践。这是一个历史进程。

马克思主义中国化，是马克思主义在中国具体化、民族化，是马克思列宁主义普遍真理和中国革命实践的结合；是中国共产党人运用马克思主义的立场、观点和方法，来具体地分析中国革命问题和解决中国革命、建设、改革问题，这也是一个历史进程。

历史进程表明，马克思主义无论怎样"化"，世界化是它的总趋势，是历史的必然。这就是恩格斯在《社会主义从空想到科学的发展》中所指出的，根据唯物史观和剩余价值原理，"无产阶级将取得公共权力，并

且利用这个权力把脱离资产阶级掌握的社会生产资料变为公共财产。……人终于成为自己的社会结合的主人，从而也就成为自然界的主人，成为自身的主人——自由的人"。

这就是未来共产主义的实现。正是在这个意义上说，马克思主义的世界化是历史的必然。

（二）中国需要马克思主义

中国需要不需要马克思主义？这不是一个理论问题，而是现实问题。

1840 年鸦片战争以来的近代中国，"在外国资本帝国主义和本国封建势力的压迫下，陷入苦难深重和极端屈辱的深渊中"[①]。由于清王朝的腐败和帝国主义列强的掠夺，国家的主权被剥夺，经济命脉被控制在外人手中。中国人民生活在水深火热之中，展现在中华民族面前的是一片濒临毁灭的悲惨暗淡的前景。

此时的中国，在政治上已不再是一个完全独立的主权国家，领土与主权的完整遭到严重破坏。中国政府的内政、外交、财政、军事无一不受到列强的操纵和控制，各大国驻华公使馆成为清王朝的"太上皇"。在经济上，农业生产力处于十分低下的水平。封建社会中占主导地位的自给自足的自然经济虽然遭到破坏，但封建的土地关系，即地主阶级对农民的剥削，依旧存在，而且同官僚买办资本和高利贷的剥削结合在一起，有过之而无不及。外国在华资本和依附它的官僚买办资本垄断了国民经济的命脉，使中国在经济上日益成为外国资本的附庸。中华民族处在帝国主义、封建主义和官僚买办资本主义三座大山的压迫之下。

此时的中国，在思想文化上的情况又是如何？

在思想文化方面，伴随着帝国主义的殖民政策和对外扩张的是西方文化的渗透。中国传统文化受到西方资本主义文化空前的挑战和冲击。"两种异质文化不断冲突、渗透和融合的过程中形成的中国近代文化，在一定程度上引起了人们生活方式、思维方式、价值观念、道德规范、行为准则的变化。"[②] 一方面，是崇洋媚外、卖国求荣、民族自卑感以及文化虚无

---

① 胡乔木主编：《中国共产党七十年》，中共党史出版社 1991 年版，第 2 页。

② 中共中央党史研究室：《中国共产党历史》第一卷（1921—1949）上册，中共党史出版社 2011 年版，第 9 页。

主义等带有殖民地色彩的思想文化在蔓延，另一方面也有封建卫道士的"祖宗之法不能变"思想文化的坚守存在。这一时期思想文化是围绕"挽救民族危亡和改革中国社会"这一主题展开的。在一些比较先进的知识分子群体中，提出了种种救国方案，寻找救国救难的真理，从"师夷长技"、"中体西用"到"中西会通"、"全盘西化"，提出学习西方的科学技术、学习西方的政治思想和制度，不一而足。

孙中山是伟大的民主主义者和爱国主义者。1894年在檀香山成立兴中会时，第一次响亮地喊出了"振兴中华"的口号。1905年发起成立的中国同盟会，他完整地提出以建立一个资产阶级民主共和国为目标的政治纲领，努力用革命的手段来实现这个纲领。在孙中山的领导下，辛亥革命取得了成功。辛亥革命的意义在于，推翻了清王朝的统治，结束了几千年来的君主专制制度，为中国革命开辟了新道路。但是，辛亥革命并没有削弱帝国主义在中国的势力，革命果实却落在了以袁世凯为首的北洋军阀手中，中国仍然是半殖民地半封建社会，依然处于极端贫穷落后的状态。一些曾参与辛亥革命的先驱代表人物，曾以为只要推翻了帝制便可以天下太平，结果革命以后历经挫折，所追求的民主还是那样遥远，于是慢慢地从痛苦的经验中，发现了此路不通。

辛亥革命的失败，使中国的先进分子沉浸在极度的苦闷和彷徨之中，原有的幻梦破灭了。他们在寻找新的出路。一场更加巨大的革命风暴在孕育着，通过先期的新文化运动，五四运动终于来临了。

伴随着五四运动的是马克思主义的传播和社会主义思潮的兴起。

五四运动以前的中国社会，各种思潮可谓林林总总、纷繁复杂，既有无政府主义、新村主义、合作主义、实用主义，也有泛劳动主义、改良主义、基尔特社会主义、社会民主主义等。马克思主义与科学社会主义也在其中。但是，经过中国先进分子的比较，最终选择了马克思主义与科学社会主义。

马克思主义与科学社会主义为什么成为中国先进分子的最终选择？因为在中国有马克思主义与科学社会主义传播和发展的土壤；更重要的是马克思主义与科学社会主义的主张和学说符合中国工人阶级及其先进分子的愿望要求，能够成为指导和引领中国革命运动的思想武器。

马克思主义与科学社会主义得以在中国广泛传播和迅速兴起，得益于俄国十月革命取得成功及其胜利成果的鼓舞。李大钊、陈独秀、董必武、吴玉章、毛泽东、邓中夏、蔡和森、周恩来等，先后接受了马克思主义，走上了科学社会主义主张的革命道路。当然，也有反对者，告诫中国人不要被马克思、列宁牵着鼻子走，胡适主张改良，否认马克思主义在中国的适用性，反对中国走革命道路。

中国工人阶级及其先进分子是在比较中，特别是在总结以往革命失败的教训中，选择马克思主义与科学社会主义的。例如吴玉章说："从前的一套革命老办法非改变不可"，而"通过十月革命和五四运动的教育，必须依靠下层人民，必须走俄国人的道路，这种思想在我头脑中日益强烈、日益明确了"。[①]

实践表明：中国工人阶级需要马克思主义，中国革命需要马克思主义。正如马克思的一句名言："理论在一个国家的实现程度，决定于理论满足这个国家的需要的程度。"此时的中国，正是如此。

（三）马克思主义中国化的可能性

马克思主义在中国的实现程度，不仅取决于中国对它的需要程度，而且取决于这一理论与中国实际相结合的程度。换言之，中国需要马克思主义，是马克思主义中国化的基本前提条件；马克思主义在中国能否真正扎根、开花、结果，还要看能否真正地与中国革命和建设的实际相结合起来，结合得怎么样，这是问题的关键所在。也就是说，更重要的，是马克思主义和中国实际相结合问题。这个问题，决定着马克思主义中国化的可能性。

首先，中国共产党成立这一重大历史事件，就是马克思主义和中国革命实际相结合的产物。

中国共产党在 20 世纪 20 年代初成立，绝不是偶然的。它是中国革命发展的必然结果，是中国当时客观形势发展的产物，是马克思主义和中国革命相结合的必然结果。是马克思主义指导中国工人阶级的先进分子成立了中国共产党，而中国共产党的成立，是马克思主义在中国扎下根来的重要标志。

中国共产党是马克思主义的革命政党，是中国工人阶级的先锋队，它是在特定的历史条件下产生的。它成立于俄国十月社会主义革命胜利之

---

① 胡乔木主编：《中国共产党七十年》，中共党史出版社 1991 年版，第 17 页。

后，接受的马克思主义是完整的科学世界观和社会革命理论，是在帝国主义和无产阶级革命时代发展了的马克思主义即列宁主义，接受的是科学社会主义学说，而不是资产阶级和小资产阶级的社会主义流派，彻底摈弃了改良主义。

中国共产党不同于中国以往的其他政党，一开始就旗帜鲜明地以马克思主义的阶级斗争立场、观点和方法观察和处理中国问题，深入到工人中做群众工作。1922 年 1 月，《先驱》的发刊词指出：必须把"努力研究中国的客观的实际情形，而求得一最合宜的实际的解决中国问题的方案"，当做"第一任务"。① 中国共产党作为中国最先进阶级——工人阶级的政党，不仅代表着中国工人阶级的利益，而且代表着中国广大人民和整个中华民族的利益。由于它掌握了马克思主义，给中国人民指明了斗争的目标和走向胜利的道路，又由于它得到了人民的支持和拥护，所以，才能使这个新生的革命政党和马克思主义一起在中国大地上扎下根来。

其次，中国共产党选择了马克思主义作为党的指导思想，这一指导思想是与时俱进的。

党的一大通过的中国共产党纲领是："革命军队必须与无产阶级一起推翻资本家阶级的政权；承认无产阶级专政，直到阶级斗争结束，即直到消灭社会阶级的区分；消灭私有制，没收机器、土地、厂房和半成品等生产资料，归社会所有；联合共产国际。……党的根本政治目的是实行社会革命。"这个纲领与马克思和恩格斯《共产党宣言》的主张是一致的："无产者只有废除自己的现存的占有方式，从而废除全部现存的占有方式，才能取得社会生产力。无产者没有什么自己的东西必须加以保护，他们必须摧毁至今保护和保障私有财产的一切。""无产阶级的运动是绝大多数人的、为绝大多数人谋利益的独立的运动。无产阶级，现今社会的最下层，如果不炸毁构成官方社会的整个上层，就不能抬起头来，挺起胸来。""共产党人可以把自己的理论概括为一句话：消灭私有制。"

中国共产党第二次全国代表大会宣言指出，党的目的是要组织无产阶级，用阶级斗争的手段，建立劳农专政的政治，铲除私有财产制度，渐次达到一个共产主义的社会。这就表明，以马克思列宁主义为指导的中国共产党，在革命的道路上，努力实践着《共产党宣言》提出的"资产阶级

---

① 胡乔木主编：《中国共产党七十年》，中共党史出版社 1991 年版，第 31 页。

的灭亡和无产阶级的胜利是同样不可避免的"科学原理，已经把建立共产主义的远大目标和中国的现实国情结合起来，脚踏实地，朝着既定的目标前进。

中国共产党第七次全国代表大会于 1945 年 4 月 23 日至 6 月 11 日在延安举行。党的七大的重大历史性贡献是确立毛泽东思想为党的指导思想并写入党章："毛泽东思想，就是马克思列宁主义的理论与中国革命的实践之统一的思想，就是中国的共产主义，中国的马克思主义。"党章规定：中国共产党以马克思列宁主义的理论与中国革命的实践之统一的思想——毛泽东思想，作为自己一切工作的指导方针，反对任何教条主义的或经验主义的偏向。

党的七大确立毛泽东思想为党的指导思想，是近代中国历史和人民革命斗争发展的必然选择。毛泽东思想是马克思主义中国化的伟大成果。以毛泽东为代表的中国共产党人，遵循马克思列宁主义基本原理，结合中国革命的具体实际，反对教条主义，选择了以农村包围城市的革命道路，使中国革命摆脱了各种危机，革命的成果不断扩大，中国民族革命与民主革命不断从胜利走向胜利。

党的七大之后，在毛泽东思想的指引下，全党同志团结一致，为推进中国革命的历史进程努力奋斗，终于在 1949 年取得了新民主主义革命的成功。随着中华人民共和国中央人民政府的建立和在全国进行"一化三改"，完成了从新民主主义到社会主义的过渡，一个崭新的社会主义制度终于建立起来。

1978 年 12 月党的十一届三中全会以来，在改革开放的历史进程中，中国共产党继选择马克思列宁主义、毛泽东思想之后，选择了邓小平理论作为党的指导思想。

以邓小平为主要代表的中国共产党人，面对十年"文化大革命"造成的危难局面，坚持解放思想、实事求是，以巨大的政治勇气和理论勇气，科学评价毛泽东同志和毛泽东思想，彻底否定"以阶级斗争为纲"的错误理论和实践，作出把党和国家工作中心转移到经济建设上来、实行改革开放的历史性决策，确立社会主义初级阶段基本路线，吹响走自己的路、建设中国特色社会主义的时代号角。

1982 年 6 月邓小平在党的十二大开幕词中强调指出："把马克思主义的普遍真理同我国的具体实际结合起来，走自己的路，建设有中国特色社会主义，这就是我们总结历史经验得出的基本结论。"十二大党章指出，中国共产党以实现共产主义为最高纲领，所有共产党员都必须为此而奋斗终生。在现阶段，坚持社会主义道路，坚持人民民主专政，坚持党的领导，坚持马克思列宁主义、毛泽东思想，集中力量进行社会主义现代化建设，是全党团结统一的政治基础。

1997 年 9 月中国共产党第十五次全国代表大会确立了邓小平理论作为党的指导思想。十五大党章确立"中国共产党以马克思列宁主义、毛泽东思想、邓小平理论作为自己的行动指南"，指出邓小平理论是马克思列宁主义的基本原理同当代中国实践和时代特征相结合的产物，是毛泽东思想在新的历史条件下的继承和发展，是马克思主义在中国发展的新阶段，是当代中国的马克思主义。

党的十三届四中全会以后，以江泽民同志为主要代表的中国共产党人，在建设中国特色社会主义的实践中，加深了对什么是社会主义、怎样建设社会主义和建设什么样的党、怎样建设党的认识，积累了治党治国新的宝贵经验，形成了"三个代表"重要思想。2002 年 11 月中国共产党第十六次全国代表大会确立了"三个代表"重要思想作为党的指导思想。十六大党章确定"中国共产党以马克思列宁主义、毛泽东思想、邓小平理论和'三个代表'重要思想作为自己的行动指南"。

"三个代表"重要思想是对马克思列宁主义、毛泽东思想、邓小平理论的继承和发展，反映了当代世界和中国的发展变化对党和国家工作的新要求，是加强和改进党的建设、推进我国社会主义自我完善和发展的强大理论武器，是我们党的立党之本、执政之基、力量之源。

十六大党章进一步阐述了社会主义初级阶段的基本路线，提出了"到建党一百年时，建成惠及十几亿人口的更高水平的小康社会；到新中国成立一百年时，人均国内生产总值达到中等发达国家水平，基本实现现代化"的宏伟目标。

2007 年 10 月中国共产党第十七次全国代表大会召开。大会肯定了十六大以来党中央坚持以邓小平理论和"三个代表"重要思想为指导，根据新的发展要求提出的科学发展观。十七大党章仍将党的指导思想表述为："中国共产党以马克思列宁主义、毛泽东思想、邓小平理论和'三个代表'重要思想作为自己的行动指南"。但是大会一致同意将科学发展观写入党章，把科学发展观作为经济社会发展的重要指导方针和发展中国特色社会主义的重大战略思想。

科学发展观，是对党的三代中央领导集体关于发展的重要思想的继承和发展，是马克思主义关于发展的世界观和方法论的集中体现，是同马克思列宁主义、毛泽东思想、邓小平理论和"三个代表"重要思想既一脉相承又与时俱进的科学理论。

十七大党章明确指出，我国正处于并将长期处于社会主义初级阶段。这是在经济文化落后的中国建设社会主义现代化不可逾越的历史阶段，需要上百年的时间。我国的社会主义建设，必须从我国的国情出发，走中国特色社会主义道路。

中国共产党作为马克思主义的政党，从建党伊始至今，历经 90 多年沧桑岁月，相继选择了马克思列宁主义、毛泽东思想、邓小平理论、"三个代表"重要思想作为党的指导思想，又把科学发展观作为经济社会发展的重要指导方针和发展中国特色社会主义的重大战略思想，体现了马克思主义一脉相承和与时俱进的理论品格，这是历史发展的必然。

恩格斯曾指出，历史进程是受内在的一般规律支配的。中国共产党成立之前，自 1840 年鸦片战争以来，灾难深重的中国人民为争取民族解放和实现国家振兴，进行了长期的英勇的斗争，但是屡遭失败；在探索真理的道路上无数仁人志士苦苦寻觅，但是成效甚微。其根本原因，就在于没有一个以先进的科学理论为指导思想的无产阶级政党。中国共产党成立之后，在科学正确的指导思想指引下，领导中国人民进行了艰苦卓绝的努力，终于推翻了压在人民头上的三座大山，取得了新民主主义革命的胜利，建立了社会主义制度。在中国革命、建设和改革的历史进程中，党对指导思想的每一次科学选择，都顺应了社会历史发展的需求，代表了人民群众的意愿，符合社会历史发展的必然趋势。

中国共产党为什么一定要选择马克思列宁主义、毛泽东思想、邓小平理论、"三个代表"重要思想作为党的指导思想？为什么把科学发展观作为经济社会发展的重要指导方针和发展中国特色社会主义的重大战略思想？就因为这些指导思想揭示了人类社会历史发展的规律，它们的基本原理是科学的，世界观和方法论是正确的，具有强大的生命力。就因为它们始终与共产主义的最高理想连在一起，与社会主义和共产主义制度连在一起。中国共产党始终牢记自己的使命，坚持最高纲领和最低纲领的科学统一，强调自己的最终目标是建立共产主义制度。共产主义制度只有在社会主义社会充分发展和高度发达的基础上才能实现。

中国共产党在建党后不同时期对指导思想的科学选择，是对马克思主义的丰富和发展。这些指导思想既体现了马克思主义的一脉相承，又表明了时代前进和社会发展的历史必然性。它们是不同时期马克思主义中国化的伟大成果。

社会主义制度的发展和完善是一个长期的历史过程。坚持这些指导思想及其基本原理，走中国人民自愿选择的适合中国国情的道路，中国的社会主义事业必将取得最终的胜利。而中国的社会主义事业的胜利，又必然促进世界社会主义运动蓬勃发展，社会主义战胜资本主义，最终实现共产主义。这些都是历史发展的必然。

中国共产党成立 90 多年来指导思想的确立和丰富发展，表明了历史和逻辑的统一，这也是社会发展的必然。随着时代前进和社会发展，这种历史和逻辑相统一的必然，还将继续下去，最终展现的是人类社会发展的规律，而这些客观规律是不以人们的意志为转移的，是不可战胜的。人类社会最美好的社会制度——共产主义，终将会到来，一定会实现。

最后，中国共产党的马克思主义中国化的坚定性和自觉性，是在总结正反两方面经验和教训的实践中，得以坚持和提高的。

在中国革命、建设、改革的长期实践中，自觉地坚持马克思主义中国化，坚定地推进马克思主义中国化，是在总结正反两方面经验和教训的实践中，得以坚持和提高的。党的历史表明，教条主义、经验主义、形式主义、本本主义、"左"倾盲动主义、右倾机会主义等，始终伴随着马克思主义中国化的历程。一次又一次的挫折、失误甚至失败，基本原因都是没有把马克思主义和中国实际相结合，脱离了实际，或者结合得不好；而一次又一次的成功和胜利，都是马克思主义和中国实际相结合得好的结果。

正因为如此，马克思主义中国化（具体化、民族化），才得到了全党的认同，才不断地使全党走向坚定和自觉，使马克思主义中国化成为可能，不断实现马克思主义中国化。

历史的经验和教训告诉我们，马克思主义的基本原理任何时候都要坚持，否则我们的事业就会因为没有正确的理论基础和思想灵魂而迷失方向，就会归于失败。这就是我们为什么必须始终坚持马克思主义基本原理的道理所在，也是加强马克思主义中国化的坚定性和自觉性的道理所在。"马克思主义具有与时俱进的理论品质。如果不顾历史条件和现实情况的变化，拘泥于马克思主义经典作家在特定历史条件下、针对具体情况作出的某些个别论断和具体行动纲领，我们就会因为思想脱离实际而不能顺利前进，甚至发生失误。这就是我们为什么必须始终反对以教条主义的态度对待马克思主义理论的道理所在。我们党在历史上的一些时期曾经犯过错误，甚至遇到严重挫折，根本原因就在于当时的指导思想脱离了中国的实际。我们党能够依靠自己和人民的力量纠正错误，战胜挫折，继续胜利前进，根本原因就在于重新恢复和坚持贯彻了解放思想、实事求是的思想路线。"①

（四）马克思主义中国化的必然性

自中国共产党诞生之日起，经过 90 多年的发展，党已经从一个领导人民为夺取全国政权而奋斗的党，成为一个领导人民掌握着全国政权并长期执政的党；已经从一个在受到外部封锁的状态下领导国家建设的党，成为在全面改革开放条件下领导国家建设的党。90 多年来，中国共产党带领中国人民完成和推进了人类历史上惊天动地的三件大事：

第一件大事，紧紧依靠人民完成了新民主主义革命，实现了民族独立、人民解放。经过北伐战争、土地革命战争、抗日战争、解放战争，党和人民进行 28 年浴血奋战，打败日本帝国主义侵略，推翻国民党反动统治，建立了中华人民共和国。第二件大事，紧紧依靠人民完成了社会主义革命，确立了社会主义基本制度。创造性地实现由新民主主义到社会主义的转变，使占世界人口四分之一的东方大国进入社会主义社会，实现了中国历史上最广泛最深刻的社会变革。第三件大事，紧紧依靠人民进行了改革开放新的伟大革命，开创、坚持、发展了中国特色社会主义。党的十一届三中全会以来，我们总结我国社会主义建设经验，同时借鉴国际经验，以巨大的政治勇气、理论勇气、实践勇气实行改革开放，经过艰辛探索，形成了党在社会主义初级阶段的基本理论、基本路线、基本纲领、基本经验，建立和完善社会主义市场经济体制，坚持全方位对外开放，推动社会主义现代化建设取得举世瞩目的伟大成就。

这三件大事的完成、推进及其取得的伟大成就，是一代一代中国共产党人同人民一道顽强拼搏、接续奋斗的结果。以毛泽东同志为核心的党的

---

① 江泽民在庆祝中国共产党成立八十周年大会上的讲话。

第一代中央领导集体团结带领全党全国各族人民，夺取了新民主主义革命的伟大胜利，确立了社会主义基本制度，为当代中国一切发展进步奠定了最根本的政治前提和制度基础。以邓小平同志为核心的党的第二代中央领导集体团结带领全党全国各族人民，开启了改革开放的伟大历程，吹响了建设中国特色社会主义的时代号角，开辟了社会主义事业发展新时期。以江泽民同志为核心的党的第三代中央领导集体团结带领全党全国各族人民，坚持改革开放、与时俱进，引领改革开放的航船沿着正确方向破浪前进，成功把中国特色社会主义伟大事业推向 21 世纪。党的十六大以来，以胡锦涛为总书记的党中央团结带领全党全国各族人民，以邓小平理论和"三个代表"重要思想为指导，深入贯彻落实科学发展观，着力推动科学发展、促进社会和谐，继续在全面建设小康社会实践中推进中国特色社会主义伟大事业。

三件大事的完成、推进及其取得的伟大成就，表明了马克思主义中国化的伟大胜利，证明了马克思主义中国化的必然性。90 多年来党的发展历程告诉我们，理论上的成熟是政治上坚定的基础，理论上的与时俱进是行动上锐意进取的前提，思想上的统一是全党步调一致的重要保证。"中国共产党人坚信马克思主义基本原理是颠扑不破的科学真理，坚信马克思主义必须随着实践发展而不断丰富和发展，从来不把马克思主义看成是空洞、僵硬、刻板的教条。马克思主义，理论源泉是实践，发展依据是实践，检验标准也是实践。任何固守本本、漠视实践、超越或落后于实际生活的做法都不会得到成功。"① 在历史上的一些时期，我们曾经犯过错误甚至遇到严重挫折，根本原因就在于当时的指导思想脱离了中国实际。我们党能够依靠自己和人民的力量纠正错误，在挫折中奋起，继续胜利前进，根本原因就在于重新恢复和坚持贯彻了实事求是。

马克思主义中国化的必然性，是与马克思主义的真理性和普遍性相一致的。马克思主义自诞生起，历经世界各国无产阶级的革命运动和世界社会主义运动的伟大实践，它的普遍原理，经久不衰、历久弥新，一经和各国的实际相结合，就会产生巨大的精神力量和物质力量，不断开辟了人类历史上的新纪元，创造了人类历史上的无数奇迹，上演了彪炳史册的历史活剧。马克思主义经历了欧洲化、俄国化、中国化，推进了人类文明的发

---

① 胡锦涛在庆祝中国共产党成立九十周年大会上的讲话。

展和进步。在社会主义中国这片土地上，马克思主义中国化没有休止符，只有进行时，没有完成时。马克思主义没有过时，始终保持着旺盛的生命力，永葆革命的青春。中国共产党和中国人民始终需要马克思主义，中国化的马克思主义也将与时俱进地向前发展，指导中国特色社会主义建设的伟大事业，指导中华民族实现伟大复兴，实现伟大的中国梦。马克思主义中国化是必然的，也是未来中国发展的历史趋势。

三　马克思主义中国化的基本经验和规律性的研究方法

马克思主义中国化的历程和中国化马克思主义的伟大成果，表现了马克思主义中国化在"化"的进程中所形成的基本经验和规律性，彰显了中国化马克思主义的理论品格。因而，以马克思主义中国化的历程为基础，重点研究马克思主义中国化的基本经验、规律性，同时研究中国化马克思主义的理论品格，是应然的、顺理成章的。

（一）马克思主义中国化基本经验的研究方法

目前，理论界研究和总结马克思主义中国化经验的成果很多。其中比较突出的成果之一，是北京市中国特色社会主义理论体系研究中心组织编写的《马克思主义中国化研究——历史进程和基本经验》。① 这部著作，无疑给理论界带来有益的启示。同时，我们课题组结合自己的研究状况和学术积累，认为总结马克思主义中国化的基本经验，也需要注意以下几个问题：

第一，正确认识和把握经验的产生。经验以实践为基础。经验是怎样得来的？只能从实践中来。马克思主义中国化的基本经验，来自于马克思主义中国化的历程，来自于马克思主义在中国发展的具体实践。

---

① 参见"马克思主义中国化的历史进程和基本经验"课题组著《马克思主义中国化研究——历史进程和基本经验》，北京出版集团公司、北京人民出版社 2009 年版，第 673—745 页。该著的第四编，把马克思主义中国化的基本经验概括为五个方面：一、破除迷信，解放思想，科学地对待马克思主义；二、真正了解中国现实实际，一切从中国国情出发；三、继承优秀历史文化，创造马克思主义的民族形式，形成中国特色；四、坚持世界眼光，与时俱进，不断吸收人类文明优秀成果；五、总结实践经验，让理论掌握群众来改造中国。

"一个正确的认识，往往需要经过由物质到精神，由精神到物质，即由实践到认识，由认识到实践这样多次的反复，才能够完成。这就是马克思主义的认识论，就是辩证唯物论的认识论。"① 马克思主义中国化的基本经验，就是在"化"的进程中，在多次反复的认识中取得的。没有这些认识上多次的反复，就形不成经验。这足以证明经验的弥足珍贵。而实践是产生经验的基础，实践是一个伟大的学校，实践是经验之母。

第二，经验和教训相辅相成，反面的教训也是经验。因此，对于反面教训一定要认真研究。

"人们在社会实践中从事各项斗争，有了丰富的经验，有成功的，有失败的。"② "失败的教训同样值得研究，他可以使人少走弯路。"③ "从一九二一年建党，到一九四五年七大以前，二十四年中我们党在思想上没有完全统一过，先是陈独秀的右倾机会主义，后是三次'左'倾机会主义。学派很多，各搞各的。主要有两派：一派是主观主义即教条主义，一派就是非教条主义。"④ "在民主革命时期，经过胜利、失败，再胜利、再失败，两次比较，我们才认识了中国这个客观世界。在抗日战争前夜和抗日战争时期，我写了一些论文，例如《中国革命战争的战略问题》、《论持久战》、《新民主主义论》、《〈共产党人〉发刊词》，替中央起草过一些关于政策、策略的文件，都是革命经验的总结。"⑤ 毛泽东上述对中国共产党革命经验产生的论述，可以直接指导我们研究马克思主义中国化的基本经验。他的论述表明，经验是在正确与错误、成功与失败的比较中，固化下来的。

与此相应，别国的经验再好，也只能参考，不能照搬。照搬就会犯教条主义的错误。实践表明，照抄照搬别国的经验，往往会给革命和建设带来重大损失。所谓"吃一堑长一智"，经验还是自己的好。我们走苏联人的路，经历了许多挫折和教训。毛泽东告诫全党"以苏为鉴"，邓小平也劝非洲朋友不能照抄照搬中国的经验，盲目搞社会主义。

第三，学习和借鉴中国共产党总结经验的方法。善于总结经验和教训，是中国共产党自身建设重要内容。在一定意义上说，善于总结经验和

---

① 《毛泽东文集》第8卷，人民出版社1999年版，第321页。
② 同上书，第320页。
③ 《毛泽东文集》第7卷，人民出版社1999年版，第64页。
④ 《毛泽东文集》第8卷，人民出版社1999年版，第275—276页。
⑤ 同上书，第299页。

教训，也是中国共产党自身建设的基本经验。因此，研究马克思主义中国化的基本经验，要特别注重研究中国共产党是怎样总结经验和教训的。检索从毛泽东到邓小平再到江泽民、胡锦涛、习近平等党和国家领导人，对新民主主义革命和社会主义建设和改革经验的文献论述，已有很多。这些经验总结，对于我们课题组研究和总结马克思主义中国化的基本经验，具有极为重要的借鉴和启发意义。

第四，严格区分经验和经验主义。经验和经验主义是意义完全不同的两个概念。经验主义就是主观主义。主观主义表现为两种形式：一是教条主义；二是经验主义。前者轻视实践和实践检验，把马克思主义当作教条和公式，到处生搬硬套，拒绝对任何具体问题进行具体分析。后者轻视马克思主义的指导作用，满足于个人和局部的狭隘经验，而把它们生搬硬套到整体和全部。

第五，明确总结马克思主义中国化基本经验的目的。总结经验的目的，不是为了总结经验而总结经验；而是为了推广和运用这些经验，更好地为社会主义革命、建设和改革的伟大事业服务。也就是说，总结经验不是为了图好看、好听，不能将之束之高阁。重要的是在实践中，学习和运用它们，使之进一步完善，成为最好的思想财富和理论财富。

（二）马克思主义中国化规律性研究的重要意义

研究马克思主义中国化的规律性，对于中国共产党和中国特色社会主义建设事业，具有重要的现实意义。

第一，研究马克思主义中国化的规律性，是加强中国共产党自身建设的需要。

早在中国共产党成立之前，马克思主义就已经在中国大地上传播开来。正是中国先进的工人阶级和中国的先进分子，接受了马克思主义，才创建了革命的政党——中国共产党。从此，中国共产党以马克思主义作指导，用马克思主义的思想武器武装全党，开始了新民主主义革命，直至取得革命胜利，建立了人民当家作主的中华人民共和国。一部中共党史，就是马克思主义中国化的历史。

在马克思主义中国化的进程中，中国共产党的指导思想也是与时俱进的。在新民主主义革命、社会主义建设、改革开放的不同历史时期，马克思主义中国化产生了两次伟大的历史性飞跃，这对于中国共产党的发展壮大及自身建设，具有决定性的意义。因此，研究马克思主义中国化的规律性，对于党的自身建设，就显得非常重要。特别是进入 21 世纪，在世情、国情、党情都发生重大变化的形势下，中国共产党提出执政能力建设和先进性建设，在此背景下，研究马克思主义中国化的规律性，就更有着重要的现实意义。

第二，研究马克思主义中国化的规律性，是推进中国特色社会主义建设事业的需要。

毛泽东指出：领导我们事业的核心力量是中国共产党，指导我们思想的理论基础是马克思列宁主义。中华人民共和国成立以后的社会主义革命和建设，也是在马克思主义的指导下，把马克思主义的普遍原理和中国实际相结合，探索一条社会主义建设的道路。邓小平在党的十二大开幕式的报告中，强调的也正是把马克思主义的普遍原理和中国的实际相结合，走自己的路，建设有中国特色的社会主义。

因而，一部中国社会主义建设史，也是马克思主义中国化的历史。马克思主义中国化的规律性研究，有助于深入研究中国特色社会主义道路、理论和制度。

第三，研究马克思主义中国化的规律性，有助于研究共产党执政的规律和社会主义建设的规律。

马克思主义中国化的历史，既是一部中共党史，也是一部社会主义建设史。研究马克思主义中国化的规律性，也一定有助于研究共产党执政规律和社会主义建设规律。

党的执政地位不是与生俱来的，也不是一劳永逸的。中国共产党为什么能够长期执政？为谁执政？靠谁执政？这些关于执政的根本问题，党必须有清醒的认识。执政党的生命力取决于它的执政基础，执政基础是否巩固直接决定着执政地位是否巩固。在长期的执政实践中，中国共产党认识到一个根本道理，这就是立党为公、执政为民。人民，只有人民才是推动社会历史前进的动力。人心向背永远是政党执政地位巩固与否的根本标志。如果失去了民心，失去了广大人民群众的信任和拥护，执政党丧失政权就成为必然。当世界上一些政党纷纷丧失政权的时候，自然会引起中国共产党的警觉，从而反思自身的执政基础是否牢固，反思自身的执政能力建设，探寻执政的规律。于是，共产党执政规律问题，自然会提到议事日程，摆在紧要的位置上。

共产党执政是社会主义建设的政治基础，共产党是社会主义建设的领导者和组织者；社会主义建设是共产党执政的逻辑必然，是共产党执政的题中应有之义。从时间顺序来说，先有共产党的执政，然后才有社会主义建设。共产党不是为了执政而执政，而是要努力建立共同富裕的社会主义社会，并朝着共产主义的目标前进。为此，必须正确认识和解决"什么是社会主义，怎样建设社会主义"的根本问题。

无论是共产党执政规律，还是社会主义建设规律，都与马克思主义中国化的规律性，息息相关。对于马克思主义中国化规律性的研究，会进一步理解和把握共产党执政规律和社会主义建设规律。

第四，马克思主义中国化规律性与共产党执政规律、社会主义建设规律，相互渗透，相辅相成。

讨论马克思主义中国化规律性与共产党执政规律、社会主义建设规律的关系，对于认识和把握它们的规律，很有必要。

我们知道，共产党是无产阶级革命的产物。无产阶级登上历史舞台，就把消灭私有制和解放全人类作为自己的奋斗目标。当共产党从资产阶级手中夺取政权以后，它们为实现自己的奋斗目标，必然首先建立一个消灭剥削、消除两极分化、实现共同富裕的社会主义社会。应该说，共产党执政和社会主义建设，是相伴相生的。社会主义建设离不开共产党的领导，社会主义建设的规律必然与共产党执政规律相联系，反映共产党执政规律。而共产党执政规律也必然体现在社会主义建设规律之中。也可以说，共产党执政规律和社会主义建设规律是互相包容和互相渗透的。共产党执政和社会主义建设是必然的逻辑联系。这里，马克思主义中国化始终贯穿其中。因此，马克思主义中国化的规律性，也一定反映着共产党执政的规律和社会主义建设的规律。

在一定意义上说，马克思主义中国化的规律性与共产党执政规律、社会主义建设规律，是三位一体的关系。只要是共产党执政，就必须走社会主义道路，建设社会主义；只要是社会主义，就必须坚持共产党的领导。只要是共产党，是社会主义，就必然坚持马克思主义，坚持马克思主义中国化。不走社会主义道路的共产党不是真正的共产党，不坚持共产党领导的社会主义不是真正的社会主义。同样，不坚持马克思主义，不坚持马克思主义中国化，也就不是共产党，不是社会主义。当然，马克思主义中国化、共产党执政、社会主义建设并不是同义语，三者之间是有区别的。社会主义是共产党的奋斗目标，但不是共产党奋斗目标的全部，共产党最终要实现共产主义。共产党执政虽然从根本上说，是主观见之于客观的行动，是主体和客体的统一，但更多地表现为主体行为；社会主义建设也是主观见之于客观的行动，则更多地表现为客体行为，二者在实践上形成主体和客体的统一。而马克思主义中国化，是一条红线贯穿在它们中间，并融为一体。

总之，对马克思主义中国化的规律性研究，彰显着中国共产党对马克思主义的坚定性和理论自觉性。这一研究的重要意义不能低估，更不能忽视。

（三）马克思主义中国化规律性研究的原则和方法

但是，究竟什么是马克思主义中国化的规律性，如何发现和认识、提炼和总结它的规律？这就需要讨论马克思主义中国化规律性研究的原则和方法。我们认为至少有十二个问题需要展开讨论，这十二个问题，也是本书在研究中尝试和遵循的原则和方法。

第一，研究马克思主义中国化的规律性，要首先对规律本身有科学正确的认识。

规律是客观事物发展过程中的本质联系，具有普遍性的形式，反映客观事物发展的必然趋势。规律是客观的，既不能创造，也不能消灭，不管人们承认不承认，规律总是以铁的必然性起着作用。但是，人在客观规律面前并不是消极被动的，在实践中，可以通过大量的外部现象，认识和发现客观规律，并利用客观规律来改造世界，从而为人类社会服务。世界上的万事万物，都有各自不同的发展规律。一般来说，我们把规律分为自然规律、社会规律和思维规律这三大领域。

马克思和恩格斯都认为历史进程是受内在的一般规律支配的。在自然界，所发生的任何事情，都没有预期的自觉的日的，偶然性在起支配作用。自然规律是在不自觉的、盲目的动力相互作用中表现出来的。在社会历史领域，"历史事件似乎总的说来同样是由偶然性支配着的。但是，在表面上是偶然性在起作用的地方，这种偶然性始终是受内部的隐蔽着的规律支配的，而问题只是在于发现这些规律"①。

---

① 《马克思恩格斯选集》第 4 卷，人民出版社 1995 年版，第 247 页。

如何发现社会历史领域的规律？早在抗日战争时期，毛泽东就总结出了"实事求是"的根本原则。他说："'实事'就是客观存在着的一切事物，'是'就是客观事物的内部联系，即规律性，'求'就是我们去研究。"① 指出实事求是是马克思列宁主义的态度和方法。中国革命的每一次胜利，都是将马克思列宁主义的基本原理和中国的具体实际相结合，实事求是的结果；反之，照抄照搬马克思列宁主义，背离实事求是，革命就会失败。实事求是，说起来容易，真正做到却不那么简单。这是因为实事求是本身就是法则和规律，是对规律的理论表述和概括。谁违背了规律，违背了实事求是这个铁的法则，谁就要受到惩罚。毛泽东坚持实事求是，提出了农村包围城市、最终夺取全国胜利的革命道路，领导我们党推翻了国民党反动统治，建立了中华人民共和国。在社会主义建设时期，毛泽东同样坚持实事求是，领导中国人民做出了举世瞩目的成就，积累了许多成功的经验，对社会主义建设规律和人类社会发展规律进行了有益的探索。当然，其中也有不少挫折和教训。所有这些，无疑都是中国共产党的宝贵财富。

邓小平作为中国改革开放的总设计师，是坚持解放思想，实事求是，尊重客观规律和利用客观规律为中国特色社会主义建设服务的典范。不坚持实事求是，就没有党的十一届三中全会对"文化大革命"的否定，就不会有实践是检验真理唯一标准大讨论的成功展开，更不会有二十多年中国特色社会主义建设事业的突飞猛进。邓小平把解放思想作为实事求是的重要前提，指出只有解放思想，打破禁锢，才能做到实事求是。他指出，一个党，一个国家，一个民族，如果一切从本本出发，思想僵化，迷信盛行，那它就不能前进，它的生机就停止了，就要亡党亡国。他把实事求是提到世界观的高度来认识，指出："实事求是，是无产阶级世界观的基础，是马克思主义的思想基础。过去我们搞革命所取得的一切胜利，是靠实事求是；现在我们要实现四个现代化，同样要靠实事求是。"② 邓小平把解放思想和实事求是统一起来，认为不解放思想就做不到实事求是。邓小平始终坚持解放思想、实事求是，从理论和实践上回答了"什么是社会主义和怎样建设社会主义"这个根本问题，在社会历史领域规律的层

---

① 《毛泽东选集》第3卷，人民出版社1991年版，第801页。
② 《邓小平文选》第2卷，人民出版社1994年版，第143页。

面上，提出了一系列科学的论断。

以江泽民为核心的党中央第三代领导集体，坚持解放思想，实事求是，与时俱进，在新的历史条件下，进一步回答了"什么是社会主义，怎样建设社会主义"的根本问题，创造性地回答了"建设什么样的党，怎样建设党"的根本问题，提出了"三个代表"重要思想，即：中国共产党必须始终代表中国先进生产力发展的要求，代表中国先进文化的前进方向，代表中国最广大人民的根本利益。"三个代表"重要思想的提出，标志着中国共产党从本质上对执政党建设有了更深刻的理解，是马克思主义中国化的重大理论成果，是对共产党执政规律的深刻认识和把握。

以胡锦涛为总书记的新一届中央领导集体，面对新世情、国情、党情，科学地把握时代主题，坚持走和平发展的道路，创造性地提出了一系列新思想、新观点。例如，在怎样建设社会主义的根本问题上，创造性地提出了科学发展观和构建社会主义和谐社会；在怎样建设党的根本问题上，系统地阐述执政党建设理论等，这就进一步推进了我们党对共产党执政规律的认识，标志着我们党对共产党执政规律的认识越来越自觉、越来越深刻、越来越彻底。这些新思想、新观点，是对"三个代表"重要思想的继承、丰富和发展。从而也表明，中国共产党对社会历史规律的认识和把握，是逻辑和历史相统一、理论和实践相统一的进程，是不断深化的进程。

如上所述，规律又称法则，它是客观的、人的意志所不能抗拒，也是不能违背的。

第二，马克思主义中国化规律性研究，要以正确理解马克思主义中国化的内涵为前提。

研究马克思主义中国化的规律，首先应从理论和实践上，搞清楚马克思主义中国化的基本内涵。正确地理解和把握马克思主义中国化的基本内涵，是对马克思主义中国化的规律进行科学研究的首要前提。马克思主义中国化的基本内涵，最权威的回答，应该是毛泽东本人曾经作出的阐述。

1938年9月29日至11月6日，中共六届六中扩大会议在延安召开。毛泽东在10月14日所作的《论新阶段》的政治报告中指出："马克思主义必须和我国的具体特点相结合并通过一定的民族形式才能实现。""离开中国特点来谈马克思主义，只是抽象的空洞的马克思主义。因此，使马克思主义在中国具体化，使之在其每一表现中带着必须有的中国的特性，即是说，按照中国的特点去应用它，成为亟待了解并亟须解决的问题。"毛泽东在报告中还指出："洋八股必须废止，空洞抽象的调头必须少唱，教条主义必须休息，而代之以新鲜活泼的、为中国老百姓所喜闻乐见的中国作风和中国气派。把国际主义的内容和民族形式分离起来，是一点也不懂得国际主义的人们的做法，我们则需要把二者紧密地结合起来。"

因此，根据毛泽东本人的论述，马克思主义中国化的基本内涵，就是使马克思主义通过一定的民族形式，来实现其"民族化"、"具体化"。此后，毛泽东又多次提出"马克思列宁主义的理论（或普遍真理）和中国革命的实践（或具体实践）相结合（或之统一）"的科学概念，用这些概念来表述马克思主义中国化思想。在六届六中全会报告中，毛泽东根据抗日战争的新形势，分析了中国社会的特点，指出在半殖民地半封建的中国，革命不是先占城市后取乡村，而是走相反的道路。中国的特点是：不是一个独立的民主的国家，而是一个半殖民地的半封建的国家；在内部没有民主制度，而受封建制度压迫；在外部没有民族独立，而受帝国主义压迫。因此，无议会可以利用，无组织工人举行罢工的合法权利。这些就是毛泽东本人对马克思主义中国化的内涵所阐述的基本思想。

需要指出，马克思主义中国化这一科学概念的提出，不能绝对以1938年10月划线。这是因为，任何科学概念的形成，都有其深厚的社会背景、思想土壤、理论准备做基础。例如，早在1930年5月，毛泽东的在《反对本本主义》中就阐述了相关的思想，因此，考察这一科学概念的形成，要有历史的大视野、思想史发展的整体观念及其大背景。其中，六届六中全会，可作为这一概念形成的重要标志。

这里还需要指出，"民族化"、"具体化"，是"中国化"的直接表述。"民族化"就是"中华民族化"，其中包括中国老百姓所喜闻乐见的中国作风和中国气派；"具体化"就是中国的具体国情和中国的特色。这里，毛泽东并没有讲"时代化"问题，但是战争与革命的时代主题，是当时毛泽东一直所强调必须把握的大问题，他撰写的许多文章、报告，往往在开篇就阐述了时代主题问题。因此，"时代化"是马克思主义中国化基本内涵的题中应有之义。

第三，马克思主义中国化规律性研究，要把握住马克思主义中国化的根本原则与核心。

马克思主义中国化的根本原则是坚持马克思主义的"民族化"、"具体化"、"当代化",这是马克思主义中国化的第一要义。马克思主义中国化的根本原则有两个含义:其一,首先必须坚持马克思主义的基本原理。脱离了马克思主义基本原理的所谓"中国化",可能变成随心所欲的"化",可能根本不是马克思主义,可能与马克思主义南辕北辙,甚至隔离十万八千里。因此,首先必须坚持马克思主义,这是"中国化"的根本原则和大前提。没有这个根本原则和大前提,一切就无从谈起。其二,必须坚持马克思主义的"民族化"、"具体化"、"当代化",没有"民族化"、"具体化"、"当代化",就谈不上"中国化",谈不上有当代中国的马克思主义,当然也就不会产生中国化的马克思主义理论成果。"民族化"是自然地、顺理成章的,在中国这块土地上,要想使马克思主义被接受和深入传播,不民族化是不可能的;民族化是根本的、唯一的原则,舍此无他。"具体化"是直接的、现实的,必须解决中国的具体问题;这也是根本原则,违背了它,就不是中国化。"当代化"则是与时代同步,与时俱进,走在时代的前列;这个原则是马克思主义本身固有的品格,是与生俱来的。

马克思主义中国化的核心是将马克思主义的普遍原理和中国革命、建设和改革的具体实践相结合,"相结合"这是中国化的核心或内核,是重中之重的重心。

中国共产党的历史表明,什么时候马克思主义基本原理和中国革命、建设的实际结合得好,革命和建设就比较顺利、成功;否则,结合得不好,就会受到挫折甚至失败。改革开放以来的实践,也证明了这一点。邓小平在党的十二大开幕式上的讲话中,也强调的是"把马克思主义的普遍真理同我国的具体实际结合起来"。因此,"相结合"这个"核心",应是硬指标、金标准,没有任何回旋的余地。现在我们强调的"相结合"有两个,一个是马克思主义与中国的具体实践相结合,另一个是马克思主义与时代特征相结合。概括起来就是与当代中国实践和时代特征相结合。

第四,马克思主义中国化规律性研究,要正确理解和把握马克思主义中国化的目的与方法。

所谓马克思主义中国化的目的,是指为什么要使马克思主义中国化?马克思主义为什么必须中国化?换言之,马克思主义中国化的内在逻辑是什么?我们通常所说,马克思主义是放之四海而皆准的真理,是世界社会主义运动的指南,是无产阶级解放的思想武器,揭示了人类社会发展的规律。那么，马克思主义中国化，就是把马克思主义具体化成直接指导中国共产党革命、建设、改革的指南和武器，就是中国共产党领导中国人民进行革命、建设、改革的指导思想。从总体上说，就是马克思主义中国化的伟大理论。这个理论不是别的，就是中国化的马克思主义，是马克思主义中国化的理论成果。

因此，马克思主义中国化的目的，就是要使中国化的马克思主义更好地指导中国革命、建设和改革的实践。没有革命的理论，就没有革命的运动；同样没有建设和改革的理论，也不能有效地指导社会主义建设与改革开放。而再好的理论，不是为了好看，不是为了理论而理论，不能束之高阁，而是要指导实践，最终取得胜利的成果。

马克思主义中国化的基本方法，就是走自己的路。在"民族化"、"具体化"、"时代化"中进行理论创新和实践创新。其中有走中国新民主主义道路，形成毛泽东思想理论的创新；还有走中国有特色社会主义道路，形成中国特色社会主义理论体系的创新。

第五，马克思主义中国化规律性研究，要区分马克思主义中国化与中国化马克思主义。

马克思主义中国化与中国化马克思主义是不是同义语？显然不是。马克思主义中国化指的是"化"的过程；中国化马克思主义是"化"的结果。规律性的认识固然可以从"化"的结果中分析，但更为主要的是从"化"的过程中来总结和抽象。二者虽然不是同义语，却有密不可分的关系。可喻为"因和果关系"、"过程和成果"等关系。此外，不同历史时期的中国化马克思主义这一成果，将进一步引导和促进马克思主义中国化之"化"的过程，推进马克思主义理论创新。可见，二者之间又成为互为因果的关系，形成了一个良性循环不断前进的过程。

研究马克思主义中国化规律性，主要是研究"化"的过程，是怎样"化"的？"化"的过程中发生了什么规律性的事情？为什么"化"出来的是这样结果，而不是那样的结果？"化"的过程中遇到了哪些"共性"的东西？哪些又是属于"个性"的东西？广而言之，"化"的过程中是不是都会"这样"而不是"那样"？只有上述的理论思考，才会比较深入地把握马克思主义中国化的规律性问题。在我主持的课题中，强调利用反映"化"的过程中大量的典型案例，来寻找和总结带有规律性的认识，在此基础上，发现和总结出规律。

第六，马克思主义中国化规律性研究，要注意马克思主义中国化的经验和规律性的区分。

经验是经验，规律是规律，二者不可以等同，且不属于同一层次。无论何种经验，哪怕再成熟的经验，都有其一定的局限性；而规律是属于更高层次带有本质性的东西。

马克思主义哲学认为，经验是在社会实践中产生的，是客观事物在人们头脑中的反映。但是，经验还不是认识的全部。无论是主观唯心主义的经验论还是唯物主义经验论者的"内部经验（反省）"，都与真理有着或大或小的鸿沟。即便是从社会实践中产生的唯物主义的经验，也需要不断提升，才能接近真理，形成正确的理论。经验的社会性和历史性决定了经验需要上升到理论，需要克服经验的狭隘性、片面性和局限性。

规律和本质是同等程度的概念。规律是事物本身所固有的、隐藏于现象背后并决定或支配现象的东西；本质是事物的内部联系。在事物发展过程中，反复出现的同一类现象的本质关系或本质之间的稳定联系，这个在千变万化的现象世界中的相对静止的东西，就是规律。规律是客观的，既不能被创造，也不能被消灭。不管人们的主观意愿如何，规律总是以铁的必然性起作用。但是，在这并不等于人们在规律面前完全消极被动、无所作为。人们可以通过大量的外部现象，认识和发现甚至把握规律，运用客观规律改造自然和社会。

目前学术理论界对马克思主义中国化规律的研究，如火如荼，取得了较深入的进展，成果颇丰。这些成果集中体现了理论工作者的智慧和勇气。但是，也需要指出，"泛规律化"，是马克思主义中国化规律研究中存在的问题或误区。

有学者研究马克思主义中国化规律，系统提炼了八大基本规律："继承坚持"与"发展创新"互为条件，"基本原理"与"文化传统"交互作用，"时代潮流"与"中国国情"融为一体，"本质统一性"与"形式多样性"有机统一，"客观需求"与"主观创造"相互促进，"思想解放"与"思想统一"有机结合，反对"教条主义"与反对"经验主义"同时并举，"党的领导"与"党的建设"相互支撑。这些思考和探索，确能给读者许多启发，但还是看不出这些就是规律，这样的表述还不像是对规律的抽象和总结。仔细剖析这八大基本规律，更多的是呈现出来的特点。也有的学者认为马克思主义中国化只有一个规律，就是"结合律"，这种看法也过于简单化。有学者提出只有"结合律"和"发展律"两种规律，这又过于笼统，"发展律"等于什么也没说。还有的学者总结为"十大规律"云云，这就更难认同。事实上，马克思主义中国化的特点，不能视为规律。特点多属于现象类的东西，反映表象的居多，反映本质的东西较少。

因此，对于规律研究本身，和飞跃研究一样，应持审慎态度。规律不容易发现，也不可能有那么多规律。正如哲学上的飞跃一样，不能动不动就形成了飞跃，飞跃是有历史条件的。飞跃是事物从一种质态转变为另一种质态的过程。恩格斯曾经指出，"从一种运动形式转变到另一种运动形式，总是一种飞跃。一种决定性的转折。"我们应该在这个基础上，认识和总结马克思主义中国化的规律。

第七，马克思主义中国化规律性研究，要注意认识和把握马克思主义中国化的成果与时代主题的关系。

这个问题不只是关系到马克思主义的时代化问题。时代的主题与马克思主义理论的创新，有着紧密的关系。或者说，时代主题与理论形态的形成和发展关系密切。理论形态的形成和发展受到时代主题的影响，在一定程度上受到时代主题的制约。不同的时代主题，催生不同的理论形态。理论形态具有鲜明的时代性，理论形态的形成和发展无不打上时代的深刻烙印，与时代主题表现为互动的关系。

正如恩格斯所说，"每一个时代的理论思维，从而我们时代的理论思维，都是一种历史的产物，它在不同的时代具有完全不同的形式，同时具有完全不同的内容。"应该认识到，这一完全不同的形式、完全不同的内容，指的就是理论创新，是理论形态意义上创新；也就是哲学意义上的飞跃。应该注意到马克思主义中国化在不同时期的两次历史性飞跃，时代主题是不同的。第一次飞跃的时代主题是战争与革命，第二次飞跃的时代主题是和平与发展。因此，邓小平理论是科学社会主义新的理论形态；毛泽东思想中关于社会主义建设的阐述，尽管曾提出"以苏为鉴"，也有一些创新，但是并没有脱离列宁主义和斯大林理论形态的框架，仍属于列宁主义所创新的社会主义理论形态；二者所处的时代和时代主题是一致的。同理，"三个代表"重要思想和科学发展观，也从属于邓小平理论这一科学社会主义新的理论形态，因为时代的主题也没有改变。因此，它们也属于马克思主义中国化第二次历史性飞跃中的产物，而没有单独形成飞跃，当然，也就不能独立当作科学社会主义新的理论形态。从这个层面上看，邓小平理论、"三个代表"重要思想、科学发展观同属于中国特色社会主义理论体系，是有科学根据和学理支撑的。同时，三者虽然并列在一起，但层次、地位和作用也不尽相同。然而，三者形成的体系"合力"却是空前的、无与伦比的。在马克思主义中国化的历史进程中，具有深远的历史意义。

诚然，我们也不能把时代主题绝对化，马克思主义中国化两次伟大的历史性飞跃的区别，也绝不仅仅是时代主题的不同。但无论如何，我们要重视时代主题的转化，从时代主题的视角，研究马克思主义中国化的规律，很有必要。

第八，马克思主义中国化规律性研究，要采取由表及里、由浅入深、循序渐进的方法。

读者会注意到本书的题目只提马克思主义中国化的规律性研究，而未提规律本身。我们认为，马克思主义中国化规律的研究，具有相当难度的。如前所述，不能把一般经验视为规律，也不可能处处都有规律，在规律发现面前，没有别的选择，只能实事求是地发现规律，研究规律，认识规律。

恩格斯在《反杜林论》中指出，原则不是研究的出发点，而是它的最终结果。本课题组的研究成果，是在研究马克思主义中国化规律性的基础上，进一步揭示规律。这些还只是研究的初步尝试，还有待于继续深入。

第九，马克思主义中国化规律性研究，要注重历史分析方法，借鉴实证分析方法。

本课题注重从马克思主义中国化的案例中分析和提炼规律性的东西，或者提出规律性的认识。这是一种实证性的研究方法。课题组认为，这个方法是最原始、最基本的，是科学研究马克思主义中国化规律的基本方法。

第十，马克思主义中国化规律性研究，要重点分析中国化马克思主义的"创新"，要在两次历史性飞跃的背景下，总结它的"创新"。

在马克思主义中国化的历程中，"创新"始终像一条红线，贯穿其中。"创新"的成果就是中国化马克思主义。这些成果是在两次历史飞跃中实现的。因此，要对马克思主义中国化"创新"的内涵和特点深入研究和总结。

第十一，马克思主义中国化规律性研究，要有国际化的视野。

世界社会主义运动表明，马克思主义总是在与各民族国家具体实际相结合的进程中开辟发展道路的。有比较才能有鉴别，它山之石可以攻玉。在马克思主义中国化的国际视野中，我们可以学习借鉴别国是怎样评价中国的，它们自己又是怎样做的，其中什么是共性、普遍性的或者是个性、特殊性的东西，从中引发对马克思主义中国化的深入思考。

第十二，马克思主义中国化的规律，是对马克思主义中国化规律性认识的深化和升华。

上述第八个问题对此已有阐述，这里要再次重申。原则不是研究的出发点，而是它的最终结果。我们最终的目的是研究出马克思主义中国化的规律。但是，其规律的研究和总结，不是一蹴而就的，需要在马克思主义中国化的规律性认识上不断深化和升华。规律性的认识不等于也不能代替规律，它只是初步的、有待深化的认识，不是规律本身。然而，无可否认的是，正是因为规律性的认识正在或已经揭开了规律上的面纱，才有可能使我们真正发现规律本身。本书的研究成果，其理论价值和现实意义也正在于此。

（四）中外案例分析法

鉴于上述基本经验和规律性研究的原则、方法及特点，我们认为，对于马克思主义中国化的基本经验和规律性，使用比较研究的方法，特别是案例分析法，是不可或缺的、非常必要的。本课题对此进行了尝试。

比较研究法在经验和规律性研究中，广泛运用且具有较高的使用价值。通常来说，比较研究法，就是对物与物之间和人与人之间的相似性或相异程度的研究与判断的方法；是指对两个或两个以上的事物或对象加以对比，以找出它们之间的相似性与差异性的一种分析方法。通过比较研究，可以寻求研究对象具有普遍规律与特殊规律的内容。比较研究法的种类很多，例如按属性的数量，可分为单向比较和综合比较；按时空的区别，可分为横向比较和纵向比较；按目标的指向，可分成求同比较和求异比较；按比较的性质，可分成定性比较和定量比较；按比较的范围，可分为宏观比较和微观比较；等等。

纵观中国共产党90多年的奋斗和发展历程，从建党伊始，中国共产党团结带领人民在中国这块土地上，书写了人类发展史上惊天地、泣鬼神的壮丽史诗，集中体现为完成和推进了三件大事：第一件大事，中国共产党紧紧依靠人民完成了新民主主义革命，实现了民族独立、人民解放。经过北伐战争、土地革命战争、抗日战争、解放战争，党和人民进行 28 年浴血奋战，打败日本帝国主义侵略，推翻国民党反动统治，建立了中华人民共和国。第二件大事，中国共产党紧紧依靠人民完成了社会主义革命，确立了社会主义基本制度。第三件大事，中国共产党紧紧依靠人民进行了改革开放新的伟大革命，开创、坚持、发展了中国特色社会主义。在这 90 多年的奋斗和发展历程中，从马克思主义中国化的基本经验和规律性的角度，无论是进行单向比较和综合比较，或者横向比较和纵向比较，或者求同比较和求异比较……可以说，鲜活、典型的事例比比皆是，俯首可得。只要深入进去，那些无数的事例就像珍宝一样熠熠发光，等待我们去摘取。

正是基于上述考虑，本课题对中外案例分析法给予一定的位置。一般来说，案例分析法是指结合文献资料对单一对象逐个进行分析，得出事物一般性、普遍性的规律的方法。其中，案例分类、案例解析、案例应用、案例延伸等，都是案例分析法的基本范畴。本课题撷取了国内十多个典型案例，试图从中分析具有经验和规律性的内容。

本课题并不局限于中国共产党自身的历史。既然是要研究马克思主义中国化的经验和规律性，那么，把研究的视野扩展到国际舞台上，考察在世界社会主义运动中，一些社会主义国家的执政党，是怎样把马克思主义本土化的，从中找出具有经验和规律性的内容，就显得非常重要和弥足珍贵。我们可以通过对国外社会主义国家及其执政党如何把马克思主义本土化的案例分析中，总结出具有借鉴和启示意义的思想、观点、方法，然后反思自身。这对于深入研究马克思主义中国化的经验和规律性，也将大有裨益。

第一章　马克思主义中国化的内涵分析

马克思主义中国化是一个动态的过程性存在，是社会实践运动过程和思想理论运动过程的统一体，中国化马克思主义是马克思主义中国化动态过程的实践和理论结果。马克思主义理论走向中国文化和中国实际、实现基本理论在中国的具体化，中国文化和中国实际走向马克思主义、实现中国经验的马克思主义化，构成了马克思主义中国化的基本内容；与此同时，马克思主义中国化创新成果的对外传播，也是马克思主义中国化的重要内涵，通过这种对外宣传和阐释，中国化马克思主义不仅能够获得客观公正的认知，同时也为人类文明的发展作出自己的贡献。本章拟通过对这些问题的具体分析，对马克思主义中国化的基本内涵做一些探讨。

第一节　马克思主义普遍原理在中国的具体化

从根本上说，马克思主义中国化就是把马克思主义基本原理同中国具体实际和时代特征结合起来，运用马克思主义的立场、观点、方法研究和解决中国革命、建设、改革中的实际问题，坚持和发展马克思主义；就是运用中国人民喜闻乐见的民族语言来阐述马克思主义理论，揭示中国革命、建设、改革的规律，使之成为具有中国风格、中国气派的马克思主义。也就是说，马克思主义中国化是一个动态的复合性的过程，展开地说这个过程可以从如下几个方面来理解。

一　把马克思主义理论同民族性特点相结合的民族化过程

马克思主义作为一种世界性的科学思想体系，是放之四海而皆准的科学真理。但是，这种世界性的真理必须同各国的具体实践、各民族的文化相结合，才能真正对这个国家和民族产生科学指导意义。

作为行动指南而非教条的马克思主义，坚决反对教条主义、公式主义的做法，后者把马克思主义当作一成不变的公式和戒律到处照搬，只能为死教条而牺牲活的马克思主义。他们仅仅记住和应用个别词句，教条主义地重复或照搬某些口号和论断，"只会无谓地背诵记得烂熟的公式，而不去研究新的生动现实的特点。"① 不把马克思主义当作科学方法论用于分析具体情况，不把马克思主义同具体实际结合起来，绝不是真正的马克思主义，也不可能制定出符合实际的政策，不可能在实践上获得胜利。"如果谁认为马克思和恩格斯对英美工人运动的劝告可以简单地直接地应用到俄国来，那他运用马克思主义就不是为了弄清马克思主义的方法，不是为了研究各特定国家工人运动的具体历史特点，而是为了打知识分子的、派别组织的小算盘。"② 这些人只能是假马克思主义者，让他们来领导革命，必将把无产阶级的事业引向失败。正因为马克思主义只是提供了分析问题的科学方法论而不是照搬照抄的公式和教条，因而，马克思主义必须要尊重各国的具体情况和特点，在同各国实际结合的过程中，以民族化的形式存在和发展。

关于马克思主义普遍原理必须同各国具体实际、各民族的具体特点相结合，列宁曾经有一段名言："我们决不把马克思的理论看做某种一成不变的和神圣不可侵犯的东西；恰恰相反，我们深信：它只是给一种科学奠定了基础，社会党人如果不愿落后于实际生活，就应当在各方面把这门科学推向前进。我们认为，对于俄国社会党人来说，尤其需要独立地探讨马克思的理论，因为它所提供的只是总的指导原理，而这些原理的应用具体来说，在英国不同于法国，在法国不同于德国，在德国又不同于俄国。"③ 因为存在着各个民族之间、各个国家之间的差别，各国的马克思主义者在运用马克思主义的时候，就不能自以为是地要求消除多样性，消灭民族差别，而是要把马克思主义的基本原理适应于民族的和民族国家的差别，针对这些差别正确地加以运用。也就是说，马克思主义必须同各个国家、各个民族的具体特点相结合，才能发挥其真理性力量。

毛泽东在谈到中国共产党党员如何在中国革命实践中运用马克思主义

---

① 《列宁专题文集·论马克思主义》，人民出版社 2009 年版，第 168 页。
② 同上书，第 127 页。
③ 同上书，第 96 页。

时曾经明确指出："马克思主义必须和我国的具体特点相结合并通过一定的民族形式才能实现。马克思列宁主义的伟大力量，就在于它是和各个国家具体的革命实践相联系的。对于中国共产党说来，就是要学会把马克思列宁主义的理论应用于中国的具体的环境。……使之在其每一表现中带着必须有的中国的特性，即是说，按照中国的特点去应用它……"①

在领导中国革命、建设、改革的长期实践中，中国共产党以及它所领导的理论家们，始终坚持把马克思主义基本原理同中国的具体实际和民族特点相结合，不断推进马克思主义中国化，实现了两次历史性飞跃，形成了毛泽东思想和中国特色社会主义理论体系两大理论成果。当前，中国共产党不断推进马克思主义的中国化、大众化和时代化，也就是要在马克思主义同当代中国实际相结合的过程中，丰富和发展马克思主义。

二　把马克思主义理论同时代特征相结合的时代化过程

马克思主义的根本特质就在于，它是工人阶级的世界观和方法论，是一种新的彻底的唯物主义，这一特质决定了它是唯物论和辩证法的有机统一，与自然科学和人类知识走向相一致，与社会生活和人类历史趋势相一致，与人的发展和人类文明进步相一致，因而具有真正的科学真理性、当代开放性。也正因为这样，马克思主义只有不断同当代实际相结合，才能不断焕发出其当代性的理论光辉。

马克思主义不是封闭僵化、固定不变的理论，它始终随着人类文明和社会实践的发展而处于开放状态，其部分内容会在特定时代主题面前被提到首位，个别论断也会随着时间推移而改变，这就是马克思主义的与时俱进品格。马克思主义本来就是人类优秀文明的继承和发展，它吸收了同时代最先进的文明成果，同时必将随着人类思想进步而丰富和发展。列宁多次论述马克思主义的理论来源，分析马克思主义与人类文明发展的关系。他说，马克思主义"绝不是离开世界文明发展大道而产生的一种故步自封、僵化不变的学说。恰恰相反，马克思的全部天才正是在于他回答了人类先进思想已经提出的种种问题。他的学说的产生正是哲学、政治经济学和社会主义伟大的代表人物的学说的直接继续。……马克思学说是人类在19 世纪所创造的优秀成果——德国的哲学、英国的政治经济学和法国的

---

① 《毛泽东选集》第 2 卷，人民出版社 1991 年版，第 534 页。

社会主义的当然继承者。"① 马克思主义同人类文明一样，将会随着历史发展而永远处于开放状态当中。

要实现马克思主义中国化，就必须把马克思主义的经典性理论同当代科学理论、当代社会实践相结合，从而使之总能够展示出其当代性价值。毛泽东在阐述什么是真正的马克思主义理论家的时候，明确指出："我们所要的理论家是什么样的人呢？是要这样的理论家，他们能够依据马克思列宁主义的立场、观点和方法，正确地解释历史中和革命中所发生的实际问题，能够在中国的经济、政治、军事、文化种种问题上给予科学的解释，给予理论的说明。我们要的是这样的理论家。假如要作这样的理论家，那就要能够真正领会马克思列宁主义的实质，真正领会马克思列宁主义的立场、观点和方法，真正领会列宁斯大林关于殖民地革命和中国革命的学说，并且应用了它去深刻地、科学地分析中国的实际问题，找出它的发展规律，这样才是我们真正需要的理论家。"② 也就是说，只有真正把握马克思主义的理论实质，把马克思主义基本理论同发展着的实际相结合，同中国革命的具体实践和时代特征相结合，并用以解决当代实际问题，才是真正的马克思主义理论家，才算得上是真正的马克思主义者。江泽民在谈到如何对待马克思主义时也指出，"马克思主义必须同各国实际相结合，着眼于对实际问题的理论思考，着眼于新的实践和新的发展。离开本国实际和时代发展谈马克思主义，是没有意义的。"③

在推进马克思主义中国化的过程中，中国共产党人正是这样做的。大革命时期，中国共产党人根据当时中国革命的实际情况，同国民党实行联合打倒军阀统治。大革命失败后，因为国民党的性质发生了根本变化，中国共产党人开始根据变化了形势，独立领导中国革命，创建农村革命根据地，开展轰轰烈烈的土地革命运动。随着日本帝国主义侵华战争的推进，民族矛盾上升为中国社会的主要矛盾，中国共产党人及时改变政治路线和斗争策略，建立抗日战争统一战线，领导中国人民进行抗日战争，维护了民族独立。抗日战争结束后，国民党反动派发动了全面内战，中国的主要矛盾发生了重大改变，在此情况下，中国共产党人领导人民开展了艰苦卓

---

① 《列宁专题文集·论马克思主义》，人民出版社 2009 年版，第 66—67 页。
② 《毛泽东选集》第 3 卷，人民出版社 1991 年版，第 814 页。
③ 《江泽民文选》第 2 卷，人民出版社 2006 年版，第 194 页。

绝的人民解放战争，实现了人民解放，建立了新中国。新中国成立后，中国共产党人不失时机地进行了生产资料的社会主义改造，建立了社会主义基本制度，开展大规模的社会主义建设运动，探索了中国社会主义建设道路。改革开放以来，中国共产党人根据新的时代特点，制定了新的基本路线，以经济建设为中心，坚持改革开放，坚持四项基本原则，全面开创中国特色社会主义的新局面，在实践和理论上取得了举世瞩目的伟大成就，中国特色社会主义道路越走越宽，中国特色社会主义制度不断发展完善，中国特色社会主义理论体系日益不断创新丰富，马克思主义中国化的事业不断向前推进。

三 把马克思主义理论同具体性实践相结合的实践化过程

马克思主义最重要的特征就在于它的实践性。马克思、恩格斯多次指出，他们的理论不是教条，而是行动的指南；对他们理论中一般原理的实际运用随时随地都要以当时的历史条件为转移。这就是说，马克思主义必须走向实践，必须同广大人民群众的实践相结合，才能焕发出强大的生命力、创造力、感召力。

马克思主义同人类社会实践紧密联系，随着实践的发展而不断发展。马克思主义历来着眼于活生生的群众实践，着眼于客观形势的变化，着眼于发展着的社会实际，善于从群众实践中学习，创造新的理论观点丰富和发展自身，而不把自身的理论当作一成不变的公式来切割实践。"马克思主义决不局限于只是在当前可能的和已有的斗争形式，他认为，随着当前社会局势的变化，必然会出现新的、为这个时期的活动家所不知道的斗争形式。马克思主义在这方面可以说是向群众的实践学习的，决不奢望用书斋里的'分类学家'臆造的斗争形式来教导群众。"[1] 这就是说，马克思主义必须同实践保持密切联系，必须以活生生的、发展变化的实践为中心。

研究和运用马克思主义，必须根据时代变化来确定重点，发掘马克思主义理论体系中同当下实践联系最紧密的方面，对当下实践作出科学的理论指导，同时用当下实践来丰富和发展马克思主义理论。如果仅仅是一般性地理解和掌握马克思主义理论体系而不考虑当下实践需要，就很容易把

---

[1] 《列宁专题文集·论马克思主义》，人民出版社2009年版，第100页。

马克思主义教条化。为此，必须要系统把握马克思主义理论体系的全部内容，只有这样才能了解马克思主义理论中的哪些内容是符合当下实践需要的东西；深入研究当前的实践，分析当前实际所提出的重大问题，真正把握当前的矛盾；把马克思主义理论中当前实践密切相关的理论发掘出来，指导实践并探索解决问题的方法；用实践中产生的新观点、新经验，丰富和发展马克思主义理论。从根本上说，这就是理论与实际的关系，就是方法与行动的关系，同时也是马克思主义理论研究和创新的基本路径。

中国共产党从诞生之日起就把马克思主义确立为自己的指导思想，但中国共产党又是在同教条主义的不断斗争中坚持和发展马克思主义的。1930年，在《反对本本主义》中，毛泽东就明确指出：马克思主义的本本是要学习的，但是必须同我国的实际情况相结合。我们需要本本，但是一定要纠正脱离实际情况的本本主义。延安整风的过程中，毛泽东在谈到马克思主义态度的时候指出，"马克思列宁主义的态度……就是应用马克思列宁主义的理论和方法，对周围环境作系统的周密的调查和研究。……就是要有目的地去研究马克思列宁主义的理论，要使马克思列宁主义的理论和中国革命的实际运动结合起来，是为着解决中国革命的理论问题和策略问题而去从它找立场，找观点，找方法的。这种态度，就是有的放矢的态度。'的'就是中国革命，'矢'就是马克思列宁主义。我们中国共产党人所以要找这根'矢'，就是为了要射中国革命和东方革命这个'的'的。"① 邓小平在谈到马克思主义的时候，也特别强调要把马克思主义同中国具体实践相结合，把马克思主义理论转化为具体的实践，他说："我们不把马克思主义当作教条，而是把马克思主义同中国的具体实践相结合，提出自己的方针，所以才能取得胜利。"②

事实上，中国共产党人推进马克思主义中国化的过程，就是不断同各种各样的教条主义进行斗争，把马克思主义同中国的具体实践相结合的过程。土地革命时期，以毛泽东为代表的中国化马克思主义者们，坚决反对唯共产国际指示为准绳而脱离中国革命具体特点的教条主义，创造性地开辟了农村包围城市的道路。抗日战争初期，毛泽东等又顶住了以共产国际指示为支撑的王明的右倾主张，坚持独立自主的抗日民族统一战线，形成

---

① 《毛泽东选集》第3卷，人民出版社1991年版，第800—801页。
② 《邓小平文选》第3卷，人民出版社1993年版，第191页。

了正确的战略决策，并把马克思主义的基本原理用以分析中国的社会性质和矛盾特点，创造性地提出了新民主主义理论。社会主义建设时期，毛泽东等针对苏联社会主义建设中存在的问题和弊端，结合中国社会主义建设的实践特点，独立自主地提出要实现马克思主义同中国实际的第二次伟大结合，开始了中国特色社会主义道路的探索历程。改革开放后，当代中国共产党人，结合中国社会主义现代化建设的具体情况，创造性地建立和不断发展完善社会主义市场经济，领导中国特色社会主义伟大事业不断取得新的伟大胜利。

四　把马克思主义理论同群众性实践相结合的大众化过程

马克思主义是一个逻辑严密、完整系统化的理论体系，具有完备的学术性、理论性。对于马克思主义，列宁有一段经典论述："马克思主义是马克思的观点和学说的体系。……马克思的观点极其彻底而严整，这是马克思的对手也承认的，这些观点总起来构成作为世界各文明国家工人运动的理论和纲领的现代唯物主义和现代科学社会主义。"① 这个论断，言简意赅地阐明了马克思主义的主要内容，强调了马克思主义的严整全面性。马克思主义不仅具有鲜明的阶级性和革命性，而且是一个包含着哲学、政治经济学、科学社会主义等在内的内涵丰富而逻辑严密的科学理论体系。

再伟大的理论如果不同群众的思想、群众的实践相结合，不转化为群众的意识和思想，也不能产生伟大的实践力量，正如马克思早已指出的，"批判的武器当然不能代替武器的批判，物质力量只能用物质力量来摧毁；但是理论一经掌握群众，也会变成物质力量。"② 为此，马克思主义必须转化为广大人民群众所乐于并能够接受的形态，转化为人民群众自己的思想观念，成为一种集体意识，才能真正掌握群众并形成强大的群众实践力量。

作为深邃的真理体系，马克思主义是对社会生活和无产阶级实践的高度理论抽象，具有特定的话语体系、逻辑层次、概念系统和理论架构，其深度意义并不直接呈现在人们面前，社会大众要掌握它必须经过理论阐述、讲解、灌输。任何时候都不能把马克思主义庸俗化为常识体系和习惯

① 《列宁专题文集·论马克思主义》，人民出版社2009年版，第7页。
② 《马克思恩格斯选集》第1卷，人民出版社1995年版，第9页。

话语。马克思主义来自于群众实践，但它不等于群众认识，它来自于实践又高于实践。群众实践只是形成了马克思主义的素材，但并没有形成马克思主义理论本身，必须经过理论家的思维加工，群众实践才能上升到理论层面。马克思主义同群众实践不可分离，这一点形成了马克思主义有大众化的可能性；马克思主义高于群众实践，是彻底严整、逻辑严密的真理体系，这一点则决定了马克思主义大众化的必要性。

在马克思主义中国化的过程中，一个至关重要的工作，就是要在坚持马克思主义精髓的基础上，把马克思主义的根本原理以通俗化的语言、简明化的形式、大众化的风格，传播到社会大众的头脑当中，转化为群众的集体意识，真正掌握群众并形成强大的实践力量，实现时代精神精华向民众群体意识的转化。例如，在延安时期，中国共产党在加强干部理论教育同时，高度重视广大群众的教育，在抗日根据地大力发展基础教育，在提高广大人民群众知识水平的同时，普及无产阶级思想教育和马克思主义基本知识。旧中国，由于历史文化和现实客观实际的原因，广大人民群众的文化程度普遍不高，绝大部分群众都是文盲或半文盲，这对于思想觉悟的提高和马克思主义理论的普及，是一个极大的障碍。为此，党中央和边区政府把群众教育提到了很高的位置，全面开展文化知识普及和理论知识宣传，在各村、各乡小学校内或小学校外，建立民革室、救亡室、俱乐部一类的文化教育活动中心，开办各种群众学校、夜校、识字班，组织各种识字组、大众黑板、读报、演讲、娱乐、体育、壁报、戏剧等一切适合群众需要及为群众所喜欢参加的活动。依托这些教育活动，提高了革命群众的文化程度，实现了马克思主义理论知识的普及，促进广大干部群众对马克思主义理论的了解。

毛泽东、邓小平在实现马克思主义中国化的历史性飞跃的过程中，就充分把握了这一点，尽可能用人民群众所能够理解的语言风格、表达形式，把马克思主义的深奥思想以通俗的形式传递到普通的社会大众的头脑当中，从而使马克思主义的严密性理论形态转化为大众化的理论形态。毛泽东本人就是马克思主义大众化的思想大师，他以独有的通俗易懂、深入浅出的文风，撰写了一大批中国化马克思主义的论著，如《为争取千百万群众进入抗日民主统一战线》、《矛盾论》、《实践论》、《反对自由主义》、《论持久战》、《中国共产党在民族战争中的地位》、《〈共产党人〉发刊词》、《中国革命和中国共产党》、《新民主主义论》、《改造我们的学习》、《整顿党的作风》、《反对党八股》、《延安文艺座谈会上的讲话》等。这些论著，深刻总结中国革命的经验教训，并把这些经验教训提升到马克思主义的高度，实现中国经验的马克思主义化。与此同时，这些文章也是马克思主义大众化的典范，开辟了马克思主义理论宣传普及的重要路径和方式方法，它们结合中国革命和中国文化实际，通俗易懂、风格简明、广大干部群众易于接受，打破理论同实践、理论家同接受者之间的间隔，介绍、传播和宣传马克思主义的基本理论，把马克思主义的基本原理以中国化的风格向广大干部群众宣传，使马克思主义同广大干部群众之间实现直接对接，为马克思主义大众化作出了重要贡献。

第二节　中国经验的马克思主义化

中国共产党在推进马克思主义中国化的历史进程中，创造了许多宝贵的具有中国特色的实践经验，这些经验不仅是对自己成功实践的科学总结，同时也是进一步推进马克思主义中国化的重要基础，构成了理论提升、道路开拓、制度创造的重要来源。把中国化的实践经验提升到马克思主义的高度，使之成为马克思主义中国化的重要创新成果，成为马克思主义宝库的重要组成部分，是马克思主义中国化的重要方面。[①]

一　经验上升到理论是马克思主义发展的重要途径

理论来自于实践，从实践经验中获取理论的滋养，不断把实践经验提升到理论的高度，推动理论的发展，是马克思主义认识论的基本原理，也是马克思主义理论发展的重要途径。

从感性认识上升到理性认识，从实践经验上升到科学理论，是马克思主义认识论的基本原理和内在要求。作为感性认识的实践经验，总是片段的、分散的和感性的，只有经过深度的理论总结和逻辑提升，才能成为系统的、完整的、理性的科学理论。毛泽东在《实践论》中，对这个问题作出了深刻的论述。他指出，感性的认识是属于事物之片面的、现象的、外部联系的东西，论理的认识则推进了一大步，到达了事物的全体的、本

---

① 本节部分内容参见金民卿《理论创新的重大成果及其生成机制》，载《中国矿业大学学报》2013 年第 1 期。

质的、内部联系的东西。人类认识的过程就是不断地由感性认识向理性认识飞跃、再从理性认识向实践飞跃的往复循环不断上升的辩证运动过程。人类的实践活动如果总是停留在重复前人实践、遵循既往经验的层面，就会长期处于缓慢的爬行状态，而只有在系统的科学理论指导下才能更加符合客观规律，更加具有主动性和自觉性，不断实现新的飞跃。

马克思主义本身就是工人阶级斗争实践的科学总结和理论提升。早在马克思主义创立之初，马克思就明确指出，马克思主义哲学是无产阶级的头脑，而无产阶级的解放运动是这种新哲学的心脏，哲学把无产阶级当作自己的物质武器，同样，无产阶级也把哲学当作自己的精神武器。这就是说，马克思主义从一开始就是"革命无产阶级的思想体系"，是同无产阶级的革命斗争实践紧密地联系在一起的。

马克思主义来源并服务于工人阶级的革命运动，它本身就是工人阶级反对资本主义斗争经验的产物，并在不断总结经验的过程中丰富和发展。在马克思主义产生之前的 19 世纪 30 年代，欧洲资本主义国家发生了历史性的转折，资产阶级在同封建主义的斗争中取得了决定性的胜利，资产阶级从一个革命的阶级转向了统治阶级，社会矛盾发生了根本的变化，资产阶级同工人阶级的阶级矛盾成为社会主要矛盾，工人阶级反对资产阶级的斗争更加激烈更加尖锐。在此历史背景下，发生了法国里昂工人运动、英国工人的宪章运动、德国西里西亚纺织工人起义等。马克思和恩格斯站在时代发展的前沿，从工人阶级和全人类的立场上，深刻总结无产阶级斗争的实践经验，并把这些经验经过深入的理论加工，创立了无产阶级的世界观和方法论，形成了马克思主义的科学真理体系。也就是说，没有工人阶级的革命斗争实践，就不可能有马克思主义的产生；同时，没有马克思恩格斯对工人阶级斗争经验的科学提升，也不可能创立无产阶级世界观的理论形态。马克思主义理论阐明了无产阶级作为社会主义社会创造者的历史作用，揭示了无产阶级的历史使命、阶级意识，教会了工人阶级自我认识和自我意识，用科学代替了幻想，使无产阶级真正形成为一个阶级，从自在阶级上升为自为阶级。马克思主义产生之后，更是高度关注并深刻总结工人阶级的革命斗争经验，不断把这些经验提升到理论的高度，推动马克思主义理论本身不断发展和丰富。1848 年革命斗争经验，1871 年巴黎公社斗争经验等，都成为马克思主义理论发展的重要基础。

二　经验向理论飞跃是马克思主义中国化的重要向度

作为中国工人阶级及中国人民和中华民族的先锋队的中国共产党，始终坚持马克思主义的立场观点方法，善于积累经验、总结经验并把经验升华为科学理论并用以指导新的实践。

在提出马克思主义中国化科学命题之时，毛泽东就已经提出了总结中国实践经验，把中国经验提升到马克思主义理论高度，创造中国化马克思主义，丰富和发展马克思主义在中国的理论形态的重要任务。他指出，马克思主义的科学理论、一般规律，都是从广泛的真实生活和革命经验中得出的，中国共产党人也应该像他们那样深入研究中国的实际问题、实践经验，按照中国的特点去应用马克思主义，创造新鲜活泼的、为中国老百姓所喜闻乐见的、具有中国作风和中国气派的马克思主义理论。

1941 年，毛泽东在《反对主观主义和宗派主义》的讲话中明确指出："我们要使中国革命丰富的实际马克思主义化。"① 要做实事求是的、创造性的马克思主义者，而不是主观主义的、假的马克思主义者，我们不仅要克服教条主义，同时也要克服经验主义，不仅要把马克思主义中国化，同时也必须把中国革命的丰富经验上升到马克思主义理论的高度。这个科学论断的提出，使毛泽东关于马克思主义中国化的思想更加成熟、更加完备、更加丰富。

中国经验的马克思主义化，实际上也就是突出与创新的过程，就是沿着人类文明发展的大道，追随当代人类实践的步伐，根据时代特征和矛盾发展的趋势，不断实现思想解放，突破已经不适应当代实际要求的经验，以及马克思主义经典作家在当时的历史条件下提出的、带有时代局限性和空间局限性的个别观点；就是要在坚持基本原理和结合转化的基础上，根据新的时代特点和实践要求，推动实践和理论上的新创造，提出新的思想观点、概念论断、理论体系、对策思路，共时性地推进传统文化和马克思主义理论的创新发展，实现马克思主义中国化的历史性飞跃。

中国共产党所从事的马克思主义中国化的事业，也就是不断地把中国革命、建设、改革的实践经验不断提升到马克思主义理论高度的过程。毛泽东思想的科学理论体系，就是中国共产党人把长期革命斗争实践理论

①《毛泽东文集》第 2 卷，人民出版社 1993 年版，第 374 页。

化、系统化的结果；中国特色社会主义理论体系，就是当代中国共产党人把改革开放的实践经验不断丰富完善，上升到马克思主义理论高度的结果。从 1927 年 10 月率兵上井冈山开始，毛泽东开始了轰轰烈烈的井冈山革命根据地斗争，积累了丰富的实践经验。在此基础上，毛泽东展开了深入的理论思考，撰写了《中国的红色政权为什么能够存在》、《井冈山的斗争》这两篇光辉著作，系统论述了工农武装割据思想，为日后提出农村包围城市、武装夺取政权的中国革命道路理论，提供了充分的理论基础，形成了中国化马克思主义理论的初步轮廓。在《反对本本主义》中，毛泽东深入总结了自己长期调查研究的经验和中国土地革命前期的深刻经验教训，提出了"没有调查、没有发言权"、"从斗争中创造新局面"的重要论断，初步提出了中国化马克思主义的思想路线，提出了"马克思主义的本本必须同我国实际情况相结合"、"中国革命斗争的胜利要靠中国同志了解中国情况"的经典命题，展示了中国共产党人对待马克思主义的中国化态度和气派，初步提出了马克思主义中国化的根本原则。六届六中全会上，毛泽东深刻总结了中国革命曲折发展的经验教训，提出了马克思主义中国化的科学命题。延安整风到党的七大，中国共产党深刻总结经验教训，高度集中全党智慧，创造性地把马克思主义普遍真理同中国革命的具体实际相结合，形成了毛泽东思想的科学理论体系，实现了马克思主义中国化的第一次历史性飞跃。西柏坡时期，中国共产党积极适应历史转变，科学回答"执什么样的政和怎么样执政"、"怎么样把工作重心转向城市"、"怎么样从革命转向建设"、"怎样从新民主主义革命向社会主义革命过渡"等重大历史课题，初步形成执政党建设和新政权建设理论，以发展生产为中心、城乡兼顾协调发展的思路，新中国建设的政策体系，开始探索中国特色的社会主义革命和建设道路，掀起了马克思主义中国化思想史上的一次理论创新高潮。十一届三中全会以来，以邓小平、江泽民、胡锦涛等为代表的当代中国共产党人，不断总结提升改革开放和社会主义现代化建设的成功经验，科学回答了"什么是社会主义和怎样建设社会主义"、"建设什么样的党和怎样建设党"、"实现什么样的发展和怎么样发展"等一系列重大的实践和理论问题，形成了包括邓小平理论、"三个代表"重要思想以及科学发展观等重大战略思想在内的中国特色社会主义理论体系，成功实现并不断推进马克思主义中国化的第二次历史性飞跃。

三 当代中国发展经验马克思主义化的重要体现

新的历史条件下，中国共产党人高度重视实践经验的理论提升，明确提出要"不断把党带领人民创造的成功经验上升为理论，不断赋予当代中国马克思主义鲜明的实践特色、民族特色、时代特色"①，使之从经验的层面不断上升到科学理论的层面，不断形成马克思主义中国化的理论创新成果，不断完善当代中国的马克思主义理论体系。党的十八大所作出的理论创新，就是当代中国发展经验马克思主义化的重要体现。

改革开放以来，在领导中国特色社会主义的伟大实践中，中国共产党积累了丰富的实践经验。近些年来，当代中国共产党人以高度的理论自觉，科学总结了领导人民进行革命、建设和改革开放的宝贵经验。2008年12月18日，在纪念党的十一届三中全会召开30周年大会上，胡锦涛系统阐述了改革开放"十个结合"的宝贵经验：把坚持马克思主义基本原理同推进马克思主义中国化结合起来，把坚持四项基本原则同坚持改革开放结合起来，把尊重人民首创精神同加强和改善党的领导结合起来，把坚持社会主义基本制度同发展市场经济结合起来，把推动经济基础变革同推动上层建筑改革结合起来，把发展社会生产力同提高全民族文明素质结合起来，把提高效率同促进社会公平结合起来，把坚持独立自主同参与经济全球化结合起来，把促进改革发展同保持社会稳定结合起来，把推进中国特色社会主义伟大事业同推进党的建设新的伟大工程结合起来，这些历史经验归结到一点，就是把马克思主义基本原理同中国具体实际相结合，走自己的路，建设中国特色社会主义。2009年10月1日，在首都各界庆祝中华人民共和国成立60周年大会上，胡锦涛指出：新中国60年的发展进步充分证明，只有社会主义才能救中国，只有改革开放才能发展中国、发展社会主义、发展马克思主义。2011年7月1日，在庆祝中国共产党成立90周年大会上，胡锦涛指出，总结90年的发展历程，我们党保持和发展马克思主义政党先进性的根本点是：坚持解放思想、实事求是、与时俱进，以科学态度对待马克思主义，用发展着的马克思主义指导新的实践，坚持真理、修正错误，坚定不移走自己的路，始终保持党开拓前进的

---

① 《中共中央关于深化文化体制改革、推动社会主义文化大发展大繁荣若干重大问题的决定》，载《人民日报》2011年10月26日。

精神动力；坚持为了人民、依靠人民，诚心诚意为人民谋利益，从人民群众中汲取智慧和力量，始终保持党同人民群众的血肉联系；坚持任人唯贤、广纳人才，以事业感召、培养、造就人才，不断增加新鲜血液，始终保持党的蓬勃活力；坚持党要管党、从严治党，正视并及时解决党内存在的突出问题，始终保持党的肌体健康。这些总结，使实践中的智慧不断得到条理化、系统化和理论化，经验形态的探索成果日益走向理论形态的理论建构。

当代中国共产党人在推进中国特色社会主义伟大事业的过程中，积累了丰富的实践经验。中国共产党人不仅善于总结这些经验，而且善于把这些经验进行理论的提升。中国共产党第十八次全国代表大会，是在我国进入全面建成小康社会决定性阶段召开的一次十分重要的大会。这次大会在总结实践经验的基础上，丰富发展了中国共产党指导思想体系，明确界定了科学发展观的科学内涵和历史地位，深入阐发了中国特色社会主义的总体架构，系统部署了中国特色社会主义五位一体建设的总体布局，深刻论述了"学习型、服务型、创新型"马克思主义执政党的建设路径，形成了中国共产党理论创新的重大成果。

对中国共产党的指导思想作出了新的、更加完整的表述。报告在阐述大会主题时，就明确地把科学发展观同邓小平理论和"三个代表"重要思想并列作为根本指导思想。在讲到党的指导思想时，报告指出：科学发展观同马克思列宁主义、毛泽东思想、邓小平理论、"三个代表"重要思想一道，是党必须长期坚持的指导思想。十八大修改后的《中国共产党党章》讲道：中国共产党以马克思列宁主义、毛泽东思想、邓小平理论、"三个代表"重要思想和科学发展观作为自己的指导思想。指导思想涉及举什么旗、走什么路、坚持什么主义，是一个大本大源的问题。一个时期以来，国内思想文化界思潮纷呈，代表不同政治观点、不同利益群体的社会思潮纷纷出现，一些人提出了所谓的"主义"、"理论"，企图取代中国特色社会主义，搞指导思想多元化；还有一些人则通过一些非正常渠道，散布关于党的指导思想要做重大调整的消息，说中国共产党要在自己的指导思想中"去掉马克思列宁主义"、"摆脱毛泽东思想"等，企图影响人们对党的指导思想的理解。十八大报告关于党的指导思想的完整论述，清楚地告诉人们：中国共产党的指导思想不仅包括了已经长期坚持的马克思列宁主义、毛泽东思想、邓小平理论和"三个代表"重要思想，而且增加了新的内容——科学发展观，从而使党的指导思想既保持了一脉相承又实现了与时俱进，体现了党在指导思想方面的重大创新，同时也对所谓的"去马列化"、"去毛化"做出了强有力的回应。

对科学发展观的科学内涵和历史地位作出了明确界定。十六大以来，中国共产党勇于推进实践基础上的理论创新，围绕坚持和发展中国特色社会主义，提出一系列紧密相连、相互贯通的新思想、新观点、新论断，形成和贯彻了科学发展观。关于科学发展观的历史地位，报告指出：科学发展观是马克思主义同当代中国实际和时代特征相结合的产物，是马克思主义关于发展的世界观和方法论的集中体现，对新形势下实现什么样的发展、怎样发展等重大问题作出了新的科学回答，把我们对中国特色社会主义规律的认识提高到新的水平，开辟了当代中国马克思主义发展新境界。科学发展观是中国特色社会主义理论体系最新成果，是中国共产党集体智慧的结晶，是指导党和国家全部工作的强大思想武器。这个论断把科学发展观纳入到马克思主义发展史的历史视野，纳入到中国特色社会主义理论体系的发展进程，从指导党和国家全部工作的高度，充分阐明了科学发展观的重要历史地位。报告还指出：在全面建成小康社会的历史进程中，全党必须更加自觉地把推动经济社会发展作为深入贯彻落实科学发展观的第一要义，把以人为本作为深入贯彻落实科学发展观的核心立场，更加自觉地把全面协调可持续作为深入贯彻落实科学发展观的基本要求，更加自觉地把统筹兼顾作为深入贯彻落实科学发展观的根本方法。这个论述从理论上深化了科学发展观的第一要义、核心立场、基本要求、基本方法，使科学发展观的内涵更加明晰。

对中国特色社会主义道路、理论体系和制度以及它们之间的相互关系，作了言简意赅而完整系统的阐明，深刻阐发了中国特色社会主义"三位一体"的总体架构。报告指出：中国特色社会主义道路，就是在中国共产党领导下，立足基本国情，以经济建设为中心，坚持四项基本原则，坚持改革开放，解放和发展社会生产力，建设社会主义市场经济、社会主义民主政治、社会主义先进文化、社会主义和谐社会、社会主义生态文明，促进人的全面发展，逐步实现全体人民共同富裕，建设富强民主文明和谐的社会主义现代化国家。中国特色社会主义理论体系，就是包括邓小平理论、"三个代表"重要思想、科学发展观在内的科学理论体系，是对马克思列宁主义、毛泽东思想的坚持和发展。中国特色社会主义制度，就是人民代表大会制度的根本政治制度，中国共产党领导的多党合作和政治协商制度、民族区域自治制度以及基层群众自治制度等基本政治制度，中国特色社会主义法律体系，公有制为主体、多种所有制经济共同发展的基本经济制度，以及建立在这些制度基础上的经济体制、政治体制、文化体制、社会体制等各项具体制度。这三者之间相辅相成、有机结合，内在统一于中国特色社会主义伟大实践，其中道路是实现途径，理论体系是行动指南，制度是根本保障。总体上说，中国特色社会主义，既坚持了科学社会主义基本原则，又根据时代条件赋予其鲜明的中国特色，以全新的视野深化了对共产党执政规律、社会主义建设规律、人类社会发展规律的认识，从理论和实践结合上系统回答了在中国这样人口多底子薄的东方大国建设什么样的社会主义、怎样建设社会主义这个根本问题，日益显示出其鲜明的实践特色、理论特色、民族特色、时代特色。发展中国特色社会主义既是一项长期的艰巨的历史任务，同时也要在不断实现阶段性目标的进程中向前推进。当前，我国发展仍处于可以大有作为的重要战略机遇期，我们应该全面把握机遇，沉着应对挑战，确保到 2020 年全面建成小康社会，争取经济持续健康发展，人民民主不断扩大，文化软实力显著增强，人民生活水平全面提高，资源节约型、环境友好型社会建设取得重大进展。这个概括，既是对奋斗目标的进一步明确，同时也是继我们党在 80 年代提出建设小康社会、十六大提出全面建设小康社会之后，对小康社会思想的进一步发展和完善，对社会主义现代化建设规律认识的深化。报告还对转变发展方式、政治体制改革、文化强国建设、社会建设、生态文明建设等，做出了总体部署，提出了一系列重要的创新性论述，这些都构成了马克思主义中国化最新理论成果的有机组成部分。

对发展中国特色社会主义的基本要求作了系统阐述。报告明确提出，建设中国特色社会主义，总依据是社会主义初级阶段，总布局是五位一体，总任务是实现社会主义现代化和中华民族伟大复兴。在总结历史经验和分析时代特征的基础上，报告从主体力量、根本任务、必由之路、内在要求、根本原则、本质属性、必然选择、领导核心八个方面，对发展中国特色社会主义的基本要求进行了系统论述，在新的历史条件下夺取中国特色社会主义新胜利，必须坚持人民主体地位、坚持解放和发展社会生产力、坚持推进改革开放、坚持维护社会公平正义、坚持走共同富裕道路、坚持促进社会和谐、坚持和平发展、坚持党的领导。八项基本要求是对实践经验的高度升华，建设规律的深度揭示，重大现实问题的积极回应和科学回答，具有深刻的理论价值，遵循了马克思主义的基本原理，揭示了中国特色社会主义建设中最本质的东西，体现了共产党执政规律、社会主义建设规律、人类社会发展规律，显示了中国共产党对中国特色社会主义规律的深度把握，对我国全面建成小康社会的各项工作，具有重大而长远的指导意义。坚持人民主体地位，遵循了唯物史观关于人民群众创造历史的基本原理，凸显了社会主义国家人民当家作主的制度要求，揭示了发展中国特色社会主义的主体力量，阐明了人民主体地位的基本内涵。坚持解放和发展社会生产力，体现了唯物史观关于物质生产决定作用的基本原理，指出了发展中国特色社会主义的根本任务，阐明了科学发展的核心立场、根本要求和总体布局。坚持推进改革开放，体现了人类社会发展的根本动力，揭示了发展中国特色社会主义的必由之路，展现了党领导中国人民发展前进的精神状态和创新意志。坚持维护社会公平正义，体现了马克思主义关于人的自由全面发展的价值理想，揭示了发展中国特色社会主义的内在要求，阐明了社会主义条件下维护社会公平正义的制度保障，突出强调了权利公平、机会公平、规则公平的核心价值。坚持走共同富裕道路，体现了社会主义社会的根本目的，揭示了发展中国特色社会主义的根本原则，阐明了解决分配问题的基本思路和核心任务。坚持促进社会和谐，弘扬了中华民族的优良传统，体现了人类发展进步的普遍追求，揭示了发展中国特色社会主义的本质属性，展现了发展民生事业和创新社会管理的科学理念。坚持和平发展，体现了唯物辩证法关于事物发展内外因转化的原理，揭示了和平发展是中国特色社会主义的必然选择，展现了中国共产党处理现代外交关系的政策水平，中国人民维护自身发展的坚强意志和促进世界和平的责任意识。坚持党的领导，体现了对共产党执政规律的高度自觉，揭示了发展中国特色社会主义事业的领导核心，阐明了马克思主义政党建设的根本目标和重大任务。

对建设"学习型、服务型、创新型"马克思主义执政党的理论要求和建设路径作了系统阐述。十八大报告提出了一个崭新的科学论断，"建设学习型、服务型、创新型的马克思主义执政党"。报告指出：只有植根人民、造福人民，党才能始终立于不败之地；只有居安思危、勇于进取，党才能始终走在时代前列；全党要增强紧迫感和责任感，牢牢把握加强党的执政能力建设、先进性和纯洁性建设这条主线，坚持解放思想、改革创新，坚持党要管党、从严治党，全面加强党的各方面建设，增强自我净化、自我完善、自我革新、自我提高能力，建设学习型、服务型、创新型的马克思主义执政党，确保党始终成为中国特色社会主义事业的坚强领导核心。建设学习型、服务型、创新型的马克思主义执政党，包含着丰富而深刻的内涵：中国共产党是一个旗帜鲜明的马克思主义政党，始终高举马克思主义的旗帜，是中国工人阶级的先锋队，同时也是中国人民和中华民族的先锋队，这个根本性质和根本方向是决不能动摇的。中国共产党是一个在十几亿人口的大国执政的马克思主义执政党，是中国特色社会主义事业的领导核心，代表中国先进生产力的发展要求，代表中国先进文化的前进方向，代表中国最广大人民的根本利益，执政地位不断得到加强和巩固，执政能力不断得到提高。建设学习型政党就是要把党建设成为科学理论武装、具有世界眼光、善于把握规律、富有创新精神的现代政党，建设服务型政党就是要牢牢坚持立党为公、执政为民、全心全意为人民服务的根本宗旨，使党的服务水平和服务能力持续提升，建设创新型政党就是要始终坚持解放思想、实事求是，与时俱进、求真务实，不断推动理论创新、制度创新、实践创新和方法创新。报告对建设"三型"马克思主义执政党做出了总体部署：坚定理想信念，坚守共产党人精神追求；坚持以人为本、执政为民，始终保持党同人民群众的血肉联系；积极发展党内民主，增强党的创造活力；深化干部人事制度改革，建设高素质执政骨干队伍；坚持党管人才原则，把各方面优秀人才集聚到党和国家事业中来；创新基层党建工作，夯实党执政的组织基础；坚定不移反对腐败，永葆共产党人清正廉洁的政治本色；严明党的纪律，自觉维护党的集中统一。提出建设"学习型、服务型、创新型"马克思主义执政党，是中国共产党继十七届四中全会提出"建设马克思主义学习型政党"之后，提出的又一个重要科学论断，这既是对新时期以来推进党的建设伟大工程的经验总结，又是立足于党的建设所面临的突出问题、新的挑战和重大历史任务，对下一步党的建设的总体部署，是党的建设理论和实践走向更加成熟、更加自觉的重要体现。

第三节　中国化马克思主义的对外传播

中国共产党不仅善于把马克思主义普遍真理同中国具体实际相结合，

指导中国革命建设改革的伟大实践，并创造性地把自己的实践经验进行理论提升，丰富和发展马克思主义的理论宝库。而且，中国共产党从来不隐瞒自己的理论观点，相反总是尽可能地把自己的理论主张和核心政治理念对外宣传，在扩大中国化马克思主义影响的同时，对人类文明发展和国际共产主义运动作出自己的贡献。过去，人们在讨论马克思主义中国化问题时，对于中国化马克思主义对外传播阐释的问题很少涉及，我们在此专门论述。①

一 中国共产党历来重视公开传播自己的理论主张

马克思和恩格斯在《共产党宣言》中明确提出，"共产党人不屑于隐瞒自己的观点和意图"②。作为中国工人阶级的先锋队，中国共产党也是如此，从来就没有隐瞒自己的观点，更不封闭自己的主张。相反，总是创造条件主动让世界了解自己，宣传、解释自己的思想观点和核心政治理念，维护和发展国家民族的利益，并以和平友善的态度去影响和感染世界，尤其是在自身发展的关键时期。

从成立那一天起，中国共产党就公开宣布自己的理论主张、理想信念和奋斗目标。在中国共产党正式成立前夕，毛泽东就指出，"唯物史观是吾党哲学的根据"③，高高打出马克思主义的旗帜，并明确表示坚决捍卫这面旗帜，"主义之争，出于不得不争，所争者主义，非私人也。"④ 1921年7月，中国共产党在自己的第一个纲领中，旗帜鲜明地宣称要"推翻资本家阶级的政权"，"消灭资本家私有制"，消除"社会阶级区分"，从而把实现社会主义、共产主义作为自己的奋斗目标。⑤

1936年，中国共产党人刚到陕北不久，就在极其艰苦的条件下，做了两件值得记忆的事情。一是编写《红军长征记》。红一方面军刚到陕北安顿下来，毛泽东就指示杨尚昆成立编写关于红军长征文稿的编委会，二人一同向参加长征的同志发出信函：因进行国际宣传及在国内国外进行募

---

① 本节部分内容参见金民卿《中国特色社会主义理论对外宣传阐释的必要与可能》，载《青海社会科学》2013年第5期。

② 《马克思恩格斯文集》第2卷，人民出版社2009年版，第66页。

③ 《毛泽东文集》第1卷，人民出版社1993年版，第4页。

④ 《毛泽东通信选集》，人民出版社1983年版，第19页。

⑤ 《"一大"前后》（一），人民出版社1980年版，第6页。

捐，需要出版《长征记》。他还向各部队发出电报，号召各首长并动员与组织师团干部撰写有关长征的文稿，并强调这件事情"事关重要，切勿忽视。"① 一大批参加红军长征的革命家和红军战士，记述了艰苦卓绝的长征经历，向世界宣告中国共产党人的思想主张。二是毛泽东和中国共产党的主要领导人热情接受美国记者斯诺的采访，详细介绍中国共产党关于抗日战争、民族统一战线等重要主张，通过他向全世界介绍中国共产党的政治观点。斯诺在采访后创作的《西行漫记》一时之间风靡世界，中国和世界人民以极大的兴趣客观公正地了解中国共产党的核心政治理念。许多热血青年，就是受到这本书中介绍的中国共产党的感人事迹和政治主张的感染，冲破重重阻力来到延安参加革命的。可见，对外宣传、介绍和阐释自己的政治主张和核心理念何等重要。

毛泽东在革命战争和社会主义建设的长期历史中，多次同国外记者进行谈话，把中国共产党的一些重要理论观点向世界传播。在革命战争时期，他多次接受外国记者采访，把中国共产党关于中国社会性质、中国主要矛盾、中国革命的对象和任务、新民主主义革命理论、抗日民族统一战线、民主联合政府等观点，通过外国记者向全世界公开。例如，他关于一切帝国主义都是纸老虎的著名论断，就是通过美国记者路易·斯特朗向世界公开发布的。新中国成立后，他同各国政要、理论家等广泛接触，大力宣传毛泽东思想的科学理论以及中国共产党的理论观点。中国共产党的主张对当时世界国际共产主义运动产生了重大的影响，给许多国家的民族解放运动以很好的参考。

邓小平在领导改革开放的过程中的一些重要理论观点和政治主张，首先就是在同外国政要、来宾和记者的谈话中公开的。《邓小平文选》第3卷记述了他从1982年9月到1992年2月间的重要著作119篇，其中73篇都是同国外政要或其他来宾的谈话，占全部篇目的61%强。诸如小康社会、翻两番、一国两制、社会主义初级阶段、社会主义市场经济、政治体制改革、反对资产阶级自由化等重大观点，都是同外宾的谈话中首次公开阐述或详细介绍的。即便是在1989年政治风波之后，一些西方资本主义国家借口所谓的民主人权等问题对中国制裁之时，他也在中国共产党的

① 《毛泽东年谱（1893—1949）》（中），人民出版社、中央文献出版社1993年版，第615页。

核心政治理念方面不让步，并通过外宾对外宣传中国共产党的政治主张，解释中国特色社会主义理论的基本内容。例如，1989 年 11 月 23 日，他在同坦桑尼亚革命党主席尼雷尔谈话时，公开批判西方资产阶级的人权观，阐明中国共产党的人权观，他明确指出，西方人制裁中国，"他们有什么资格！谁给他们的权力！真正说起来，国权比人权重要得多。……他们那一套人权、自由、民主，是维护恃强凌弱的强国、富国的利益，维护霸权主义者、强权主义者利益的。"同年 12 月 10 日，在会见美国政要时，他毫不退让地声明，中国搞社会主义就是要走自己的路，"美国的制度中国不能搬"。1990 年 7 月，在同加拿大政要谈话时直接明了地告诉西方人，"第一，他们没有资格制裁中国；第二，实践证明中国有抵抗制裁的能力"；"中国永远不允许别国干涉内政"，中国特色社会主义制度是由中国国情决定的，绝不会因别国干涉而加以改变。①

历史告诉人们，中国共产党人正是通过主动宣传和阐释自己的基本理论主张和核心政治理念，客观公正地向世界介绍自己，扩大了自己的世界性影响，捍卫了国家和人民的核心利益，也为世界人民提供了思想智慧和政策参考，极大地促进了世界的和平发展，对一些发展中和欠发达国家给予了很大的帮助和指导。

二 中国化马克思主义能够而且需要走向世界

马克思主义是在充分吸收人类文明发展成果的基础上创立的，是全世界工人阶级的世界观和全人类性的科学真理体系，科学社会主义是全世界工人阶级和最广大人民群众解放和发展自己的行动指南，是世界性的理论，必然要在全世界得到传播和发展。

中国共产党从成立的那天起，就把马克思主义写在自己的旗帜上，致力于把马克思主义的普遍真理同中国的具体实践相结合，全面推进马克思主义中国化的历史进程，实现了两次伟大的历史性飞跃，形成了中国化马克思主义的两大理论成果，即毛泽东思想和中国特色社会主义理论体系。中国化马克思主义是马克思主义在中国具体化的结果，一方面具有鲜明的中国特色，另一方面包含着马克思主义的理论精髓，体现着马克思主义的根本特征，是人类文明成果的重要组成部分。

---

① 《邓小平文选》第 3 卷，人民出版社 1993 年版，第 345、351、359 页。

　　作为马克思主义中国化的第一个重大理论成果，毛泽东思想"不是在个别方面，而是在许多领域发展了马克思列宁主义。毛泽东思想是个体系，是发展了的马克思主义。"①它坚持了马克思主义的基本原理，贯穿着马克思主义的精髓。不仅对中国革命产生了巨大的影响，而且对世界马克思主义发展和国际共产主义运动也产生了巨大影响，这一点早已经得到了历史和实践的证明。时至今日，国际上研究马克思主义的理论家，几乎没有不谈毛泽东思想的；一些国家的共产党也把毛泽东思想作为重要的理论参考甚至作为指导思想写进自己的党章。

　　作为马克思主义中国化第二个重大理论成果，中国特色社会主义在本质上是科学社会主义，是科学社会主义在中国发展的具体形态。2013年1月5日，习近平在中央党校的讲话中特别强调："中国特色社会主义是社会主义而不是其他什么主义，科学社会主义基本原则不能丢，丢了就不是社会主义。"我们正在发展的中国特色社会主义，在基本经济制度上坚持公有制为主体，在分配制度上坚持按劳分配原则，在政治制度上坚持人民民主专政，主张人的自由全面发展，在文化制度上力求极大满足人民的文化需求，实现人的精神高度发达，在政党制度上坚持工人阶级的先锋队即共产党领导，这些都体现了科学社会主义的基本原则。与此同时，它又充分体现了中国的历史特点、文化传统和当代实际，具有鲜明的中国特点。因此"中国特色社会主义，是科学社会主义理论逻辑和中国社会发展历史逻辑的辩证统一，是根植于中国大地、反映中国人民意愿、适应中国和时代发展进步要求的科学社会主义，是全面建成小康社会、加快推进社会主义现代化、实现中华民族伟大复兴的必由之路。"②

　　也就是说，中国特色社会主义的道路和制度，是在中国共产党的领导下经过艰苦奋斗建立起来的，是在中华民族几千年文明历史的基础上开拓前进的，是在吸收包括资本主义制度的一切人类优秀文明成果的基础上发展进步的。中国特色社会主义理论，充分吸收了中华民族的优秀文化传统，反映中国人民的共同愿望和理想追求，同时也充分吸收了世界各个民族的各种制度的优秀文明成果，体现人类历史发展的普遍规律和基本趋

---

　　①　《邓小平文选》第2卷，人民出版社1994年版，第43页。

　　②　习近平：《毫不动摇地坚持和发展中国特色社会主义》，载《人民日报》2013年1月6日。

势，反映人类共同的理想愿望和价值追求。从这个意义上说，中国特色社会主义，具有鲜明的中国特色，又包含着丰富的世界性内涵，既是中国的也是世界的，既需要在世界上进行宣传解释，也能够为世界不同国家的人们所了解。

改革开放以来，中国共产党人带领中国人民在中国特色社会主义的大道上阔步前进，中国特色社会主义道路越走越宽，中国特色社会主义制度不断完善，中国特色社会主义理论体系日益丰富，中国特色社会主义在世界上的影响越来越大。近年来，国外的一些学者和政要，越来越以极大的热情和兴趣谈论"中国模式"、"中国道路"、"中国梦"、"中国经验"、"中国独特性"。在这些关注中，除了一些敌对势力的恶意攻击之外，还有很多人因为不了解中国独特的文化传统，独特的历史命运，独特的基本国情，尤其是不了解中国人民基于自身特点而开辟的中国特色的发展道路，从而对中国特色社会主义的本质内涵产生了误解。一些西方学者，包括一些马克思主义学者，把当今中国说成是"中国特色的资本主义"，把中国模式说成是"国家资本主义"，是市场经济、专制政治、文化控制的混合物。诸如此类，不一而足。

这些情况告诉我们，中国的思想理论界必须要以高度的理论自觉和政治责任，全面、客观、公正、准确地向世界介绍中国特色社会主义道路、制度、理论，让世界更深入、更全面地了解中国，破除对中国的误解，让那些恶意歪曲中国的论调不攻自破，对那些给中国制造麻烦的国家进行有力回击，同时也更好地扩大中国特色社会主义在全世界的良性影响。

三 推进当代中国马克思主义的对外宣传阐释

习近平在全国宣传思想工作会议上强调指出：在全面对外开放的条件下做宣传思想工作，一项重要任务是引导人们更加全面客观地认识当代中国、看待外部世界；宣传阐释中国特色，就是要讲清楚每个国家和民族的历史传统、文化积淀、基本国情不同，其发展道路必然有着自己的特色；讲清楚中国特色社会主义根植于中华文化沃土、反映中国人民意愿、适应中国和时代发展进步要求，有着深厚历史渊源和广泛现实基础。习近平的讲话给当代中国的哲学社会科学工作者提出了一个重要的理论任务，这就是要以高度的政治责任感和理论自觉性对外阐释宣传好中国特色社会主义道路、制度和理论，使中国化马克思主义更好地在世界上得到人们的正确认识，并对人类文明发展作出自己的贡献。

在当今中国文化国际化发展的过程中，我们面临着一些无法回避的困难，这尤其体现在中国同西方发达国家在文化国际化发展方面的一系列不对称上。首先，发展时间上的不对称。中国文化真正走上国际化发展之路，只有短短30多年时间，当中国文化开始谋求国际化发展之时，西方发达国家的文化国际化发展已经走向成熟，在创作、发行、市场等方面都形成了一整套完整的制度体系，而我国文化相关方面的制度法律体系都不健全，这就使中国与发达国家在文化国际化发展方面形成了夕阳与朝阳的不对称。其次，文化资源上的不对称。在当今世界的文化资源控制方面，发达国家一般控制着文化的传播工具和宣传途径，特别是他们在国际互联网方面具有全面的控制权，这就使得我国的思想文化要想在世界上站得住，就必须和这些西方发达国家所操控的媒介进行合作，而这种合作当然需要付出一定的代价。再次，文化规则上的不对称。在国际文化规则的制定和解释方面，发达国家一般具有主动权，我国往往只能是被动地接受标准和适应要求，如何处理利用规则和坚守立场的关系成为对当今中国对外宣传的重大考验。最后，社会制度上的不对称。我国的社会主义制度与西方发达国家在社会制度上不同，意识形态方向不同，这就使我国文化在走向世界的过程中，遭遇更多的意识形态和社会制度方面的阻力。一般性的文化传播尚且遭遇如此多的困难和阻力，中国共产党的核心政治理念，中国特色社会主义理论的对外宣传更是如此。为此，中国的哲学社会科学界必须付出更多的努力，着力提升文化自觉和政治责任意识，增强对外宣传阐释中国特色社会主义理论的能力。正如习近平同志所要求的，"要精心做好对外宣传工作，创新对外宣传方式，着力打造融通中外的新概念新范畴新表述，讲好中国故事，传播好中国声音。"

提升文化担当意识，增强对外宣传阐释中国特色社会主义的理论自觉和政治责任。客观公正地向世界介绍和解释中国特色社会主义的发展道路，全面准确地对外宣传中国特色社会主义理论的基本内容，是中国特色社会主义伟大事业的重要组成部分，是中国共产党领导的意识形态工作的重要内容，也是当代中国哲学社会科学研究的重要内容。当代中国哲学社会科学研究领域的理论工作者，应该不断提升理论自觉，切实增强责任意识，真正做到在对外宣传阐释中国特色社会主义方面有责、负责、尽责，向世界说清楚中国特色的发展道路、发展经验，讲清楚中国特色社会主义根植于中华文化沃土、反映中国人民意愿、适应中国和时代发展进步要求，有着深厚历史渊源和广泛现实基础，集中体现着中国共产党的核心政治理念和中国人民的共同理想，纠正国外学者和媒体对中国特色社会主义的误解，树立当代中国在世界上的良好形象，增强当代中国思想理论的文化软实力。

确立文化标准权意识，增强对外宣传阐释中国特色社会主义的独立自主性。长期以来，某些资本主义发达国家掌控着国际文化传播的解释权，总是把自己的核心政治理念作为"通用标准"，审视评判别国的思想理论和政治理念。声称只有他们的政治制度和意识形态才是最优秀的，只有他们的核心价值观才是普世价值，其他国家必须服从西方的意识形态和文明模式才是合理的，如果哪个国家坚守了自己的特殊发展道路和意识形态，就被指认为"不人道"、"践踏人权"、"限制自由"、"政治专制"等。基于这种现实情况，中国的思想理论界在对外宣传阐释中国特色社会主义的过程中，一方面要"借船出海"，借助、承认和接受西方文化标准中的合理性内容，扩大进入世界文化空间的机会；另一方面要"造船出海"，打造和坚守自己的思想文化标准，坚守对外宣传的政治底线和独立自主性，切实体现中国共产党的核心政治理念、客观真理的要求、人类文明发展的方向、中国的国家利益和人民意愿，完整准确地阐释中国特色社会主义科学内涵，决不能为了进入西方文化领域而放弃自己的核心价值观，曲解中国特色社会主义的完整内涵。

建构独立的学术话语体系，增强对外宣传阐释中国特色社会主义的理论资质。标准只是规定了原则性的要求，而要真正把核心政治理念传播出去，必须借助于一定的载体，这些载体之一就是中国自己的学术话语体系。集中体现中国共产党核心政治理念的中国特色社会主义理论，无疑具有鲜明的意识形态色彩和社会制度特征，为了更好地在国际上传播这个理论，我们必须适应当今世界意识形态学术化的趋势，尽可能不以刚性的政治话语而采用中性的学术话语来传播，以扩大它的受众面。为此，中国思想文化界应该在坚持文化标准的基础上，深入挖掘和吸收中华文化中积淀着的中华民族最深沉的精神追求，从中汲取丰厚的文化滋养，形成对外宣传的最深厚的文化软实力；同时，认真研究和适应世界形势的发展变化，积极借鉴人类文明创造的有益成果，充分吸收借鉴各种新思想、新观点、新知识，扩大对外宣传阐释的世界性视野。以此为基础，构建反映世界文明发展趋势、具有中国文化特色、体现理论发展规律的学术话语体系，深入总结和释析中国特色社会主义的发展道路和实践经验，打造融通中外的新概念、新范畴、新表述，进一步完善和发展当代中国核心政治理念的范畴体系、概念系统和理论架构，在打破学术话语依赖和标准控制的同时，提升当代中国的理论解释力，提高对外传播中国特色社会主义理论的能力和资质。

第四节　马克思主义中国化的成果存在形态

马克思主义中国化的动态过程，在其历史发展的过程中结出了丰硕的实践和理论创新的成果，这些成果概括起来就是中国化的理论体系、中国化的实践道路、中国化的制度体系等，这就是马克思主义中国化的成果存在形态。

一　中国化的理论体系

马克思主义中国化的理论成果形态，就是马克思主义中国化两大历史性飞跃所形成的两个重大理论成果。在新民主主义革命和社会主义革命时期，中国共产党人创造性地实现了马克思主义中国化的第一次历史性飞跃，形成了毛泽东思想的科学理论体系；在改革开放时期，中国共产党人创造性地实现了马克思主义中国化的第二次历史性飞跃，形成了中国特色社会主义理论体系。

（一）毛泽东思想的科学理论体系

建党前夕，毛泽东就明确提出"唯物史观是吾党哲学的根据"，[①] 把马克思主义作为建党的指导思想。成立之际，中国共产党就把马克思列宁主义写在自己的旗帜上。在新民主主义革命时期，以毛泽东为杰出代表的中国共产党人，深刻把握马克思主义的理论精髓，把马列主义基本原理同中国具体实际相结合，形成了具有中国共产党人特色的立场、观点和方法，即实事求是、群众路线和独立自主，成功地把中国革命和建设实践形成的一系列经验提升到马克思主义的高度，创造性地发展马克思列宁主义，提出系统的、完整的关于中国革命的科学理论、战略策略和一系列路

---

① 《毛泽东文集》第1卷，人民出版社1993年版，第4页。

线方针政策，形成了马克思主义中国化的第一个重大理论成果——毛泽东思想。毛泽东思想是运用马克思主义的立场、观点和方法研究中国的具体实际，把中国长期革命和建设实践中的一系列独创性经验作了理论概括，形成的适合中国情况的科学的指导思想，是马克思主义普遍原理和中国革命具体实践相结合的产物，是被实践证明了的适合中国革命和建设的正确的理论原则和经验总结，是中国共产党集体智慧的结晶。

毛泽东为毛泽东思想科学理论体系的形成和发展作出了最重要的贡献。大革命时期，毛泽东就开始把马克思主义基本原理用于分析中国革命对象、任务、道路等，形成了关于农民在中国革命中的历史地位、中国社会各阶级的性质、革命态度等独到见解；土地革命时期，他在领导革命根据地斗争的同时，创造性地提出了工农武装割据建立红色政权的理论，创立了农村包围城市、武装夺取政权的革命道路理论，提出了实事求是、独立自主、群众路线等重大观点。六届六中全会上，毛泽东在提出马克思主义中国化科学概念的同时，也指出了中国共产党人坚持和创新马克思主义理论的基本方向和理论实质，界定了毛泽东思想的科学本质和根本原则。抗日战争时期，毛泽东进行了深入的理论研究，撰写了大量重要理论著作，深刻总结和全面系统地阐述了中国革命的一系列重大理论问题，在政治、军事、经济、文化、哲学等方面提出了一系列重大的理论观点，形成了系统的哲学思想、军事思想、统一战线思想和党的建设思想，尤其是系统完整地阐述了新民主主义革命的基本理论、基本路线和基本纲领，毛泽东思想的科学理论体系走向成熟。经过延安整风，毛泽东思想得到了全党的高度认同。

在党的七大上，毛泽东思想被确立为党的指导思想并写入党章。党的七大根据当时情况，从九个方面阐述了毛泽东思想的基本内容：关于现代世界情况和中国国情的科学分析；关于新民主主义的理论与政策；关于解放农民的理论与政策；关于革命统一战线的理论与政策；关于革命战争的理论与政策；关于革命根据地的理论与政策；关于建设新民主主义共和国的理论与政策；关于建设党的理论与政策；关于文化的理论与政策等。

新中国成立以后，毛泽东思想同马列主义一起上升为国家意识形态，成为中国社会主义建设的根本指导思想，并在社会主义建设实践中得到了进一步的丰富和发展。1981 年，党的十一届六中全会审议通过的《关于建国以来党的若干历史问题的决议》，对毛泽东思想的科学体系作了更加完整的概括：毛泽东思想具有许多方面的内容，主要包括关于新民主主义革命的理论、关于社会主义革命和社会主义建设的理论、关于革命军队的建设和军事战略的理论、关于政策和策略的理论、关于思想政治工作和文化工作的理论、关于党的建设的理论等。

作为马克思主义中国化的第一个重大理论成果，毛泽东思想"不是在个别方面，而是在许多领域发展了马克思列宁主义。毛泽东思想是个体系，是发展了的马克思主义。"① 它坚持了马克思主义的基本原理，贯穿着马克思主义的精髓，包含着中国革命的基本经验，就是马克思列宁主义的理论与中国革命的实践之统一的思想，就是中国的共产主义，中国的马克思主义；它是马克思主义民族化的优秀典型，是从中国民族与中国人民长期革命斗争中生长和发展起来的，既是中国的东西，又是完全马克思主义的东西；是应用马克思列宁主义的科学方法，概括中国历史、社会及全部革命斗争经验而创造出来的：它抛弃马克思主义理论中某些已经过时的、不适合于中国具体环境的个别原理和个别结论，而代之以适合于中国历史环境的新原理和新结论，成功地推进了马克思主义中国化的事业。②

（二）中国特色社会主义理论体系

改革开放过程中，当代中国共产党人及时总结实践经验，着力解决"什么是社会主义、怎样建设社会主义"，"建设一个什么样的党、怎样建设党"，"实现什么样的发展，怎样发展"等核心问题，不断推进马克思主义中国化理论创新，形成了包括邓小平理论、"三个代表"重要思想以及科学发展观在内的中国特色社会主义理论体系。

1978 年，中国共产党召开具有重大历史意义的十一届三中全会，开启了改革开放历史新时期。从那时开始，中国共产党人和中国人民以一往无前的进取精神，开展了波澜壮阔的改革开放的创新实践。改革开放是一场新的伟大革命，就是要推动我国社会主义制度自我完善和发展，赋予社会主义新的生机活力，建设和发展中国特色社会主义。

邓小平为核心的党的第二代中央领导集体带领全党全国各族人民开创了改革开放伟大事业。党的第二代中央领导集体坚持解放思想、实事求是，以巨大的政治勇气和理论勇气，科学评价毛泽东同志和毛泽东思想，

① 《邓小平文选》第 2 卷，人民出版社 1994 年版，第 43 页。
② 参见《刘少奇选集》（上卷），人民出版社 1981 年版，第 332—337 页。

深刻总结我国社会主义建设正反两方面经验，借鉴世界社会主义历史经验，作出把党和国家工作中心转移到经济建设上来、实行改革开放的历史性决策，深刻揭示社会主义本质，确立社会主义初级阶段基本路线，坚定不移地走自己的路、建设中国特色社会主义，科学回答了建设中国特色社会主义的一系列基本问题，成功开创了中国特色社会主义，创立了邓小平理论。党的十五大报告对邓小平理论的科学内涵和历史地位作出了充分的科学分析。报告指出，邓小平理论是在和平与发展成为时代主题的历史条件下，在我国改革开放和现代化建设的实践中，在总结我国社会主义胜利和挫折的历史经验并借鉴其他社会主义国家兴衰成败历史经验的基础上，逐步形成和发展起来的。它第一次比较系统地初步回答了中国社会主义的发展道路、发展阶段、根本任务、发展动力、外部条件、政治保证、战略步骤、党的领导和依靠力量以及祖国统一等一系列基本问题，指导我们党制定了在社会主义初级阶段的基本路线。它是贯通哲学、政治经济学、科学社会主义等领域，涵盖经济、政治、科技、教育、文化、民族、军事、外交、统一战线、党的建设等方面比较完备的科学体系，又是需要从各方面进一步丰富发展的科学体系。邓小平理论坚持解放思想、实事求是，在新的实践基础上继承前人又突破陈规，开拓了马克思主义的新境界；坚持科学社会主义理论和实践的基本成果，抓住"什么是社会主义、怎样建设社会主义"这个根本问题，深刻地揭示社会主义的本质，把对社会主义的认识提高到新的科学水平；坚持用马克思主义的宽广眼界观察世界，对当今时代特征和总体国际形势，对世界上其他社会主义国家的成败，发展中国家谋求发展的得失，发达国家发展的态势和矛盾，进行正确分析，作出了新的科学判断。

　　从党的十三届四中全会到党的十六大，以江泽民为核心的党的第三代中央领导集体，带领全党全国各族人民坚持党的基本理论、基本路线，在国内外形势十分复杂、世界社会主义出现严重曲折的严峻考验面前，依靠党和人民，捍卫了中国特色社会主义，依据新的实践确立了党的基本纲领、基本经验，确立了社会主义市场经济体制的改革目标和基本框架，确立了社会主义初级阶段的基本经济制度和分配制度，开创全面改革开放新局面，推进党的建设新的伟大工程，创立"三个代表"重要思想。江泽民在中国共产党成立 80 周年的大会上，对"三个代表"作了系统阐述：我们党要始终代表中国先进生产力的发展要求，就是党的理论、路线、纲领、方针、政策和各项工作，必须努力符合生产力发展的规律，体现不断推动社会生产力的解放和发展的要求，尤其要体现推动先进生产力发展的要求，通过发展生产力不断提高人民群众的生活水平；我们党要始终代表中国先进文化的前进方向，就是党的理论、路线、纲领、方针、政策和各项工作，必须努力体现发展面向现代化、面向世界、面向未来的，民族的科学的大众的社会主义文化的要求，促进全民族思想道德素质和科学文化素质的不断提高，为我国经济发展和社会进步提供精神动力和智力支持；我们党要始终代表中国最广大人民的根本利益，就是党的理论、路线、纲领、方针、政策和各项工作，必须坚持把人民的根本利益作为出发点和归宿，充分发挥人民群众的积极性主动性创造性，在社会不断发展进步的基础上，使人民群众不断获得切实的经济、政治、文化利益。党的十六大报告对"三个代表"重要思想的科学内涵和基本要求作了深刻论述。"三个代表"重要思想是对马克思列宁主义、毛泽东思想和邓小平理论的继承和发展，反映了当代世界和中国的发展变化对党和国家工作的新要求，是加强和改进党的建设、推进我国社会主义自我完善和发展的强大理论武器，是全党集体智慧的结晶，是党必须长期坚持的指导思想。始终做到"三个代表"，是我们党的立党之本、执政之基、力量之源。"三个代表"重要思想，是在科学判断党的历史方位的基础上提出来的。贯彻"三个代表"重要思想，关键在坚持与时俱进，核心在坚持党的先进性，本质在坚持执政为民。

从党的十六大到十八大，以胡锦涛为总书记的党中央，顺应国内外形势发展变化，抓住重要战略机遇期，发扬求真务实、开拓进取精神，在全面建设小康社会进程中推进实践创新、理论创新、制度创新，强调坚持以人为本、全面协调可持续发展，提出构建社会主义和谐社会、加快生态文明建设，形成中国特色社会主义事业总体布局，着力保障和改善民生，促进社会公平正义，推动建设和谐世界，推进党的执政能力建设和先进性建设，成立了科学发展观。党的十八大报告对科学发展观的科学内涵和基本要求作出了系统阐述。科学发展观是马克思主义同当代中国实际和时代特征相结合的产物，是马克思主义关于发展的世界观和方法论的集中体现，对新形势下实现什么样的发展、怎样发展等重大问题作出了新的科学回答，把我们对中国特色社会主义规律的认识提高到新的水平，开辟了当代中国马克思主义发展新境界。科学发展观是中国特色社会主义理论体系最新成果，是中国共产党集体智慧的结晶，是指导党和国家全部工作的强大思想武器。科学发展观同马克思列宁主义、毛泽东思想、邓小平理论、"三个代表"重要思想一道，是党必须长期坚持的指导思想。科学发展观的第一要义是发展，核心是以人为本，基本要求是全面协调可持续，根本方法是统筹兼顾。深入贯彻落实科学发展观，对坚持和发展中国特色社会主义具有重大现实意义和深远历史意义，必须把科学发展观贯彻到我国现代化建设全过程、体现到党的建设各方面。必须更加自觉地把以人为本作为深入贯彻落实科学发展观的核心立场，始终把实现好、维护好、发展好最广大人民根本利益作为党和国家一切工作的出发点和落脚点。必须更加自觉地把全面协调可持续作为深入贯彻落实科学发展观的基本要求，全面落实经济建设、政治建设、文化建设、社会建设、生态文明建设五位一体总体布局。必须更加自觉地把统筹兼顾作为深入贯彻落实科学发展观的根本方法，坚持一切从实际出发，正确认识和妥善处理中国特色社会主义事业中的重大关系。

总之，中国特色社会主义理论体系，就是包括邓小平理论、"三个代表"重要思想以及科学发展观等重大战略思想在内的科学理论体系。这个理论体系，坚持和发展了马克思列宁主义、毛泽东思想，凝结了几代中国共产党人带领人民不懈探索实践的智慧和心血，是马克思主义中国化最新成果，是党最可宝贵的政治和精神财富，是全国各族人民团结奋斗的共同思想基础。

二 中国化的实践道路

从一定意义上来说，马克思主义中国化的历程，就是中国共产党人的寻路历程，就是把马克思主义普遍真理同中国具体实际相结合，追寻具有中国特色的革命、建设、改革、发展道路的实践探索历程，这个探索形成了具有鲜明中国特色的新民主主义革命道路、社会主义改造和革命道路以及中国特色社会主义道路。

（一）中国特色的新民主主义革命道路

中国民主革命的道路，既不是马克思恩格斯主张的首先在发达资本主义国家发动的"中心开花"式的革命道路，也不是俄国革命的"城市中心论"模式，而是具有中国特色的"农村包围城市、武装夺取政权"的新民主主义革命道路。

　　从实现自身的马克思主义化、成为坚定的马克思主义者开始，以毛泽东为代表的中国共产党人，就致力于探索改造中国和世界的革命道路。经过比较选择，毛泽东和其他早期共产党人一样，坚定地选择了走俄国的道路。但是，在中国怎么样走俄国的道路，是亦步亦趋地、照搬照抄地走俄国的道路，还是创造性地根据中国的具体情况走俄国的道路，结果是完全不同的。在相当长的一段时间内，因为中国共产党在理论上准备不足，经验上缺乏积累，中国共产党完全照搬俄国革命模式，走城市中心论的革命道路，结果使中国革命遭遇了很大的损失。大革命失败后，中国革命何去何从，成为摆在中国共产党人面前的重大选择。八七会议上，党中央提出了探索中国革命新道路的任务。《告全党党员书》指出，"在严重的环境之下，又是革命危机的时候，我们要整顿改编自己的队伍，纠正过去严重的错误，而找着新的道路。"① 但是，探索新路的历程颇为艰辛曲折。在党内，城市中心论模式仍然占据统治地位，南昌起义、秋收起义、广州起义等都是走城市中心论的路。但是都失败了。即便在这样的情况下，党中央在长时间内一直坚持城市中心论。但是，以毛泽东为代表的杰出的中国共产党人，在秋收起义失败后，开始探索新路。井冈山时期，毛泽东提出了工农武装割据、建立红色政权的理论，中国特色革命道路思想开始萌芽；1929 年 4 月 5 日，提出建立赣南闽西大块革命根据地的思想，初步阐发了农村包围城市、武装夺取政权的理论；1930 年 1 月，批评"于中国革命不适合的"城市中心论思想，比较完整地提出了关于中国特色革命道路的理论；之后，他进一步发展和完善了农村包围城市的道路理论。实践证明，毛泽东开辟的是一条引导中国革命走向胜利的正确道路。

　　这条道路是马克思主义普遍真理同中国革命具体实际相结合的道路，是充分吸收了马克思主义关于暴力革命的原理、俄国革命的成功经验、中国历史上武装斗争经验、中国革命实践特点的道路。一方面，坚持以夺取政权为革命的直接目标，坚持以武装斗争作为革命的根本途径，坚持以工人阶级及其先锋队共产党作为根本领导力量，坚持以最广大人民群众作为依靠力量，这些都体现了马克思主义关于无产阶级革命的基本理论。另一方面，根据中国社会的具体特点、主要矛盾和实际状况，把帝国主义、封建主义和官僚资本主义作为革命对象，提出了工人阶级领导的、人民大众

---

① 《中共中央文件选集》第 3 册，中共中央党校出版社 1988 年版，第 290 页。

的、反帝反封建的新民主主义革命路线，在农村与城市关系上，根据实际情况进行改变，先从城市中心转向农村中心，再从农村中心转向城市中心，并由此制定了一系列行之有效的战略策略和路线方针政策。

（二）中国特色的社会主义改造和革命道路

中国社会主义革命的道路，不是彻底剥夺剥夺者的流血革命的道路，也不是无偿国有化的道路，而是和平方式的社会主义改造道路。这条道路开创了和平进行社会主义革命的先例，是中国共产党人在社会主义革命实践和理论上的重大创新。

新中国成立以后，以毛泽东为核心的中国共产党第一代中央领导集体，领导中国人民进行了艰苦卓绝的奋斗，首先在三年左右的时间内全面恢复了国民经济，而后开始了对农业、手工业、资本主义工商业的社会主义改造运动，到1956年党的八大召开前夕，基本上完成了社会主义改造，初步建立了以国营经济和集体经济为主体的社会主义基本经济制度，为全面开展社会主义建设奠定了坚实的经济基础。

中国共产党人创造性地把马克思主义基本原理同中国的具体国情相结合，开辟了一条适合中国特点的社会主义改造的道路：对资本主义工商业，创造了委托加工、计划订货、统购包销、委托经销代销、公私合营、全行业公私合营等一系列从低级到高级的国家资本主义的过渡形式，最后实现了马克思和列宁曾经设想过的对资产阶级的和平赎买。对个体农业，遵循自愿互利、典型示范和国家帮助的原则，创造了从临时互助组和常年互助组，发展到半社会主义性质的初级农业生产合作社，再发展到社会主义性质的高级农业生产合作社的过渡形式。对于个体手工业的改造，也采取了类似的方法。在改造过程中，国家资本主义经济和合作经济表现了明显的优越性。

经过全党和全国人民的共同努力，我国的社会主义改造运动取得了巨大成功，社会主义基本经济制度基本上确立下来了。正如刘少奇在八大报告中所指出的：改变生产资料私有制为社会主义公有制这个极其复杂和困难的历史任务，现在在我国已经基本上完成了；我国社会主义和资本主义谁战胜谁的问题，现在已经解决了；广大农民在合作化运动中不断地得到好处，逐渐地习惯于集体生产的方式，比较自然、顺利地接受了集体所有制，在全国范围的土地改革完成以后不到四年的时间内，基本上完成了农业的社会主义改造；对于私人手工业的社会主义改造，一般也是采取合作化的形式，实行了公私合营；国家对于资本主义工商业采取了利用、限制和改造的政策，工人阶级又同民族资产阶级建立了经济上的联盟，并且在这种联盟中实现了国营经济对于资本主义经济的领导，使资本主义私有制逐步地经过各种形式的国家资本主义转变为社会主义的全民所有制。

（三）中国特色社会主义道路

中国社会主义改革发展的道路，也是一条与其他社会主义国家不同的中国特色社会主义道路，这就是中国特色社会主义道路。

中国特色社会主义道路的形成和发展经历了长期的奋斗和探索。党的十八大报告对这个历程进行了凝练而精确的概括。报告指出，在中国这样一个经济文化十分落后的国家探索民族复兴道路，是极为艰巨的任务，中国共产党紧紧依靠人民，把马克思主义基本原理同中国实际和时代特征结合起来，独立自主走自己的路，历经千辛万苦，付出各种代价，取得革命建设改革伟大胜利，开创和发展了中国特色社会主义，从根本上改变了中国人民和中华民族的前途命运。在这个探索的过程中，以毛泽东同志为核心的党的第一代中央领导集体带领全党全国各族人民完成了新民主主义革命，进行了社会主义改造，确立了社会主义基本制度，成功实现了中国历史上最深刻最伟大的社会变革，为当代中国一切发展进步奠定了根本政治前提和制度基础，取得了独创性理论成果和巨大成就，为新的历史时期开创中国特色社会主义提供了宝贵经验、理论准备、物质基础。以邓小平同志为核心的党的第二代中央领导集体带领全党全国各族人民深刻总结我国社会主义建设正反两方面经验，借鉴世界社会主义历史经验，作出把党和国家工作中心转移到经济建设上来、实行改革开放的历史性决策，深刻揭示社会主义本质，确立社会主义初级阶段基本路线，明确提出走自己的路、建设中国特色社会主义，科学回答了建设中国特色社会主义的一系列基本问题，成功开创了中国特色社会主义。以江泽民同志为核心的党的第三代中央领导集体带领全党全国各族人民坚持党的基本理论、基本路线，在国内外形势十分复杂、世界社会主义出现严重曲折的严峻考验面前捍卫了中国特色社会主义，依据新的实践确立了党的基本纲领、基本经验，确立了社会主义市场经济体制的改革目标和基本框架，确立了社会主义初级阶段的基本经济制度和分配制度，开创全面改革开放新局面，推进党的建设新的伟大工程，成功把中国特色社会主义推向 21 世纪。以胡锦涛为总书记的党中央抓住重要战略机遇期，在全面建设小康社会进程中推进实践创新、理论创新、制度创新，强调坚持以人为本、全面协调可持续发展，提出构建社会主义和谐社会、加快生态文明建设，形成中国特色社会主义事业总体布局，着力保障和改善民生，促进社会公平正义，推动建设和谐世界，推进党的执政能力建设和先进性建设，成功在新的历史起点上坚持和发展了中国特色社会主义。

十八大报告科学地指出，中国特色社会主义道路，就是在中国共产党领导下，立足基本国情，以经济建设为中心，坚持四项基本原则，坚持改革开放，解放和发展社会生产力，巩固和完善社会主义制度，建设社会主义市场经济、社会主义民主政治、社会主义先进文化、社会主义和谐社会，建设富强民主文明和谐的社会主义现代化国家。这条道路既坚持了科学社会主义的基本原则，又根据我国实际和时代特征赋予其鲜明的中国特色，以全新的视野深化了对共产党执政规律、社会主义建设规律、人类社会发展规律的认识，从理论和实践结合上系统回答了在中国这样人口多底子薄的东方大国建设什么样的社会主义、怎样建设社会主义这个根本问题。

建设中国特色社会主义，总依据是社会主义初级阶段，总布局是五位一体，总任务是实现社会主义现代化和中华民族伟大复兴。发展中国特色社会主义是一项长期的艰巨的历史任务，必须准备进行具有许多新的历史特点的伟大斗争。在新的历史条件下夺取中国特色社会主义新胜利，必须牢牢把握八项基本要求：必须坚持人民主体地位，因为中国特色社会主义是亿万人民自己的事业；必须坚持解放和发展社会生产力，这是中国特色社会主义的根本任务，必须坚持推进改革开放，这是坚持和发展中国特色社会主义的必由之路，必须坚持维护社会公平正义，这是中国特色社会主义的内在要求；必须坚持走共同富裕道路，这是中国特色社会主义的根本原则；必须坚持促进社会和谐，这是中国特色社会主义的本质属性；必须坚持和平发展，这是中国特色社会主义的必然选择；必须坚持党的领导，中国共产党是中国特色社会主义事业的领导核心。

三　中国化的制度体系

在中国化马克思主义的指导下，中国共产党和中国人民积极推进社会主义制度自我完善和发展，形成一整套富有中国特色的制度体系，集中体现了中国特色社会主义的特点和优势。① 对此，中共十八大报告阐述道："中国特色社会主义制度，就是人民代表大会制度的根本政治制度，中国共产党领导的多党合作和政治协商制度、民族区域自治制度以及基层群众自治制度等基本政治制度，中国特色社会主义法律体系，公有制为主体、多种所有制经济共同发展的基本经济制度，以及建立在这些制度基础上的经济体制、政治体制、文化体制、社会体制等各项具体制度。"

（一）人民民主专政的国家制度

国体，是最根本的国家制度，决定着国家的根本性质和基本政治制度的选择方向。选择什么样的国家制度，反映着中国共产党对马克思主义基本原理的把握程度，反映着党对本国具体国情的认识程度，同时也反映着党的根本宗旨。中国共产党把马克思主义的国家学说同中国的具体国情结合起来，坚持无产阶级专政的基本原则，从中国的具体实践出发，创造性地提出了人民民主专政的理论，建立了人民民主专政的国体，形成了中国共产党人在政治制度探索方面的独特创新。

马克思和恩格斯在《共产党宣言》中就对无产阶级专政思想作过论述：工人革命的第一步就是使无产阶级上升为统治阶级，争得民主，"无产阶级将利用自己的政治统治，一步一步地夺取资产阶级的全部资本，把一切生产工具集中在国家即组织成为统治阶级的无产阶级手里，并且尽可能快地增加生产力的总量"②。阐明无产阶级专政在政治方面的历史使命的同时，也指出了无产阶级专政在经济方面的历史任务。1850 年，马克思在《1848 年至 1850 年的法兰西阶级斗争》中第一次明确提出了"工人阶级专政"的口号。1852 年 3 月 5 日，在致魏德迈的信中进一步肯定了"无产阶级专政"这一结论。随后在 1875 年批判《哥达纲领》时，又强调了无产阶级专政的历史必然性，并进一步指出，从资本主义社会到共产主义社会之间的整个历史时期的国家，只能是无产阶级的革命专政。列宁继承和发展了马克思主义的无产阶级专政理论。

在世界社会主义运动过程中，各国必须依据自身的情况、历史特点和革命发展过程而采取具有自身民族特点的无产阶级专政的形式，这是马克

---

① 本部分的一些内容参见侯惠勤等著《马克思主义中国化理论创新 30 年》第一章第一节（金民卿撰写），人民出版社 2008 年版。

② 《马克思恩格斯选集》第 1 卷，人民出版社 1995 年版，第 293 页。

思主义本身的内在要求，同时也是为历史实践所已经证明了的真理。巴黎公社是无产阶级和劳动人民在巴黎建立的人类历史上第一个无产阶级专政政权。列宁领导的俄国无产阶级革命，缔造了世界上第一个无产阶级专政的社会主义国家。第二次世界大战以后，中国以及欧洲、亚洲、拉丁美洲的一些国家，也纷纷建立了具有自身特色的无产阶级专政的政权形式。

中国共产党就是根据中国的实际情况，创造性地运用马克思列宁主义的基本原理，提出了人民民主专政这一无产阶级专政的具体形式。人民民主专政的实质也是无产阶级专政，它是中国化的无产阶级专政的具体形式。第一，人民民主专政是中国社会主义的国体，它的制度方向是社会主义。在中国共产党七届二中全会上，毛泽东就明确提出了新中国的社会主义方向问题。他指出，在中国人民取得胜利之后，要迅速地恢复和发展生产，对付外国帝国主义，"使中国稳步地由农业国转变为工业国，把中国建设成一个伟大的社会主义国家"①。提出社会主义的方向，这是新中国建设最重要的政治前提，离开社会主义搞建设就背离了基本方向。第二，人民民主专政的核心是对人民实行民主，对敌人实行专政。人民民主专政是"无产阶级领导的以工农联盟为基础的人民民主专政"。② 在《论人民民主专政》中，毛泽东曾对新中国的国家制度做了全面而科学的论述。他指出，人民民主专政最核心的就是两个方面，即对人民实行民主，对反对派实行专政，"这两方面，对人民内部的民主方面和对反对派的专政方面，互相结合起来，就是人民民主专政"③。第三，人民民主专政的领导力量是无产阶级特别是其先锋队中国共产党。在论述人民民主专政的时候，毛泽东深刻地揭示了这种制度的领导力量和依靠力量。《论人民民主专政》中，毛泽东指出，我们要建立的国家是"工人阶级（经过共产党）领导的以工农联盟为基础的人民民主专政"。④ 在这里，毛泽东明确提出了人民民主专政的领导力量和基础力量问题。工人阶级及其先锋队中国共产党在人民民主专政中处于领导地位，人民民主专政的基础主要是工农联盟。在人民民主专政中，党要认真地团结全体工人阶级、全体农民阶级和广大的革命知识分子。

---

① 《毛泽东选集》第 4 卷，人民出版社 1991 年版，第 1437 页。
② 同上书，第 1436 页。
③ 同上书，第 1475 页。
④ 同上书，第 1480 页。

改革开放以来，中国共产党高度重视人民民主专政制度在国家政治生活中的重要意义，并根据改革开放的新特点、新要求，不断推进它的发展和完善。1979 年 3 月，针对"文化大革命"中实际上存在的无政府主义，针对当时一些人利用所谓的"大鸣大放"等形式大肆攻击社会主义国家制度，蓄意破坏十一届三中全会后刚刚形成的安定团结的政治局面，甚至妄图颠覆社会主义制度的情况，邓小平在理论工作务虚会上高度强调人民民主专政的极端重要性。他指出："没有无产阶级专政，我们就不可能保卫从而也不可能建设社会主义。"① 世纪之交，随着改革开放和现代化建设事业进入攻坚阶段，各种社会矛盾共时性迸发出来，一些人趁机兴风作浪，或者利用邪教组织攻击党和国家的政治制度，或者形成一些黑恶势力严重破坏社会治安，这些现象虽然只是极少数的现象，但是影响极坏，是对人民民主专政的恶意挑战。针对这种情况，2001 年 4 月，江泽民在全国社会治安工作会议上，大力强调加强人民民主专政。他指出，坚持人民民主专政的实质，"就是要不断发展社会主义民主，切实保护人民的利益，维护国家的主权、安全、统一、稳定。"② 坚持人民民主专政，就是要坚持国家的一切权力属于人民，保证人民依照宪法和法律规定，通过各种途径和形式，管理国家事务，管理经济和文化事业，管理社会事务，充分发挥人民群众的积极性、主动性、创造性，保证人民当家作主；坚持人民民主专政，就是要在人民民主的基础上，切实维护国家的主权、安全、统一、稳定，严厉打击危害社会主义制度、危害改革开放和社会主义现代化建设、危害人民群众生命财产安全的各种违法犯罪活动，充分发挥国家机器保护人民、打击敌人的作用。十六大以后，以胡锦涛为总书记的党中央，高度重视并多次强调加强人民民主专政。2004 年 9 月，胡锦涛明确指出了人民民主专政的重要意义。他说："我们党深刻总结中国近代政治发展的历程和建立新型人民民主政权的实践，得出了一个重要结论，这就是：新民主主义革命胜利后建立的政权，只能是工人阶级领导的、以工农联盟为基础的人民民主专政。"③

（二）公有制为主体、多种所有制经济共同发展的基本经济制度

新中国成立以后，以毛泽东为核心的中国共产党第一代中央领导集

① 《邓小平文选》第 2 卷，人民出版社 1994 年版，第 169 页。
② 《江泽民文选》第 3 卷，人民出版社 2006 年版，第 220—221 页。
③ 《十六大以来重要文献选编》（中），中央文献出版社 2006 年版，第 219—220 页。

体，领导中国人民进行了艰苦卓绝的奋斗，首先在三年左右的时间内全面恢复了国民经济，而后开始了对农业、手工业、资本主义工商业的社会主义改造运动，到1956年党的八大召开前夕，基本上完成了社会主义改造，初步建立了以国营经济和集体经济为主体的社会主义基本经济制度，为全面开展社会主义建设奠定了坚实的经济基础。毛泽东所建立的社会主义基本经济制度具有鲜明的中国特色。从20世纪50年代以来，我国的公有制经济就不是单一的形式，而一直是全民所有制和集体所有制经济的联合体，这种公有制的多样性为改革开放以来我国基本经济制度的进一步发展和完善，提供了重要的基础和参照。而且，在我国的经济构成中，尽管在一些时期个体经济和其他经济成分受到限制，但是它们从来就没有真正被消除，这也为改革开放以后实现经济成分多样化提供了基础。当然，在社会主义改造的探索中，中国共产党在取得历史性的伟大成果的同时，也出现了一些失误，这些失误给当时和以后相当长一段时间的经济社会发展带来了较大的问题。

自20世纪50年代以来，特别是改革开放以来，我国经济发生了一系列重大变化，但是以公有制经济为主体的基本经济制度始终坚持下来，成为我国经济社会发展的根本基础。改革开放以来，中国共产党经过长时期的探索，对我国的基本经济制度不断发展完善，形成了以公有制为主体、多种所有制经济共同发展的基本经济制度，这个基本经济制度是我国社会主义初级阶段的基本经济制度。

1997年，党的十五大报告系统阐述了我国的基本经济制度。报告认为，从建国开始特别是近20年来的发展，我国生产力有了很大提高，各项事业有了很大进步。然而总的来说，人口多、底子薄，地区发展不平衡，生产力不发达的状况没有根本改变。因此，中国现在处于并将长时期处于社会主义初级阶段。社会主义的根本任务是发展社会生产力。在社会主义初级阶段，尤其要把集中力量发展社会生产力摆在首要地位。"建设有中国特色社会主义的经济，就是在社会主义条件下发展市场经济，不断解放和发展生产力。这就要坚持和完善社会主义公有制为主体、多种所有制经济共同发展的基本经济制度；坚持和完善社会主义市场经济体制，使市场在国家宏观调控下对资源配置起基础性作用；坚持和完善按劳分配为主体的多种分配方式，允许一部分地区一部分人先富起来，带动和帮助后富，逐步走向共同富裕；坚持和完善对外开放，积极参与国际经济合作和竞争。保证国民经济持续快速健康发展，人民共享经济繁荣成果。"① 十七大报告再次重申，我们在发展经济的过程中，要"坚持和完善公有制为主体、多种所有制经济共同发展的基本经济制度，毫不动摇地巩固和发展公有制经济，毫不动摇地鼓励、支持、引导非公有制经济发展"②。

2013 年 11 月，中国共产党召开了十八届三中全会，作出了《中共中央关于全面深化改革若干重大问题的决定》（以下简称《决定》），《决定》在对全面深化改革作出总体部署的过程中，对我国社会主义基本经济制度再次作出了明确阐述，《决定》指出：公有制为主体、多种所有制经济共同发展的基本经济制度，是中国特色社会主义制度的重要支柱，也是社会主义市场经济体制的根基。公有制经济和非公有制经济都是社会主义市场经济的重要组成部分，都是我国经济社会发展的重要基础。必须毫不动摇地巩固和发展公有制经济，坚持公有制主体地位，发挥国有经济主导作用，不断增强国有经济活力、控制力、影响力。必须毫不动摇地鼓励、支持、引导非公有制经济发展，激发非公有制经济活力和创造力。

我国社会主义基本经济制度的确立、发展和不断完善，既是中国共产党领导中国人民建设社会主义、发展中国特色社会主义的伟大实践探索，同时也是对马克思主义的经济制度理论和经济建设理论的重大发展，基本经济制度的发展完善既为马克思主义中国化理论创新提供了雄厚的物质基础，同时也是马克思主义中国化理论创新本身的重大成果。

（三）中国特色社会主义的政治制度框架体系

人民代表大会制度是中国共产党人根据马克思主义民主学说，结合中国具体国情而形成的独特的根本政治制度。1949 年 3 月，在七届二中全会上，毛泽东在谈到新中国的人民代表会议制度和党的代表会议制度时明确指出，我们不采取资产阶级共和国的国会制度，而采取无产阶级共和国的苏维埃制度。当然，结合中国的具体国情，"在内容上我们和苏联的无产阶级专政的苏维埃是有区别的，我们是以工农联盟为基础的人民苏维埃"③。周恩来也指出，"它完全不同于旧民主的议会制度，而是属于以社会主义苏联为代表的代表大会制度的范畴之内的。但是也不完全同于苏联

---

① 《十五大以来重要文献选编》（上），人民出版社 2000 年版，第 18—19 页。
② 胡锦涛：《高举中国特色社会主义伟大旗帜，为夺取全面建设小康社会新胜利而奋斗》，人民出版社 2007 年版，第 25 页。
③ 《毛泽东文集》第 5 卷，人民出版社 1999 年版，第 265 页。

制度"。① 这就是说，人民代表大会制度具有鲜明的中国特色，既不是资产阶级的共和国制度，也不是苏联的苏维埃制度，而是完全符合中国具体实际的独特而科学的根本政治制度，是实现中国人民当家作主的重要途径和最高形式，也是党在国家政权中充分发扬民主、贯彻群众路线的最好实现形式，是社会主义政治文明的重要制度载体，是社会主义民主政治最鲜明的特点。新中国成立以来特别是改革开放以来的实践证明，人民代表大会制度体现了我们国家的性质，符合我国国情，既能保障全体人民统一行使国家权力，充分调动人民群众当家作主的积极性和主动性，又有利于国家政权机关分工合作、协调一致地组织社会主义建设。邓小平在改革开放过程中，始终强调要坚持社会主义民主，但是我们的民主是从中国实际出发的符合中国国情的民主，人民代表大会制度是最符合中国实际的，他说"我们实行的就是全国人民代表大会一院制，这最符合中国实际。""我们的制度是人民代表大会制度，共产党领导下的人民民主制度，不能搞西方那一套。"② 江泽民也指出，"人民代表大会制度是我国的根本政治制度。它是我们党长期进行人民政权建设的经验总结，也是我们党对国家事务实施领导的一大特色和优势。"③ 胡锦涛在谈到人民代表大会制度时指出，"在我国实行人民代表大会制度，是我们党把马克思主义基本原理同中国具体实际相结合的伟大创造，是近代以来中国社会发展的必然选择，是中国共产党带领全国各族人民长期奋斗的重要成果，反映了全国各族人民的共同利益和共同愿望。"④

　　中国共产党领导的多党合作和政治协商制度，既是我国的一项基本政治制度，也是具有中国特色的社会主义政党制度。我国的多党合作制度是马克思主义统一战线理论和政党学说与中国实际相结合的重大成果，是中国人民政治智慧和政治经验的结晶，具有历史必然性、伟大独创性和巨大优越性。第一，中国共产党领导的多党合作和政治协商制度，既不是一党制，也不是多党制，实现了一党领导与多党合作的有机统一，体现了我国政党制度的显著特征。在中国共产党领导的多党合作和政治协商制度中，只有执政党与参政党的区分，而没有执政党与在野党的区分。中国共产党

---

① 《周恩来选集》（上卷），人民出版社1980年版，第369页。
② 《邓小平文选》第3卷，人民出版社1993年版，第220、240页。
③ 《江泽民文选》第1卷，人民出版社2006年版，第111页。
④ 《十六大以来重要文献选编》（中），中央文献出版社2006年版，第218页。

是领导核心，是执政党。各民主党派是中国共产党领导的、与共产党长期合作共事的参政党，不是在野党，更不是反对党。在中国共产党领导的多党合作和政治协商制度中，既有集中统一的领导，又有多党之间的团结合作，既能够集中力量办大事又能够进行民主协商和相互监督，是完全符合中国特点的独特的政党制度。这种政党制度同西方资本主义国家的多党制有着根本的区别。西方资本主义国家实行的是多党制或两党制，有执政党，有反对党和在野党，各党派明争暗斗，但无论哪个党派上台执政都不可能真正代表人民利益，这些党派之间缺乏共同的利益基础，都是极力维护自己及其代表的利益集团的利益，根本不可能实现团结合作。总之，"这项制度以合作、参与、协商为基本精神，以团结、民主、和谐为本质属性，具有政治参与、利益表达、社会整合、民主监督、维护稳定等重要功能，有利于最大限度地集中社会资源，形成统一意志。这项制度坚持尊重多数与照顾少数的统一，坚持广泛民主与集中领导的统一，有利于进一步把各种社会力量纳入政治体制，畅通和拓宽社会利益表达渠道，使人民群众的知情权、参与权、表达权和监督权得到更好的保障，使社会各方面的愿望和要求得到更充分的反映和实现，使中国特色社会主义民主更加充满生机和活力。"①

民族区域自治制度，是国家的一项基本政治制度，是中国共产党解决民族问题的一个重大创造。中国共产党把马克思主义基本原理同中国民族具体实际相结合，坚持各民族平等、团结、互助的原则，坚持实行民族区域自治制度。民族区域自治制度就是在国家统一领导下，各少数民族聚居的地方设立自治机关，行使自治权，实行区域自治。这项制度是根据本国的历史发展、文化特点、民族关系和民族分布等具体情况而创造的处理民族关系的独创性的制度安排。中国的 56 个民族在历史上相互交融、共同发展，形成了中华民族一体多元化的特点，这就决定了中国既不能搞完全的民族自决，使各民族之间难以有效合作和融合交流，也不能搞完全的民族一律，忽视甚至消灭各民族的具体特点，而要根据各民族人民的共同利益和发展要求，走出一条具有中国特色的解决民族问题的路子。由于成功地实行民族区域自治制度，少数民族依法自主地管理本民族事务，民主地参与国家和社会事务的管理，保证了中国各民族不论大小都享有平等的经

---

① 杜青林：《始终坚持社会主义政治制度的特点和优势》，载《求是》2008 年第 7 期。

济、政治、社会和文化权利，共同维护国家统一和民族团结，反对分裂国家和破坏民族团结的行为，形成了各民族相互支持、相互帮助、共同团结奋斗、共同繁荣发展的和谐民族关系。经过几十年的历史检验，民族区域自治制度已经成为我国的一项基本政治制度，在维护国家统一、民族团结、社会稳定等方面，发挥着举足轻重的作用。改革开放 30 多年来，在这个基本制度的基础上，各少数民族地区的经济文化社会各项事业都有了很大的发展，中国各民族的大团结是稳固的，这是我国经济发展、社会进步、政治稳定的一个重要保证。

基层群众自治制度，是我国基本政治制度的有机构成，是中国社会主义民主政治的重要内容，是人民依法行使民主权利，管理基层公共事务和公益事业，实行自我管理、自我服务、自我教育、自我监督，实现人民当家作主最有效、最广泛的途径。我国的基层群众自治制度，实现了发挥群众主体作用与国家主导作用的有机统一、适应经济社会发展需要与为经济社会发展服务的有机统一、发展的渐进性与发展的创新性的有机统一、培育人民的民主意识与维护人民的实际利益的有机统一、实体性民主与程序性民主的有机统一，具有鲜明的特点和优势：我国的基层群众自治与人民群众的切身利益密切相关，能够直接反映人民群众的利益诉求；在党和政府的主导下进行，能够坚持正确的方向并稳定有序地发展；能够与经济社会发展相适应、相促进，是循序渐进、逐步发展的。

概括地说，马克思主义中国化是一个动态的复合性过程，其基本过程包括了三个层面的内容，一是马克思主义理论走向中国具体实际、实现基本理论在中国的具体化，二是中国文化和中国实际走向马克思主义理论、实现中国经验的马克思主义化过程，三是对外传播阐释马克思主义中国化创新成果即中国化马克思主义的世界性传播。马克思主义中国化在其历史发展的过程中结出了丰硕的实践和理论创新的成果，这些成果概括起来就是中国化的理论体系、中国化的实践道路、中国化的制度体系等。

第二章　马克思主义中国化的理论依据

　　马克思主义中国化，是马克思主义自身所固有的内在逻辑决定的。马克思主义是全世界无产阶级的思想理论武器，是普照人类之光而放之四海而皆准的科学理论。马克思主义的理论不是天上掉下来的，它来自于无产阶级和工人运动的伟大实践。马克思主义的理论性和实践性告诉我们，马克思主义中国化是在马克思主义的理论性与实践性的有机统一中不断推进的；马克思主义的世界性和民族性、一般性和具体性、历史性和当代性也告诉我们，马克思主义民族化、具体化、世界化是历史发展的必然趋势；马克思主义中国化、时代化、大众化，也是历史发展的必然趋势。

第一节　马克思主义的理论性与实践性

　　马克思主义揭示了自然界、人类社会和人类思维发展的一般规律，是完整科学的理论体系。马克思主义自身所彰显的理论性是自明的。马克思主义产生于实践，又在实践中得以检验、丰富和发展，进而指导实践，推动实践的发展，彰显着马克思主义理论性与实践性的统一。作为普遍真理的马克思主义的理论性决定了它具有科学的指导意义，它的实践性决定了它能与各个国家具体实际有机结合，进而解决各国的实际问题。马克思主义中国化正是在马克思主义的理论性与实践性的有机统一中不断推进的。

一　马克思主义的理论性

　　马克思主义吸收了全人类优秀文明成果，以及对工人运动和无产阶级革命的不断总结、提炼与升华而形成的科学理论，具有显著的理论性。从狭义上说，马克思主义即马克思恩格斯创立的基本理论、基本观点和学说的体系。恩格斯在1886年曾对这一理论为什么以马克思的名字命名作了说明。他说："我不能否认，我和马克思共同工作 40 年，在这以前和这个期间，我在一定程度上独立地参加了这一理论的创立，特别是对这一理论的阐发。但是，绝大部分基本指导思想（特别是在经济和历史领域内），尤其是对这些指导思想的最后的明确的表述，都是属于马克思的。我所提供的，马克思没有我也能够做到，至多有几个专门的领域除外。至于马克思所能做到的，我却做不到。马克思比我们大家都站得高些，看的远些，观察得多些和快些。马克思是天才，我们至多是能手。没有马克思，我们的理论远不会是现在这个样子。所以，这个理论用他的名字命名是理所当然的。"从广义上说，马克思主义不仅指马克思恩格斯创立的基本原理论、基本观点论和学说体系，也包括他们的继承者列宁、毛泽东、邓小平等中国共产党的主要代表人物，在实践中不断发展和创新的理论、观点和学说体系。马克思主义的科学性和真理性，使马克思主义具有广泛的指导性，它既能指导欧洲无产阶级工人运动，也能指导世界的社会主义运动，中国的革命运动接受了马克思主义，在新民主主义革命和社会主义建设、改革时期，把马克思主义具体化、民族化，丰富和发展了马克思主义，形成了中国化的马克思主义，理应成为马克思主义中国化的理论依据。

（一）马克思主义是科学的理论体系

马克思主义是完整科学的理论体系，它主要由马克思主义哲学、马克思主义政治经济学和科学社会主义构成其理论内容。马克思主义科学体系的理论性体现于马克思主义主要内容的理论性、马克思主义内容来源的理论性。

首先，马克思主义理论来源体现着马克思主义的理论性。人类几千年来的优秀思想和优秀文化成果是马克思主义的重要理论来源。18 世纪至 19 世纪的德国古典哲学是马克思主义哲学理论的重要来源之一。17 世纪至 19 世纪的英国古典政治经济学是马克思主义政治经济学理论的重要来源之二；19 世纪英国和法国空想社会主义是马克思主义科学社会主义理论的重要来源之三。这三大古典理论是马克思主义形成的理论来源，凸显着马克思主义的理论性。

其次，马克思主义理论内容体现着马克思主义的理论性。马克思主义包括众多的学科领域。涉及文、史、哲、政、经、法、军事等各个方面，但其中最主要的是马克思主义哲学、政治经济学和科学社会主义理论。马克思主义哲学是整个马克思主义的理论基石，是科学的世界观和方法论；马克思主义政治经济学是研究社会生产关系及其发展规律的科学，是"马克思主义的主要内容"科学社会主义直接体现了无产阶级的利益和共产主义理想，是马克思主义的核心、精髓和主要标志。

再次，马克思主义基本立场、观点和方法体现着马克思主义的理论性。马克思主义的基本立场是观察、分析和解决问题的根本立足点和出发点。也就是要始终站在最广大的无产阶级人民大众的根本利益诉求的立场上，始终以全人类的解放事业，实现人的全面自由发展为立足点和出发点。马克思、恩格斯在《共产党宣言》中阐明，对无产阶级及其政党来说，就是要始终坚持为无产阶级、为绝大多数人民谋利益。马克思主义的基本观点是关于自然、社会和人类思维规律的科学认识，是对人类思想成果和社会实践经验的科学总结。马克思主义的基本观点涉及了自然、社会和人类思维规律的众多方面。如世界的物质性及其发展规律、认识的本质及其发展规律、人类社会及其发展规律、资本主义的形成、本质及其发展趋势、社会主义的本质、共产主义社会基本特征等。马克思主义的基本方法是建立在辩证唯物主义和历史唯物主义世界观、方法论基础上的思想方法和工作方法。马克思主义的基本方法是分析自然界、人类社会和人类思维的最一般的方法。如实事求是的方法、群众路线的方法、辩证分析的方法、历史分析的方法等。马克思主义的立场、观点和方法为人类认识世界和改造世界提供了科学的理论指导，体现着明显的理论性。

总之，马克思主义是完整、科学的理论体系，是普遍真理，是指导世界无产阶级革命运动和建设发展的科学指南。无论是其理论来源、主要内容，还是其所包含的基本立场、基本观点和一般方法都体现着马克思主义的科学性和理论性。

（二）马克思主义是不断发展的理论

马克思主义是科学的理论，但绝不是一成不变的理论。恩格斯一直告诫人们，马克思的整个世界观不是教义而是方法；它提供的不是现成的教条，而是进一步研究的出发点和供这种研究使用的方法。

其一，列宁主义是马克思主义俄国化的科学理论。马克思主义是不断发展的理论，与时俱进是其最重要的理论品质。列宁将马克思主义与俄国的时代特征和具体实际相结合，形成了列宁主义。它是在解决俄国问题的过程中产生的，它是马克思主义同俄国实际相结合的产物，是适合俄国实际的科学理论，因而是马克思主义俄国化的产物。它是列宁把马克思主义的科学社会主义一般理论，创造性地运用于当时俄国的具体历史情况，创造性地形成了适用于当时俄国社会主义革命与建设的科学理论，提出了"工农民主专政"以及新经济政策等理论，并从理论上阐明了"俄国社会正处于相当长的向社会主义过渡的历史时期"的论断。

其二，**毛泽东思想是马克思主义中国化的第一大理论成果**。毛泽东思想是马克思列宁主义在中国的运用和发展，是被实践证明了的关于中国革命和建设的正确的理论原则和经验总结，是中国共产党集体智慧的结晶。它是以毛泽东为主要代表的中国共产党人，在坚持马克思列宁主义的基本原理的基础上，对中国革命和建设实践中的一系列独创性经验作了理论概括，而形成了马克思主义中国化的第一次历史性飞跃的科学理论成果。毛泽东思想"是一个完整的科学理论体系，中国共产党和中华民族宝贵的精神财富，是长期指导我们的思想和行动的理论指南。"

其三，**中国特色社会主义理论体系是马克思主义中国化的最新理论成果**。中国特色社会主义理论体系是包括邓小平理论、"三个代表"重要思想、科学发展观在内的科学理论体系，是对马克思列宁主义、毛泽东思想的坚持和发展，是科学社会主义理论逻辑与中国社会发展历史逻辑的辩证统一。中国特色社会主义既坚持了马克思主义科学社会主义原则，又根据时代条件赋予其明示的中国特色，以全新的视野深化了对共产党执政规律、社会主义建设规律、人类社会发展规律的认识，从理论和实践结合上系统回答了在中国这样人口多、底子薄的东方大国建设什么样的社会主义、怎样建设社会主义这个根本问题。它是马克思主义与当代中国具体实际相结合的最新理论成果，是指导中国特色社会主义建设与发展，实现中华民族伟大复兴的思想理论指南。

总之，马克思主义诞生一百多年来能够彰显其影响力和生命力，关键在于其具有与时俱进的理论品质，能够随着时代的发展而不断发展、完善和丰富，这也是马克思主义能够中国化，能够指导中国革命、建设与改革的关键所在。

（三）马克思主义的理论性是中国化的理论依据

马克思主义中国化是按照中国的特点（民族化、具体化）理解、接受、运用马克思主义，并使马克思主义具有在中国的表现形式、内容、话语系统。马克思主义中国化是相对于马克思主义俄国化而提出的。1938

年毛泽东在《论新阶段》的报告中提出了这一概念："离开中国特点来谈马克思主义，只是抽象的空洞的马克思主义。因此，使马克思主义在中国具体化，使之在其每一表现中带着必须有的中国的特性，即是说，按照中国的特点去应用它，成为全党亟待了解并亟须解决的问题。"①

马克思主义中国化是以马克思主义的科学理论为依据的。没有马克思主义的科学理论就不会有马克思主义中国化，没有中国的具体实际就不会有马克思主义中国化，没有将马克思主义的科学理论与中国的具体实际有机结合也不会有马克思主义中国化。马克思主义之所以能够实现中国化，运用马克思主义解决中国的实际问题，最关键的一点就在于马克思主义是科学的理论，是普遍的真理。当这一科学理论、普遍真理一经与各国具体实际相结合就会发挥其真理性作用，体现其价值性，发挥其理论的武器力量，进而解决各国的具体问题。在中国革命、建设与改革的历史进程中，中国共产党人正是在深刻掌握了马克思主义的科学理论的基础上，有效地将马克思主义的普遍真理与中国革命、建设与改革的具体实际和时代特征有机结合起来，实现了马克思主义中国化，解决了中国革命、建设与改革实践的具体问题。同时，又丰富和发展马克思主义，实现了马克思主义在中国的两次历史性飞跃。

二　马克思主义的实践性

实践的观点是马克思主义的基本观点，"把实践标准作为认识论的基础，就必然得出唯物主义。"② 马克思主义来源于实践又指导实践，具有强烈的实践性特点。马克思主义与中国具体实际相结合，推进了马克思主义中国化，这是马克思主义本身所具有的实践特性，所决定的。

（一）马克思主义以实践为基础而产生

实践是马克思主义哲学的基本范畴，实践的观点是马克思主义的最基本的、首要的观点。马克思主义的实践性首先体现于其形成过程。

首先，马克思主义是在 19 世纪欧洲工人运动蓬勃兴起的实践中形成的。无产阶级作为一支独立的政治力量登上历史舞台是马克思主义产生的阶级基础和实践基础。资本主义发展过程中对工人的残酷剥削和压榨是引

---

① 《毛泽东选集》第 2 卷，人民出版社 1991 年版，第 534 页。
② 《列宁专题文集：论辩证唯物主义和历史唯物主义》，人民出版社 2009 年版，第 46 页。

发广大无产阶级工人群起而反抗的直接动因。他们以最初的捣毁机器、烧毁厂房等自发的、零散的反抗发展到直接将矛头指向资本主义制度的自觉阶段，特别是从 19 世纪 30 年代开始，"阶级斗争在实践方面和理论方面采取了日益鲜明的和带有威胁性的形式。"① 其中以法国、英国、德国为典型代表，相继爆发了大规模的工人无产阶级反对资本主义制度的声势浩大的斗争。即 1831 年、1834 年法国里昂工人两次起义、1836 年英国的宪章行动、1844 年德国西里西亚纺织工人起义，这三大工人运动标志着世界无产阶级作为独立的政治力量已经登上了历史舞台，表现出了无产阶级高度的政治觉悟和英勇的斗争精神，彰显了无产阶级在政治斗争上的威力。马克思恩格斯对这些无产阶级长期斗争的失败教训与成功经验的系统总结和理论提炼，形成了科学的世界观和对社会进行革命改造的系统理论，对无产阶级的解放斗争具有很强的指导意义，形成了马克思主义产生的实践基础。

其次，马克思主义是在马克思恩格斯亲自参加和支持工人运动的实践中形成的。马克思不仅是一位理论家，更是一位实践家。他不仅在理论上给予无产阶级斗争以指导，而且还亲自参加并支持世界无产阶级工人运动的实践。马克思恩格斯 1846 年年初以理论讨论会为基础建立了"布鲁塞尔共产主义通讯委员会"，在马克思恩格斯的积极动员下，在英国伦敦建立了共产主义通讯委员会组织，之后又在德国科伦建立了共产主义通讯委员会的地方组织；马克思恩格斯参加正义者同盟的改组工作，使它成了无产阶级革命政党；马克思于 1847 年 8 月在布鲁塞尔建立和领导了德意志工人教育协会；1847 年 11 月创建了布鲁塞尔民主协会；1848—1849 年马克思直接参加了德国的革命斗争，领导无产阶级、联合革命民主派与反动派搏斗，并在科伦创办《新莱茵报》作为指导革命斗争的宣传工具；1864 年马克思参加第一国际的建立和领导工作，参与和指导了巴黎公社革命；1848 年 2 月马克思恩格斯参加比利时的共产主义运动，并且自己拿出一笔钱来武装布鲁塞尔的工人；1848 年 3 月组建共产主义者同盟，马克思当选为主席等。同时，马克思不仅关心欧洲的无产阶级工人运动，他更关注整个世界的无产阶级革命实践。他详细论述了"俄国和土耳其间的战争，意大利、法国对奥地利的战争和美国的南北战争"，他还用

---

① 《马克思恩格斯文集》第 5 卷，人民出版社 2009 年版，第 17 页。

"国际共产主义精神对待殖民地人民的革命，坚决支持各被压迫民族的解放斗争"，深刻揭露了"欧洲殖民主义者侵略缅甸、阿富汗、伊朗等的罪行"①马克思特别关心中国，"他不畏强暴，冒着危险，在报刊上公开发表了许多文章，反对殖民主义者对中国的侵略，支持中国人民的民族解放斗争。马克思详尽地揭露了英国侵略者在华的残暴行为。"② 马克思不仅注重理论研究，更重要的是十分重视将理论运用于无产阶级革命实践，在革命实践中检验理论、丰富理论和发展理论。因而也使得在此基础上产生马克思主义具有强大的实践性。

再次，马克思主义是马克思恩格斯在与非马克思主义的理论斗争实践中形成的。马克思为了支持无产阶级工人运动，扩大和影响更多的人参与到反对资本主义制度的斗争中来，他在与反马克思主义的理论斗争实践中丰富了马克思主义，扩大了马克思主义的影响，汇聚了更多的无产阶级工人参与到了当时的无产阶级革命斗争中来。马克思、恩格斯 1846 年年初以理论讨论会为基础建立"布鲁塞尔共产主义通讯委员会"，马克思、恩格斯、日果被选为常务委员会委员。"委员会心书信往来的形式了解各国社会主义运动和工人运动的发展情况，开展科学共产主义理论的讨论，批判各种错误观点，团结各国工人团体，为建立国际共产主义政党做准备。布鲁塞尔共产主义通讯委员会向成员们散发了许多铅印或石印的小册子"③马克思、恩格斯组织委员会成员开展经常性的理论和学术讨论，评论各种社会主义流派的著作宣传科学共产主义思想。同时，他还不断撰文对德国空想的平均共产主义理论家魏特林的批判斗争；对克利盖企图通过向富人乞求多余的土地和经费作为全人类不可让渡的公共财产，并认为给每一个人分配一定的土地，就可以一举消灭贫困的错误观点进行批判；对蒲鲁东小资产阶级社会主义思想的批判斗争等。马克思以笔为武器以其伟大的思想为子弹对反马克思主义的理论进行了反击，这个反击的过程既是对当时错误思想的纠正的过程，也是对自身理论的升华的过程，更是其提升理论影响力的过程。这也使马克思主义具有很强的实践性。

总之，马克思主义是一门在实践中产生的科学，又在实践中不断得以

---

① 参阅刘凤舞著《马克思传略》，四川人民出版社 1985 年版，第 196 页。
② 同上书，第 199 页。
③ 同上书，第 81 页。

证明，马克思主义所具有实践性正是其在实践中对无产阶级所面临的种种实践问题的回答中所体现出来的。

（二）马克思主义是推动实践发展的思想指南

马克思在《关于费尔巴哈的提纲》一文中，揭示了以费尔巴哈为代表的旧唯物主义的缺陷，确立了实践唯物主义的观点即实践观点，提出了"全部社会生活是实践的"① 思想，进而阐述了社会实践是历史发展的动力，提出了"哲学家只是用不同的方式解释世界，而问题在于改变世界"② 强调了哲学家的重要使命在于指导实践改造世界。

第一，马克思主义的实践性体现为改造客观世界。马克思主义认为：实践是人类能动地改造世界的客观物质性活动，它是物质世界分化与统一的中介桥梁与现实基础。他认为，人类通过实践活动使自然界的一部分打上了人类的印记，形成了人化自然，使其得以与未触及的自在自然相分化。同时，也是通过实践活动，人创造了人类社会，又通过实践活动推动着人类社会的发展，在这一过程中又反过来影响和制约着自然界，不断改变自然界，进而使自然界与人类社会又在实践中得以统一。

第二，马克思主义的实践性体现为改造主观世界。马克思主义认为，人类实践活动的具体形式是丰富多彩的。附着人与世界关系的发展，特别是随着社会分工的进步，人类实践的具体形式越来越多样化。具体包括了物质生产实践、社会政治实践和科学文化实践等。人类在从事物质生产实践过程中，不断推动着自身主观世界的改造，拓展思维视野，形成新思维，从而不断改进新工具创造新工具；人类在从事社会政治实践过程中，使处于一定社会的群体形成复杂的社会政治与公共关系，不断调整与处理社会关系，进而形成一定的社会政治思想、政治观念、政治愿景等；人类在从事科学文化实践过程中，使人们在改造自然、改造社会的过程中，加深和推进了人们对自然规律和社会规律的认识，使人们的认识能力、认识水平、思维方式得以不断发展。

第三，马克思主义的实践性体现为解放全人类。马克思主义是致力于全世界无产阶级解放进而解放全人类的学说。马克思在《共产党宣言》（以下简称《宣言》）中以"全世界无产阶级，联合起来！"作为其结束

① 《马克思恩格斯文集》第5卷，人民出版社2009年版，第501页。

② 同上书，第19页。

语。列宁曾对此评论说，《宣言》是"关于阶级斗争和共产主义新社会创造者无产阶级肩负的世界历史性的革命使命的理论"①，《宣言》的"价值却相当于多部巨著，它的精神至今还鼓舞着、推动着文明世界全体有组织的正在进行斗争的无产阶级"②。而且马克思在《宣言》中也明确指出"只有用暴力推翻全部现存的社会制度才能达到"③。在这一理论指导下，俄国推翻了沙俄的统治建立了社会主义制度，中国结束了近代以来的半殖民地半封建社会，建立了社会主义制度，以及世界各国被压迫民族也兴起了民族解放运动。今天以中国为代表的社会主义国家正在马克思主义的指导下，继续为实现共产主义而不懈奋斗。

总之，作为科学性与真理性的马克思主义既产生于实践，又指导实践，从它产生的那一刻起，它就随着时代和实践的变化而不断丰富和发展，实践性构成了马克思主义最本质、最显著的特质。

（三）马克思主义的实践性构成了中国化的实践基础

实践观点是马克思主义首要的、最基本的观点，实践性构成了马克思主义中国化的实践基础。马克思主义中国化的目的就是要将马克思主义与中国的具体实际相结合发挥马克思主义的实践性解决中国革命、建设与改革中的具体问题。近代中国革命的目标是要推翻半殖民地半封建社会，建立社会主义新社会，多种理论、多种道路在中国近代的革命实践中证明走不通，只有马克思主义与中国实际相结合推进马克思主义中国化，发挥了其实践力量，在中国共产党的领导下，推翻了半殖民地半封建社会，建立了社会主义新中国。社会主义制度建立后，中国共产党人面临如何建设社会主义和发展社会主义的新任务，也正是将马克思主义与中国特色社会主义建设与发展的具体实际相结合推进马克思主义中国化，发挥马克思主义的实践力量，在中国共产党人的领导下推进改革开放，走上了建设和发展中国特色社会主义的道路。在改革开放的新时期，也只有将马克思主义与中国具体实际相结合推进马克思主义中国化，发挥马克思主义的实践力量，才能解决好中国特色社会主义建设过程中出现和存在的实际问题，实现中华民族的伟大复兴。

---

① 《列宁专题文集·论马克思主义》，人民出版社 2009 年版，第 5 页。

② 同上书，第 57 页。

③ 《马克思恩格斯选集》第 1 卷，人民出版社 1995 年版，第 307 页。

三　马克思主义理论性与实践性的统一

"马克思是人类活动、人类知识的统一论者","马克思将理论与实践内在关联起来",① 将人类历史发展中的优秀文明成果与当时欧洲的具体实践有机联系起来,创立了马克思主义,使马克思主义内蕴着理论性与实践性,是两者的有机统一。马克思主义是理论性与实践性的统一,因为,"知识变成科学,各门科学都接近于完成,即一方面和哲学,另一方面和实践结合了起来"。② 马克思主义中国化是在马克思主义理论性与实践性的统一中得以实现和不断推进。

（一）理论性与实践性的统一是马克思主义发挥理论力量的前提

理论只有与实践有机结合才能发挥理论的武器力量。作为世界观与方法论相统一的马克思主义具有极强的理论性与实践性,只有将马克思主义的理论性与实践性有机统一起来才能有效发挥马克思主义的思想武器力量,从而解决实际问题。

其一,马克思主义是科学理论,是在实践中产生,并在实践中得以检验的普遍真理。诞生于 19 世纪 40 年代的马克思主义是在继承、丰富和发展全人类优秀文化成果及实践经验总结的基础上形成的科学理论体系,是无产阶级思想的理论结晶。它科学地揭示了自然界、人类社会、人类思维发展一般规律的科学的世界观和方法论。在它诞生后的一个多世纪以来,在世界各被压迫民族国家的民族解放运动的革命实践中已经证明它是完备而彻底的世界观和方法论,是无产阶级政党制定纲领、路线、方针、政策的科学理论基础,为广大人民群众认识世界和改造世界提供了强大思想武器。马克思主义理论的科学性和真理性是与实践结合的前提。

其二,马克思主义只有与具体实践相结合才能发挥其理论力量,解决现实中的实际问题。马克思主义既是科学的世界观又是科学的方法论,它是主要由马克思主义哲学、马克思主义政治经济学和科学社会主义等构成的博大精深的科学理论。理论只有在运用中才能得以检验,也只有在运用中才能发挥其作用。因此,理论只有与实践有机结合起来,才能有效发挥

---

① 李惠斌、叶汝贤主编:《当代马克思主义研究丛书》第九卷:《马克思主义实践哲学的现代解读》,社会科学文献出版社 2006 年版,第 29 页。

② 《马克思恩格斯选集》第 1 卷,人民出版社 1995 年版,第 18 页。

理论的武器力量，解放实际问题。马克思、恩格斯于 1844—1846 年著的《德意志意识形态》一文强调"对实践的唯物主义者即共产主义者来说，全部问题都在于使现存世界革命化，实际地反对并改变现存的事物。"①而这种对现在世界的变革，对客观事物的改变必须要有科学的理论作为指导。所以，作为科学理论的马克思主义只有与实践相结合、相统一起来，以科学理论为指导，在实践中运用理论才能发挥理论的真理作用，解决现实中的实际问题，从而实现理论与实践有机统一。

其三，如果将马克思主义的理论性与实践性人为分割开，将理论束之高阁，理论将成为空洞的理论，也就失去了理论的价值。马克思主义只有在实践中才能体现出价值性，离开实践谈理论，只会空谈理论。毛泽东一再强调"我们学马克思列宁主义不是为着好看，也不因为它有什么神秘，只是因为它是领导无产阶级革命事业走向胜利的科学。"② 无产阶级的伟业是在实践中实现和成就的，没有行动的理想只能是空想，没有科学理论指导的行动可能会走上偏路或错路。因此，任何科学理论不能脱离实践，任何实践不能没有科学理论的指导，只有将科学理论与现实实践有机统一才能走上正路。

总之，马克思主义是理论性与实践性有机统一的产物。马克思主义之所以对实践具有强大的指导价值就在于其科学的理论性，而马克思主义的科学真理性其核心就在于其产生于无产阶级革命实践。因此，马克思主义是理论性与实践性的有机统一。

(二) 马克思主义在理论性与实践性的统一中丰富发展

马克思主义是发展着的理论，它在理论性与实践性的统一中，在普遍真理与各国具体实际有机结合中得以丰富和发展。

首先，马克思恩格斯晚年的理论研究与革命实践丰富和发展了马克思主义。1845 年春《关于费尔巴哈的提纲》及 1844—1846 年《德意志意识形态》两部著作的完成是马克思主义基本形成的标志；1847 年《哲学的贫困》和 1848 年《共产党宣言》两部著作的发表标志着马克思主义的公开问世。马克思恩格斯在马克思主义公开问世后，继续对人类优秀文明成果进行理论研究。同时，他们继续指导和参加工人运动，结合革命实践深

① 《马克思恩格斯选集》第 1 卷，人民出版社 1995 年版，第 75 页。
② 《毛泽东著作选读》下册，人民出版社 1986 年版，第 496—497 页。

化理论研究。他们在晚年仍致力于俄国社会主义革命的研究，论述了俄国社会发展道路，对前资本主义社会特别是史前社会进行了全面的理论研究等，其理论成果与实践经验进一步丰富和发展了马克思主义。

其次，马克思主义与俄国的具体实际相结合，形成了列宁主义。列宁主义是马克思主义俄国化形成的理论成果，它是马克思主义与俄国的具体实际相结合的产物，是对马克思主义的丰富和发展。马克思主义进入俄国以1882年俄国学者普列汉诺夫翻译出版《共产党宣言》（俄文版）为标志，从此马克思主义走上了俄国化的历史进程。列宁是马克思主义俄国化的首倡者，他在深入研究马克思主义科学理论的基础上，结合俄国的具体国情，将马克思主义与俄国的具体实际相结合，推动马克思主义俄国化，制定出了适合俄国具体实际的纲领、路线、方针、政策，领导俄国人民推翻了沙皇俄国的专制统治，建立了世界上第一个社会主义国家苏联，实现了马克思主义的俄国化，形成了列宁主义，丰富和发展了马克思主义。

再次，马克思主义与中国具体实际相结合，形成了毛泽东思想和中国特色社会主义理论体系。马克思主义传入中国与中国工人运动相结合诞生了中国共产党。在中国共产党的领导下，始终坚持将马克思主义与中国革命、建设与改革的具体实际相结合，制定出了适合中国国情的纲领、路线、方针、政策，带领中国人民走上了中国特色社会主义建设与发展的道路，形成了毛泽东思想和中国特色社会主义理论体系，既丰富和发展了马克思主义，展现了马克思主义的勃勃生机，又为继续推进马克思主义中国化，在实践中实现马克思主义理论创新拓展了广阔空间。

所以，马克思主义将其科学的真理性与世界无产阶级革命实践相结合，既指导各国革命实践的发展，同时，又丰富和发展了马克思主义理论本身，充分体现马克思主义理论只有与实践相结合，才能发挥其强大的革命指导意义，也只有与实践相结合才能不断丰富和发展其理论本身。

（三）在理论性与实践性的统一中推进马克思主义中国化

中国共产党人将马克思主义科学理论与中国革命、建设与改革具体实际相结合推进了马克思主义中国化，实现了马克思主义在中国的两次历史性飞跃，形成了两大理论成果即毛泽东思想和中国特色社会主义理论体系，解决了中国革命、建设与改革中的实际问题，推动了马克思主义的发展，丰富和发展了马克思主义理论。

第一，毛泽东思想是马克思主义理论与中国革命实践有机结合，推进马克思主义中国化的理论成果。毛泽东思想是马克思列宁主义在中国的运用和发展，系统回答了在一个半殖民地半封建的东方大国，如何实现新民主主义革命和社会主义革命的问题，并对社会主义建设道路进行了探索性回答，以一系列独创性的理论丰富和发展了马克思列宁主义。毛泽东思想的创立是以毛泽东为主要代表的中国共产党人将马克思列宁主义的科学理论与中国革命的具体实践相结合而形成的中国化的马克思主义，是在理论性与实践性的有机统一中实现的马克思主义中国化的理论成果。

第二，中国特色社会主义理论体系是马克思主义理论与中国建设与改革实践有机结合，推进马克思主义中国化的理论成果。中国特色社会主义理论体系是包括邓小平理论、"三个代表"重要思想、科学发展观在内的科学理论体系，是对马克思列宁主义、毛泽东思想的坚持和发展。马克思主义与中国具体实践相结合焕发出了强大的生命力、创造力和感召力。中国共产党人始终坚持将马克思主义普遍真理与中国建设、改革的具体实践相结合中，在理论与实践的有机统一中探索出了一条适合中国国情的中国特色社会主义道路。

总之，中国的革命、建设与改革离不开马克思主义，没有马克思主义的理论指导，中国的革命、建设与改革就不会取得成功，也就不可能形成马克思主义中国化的理论成果即中国化的马克思主义。

第二节　马克思主义的世界性与民族性

马克思主义产生一百多年来，能够在各种攻击、围剿、责难中越战越强，走上世界文明发展的大道，最根本的原因，就在于它是立足于实践，继承人类优秀文明成果，始终站在最广大人民群众的立场上，着眼于全世界无产阶级解放事业。同时，它又具有强烈的开放性，在指导世界各民族解放事业实践中不断得以丰富和发展，体现了其世界性与民族性的有机统一。

一　马克思主义的世界性

马克思主义批判地继承了人类历史上优秀文明成果的最高成就，即古典政治经济学、古典哲学、空想社会主义及自然科学等。同时，它又是适应无产阶级解放斗争和人类社会发展趋势而创立的科学理论，具有普遍指导意义，体现着马克思主义的世界性。

（一）马克思主义产生的理论来源体现着世界性

马克思主义产生于19世纪40年代的欧洲，它是在马克思、恩格斯吸收了全人类优秀文明成果的基础上创立的，带有显著的世界性。

首先，三大理论成果是马克思主义的直接理论来源，体现着世界性。德国古典哲学、英国古典政治经济学、英法空想社会主义是19世纪人类历史上所创立的优秀成果，是马克思主义的直接理论来源，是马克思主义哲学、政治经济学、科学社会主义等马克思主义三个主要组成部分的重要理论依据。进而使完整科学的马克思主义的世界观、方法论体现着世界性。正如列宁在《马克思主义的三个来源和三个组成部分》中所讲："马克思学说是人类在19世纪所创造的优秀成果——德国的哲学、英国的政治经济学和法国的社会主义的当然继承者"①，"马克思主义这一革命无产阶级的思想体系赢得了世界历史性的意义"②。

其次，自然科学成果是马克思主义的重要科学来源，体现着世界性。19世纪及其以前的人类自然科学成果是马克思主义创立的重要科学依据。天体演化学说、有机化学、胚胎学、生理学、物理学、生物学等自然科学取得了一系列重大科学成果，其中以施莱登、施旺创立的揭示了整个生物界有机联系的细胞学，以焦耳发现的能量守恒与转化定律揭示了整个自然界各种运动形式之间的有机联系，以达尔文出版的《物种起源》揭示了生物界是一个有规律的由低级向高级发展的过程进而阐明了物种之间的联系等这些人类自然科学上的重大突破为马克思主义的创立特别是为他的辩证法关于普遍联系和运动发展观点的创立提供了科学依据，使马克思主义体现着普适性、世界性。

再次，马克思主义研究对象包括了人类优秀文明成果的各个方面，体现着世界性。马克思主义是关于自然界、人类社会和人类思维发展的一般规律的科学，是马克思恩格斯研究了人类历史上已有的各门学科理论而创立的。他们的研究范围除了三大古典理论和自然科学以外，还涉及了社会学、历史学、人类学、文艺学、政治学、军事学、教育学等许多方面和领

---

① 《列宁选集》第2卷，人民出版社1995年版，第309—310页。
② 《列宁全集》第39卷，人民出版社1986年版，第332页。

域。如马克思在研究古代非欧社会、俄国土地制度、亚细亚生产方式等基础上形成了大量的人类学笔记；还对东方落后国家如俄国、中国、印度等社会发展道路进行了研究，等等。也使得在此基础上创立的马克思主义具有世界性的意义。

最后，马克思的世界历史理论体现着其世界性。马克思本人终其一生致力于资本主义的研究，特别是对资本主义产生及其之前人类历史问题的研究，形成了系统的世界历史理论，对世界历史的形成、本质、发展动力、发展道路、发展趋势以及世界历史发展进程中的价值尺度等问题进行了系统阐述，构成了马克思主义理论的重要内容。这些理论和观点可见诸马克思的《德意志意识形态》、《共产党宣言》、《人类学笔记》、《历史学笔记》以及马克思晚年对东方世界各国无产阶级的研究所形成的东方社会理论之中。

总之，马克思着眼于人类社会及其历史进程的视野来审视人类社会的发展，探究人类社会发展的一般规律，运用辩证唯物主义和历史唯物主义批判和改造黑格尔世界历史概念，回答什么是世界历史？世界历史是如何形成和怎样发展等一系列问题中形成了马克思的世界历史理论，彰显着马克思主义的世界性。

（二）马克思主义在指导世界无产阶级工人运动中彰显世界性

马克思主义是世界无产阶级革命的学说，是关于全人类得以解放和自由的科学理论指南，马克思主义的科学理论处处体现着将无产阶级的历史使命和个人的解放与全人类的自由紧密联系在一起，彰显着其突出的世界性。

其一，马克思主义哲学是时代精神的精华，它以哲学思维的方式引导着时代精神，推动着时代的进步，引领着世界无产阶级工人运动和人类自由全面发展，是其世界性的内在体现。实践的观点是马克思主义基本的首要的观点，马克思主义哲学的全部理论都要付诸实践，指导实践，成为实践的主体——无产阶级和人民群众手中的思想武器，化为改造客观世界的巨大物质力量。马克思主义哲学具有鲜明的阶级性，这种阶级性体现在其基本立场上是它始终站在全世界广大人民群众的立场上，一切为了群众，一切相信群众，一切依靠群众，全心全意为群众谋利益。马克思主义哲学"公开承认自己的阶级性，公开申明自己是为无产阶级和广大劳动人民的利益服务的，是为推翻资本主义制度、建设社会主义和实现共产主义服务的。"① 历史唯物主义是马克思恩格斯对人类世界的两大贡献之一。历史唯物主义是"人类科学思想中的最大成果，和剩余价值理论一起成为马克思的两大科学发现之一。它的创立对于理论和实践，对于全世界无产阶级为共产主义而斗争的事业，都具有不可估量的理论意义和实践意义。"②

其二，马克思主义政治经济学是"世界工人阶级的'圣经'"，彰显着世界性特征。马克思主义政治经济学的内容主要体现在其著作《资本论》之中，它是马克思主义政治经济学的经典文献。马克思在《资本论》中，站在世界历史发展的视野，充分论证了资本主义的产生、发展，揭示了其内在本质和固有矛盾，阐明了社会主义革命的必然性和共产主义的必然性，论证了世界无产阶级必然要为实现无产阶级专政和消灭人剥削人的现象而斗争。马克思主义政治经济学在马克思主义的三个有机组成部分当中占有重要地位，其中剩余价值学说是马克思恩格斯对人类世界的又一伟大贡献之一。马克思主义政治经济始终以人——世界无产阶级和广大工人群众作为关注焦点，而人类世界的存在和发展是以劳动即物质资料的生产为基本前提。因而，马克思以生产劳动作为其政治经济学研究的逻辑起点。基于此，马克思恩格斯提出了"劳动创造了人本身"③、"整个所谓世界历史不外是人通过人的劳动而诞生的过程"④ 等观点。马克思以商品为切入口分析资本主义社会的产生、发展以及必然走向，在劳动价值理论的基础上，创立了剩余价值学说，揭示了全世界无产阶级工人受剥削和压迫的秘密，促进了世界无产阶级工人的思想觉悟和政治觉悟，使得全世界无产阶级联合起来，兴起了全世界各国无产阶级工人运动的高潮，彰显了马克思主义的世界性。

其三，马克思主义科学社会主义为世界无产阶级构建了美好的蓝图，并指明了发展方向，体现着马克思主义世界性。马克思在科学社会主义理论中阐明了广大人民群众在无产阶级领导下对社会制度进行根本变革从而创立社会主义和共产主义制度的进程，进而揭示了无产阶级解放自己并最终解放全人类的普遍规律。马克思充分论证了世界无产阶级的历史使命，

---

① 参见马宁奇《马克思主义哲学原理》，武汉理工大学出版社 2005 年版，第 7 页。
② 参见张曙光《马克思主义哲学原理》，华中科技大学出版社 2003 年版，第 152 页。
③ 《马克思恩格斯选集》第 4 卷，人民出版社 1995 年版，第 374 页。
④ 《马克思恩格斯全集》第 42 卷，人民出版社 1979 年版，第 131 页。

"把争取无产阶级和全人类解放的斗争建立在社会发展客观规律的基础上"① 所创立的科学理论。科学社会主义的核心思想集中体现在《共产党宣言》的七篇序言及主要内容之中，它为全世界无产阶级的解放斗争提供了强大的思想武器，从而揭开了世界无产阶级社会主义革命的新篇章。在《共产党宣言》中，马克思、恩格斯运用辩证唯物主义和历史唯物主义基本方法分析了人类社会的发展进程及一般规律，阐明了社会主义代替资本主义、最终发展为共产主义的历史必然性，它的公开问世为了全世界无产阶级工人运动及革命实践指明了方向。

总之，从马克思主义的三个重要组成部分可见，马克思、恩格斯时刻站在全人类发展与进步的世界视野来审视世界的发展，进而指导世界各国无产阶级工人运动的革命实践，体现着强烈的世界性。

（三）马克思主义中国化体现着世界性

在马克思主义中国化的历史进程中使中国革命走向胜利，建立了社会主义制度，符合马克思主义无产阶级革命思想，体现着马克思主义的世界性。马克思主义无产阶级革命理论为全世界无产阶级工人运动提供了政治纲领，指明了前进方向，对世界无产阶级革命具有世界性的指导意义。之后，在全世界被压迫民族和国家兴起了声势浩大的无产阶级解放运动的高潮。近代中国作为世界被压迫民族和国家的重要成员，以毛泽东为主要代表的中国共产党人积极推进马克思主义中国化，将马克思主义与中国近代革命实践相结合，取得了革命的胜利，建立了社会主义制度，体现了马克思主义的世界性意义。

在马克思主义中国化的进程中使中国社会主义建设与改革顺利推进，符合马克思主义生产力与生产关系、经济基础与上层建筑的普遍规律，体现着马克思主义的世界性。生产力与生产关系相适应的规律、经济基础与上层建筑相适应的规律是人类世界历史发展进程中任何一个国家都必须遵循的普遍规律。在中国社会主义建设与发展过程中，中国共产党人继续推进马克思主义中国化，将马克思主义与中国建设和改革的具体实际相结合，根据马克思主义上述普遍规律提出了以经济建设为中心、解放生产力、发展生产力、经济体制改革、政治体制改革、建设社会主义市场经济体制等，使中国社会主义建设取得了巨大成绩。这是对马克思主义生产力与生产关系、经济基础与

---

① 参见《马克思主义基本原理概论》，高等教育出版社 2013 年版，第 218 页。

上层建筑矛盾运动规律的运用，体现着马克思主义的世界性意义。

二　马克思主义的民族性

民族性是马克思主义理论的内在要求。从马克思主义的创立、丰富和发展的整个历程及其越来越强大的生命力来看，都彰显着马克思主义的民族特性。

（一）马克思主义产生于德国体现德国民族性

马克思主义既是属于世界的，也是属于德国的，因为它的作者诞生于德国，它的研究萌生于德国，马克思主义体现着强烈的德国民族特性。

第一，马克思恩格斯出生在德国，长期生活在德国深受德国民族文化影响，他们所创立的马克思主义理论具有德国民族性。 1818 年 5 月 5 日马克思出生在德国的特里尔城这个德国最古老的城市，他的童年时代也一直在德国度过，因此，使马克思深深地印上了德国强烈的民族特性。如德国的三色国旗——黑、红、金三种色彩，长期以来象征着德国日耳曼民族争取统一、独立、主权的雄心。黑色象征严谨肃穆；红色象征燃烧的火焰，激发人民憧憬自由的热情；金色象征真理的光辉，决不会被历史的泥沙掩埋等。德国的国旗实质上就是德国民族特性的最直接的体现，作为德国的人马克思自然也具有强烈的德国民族的特性即严谨、激情、对真理的追求、不畏黑暗、永不屈服等。因此，使得马克思所创立的马克思主义具有强烈的德国民族特性。

第二，德国的优秀传统文化成果是马克思主义的重要理论来源，使马克思主义具有德国民族特性。 德国是一个拥有悠久而深层文化底蕴的国度，历史博物馆遍布全国，大小众多的剧院展示着这个国度的艺术风采，名胜古迹、艺术珍品、文化传统辉煌璀璨。生长在一个文化的国度自然会深深地影响着马克思。同时，马克思在中学时的老师有当时德国著名的古典语言学家、考古学家、数学家，他们深谙德国优秀传统文化，在教学中对马克思产生着深刻的影响。如"校长维腾巴赫是著名的历史学家和进步学者。他对德国古典哲学家康德的学说研究很深，是特利尔市康德研究小组组长，又是特利尔市文学俱乐部的发起人和领导者"，"他注意把学生培养成具有启蒙思想和人道主义的人"。[①] 马克思上大学后，特别是在

---

① 参阅刘凤舞著《马克思传略》，四川人民出版社 1985 年版，第 6—7 页。

柏林大学期间对德国古典哲学，如黑格尔哲学、费尔巴哈哲学等进行了深入研究，成为马克思主义哲学的直接理论来源，马克思主义哲学在"本质上就是德国的产物"，① 带有明显的德国民族特性。

第三，马克思恩格斯多次领导或参与德国无产阶级工人运动的实践，使马克思主义具有德国民族特性。马克思创立马克思主义的一个重要的实践基础就在于马克思领导或参与德国无产阶级工人运动，是他对运动的经验和教训的总结提炼而形成的。这也使得马克思主义带有明显的德国特性。马克思所生活的欧洲是资本主义制度固有的深刻的内在矛盾开始显现的年代，特别是资本主义周期性经济危机给整个资本主义造成了重大影响，机器的大量运用于生产对工人的剥削和压迫，不断导致工人运动的爆发。而马克思所生活的德国处于"封建专制制度统治下，国家四分五裂的封建割据，关卡林立，赋税苛重，书报刊物受到严厉检查，集会结社被明令取缔。"② 马克思对此深恶痛绝。1848 年 3 月 21—29 日马克思、恩格斯为准备参与德国革命起草了共产主义者同盟在德国革命中的政治纲领《共产党在德国的要求》，之后于 4 月 6 日左右马克思和恩格斯等人离开巴黎回到德国参加了德国革命。③

因此，作为从小接受德国教育、研究德国优秀历史文化并为德国无产阶级工人运动做出了种种努力的德国人马克思，其创立的科学理论必然带有强烈的德国民族特性。

（二）民族性是马克思主义的内在要求

马克思主义创始人的反复告诫，要求马克思主义必须民族化，体现马克思主义的民族性。马克思恩格斯作为马克思主义的创立者，他们反复告诫后人，马克思主义"不是教义，而是社会运动，它不是从原则出发，而是从事实出发"④ 马克思恩格斯生长在欧洲，马克思主义创立于欧洲。19 世纪欧洲各国资本主义发展状况，欧洲的社会状况，欧洲无产阶级工人状况等都是马克思主义创立的重要来源和当时的现实基础。特别是欧洲各国的民族特点，欧洲各国广大工人无产阶级的民族特性是马克思恩格斯创立马克思的重要社会基础。因此，马克思主义创立过程带有强烈的民族

---

①　《马克思恩格斯选集》第 3 卷，人民出版社 1995 年版，第 691 页。

②　参阅刘凤舞著《马克思传略》，四川人民出版社 1985 年版，第 5 页。

③　同上书，第 355 页。

④　《马克思恩格斯选集》第 1 卷，人民出版社 1995 年版，第 7 页。

特性，彰显着马克思主义的民族色彩。

马克思主义的广泛运用必须民族化，体现出马克思主义的民族性。马克思主义是科学理论，是普遍真理，是指导全世界无产阶级争取民族独立和获得自由解放的理论指南。马克思主义在指导和运用于 20 世纪世界社会主义无产阶级革命运动中，也强烈要求与各国各民族特点有机结合。如马克思主义在俄国无产阶级革命中的运用、东欧革命无产阶级革命中的运用、朝鲜无产阶级革命中的运用、越南无产阶级革命中的运用、古巴无产阶级革命中的运用、中国无产阶级革命中的运用等。都要求马克思主义必须与这些国家民族的特点和实际有机结合起来，体现出马克思主义的民族特性，才有可能使这些国家的革命取得胜利。

马克思主义的丰富和发展必须民族化，体现出马克思主义的民族性。马克思主义之所以具有旺盛的生命力，能够随着时代的发展而不断丰富和发展，关键在于它能够与各国民族发展的具体实际有机结合。"马克思主义的实际运用必须以时间、地点和具体的历史条件为转移，同一定历史阶段的历史任务、一定国家和民族的具体情况相结合，充分体现民族特色和时代要求。"[1] 马克思晚年，在研究分析东方国家无产阶级社会主义革命及发展道路时，就明确批判那种把"关于西欧资本主义起源的历史概述彻底变成一般发展道路的历史哲学理论，一切民族，不管它们所处的历史环境如何，都注定要走这道路"的论断，并强调"这样做，会给我过多的荣誉，同时也会给我过多的侮辱"。[2] 因此，马克思主义在丰富和发展过程中必须与各国各民族实际相结合，使马克思主义带有强烈的民族特性。俄国化的马克思主义是如此，中国化的马克思主义也是如此。

（三）马克思主义中国化是马克思主义与中国民族特性有机结合的过程

中国共产党人在领导中国广大人民群众推翻封建专制统治，结束半殖民地半封建化，建立起社会主义制度，以及在建设和发展中国特色社会主义过程中将马克思主义基本原理与中国具体实际和民族特点有机结合，实现和推进马克思主义中国化，丰富和发展了马克思主义，体现着马克思主

---

① 储峰、高宏星：《马克思主义中国化的民族性论析》，载《社会主义研究》2010 年第 1 期。

② 《马克思恩格斯选集》第 3 卷，人民出版社 1995 年版，第 342 页。

义中国化进程中的民族特性。

在马克思主义中国化进程中，毛泽东是将马克思主义与中国民族特点有机结合的首倡者。1938 年 10 月，他在中共六届六中全会上明确指出："共产党员是国际主义的马克思主义者，但是马克思主义必须和我国的具体特点相结合并通过一定的民族形式才能实现。马克思列宁主义的伟大力量，就在于它是和各个国家具体的革命实践相联系的。对于中国共产党说来，就是要学会把马克思列宁主义的理论应用于中国的具体的环境。成为伟大中华民族的一部分而和这个民族血肉相联的共产党员，离开中国特点来谈马克思主义，只是抽象的空洞的马克思主义。因此，使马克思主义在中国具体化，使之在其每一表现中带着必须有的中国的特性，即是说，按照中国的特点去应用它，成为全党亟待了解并亟须解决的问题。"① 在以毛泽东为代表的中国共产党人的带领下将马克思主义与中国实际和民族特点相结合，建立了社会主义制度，实现了马克思主义中国化，体现了马克思主义中国化的民族特性。

在中国特色社会主义建设和发展过程中，以邓小平、江泽民、胡锦涛、习近平为代表的中国共产党人在将马克思主义基本原理与中国的具体实际相结合，建设和发展中国特色社会主义过程中，也十分重视和强调马克思主义基本原理不能脱离中国的国情、民情和党情，必须从中国最广大人民群众的具体实际和根本利益出发，推进马克思主义中国化，制定出适合中国国情、民情和党情的路线、方针、政策。实现好、维护好、发展好中国最广大人民的根本利益，实现中华民族伟大复兴。

三　马克思主义世界性与民族性的统一

马克思主义的开放性及其对世界无产阶级解放实践的普遍指导性是在马克思主义世界性与民族性的有机统一中实现的。因为"无产阶级只有在世界历史意义上才能存在，就像共产主义它的事业——只有作为'世界历史性'存在才有可能实现一样"，② 但同时，无产阶级"直接的斗争舞台就是本国"③。因此，关于无产阶级人类解放事业的马克思主义是世

---

① 《毛泽东选集》第 2 卷，人民出版社 1991 年版，第 534 页。
② 《马克思恩格斯选集》第 1 卷，人民出版社 1995 年版，第 87 页。
③ 《马克思恩格斯选集》第 3 卷，人民出版社 1995 年版，第 308 页。

界性与民族性的统一。

（一）马克思主义在普遍性与特殊性之中实现世界性与民族性的统一

马克思主义既是普遍性与特殊性的统一，又是世界性与民族性的统一，它在普遍性与特殊性之中实现世界性与民族性的统一。马克思主义是完整科学的理论体系，是关于自然界、人类社会和人类思维的学说，它揭示了自然界、人类社会和人类思维的一般规律，是全世界无产阶级争取独立与解放的普遍真理。但马克思主义不是教义，而是行动的指南，它在指导各国无产阶级革命运动和社会主义建设发展过程中又必须与各国的具体国情、民情有机结合，体现其特殊性。马克思主义的世界性和民族性统一于普遍性与特殊性之中。

马克思主义普遍规律性所体现出来的世界性主要存在于马克思主义世界化的过程之中。马克思主义特殊性所体现出来的特殊价值性主要存于马克思主义民族化的过程之中。从贯穿于马克思主义的创立及丰富和发展历程的价值目标和本质特性来看，民族性是马克思主义的内在要求，也是马克思主义世界性价值得以实现的根本路径，在马克思主义理论本身所内蕴的普遍性与特殊性之中贯穿着马克思主义民族性与世界性的有机统一。

（二）马克思主义世界性与民族性统一于无产阶级革命实践

马克思主义世界性与民族性在实践基础上得以统一。认识世界的目的在于改造世界。要达到这个目的，就需要科学理论的指导。理论是行动的指南，没有革命的理论就没有革命的运动，没有正确的理论就没有正确的行动。只有在正确的思想理论指导下，才能自觉地实现改造世界的目的。科学理论只有回到实践，才能发挥其强大的理论力量，用以指导实践，改造世界，推进自然界和人类社会的发展。马克思一再强调真正的哲学不仅在于解释世界，更重要的是改造世界。作为科学理论的马克思主义在实践基础上改造世界的过程，实质上是马克思主义世界性与民族性在实践基础上统一的过程。

马克思主义世界性与民族性统一于无产阶级革命实践。马克思主义是科学的真理，具有普遍的指导价值。马克思主义是关于全人类解放的科学，对全世界无产阶级革命具有普遍的指导意义。马克思主义是在无产阶级革命实践中产生和发展，是无产阶级根本利益的具体体现。马克思主义曾讲"哲学把无产阶级当作自己的物质武器，同样，无产阶级也把哲学当作自己的精神武器"①，而无产阶级只有在马克思主义科学理论的指导下解放全人类，才能最后彻底解放自己。全世界无产阶级又是由具有不同国度、不同民族、不同历史文化的各具民族特性的无产阶级组成。因此，马克思主义发挥其理论武器力量在指导世界无产阶级革命实践过程中必须与各民族无产阶级的民族特点相结合，实现其世界性与民族性的有机统一，将马克思主义的普遍真理与各民族无产阶级的民族特性有机统一，才能有效指导各国无产阶级革命实践取得胜利。

（三）在世界性与民族性的统一中推进中国化

马克思主义世界性价值及其普遍的指导意义是指导中国革命、建设与改革，推进马克思主义中国化的首要前提。列宁曾提出："马克思主义是马克思的观点和学说的体系。马克思是 19 世纪人类三个最先进国家中的三种主要思潮——德国古典哲学、英国古典政治经济学以及同法国所有革命学说相联系的法国社会主义——的继承者和天才的完成者。马克思的观点极其彻底而严整，这是马克思的对手也承认的，这些观点总起来就构成作为世界各文明国家工人运动的理论和纲领的现代唯物主义和现代科学社会主义。"② 因此，马克思主义不仅能指导欧洲革命、俄国革命，也能够指导中国革命与建设的实践。

马克思主义世界性与民族性的有机统一是推进马克思主义中国化的必然要求。马克思主义具有世界性价值和指导意义，但决不能把它当成教义，"决不把马克思的理论看作某种一成不变的和神圣不可侵犯的东西"因为，不同的国家和民族有着不同的特点，"在英国不同于法国，在法国不同于德国，在德国又不同于俄国。"③ 德国有德国的民族特性，俄国有俄国的民族特性，中国也有中国的民族特性，所以，必须将马克思主义世界性普遍原理与中国的民族特点相结合，在世界性与民族性有机统一中，指导中国的革命、建设与改革，推进马克思主义中国化，这既是马克思主义的基本要求，也是中国民族特性的内在需要，更是中国革命、建设与改革取得成功的根本所在。

---

① 《马克思恩格斯文集》第 1 卷，人民出版社 2009 年版，第 17 页。
② 《列宁选集》第 2 卷，人民出版社 1995 年版，第 418 页。
③ 《列宁选集》第 1 卷，人民出版社 1995 年版，第 274—275 页。

第三节 马克思主义的一般性与具体性

马克思主义是一般性与具体性的有机统一，将马克思主义普遍真理与中国革命、建设与改革的具体实际相结合，推进马克思主义中国化，是马克思主义一般性与具体性相统一的内在要求，构成了马克思主义中国化的基本理论依据。

一 马克思主义的一般性

作为一般性的马克思主义是对自然、社会和人类思维规律的揭示，它是科学的世界观和方法论，是对主客观世界发生、发展的归纳与提炼，其基本立场、观点和方法，是马克思主义最基本的、最深刻的、最本质的东西，是马克思主义的灵魂，具有显著的统摄性和包容性。作为世界发展过程中的具有特殊性和具体性的中国革命、建设与改革，之所以能与马克思主义相结合，实现马克思主义中国化，最根本的在于马克思主义的一般性即马克思主义一般原理。

（一）一般性的基本原理

一般性是从个别性中抽象、概括、提炼、总结出来的，揭示普遍事物运动变化发展过程中本质的、内在的、必然性的稳定联系的特性。

一般性揭示了事物运动变化发展过程中的共同本质。事物的一般性，是事物内在的、非表面的，是通过抽象思维抽象出来的，看不见摸不着的，只有通过抽象思维才能把握。

一般性揭示的是事物运动变化发展过程中必然具有的而非偶然出现的，是必定如此、确定不移的特性。

一般性揭示的是事物运动变化发展过程中稳定的而非摇摆不定的，在符合一定条件下会重复出现的一种特性。

一般性具有普遍适用性。事物运动变化过程中所具有的一般性，不仅体现于个别事物，也体现于特殊事物，更体现于一切事物运动变化发展过程之中。

一般性并不拒斥个别性、特殊性。一般性是事物运动变化发展过程中的共同性，除此以外，还体现出事物的个体性、特殊性。

（二）马克思主义的一般性

马克思主义的一般性是"本质的一般。所谓本质的一般，是通过比较而抽象出来的根本性的共同点，本身包含着差别，它具有许多组成部分，分别有不同规定的东西。因而，这种一般，不是没有内容的一般，而是包含着本质差别的不同部分的一般。"马克思主义是科学理论体系，是普遍真理，具有一般性，因为"它作为诸多个别的共同点的概括，不仅内含着中国革命和建设的某些重要特点，也内含着其他国家革命和建设的特点，体现了个别的、特殊的东西的全部丰富性。"

马克思主义的一般性体现于真理性与价值性有机统一之中。马克思主义是马克思恩格斯在深入分析研究，批判汲取了人类几千年遗留下来的优秀文化精华，并在不断总结当时革命实践中的经验教训基础上创立的。在马克思主义发展的历史长河中，不断吸收最新的科学理论成果，在不断解答各个历史时期提出的各种重大理论与实践课题的过程中，得以丰富和发展。马克思主义是以反对资本主义、建设社会主义和共产主义为目标，是关于工人阶级和全人类解放的科学。它以其对自然、社会和人类思维所揭示的一般规律，和其理论本身所体现的世界观和方法论，作为全人类解放自己的行动指南。马克思主义的真理性与价值性是有机统一的，真理性决定价值性，价值性体现真理性。而马克思主义真理性与价值性的有机统一既是由马克思主义理论本身的内在要求，也是马克思主义一般性的突出体现。因而，具有一般性的马克思主义一诞生，它就引起了整个人类思想的巨大震颤，从根本上动摇了人们的传统观念，改变了人们观察自然、社会和人自身的思维方式，开辟了人类思想史的新纪元。

（三）马克思主义的一般性构成了中国化的基本依据

一般性揭示了事物运动变化发展过程的本质特性，具有普遍的适应用性。没有离开个别的一般，一般不能离开个别而存在，只能通过个别而存在。马克思主义作为思维的一般，是对自然、社会和人类思维的抽象和概括，是行动的指南，具有普遍性的指导意义。它是全世界无产阶级的行动指南，是全人类解放事业的行动指南。它不仅能指导欧洲革命，也能指导俄国革命、更能指导中国革命。因此，毛泽东、邓小平等中国共产党人将马克思主义这一具有一般性、普遍适用性的科学理论根植于中国革命、建设与改革的土壤之中，实现了马克思主义中国化，不断推进马克思主义中国化的进程，解决了中国革命、建设与改革的重大理论和实践问题，其最基本的依据就在马克思主义的一般性。

二　马克思主义的具体性

马克思主义的一般不是抽象的一般，而是具体的一般。马克思主义的一般原理本身是客观的，是在特定时间、空间和条件下创立的，是具体的。正是由于马克思主义的具体性，使得在特定时间、空间和条件下中国能与马克思主义的一般原理有机结合，实现和推进马克思主义中国化。

（一）具体性的基本原理

具体性是事物运动变化发展过程中所体现出来的客观性、条件性和多样性。"具体之所以具体，因为它是许多规定的综合，因而是多样性的统一。"① 马克思将具体性阐释为客观事物的内在本质、外部联系、内部联系的全部多样性。

具体性是事物自身所蕴含的内在特质。任何事物都是多样性的统一，既包括了事物的本质，又包括了事物的内外部联系，但，事物的具体性首先体现事物的内在特质。

具体性是客观事物在人脑中的正确反映。从具体性的内容来讲，具体性是包含客观事物具体内容的具体性，这种具体性不是人的主观臆造，而是在实践基础上的主观与客观相符合、相一致。

具体性是抽象的具体、一般的具体。任何纯粹的抽象和一般都是思维的抽象，都是不易把握和呈现的抽象，因此，只有抽象的具体和一般的具体才具直观性和客观现实性。也就是说在具体性的把握中，人的认识将感性具体上升到思维抽象再上升到思维具体，这也是认识发展规律的基本要求。

具体性要求我们在把握事物过程中必须将事物当作有许多规定和联系的复杂系统和多样统一的有机整体。世界上一切事物都是以具体而存在，以多种规定相联系。事物的具体存在、具体本质以及具体发展趋势都是由事物自身所包含的既对立又统一，并在时空条件的作用下而处于与他事物的联系与制约中的关系所规定的。

---

① 《马克思恩格斯选集》第 2 卷，人民出版社 1995 年版，第 18 页。

(二) 马克思主义的具体性

马克思主义是通过与其他理论相比较而抽象出来的揭示自然、社会、人的思维的根本的共同点，但是，马克思主义理论本身又包含着差别，它包括哲学、政治经济学、科学社会主义等许多组成部分，每个组成部分又都有不同的规定性。

马克思主义的具体性首先表现为客观性。马克思主义包含着不依赖于主体意志为转移的客观内容。马克思主义所包含的主要组成部分即哲学、政治经济学、科学社会主义等这些内容来自于客观实际又符合客观实际。检验马克思主义的标准是客观的具体的。马克思主义作为理论与实践相结合、感性到理性飞跃的创新成果，作为一种与客体即认识对象相符合、相一致的认识，需要接受正确与否的检验。而检验马克思主义理论的唯一标准就是实践。实践性是马克思主义的内在特性，实践又是检验马克思主义的唯一标准，它是一种感性的物质性活动，从实践的主体、客体、手段、结果来看都是客观实在，又都是不以人的意志为转移的。因此，马克思主义是客观的、具体的，作为主观的、抽象的马克思主义是根本不存的。

马克思主义的具体性又体现为绝对性和相对性的统一。马克思主义作为主观与客观相符合、相一致的认识，它是对自然、社会及人的思维一般规律的正确反映，是与客观世界相符合、相一致的认识，这是马克思主义产生一百多来在实践中所证实的，是绝对的、无条件的。然而马克思主义又不是僵死的教条，它具有与时俱进的理论品质。它会随着时间、空间、条件的变化而不断丰富、完善和发展，这是在马克思主义绝对性基础上承认其相对性。马克思主义的绝对性与相对性是相互依存、相互包含、相互渗透，马克思主义总是在实践进程中不断从相对性向绝对性转化。

(三) 马克思主义中国化体现着马克思主义的具体性

辩证法的基本原理是：没有抽象的真理，真理总是具体的。马克思主义作为科学理论、普遍真理，没有抽象的马克思主义，只有具体的马克思主义。正是由马克思主义的具体性，才得以使它能与东方的中国革命、建设与改革的具体实际相结合，实现和推进马克思主义中国化。

马克思主义具体性即构成马克思主义各部分内容内在规定性的多样性的统一，是马克思主义中国化得以实现的基本依据。一方面，把握马克思主义完整的科学内容并应用于具体实际，是实现马克思主义中国化的首要前提。列宁强调：真理是全面的，要真正地认识事物，就必须把握、研究它的一切方面，一切联系和中介。真理只是在它们的总和中以及在它们的关系中才会实现。要从构成马克思主义的各主要组成部分的规定性中去准确把握马克思主义的具体内容，并运用于具体实际，这是马克思主义中国化得以实现的首要前提。另一方面，始终坚持马克思主义具体性所要求的条件性，是马克思主义中国化得以实现的基本要求。在运用马克思主义的过程中要始终坚持一切以时间、空间和条件为转移，时刻以变化了的具体实际为条件与马克思主义科学理论有机结合起来，否则，在应用马克思主义的普遍真理时，不加任何具体分析，最终只会变成空谈。因此，全面系统把握马克思主义的具体性，是马克思主义中国化得以实现的基本依据。

三　马克思主义一般性与具体性的统一

一般存在于具体之中，具体包含一般，一般以具体而存在，具体体现一般，马克思主义在实践中实现了一般与具体的统一。马克思主义中国化进程中将马克思主义一般原理与中国实际相结合，是一般与具体关系的外化，是一般与具体联系的展现。这是马克思主义一般原理的内在要求，也是中国具体实际的客观需要，在中国革命、建设与改革中体现着马克思主义一般性与具体性的有机统一。

（一）马克思主义是一般性与具体性的统一

一般寓于具体之中，但是，任何具体又不能完全包含一般。一般性与具体性的关系是共性与个性、普遍与特殊的关系，它们是辩证统一的关系。

一般性存在于具体性之中，一般只能在具体中存在，只能通过具体而存在。一般作为事物本质的一般，是灵魂，高于任何具体，不仅比具体深刻，而且比具体稳定。但是，一般不是僵死的，是可以变动的。一般通过具体和特殊的东西的不断发展变化，并在这种变化中不断提高自身，而使自己丰富和充实起来。因此，作为具体和特殊的东西，在一般的变化发展中，显得如此至关重要。从马克思主义理论本身来讲，它是一般与具体的有机统一。马克思主义所包含的世界观、方法论以及所揭示的自然、社会和人类思维的规律是属于马克思主义最本质、最深刻的一般，而马克思主义所包括的三个主要组成部分即马克思主义哲学、政治经济学、科学社会主义等具体知识则是具体。马克思主义的世界观、方法论以及它所揭示的一般规律存在于构成它的各部分内容的具体知识之中。因而，马克思主义内在的、本质的灵魂以及马克思主义显现的体现马克思主义的具体知识，构成了马克思主义一般与具体的有机统一。

一般性与具体性是互相区别的，一般性只是包括了众多事物的共同的、本质的东西，但没有包括个别事物的全部内容和特点。一般比具体更普遍、更深刻，具体比一般更丰富。因此，一般性与具体性不能相互替代，特别不能用一般性代替具体性，因为具体性比一般性更丰富。从马克思主义理论本身来讲，马克思主义的世界观、方法论以及所揭示的自然、社会和人类思维的规律不能等同于构成马克思主义各部分的内容的具体知识，因为前者比后者更本质、更深刻。

（二）马克思主义在一般性与具体性的统一中丰富发展

马克思主义在一般与具体的统一中不断丰富和发展，这是马克思主义理论本身的内在要求。作为一般性的马克思主义具有普遍的真理性，是指马克思主义世界观、方法论以及它所揭示的人类发展过程的本质的、内在的一般规律。这不能等同于马克思主义"句句是真理"，更不能搞教条主义、本本主义，将马克思主义庸俗化。这在中国历史上是有过惨痛而深刻的教训的。恩格斯也曾经反复告诫后人：马克思主义"是发展着的理论，而不是必须背得滚瓜烂熟并机械地加以重复的教条"，[①] 后来列宁也强调不能把马克思的理论看成是某种一成不变的和神圣不可侵犯的东西，毛泽东也明确提出了反对本本主义的要求等。因此，马克思主义的一般性和具体性是处于不同层次具有不同地位的统一，而一般通过具体和特殊的东西的不断发展变化，并在这种变化中不断提高自身，而使自己丰富和充实起来。这是马克思主义理论本身的内在要求。

从马克思主义外在联系来讲，正是因为马克思主义具有一般性与具体性而且二者在实践中得以统一。相对于一般性的马克思主义来讲，中国的具体实际、俄国的具体实际等是具体的。在实践中实现了一般性的马克思主义与具体性的中国实际、俄国实际的有机结合，并丰富和发展了马克思主义。

---

① 《马克思恩格斯文集》第 10 卷，人民出版社 2009 年版，第 562 页。

同时，在马克思主义外在联系方面，马克思主义是一般，中国、俄国等是具体，不能将马克思主义等同于中国特色社会主义，也不能将马克思主义等同于俄国特色社会主义。这是由一般性和具体性在事物中所处的层次和地位所决定的。因此，对中国特色社会主义或者俄国特色社会主义来讲，作为一般的马克思主义只能作为其行动的指南。

（三）马克思主义中国化是一般性与具体性相统一的直接体现

具有一般性的马克思主义是对诸多事物的共同点的提炼、总结、抽象和概括。它既涵盖了中国革命、建设与改革实践中的重要特征，也涵盖了其他国家革命、建设与改革实践的特征。它体现着诸多具体事物全部的丰富性。马克思主义的一般性体现为对自然、社会和人类思维一般规律的揭示，它的世界观和方法论，是基于马克思主义的立场、观点、方法，依据客观世界发展的实际所做出的科学判断或命题，是对客观世界和主观世界发生、发展的科学归纳和概括，它具有强大的统摄性和包容性。因而作为一般性的马克思主义，能够成为中国革命、建设与改革的行动指南和方向指引，实践证明，也只有将马克思主义作为中国革命、建设与改革的行动指南，才能带领中国人民从胜利走向胜利。

马克思主义是一般性与具体性的统一，马克思主义的一般不是抽象的一般，而是具体的一般。将作为普遍真理的马克思主义与作为特殊个别的中国具体实际在实践中的结合，必须深入分析研究中国的具体情况，因为中国的具体实际不同于俄国，更不同于欧洲。中国革命、建设与改革表现在特定的空间、时间，体现着具体的、特殊的性质，体现着区别、差异。但是这种差异和区别，在本质上与一般是相贯通的。本质上相同而又具有区别、差异，这就是所谓的同中之异。因此，在中国革命时期，毛泽东强调应用马克思主义必须注重研究中国的历史，研究中国的现状，如若仅仅"把马克思列宁主义书本上的若干个别词句搬运到中国来当做教条，毫不研究这些词句是否合乎中国现时的实际情况"，① 离开中国的具体来谈马克思主义，是空洞抽象的马克思主义。在中国特色社会主义建设时期，邓小平也指出："马克思主义必须是同中国实际相结合的马克思主义，社会主义必须是切合中国实际的有中国特色的社会主义。"② "把马克思主义的

---

① 《毛泽东选集》第3卷，人民出版社1991年版，第988页。
② 《邓小平文选》第3卷，人民出版社1993年版，第63页。

普遍真理同我国的具体实际结合起来，走自己的道路"，"这就是我们总结长期历史经验得出的基本结论"。①

因此，将马克思主义普遍真理与中国革命、建设与改革的具体实际有机结合起来，推进马克思主义中国化，既是马克思主义一般性与具体性的内在要求，也是马克思主义一般性与具体性在实践中有机统一的本质体现。

第四节　马克思主义的历史性与当代性

马克思主义是历史的产物，它所揭示的人类社会历史运动的一般规律对当代具有强大的实践指导意义实现了马克思主义科学性与实践性、历史性与当代性的有机统一。历代中国共产党人在深入分析中国优秀历史传统、总结历史经验，并深刻研究所处时代状况的基础上，适时将马克思主基本义立场观点和方法与之相结合，实现了马克思主义中国化，体现了马克思主义历史性与当代性的有机统一。

一　马克思主义的历史性

马克思主义汲取了人类历史上遗留下来的优秀文化精华，是历史的产物，其历史理论和史学思想中充分揭示了人类社会历史发展的一般规律，体现着其突出的历史性。

（一）马克思主义是历史的产物

马克思主义诞生于一百多年前的 19 世纪 40 年代的欧洲，它是历史的产物，体现着历史性。"在漫长的世界发展史上，这一百六十多年的历史可谓弹指一挥间，但毋庸置疑，从其诞生的那一天开始，马克思主义就以自己的鲜明特色呈现在史学园地中，它的发展进程为我们留下了凝重的、令人难忘的历史篇章。"② 19 世纪 30 年代、40 年代欧洲资本主义国家基本都完成了工业革命，科学技术对生产力的推动作用横空凸显。资本主义机器在工业中的大量运用，巨大促进了资本主义生产力，劳动生产率得以极大提升，使资本主义经济获得了飞跃性的发展，资本主义世界的物质财

---

① 《邓小平文选》第 3 卷，人民出版社 1993 年版，第 3 页。
② 参见张广智《当代西方马克思主义史学研究》，复旦大学出版社 2011 年版，第 15 页。

富获得了空前增长。与此同时，资本主义生产的社会化和生产资料资本主义私人占有之间的固有矛盾日趋尖锐化，进而导致资本主义世界性周期性的经济危机不断爆发，特别是 1929—1933 年经济危机，使资本主义世界的经济、社会遭到极大打击，资本主义国家的阶级矛盾尖锐化，工人阶级、无产阶级开始把斗争的矛头指向了资本主义制度。1831 年和 1834 年法国里昂工人的两次起义，1836 年开始的英国宪章运动，1844 年德国西里西亚纺织工人起义。发生在资本主义世界的这三次工人运动，"表现了无产阶级高度的政治觉悟与英勇精神，显示了无产阶级在政治斗争上的威力，标志着现代无产阶级作为独立的政治力量已经登上了历史舞台"[①] 为适应无产阶级革命运动，更好地指导革命实践，马克思主义应运而生。

马克思恩格斯在对人类历史学宝库中优秀文化精华研究的基础上创立了马克思主义，体现出马克思主义强烈的历史性。19 世纪的欧洲，自然科学、哲学社会科学、人文科学等都取得了辉煌的成绩，是人类发展史文化璀璨的典型，被喻为"历史学世纪"的时代。马克思恩格斯十分重视对历史的分析和研究，恩格斯曾说："历史就是我们的一切，我们比任何一个哲学学派，甚至比黑格尔，都更重视历史"，[②] 马克思恩格斯毕生致力于全人类历史上优秀文化遗产的研究，在批判、继承与创新的基础上创立了马克思主义。从其诞生以来的一百年的历史长河中，这位"千年第一思想家"的思想理论一直指引着被压迫国家和民族人民努力前行，突出地体现着马克思主义的历史性。

（二）马克思主义史学理论彰显着马克思主义的历史性

马克思主义史学所蕴含的史学观点和史学理论体现着马克思主义的历史性。"马克思和恩格斯首创的唯物主义历史观，提出用唯物主义解释历史，是历史学的一次革命。"[③] 马克思主义唯物史观和马克思主义史学理论构成了马克思主义史学思想的基本内容，它是对人类历史发展客观进程的科学的归纳与总结，是对人类史学思想史的丰富和发展。

作为马克思主义历史学理论的核心内容的唯物史观，是人类史思想史上的重要史学遗产，彰显着马克思主义历史性。马克思主义唯物史观是

---

① 参见《马克思主义基本原理概论》，高等教育出版社 2013 年版，第 6 页。
② 《马克思恩格斯全集》第 1 卷，人民出版社 1956 年版，第 650 页。
③ 参见黎澍《马克思主义与中国历史学》，载《历史研究》1983 年第 2 期。

"历史发展的产物；在较早的时代，它是不会被任何最有天才的头脑凭空想出来的。只有达到一定高度时，人类历史才能揭开它自己的秘密。"①唯物史观正是马克思恩格斯在资本主义生产力获得了巨大发展，人类文化精华得以集聚和凸显，无产阶级工人阶级力量不断发展和壮大等条件下，经过他们的深入研究和系统思考创立的。列宁对马克思主义唯物史观作了更加精辟的阐述，他讲"以往一切历史理论，至多是考察了人们历史活动的思想动机，而没有考察产生这些动机的原因，没有发现社会关系体系发展的客观规律性，没有看出物质生产发展程度是这种关系的根源；过去的历史理论恰恰没有说明人民群众的活动，只有历史唯物主义才第一次使我们能以自然历史的精确性去考察群众生活的社会条件以及这些条件的变更。"②列宁的论述深刻说明了唯物主义历史观是"关于现实的人及其历史发展的科学"，③彰显着马克思主义的历史性。

马克思主义史学理论所包含的史学思想极其深邃而宏大，彰显着马克思主义历史性。马克思主义史学理论的内容除核心内容唯物主义历史观以外，还包括历史研究的方法论以及马克思恩格斯在研究历史问题、事件和人物时提出的重要论断和思想。马克思主义主张在研究历史时应当采用历史主义原则，坚持实事求是，在充分占有历史资料的基础上去分析和研究历史。因为，唯物主义历史观"不再是从头脑中想出联系，而是从事实中发现联系"，④"分析任何一个社会问题时，马克思主义理论的绝对要求，就是要把问题提到一定的历史范围之内"，⑤如果，"没有这种观察社会现象的历史观点，历史科学就会无法存在和发展"。⑥并在此基础上"充分地占有材料，分析它的各种发展形式，探寻这些形式的内在联系。只有这项工作完成以后，现实的运动才能适当地叙述出来"。⑦马克思主义的史学理论和史学思想集中体现和始终贯穿于马克思恩格斯的著作之中，如《1844年经济哲学手稿》、《神圣家族，或对批判的批判所做的批判驳布鲁诺·鲍威尔及其伙伴》、《德意志意识形态》、《共产党宣言》、

---

① ［德］梅林:《保卫马克思主义》，人民出版社1982年版，第3页。
② 《列宁全集》第21卷，人民出版社1972年版，第38页。
③ 《马克思恩格斯文集》第4卷，人民出版社2009年版，第295页。
④ 同上书，第312页。
⑤ 《列宁选集》第2卷，人民出版社1995年版，第375页。
⑥ 《斯大林选集》下卷，人民出版社1979年版，第430页。
⑦ 《马克思恩格斯文集》第5卷，人民出版社2009年版，第21—22页。

《资本论》、《路易·波拿巴的雾月十八日》等。因此，对于马克思主义所包含的宏大、精深的史学思想，"即使那些否定马克思主义历史解释的历史学家们，也不得不用马克思主义的观点来考虑自己的观点。"① 马克思主义史学理论本身的科学性体现着马克思主义强烈的历史性。

（三）马克思主义中国化体现着历史性

推进马克思主义中国化首先要将马克思主义与中国的历史传统相结合，用马克思主义的历史方法论原则去分析研究中国的历史传统，既是马克思主义唯物史观的内在要求，也是实现马克思主义中国化的重要基础。马克思恩格斯一再告诫人们："我们的历史观首先是进行研究工作的指南，并不是按照黑格尔学派的方式构造体系的杠杆。""如果不把唯物主义方法当作研究历史的指南，而把它当作现成的公式，按照它来剪裁各种历史事实，那它就会转变为自己的对立物。"② 因此，马克思主义一进入中国，以毛泽东等为代表的中国共产党人学习分析研究马克思主义，成为坚定的马克思主义者。同时，毛泽东也强调"我们信奉马克思主义是正确的思想方法，这并不意味着我们忽视中国文化遗产和非马克思主义的外国思想的价值"，③ 而是始终坚持用马克思主义历史主义原则和方法去分析中国近代半殖民地半封建社会的历史传统、中国优秀的历史文化，实现了马克思主义与中国优秀历史文化的有机结合，推进马克思主义中国化。

二　马克思主义的当代性

马克思主义是无产阶级的科学的世界观和方法论，它正确揭示了自然、社会和思维发展的一般规律，具有普遍的价值性，它不仅适用于对历史的分析，也适用于当代社会实践，体现出强烈的当代性。这也正是其具有强烈生命力的根源所在。

（一）马克思主义与时俱进的理论品质体现着当代性

马克思主义是时代精神的精华，马克思曾讲："问题就是时代的口号，是它表现自己精神状态的最实际的呼声"。④ 马克思主义的当代性是

---

① ［英］杰弗里·巴勒克拉夫：《当代史学主要趋势》，上海译文出版社 1987 年版，第 32 页。

② 《马克思恩格斯文集》第 10 卷，人民出版社 2009 年版，第 583 页。

③ 《毛泽东文集》第 3 卷，人民出版社 1996 年版，第 191 页。

④ 《马克思恩格斯全集》第 40 卷，人民出版社 1982 年版，第 289 页。

由其理论自身一以贯之的辩证唯物主义和历史唯物主义世界观、方法论所决定的。当代中国著名哲学家陈先达先生认为："马克思主义当代性的根本之点在于它的基本原理，在于它的世界观和方法论具有当代适用性。无论是对当代资本主义的分析，对中国特色社会主义的分析，还是对当代科学技术发展中问题的分析，马克思主义哲学作为世界观和思维方法都仍然是最有效的工具"。① 也亦如当代政治学家剑桥大学加里斯特·琼斯教授所言：共产党宣言"虽然出版于1848年，但我们现在经常谈到的全球化、裁员、跨国公司、世界经济朝这个或那个方向发展，所有这些内容在书中都能找到，它有令人惊讶的现实意义，任何其它文献都没有这个力量。"② 马克思主义是时代的产物，它的普遍真理只有与当时代的具体实际有机结合，才能有效地解决时代的实际问题，推动时代的进步和发展。同时，又丰富和发展马克思主义理论本身。

（二）马克思主义在实践创新和理论创新中体现当代性

科学理论只有运用于实践才能发挥其力量，实事求是、理论联系实际是马克思主义的精髓。在实践中形成的理论，只有回到实践才能得以检验，也只有回到实践才能更好地指导实践，发挥理论的力量作用。毛泽东同志在1937年7月的《实践论》中明确指出："如果有了正确的理论，只是把它空谈一阵，束之高阁，并不实行，那末，这种理论再好也是没有意义的。"③

一方面，马克思主义作为科学的真理，它对当今世界仍有强大的解释力，体现着其当代性。当今世界，特别是经济全球化的今天，整个世界的主要轮廓及其现象都体现于马克思主义经典文本之中，都能够从中找到强有力的理论根源。如经济的全球化、贸易的全球化、资本的全球化，以及资本主义周期性经济危机等。

另一方面，马克思主义作为世界观和方法论，具有强烈的实践特性，对当今世界仍有强大的改造力，体现着当代性。马克思主义强调"哲学把无产阶级当做自己的物质武器，同样，无产阶级也把哲学当做自己的精

---

① 参见陈先达《马克思主义哲学的当代性与文本解读》，载《中国社会科学》2007年第5期。

② 参见人民网《国际周刊》"走向异国的红色记忆"，2006年6月29日（http：//world. people. com. cn/GB/1031/4544261），最后访问日期：2013年12月27日。

③ 《毛泽东选集》第1卷，人民出版社1991年版，第292页。

神武器。"① 马克思主义的武器力量只有在实践中才能得以体现和实现。作为从根本上揭示了自然界、社会和思维发展一般规律的马克思主义具有普遍的价值功能，不仅在 19 世纪的欧洲，在当代的今天仍然具有普遍的指导意义，它不仅能够改造客观世界，更能改造人的主观世界。在改造人的主观世界中，使无产阶级真正意识到自己的历史地位和作用，促使人们形成科学的世界观和人生观，进而指导人们在新时代做出新的实践，体现着马克思主义的当代性。

（三）马克思主义在中国的当代化体现着当代性

马克思主义的理论本身所包含的世界和方法论决定了，它能与中国当代具体实际相结合。真正科学理论的创立必然根植于当时所处社会生产和生活之中，马克思主义是在回应和解决 19 世纪欧洲当时所面临的社会问题而创立的科学理论体系。马克思主义揭示了人类社会发展的一般规律，它以人的解放、人类的幸福、人的自由而全面发展为其根本的政治立场和世界观。它具有普适性，对任何一个时代、社会都具有适用性。同时，用这种普适的政治立场和世界观指导实践时，又必须与各时代的特点相结合起来。在 19 世纪的欧洲，马克思批判和继承当时欧洲思想家，特别是空想社会主义者们的理论时，他强调："我们判断一个人不能以他对自己的看法为依据，同样，我们判断这样一个变革时代也不能以它的意识为根据；相反，这个意识必须从物质生活的矛盾中，从社会生产力和生产关系之间的现存冲突中去解释。"② 当时欧洲资本主义社会的生产力与生产关系是马克思主义得以创立的基本立足点。马克思主义方法论是科学的方法论特别是它的辩证唯物主义和历史唯物主义的方法论适用于对一切时代社会问题的分析。当代哲学家乔恩·埃尔斯特也曾指出："我相信，有一种特殊的、研究社会现象的马克思主义方法，即一种可以被广泛运用甚至能为那些不赞成马克思基本观点的人所运用的方法。实际上，这种方法在今天得到了如此广泛的运用，以致很少有人提到它是'马克思主义的方法'。然而，历史地看，马克思是运用这种方法的一个先驱。甚至在今天，他的全部洞见仍未曾枯竭。"③ 所以，马克思主义理论本身的世界观

---

① 《马克思恩格斯文集》第 1 卷，人民出版社 2009 年版，第 17 页。
② 《马克思恩格斯选集》第 2 卷，人民出版社 1995 年版，第 33 页。
③ ［美］乔恩·埃尔斯特：《理解马克思》，中国人民大学出版社 2008 年版，第 4 页。

和方法论蕴含着强烈的当代性。

中国当代的具体实际需要与马克思主义相结合。首先，中国社会主义建立与发展以来的历史证明中国需要马克思主义。马克思主义与近代半殖民地半封建社会的具体实际相结合，实现了马克思主义中国化，形成了马克思主义与中国具体实际相结合的第一次历史性飞跃，形成了第一大创新理论成果即毛泽东思想。"革命的理论永不能和革命的实践相离，否则将成为空谈的重要思想。"① 以毛泽东等为代表的中国共产党人在深入研究当时中国具体实际的基础上与产生于 19 世纪欧洲的马克思主义相结合起来，用马克思主义的世界观、方法论指导中国革命，结束了中国半殖民地半封建的历史，建立了社会主义新中国，开始了对社会主义建设的初步探索。实践已充分证明了马克思主义是科学的世界观、方法论，中国社会主义发展需要马克思主义。

其次，当代中国处于社会主义初级阶段的突出特征，仍然需要马克思主义指导。法国哲学家萨特曾讲到："马克思主义非但没有衰竭，而且还十分年轻，几乎还处在童年时代：它才刚刚发展。因此，它仍然是我们时代的哲学：它是不可超越的。"② 马克思主义是真理性与价值性的有机统一，体现于对时代的考察与研究，及时有效诠释和解决时代发展中的重大问题。胡锦涛同志在党的十八党报告中强调了"三个没有变"，即"我国仍处于并将长期处于社会主义初级阶段的基本国情没有变，人民日益增长的物质文化需要同落后的社会生产之间的矛盾这一社会主要矛盾没有变，我国是世界上最大的发展中国家的国际地位没有变。"中国处于社会主义初级阶段的基本特征没有发生变化，建设中国特色社会主义仍然是我们长期的任务。这仍在马克思主义理论框架内，仍能在马克思主义经典文本中找到理论依据，也符合恩格斯所强调的"每一个时代的理论思维，从而我们时代的理论思维，都是一种历史的产物，它在不同的时代具有完全不同的形式，同时具有完全不同的内容。"③ 因此，诠释和解决当代中国发展中的重大问题，建设和发展中国特色社会主义，实现中华民族的伟大复兴，继续推进马克思主义中国化，是马克思主义当代性的重要体现。

---

① 瞿秋白：《瞿秋白选集》，人民出版社 1985 年版，第 256 页。
② ［法］让－保罗·萨特：《辩证理性批判》，安徽文艺出版社 1998 年版，第 28 页。
③ 《马克思恩格斯选集》第 4 卷，人民出版社 1995 年版，第 284 页。

三　马克思主义历史性与当代性的统一

马克思主义的科学性和实践性集中体现着其历史性与当代性的有机统一。马克思恩格斯在深入分析研究人类社会历史并深刻剖析揭露现实社会的基础上，揭示了自然、社会和人类思维的一般规律，并用以指导全世界无产阶级的解放事业，彰显着马克思主义的历史性与当代性的统一。

（一）历史性与当代性统一于马克思主义的科学性

马克思主义历史性与当代性的统一体现于马克思主义对人类优秀文化精华的继承与创造。马克思主义是在吸收了几千年来人类思想和文化发展中的优秀成果，批判继承与大胆创新的基础上，深刻分析马克思、恩格斯所处资本主义时代的社会特征及发展趋势而创立和发展起来，是历史性与当代性的统一。著名历史学家、哲学家庄国雄认为：马克思主义是历史性与当代性统一的产物，它"既对以往的历史开放，又对今天的现实开放"，"既对马克思主义以前的人类思想文化遗产开放，又对它产生以后的新探索、新学科、新成果开放。"① 毛泽东也曾指出，"我们决不可拒绝继承和借鉴古人和外国人，哪怕是封建阶级和资产阶级的东西。但是继承和借鉴决不可以变成替代自己的创造"②。马克思、恩格斯对人类历史上遗留下来的优秀文化遗产大胆吸收、积极借鉴，批判继承，但是，他们没有就此驻足。因为，"马克思以前的社会学和历史学，至多是积累了零星收集来的未加分析的事实，描述了历史过程的个别方面。他们没有也不可能指出对各种社会经济形态产生、发展和衰落过程进行全面而周密研究的途径。"③ 真正科学理论的形成只有当社会一定的生产力、生产关系及其适应程度"达到一定高度时，人类历史才能揭开它自己的入秘密"④ 马克思主义正是在马克思恩格斯批判继承人类文化精华的基础上，"伴随巨大生产力——大工业而出现近代无产阶级"，"人们能够对于社会历史的发展作全面的历史的了解"⑤ 的基础上创立的，是历史性与当代性的统一。

马克思主义历史性与当代性的统一体现于马克思主义实事求是的立场

---

① 庄国雄等：《西方历史哲学》，复旦大学出版社 2005 年版，第 20—21 页。
② 《毛泽东选集》第 3 卷，人民出版社 1991 年版，第 860 页。
③ 《列宁专题文集·论辩证唯物主义和历史唯物主义》，人民出版社 2009 年版，第 336 页。
④ ［德］梅林：《保卫马克思主义》，人民出版社 1982 年版，第 63 页。
⑤ 《毛泽东选集》第 1 卷，人民出版社 1991 年版，第 283 页。

观点和方法。实事求是的立场观点和方法是马克思主义的理论精髓，是在分析研究人类历史上遗留下来的优秀文化遗产中形成的，形成以后又将此立场观点和方法运用于当代社会及其发展趋势中进而丰富、发展和完善的，体现了其历史性与当代性的统一。马克思始终站在人民大众立场上，对人类文化和思想深入分析研究揭示了实事求是、理论联系实际的基本原则和辩证唯物主义、历史唯物主义的科学方法论。这又是研究当代社会现实问题的基本立足点和出发点。毛泽东曾指出：“马克思、恩格斯、列宁、斯大林教导我们认真地研究情况，从客观的真实的情况出发，而不是从主观的愿望出发”，他们也反复“告诫人们的一条基本原则：理论和实际统一”。“马克思主义叫我们看问题不要从抽象的定义出发，而要从客观存在的事实出发，从分析这些事实中找出方针、政策、办法来。”① 马克思主义实事求是的基本立场、观点和方法在分析研究当代社会发展问题的运用中又得以丰富和发展，体现了其历史性与当代性的有机统一。

（二）历史性与当代性统一于马克思主义的实践性

马克思主义是实践的科学。马克思主义来源于实践，指导实践，其生命力根植于实践之中。实践的观点是马克思主义的最基本的观点，因为“全部社会生活在本质上是实践的”，② 它是人的存在的基本方式，是人类首要的基本活动，而这种活动、这种连续不断的感性劳动和创造、这种生产，是整个现存感性世界的非常深刻的基础。因此，马克思在他的新世界观的天才萌芽的第一个文件《关于费尔巴哈的提纲》中强调哲学家的真正历史使命在于改造世界。

历史性与当代性的统一是马克思主义实践特征的内在要求。马克思主义将实践解释为，它是人类有目的的能动的客观物质性活动，是人与自然、个体活动与社会活动具体的历史的统一。实践性特征在马克思主义的“实践唯物主义”中得以充分体现。因为，马克思以前的“直观的唯物主义，即不是把感性理解为实践活动的唯物主义，至多也只能做到对‘市民社会’的单个人的直观。”③ 而事实上“全部社会生活在本质上是实践的，凡是把理论引向神秘主义的神秘的东西，都能在人的实践以及对这个

---

① 《毛泽东选集》第 3 卷，人民出版社 1991 年版，第 797—798、853 页。
② 《马克思恩格斯选集》第 1 卷，人民出版社 1995 年版，第 56 页。
③ 同上书，第 60 页。

实践的理解中得到合理的解决。"① 充分说明了人的思维是否能对人类历史与现存社会的正确思维，只有在实践中才能得以检验和确证，这是马克思主义实践品格的内在要求。这一思想在马克思的《关于费尔巴哈的提纲》这一著作中作了充分的阐释，《关于费尔巴哈的提纲》的中心思想是革命实践在社会生活中起决定作用。马克思指出了包括费尔巴哈在内的以前的一切唯物主义忽视实践作用缺点，说明实践是认识的基础和标准。世界是否可知，人们思维是否具有客观的真理性，只能由实践来证明。马克思的著作处处体现马克思恩格斯为揭露旧世界，建立新世界积极努力工作的伟大实践品质，也充分说明了马克思主义历史性与当代性统一于实践性之中。

　　历史性与当代性的统一是马克思主义实践性得以实现的重要方式。马克思主义具有强烈的实践性，而这种实践性展现出了马克思主义科学理论的现实性。马克思恩格斯一生的伟大实践都在将分析研究历史与剖析揭示现实相结合中实现全人类解放。马克思曾讲："我们的任务是要揭露旧世界，并为建立一个新世界而积极工作。"② 因为，"对实践的唯物主义者即共产主义者来说，全部问题都在于使现存世界革命化，实际地反对并改变现存的事物。"③ 马克思通过对阶级斗争历史的分析和研究，找到历史运动规律，从而号召全世界无产阶级联合起来，推翻旧世界建立新世界的伟大实践。他指出，以往的社会的历史都是阶级斗争的历史，并用法国的阶级斗争历史进行了科学论证。马克思用法国这段阶级斗争历史成功地检验了他最先发现的（适用于一切社会包括当代社会的）历史运动规律。在遵循这一历史运动规律的基础上，进一步在《宣言》中分析了无产阶级的历史地位，论证了无产阶级充当资产阶级掘墓人的历史使命，指出只有无产阶级领导受压迫的劳苦群众才能推翻资本主义制度和建立新的社会。马克思主义始终将研究历史与分析现实有机结合起来，为现实中的无产阶级革命实践找出必须遵循的社会历史发展规律，进而实现实践的历史使命。马克思怀着坚定的信念宣告：历史本身就是审判官，而无产阶级就是执刑者，充分体现着马克思主义历史性与当代性的统一。

---

① 《马克思恩格斯选集》第 1 卷，人民出版社 1995 年版，第 56 页。
② 《马克思恩格斯全集》第 1 卷，人民出版社 1956 年版，第 414 页。
③ 《马克思恩格斯选集》第 1 卷，人民出版社 1995 年版，第 75 页。

（三）在历史性与当代性的统一中推进中国特色社会主义发展

毛泽东思想这一马克思主义中国化的第一次历史性飞跃所形成的理论成果，是在将马克思主义与中国优秀历史传统和时代特点的有机统一中实现的。毛泽东在运用马克思主义解决中国近代革命实践问题时十分重视研究中国的历史问题。他强调："不注重研究现状，不注重研究历史，不注重马克思列宁主义的应用。这些都是极坏的作风。"他认为，作为马克思主义者不研究现状不研究时代特点"缺乏调查研究客观实际状况"，"'闭塞眼睛捉麻雀'，'瞎子摸鱼'，粗枝大叶，夸夸其谈，满足于一知半解"，这是"完全违反马克思列宁主义基本精神的作风"。同样，要实现马克思主义的中国化还必须要研究中国的历史。毛泽东强调："应用马克思列宁主义的理论和方法，对周围环境作系统的周密的调查和研究"，"不但要懂得外国革命史，还要懂得中国革命史；不但要懂得中国的今天，还要懂得中国的昨天和前天"①。以毛泽东为代表的中国共产党人正是在深入研究世界历史、中国历史的基础上，通过调查研究系统分析当时的现实社会状况，并将马克思主义的立场观点和方法与之结合起来，在马克思主义历史性与当代性的有机统一中实现了马克思主义中国化。

中国特色社会主义理论体系这一马克思主义中国化的最新理论成果，同样是在将马克思主义与中国社会主义建设以来的历史及当前时代特征有机统一中实现的。在面对"什么是社会主义""怎样建设社会主义""建设什么的党""怎样建设党""实现什么的发展""怎样发展"等一系列新问题、新情况时，以邓小平、江泽民、胡锦涛等中国共产党人，坚持解放思想、实事求是，认真研究、分析、总结中国社会主义建设的历史经验，总结其他社会主义国家兴衰成败的历史经验教训的基础上，深刻分析当代中国在改革开放和现代化建设中的具体实际，以及当代世界和平与发展的时代主题，并将马克思主义基本原理与之相结合，在马克思主义历史性与当代性中，进一步推进了马克思主义中国化，正确回答了前述所面临的急需回应的问题，从而形成了马克思主义中国化的最新理论成果即中国特色社会主义理论体系。

---

① 《毛泽东选集》第 3 卷，人民出版社 1991 年版，第 797—801 页。

第三章　马克思主义中国化的
历史起步与思想源泉

　　在马克思主义经典作家那里，已经开始关注中国的问题。早在19世纪50年代至60年代，马克思和恩格斯就撰写了大量关于中国的文稿，对于中国人民进行的两次鸦片战争、太平天国运动等表示极大的关注，同时对于中国古代文明以及世界贸易对中国经济的影响等，也作了大量的论述。① 可以说，中国早在马克思主义发展的早期，就已经进入了马克思主义的视野，成为马克思主义发展的内在要素之一。从19世纪70年代开始，中国早期的洋务派思想家和外交家开始接触到马克思主义的一些思想，零零星星地介绍到中国的知识界，中国人开始知道马克思、恩格斯以及马克思主义的一些思想片段。② 但是，直到十月革命把马克思主义大量传播到中国，中国人对马克思主义的了解都停留在一般性译介和知识引入层面，马克思主义基本原理同中国实际相结合的过程并没有真正展开。为此，我们探讨马克思主义中国化的历史起步和思想源头还是从十月革命和五四运动开始。

---

　　① 关于这方面的文献，中共中央编译局曾经编辑出版了《马克思恩格斯论中国》一书，收录了马克思和恩格斯有关中国的文章共18篇：《中国革命和欧洲革命》、《欧洲的金融危机。——货币流通史片断》、《英中冲突》、《议会关于对华军事行动的辩论》、《帕麦斯顿内阁的失败》、《英国即将来临的选举》、《俄国的对华贸易》、《英人在华的残暴行动》、《英人对华的新远征》、《波斯和中国》、《鸦片贸易史》、《英中条约》、《中国和英国的条约》、《俄国在远东的成功》、《新的对华战争》、《对华贸易》、《英国的政治》、《中国记事》；摘录了散见于马克思和恩格斯19世纪40年代至90年代的各种著作和书信中有关中国的论述。

　　② 关于这个方面的文献，林代昭、潘国华主编的《马克思主义在中国》（清华大学出版社1983年版）可以参考，该书收录了马克思主义在中国早期传播的大量资料。

第一节 十月革命与马克思主义中国化的历史启动

毛泽东曾经形象地指出："中国人找到马克思主义，是经过俄国人介绍的。……十月革命一声炮响，给我们送来了马克思列宁主义。"① 这个高度凝练的概括，道出了十月革命在马克思主义中国化发展史上的重要地位。

一 中国人通过十月革命找到了中国革命的道路

近代以来，先进的中国人为了救国救民，在世界上苦苦寻求适应中国革命所需要的先进文化。以洋务派为代表的早期民族资产阶级代表找到了资本主义的技术理论和新学以图救国，失败了；以洪秀全为代表的先进农民知识分子和革命力量，找到了西方的基督教思想，作为太平天国革命的指导理论，失败了；维新运动的领袖康有为、梁启超等找到了西方资产阶级的政治理论，力求把资产阶级政治制度和政治思想同中国的传统文化、政治体制相结合来改造中国，失败了；以孙中山为代表的资产阶级民主革命家，寻找到资产阶级革命理论和民主思想，力求通过资产阶级革命来实现救国救民，也没有成功。也就是说，不论是中国的传统文化，还是西方的宗教文化，资产阶级改良文化，资产阶级民主主义革命理论，都不能够真正救国救民，中国必须找到最科学的最先进的文化理论来指导中国革命。

正在中国先进分子苦恼彷徨之时，传来了俄国十月革命胜利的消息，这个消息犹如一声春雷，给苦苦寻求的中国人带来了希望和生机。俄国同中国有着某种程度的相似性，都是经济社会相对落后、封建主义文化和专制体制非常顽固的国家。俄国十月革命获得了巨大胜利，这无疑给中国人民提供了一条崭新的道路和方向。

正因为十月革命对中国人民具有极大的感召力，中国先进分子对十月革命报以极大的热情。十月革命之后，中国的许多报刊都相继报道了十月革命的消息。例如，1917 年 11 月 10、11 日的民国日报等报刊都以"彼得格勒成军与劳动社会已推倒克伦斯基政府"的字样，报道了十月革命

① 《毛泽东选集》第 4 卷，人民出版社 1991 年版，第 1470—1471 页。

的消息。1918 年元旦，民国日报的社论指出：吾人对于近邻的大改革，不胜其希望也。孙中山先生对十月革命的反应也是相当积极的，1918 年初，他在上海曾经致电苏维埃政府和列宁：中国革命党对于贵国革命党员之艰苦卓绝的奋斗，表示极大的敬意；而且更希望中俄两国革命党团结一致，共同奋斗。

最能代表中国先进知识分子热情讴歌十月革命的，首推李大钊。他在 1918 年 7 月发表了《法俄革命之比较》一文，分析了法俄革命的区别，阐述了十月革命的社会主义本质和世界历史意义。他指出："俄罗斯之革命是二十世纪初期之革命，是立于社会主义之上之革命，是社会的革命而并著世界的革命之采色者也。"文章强调要迎接十月革命带来的革命曙光。他说："吾人对于俄罗斯今日之事变，惟有翘首以迎其世界新文明之曙光，倾耳以迎其建于自由、人道上之新俄罗斯之消息，而求所以适应此世界的新潮流……"[1] 11 月，他又发表了《庶民的胜利》、《布尔什维主义的胜利》两文。文中写道："1917 年的俄国革命，是二十世纪中世界革命的先声。"[2] 这个革命是社会主义的胜利，是布尔什维克的胜利。在十月革命的带动下，将来的世界必将是赤旗的世界。在 1919 年 1 月的《新纪元》一文中，李大钊认为，十月革命是人类进步发展的曙光，给中国带来了一线光明，"我们在这黑暗的中国，死寂的北京，也仿佛分得那曙光的一线，好比在沉沉深夜中得一小小的明星，照见新人生的道路。我们应该趁着这一线的光明，努力前去为人类活动，做出一点有益人类的工作。"[3]

毛泽东也以极大的热情赞同和讴歌十月革命的道路，赞颂十月革命对中国的巨大影响。他于 1919 年 7 月在《湘江评论》上发表了《民众的大联合》一文，公开赞颂了俄国十月革命及其影响。他说："俄罗斯打倒贵族，驱逐富人，劳农两界合立了委办政府，红旗军东驰西突，扫荡了多少敌人，协约国为之改容，全世界为之震动"。[4] 在俄国革命的影响下，中国爆发了五四运动，"异军突起，更有中华长城渤海之间，发生了五四运动。"显然，毛泽东站在世界革命的高度，站在中华民族图存救亡的角度

① 《李大钊选集》，人民出版社 1959 年版，第 102、104 页。
② 同上书，第 111 页。
③ 同上书，第 124 页。
④ 《毛泽东早期文稿》，中央文献出版社 1990 年版，第 358 页。

来看待十月革命的伟大意义。

也就是说，以李大钊、毛泽东等为代表的中国先进知识分子，已经从俄国十月革命那里看到了中国革命的前途，找到了自己要走的道路。正如毛泽东所说："十月革命帮助了全世界的也帮助了中国的先进分子，用无产阶级的宇宙观作为观察国家命运的工具，重新考虑自己的问题。走俄国人的路——这就是结论。"①

二　中国人通过十月革命认识了马克思主义的力量

那么，为什么同中国一样落后的俄罗斯取得了十月革命的伟大胜利，而中国的辛亥革命却没有真正实现救国救民的目的呢？其中的关键问题在什么地方呢？这是中国先进知识分子不能不认真思考的问题。只有把这个问题弄清楚了，中国人对俄国革命的理解才更加深刻，十月革命对中国的影响才更加直接。

经过认真分析和深入思考，李大钊首先找到了问题的答案：俄国革命者拥有了世界上最先进的科学理论的指导，而中国人却没有，这个理论就是马克思主义的科学真理。十月革命的胜利，就是社会主义的胜利，就是马克思主义的胜利，用李大钊的话说："是社会主义的胜利"，是"马喀士（马克思）的功业"。② 这样，中国的先进知识分子，看到了十月革命同马克思主义的内在联系，通过十月革命的伟大实践认识到了马克思主义的科学真理性和革命实践性，看到了马克思主义的真理性及其改造社会的巨大力量。

毛泽东在领导湖南人民自治运动的过程中，对十月革命胜利的原因也作出了深入的分析。在《打破没有基础的大中国建设许多的中国从湖南做起》一文中，他结合中国几千年的历史发展，从推动中国根本性改造，实现彻底的总体性革命的角度，结合湖南自治运动的现实实践，对列宁领导十月革命胜利的成功经验作了初步分析。他指出，十月革命之所以能够获得巨大成功，就在于有科学理论的指导，马克思主义政党的领导，广大党员充分发挥先进性和革命斗争性，抓住了有利的历史条件，进行充分的主客观的准备，充分获得广大人民群众的积极支持等。他写道："列宁之

① 《毛泽东选集》第 4 卷，人民出版社 1991 年版，第 1471 页。
② 《李大钊选集》，人民出版社 1959 年版，第 113 页。

以百万党员，建平民革命的空前大业，扫荡反革命党，洗刷上中阶级，有主义（布尔失委克斯姆），有时机（俄国战败），有预备，有真正可靠的党众，一呼而起，下令于流水之原，不崇朝而占全国人数十分之八九的劳农阶级，如响斯应。俄国革命的成功，全在这些处所。"① 应该说，毛泽东的这个分析，虽然文字很简短，但是抓住了问题的实质，从党的领导、指导思想、客观条件、党员先进性、工农阶级支持等几个方面，找到了十月革命胜利的深层原因。

这样，中国的先进知识分子从俄国革命那里看到了马克思主义的真理性价值和力量，从而开始把目光转向马克思主义，在世界观上发生重大转变，迅速接受和赞同马克思主义的科学真理，实现了自身的马克思主义化，坚定地走上了马克思主义的道路。

三 十月革命拉开了马克思主义中国化的序幕

中国的先进知识分子从十月革命那里看到了前进的道路，把中国革命的前途同十月革命联系起来，再从俄国革命看到了马克思主义的真理价值，从而把马克思主义同中国革命的前途联系起来，开始自觉赞同和选择马克思主义，把马克思主义作为拯救中国的指导理论。在这个方面，马克思主义中国化的奠基人和开拓者毛泽东，就是一个典型的代表。

他逐步放弃了各种错误的理论思潮和道路，坚定地走俄国革命的道路。在 20 世纪初期，毛泽东等中国先进知识分子面临的最重要的历史任务就是寻找中国革命的道路，寻找中华民族独立解放的道路。在这种民族解放的追求中，中国知识分子引进了各种各样的思想和道路，诸如无政府主义、新村主义、改良主义等，毛泽东自己也尝试了无政府主义、新村主义等道路，但是都没有什么成效。在这种情况下，他开始接受俄国革命的道路。1920 年，在新民学会内部，发生了一场争论，争论的焦点是走俄国的道路还是走无政府主义的道路。其中，萧子升"颇不认俄式（马克思式）革命为正当，而倾向于无政府（无强权）普鲁东式之新式革命"，这种革命从教育入手，"以教育为工具"；而蔡和森则明确提出：中国必须走俄国的道路，走社会主义道路，"阶级战争——无产阶级专政。我认为（这是）现世界革命唯一制胜的方法。"毛泽东在接到肖蔡的来信后，

---

① 《毛泽东早期文稿》，中央文献出版社 1990 年版，第 456 页。

于 12 月给二人以及在法会友写了长达四千字的回信①，对他们的不同意见作出明确的选择："我于子升、和笙（李维汉——引注）二兄的主张，不表同意。而于和森的主张，表示深切的赞同"，因为温和改良的法子，实属"理论上说得通，事实上做不到。""历史上凡是专制主义者，或帝国主义者，或军国主义者，非等到人家来推倒，决没有自己肯收场的。""俄国式的革命，是无可如何的山穷水尽诸路皆走不通了的一个变计，并不是有更好的方法弃而不采，单要采这个恐怖的方法。"1921 年元旦，在新民学会大会上，毛泽东明确提出，对于中国社会必须进行大规模改造，而改造的方法则就是俄国革命的方法。在比较了社会改良主义、社会民主主义、无政府主义、罗素的温和方法的共产主义和列宁的激烈方法的共产主义等不同道路之后，他明确表示，"激烈方法的共产主义，即所谓劳农主义，用阶级专政的方法，是可以预计效果的，故最宜采用。"②

迅速实现世界观的转变，坚定地信仰马克思主义，把马克思主义作为中国革命的指导思想，接受马克思主义的重要观点。五四运动之后，毛泽东的思想发生着激烈的转变，从一个激进的民主主义者转变为一个坚定的马克思主义者。这种转变一方面来自他所从事的社会斗争实践，另一方面则源自他在 1920 年冬到 1921 年初阅读了《共产党宣言》、《社会主义史》和《阶级斗争》三本马克思主义的书籍。正如他后来回忆所说，"1920 年冬天，我第一次在政治上把工人们组织起来了，在这项工作中我开始受到马克思主义理论和俄国革命历史的影响的指引。我第二次到北京期间，读了许多关于俄国情况的书。我热心搜寻那时候能找到的为数不多的用中文写的共产主义书籍。有三本书特别深刻地铭刻在我的心中，建立起来我对马克思主义的信仰。我一旦接受了马克思主义对历史的正确解释以后，我对马克思主义的信仰就没有动摇过。"之后，在分析中国实际问题的时候，他就坚定地用马克思主义为指导思想，运用马克思主义的政党理论、暴力革命理论、无产阶级专政理论等，来探索中国革命的道路。他积极参与中国共产党的创建工作，同陈独秀、李大钊等中国共产党创始人多次通信联系，商谈建党事宜。1921 年 1 月，在给蔡和森的信中，完全赞同蔡和森提出的建立共产党的主张，告诉他陈独秀已经在组织建党工作，并明

① 此信载《新民学会资料》，人民出版社 1980 年版，第 144—152 页。
② 《新民学会资料》，人民出版社 1980 年版，第 23 页。

确提出"唯物史观是吾党哲学的根据",① 明确了马克思主义的指导地位。就是说,毛泽东在认真研究马克思主义理论之后,完全被马克思主义理论所掌握,所征服,成为坚定的马克思主义者,或者说已经完全马克思主义化了。

就这样,在十月革命的推动下,中国的先进知识分子在道路、理论、领导力量等方面提出了正确的选择:走俄国的路,以马克思主义(唯物史观)为旗帜、为指导、为理论基础,建立中国共产党。这是马克思主义掌握中国先进知识分子的开端,同样也是马克思主义中国化的开端。从那时起,马克思主义中国化的历史大幕徐徐拉开。

第二节　五四运动与马克思主义中国化的基础奠定

五四运动时期,接受了马克思主义的中国先进知识分子开始自觉地译介马克思主义的经典著作,阐述宣传马克思主义的基本理论,成立传播马克思主义的团体组织,在思想斗争中捍卫马克思主义的地位,不断促进自身的马克思主义化,进一步扩大马克思主义者的阵营,为马克思主义中国化的开展奠定了基础。②

一　积累了马克思主义中国化的理论基础

比较系统地阐述马克思主义的基本理论。这其中最重要的就是李大钊在 1919 年发表的《我的马克思主义观》一文,以及在此之后发表的一系列论述马克思主义的文章,比较全面地介绍了历史唯物主义的主要内容。他阐述了唯物史观创立的重大意义:唯物史观的创立是社会科学的一大理论贡献,把历史学提到与自然科学同等的地位,为史学界开辟了一个新纪元;阐述了唯物史观关于经济基础与上层建筑、生产力与生产关系辩证关系的原理,阶级斗争的理论,人民群众创造历史的原理等。同时,毛泽东、陈独秀、李达、蔡和森等也在宣传马克思主义理论方面做出了重要尝试。

---

① 《新民学会资料》,人民出版社 1980 年版,第 162 页。
② 本节部分内容参见金民卿《五四运动为马克思主义中国化奠定了初步基础》,载《中国社会科学院院报》2009 年 5 月 7 日。

翻译和出版马克思主义的著作，为马克思主义中国化的开展奠定了文献基础，极大地推动了马克思主义在中国的传播。1919 年，五四运动爆发之后，李大钊把他主编的《新青年》第六卷 5 号编成"马克思主义研究"专号，刊登了《我的马克思主义观》一文，其中摘译了《哲学的贫困》、《共产党宣言》、《政治经济学批判序言》等内容。之后，《新青年》杂志陆续译载了一些马克思主义的著作，据统计，从 1919 年 5 月至 1921 年 7 月中国共产党成立之前，该杂志先后发表了关于马克思主义和社会主义革命问题的论文等共 137 篇。1918 年 12 月，李大钊和陈独秀创办了《每周评论》，先后刊登了《共产党宣言》的部分译文，倍倍尔的《傅里叶》一书的部分内容等。此外，北京《晨报》副刊也刊登过河上肇的《马克思的唯物史观》一文，其中摘译了《共产党宣言》和《政治经济学批判序言》的部分内容；1919 年 5 月到 6 月连载了《雇佣劳动与资本》的全译文。1920 年 8 月，郑次川翻译的恩格斯《社会主义从空想到科学的发展》的后半部分，译名为《科学的社会主义》。在出版马克思主义著作的过程中，新青年出版社做出了巨大贡献，1920 年 8 月，陈望道翻译的《共产党宣言》，10 月，李季翻译、柯卡普著《社会主义史》，1921 年 1 月，恽代英翻译、考茨基著的《阶级斗争》，都是由新青年出版社出版的。

需要注意的是，五四运动之后，中国先进知识分子对马克思主义著作的翻译和介绍都是自觉的、主动的，是站在马克思主义的立场上来传播马克思主义的，这同五四运动之前留日学生、维新派思想家梁启超、资产阶级革命派思想家零零星星地、不自觉地介绍马克思主义是不同的。这是马克思主义中国化的早期形式和重要基础，是马克思主义中国化的文献基础，如果没有马克思主义著作的翻译和出版，没有可供阅读的文本，马克思主义中国化是不可能的。

二　孕育了马克思主义中国化的组织主体

当时，在全国各地相继成立了宣传马克思主义的社团组织，如 1918 年底李大钊、高一涵在北京大学创立的"马尔克斯学说研究会"，1920 年 3 月在李大钊指导下由邓中夏、罗章龙等创立的北京大学"马克斯学说研究会"，1918 年毛泽东等创办的"新民学会"及 1920 年开办的"文化书社"，1917 年 10 月由恽代英等在武汉创办的"互助社"及 1920 年初开办的"利群书社"，1919 年 9 月由周恩来等在天津创办的"觉悟社"及《觉悟》杂志，1921 年 1 月由方志敏等在江西创办的"改造社"及《新江西》杂志，1919 年王尽美等在济南创办的"励新学会"及"齐鲁书社"等。

1920 年 5 月，陈独秀等人在上海率先成立了共产主义小组。同年 8 月，上海共产主义小组发起创办《劳动界》周刊。《劳动界》周刊内容设有演说、国内劳动界、国外劳动界、诗歌、小说、读者投稿等专栏。文章生动活泼，短小精悍，以生动的事例揭露了资产阶级压榨工人的罪行，启发工人的觉悟，是一份通俗工人读物。该刊共出版了 24 册，1921 年 1 月终刊。1920 年 11 月，陈独秀等人还创办了《共产党》月刊，毛泽东在 1921 年 1 月就向蔡和森介绍了陈独秀创办这个杂志的情况。当时，该刊在全国秘密发行，李达任主编，陈独秀、李达、施存统、沈雁冰等为该刊的主要撰稿人。作为当时上海共产主义小组的机关刊物，该刊明确提出"跟着俄国共产党"口号，在介绍了俄国十月革命的经验、第三国际和俄国共产党的情况的同时，还系统地宣传了马克思主义关于无产阶级政党的基本理论和基本知识。该刊共出版 6 期，1921 年终刊。1920 年 11 月，北京共产党小组还出版了《劳动音》和《工人周刊》，对工人进行教育，启发工人的阶级觉悟，后者销量最多时达两万份。

这些社团组织和刊物，成为各地学习宣传马克思主义的重要组织和基地，随着马克思主义者队伍的不断壮大，这些组织逐步从马克思主义学习组织和宣传组织转变为共产主义小组，成为中国共产党成立前的组织准备。1921 年，中国共产党正式成立，成为中国革命的领导核心，形成了马克思主义中国化的组织主体。

三　培育马克思主义中国化的思想主体

五四运动不仅成就了诸如李大钊、陈独秀等为代表的一批中国马克思主义的早期理论精英，更重要的是培育了诸如毛泽东、周恩来、李达、蔡和森、瞿秋白、恽代英等为代表的一大批杰出的中国共产党的理论家，从而使马克思主义中国化获得了理论创新的核心主体。例如，毛泽东就是在五四运动前后两次来到北京大学，认识了李大钊并得到他的直接指导，迅速成长为坚定的马克思主义者。五四运动之前，毛泽东的"头脑是自由主义、民主改良主义及空想社会主义的有趣的混合物"。经过了五四运动洗礼，毛泽东开始接受马克思主义和苏联革命的理论，认真阅读了《共产党宣言》等马克思主义著作，建立了对于马克思主义的信仰，而且一旦建立这种信仰，就丝毫没有动摇过，用他自己的话说，"一九二〇年夏，我在理论上和某种程度的行动上，变成了马克思主义者，并且自此以后，我自认为是一个马克思主义者了。"① 此后，毛泽东就自觉地用马克思主义的科学真理来分析中国革命的具体实践，创造性地提出了马克思主义中国化的一系列理论创新成果，形成了毛泽东思想的核心内容，实现了马克思主义中国化的第一次历史性飞跃。

应该提到的是，这些年轻的马克思主义者，已经开始自觉地在思想斗争中捍卫马克思主义。任何先进的理论和学说都是在同错误思想的斗争中发展起来的，马克思主义更是如此。马克思主义中国化，同样也是在思想交锋的过程中展开的。五四运动之后，马克思主义在中国迅速传播，同时实用主义、改良主义、无政府主义等也在中国思想界传播，并同马克思主义发生论争。于是，在中国思想界开展了关于问题与主义、关于社会主义问题、关于无政府主义问题的三大论战。在论战的过程中，初步具有马克思主义信念的中国先进知识分子同各种错误思想展开了激烈的交锋，宣传了马克思主义的基本思想，扩大了马克思主义在中国思想界的影响，经过这些论战，马克思主义从一种一般的社会思想上升为中国思想界具有重大影响力主流思潮。

四　奠定了马克思主义中国化的阶级基础

从五四运动开始，马克思主义开始初步同中国工人运动相结合。马克思主义同无产阶级有着天然的联系，只有二者的真正结合才能形成真正的革命实践。早在马克思主义创立之初，马克思就明确指出，"哲学把无产阶级当作自己的物质武器，同样，无产阶级也把哲学当作自己的精神武器。"② 马克思主义同无产阶级的关系就是头脑与心脏的关系，马克思主义只有掌握群众才能产生巨大的物质力量，而这个群众的核心就是无产阶级。在中国，马克思主义同工人运动相结合的方式是通过中国先进知识分子这个桥梁来实现的。

---

① ［美］斯诺笔录，汪衡译：《毛泽东自传》，解放军文艺出版社 2001 年版，第 30、36 页。
② 《马克思恩格斯选集》第 1 卷，人民出版社 1995 年版，第 15 页。

　　五四运动使中国无产阶级登上了政治舞台，从自在阶级转化为自为阶级，从而为马克思主义中国化提供了坚实的阶级基础。五四运动发展到六三运动，就从初期的知识分子为主体的运动转换为以工人阶级为主体的运动。胡锦涛曾经指出：初步接受了马克思主义理论的"中国工人阶级第一次以声势浩大的政治大罢工显示出崭新的战斗姿态"，① 把五四运动推向了新的高潮。胡绳也论述到："中国近代史发生了一个重大变化，中国无产阶级开始作为一个独立的阶级登上了历史舞台。无产阶级代替资产阶级而成为中国民族民主革命的领导者。"② 中国无产阶级的独立和成熟，使马克思主义在中国的传播和发展有了自己的阶级基础，马克思主义中国化拥有了自己的阶级主体。

　　作为中国革命的领导者，无产阶级在自己的革命实践中迫切需要有中国化的马克思主义来指导，这是马克思主义中国化的重要动力。中国无产阶级要成为中国革命实践的领导者，就必须对中国革命的性质、特征、道路、方法等有深入的系统的理论分析，而这种分析必须以马克思主义为指导。这就是说，中国无产阶级对马克思主义有强烈的理论和实践需要，他们急切需要把马克思主义的普遍真理用于中国革命的具体实践，并在这种结合的过程中创造新的理论，也就是中国化的马克思主义。一句话，马克思主义需要中国工人阶级，同样，中国工人阶级也需要马克思主义，二者的有机结合必然要催生马克思主义中国化的历史进程。

第三节　井冈山斗争与马克思主义中国化的真正起步

　　建党之后，中国共产党人就开始尝试把马克思主义基本原理同中国的具体情况相结合，探索中国革命的道路。但是，由于思想上和政治上的不成熟，这项工作并没有很好地开展。大革命失败后，痛定思痛的中国共产党人开始逐步走向独立探索。井冈山时期，是中国共产党人独立领导中国革命实践、探索中国革命道路的开始，也是中国共产党人在马克思主义中国化历史上真正迈出的第一步。以毛泽东、朱德、陈毅为代表的中国共产

---

　　① 胡锦涛：《发扬伟大的爱国主义精神，为建设有中国特色社会主义努力奋斗》，中共中央文献研究室编：《十五大以来重要文献选编》（中），人民出版社 2001 年版，第 833 页。

　　② 胡绳：《从鸦片战争到五四运动（简本）》，红旗出版社 1982 年版，第 680—681 页。

党人，抱着共产主义必胜、马克思主义在中国必胜、中国革命必胜的坚定信念，克服种种干扰和困难，进行了艰辛的实践探索和初步的理论总结，初步形成了一些重要理论成果，为马克思主义中国化的进一步发展奠定了基础。①

一　坚定马克思主义的理想信念

创建井冈山革命根据地，是以毛泽东为代表的中国共产党人，坚定革命必胜信念，坚定马克思主义和共产主义信仰，并把信仰具体化、把主义实际化、把理论实践化的具体体现。早在1920年11月，刚刚实现世界观转变、初步成为马克思主义者之时，毛泽东就提出，一个政党，一个团体，必须要有远大的理想，坚定的信念，共同的主义，要成为主义的结合而不仅仅是个人情感的结合，"主义譬如一面旗子，旗子立起了，大家才有所指望，才知所趋赴"。② 正是抱定了马克思主义的信仰和共产主义的理想信念，他在革命斗争中虽历经坎坷，却从不动摇和退缩。

靠着革命必胜的坚定信念，毛泽东作出了带领起义队伍上井冈山的重要抉择。秋收起义遭到严重挫折之后，革命还能不能进行？能不能胜利？走向革命胜利的路在何方？成为摆在毛泽东等人面前的重大问题。在此情况下，他们没有气馁和退却，而是坚信革命必胜、共产主义必胜、马克思主义在中国必胜。1927年9月20日，毛泽东在文家市指出："我们当前力量还很小，好比一块小石头，蒋介石反对派好比一口大水缸，但总有一天，我们这块小石头，一定要打烂蒋介石那口大水缸。大城市还不是我们要去的地方，我们要到敌人统治力量薄弱的农村，发动农民群众，实行土地革命"。③ 正是靠着这种坚定的信念，他带领大家克服了失败主义情绪和盲动主义想法，统一了部队的思想，保存了革命的火种。10月3日，在古城会议上，毛泽东分析了当时的形势，决定把起义队伍带上井冈山，创建井冈山革命根据地，开始探索一条把马克思主义普遍原理同中国革命

---

①　本节内容参见金民卿《井冈山时期马克思主义中国化的初步探索及其当代启示》载井冈山大学学报2012年第3期；《井冈山精神的灵魂及其当代启示》，载《人民论坛》2011年第24期。

②　《新民学会资料》，人民出版社1980年版，第97页。

③　《毛泽东年谱（1893—1949）》上卷，人民出版社、中央文献出版社1993年版，第220页。

具体实际相结合的独特革命道路。对此，古城会议的亲历者何长工回忆道："古城会议的主要内容，一是总结了秋收起义的经验教训。毛泽东同志说，……秋收起义虽然受了一点挫折，军事上失利了，但战略上没有失败。我们要鼓足信心，放下担子，轻装上阵，建立后方。二是讨论和确定了建立根据地。根据当时具备的条件认为湘赣边界的罗霄山脉中段建立根据地，要以井冈山为依托，以宁冈为中心来开展工作，要有建党、建军、建立革命根据地的思想。……创建了第一个农村革命根据地和一支新型的人民军队，点燃了'工农武装割据'的星星之火"。①

　　靠着坚定的理想信念，毛泽东等人克服了来自于内、外的各种困难坚持了井冈山的斗争。井冈山时期，毛泽东等在探索中国革命道路伊始，不仅面临着来自敌人方面的残酷镇压和多次"进剿"、"会剿"，而且还承受着来自中央和湖南省委、湘南特委等的多次不公正指责和错误指示。例如，1927 年 11 月，党中央特别会议批评毛泽东引兵井冈山的行动，给予严重的党内处分，撤销其政治局候补委员职务；湖南省委批评和反对毛泽东改造袁王部队的做法，省委代表何资深 1927 年底到中共中央汇报工作时说"润之在赣时曾有一大错误"，② 说的就是这件事；1928 年 3 月，湘南特委特派员周鲁到井冈山，指责毛泽东等是"右倾逃跑"、"枪杆子主义"，并误传上级精神，"开除"毛泽东的党籍，罢免毛泽东的前委书记职务；1928 年 6 月、7 月间，湖南省委又"三变其主张"，给井冈山发来了相互矛盾的指示，导致"八月失败"。在这种内外交困的情况下，毛泽东等人正是靠着对马克思主义、共产主义的坚定信仰和对革命必胜的坚定信念，克服重重困难，战胜敌人的多次会剿，坚守着主义，坚守着责任，坚守着把马克思主义同中国革命实践相结合的正确选择，捍卫着中国共产党领导的第一块革命根据地，把坚定信仰具体化为探索道路的实践。

　　井冈山斗争的实践形成了内涵丰富的井冈山精神，这个精神主要包括坚定不移的革命信念、坚持党的绝对领导、密切联系人民群众的思想作风、一切从实际出发的思想路线、艰苦奋斗的作风等内容。其中，对革命必胜的坚定信念、对共产主义的坚定信仰是灵魂，这个灵魂随着实践的发展越来越成为中国共产党人革命、建设、改革的精神支撑。在革命过程

---

① 罗章龙、何长工等著：《亲历秋收起义》，江西人民出版社 2007 年版，第 15、16 页。

② 《毛泽东传（1893—1949）》（上），中央文献出版社 1996 年版，第 161 页。

中，革命志士们确立了共产主义信仰，把个人的生命同人民的解放联系起来，把短暂的生存同共产主义的远大理想联系起来，在信仰的旗帜下生命不息奋斗不止，在艰难困苦面前决不后退。新中国成立之后，中国共产党在马克思主义的旗帜下，带领中国人民力克时艰，众志成城，建立了社会主义的政治制度、经济制度和意识形态，为国家的进一步发展奠定了坚实基础。改革开放以来，中国共产党人坚定共产主义信仰，把马克思主义普遍真理同中国实际和时代特征相结合，开创了中国特色社会主义的道路，取得了社会主义改革和发展的伟大胜利。正如邓小平所说："如果我们不是马克思主义者，没有对马克思主义的充分信仰，或者不是把马克思主义同中国自己的实际相结合，走自己的道路，中国革命就搞不成功……对马克思主义的信仰，是中国革命胜利的一种精神动力。建国以后……我们解决吃饭问题，就业问题，稳定物价和财经统一问题，国民经济很快得到恢复，在这个基础上进行了大规模经济建设。靠的是什么？靠的是马克思主义，是社会主义"。①

二　从中国实际出发运用和发展马克思主义

还在马克思主义的创立过程中，马克思就指出：正确的理论必须结合具体情况并根据现存条件加以阐明和发挥。这不只是对待一般理论的正确态度，同样也是对待马克思主义理论的正确态度。

大革命失败后，中国共产党在八七会议上提出了探索革命新道路的主张。但是，如何从中国的具体实际出发，把马克思主义关于武装斗争的理论运用到中国的具体实践当中，形成一条符合中国实际的革命道路，需要中国共产党人在实践中探索。井冈山时期，毛泽东等实践和理论探索的特点，就是紧紧结合当时中国的社会性质、中国革命的实际情况、中国社会的历史文化传统，运用和发展马克思主义理论，形成既符合马克思主义原理又适合中国具体实践的政策决策和理论总结。

从中国实际出发把握当时代中国社会的基本性质，分析中国革命的基本特点。毛泽东把马克思主义的社会矛盾学说运用于分析中国社会和中国革命，力求从大本大源上抓住问题的实质，寻找解决问题的途径。他从国际帝国主义分裂中国和国内军阀斗争的实际出发，揭示了中国社

---

① 《邓小平文选》第 3 卷，人民出版社 1993 年版，第 63 页。

会的基本性质：中国是处于帝国主义间接统治的半殖民地国家和封建军阀直接统治的半封建国家。大革命失败后中国进入到了国民党新军阀统治的时期，这种新军阀的统治，依然是城市买办阶级和乡村豪绅阶级的统治，对外投降帝国主义，对内以新军阀代替旧军阀，对工农阶级的经济的剥削和政治的压迫比从前更加厉害，这就是当时中国国内政治的实质。中国社会矛盾的实际状况决定了中国革命的性质：中国的资产阶级民主革命根本没有完成，中国革命的性质仍然是资产阶级民主革命而不是社会主义革命。但是，中国的特殊社会阶级状况决定了中国的资产阶级民主革命，具有不同于其他国家资产阶级民主革命的特点：一方面，中国的民主革命必须由无产阶级领导才能完成，革命的领导权必须掌握在无产阶级及其政党手中；另一方面，中国的民主革命有着更加丰富的内容和更加艰巨的任务，必须以武装斗争的形式推翻帝国主义及其工具军阀的统治完成民族革命，实行土地革命推翻旧的土地制度和封建剥削，建立新的工农革命政权真正实现人民民主，这也就是中国民主革命三位一体的内涵，是井冈山时期进行的工农武装割据、建立红色政权的主要内容。

根据红军和根据地的具体实际制定符合实际情况的政策和策略。毛泽东等在井冈山开办红色圩场，采取保护中小资产阶级的做法就体现了这一点。井冈山革命根据地是在极其艰苦的条件下生存发展的，如何在敌人的重重包围之中，既保证军队的生存发展，又促进边界的经济发展，丰富人民群众的物质生活，是毛泽东和边界党组织必须认真考虑的问题。为此，他们实施了一系列经济建设措施，在保证工农武装割据政权的存在发展的同时，也为日后的红色经济建设积累了基本经验。开办草林圩和大陇红色圩场，促进边界商品贸易，就是从实际出发作出的正确决策。在根据地经济建设过程中，毛泽东等没有完全按照湖南省委、湘南特委的指示，对小资产阶级采取过火的政策，而是制定了保护中小工商业、中小商人的政策，既有利于当地经济发展，也为实行工农武装割据、巩固红色政权奠定了经济基础。当然，最能体现从实际出发制定正确策略的，是毛泽东、朱德等根据井冈山根据地的实际情况，提出了在不同条件下的斗争策略：在统治阶级内部发生破裂时期，工农红军采取比较冒进的策略，以猛烈的军事行动来发展和扩大红色割据政权的地盘；在统治阶级政权比较稳定的时期，工农红军则采取逐渐地推进的策略，在这个时候军事上最忌分兵冒进，地方工作最忌人力分散而不注意建立中心区域的坚实基础。

切实尊重和正确看待中国的历史实际和文化传统，制定正确方针改造旧式地方武装为无产阶级领导的军队。绿林好汉式的农民武装，是中国传统社会的一种普遍现象，是封建社会条件下农民武装斗争的一种特殊存在形式，特殊的斗争形式形成了特殊的文化心理和行为规范。绿林好汉武装同党领导的武装斗争尽管在根本原则、指导思想、远大目标等方面不同，但是在发生原因、斗争形式方面具有某种程度的相似性。如何对待这类农民武装，是中国革命过程中的一个严肃的问题。党要在农村领导武装斗争，在农村建立革命根据地，就不能不充分了解中国传统社会文化状况和中国农村的实际情况，处理好同这些绿林好汉式的农民武装之间的关系，只有这样才能获得广大农民的支持，并把这些农民武装改造成为共产党领导下的革命武装。毛泽东改造袁文才、王佐武装为工农革命军就是在这个方面的成功探索。在古城会议上，毛泽东就根据实际情况确定了对袁、王采取团结和改造的基本方针。上井冈山后，他多次同袁、王谈心，既肯定他们反对土豪劣绅的革命精神，又指出他们受封建帮会影响、政治目标不明、阶级界限不清等问题，帮助他们提高政治思想水平。随后，征得他们同意，先后派出游雪程、陈伯钧、何长工等到袁、王部队帮助练兵整训和加强思想教育，袁、王部队的政治和军事素质有了很大提高，绿林好汉式的地方武装成为中国共产党领导下的坚强的红军部队。在这个过程中，毛泽东把原则性与灵活性、战略性与策略性有机结合起来，既坚持党的领导又尊重农民武装的特点，既坚持马克思主义的基本原理又尊重中国传统社会的文化心理，是中国化马克思主义的重要探索。

井冈山时期，以毛泽东为代表的中国共产党人没有泛泛地谈论马克思主义理论，没有机械地执行上级的指示，而是实事求是地分析中国社会的基本性质和时代特征，科学把握中国革命的基本性质和自身特点，尊重井冈山革命根据地的客观实际和历史文化传统，创造性地制定了一系列行之有效的政策和策略，切实做到了从实际出发来运用和发展马克思主义理论，体现了马克思主义中国化最核心的内涵。这个宝贵经验，在当今时代有着十分重要的启发意义。

三　不断把中国经验上升为马克思主义理论

马克思主义中国化内在地包含着"马克思主义在中国的具体化"和

"中国经验的马克思主义化"两个方面的内涵。不能很好地实现马克思主义在中国的具体化，就不能发挥马克思主义指导实践的功能，不能把马克思主义的科学理论转变成为强大的物质力量；不能很好地把中国经验马克思主义化，就不能体现马克思主义与时俱进的品格，不能推进马克思主义理论的发展，限制马克思主义的生命力。

井冈山时期，毛泽东所做的一个极其重要的工作，就是高度重视把井冈山斗争的经验不断提升到理论的高度，提出了一系列重要的理论观点，开启了中国特色的革命道路理论探索的历程，并为日后不断丰富和发展的毛泽东思想科学理论体系积累了理论资源，在马克思主义中国化理论发展史上留下了浓墨重彩的一笔。

及时总结群众斗争的实践经验，为理论创新积累了重要素材。井冈山斗争时期，毛泽东等在党的建设、军队建设、土地革命和政权建设等方面进行了一系列实践探索，积累了党领导人民在农村进行武装斗争的初步经验。在党的建设方面，领导组织了边界"洗党"活动，开展了中国共产党历史上第一次整党运动，在组织上对党员队伍进行了清洗和整顿，纯洁了党的组织，提高了党的战斗力；领导了对党员队伍的思想教育活动，积累了思想建党的早期经验。在军队建设方面，建立"支部建在连上"的制度，确立了党对军队绝对领导的根本原则；阐明了红军（工农革命军）的三大任务，明确了人民军队同政治、同地方、同群众的关系，规定了红军（工农革命军）是一个执行革命政治任务的武装集团；提出了"三大纪律六项注意"，阐明了人民军队的军事纪律、政治纪律和经济纪律；创办了军官教导队，培养和训练下级军官和赤卫队指挥人员，为我军培养了一大批早期军事指挥，也为日后创办各类军事院校提供了最初的经验；及时总结根据地武装斗争的经验，初步形成了红军游击战争的战术原则。在土地革命方面，先后在茅坪的坝上、洋桥湖、马沅，永新的秋溪乡、西乡的塘边等地进行调查研究，掌握实际情况，为开展边界土地革命奠定基础；之后，在指导乔林村、中村、塘边等分田试点的基础上，领导了井冈山革命根据地的土地革命实践，制定了党在土地革命时期的第一部土地法即《井冈山土地法》，初步探索了解决土地问题的政策设计，为日后制定土地法奠定了早期基础。在红色政权建设方面，相继建立了各县的苏维埃政府和湘赣边界工农兵政府，形成了工农武装割据的红色政权，这是中国共产党领导人民政权的早期形态和地方性尝试，开辟了中国红色政权建设的新道路，为日后更大范围的根据地建设和全国政权建设积累了初步经验。

深入展开理论思考，系统阐述红色政权理论。在实践斗争的基础之上，毛泽东撰写了《中国的红色政权为什么能够存在》、《井冈山的斗争》这两篇光辉著作，系统论述了红色政权存在的原因和条件，形成了完整的红色政权理论。毛泽东从中国社会性质、良好的群众基础、中国革命形势发展、正规红军的存在、共产党的正确领导五个方面，对红色政权发生和存在的条件作了全面分析：中国是一个帝国主义间接统治的经济落后的半殖民地国家，不同派系的军阀之间的分裂和战争连续不断，这是工农武装割据、红色政权存在的根本条件，只要军阀割据存在，共产党领导的工农武装割据就一直能够存在下去；中国红色政权存在的地方，都是在大革命时期工农兵群众曾经大大地起来的地方，曾经有过工会和农民协会组织，有过工农阶级反对地主阶级和大资产阶级斗争的经历，没有足够良好的群众基础，红色政权的存在也是不可能的；红色政权存在必须依靠全国革命形势的向前发展，如果全国革命形势是向前发展的，小块红色区域的长期存在就没有疑义，在当时中国革命形势继续向前发展的情况下，怀疑红色政权存在的悲观主义是错误的；相当力量的正式红军的存在，是红色政权存在的必要条件，否则，红色政权就不能对付敌人的正规军，就不能造成长期的和日益发展的割据局面；红色政权的长期的存在并且发展，还须有一个要紧的条件，就是共产党组织的有力量和它的政策的正确。

从中国革命全局阐述工农武装割据的重大意义和历史前景。毛泽东指出："'工农武装割据'的思想，是共产党和割据地方的工农群众必须充分具备的一个重要的思想"。为什么这么说呢？因为井冈山的武装割据和红色政权建设，不仅对于边界的斗争极端重要，而且在中国革命的全局中具有重大意义。共产党的队伍在湘赣边界竖起红旗，井冈山根据地能够存在和发展，不但显示了共产党的力量，而且显示了统治阶级的破产，已经引起了附近省份工农士兵群众的希望。随着中国革命形势的发展，红色政权必然要"作为取得全国政权的许多力量中的一个力量"，这些红色政权的继续发展，"日渐接近于全国政权的取得"。① 这样，毛泽东从大局、从根本上把红色割据政权建设作为夺取全国政权的一个起点、一个步骤、一

① 《毛泽东选集》第 1 卷，人民出版社 1991 年版，第 50 页。

个试验，也正是从这个意义上，工农武装割据构成了农村包围城市、武装夺取政权的中国革命道路的有机组成部分。工农武装割据、建设红色政权的理论的提出，充分体现了马克思主义中国化的一个重要经验，这就是必须善于总结实践经验，不断把实践经验提升到理论的高度，丰富和发展马克思主义理论。

四　在同错误思想的交锋中运用和发展马克思主义

思想交锋和斗争历来是马克思主义发展的基本方式、基本规律，马克思主义从一开始就是在同各种错误思想的斗争中创立、发展并不断获得胜利的。马克思主义在本质上是工人阶级的世界观，其直接任务就是指导工人阶级推翻旧社会、建立新社会，这就决定了它必然遭到各种非无产阶级尤其是反动阶级的痛恨和反对，因此，"这一学说在其生命的途程中每走一步都得经过战斗，也就不足为奇了"，[①] 而马克思主义正是在这种斗争中日益发展壮大。同样，马克思主义中国化的历程也不是一帆风顺的，而是在同各种错误思想中逐步实现的。正如毛泽东所指出的，"真理是跟谬误相比较，并且同它作斗争发展起来的"。[②]

井冈山时期，以毛泽东为代表的正确主张从一开始就遭遇了各种错误思想的干扰，而正是在同它们斗争的过程当中，毛泽东不仅正确地把握了马克思主义的精髓，而且正确地把握中国革命实践的具体实际，把二者科学地结合起来，开始了马克思主义中国化的初步探索。

抵制和纠正中央和省委的错误指导，同来自上级的主观主义错误进行斗争。当时，中央提出了一些"左"倾盲动主义的错误政策，湖南省委和湘南特委也发来一些主观主义的错误命令，给井冈山的斗争带来严重的后果，毛泽东等对此进行了抵制和斗争。关于红军作战的原则以及红军的行动方向，中央主观主义地要求红军分散作战，指示红军向湘东或湘南发展。毛泽东指出："当此反动政权暂时稳定时期，敌人能集中大量军力来打红军，红军分散是不利的。我们的经验，分兵几乎没有一次不失败，集中兵力以击小于我或等于我或稍大于我之敌，则往往胜利"；[③] "中央要我

---

①　《列宁专题文集·论马克思主义》，人民出版社 2009 年版，第 148 页。
②　《毛泽东文集》第 7 卷，人民出版社 1999 年版，第 192 页。
③　《毛泽东选集》第 1 卷，人民出版社 1991 年版，第 67 页。

们考虑往湘东或往湘南，实行起来都很危险"。① 关于中央要求取消党代表制度，毛泽东明确表示："党代表制度，经验证明不能废除。……事实证明，哪一个连的党代表较好，哪一个连就较健全……故我们决定不改"。② 关于如何对待小资产阶级，中央提出"使小资产变成无产，然后强迫他们革命"的"左"倾政策，并要求井冈山必须执行，毛泽东批评道："三月湘南特委的代表到宁冈，批评我们太右，烧杀太少，没有执行所谓'使小资产变成无产，然后强迫他们革命'的政策，……这种打击小资产阶级的过左的政策，把小资产阶级大部驱到豪绅一边，使他们挂起白带子反对我们"。③ 对于湖南省委不察实际状况及形势变化所提出的主观主义命令和错误策略，毛泽东提出了严厉批评，毫不留情地指出，这些错误指示"是今年八月湘赣边界失败以及同时红军第四军在湘南失败的根本原因"。④

批评上级代表的"唯上论"做法，同机械执行上级指示的教条主义思想进行斗争。一个真正的共产党员，应该坚持实事求是的态度，根据实际情况变化及时做出正确的判断。对于上级的指示，在坚持组织原则的同时，必须坚持从实际出发，而不应该教条主义地盲目执行，特别是上级的命令带有明显的主观主义错误时。但是，湘南特委代表周鲁、湖南省委代表杜修经等就做不到这一点。他们拿着上级的错误指示来到井冈山，下车伊始不做调查研究就指手画脚，只知道形式主义地宣布和执行，结果给井冈山的斗争带来重大损失。对此，毛泽东给予严厉批评和坚决斗争。关于周鲁在井冈山取消前委、指示井冈山部队调往湘南的错误，毛泽东批评道："三月上旬，前委因湘南特委的要求而取消，改组为师委（何挺颖为书记），变成单管军中党的机关，对地方党不能过问。同时毛部又因湘南特委的要求调往湘南，遂使边界被敌占领者一个多月"。⑤ 关于杜修经的错误，毛泽东批评道："湖南省委代表杜修经同志不察当时环境，不顾特委、军委及永新县委联席会议的决议，只知形式地执行湖南省委的命令，

---

① 《毛泽东选集》第 1 卷，人民出版社 1991 年版，第 80 页。
② 同上书，第 64 页。
③ 同上书，第 78—79 页。
④ 同上书，第 58 页。
⑤ 同上书，第 59 页。

附和红军第二十九团逃避斗争欲回家乡的意见，其错误实在非常之大"。①

纠正一些基层干部群众的动摇思想，科学回答"红旗能够打多久"的问题，领导井冈山革命根据地进入鼎盛时期。井冈山斗争的条件是极其艰苦的，一些人也因此发生思想动摇。早在上井冈山的过程中，余洒度等人就明确提出不愿意到山区作艰苦斗争。攻占茶陵后，陈浩等人又贪图享乐，企图带部队投降国民党军。井冈山会师以后，又有人不能承受艰苦条件，发生思想动摇，怀疑井冈山斗争的前途，提出了"红旗到底打得多久"的疑问，引起了毛泽东的高度重视，他对动摇思想进行了批评，初步论述了红色政权理论。对此，他后来回忆道："当着一九二七年冬天至一九二八年春天，中国游击战争发生不久，湖南江西两省边界区域——井冈山的同志们中有些人提出'红旗到底打得多久'这个疑问的时候，我们就把它指出来了（湘赣边界党的第一次代表大会）。因为这是一个最基本的问题，不答复中国革命根据地和中国红军能否存在和发展的问题，我们就不能前进一步"。② 理论的回答需要政策的支撑，为此，毛泽东领导制定了巩固和发展根据地的政策：坚决地和敌人作斗争，造成罗霄山脉中段政权，反对逃跑主义；深入割据地区的土地革命；军队的党帮助地方党的发展，军队的武装帮助地方武装的发展；对统治势力比较强大的湖南取守势，对统治势力比较薄弱的江西取攻势；用大力经营永新，创造群众的割据，布置长期斗争；集中红军相机迎击当前之敌，反对分兵，避免被敌人各个击破；割据地区的扩大采取波浪式的推进政策，反对冒进政策。正是通过这些努力，毛泽东不仅纠正了错误思想，而且领导井冈山革命根据地进入了鼎盛时期，割据地区日益扩大，土地革命日益深入，红色政权不断推广，红军队伍不断壮大。

在同这些错误思想和指示的交锋中，毛泽东把马克思主义普遍真理同井冈山根据地的具体实践紧密结合起来，创造性地形成了"工农武装割据、建立红色政权"的理论，并根据变化着的客观形势制定了符合斗争实际的政策策略，推动了井冈山革命根据地的健康发展，为形成"农村包围城市、武装夺取政权"革命道路奠定了基础，初步探索出了一条符合中国实际的独特革命道路。井冈山的经验告诉我们，要真正实现马克思

---

① 《毛泽东选集》第1卷，人民出版社1991年版，第52页。

② 同上书，第188页。

主义中国化，就必须要善于进行理论斗争，在思想交锋中发展马克思主义，对于错误和反动思想，决不能作壁上观，不加限制，任其泛滥。

五　用马克思主义理论武装全党和教育群众

马克思主义理论家和无产阶级政党历来高度重视理论武装问题，着力用先进理论教育群众，用共产主义理想信念来统一意志，形成革命斗争和社会发展的合力。马克思恩格斯强调，无产阶级政党必须"具有革命毅力并努力进行宣传工作"。[①] 列宁强调，无产阶级政党必须"把社会主义思想和政治自觉性灌输到无产阶级群众中去"。[②] 毛泽东也指出，"应该扩大共产主义思想的宣传，加紧马克思列宁主义的学习，没有这种宣传和学习，不但不能引导中国革命到将来的社会主义阶段上去，而且也不能指导现时的民主革命达到胜利"。[③]

井冈山时期，斗争环境极其特殊，各种非马克思主义的、非无产阶级的思想意识非常浓厚，如果不加以引导和教育，不进行艰苦的马克思主义理论武装和无产阶级思想教育，就很难能取得武装斗争的胜利。正如毛泽东所说，"无产阶级思想领导的问题，是一个非常重要的问题。……若不给以无产阶级的思想领导，其趋向是会要错误的"。[④]

井冈山根据地处于典型的山区农村环境和自给自足的农业经济之中，存在严重的家族主义思想，这种思想同共产主义思想、同马克思主义理论是冲突的，严重影响到了党的正常组织活动，党在村落中的组织，因居住关系，许多是一姓的党员为一个支部，支部会议简直同时就是家族会议。同时，党的组织中存在严重的地方主义，"说共产党不分国界省界的话，他们不大懂，不分县界、区界、乡界的话，他们也是不大懂得的"。这种地方主义严重限制了党组织的活力，因此，必须进行大局观念、党的利益等方面的思想教育。因为这些问题的存在，毛泽东大为感慨："在这种情形下，'斗争的布尔什维克党'的建设，真是难得很"。[⑤] 也正因为如此，更加需要加强党的思想建设，加大思想武装和理论教育的力度，用无产阶

①《马克思恩格斯全集》第4卷，人民出版社1958年版，第572页。
②《列宁选集》第1卷，人民出版社1995年版，第285页。
③《毛泽东选集》第2卷，人民出版社1991年版，第706页。
④《毛泽东选集》第1卷，人民出版社1991年版，第77页。
⑤ 同上书，第74页。

级思想来改造和纯洁广大党员的思想。

举办党团训练班，解决"农民党"问题，就是致力于用无产阶级思想来引导广大党员，加强无产阶级思想教育的重要探索。湘赣边界的党员绝大多数都是来自农民，这就造成了比较严重的"农民党"的状况，农民党员由于历史和认识的关系，都不同程度地带有浓重的农民意识，思想不纯状况非常严重，非无产阶级思想严重侵蚀党的组织：有的党员受盲动主义影响，赞成烧杀政策，主张与敌人硬拼；有的党员看不到革命的前途，对工农武装割据悲观失望，怀疑红色政权的存在，提出红旗能够打多久的疑问；地方主义、流寇主义等在红军和一些党员中严重存在。因此，进行无产阶级思想教育，改造党员的思想意识，使之走上真正无产阶级领导的道路，就成为边界党的建设的重要任务。1928 年 10 月以后，边界特委组织了党团训练班，对党员进行政治教育、形势教育、阶级教育、党的性质和基本理论教育等，毛泽东、朱德、陈毅等亲自到训练班视察、讲课，通过训练班学习，广大党团员的思想觉悟和政治素质得到了提高，为加强根据地党的建设和提高党的战斗力，奠定了思想基础。

高度重视思想理论教育，突出强调思想建党问题，实际上就是解决在中国这个农民占绝大多数的特殊条件下，建设一个什么样的党和怎么建设党的问题，在马克思主义政党思想史上是一个重大创新。从马克思、恩格斯创立共产党以来，就一直把共产党作为工人阶级的先锋队，离开了无产阶级，共产党就失去了存在的根基，这是马克思主义党建学说的基本原理。但是，中国具有自己特殊的国情，工人阶级数量相当少，绝大多数群众都是农民，中国共产党在广大农村开展革命斗争，共产党员的来源主要是农民群众。在这种特殊的国情和斗争环境中，如何把马克思主义的党建学说同中国具体实际相结合，把共产党的先进性要求同党员主要来自农民的实际情况相结合，把农民成分占绝大多数的中国共产党建设成为真正的马克思主义政党，就是一个极其重要的问题。脱离中国具体国情而教条主义地排斥农民，只能使党失去自己存在的根基，失去最广大的人民群众，党就不可能最终取得胜利；而迁就主义地放纵农民的非无产阶级意识，也不可能把中国共产党建设成为真正的马克思主义政党。这就需要中国共产党探索出一条符合中国国情的党的建设的道路，毛泽东在井冈山时期所提出的思想建党理论，就是这样的一种理论创新成果。

除了思想建党方面的创新，毛泽东还着力用通俗简明的语言，阐明人民军队的根本任务和严明纪律，把马克思主义的基本理论、共产主义的理想信念和党的基本纲领贯彻到人民军队的建设当中，加强对初创时期的人民军队的思想建设。1927 年 12 月 29 日，毛泽东宣布了工农革命军的三大任务：第一，打仗消灭敌人；第二，打土豪筹款子；第三，宣传群众，组织群众，做群众工作，帮助群众建立革命政权。把人民军队的先进性质落实到它的基本任务当中，阐明了工农革命军是一个无产阶级领导的执行革命政治任务的武装集团。1927 年 10 月 22 日，毛泽东在荆竹山颁布"三大纪律"：第一，行动听指挥；第二，打土豪款子要归公；第三，不拿老百姓一个红薯。1928 年 1 月 25 日，毛泽东在遂川县的李家坪宣布了"六项注意"：第一，上门板；第二，捆铺草；第三，说话和气；第四，买卖公平；第五，借东西要还；第六，损坏东西要赔。三大纪律、六项注意，虽然语言通俗，形式简单，却包含着深刻的道理，阐明了人民军队的军事纪律、经济纪律和群众纪律，充分体现了毛泽东用通俗语言表达深刻思想的马克思主义大众化实践。

第四节　马克思主义中国化理论框架的形成

中国共产党人经过千辛万苦到达陕北之后，开始深刻总结和反思土地革命以及建党以来的经验教训，着力根据中国革命的具体实践来运用和发展马克思主义。在毛泽东的领导下，中国共产党人深入学习马克思主义基本理论，研究中国具体实际，提出了马克思主义中国化的科学命题，揭示了马克思主义中国化的根本原则，阐述了马克思主义中国化的基本内涵，制定了马克思主义中国化的科学方法，从而形成了马克思主义中国化的基本理论框架，成为马克思主义中国化进一步发展和不断实现历史性飞跃的思想理论基础。

一　提出了马克思主义中国化的科学命题

在党的六届六中全会上，毛泽东在《论新阶段》的报告中，有一段关于马克思主义中国化的完整论述："共产党员是国际主义的马克思主义者，但马克思主义必须通过民族形式才能实现。没有抽象的马克思主义，只有具体的马克思主义。所谓具体的马克思主义，就是通过民族形式的马克思主义，就是把马克思主义应用到中国具体环境的具体斗争中去，而不是抽象地应用它。成为伟大中华民族之一部分而与这个民族血肉相联的共产党员，离开中国特点来谈马克思主义，只是抽象的空洞的马克思主义。因此，马克思主义的中国化，使之在其每一表现中带着中国的特性，即是说，按照中国的特点去应用它，成为全党亟待了解并亟须解决的问题。洋八股必须废止，空洞抽象的调头必须少唱，教条主义必须休息，而代替之以新鲜活泼的，为中国老百姓所喜闻乐见的中国作风与中国气派。把国际主义的内容与民族形式分离起来，是一点也不懂国际主义的人们的干法，我们则要把二者紧密地结合起来。"① 后来，在编辑《毛泽东选集》时，这段话稍微作了修改，其中"马克思主义的中国化"改为"使马克思主义在中国具体化"②，但是基本内容并没有改变。这是毛泽东在马克思主义中国化发展史上，第一次系统地阐述了马克思主义中国化的基本内涵，明确提出马克思主义中国化的科学论断。之后，他对这个论断作了进一步丰富完善。

这个科学论断是毛泽东长期实践探索和理论思考的结果。大革命时期，他就基于中国社会各阶级的状况，对中国革命对象、任务等作出独立思考。八七会议上，他创造性地提出"枪杆子里面出政权"的观点，对中国土地问题提出自己的方案。秋收起义受挫后，他从实际出发，转兵井冈山，创立了第一块农村革命根据地，开始探索具有中国特色的革命道路。在《反对本本主义》中，明确提出马克思主义的"本本"必须同我国的实际情况相结合，初步形成了马克思主义中国化的基本观点。长征结束后，他深刻总结土地革命的经验教训，深入批判教条主义的、抽象空洞的假马克思主义思想，深入研究马克思主义的基本理论，逐步形成马克思主义中国化的科学概念，终于在 1938 年作出完整论述。

当然，毛泽东之所以能够提出这个科学论断，也是充分吸收党的领导集体和马克思主义理论家关于马克思主义中国化有关论述的结果，是集体智慧的结晶，在这个科学论断提出前后，张闻天、王稼祥、刘少奇等人也对马克思主义中国化的概念进行过论述，理论家艾思奇也曾提出过"哲学研究的中国化、现实化"的论断。

---

① 《中共中央文件选集》第 11 册，中共中央党校出版社 1991 年版，第 659 页。
② 《毛泽东选集》第 2 卷，人民出版社 1991 年版，第 534 页。

二 揭示了马克思主义中国化的历史必然性

毛泽东在开辟和推进马克思主义中国化的过程中，从内在的理论张力、实践依据及现实条件等方面，深刻分析马克思主义中国化在理论上、现实上的可能性以及从可能性向现实性转化的过程及条件，科学回答了马克思主义是否需要中国化、中国是否需要马克思主义、马克思主义中国化何以产生等重大理论问题，系统阐述了马克思主义中国化的历史必然性。

马克思主义中国化是马克思主义理论自身的需要。毛泽东指出："马克思列宁主义的伟大力量，就在于它是和各个国家具体的革命实践相联系的。"马克思主义内在地包含着理论性与实践性、真理性与发展性、世界性与民族性、历史性与当代性、一般性与具体性等内在张力，它们构成了马克思主义中国化的理论依据即理论上的可能性；马克思主义必须同各民族的历史文化、现实实践及时代特征结合的过程中实现自身的目的和价值。

马克思主义中国化是中国革命的现实需要。中国社会的基本矛盾、中国革命的现实实践、中国共产党所承担的历史任务，要求中国共产党人必须认真学习和应用马克思主义基本理论，以达到民族独立和人民解放的目的，这是马克思主义中国化的实践依据即实践上的可能性。毛泽东指出："指导一个伟大的革命运动的政党，如果没有革命理论，没有历史知识，没有对于实际运动的深刻的了解，要取得胜利是不可能的。"因此，"普遍地深入地研究马克思列宁主义的理论的任务，对于我们，是一个亟待解决并须着重地致力才能解决的大问题。"①

马克思主义传到中国并被中国人掌握，特别是中国共产党的成立和发展，形成了马克思主义中国化最重要的基础，马克思主义中国化从可能性转化为现实性。正如毛泽东后来所指出的：十月革命一声炮响给中国人送来了马克思主义，以中国共产党人为代表的中国先进分子，用无产阶级的宇宙观作为观察国家命运的工具，重新考虑自己的问题，从此中国的面目发生了根本的变化。

---

① 《毛泽东选集》第 2 卷，人民出版社 1991 年版，第 533—534 页。

三　阐述了马克思主义中国化的根本原则

理论与实践相结合是马克思主义中国化的根本原则。从根本上来说，马克思主义中国化就是把马克思主义普遍真理同中国具体实际相结合，用马克思主义基本原理指导中国革命建设改革的实践，并在学习、运用的基础上，推动实践和理论创新，发展和丰富马克思主义。

在《反对本本主义》中，毛泽东就明确提出："马克思主义的'本本'是要学习的，但是必须同我国的实际情况相结合。我们需要'本本'，但是一定要纠正脱离实际情况的本本主义。"阐明了马克思主义中国化的根本原则就是理论与实践相结合，即马克思主义普遍真理同中国的具体实践相结合。

在六届六中全会的讲话中，他对这个思想作了进一步的展开，明确提出，必须把马克思主义作为根本指南，根据中国革命的具体实际来应用马克思主义，也就是必须把基本原理同具体实际"紧密地结合起来"，创新马克思主义的形式和内容，使之获得民族的形式，成为具体的而不是抽象的、生动的而不是空洞的、真正的而不是虚假的马克思主义。

之后，毛泽东对马克思主义基本原理同中国革命具体实际相结合这个根本原则作了反复论证和强调。在《〈共产党人〉发刊词》中，高度强调"马克思列宁主义的理论和中国革命的实践相结合"的极端重要性，把是否能够和善于"结合"看作中国共产党成熟程度的一个主要标志和尺度。在《新民主主义论》中，他又郑重指出：必须将马克思主义的普遍真理和中国革命的具体实践完全地恰当地统一起来，就是说，和民族的特点相结合，经过一定的民族形式，才有用处，决不能主观地公式地应用它。

新中国成立以后，毛泽东结合新的实践发展，继续强调这一根本原则。在《论十大关系》中，他指出：我们要学的是属于普遍真理的东西，并且学习一定要与中国实际相结合。在党的八大预备会议上他又说：马克思主义的普遍真理一定要同中国革命的具体实践相结合，如果不结合，那就不行。

毛泽东在论述这个根本原则时特别强调：理论与实践的结合是自主的而不是强制的，创新的而不是教条的。

其一，这个结合是独立自主的而不是被动强制的。独立自主是毛泽东思想的灵魂，是马克思主义中国化的内在要求。在《反对本本主义》中，他特别强调中国革命斗争的胜利要靠中国同志了解中国情况才能获得。在革命战争时期，他把马克思主义同中国革命具体实践相结合，走中国特色的革命道路，坚决反对照搬照抄俄国革命模式。在探索中国社会主义建设道路的过程中，他强调既要坚持科学社会主义的基本原则，同时必须要走自己的路，建设符合中国国情、具有中国特点的社会主义。这就是说，实现马克思主义中国化的主体是中国人自己，而不是其他人，必须把立足点放在自己身上，放在中国的具体国情上。

其二，这个结合是创新发展的而不是教条主义的。从发展逻辑上讲，实现马克思主义与中国具体实际的结合，是一个学习吸收、融合再生、突破创新的过程，中国化马克思主义在本质上就是一种再生形态的马克思主义。在谈到理论与实践相结合的内涵时，毛泽东提出，中国共产党人只有在"善于应用马克思主义的立场、观点和方法，善于应用列宁斯大林关于中国革命的学说，进一步地从中国的历史实际和革命实际的认真研究中，在各方面作出合乎中国需要的理论性的创造，才叫做理论和实际相联系"① 结合的本质是创新，是再创造。新中国成立后，在读苏联《政治经济学教科书》的谈话中，他又结合新的任务提出："马克思这些老祖宗的书，必须读，他们的基本原理必须遵守，这是第一。但是，任何国家的共产党，任何国家的思想界，都要创造新的理论，写出新的著作，产生自己的理论家，来为当前的政治服务，单靠老祖宗是不行的。"②

四　制定了马克思主义中国化的科学方法

毛泽东在推进马克思主义中国化的历史进程中，创作了《实践论》《矛盾论》《关于正确处理人民内部矛盾的问题》等重要哲学著作，以及大量的关于方法论的著作，对马克思主义中国化的科学方法进行了系统论述，制定了一整套关于马克思主义中国化的科学方法。其中最重要的是实事求是、矛盾分析、调查研究、群众路线的方法。

一是实事求是的方法。这是最根本的、世界观层面的方法论，就是一切从实际出发、理论联系实际的世界观和方法论，它以理论和实际相结合、一般与个别相统一为本质特征。实事求是，就是一定要尊重客观事

① 《毛泽东选集》第3卷，人民出版社1991年版，第820页。
② 《毛泽东文集》第8卷，人民出版社1999年版，第109页。

实，在马克思主义理论的指导下，从客观实际中获得真理性的认识，作出合乎实际的、符合规律的、指导实践的路线方针政策。这里所说的"实事"并不是简单的表面现象，而是包含着事物的内在本质、发展规律的客观实际；这里的"求是"也不是自发性地、经验主义地去理解事实，而是在科学理论指导下，深入现象背后去探寻事物的本质和规律。① 坚持实事求是的方法论原则，既要反对教条主义，也要反对经验主义。

二是矛盾分析的方法。在马克思主义哲学发展史上，毛泽东第一次系统阐述了马克思主义的矛盾学说，深刻揭示了矛盾的普遍性和特殊性关系的理论，明确提出共性与个性的关系是矛盾问题的精髓，具体问题具体分析是马克思主义的活的灵魂，科学论述了矛盾分析方法。马克思主义普遍原理是一般、共性，中国的具体实践是个别、个性，马克思主义中国化的过程就是一般和个别的辩证矛盾运动。他把矛盾分析的方法具体化通俗化为"个别——一般—个别"的方法论公式，提出了一般号召和个别指导相结合的工作方法，也就是用马克思主义理论来指导个别的实践活动，从中概括出符合实际情况的一般理论，再把一般理论和方针政策用以指导具体实践，并通过实践进一步纠正、补充和发展理论，使理论更加丰富完善，实践更加合理有效。

三是调查研究的方法。实现马克思主义中国化，必须要充分了解中国的具体情况，这是实现马克思主义中国化的关键环节，而了解实际情况最根本的方法就是调查研究。毛泽东一生高度重视调查研究，留下了《湖南农民运动考察报告》、《寻乌调查》《兴国调查》等调查报告，创作了《反对本本主义》《〈农村调查〉的序言和跋》等论著，提出了关于调查研究的一系列重要论断和科学方法。他提出了"不做调查没有发言权"、"不做正确的调查同样没有发言权"的口号②，明确提出"对于中国各个社会阶级的实际情况，没有真正具体的理解，真正好的领导是不会有的"，"要了解情况，唯一的方法是向社会作调查"③ 他还创造了"实践—理论—实践"的公式，把马克思主义认识论思想深化到调查研究的方法论当中，明确提出必须深入实践对中国特殊的国情进行艰苦细致的调查

---

① 《毛泽东选集》第3卷，人民出版社1991年版，第800—801页。
② 《毛泽东文集》第1卷，人民出版社1993年版，第267—268页。
③ 《毛泽东选集》第3卷，人民出版社1991年版，第789页。

研究，从中得出正确的理论观点和方针政策，再应用到实践中指导实践并发展理论。

四是群众路线的方法。马克思主义中国化的至关重要的内容，就是要把马克思主义真理同人民群众相结合，实现马克思主义的大众化和人民群众的马克思主义化的双向统一。群众路线的核心就是从群众中来到群众中去，就是将群众的分散的不系统的意见集中起来，经过研究化为集中的系统的意见，再回到群众中加以检验其正确性，最后形成更正确、更丰富的真理性认识。这不仅是我们党的领导方法和根本工作方法，同样是马克思主义中国化的科学方法。只有真正走群众路线，才能把群众实践中创造的新做法、新经验、新思想集中起来，加以研究和提升，形成马克思主义中国化的新观点、新理论，丰富和发展马克思主义。

第五节　中国文化与马克思主义的独特融合

马克思主义中国化的本质就是马克思主义同中国具体实际相结合，而中国的具体实际不仅包括了中国的时代特征和社会主要矛盾，同时也包括中国的文化传统和民族特点，马克思主义同中国文化传统和民族特点之间的融合，是马克思主义中国化的题中之义。讨论马克思主义中国化的思想来源，不能不涉及两种文化的融合问题。[①]

一　中国文化和马克思主义是两种具有契合点的不同文化

无论是站在维护、赞同还是否定、反对的立场上，都必须承认的一个事实是，马克思主义和中国传统文化，是两种差异性极大的文化。

中国传统文化产生于农业文明时代，立足于生存型经济基础和乡村化社会结构，是一种以儒家文化精神为核心的文化体系，并长期作为中国封建社会的思想意识形态。[②]

在漫长的农业文明时代，中国社会长期处于生存经济状态当中，以维持人本身的生存为根本目的，以农业劳动为基本手段，以家庭组织为基本

---

① 本节内容参见金民卿《两种异质性文化的独特融合》，载《人民论坛·学术前沿》2012年11月（上）。

② 关于生存经济、乡村社会、儒家文化精神及其相互关系问题，参见金民卿著《现代移民都市文化》一书的第一章，海天出版社2006年版。

的经济单元。与生存经济相适应的社会组织形式是乡村社会，以家庭为基础，以血缘为纽带，以农业劳动为支撑，以居住村落为主要范围。中国传统的生存经济和乡村社会有自己的文化伦理，这种文化伦理的核心就是儒家文化精神。儒家文化精神是生存经济在观念形态上的反映，是乡村社会特征的文化体现，是家庭伦理的社会化展开。它起源于父权制社会条件下家庭伦理的基本逻辑，展开为社会道德体系、政治伦理体系和社会控制体系，是一种家庭伦理一体化的文化体系。家庭组织的伦理规则不仅是生存经济文化伦理的先天基础，而且也构成了乡村社会组织规则的内核，乡村社会实际上就是家庭组织的扩大和展开。家庭既是基本的、原始的劳动组合单元，同时也是一个自在的生命集合体和道德发源地，维持这个集合体存在和延续的纽带是先天的血缘关系和后天的家庭伦理。家庭伦理在其展开过程中，首先体现为个体的道德规范体系，诸如人情依赖、诚实守信、自我完善、重义轻利等，即所谓的仁义礼智信等。家庭伦理通过个体行为不断进行社会展开，延伸到社会生活的方方面面，同时又借助于一定的政治烘托而演化为社会维系的基本准则，即宗法控制、权威统治、稳定秩序、官本位思想、服从整体等，即所谓的天地人君亲，君君臣臣父父子子等。

儒家文化精神在长期的历史发展过程中，成功地把社会习惯、国民性格和意识形态融为一体，既成为广大民众自发接受和体历的行为道德规范和文化认同体系，又是政治社会自觉运用的社会控制工具，在动员社会成员、强化社会纪律、维护社会秩序的活动中，发挥着强大的精神作用。一方面，儒家文化的母体是家庭伦理，概括了家庭伦理的基本要素，提出了人们活动的基本道德法则和行为规范，这些规则和规范同人们的生活直接相连，所以人们不自觉地服从了儒家文化的教化，代代相传而演化成为先天性的社会习惯和国民性格，构成了对中国人日常生活的超验控制。另一方面，儒家文化在自身的发展中，同政治社会共谋，成为社会统治的有效工具和合法性依据，动员社会资源、维系政治社会发展的重要手段，从而成为统治阶级的意识形态。儒家文化在产生之初并没有直接构成政治社会意识形态，但是当它在汉朝时期被董仲舒加以改造发挥，和中央集权制的封建政治社会发生共谋之后，就开始成为社会意识形态文化了。之后，不同历史时期的理论家、政治家不断地"发微言大义"，使之日益理论化、系统化以符合政治社会的需要。在中国社会长期的发展过程中，这种意识形态化了的儒家文化带着过去的权威和尊严，被灌输到一代又一代人的脑海当中，变成了关于世界、社会、人生的唯一正确的概念图解和道德准则，为特定时期的政治社会辩护，支持不同时期的权力机器。总之，儒家文化已经成为中国社会的文化标征，中国社会不论在经济上、政治上、文化上要向前发展，都必须在儒家文化的基础上进行继承和突破，因而对儒家文化的继承、反思、突破、发展，构成中国文化发展的必然过程。

马克思主义产生于 19 世纪的欧洲。随着欧洲工业革命的发展，工业化、商品化、城市化、国际化快速推进，促使资本主义的社会生产力、政治制度和社会结构发生了巨大变化，人类的生存、生产和生活方式进入到了一个新的历史阶段。从人的生存状况来看，工业化时代越来越细密的分工，把每个人都变成整个工业机械链条上的一个螺钉，个体人的生存状况从低层次的简单生活条件下的全面性，推进到了到高层次的复杂社会系统中的片面性：每个人不需要同他人发生直接的人身关系而获得自己生存发展所需要的物质支撑，从而在个人的内在的层面上人越来越独立了；人与人之间的关系越来越成为一种外在的、物化的、商品性的依赖，在社会的外在的层面上个人越来越不独立了。由此，人类必须在更高水平上实现的人自身的解放。从社会发展的层面来看，伴随着生产力的快速发展，资本主义固有的深刻的内在矛盾日益突出，资本主义经济危机频繁发生，资本主义的历史命运及人类历史发展的规律问题，成为思想界深入思考的重大问题，这就需要有系统的科学理论来阐述。与资本主义危机日益深化同时加剧的，是资本主义制度下两大阶级，即无产阶级同资产阶级之间的阶级矛盾、阶级斗争日益尖锐化。无产阶级为了获得自身的解放，开始展开同资本主义制度之间不屈不挠的斗争，而这种斗争需要科学理论的指导才能上升到自觉的高度。

正是在这样的历史背景下，马克思和恩格斯深入探索人类历史发展和资本主义社会发展的基本规律，系统总结工人阶级斗争的经验教训，科学吸收几千年来人类思想、文化发展的优秀成果，特别是批判地继承德国古典哲学、英国古典政治经济学和法英空想社会主义的合理成分，以及自然科学的最新成果，创立了唯物史观和剩余价值学说，实现了人类思想史上的伟大革命，形成了包括马克思主义哲学、政治经济学和科学社会主义在内的科学真理体系和方法论体系。其中，以辩证唯物主义和历史唯物主义为核心的马克思主义哲学，为认识世界、人类历史和世代问题提供了崭新的世界观和方法论。以劳动价值论和剩余价值论为核心的政治经济学，深刻揭示了资本主义生产方式的内在矛盾、运行机制、发展规律和历史命运。建立在唯物史观和剩余价值学说基础上的科学社会主义理论，揭示了资本主义转变为社会主义和共产主义的客观规律，阐明了无产阶级获得彻底解放的历史条件和无产阶级的历史使命。作为代表人类文明先进成果的集大成者，马克思主义具有特定的话语体系、逻辑层次、概念系统和理论架构，构成了一个完整的文化知识体系；作为指导全世界无产阶级及广大人民群众解放的世界观方法论，马克思主义又是一种科学的意识形态和理想信念体系。

显然，马克思主义和中国文化是两种不同性质的文化，它们产生于不同时代背景和社会基础，具有不同的文化内容和文化性质，发挥着不同的社会功能，都有存在的价值和立足的空间，既不可能用马克思主义取代中国文化，也不可能用中国文化取代马克思主义。一方面，决不能用民族化来取消马克思主义。在俄国革命过程中，俄国的经济派就是打着"适合俄国条件并且为俄国条件所需要的马克思主义"的旗号，企图以改良主义来篡改马克思主义的基本原理。为此，列宁特别强调，"各国社会民主党应该设法继续发展并且实现这个理论，同时要保卫它，使它不致像许多'时髦理论'……那样常常被曲解和庸俗化。"① 另一方面，也绝不能用教条化来取消中国文化。当年，针对党内一些领导人和理论家，不认真研究中国实际特点和中国文化传统的情况，毛泽东曾特别强调：学习中华民族的历史文化遗产，用马克思主义的方法给以批判的总结，是中国共产党人的重要任务。他说："我们这个民族有数千年的历史，有它的特点，有它的许多珍贵品。……今天的中国是历史的中国的一个发展；我们是马克思主义的历史主义者，我们不应当割断历史。从孔夫子到孙中山，我们应当给以总结，承继这一份珍贵的遗产。"②

两种不同性质的文化不能相互取代，但能够在相互借鉴的过程中相互融合，并通过融合实现双重再生、转化和升级。撇开特定的时代条件、意识形态功能和政治性指向，从人类共同性的文化传承、文明发展、文化价值的角度来看，马克思主义同中国文化之间存在诸多的文化契合点，有某

---

① 《列宁专题文集·论马克思主义》，人民出版社 2009 年版，第 92 页。
② 《毛泽东选集》第 2 卷，人民出版社 1991 年版，第 533—534 页。

些相同或相似的理论主张。例如，中国文化中的大同社会理想同马克思主义的无阶级社会的远景目标，虽然在依托条件、实现路径、发展主体等方面存在差别，但是从价值取向和理想模式上，有很多的相似之处。又如，中国儒家文化历来讲求把形而上的至善追求同形而下的务实追求结合起来，既要达到"明德"、"新民"、"至善"的理想境界，同时也明确提出必须要脚踏实地地做到格物、致知、诚意、正心、修身、齐家、治国、平天下；而在马克思主义理论体系中，既要追求实现共产主义的远大理想，同时也强调必须经过无产阶级革命推翻现存的资本主义制度，建立无产阶级专政，而后经过长期奋斗实现社会主义和共产主义。再如，中国儒家文化中有着对人的生命本身和民众力量高度重视的传统，而马克思主义在创立之时就把人本身的解放作为自己的最高追求，唯物主义历史观的一个基本原理就人民群众是历史的真正创造者。这些契合点，使得马克思主义同中国文化之间存在文化上的共通性，能够通过特定的历史条件和理论主体达到某种程度的融合。

二　两种不同性质文化在特定历史条件下的碰撞与融合

马克思主义虽然产生于欧洲，但它是一种世界性的普遍真理，需要而且能够与不同的国家和民族的具体实际相结合，发挥其真理性的力量，实现其改造世界的目标，因此马克思主义进入中国乃是其自身的内在需要。与此同时，近代以来中国社会日益走向殖民地半殖民地社会当中，寻找一种先进理论指导中国社会发展，成为中国先进知识分子长期探索的目标，因此马克思主义进入中国又是中国社会发展的现实需求。而马克思主义作为一种外来文化进入中国，所要面对的不仅是中国的现实实际，更要面对绵延几千年的中国传统文化。它如果不能同中国文化实现有机融合，就很难获得长期浸润在传统文化之中的中国人民的认同，从而也就不可能通过指导中国的实践发展来实现其自身。由此，马克思主义同中国文化的碰撞与融合，也就成为马克思主义中国化必然遇到的一个重大问题。

近代以来到辛亥革命，中国社会进入了一个渐变性的"自存变革"时期，封闭的社会结构和僵硬的政治体制，在强大的外力冲击下进入到了一个被动应变的过程中。一方面，顽强地动用政治的、军事的和文化意识形态的资源，千方百计地压制新生力量和抵御外来力量的冲击，勉力维持自身的存在，政府主导的镇压太平天国起义、摧毁维新变法运动、利用义和团抵制外国列强等就是体现。另一方面，则不得不被动地、渐进式地引入外来的经济性、军事性、体制性、思想性资源，谋求通过渐进式地变革度过危机获得重生，政府主导下的洋务运动、维新变法、君主立宪尝试等，都是这种努力的重要体现。

在社会结构裂变的同时，思想结构的裂变也急遽推进。一方面，传统的文化意识形态力求发挥其政治维护功能，以各种名义阻挡各种异质性、异端性思想渗透和发展的努力始终持续着，曾国藩以维护圣教名义镇压太平军，后党派以祖宗之法不可变教条反对维新变法，筹安会竭力从文化角度论证帝制在中国的必然性等，即是如此。另一方面，外来文化冲击下的思想渐变逐步成为近代思想发展的主流，从龚魏的师夷长技以制夷，到洋务派在君主专制体制下引进西方的坚船利炮，再到张之洞的中学为体西学为用，都是谋求在传统文化结构中融入外来文化要素，以求传统文化在异质重构中既维护自身的主导地位又获得新生。这种渐变性的自存变革运动，酝酿了深厚的社会改良主义的政治思潮和国民思维模式，这种思维模式断不是在短时间内就可以破解的，每到中国社会的重大变革时期，这种思维模式和政治思潮都会浮出水面，影响甚至左右着社会发展的走势。

政治体制上的渐变性的自存变革进程，随着辛亥革命的爆发和新政治体制的创设而突然中断。延续几千年的专制体制一夜之间被打破，一种新的外来的民主政治模式被迅速植入中国的政治生态当中。因为缺乏足够的理论准备，特别是缺乏社会结构的变革，这种被平移到中国的全新的政治体制，发展极不顺利，从其创生之日起就几乎闷死在襁褓当中，旧体制的复辟和旧势力的胁迫使其根本无法真正成为中国的主导性政治建构。虽然如此，它对中国人的思想冲击却非常之大，确保民主政治的良性发展，适应民主政治的思想结构的创建，一时之间成为中国先进知识分子关注的焦点。以全盘西化为核心的新文化运动，迅速成为继辛亥革命的政治变革之后的思想革命，这个思想革命最初就是为了给缺乏理论准备而突发的政治革命补课，为初建的中国民主政治体制提供思想上的支撑，它以民主和科学为口号，力图将西方资产阶级的政治意识形态平移到中国的思想结构当中，并成为主导性的文化，引发中国思想结构上的突变。社会结构和思想结构的革命，成为一股不可阻挡的思潮，日益深化到先进中国人的思维方式当中，同社会改良主义相对立。由此，社会革命和社会改良在短时间内并存于中国思想界，相互交织，相互冲突。

　　但是，思想革命的发展并没有自发地沿着最初的路线图前进，而是在各种偶然性和必然性的左右下改变了自己的方向，这种改变是发动者意想不到的。随着新文化运动的深入，特别是经过俄国十月革命影响和五四反帝爱国运动之后，外来的各种社会政治和文化思潮迅速涌入中国思想界，除了各种各样的资产阶级启蒙思想、民主思想及各种类型的社会主义思想之外，一种更加先进的思想也随之而来，这就是马克思列宁主义。以马克思列宁主义来观照中国和世界大势，中国传统的社会政治文化结构以及初创的民主政治体制和变革中的思想结构，都必须在一种总体性的革命中进行重建，唯此才能获得中华民族的自存和复兴。

　　由此，新型的、以马克思列宁主义为导向的社会、政治、文化变革的思想和行动开始出现，而这种新型的变革所遭遇到的，不仅是与马克思主义差不多同期进入中国的各种外来思想的反对，同样也遭遇到了中国固有的传统政治体制、社会结构、文化意识形态的抵制。一时之间，中国思想界出现了极度混杂又极度活跃的局面，中国传统文化与外来文化之间、外来各种资产阶级思想之间、中国传统文化与外来各种资产阶级文化同马克思主义之间的交叉并存、相互交锋，构成了五四运动之后的文化图景。在这种文化格局当中，中国思想界出现了严重的分化，顽固守旧派、全盘西化派、马克思主义派等各自摇旗呐喊，抢占地盘，形成山头，结成团体，在文化交锋的同时谋求引领中国社会政治文化变革的方向。发生在 20 世纪 20 年代初期的三次思想论战，以及从新文化运动开始就持续进行的新旧文化之间的论战，就反映了这个时期中国思想界之间的交锋情况。

　　马克思主义来到中国同中国文化发生碰撞之后，出现了几种思想和实践上的趋势。

　　一是曲解整合。试图用中国传统文化概念来解读马克思主义，把马克思主义整合到中国传统文化体系当中。早在 19 世纪 70 年代，江南制造局编写的《西国近事汇编》在报道欧洲革命时，就将共产主义学说零星地引入中国知识界，用中国传统文化概念，把社会主义译述为"主欧罗巴大同"、"贫富适均"、"贫富均材之说"。1899 年 2 月至 5 月，《万国公报》刊登蔡尔康译著《大同学》的部分章节，称马克思是"百工领袖"，马克思的学说是"安民新学"、"养民之学"。文中写道："德国讲求养民学者，有名人焉，一曰马克思。一曰恩格思。""恩格思有言，贫民联合以制富人，是人之能自别禽兽，而不任人簸弄也。且从今以后，使富家不得不以人类待之也。民之贫者，富家不得再制其死命也。"① 这种用中国传统文化解读马克思主义的做法，在语言转换之时就已经曲解了马克思主义的原意，难以把握其的基本原则和科学真理，因而也就没有使马克思主义在中国知识界引起多少影响。不独早期学者如此，康有为也用大同社会来解读社会主义，孙中山把三民主义同社会主义画等号，梁启超、胡汉民、廖仲恺等人把中国古代的井田制看作社会主义的公有制。就连早期马克思主义者李汉俊在谈到改造中国社会时，也借用墨子的兼爱论来解释社会主义理论。②

　　二是拒绝排斥。认为马克思主义不适合中国国情，不能同中国文化传统相融合，拒绝接受乃至于激烈攻击马克思主义。梁启超在维新变法失败后，对马克思主义的科学社会主义学说有所了解，但是他认为这个学说不适合中国，"太不达于中国之内情"，"中国人现在之程度未足语于是"，"大抵极端之社会主义（即科学社会主义），微特今日之中国不可行，即欧美亦不可行，行之则其流弊不可胜言"，他还把社会主义看作同基督教一样的迷信，"吾所见社会主义党员……于麦克士（德国人，社会主义之泰斗）之著书，崇拜之，信奉之，如耶稣教人之崇拜新旧约然。其汲汲所以播殖其主义，亦与彼传教者相类。盖社会主义者，一种之迷信也。"③他不仅拒绝接受而且在"社会主义论战"中激烈反对马克思主义。胡适也对马克思主义持以坚决反对态度，他在《我的歧路》讲到自己在问题与主义论战中反对马克思主义的情形时说："1919 年 6 月中……国内'新'分子闭口不谈具体的政治问题，却高谈什么无政府主义与马克思主义。我看不过了，忍不住了……我在《每周评论》第三十一号里提出我的政论导言，叫做《多研究些问题，少谈些主义》。"在《介绍我自己的思想》中再次说道："当时承五四、六三之后国内正倾向于谈主义，我预料到这个趋势的危险，故发表《多研究些问题，少谈些主义》。"④后来，国民党政府及其理论家团队对马克思主义激烈抨击和镇压的情况，是这种

---

　　① 林代昭、潘国华主编：《马克思主义在中国》上册，清华大学出版社 1983 年版，第 50、55、56 页。

　　② 李汉俊：《改造要全部改造》，载《建设》1 卷 6 号，1920 年 1 月。

　　③ 梁启超：《梁启超游记：欧游心影录、新大陆游记》，东方出版社 2006 年版，第 300—301 页。

　　④ 参见彭明《五四运动史》，人民出版社 1984 年版，第 488 页。

趋势的极端情况。

三是，硬性移植，就是不考虑中国的现实实际、具体特点和文化传统，教条主义地把马克思主义的理论原封不动地塞进中国实践当中，对于那些坚持把马克思主义同中国历史文化和现实实际相结合的人，则给予抵制、批判乃至于残酷打击。中国共产党成立之初，共产国际就要求它生搬马克思列宁主义的话语和俄国革命的经验，而不考虑中国的现实情况，对领导权、农民、枪杆子等问题重视不够，在大革命失败后又把失败的责任推给敢于抵制共产国际及其代表的陈独秀。土地革命时期，"左"倾教条主义者不考虑中国的具体国情和传统文化的影响，机械照搬马克思、列宁的理论和苏联革命的做法，并对敢于和能够把马克思主义同中国具体实际相结合的毛泽东等人极力排斥，对他们提出的一些符合中国实际的做法和理论大加批判和嘲讽，称为"山沟沟里的马克思主义"、"狭隘经验论"等，结果造成了中国革命的惨痛失败。

可见，马克思主义和中国传统文化这两种不同性质的文化体系，融合起来并不是一件容易的事情，从一开始就遭遇了种种坎坷。即便是经过了近百年的融合并已经有了丰富理论成果，当今中国理论界对马克思主义中国化的理论合法性问题，依然在争论。一些人认为中国化马克思主义背离了原生态的马克思主义，不能算作马克思主义理论；另一些人则认为，中国化马克思主义切断了中国文化的发展逻辑，打破了中国传统文化的结构，是对民族文化的一种中断。其实，用原生态的马克思主义来否认中国化马克思主义的合理性是错误的，用原生态的中国文化来取代中国化马克思主义的做法同样是不正确的，所谓儒学化马克思主义的主张既是不科学的也是不可能的。

三　中国化马克思主义是两种文化融合的成果

尽管道路坎坷，历程艰辛，但是马克思主义的真理性力量是无法阻挡的，以李大钊、毛泽东、邓小平等为杰出代表的中国马克思主义者们，在领导中国人民革命和发展的实践中，筚路蓝缕，开拓创新，将马克思主义理论同中国具体实践和传统文化有机结合，使马克思主义在民族文化中找到自己的立足点，深入到民族文化、民族心理的深处，实现马克思主义的民族化；同时将马克思主义的科学真理注入中国文化当中，实现中国传统优秀文化的现代转型，实现民族文化的马克思主义化；在双重转化的基础上实现融合发展，创造性地形成了中国化马克思主义——不同文化融合后再生形态的马克思主义理论。

中国早期的马克思主义者们，在接受马克思主义的过程中，都有一个思想上的自我清算经历。李大钊、陈独秀、毛泽东、周恩来、瞿秋白等，有一个共同的特点，就是他们在接触马克思主义之前，都接受过长期的儒家文化教育，同时也接受过较多的西方资产阶级思想，拥有丰富的中国传统文化积淀和资产阶级知识素养。马克思主义引入之后，在他们的头脑中出现了不同思想之间的碰撞，经过比较、选择和思想斗争之后，他们确认了马克思主义的科学真理性，对自己的思想结构进行深刻的自我清算。例如，毛泽东在接触马克思主义之前，读过六年孔夫子，接受过七年资本主义新学教育，曾经极力推崇中国古代的圣贤英雄，坚持圣贤救世的历史观，大量接触西方资产阶级思想之后，又推崇无政府主义、实验主义、社会改良主义等，在主编《湘江评论》时期，还大力提倡"无血革命""呼声运动"等，思想相当混杂。在阅读了马克思主义著作后，找到了认识历史、改造世界的科学真理，于是对自己的思想进行了彻底的清算，在1920年底实现自身的马克思主义化，成为一个坚定的马克思主义者。周恩来早年也是熟读四书五经，接受过比较系统的传统文化教育，后来又接受过资产阶级思想的熏陶，对社会进化论、民主主义思想甚至军国主义等都曾经热衷，1920年11月到欧洲后，大量研读马克思主义经典著作，对各种思想进行推求比较，对自己的思想进行了深刻反思和清算，终于在1921年10月前后成为坚定的马克思主义者。

这种自我清算的结果，不是将马克思主义直接移植到自己的思想和中国文化当中，也不是将先前的各种思想完全排除，而是实现了一次思想上的融合重构。经过这种融合重构，思想结构从先前的多种思想并存冲突的混沌状态，进入到了以马克思主义为主导思想的多种思想重新配置组合的有序状态。马克思主义作为主导性思想居于根本指导思想地位，成为认识和改造世界的世界观和方法论，决定着思想结构的发展方向和对不同思想文化的鉴别取舍，其他的思想在新的思想结构中获得了新的定位。中国传统文化思想作为一种思想沉淀整合到马克思主义为导向的思想结构当中，在马克思主义的观照下获得新的解释，并为建构中国化马克思主义提供思想资源。资产阶级民主主义转换成为新的社会主义民主建设的理论，改良主义思想转变成为改造中国与世界的一种行动策略，实验主义的问题意识成为马克思主义的实事求是思维的重要方面，空想社会主义中的空想因素撤掉之后，留下了的批判精神和理想建构转化为无产阶级革命思想的有机组成部分。正是通过这种思想上的自我清算和融合重构，一批早期的中国马克思主义理论创新主体得以产生。

中国马克思主义理论创新主体对马克思主义理论发展最重要的贡献，就是把马克思主义的普遍真理同中国的具体实际相结合，创造性地实现马克思主义同中国的民族特点和文化传统的异质融合，形成马克思主义在中国的再生形态，即中国化马克思主义的科学理论体系。

从一开始，中国的先进知识分子选择和接受马克思列宁主义，并不是把它作为一种学术思想来接受，而是作为根本指针来接受的。他们不是系统地研究马克思主义的理论框架，通读马克思主义的经典著作，熟记马克思主义的词句话语，而是抓住马克思主义的思想精髓和核心要素，如唯物史观、阶级斗争理论、无产阶级革命和无产阶级专政理论、党的建设思想等，他们从马克思主义那里所接受的，不是枝枝节节的具体方法，不是特殊领域的具体学问，而是包含着唯物主义历史观、科学社会主义科学理论的根本的世界观方法论，并用这些思想精髓来观察和分析中国问题。正如毛泽东所说，中国的先进分子从俄国人那里找到了马克思列宁主义整个放之四海而皆准的普遍真理，"用无产阶级的宇宙观作为观察国家命运的工具，重新思考自己的问题"，中国的马克思主义者找到了分析中国问题、探索中国未来发展的钥匙，从而中国革命的方向和行动就明朗起来了，中国的面目发生了根本的变化。①

正是因为把马克思主义当作根本指导思想和分析问题的方法论工具，而不是当作不可更改的教条，毛泽东等真正的马克思主义者才能够把马克思主义同中国的民族特点、文化传统、具体实际有机结合起来。一方面，在中国传统文化中，寻找同马克思主义理论相近的理论资源，证明马克思主义所揭示的和主张的真理，是人类文明共同的成果，是中国人可以接受的理论。另一方面，用马克思主义理论来分析中国的具体实际，阐释和发展中国的民族特点和传统文化，使中国文化获得新的存在形态，使中国的现实问题得到有效解决。例如，实事求是的思想路线，在当今中国已经是耳熟能详的理论，而它就是毛泽东把中国传统文化同马克思主义有机融合

---

① 《毛泽东选集》第 4 卷，人民出版社 1991 年版，第 1470—1471 页。

的典范。"实事求是"是中国传统文化中一种重要的道德价值理念和思想方法，虽然并不具有世界观的意义，但在知识分子和国民思想中有着深远影响。毛泽东把它同马克思主义的世界观方法论联系起来，赋之以新的思想内涵，提升到思想路线的高度，成为中国化马克思主义的重要内容。又如，刘少奇把中国儒家文化中的人生修养思想同马克思主义的共产主义理想信念有机融合，形成了富有中国特色的共产党员修养理论。再如，邓小平在领导新时期中国改革开放的过程中，把中国传统文化中的小康社会思想同马克思主义的社会主义发展阶段理论有机结合起来，创造性地提出了小康社会思想，"全面建设小康社会"已经成为今天动员中国人民进行改革开放和现代化建设的一面旗帜。

中国人历来有一种以中国文化中心的思维框架。马克思主义作为一种外来文化，是否属于我们的，是否同中国传统文化有共通之处，这对于中国人是否真正接受马克思主义十分重要。实现马克思主义和中国文化的异质融合，当然不是一件容易的事情，需要在两个理论体系中都相当娴熟，既能够把握马克思主义的精髓，也能够把握古代文化的精髓。对此，中国的马克思主义者们做到了，他们从中国文化中找到了马克思主义的理论资源，用马克思主义来解释中国文化，从而打通了两种思想体系、两种文化结构的联系，破解了马克思主义外来者的角色定位，使马克思主义内在化，民族化，使中国知识分子和广大民众能够在心理上接受马克思主义，并在实践和理论创新的历史进程中，建构了以毛泽东思想和中国特色社会主义理论体系为代表的中国化马克思主义的科学理论体系。

中国化马克思主义，是以马克思主义为主导、以中国文化为基础、反映中国具体实际、体现时代特征的新型的文化形态。它既不是原生态的马克思主义，也不是原生态的中国文化，而是扎根于中国文化土壤的中国化了的再生形态的马克思主义，同时又是以马克思主义为根本指导的现代化了的中国文化。对此，刘少奇关于毛泽东思想的论断，堪称典范。他指出，毛泽东思想是马克思列宁主义的理论与中国革命的实践之统一的思想，就是中国的共产主义，中国的马克思主义，是马克思主义民族化的优秀典型；是从中国民族与中国人民长期革命斗争中生长和发展起来的，既是中国的东西，又是完全马克思主义的东西；是应用马克思列宁主义的科学方法，概括中国历史、社会及全部革命斗争经验而创造出来的。他还讲到，毛泽东在理论上敢于进行大胆的创造，抛弃马克思主义理论中某些已经过时的、不适合中国具体环境的个别原理和个别结论，而代之以适合中国历史环境的新原理和新结论，成功地进行马克思主义中国化的事业。[①]

概括起来说，从历史的角度说，十月革命架起了马克思主义同中国实践相结合的桥梁，五四运动奠定了马克思主义中国化的初步基础，中国共产党的成立启动了马克思主义中国化的历史进程，井冈山时期是中国共产党人独立探索中国革命道路的开始，也是中国共产党人在马克思主义中国化历史上真正迈出的第一步，到达陕北之后，以毛泽东为代表的中国共产党人提出了马克思主义中国化的科学命题，揭示了马克思主义中国化的根本原则，阐述了马克思主义中国化的基本内涵，制定了马克思主义中国化的科学方法，形成了马克思主义中国化的基本理论框架，成为马克思主义中国化进一步发展和不断实现历史性飞跃的思想理论基础。马克思主义中国化的本质就是马克思主义同中国具体实际相结合，而中国的具体实际不仅包括了中国的时代特征和社会主要矛盾，同时也包括中国的文化传统和民族特点，马克思主义同中国文化传统和民族特点之间的融合，是马克思主义中国化的思想源泉和题中之义。

---

① 参见《刘少奇选集》上卷，人民出版社 1981 年版，第 332—337 页。

第四章　马克思主义中国化第一次历史性飞跃及其理论成果

中国共产党从诞生的那天起，就把马克思主义确立为自己的指导思想。在新民主主义革命的历史进程中，以毛泽东为代表的中国共产党人坚持把马克思主义基本原理运用于中国革命的实际，在不断克服"左"、右错误倾向的过程中不断总结经验教训，顽强求索中国革命规律，创立了适合中国国情的马克思主义，实现了马克思主义中国化的第一次历史性飞跃，形成了毛泽东思想这一伟大理论成果。从此，毛泽东思想与马克思列宁主义一道，成为中国共产党的指导思想。中华人民共和国成立后，以毛泽东为代表的中国共产党人继续推进马克思主义中国化，在实现"一化三改"的基础上对社会主义革命和建设道路进行了探索。这些探索取得的经验和教训，从正反两个方面为马克思主义中国化第二次历史性飞跃做了准备。

第一节　新民主主义革命道路的艰辛探索

马克思主义中国化是在探索新民主主义革命道路中实现的。中国共产党在领导中国各族人民为新民主主义而斗争的过程中，经历了国共合作的北伐战争、土地革命战争、抗日战争和全国解放战争这四个阶段，其间经受了 1927 年和 1934 年两次严重失败的痛苦考验。经过长期武装斗争和各个方面、各种形式斗争的密切配合，终于在 1949 年取得了革命的胜利。在这艰苦卓绝的 28 年奋斗中，中国共产党坚持把马克思列宁主义与中国实际相结合，逐渐形成了中国特色无产阶级革命道路和革命理论体系，即：农村包围城市、武装夺取政权道路和新民主主义革命理论体系。马克思主义中国化正是在新民主主义革命这一伟大的历史进程中实现了第一次历史性飞跃，形成了指导中国革命的毛泽东思想。正如后来胡耀邦所说："找到了用农村包围城市的正确道路，所以有毛泽东思想，所以干成了中国革命。"① 本节着重从实践层面回顾新民主主义革命道路，即农村包围城市、武装夺取全国政权道路形成的历史过程。

一　大革命失败后中国共产党人的艰难抉择

1919 年的五四运动，表现了中国人民伟大的民族新觉悟，它以彻底、不妥协的反帝反封建精神，开辟了中国民主革命史上新的阶段，标志着中国新民主主义革命的开始。在中国新民主主义革命的第一个时期中，"特别是在一九二四年至一九二七年，中国人民的反帝反封建的大革命，曾经在共产国际的正确指导之下，在中国共产党的正确领导的影响、推动和组织之下，得到了迅速的发展和伟大的胜利。"② 中国共产党人在这次大革命中，进行了轰轰烈烈的革命工作，发展了全国的工人运动、青年运动和农民运动，推进并帮助了国民党的改组和国民革命军的建立，形成了东征和北伐的政治上的骨干，领导了全国反帝反封建的伟大斗争，在中国革命史上写下了光辉的篇章。

北伐战争和大革命的胜利进展，摧毁了北洋军阀的黑暗统治，但革命并未就此胜利。随着革命形势的发展和共产党对革命运动领导作用的发挥，统一战线内资产阶级和无产阶级争夺领导权的斗争激化起来。国民党右派公开反苏反共，屠杀共产党人和革命群众。面对国民党右派的疯狂攻击和屠杀，中国共产党面临艰难的抉择：妥协还是武装反抗？党内形成了两派截然不同的主张：以陈独秀为代表的右倾投降主义主张以妥协退让来拉拢国民党左派；以毛泽东等为代表的"激进"派则主张"以枪杆子对付枪杆子"、"以暴动对暴动"。以陈独秀为代表的党的领导机关对于军队和武装斗争极端缺乏认识，因而采取了错误的方针。他们错误地认为中国革命既然是资产阶级民主革命，当然应由资产阶级来领导。无产阶级政党只可以作为国民革命中的在野党。蒋介石、汪精卫于 1927 年 4 月 12 日和7 月 15 日，不顾以宋庆龄为杰出代表的国民党左派的坚决反对，背叛了孙中山所决定的国共合作政策和反帝反封建政策，勾结帝国主义，先后在

---

① 《人民日报》1983 年 3 月 14 日。

② 《毛泽东选集》第 3 卷，人民出版社 1991 年版，第 953 页。

上海和武汉发动屠杀共产党人和革命人民的反革命政变。中国共产党遭到极大损失，已经发展到六万多党员的党只剩下了一万多党员。陈独秀的右倾投降主义就此宣告破产。

中国共产党从大革命失败的惨痛教训中领悟到：无产阶级领导权问题是革命的根本问题，而实现对农民群众和武装力量的领导又是实现无产阶级领导权的根本；中国共产党不仅要领导农民群众，领导革命群众运动，尤其要领导武装力量，要领导军事运动，要在党的领导下，把群众运动与军事运动有机地结合起来，这样，才能保证革命的胜利发展。后来，在中国共产党第六次全国代表大会上，又着重从军事工作方面总结了大革命失败的经验教训。这次大会指出，与国民党合作时期，中共中央机会主义最大错误之一便是："党没有利用国民党的军事政治机关以实行党在军队中的工作，并且毫未设法创造自己的武装力量"；"没有充分的注意准备和指导农民群众的游击运动"；"没有充分估计到工农的群众武装和工农的军事训练的革命意义"。总之，"如此的看轻了军事方面的工作。当资产阶级叛变到反革命的营垒中去的时候，不能不使革命全部遭受危亡的影响。"① 1927年的八一南昌起义打响了武装反抗国民党反动派的第一枪。"八七"会议，标志着中国共产党独立领导中国无产阶级革命发展并转变到一个新阶段。在这次会议上，毛泽东提出了"须知政权是由枪杆子中取得的"② 的著名论断。随后开始的湘赣边秋收起义、广州起义等一系列武装暴动。这些由中国共产党领导武装暴动，揭开了党独立领导武装斗争的序幕。

二　土地革命时期工农武装割据与农村包围城市道路的发展

大革命失败以后的严峻形势，对中国共产党不仅提出了要不要继续革命的问题，而且同时提出了如何继续革命、如何处理城市斗争和乡村斗争的关系，即中国革命要走一条什么样的道路的问题。几乎在马克思恩格斯创立无产阶级暴力革命学说的同时，欧洲无产阶级运动和革命的中心就一直在城市。19 世纪上半叶的欧洲无产阶级革命（三大工人运动）、1871年的巴黎公社革命以及 1917 年的俄国十月革命等，莫不如此。马克思恩

---

① 《中共中央文件选集》第4册，中共中央党校出版社1989年版，第484—485页。
② 中共中央文献研究室编：《毛泽东年谱（一八九三——一九四九）》（上卷），人民出版社、中央文献出版社1993 年，第208 页。

格斯关于革命道路的思想主要体现在两个方面：一是创造了无产阶级"暴力革命"说，这条理论被后来的革命者广泛接受和实践。二是恩格斯晚年曾经提出德国社会党为了夺取政权，应当首先从城市走向农村的思想。列宁、斯大林是俄国先城市后农村道路的开创和继承者，他们也没有说过农村包围城市的话。正如邓小平曾经指出的："马克思、列宁从来没有说过农村包围城市，这个原理在当时世界上还是没有的。"① 十月革命一声炮响，给中国送来了马克思主义，同时也送来了俄国先城市后农村的革命道路。处于幼年的中国共产党无疑深受这种革命道路模式的影响。大革命失败后爆发的南昌起义、秋收起义和广州起义等一系列武装暴动，都是在"城市中心论"指导下以夺取大城市，最终夺取全国政权为目标的，结果都不同程度地遭到了挫折和损失。虽然当时也预设了一些起义后的行动方向，但实际情况却都超出原来设想，也超出了俄国革命的经验。

毛泽东是大革命失败后成功地把党的工作重心由城市转入农村的主要代表。他在领导湘赣边秋收起义时，开始也是按照湖南省委的计划预备攻取中心城市长沙的。当起义军攻打长沙失利后，他毅然决然地带领千余人左右的余部，进行"三湾改编"，把党支部建在连上，进军湘赣边界罗霄山中段，创立了井冈山革命根据地。这是中国共产党人在实践中探索中国特色无产阶级革命道路的开端。毛泽东点燃的"工农武装割据"的星星之火，在革命转入低潮的形势下，为中国革命找到了正确的方向。到1930年初，全国10多个省300多个县已建立起中央、湘鄂西、鄂豫皖、赣东北、左右江等十几块农村革命根据地。其中"毛泽东、朱德直接领导的红军第一方面军和中央革命根据地起了最重要的作用。"②

在此期间，毛泽东发表了《中国的红色政权为什么能够存在?》、《井冈山的斗争》、《星星之火，可以燎原》等文章。从理论上透彻地分析了中国红色政权能够存在和发展的条件，总结了根据地斗争的经验，提出了中国共产党领导下的以土地革命为基本内容、以武装斗争为主要形式、以农村根据地为战略阵地的三者密切结合的"工农武装割据思想"，阐述了以农村为中心，开展游击战争、进行土地革命、发展红色政权，逐步夺取城市直到全国政权的中国革命道路理论。在这以后的革命斗争中，中国共

---

① 《邓小平文选》第2卷，人民出版社1994年版，第126页。

② 参见《建国以来党的若干历史问题的决议》。

产党人始终以农村为中心，开展中国革命道路的探索，不断完善农村包围城市的革命道路理论。

虽然当时党内重视农村斗争的思想在发展，甚至共产国际对中国农村工作的重要性的认识也在不断进行着有限的转变。但在当时党中央的指导思想上，在相当长的一段时间内，占据主导地位的仍然是城市中心论。1930年，在共产国际"左"的思想指导下出现以李立三为代表的"左"倾冒险主义，主要错误之一就是以城市中心论来指导中国的革命斗争。李立三等在《红旗》、《党的生活》等刊物上发表文章批判"乡村包围城市"，宣传城市中心论。要求红四军坚决执行新的路线，向中心城市与交通区域进攻。① 当时李立三等中央领导人和毛泽东等红四军领导人之间，存在以城市为中心和以农村为中心的意见分歧。1931年1月党的六届四中全会后，王明为代表的"左"倾机会主义路线在中央占据长达四年之久的统治地位。由于王明"左"倾冒险主义领导造成的第五次反"围剿"的失败，第一方面军不得不进行二万五千里长征而转战到陕北，同在那里坚持斗争的陕北红军和先期到达的红二十五军相会合。第二、第四方面军也先后经过长征转战到陕北。王明"左"倾错误造成的失败使革命根据地和白区的革命力量都受到极大损失。1934年秋，共产党领导的工农红军退出原有的革命根据地，被迫长征。1935年1月党中央政治局在长征途中举行的遵义会议，确立了毛泽东同志在红军和党中央的领导地位，使红军和党中央得以在极其危急的情况下保存下来，并且在这以后能够战胜张国焘的分裂主义，胜利地完成长征，打开中国革命的新局面。中国革命从此沿着正确道路前进。

三　抗日战争时期农村包围城市、武装夺取政权道路的成熟

抗日战争时期，毛泽东将农村包围城市革命道路灵活地运用于新的历史条件，使农村包围城市的革命道路在民族战争中有了新的表现形式。1937年8月，中国共产党召开的洛川会议确定了在敌人后方发动独立自主的山地游击战争，使游击战争担负配合正面战场、开辟敌后战场、建立敌后抗日根据地的战略任务。此后，中国共产党领导建立了陕甘宁、晋察冀、冀热辽、晋绥、晋冀豫、冀鲁豫等19块抗日民主根据地和解放区，

---

① 《中共中央文件选集》第6册，中共中央党校出版社1989年版，第139—140页。

使人民革命力量迅速发展壮大。这些根据地继承了井冈山革命根据地和中央革命根据地的很多经验，并在新的战争形势下进行创新，也为农村包围城市道路理论的进一步发展提供了实践基础。

在抗日战争实践中，毛泽东先后在《中国革命战争的战略问题》、《抗日游击战争的战略问题》、《中国革命和中国共产党》、《〈共产党人〉发刊词》等著作中，总结了大革命失败以来中国共产党领导中国革命的经验，系统地阐述了关于农村包围城市道路的理论，使之形成了一个完整的理论体系。

毛泽东在这些著作中，进一步论证了在中国走农村包围城市道路的必要和可能。中国半殖民地半封建的特点，决定了中国革命必须而且可能走农村包围城市道路。如果共产党人不愿意同帝国主义及其走狗妥协，而要坚持地奋斗下去，如果共产党人要积蓄和发展自己的力量，并避免在力量不够的时候和强大的敌人作决定胜负的战斗，就不能像俄国革命那样，"先占城市后取乡村，而是走相反的道路"，就"必须把落后的农村造成先进的巩固的根据地，造成军事上、政治上、经济上、文化上的伟大的革命阵地，借以反对利用城市进攻农村区域的凶恶的敌人，借以在长期战斗中逐步地争取革命的全部胜利。"日本占领区内部的社会条件、中国地大物博、人多兵多的条件、时代的条件，"利于我们组织坚持的长期的广大的战争，去反对占领城市的敌人，用犬牙交错的战争，将城市包围起来，孤立城市，从长期战争中逐渐生长自己的力量，变化敌我形势，再配合之以世界的变动，就能把敌人驱逐出去而恢复城市。"因此，"乡村能够最后战胜城市"。他还论证了城市和乡村的关系，分析了敌我之间的几种包围，并开始提出由农村向城市转变的思想。"城市总是集中的，乡村总是分散的"，"城市虽带着领导性质，但不能完全统制乡村，因为城市太小，乡村太大，广大的人力物力在乡村不在城市"。所以，党的工作必须以乡村为中心。毛泽东还结合抗日持久战的特点，进一步丰富"工农武装割据"思想。毛泽东强调要建立游击战争的根据地，认为没有根据地的游击战争是不能够长期生存和发展的。"一切游击战争的根据地，只有在建立了抗日的武装部队、战胜了敌人、发动了民众这三个基本的条件逐渐地具备之后，才能真正地建立起来。"[①] 这些思想进一步发展了武装斗争、

———————

① 《毛泽东选集》第 2 卷，人民出版社 1991 年版，第 424 页。

土地革命和根据地建设三位一体的"工农武装割据"思想。

上述一系列理论和政策,是毛泽东对抗日战争时期坚持农村包围城市斗争的实践的总结和理论思考,表明农村包围城市道路理论已经成熟。

四 解放战争时期农村包围城市、武装夺取政权道路的胜利

解放战争时期,农村包围城市、武装夺取政权道路表现出革命战争形式由防御转入进攻、党的工作重心由乡村移到城市、农村革命根据地由分散连成一片、党的领导方式由允许地方自治改行集中统一领导等特点。

1946年全国内战爆发时,中国共产党领导中国革命已能在全国规模上与敌人较量。1948年秋至1949年春举行的以夺取中心城市为主的战略决战,标志着中国革命新道路的完结,党的工作重心由乡村移到城市。从1948年9月开始到1949年1月结束的济南、辽沈、淮海、平津战役,使东北、华北、华东三大解放区完全连成一片,完成了夺取全国政权的最后准备。历经三大战役后,国民党军队实力快速缩减,节节败退。

1949年3月5—13日,中共七届二中全会在中国河北平山县西柏坡举行。毛泽东在报告中明确宣布:从1927年到现在把党的工作重心放在乡村的工作方式已经完结。"从现在起,开始了由城市到乡村并由城市领导乡村的时期。党的工作重心由乡村移到了城市。"① 为确保工作重心的顺利转移,党中央在总结各地接管城市经验教训基础上,采取了以下措施:第一,全党树立城市领导乡村新观念,明确"离开了代表先进生产力的城市工业和城市工人阶级,社会不能前进,社会主义也不能实现"②。第二,恢复和发展生产,变消费城市为生产城市。第三,加强工会工作,全心全意地依靠工人阶级。第四,兼顾城乡,使城市工作和乡村工作、工人和农民、工业和农业紧密联系。第五,培养和扩大干部队伍,为管理军事、政治、经济、党务、文化教育等作组织准备。第六,警惕资产阶级糖弹进攻,继续保持谦虚谨慎、不骄不躁和艰苦奋斗的优良作风。由于采取了以上措施,不仅建立了城市人民政权,而且稳定了城市社会秩序,城市生产也得到了恢复和发展,实现了党的工作重心的顺利转移。全会号召全党同志在胜利面前,务必继续地保持谦虚、谨慎、不骄、不躁的作风,务

---

① 《毛泽东选集》第4卷,人民出版社1991年版,第1427页。
② 《张闻天选集》,人民出版社1985年版,第389页。

必继续地保持艰苦奋斗的作风。这次会议为迅速取得民主革命在全国的彻底胜利，以及由新民主主义向社会主义的转变，在政治上、思想上和理论上作了充分的准备。

1949 年 10 月 1 日的新中国成立，是继俄国十月革命和苏联问世之后，世界社会主义运动所取得的一个历史性进展和重大胜利，它极大地改变了全世界的战略格局。中国新民主主义革命的伟大胜利，以不容置疑的革命实践和客观事实，验证了毛泽东所开辟的中国特色无产阶级革命道路，即以农村包围城市、武装夺取城市和全国政权的真理性和可行性。这是以毛泽东为代表的中国共产党人坚持把马克思主义与中国实际相结合，实现马克思主义中国化的伟大的、历史性的胜利。

五　新民主主义革命道路的主要特点

首先表现在这场革命发生的地方不同于欧洲国家，这是在东方半殖民地半封建国家进行的一场革命。共产国际对于中国革命必须走农村包围城市武装夺取政权道路的理论和实践，在很长时间内不赞成、不理解。早在 1928 年 2 月通过的《共产国际执行委员会第九次扩大会议决议案》中，就错误地批评中国共产党沉溺于散乱的、不相关联的、必致失败的游击战争。尽管当时共产国际也要求中共建立红军、开展游击战争、建立政权、实行土地革命等，但这些在他们看来，仅仅是整个中国革命潮流中的一个支流，而"革命运动高潮日益发展的最可靠、最主要的征候，乃是工人运动的复兴"。[①] 因此他们强调，要用俄国城市武装起义为中心的模式来指导中国革命。以毛泽东为代表的一批中国共产党人，则主张从中国国情出发，坚持马列主义普遍原理与中国革命具体实践相结合，独立自主地进行革命道路探索，走中国式的革命道路。1930 年 5 月，毛泽东在《反对本本主义》一文中，批评了"唯上"、"唯书"、"不唯实"、动辄照抄照搬国际经验的错误倾向。他强调，学习马克思主义的"本本"是十分必要的，但是必须同我国革命的实际情况相结合。他说："我们需要'本本'，但是一定要纠正脱离实际情况的本本主义"。[②] 毛泽东对共产国际那

[①]《共产国际有关中国革命的文献资料》第 2 辑，中国社会科学出版社 1982 年版，第 85 页。

[②]《毛泽东选集》第 1 卷，人民出版社 1991 年版，第 112 页。

种不顾各国实情而发号施令、瞎指挥的作风进行了严正的批评。他指出，没有调查，就没有发言权，"中国革命斗争的胜利要靠中国同志了解中国情况"。以毛泽东为代表的中国共产党人逐步摆脱了对共产国际和苏联经验的盲从，从中国国情出发，坚持马克思主义普遍原理与中国革命具体实践相结合的原则，总结了中国革命的独特经验，集中全党智慧，独立自主地、创造性地提出了农村包围城市的革命道路理论。可见，坚持独立自主，不盲目照搬别国经验，这是农村包围城市革命道路理论形成的一鲜明特点。

邓小平曾经很好地概括了这一特点，他说："马克思、列宁从来没有说过农村包围城市，这个原理在当时世界上还是没有的。但是毛泽东同志根据中国的具体条件指明了革命的具体道路，在军阀割据的时候，在敌人控制薄弱的地区，领导人民建立革命根据地，用农村包围城市，最后夺取了政权。列宁领导的布尔什维克党是在帝国主义世界的薄弱环节搞革命，我们也是在敌人控制薄弱的地区搞革命，这在原则上是相同的，但我们不是先搞城市，而是先搞农村，用农村包围城市。"①

其次，表现在这条革命道路的路线图是"城市——乡村——城市"。通过攻占大城市或中心城市来夺取政权，是任何一个国家革命必须要经过的步骤和目标。因为只有大城市和中心城市才是全国的政治中心或次中心。"城市中心论"与"农村包围城市、武装夺取政权"道路的区别在于前者不懂得在中国半殖民地半封建条件的国情下要先取农村，在中国这个半殖民地半封建的国家，应该先取农村，再取城市。

大革命失败后，党从血的教训中认识到武装斗争的重要性，先后领导了南昌起义、秋收起义、广州起义，开始了中国共产党独立领导武装斗争的时期。但城市起义和对城市的进攻却连连受挫，在这种形势下，以毛泽东为代表的中国共产党人及时地把党的工作重心由城市转移到农村，开始了中国革命道路的新探索。

抗日战争时期，经过长期艰苦卓绝的斗争，在辽阔的中华大地上，中国共产党已拥有大小十九块革命根据地。这些被敌人分割包围的革命根据地，随着革命战争形式质的飞跃而相继连成一片。于是，一反过去的被动局面，呈现出敌占区域及其交通要道和城市被我分割包围，敌人的中心城

---

① 《邓小平文选》第2卷，人民出版社1994年版，第126—127页。

市成为孤立据点的态势。进入解放战争后的大多数时间里，中国共产党仍然坚持以农村为中心。随着战争双方力量发生变化，这种局面也开始转变。1948 年秋至 1949 年春举行的以夺取中心城市为主的战略决战，标志着中国革命新道路的开始走向胜利，党的工作重心由乡村移到城市。1949 年 3 月，毛泽东在中共七届二中全会的报告中明确宣布：从 1927 年到现在把党的工作重心放在乡村的工作方式已经完结。1949 年 10 月 1 日，毛泽东在北京天安门楼正式宣布中华人民共和国成立。至此，农村包围城市道路取得了完全的胜利。

中国革命道路是从农村到城市，还是从城市到农村，取决于当时的革命形势和条件。毛泽东在中国共产党七大上的口头政治报告中对此进行了通俗易懂的阐述，他说：在乡村尽走尽走，走他几百万年，这也不叫马克思主义，而叫反马克思主义。真正的马克思主义是：当需要在乡村时，就在乡村；当需要转到城市时，就转到城市。

最后，表现在这条道路是在反"左"反右的过程中形成的。中国是小资产阶级汪洋大海的国度。在中国共产党内，小资产阶级出身的党员为数众多，他们在思想上或多或少地残留着小资产阶级思想意识，在革命斗争中容易产生机会主义倾向。因此，在中国革命道路理论的探索、形成过程中，马克思主义同"左"、右倾机会主义的斗争是不可避免的。

大革命失败后，陈独秀等右倾机会主义者对革命前途悲观失望，他们攻击红军战争和农村根据地是"机会主义的军事投机"，"没有一点意义，没有一点前途。"还有一些人则对农村根据地的存在和发展也产生了右倾悲观论调，提出了"红旗到底打得多久"的疑问。对此，毛泽东指出："认为在距离革命高潮尚远的时期做这建立政权的艰苦工作为徒劳，而希望用比较轻便的流动游击方式去扩大政治影响"的思想，"是于中国革命的实情不适合的"。而"有根据地的，有计划地建立政权的，深入土地革命的……政权发展是波浪式地向前扩大的，等等的政策，无疑义地是正确的。"[①] 从而批评了右倾机会主义者轻视农村根据地的思想，阐述了农村包围城市革命道路理论的基本内容。

共产国际和党内的"左"倾盲动主义以及"左"倾教条主义，也都盲目坚持"城市中心"论，反对农村包围城市革命道路理论。他们认为：

---

① 《毛泽东选集》第 1 卷，人民出版社 1991 年版，第 98 页。

"想'以乡村来包围城市'，'单凭红军来夺取中心城市'都只是一种幻想，一种绝对错误的观念。"① 并长期对坚持正确观点的毛泽东进行打压。

毛泽东在 1938 年 11 月回顾党的指导思想从城市中心向农村中心转变的历程时说："一九二七年以后的一个长时期中，许多同志把党的中心任务仍旧放在准备城市起义和白区工作方面，一些同志在这个问题上的根本转变，是在一九三一年反对敌人的第三次'围剿'胜利之后。但也还没有全党的转变，有些同志仍旧没有如同现在我们这样想。"可见，在坚持中国特色革命道路过程中，反"左"反右何其难也。

中国新民主主义革命道路是中国革命经验的基本总结，是中国社会发展规律的深刻揭示，是新民主主义理论认识上的升华与诠释。"农村包围城市、武装夺取政权"理论是中国民主时期马克思主义中国化历史性飞跃的最重要、最有标志性的成果之一。

第二节　新民主主义革命理论的形成

在探索中国革命道路的过程中，以毛泽东为代表的中国共产党人坚持把马克思列宁主义基本原理与中国革命的实际相结合，在不断总结，对中国革命的基本理论问题不断进行总结、阐发，逐渐形成了完整、系统的新民主主义革命理论体系。

一　新民主主义革命理论的形成过程

新民主主义革命理论从基本思想的萌发到形成系统、完整的理论体系，大致经历了四个过程。

（一）新民主主义革命基本思想的萌发

早在中国共产党创建和国民革命时期，以毛泽东为代表的中国共产党人就初步提出了新民主主义革命的基本思想。1922 年 7 月，党的二大正确分析了中国社会的性质，初步阐明了中国革命的性质、对象、动力，在中国近代史上第一次提出反帝反封建的民主革命纲领，成为动员中国人民革命的一面旗帜。1923 年 5 月，党的三大提出了建立国共合作统一战线的思想，但此时并没有明确提出无产阶级的领导权问题。随着大革命的兴

---

① 《中共中央文件选集》第 6 卷，中共中央党校出版社 1989 年版，第 575 页。

起和发展，统一战线内部争夺领导权的斗争日益激化。到 1925 年 1 月党的四大，第一次明确提出了坚持无产阶级领导权和农民同盟军的思想，提出，如果不发动农民起来斗争，无产阶级的领导地位和中国革命的成功是不可能的。党的四大后，特别是经过五卅运动，各阶级的政治态度更加明朗，革命统一战线内部争夺领导权的斗争也日益暴露，党内马克思主义者对中国革命基本问题的认识日趋深化。李大钊、毛泽东、蔡和森、瞿秋白、邓中夏、周恩来、恽代英等先后发表文章或讲演，对中国革命的基本问题进行了多方面的探索。毛泽东在这一时期撰写的《中国社会各阶级的分析》（1925 年 12 月）、《国民革命与农民运动》（1926 年 9 月）、《湖南农民运动考察报告》（1927 年 3 月）等文章，集中了党内的正确主张，初步阐发了关于中国革命的一些基本设想。在这写文章中，毛泽东根据马克思列宁主义基本原理，深刻阐明了农民在中国革命中的重要地位，提出了关于新民主主义的基本思想，为推动新民主主义革命的胜利发展奠定了坚实的思想基础和理论基础。但是，就当时总的情况来说，我们党还处在幼年时期，我们党还不够成熟，还不能独立运用马克思主义基本原理结合中国的实际解决中国革命道路问题和其他一系列重大问题。正如毛泽东所言："我党在幼年时期，我们对于马克思列宁主义的认识和对于中国革命的认识是何等肤浅，何等贫乏。"因此，我们能够独立自主地运用马克思列宁主义解决中国革命的道路问题，创造自己的独特的经验，从而形成新民主主义理论，只能是国民革命时期以后的事情了。

（二）新民主主义革命理论初步形成

1927 年大革命失败后，中国革命进入土地革命时期，以毛泽东为代表的中国共产党人对党成立以来，尤其是大革命时期的经验进行了比较系统的总结，对中国革命的新道路进行了艰辛探索。以中国革命道路理论的形成为标志，新民主主义理论得到了进一步发展，形成了初步的轮廓。1927 年，八七会议总结了大革命失败了经验教训，批判了陈独秀的右倾投降主义，确立了以土地革命和武装反抗国民党反动派的总方针。在这次会议上，毛泽东提出"须知政权是由枪杆子中取得的"著名论断，为中国革命指明了前进的方向。1928 年，党的六大认真总结了全党在武装反抗国民党反动派开展游击战争和建立各根据地的经验教训，批评了党内一度发生的"左"倾错误，回答了有关中国革命的一系列根本问题，统一了全党的思想。党的六大后，在创建农村根据地的过程中，毛泽东认真总

结经验，先后写了《中国的红色政权为什么能够存在?》（1928 年 10
月）、《井冈山的斗争》（1928 年 11 月）、《星星之火，可以燎原》（1930
年 1 月）等著作，创造性地提出了农村包围城市、武装夺取政权的战略
思想，开辟了一条具有中国特色的新民主主义革命取得胜利的唯一正确道
路。《中国红色政权为什么能够存在?》和《井冈山的斗争》深刻分析了
中国革命的性质、动力和任务；提出了"工农武装割据"的思想；阐述
了红色政权能够存在和发展的五个条件；回答了"红旗到底打得多久"
的疑问，从而为农村包围城市、武装夺取政权的革命道路的形成奠定了坚
实的基础。《星星之火，可以燎原》对林彪以及共产党和红军内部的右倾
悲观思想进行了分析和批评，并结合红军和中国革命发展的实际，从中国
社会的基本特点出发，阐明了中国革命必须坚持创建农村革命根据地，必
须用红军和农村革命根据地的发展促进全国革命高潮的基本思想，指明了
中国革命的前途。它进一步发展了"工农武装格局"的思想，标志着
"以农村包围城市，最后夺取全国胜利"的中国革命新理论的基本形成。
至此，新民主主义理论已初步形成轮廓。

（三）新民主主义革命理论的基本形成

土地革命后期，党关于中国革命的理论得到继续发展。1935 年 12
月，中共中央在陕北瓦窑堡召开政治局扩大会议，即瓦窑堡会议。瓦窑堡
会议是从土地革命战争时期到抗日战争时期中国共产党召开的一次极为重
要的会议，是遵义会议的继续和发展。他总结了两次国内革命战争的基本
经验，批评了"左"倾关门主义，解决了遵义会议以来没有来得及解决
的党的政治策略问题，制定了抗日民族统一战线的策略路线，有力地推动
了全国抗日民主运动的发展。这次会议还就中国革命的对象、动力、领
导、前途和性质等进行了全面阐述。会议指出，中国革命的对象不仅包括
帝国主义，也包括"大土豪、大劣绅、大军阀、大官僚、大买办"；革命
的动力，基本上依然是工人、农民和城市小资产阶级，现在则可能增加一
个民族资产阶级；革命的前途是由过去的"工农共和国改变为人民共和
国"；会议还强调要"争取工人阶级在中国革命中的领导权"，并认为
"这是党在工人运动中的基本原则"；强调现实的中国革命与过去的资产
阶级民主革命的不同之处，认为"中国革命现在已经成为世界革命的伟
大因素"。这些表明，瓦窑堡会议时，我们党对中国革命规律和新民主主
义革命基本思想的认识已经基本明确。瓦窑堡会议后，毛泽东根据会议精

神，发表了《论反对日本帝国主义的策略》一文，标志着中国共产党在政治策略上认真纠正"左"倾关门主义，实行统一战线政策的重大转变。

在抗日战争时期，中国革命经过了北伐战争的胜利和失败，也经过了土地革命战争的胜利和第五次反"围剿"战争的失败，积累了丰富的实践经验。特别是经过抗日战争时期的锻炼，党对中国革命的认识逐步成熟。以毛泽东为代表的党中央，已经能够将马克思主义同中国革命的具体实践相结合，系统回答中国革命所涉及的一系列基本问题。也正是在这一时期，新民主主义革命理论逐渐走向成熟，形成了一个系统完整的理论体系。正如毛泽东后来所说，新民主主义革命理论也"只有在那个时候才能产生，在以前不可能，因为没有经过大风大浪，没有两次胜利和两次失败的比较，还没有充分的经验，还不能充分认识中国革命的规律"。①

1937 年 5 月，毛泽东发表《中国共产党在抗日战争时期的任务》和《为争取千百万群众进入抗日民族统一战线而斗争》等文章，从而形成了我们党关于统一战线的理论。1937 年 8 月，毛泽东发表《实践论》、《矛盾论》等哲学著作，正确阐释了实践与认识的辩证统一关系和唯物辩证法对立统一的根本法则，为中国共产党制定正确的新民主主义革命政治路线和思想路线奠定了哲学基础。

1938 年 10 月，日本侵略者占领广州、武汉，逐渐停止正面战场上的战略进攻，将其主要兵力用于攻打共产党领导下的八路军和新四军，对国民党政府则由武力进攻为主转为政治诱降和经济拉拢为主；并在其占领区内加紧扶植傀儡政权。英、美等国为着自己的利益力求在一定条件下牺牲中国以同日本妥协。在这种形势下，国民党统治集团表现出很大的动摇性，极力推行消极抗日、积极反共的政策。1939 年 1 月，国民党五届五中全会决定了"防共、限共、溶共、反共"的方针。会后设立"防共委员会"，并制定出一系列的反共具体办法，继续制造摩擦，挑起事端。1939 年冬至 1940 年春，国民党顽固派掀起第一次反共高潮，先后向陕甘宁、晋西和晋东南的共产党领导的人民军队发起进攻，在军事进攻的同时，国民党开动宣传机器，宣传反共理论，《三民主义半月刊》、《中央周刊》、《抗战与文化》、《前卫》等国民党刊物连续登载反共文章，叫嚣"共产主义不适合中国国情"，"共产党不需要存在"。"一个主义、一个政

---

① 《毛泽东文集》第 8 卷，人民出版社 1999 年版，第 299 页。

党、一个领袖”的宣传甚嚣尘上，企图为取消共产党制造借口，维护国民党的一党专政，混淆共产主义与三民主义之间的区别，妄谈什么“一次革命”论。这引起了全国人民的极大不安，“中国向何处去”成为人们十分关心和忧虑的问题。

斗争的需要推动了理论的发展，为了进一步促进中国的民族解放事业和抗日的民主团结，粉碎国民党顽固派在政治上、思想上对中国共产党的诋毁，批判建立资产阶级专政的幻想；为了向全国人民说明中国共产党对中国革命和新中国建设的见解，揭示中国革命的特点、基本规律和必由之路，以毛泽东、张闻天、王稼祥等为代表的中国共产党人进行了大量的理论工作，撰写了一系列理论文章，详细阐述了中国革命的基本问题。从1939 年 10 月至 1940 年 1 月，毛泽东连续发表《〈共产党人〉发刊词》（1939 年 10 月）、《中国革命和中国共产党》（1939 年 12 月）、《新民主主义论》（1940 年 1 月）、《论联合政府》（1945 年 4 月）等重要著作，科学分析了中国的社会性质、中国革命的历史特点和中国革命发展的基本规律，在中国第一次旗帜鲜明地提出了新民主主义的完整理论，并对它作了系统的科学说明。《〈共产党人〉》系统总结了党创立以来 18 年的历史经验，提出要建设一个全国范围的、广大群众性的，思想上、政治上、组织上完全巩固的布尔什维克化的中国共产党，并阐述了统一战线、武装斗争、党的建设这“三大法宝”及其相互关系。《中国革命和中国共产党》分析了中国近代社会的基本特征和主要矛盾，首次明确地提出“新民主主义革命”这个科学概念，并系统论述了新民主主义革命的总路线，从理论和实践相结合上对新民主主义革命的对象、任务、动力、性质、前途等问题作了全面而深刻的分析。《新民主主义论》开宗明义地提出“中国向何处去”的问题，并明确回答：“我们要建立一个新中国。”① 毛泽东系统总结中国革命的历史经验教训，运用马克思列宁主义关于殖民地半殖民地国家民主革命的理论，全面阐述了新民主主义革命的政治、经济和文化，并首次明确提出“民主革命胜利后要建立以中国无产阶级为首领的中国各个革命阶级联合专政的新民主主义社会”。以《新民主主义论》为标志，新民主主义革命理论的完整创立，意味着中国共产党已经成功地找到了一条具有中国特色民主革命道路，并作出了科学的理论论证，从而实

---

① 《毛泽东选集》第 2 卷，人民出版社 1991 年版，第 663 页。

现了马克思列宁主义同中国具体实践相结合的第一次历史性飞跃，大大丰富和发展了马克思列宁主义的理论宝库。

（四）新民主主义革命理论的进一步发展

伴随着中国新民主主义革命实践的深入发展，新民主主义理论也得以不断完善和发展。从1941年起，我们党用一年多的时间开展了延安整风运动。毛泽东发表的《在延安文艺座谈会上的讲话》，进一步提出了文化工作的整风问题，确立了文艺要为以工农兵为主体的广大人民群众服务的方针，为中国文艺的繁荣发展指明了前进的道路，丰富和发展了新民主主义文化理论。1945年召开的中共七大，毛泽东思想被确立为党的指导思想，从而也使新民主主义革命理论得到全党的广泛认可，正式成为中国革命的指导理论。在这次大会上，毛泽东关于《论联合政府》的政治报告、刘少奇关于《关于修改党章的报告》以及周恩来所作的《论统一战线》的发言，从党的政治路线和纲领、党的建设、党的统一战线等方面进一步丰富了新民主主义理论的内涵。

在解放战争时期，新民主主义理论体系得到进一步完善和发展。1947年12月，在《目前形势和我们的任务》报告中，毛泽东明确提出新民主主义的基本政治纲领。同时，毛泽东还根据解放战争时期的国内形势和各种经济成分对中国社会的作用，首次系统地提出了新民主主义的三大经济纲领，并进一步阐述了新中国的经济构成和党对经济工作的指导方针。

1948年4月，毛泽东又在《在晋绥干部会议上的讲话》中，对新民主主义革命中路线作了科学完整的概括和总结，使抗日战争时期毛泽东提出的新民主主义革命的总路线在解放战争时期得到了进一步的完善和发展。同年9月，毛泽东在中央政治局的报告中，对新民主主义的政权性质和政权制度作了具体说明。10月，董必武发表《论新民主主义的政权问题》讲话，论述了国家、政权的实质，特别是论述了我国人民民主专政的阶级内容、民主与专政的关系，还分析了政权机构和政权形式，并着重阐述了人民代表大会是我国的基本政治制度，为我国建立人民民主的基层政权奠定了基础。

1949年3月，在中国革命取得胜利的前夜，中国共产党在河北平山县西柏坡举行了七届二中全会，毛泽东向会议作了报告。在报告中，毛泽东分析了中国革命在我国胜利以后所面临的基本矛盾：国内是工人阶级和资产阶级的矛盾，国际上是中国和帝国主义国家的矛盾；提出了使我国稳步地由农业国转变为工业国，由新民主主义国家转变为社会主义国家的总任务。规定了党在全国胜利后，在新民主主义的政治、经济、外交、党的建设等方面应当采取的基本政策。1949 年 6 月，毛泽东在他发表的《论人民民主专政》一文中描绘了即将建立的新中国的蓝图，系统地阐明了新中国的基本纲领。论证了在中国建立人民民主专政的历史必然性，阐明了人民民主专政的基本任务、民主和专政的关系以及各界在人民民主专政中的地位等问题，从而完整地形成了人民民主专政理论。他明确指出："总结我们的经验，集中到一点，就是工人阶级（经过共产党）领导的以工农联盟为基础的人民民主专政。这个专政必须和国际革命力量团结一致。这就是我们的公式，这就是我们的主要经验，这就是我们主要纲领。"这一重要论述不仅是对提出的中国革命的"三大法宝"的概括总结，而且也丰富和发展了新民主主义的政治和国家理论。

这一时期，毛泽东和当的其他领导人还集中就革命胜利后即将建立的新民主主义社会的经济形态和经济政策，新民主主义社会如何向社会主义转变，新民主主义社会向社会主义过渡的时间，以及新民主主义社会的主要矛盾和中心任务等一系列基本问题作了认真的探讨和研究。这些都大大丰富了新民主主义理论的内涵。

二　新民主主义革命理论的基本内容

新民主主义革命理论是一个完整的科学体系，阐述如下：

（一）新民主主义革命的基本根据

中国共产党对一切革命的基本问题的解决，是以对国情认识的深化，特别是对近代以来半殖民地半封建社会性质的认识为基础的。"认清中国社会的性质，就是说，认清中国的国情，乃是认清一切革命问题的基本的根据。"[①] 新民主主义革命的基本根据就是中国半殖民地半封建社会的基本国情。

随着中国革命实践的不断深入和认识的不断提高，中国共产党人对中国社会性质的认识也越来越清晰准确。20 世纪 20 年代后期到 30 年代中期，中国思想理论界曾对中国社会性质问题展开一次争论。这种争论更早就在共产党国际和联共（布）党内出现，自然也影响了中国国内思想理

---

① 《毛泽东选集》第 2 卷，人民出版社 1991 年版，第 633 页。

论界和中国共产党人。

1939 年 12 月，毛泽东在《中国革命和中国共产党》一文中，对近代中国的社会性质作了全面系统的论述。指出中国社会自 1840 年鸦片战争后，"一步一步地变成了一个半殖民地半封建的社会。自从一九三一年九一八事变日本帝国主义武装侵略中国以后，中国又变成了一个殖民地、半殖民地和半封建的社会。"①

以毛泽东为代表的中国共产党人还进一步概括总结了中国半殖民地半封建社会的特点，这集中体现在《中国革命和中国共产党》一文中。第一，封建时代的自给自足的自然经济基础是被破坏了，但是，封建剥削制度的根基——地主阶级对农民的剥削，不但依旧保持着，而且同买办资本和高利贷的剥削结合在一起，在中国的社会经济生活中，占着显然的优势。第二，民族资本主义有了某些发展，并在中国政治的、文化的社会中起了颇大的作用；但是，它没有成为中国社会经济的主要形式，它的力量是很软弱的，它的大部分是对于外国帝国主义和国内封建主义都有或多或少的联系的。第三，皇帝和贵族的专制政权是被推翻了，代之而起的先是地主阶级的军阀官僚的统治，接着是地主阶级和大资产阶级联盟的专政。在沦陷区则是日本帝国主义及其傀儡的统治。第四，帝国主义不但操纵了中国的财政和经济命脉，并且操纵了中国的政治和军事的力量。在沦陷区，则一切都被日本帝国主义所独占。第五，由于中国是在许多帝国主义国家的统治或半统治之下，由于中国实际上处于长期的不统一状态，又由于中国的土地广大，中国的经济、政治和文化的发展，表现出极端的不平衡。第六，由于帝国主义和封建主义的双重压迫，特别是由于日本帝国主义的大举进攻，中国的广大人民，尤其是农民，日益贫困化以至大批地破产，他们过着饥寒交迫的和毫无政治权利的生活。中国人民的贫困和不自由的程度，是世界所少见的。② 这些特点表明，中国社会虽然存在着各种各样的矛盾，但主要矛盾就是帝国主义和中华民族的矛盾及封建主义和人民大众的矛盾，而帝国主义和中华民族的矛盾，乃是各种矛盾中的最主要的矛盾。③ 是中国共产党人思考和领导中国革命一切问题的出发点，是新

① 《毛泽东选集》第 2 卷，人民出版社 1991 年版，第 626 页。
② 同上书，第 631 页。
③ 同上。

民主主义革命的总依据。

（二）新民主主义革命的总路线

新民主主义革命的总路线，是新民主主义革命理论的重要组成部分和集中体现。1939 年 12 月，毛泽东在《中国革命和中国共产党》对新民主主义总路线进行了初步的理论概括"所谓新民主主义的革命，就是在无产阶级领导之下的人民大众的反帝反封建的革命。"在 1948 年 4 月的《在晋绥干部会议上的讲话》中，毛泽东又对新民主主义革命的总路线作了科学完整的表述："无产阶级领导的，人民大众的，反对帝国主义、封建主义和官僚资本主义的革命，这就是中国的新民主主义的革命，这就是中国共产党在当前历史阶段的总路线和总政策。"① 这是对中国新民主主义革命总路线第一次完整的表述，明确规定了新民主主义革命的性质、对象、任务、动力、领导者和前途等一系列基本问题。

在这条总路线中，中国民主革命的"主要对象或主要敌人"，就是帝国主义国家的资产阶级和本国的地主阶级。帝国主义和封建主义是压迫和阻止中国社会向前发展的主要的东西，是造成近代中国极端贫困、落后和动荡的根源。现阶段中国革命的任务，"主要地就是打击这两个敌人，就是对外推翻帝国主义压迫的民族革命和对内推翻封建地主压迫的民主革命，而最主要的任务是推翻帝国主义的民族革命。"② 毛泽东反对把民族革命和民主革命分为截然不同的两个革命阶段的观点，认为要取得中国革命的胜利，必须把这两大任务结合起来。此外，中国革命的对象还包括官僚资本主义。官僚资本主义就是带买办性的大资产阶级，他们是直接为帝国主义国家的资本家服务并为他们所豢养的阶级，他们和农村中的封建势力有着千丝万缕的联系。因此，"在中国革命史上，带买办性的大资产阶级历来不是中国革命的动力，而是中国革命的对象"③。

无产阶级对于革命的领导权问题是新民主主义革命理论标志性内容。帝国主义入侵中国的目的和民族资产阶级自身软弱性特点，决定了中国民族资产阶级不能充当中国民主革命的领导者。中国无产阶级除了具备一般无产阶级的先进性特点，还具备自己的特殊优点。这决定了中国无产阶级

---

① 《毛泽东选集》第 4 卷，人民出版社 1991 年版，第 1316—1317 页。

② 《毛泽东选集》第 2 卷，第 637 页。

③ 同上书，第 639 页。

才最适合、最有能力成为中国革命的领导者。因此，新民主主义革命的领导者只能是工人阶级，"离开了工人阶级的领导，要完成反帝反封建的民主革命是不可能的"①。新民主主义革命的动力包括无产阶级、农民、小资产阶级和民族资产阶级。农民是中国革命的主力军，尤其是占农村人口70%的贫农和雇农，他们是农村中的半无产阶级和无产阶级，革命最坚决，"是中国革命的最广大的动力，是无产阶级的天然的和最可靠的同盟者，是中国革命队伍的主力军"②。小资产阶级是中国革命的基本动力。具有两面性的民族资产阶级也是中国革命的动力之一。地主阶级和带买办性质的大资产阶级（官僚资产阶级）不是革命的动力，而是革命的对象，但在一定时候，也可以同他们建立统一战线反对共同的敌人。

（三）新民主主义革命的基本纲领

——关于新民主主义的政治。毛泽东指出，现时世界上多种多样的国家体制中，按其阶级性划分，基本不外资产阶级专政的共和国、无产阶级专政的共和国和几个革命阶级联合专政的共和国三种。中国在推翻帝国主义和封建主义统治后要建立的国家，只能是第三种，即"一切反帝反封建的人们联合专政的民主共和国，这就是新民主主义的共和国，也就是真正革命的三大政策的新民主主义共和国"。国家构成和政权构成的基本部分，是无产阶级、农民、知识分子和其他小资产阶级。关于政体，毛泽东提出可采取从国民大会直到乡民大会的系统，来选举各级政府，但必须实行"真正普遍平等的选举制"。毛泽东还特别指出，这是一定历史时期的形式，因而是过渡的形式，但是不可移易的形式。

——关于新民主主义的经济。毛泽东指出，中国的经济一定要走"节制资本"和"平均地权"的路。为此，要进行土地改革，没收封建地主阶级的土地归农民所有；没收官僚资本归新民主主义的国家所有，保护民族工商业。新民主主义国家在经济上实行的是国营经济领导下的合作社经济、私人资本主义经济、个体经济和国家资本主义五种经济成分并存的新民主主义经济制度。

——关于新民主主义是文化。毛泽东提出要建设与新民主主义政治、经济相适应的"以无产阶级文化思想为领导的人民大众反帝反封建的新

---

① 《毛泽东选集》第2卷，人民出版社1991年版，第559页。
② 同上书，第643页。

民主主义"的文化，即"民族的科学的大众的文化"。这种文化不是"少数人所得而私"的文化。新民主主义国家在文化上要建立的是无产阶级领导的人民大众的反帝反封建文化，是以共产主义思想为指导的民族的、科学的、大众的文化。

（四）新民主主义革命的基本经验

毛泽东在《〈共产党人〉发刊词》一文中，总结了中国革命两次胜利和两次失败的经验教训，揭示了中国革命发展的客观规律，指出"统一战线问题，武装斗争问题，党的建设问题，是我们党在中国革命中的三个基本问题。正确地理解了这三个问题及其相互关系，就等于正确地领导了全部中国革命"。又指出："统一战线，武装斗争，党的建设，是中国共产党在中国革命中战胜敌人的三个法宝，三个主要的法宝。"统一战线问题是无产阶级的同盟军问题，是无产阶级组织和调动政治军队的问题，是战胜敌人的"主要法宝"。武装斗争是中国革命的重要法宝和基本武器，党的建设是中国革命取得胜利的组织保障。"三大法宝"的提出，表明以毛泽东为代表的中国共产党人，对新民主主义革命的经验和规律有了深刻而系统的认识。

新民主主义革命理论是以毛泽东为代表的中国共产党人把马克思主义与中国革命的具体实践相结合的历史进程中所取得的伟大理论成果，是推进马克思主义中国化，指导中国革命一步步走向胜利的理论灯塔。

第三节　毛泽东思想在全党指导地位的确立

新民主主义理论是我们党在民主革命中的一个伟大理论创造。为了使这一理论在实践中发挥更大的作用，要求用一定名称把它确立为党的指导思想。推进这一历史进程的是两大事件。

一　延安整风使毛泽东思想成为全党共识

遵义会议以后，党从军事上、政治上纠正了以教条主义为特征的王明"左"倾错误，中国革命从此开始"走自己的道路"。中共六届六中全会后，在全党开展了学习运动。许多干部未能深刻认识"左"倾错误的思想根源，许多党员干部对披着马列主义外衣的教条主义的面目还没有完全识破。1940年3月，王明"左"倾错误的代表作《为中共更加布尔什维克化而斗争》（原名《两条路线》）在延安再版，产生了恶劣影响。为了彻底清算王明"左"倾错误及其影响，统一全党思想，全面提高党的理论水平，争取抗争的最后胜利，在全党范围内进行一次普遍的马克思主义思想教育运动。在这样的历史条件下，以毛泽东为领导的党中央，从1942 年起，正式开展了第一次全党范围的整风运动。

1942 年 2 月 1 日，毛泽东在中央党校开学典礼上作了题为《整顿党的作风》的报告；8 日，又在延安干部会议上作了《反对党八股》的报告。在这两篇报告中，毛泽东进一步提出了加强党的思想建设和作风建设的问题，第一次把反对"主观主义、宗派主义、党八股"三风并列，作为整风运动的主要任务。提出："反对主观主义以整顿学风，反对宗派主义以整顿党风，反对党八股以整顿文风，这就是我们的任务。"①

在学风问题上存在如何对待马克思列宁主义两种根本对立的态度：一种是马克思主义的态度，一种是主观主义的态度。马克思主义的态度就是理论与实际相结合，运用马克思主义的立场、观点、方法去认识和改造客观世界。主观主义的态度包括教条主义和经验主义。前者轻视实践，脱离实践，把活生生的马克思列宁主义理论变成僵死的教条。后者正好相反，他们轻视理论，不愿意刻苦地学习理论，只是满足于狭隘的、局部的经验。两者的出发点尽管不同，但其思想实质却是一致的，都是主观和客观相分裂，理论与实际相脱离，都是同马克思列宁主义完全对立的。为指导全党克服主观主义倾向，端正学风，毛泽东同志在整风报告中针对党内存在的一些糊涂观念，着重说明什么是理论和知识，什么是理论家和知识分子，什么是理论联系实际，为克服主观主义、发扬理论联系实际的学风指明了方向。

宗派主义是主观主义在组织关系上的一种表现。毛泽东在《整顿党的作风》一文中，列举了党内宗派主义残余的种种表现，在党内表现为山头主义、本位主义、分散主义、个人主义等；党外表现为狭隘的关门主义。"对内的宗派主义倾向产生排内性，妨害党内的统一和团结；对外的宗派主义倾向产生排外性，妨害党团结全国人民的事业。"② 必须扫除党内宗派主义的残余，以党的利益高于个人和局部的利益为出发点，使党达

---

① 《毛泽东选集》第 3 卷，人民出版社 1991 年版，第 812 页。
② 同上书，第 821 页。

到完全团结统一的地步。毛泽东提出了加强党的团结和党与人民群众团结的基本原则。"要提倡顾全大局。每一个党员，每一种局部工作，每一项言论或行动，都必须以全党利益为出发点，绝对不许可违反这个原则。"对党外关系上，必须密切联系群众的原则，"共产党员如果不同党外干部、党外人员互相联合，敌人就一定不能打到，革命的目的就一定不能达到。"① 这些原则性规定，是克服宗派主义、增强党的团结的锐利思想武器。

党八股是主观主义和宗派主义的宣传工具或表现形式，是一种反马克思列宁主义的文风。要彻底打到主观主义和宗派主义，就必须同时也打到党八股，使他们原形毕露，没有藏身之地。毛泽东在《反对党八股》中，分析了党八股产生的根源，并用生动活泼的语言，列举了党八股的八大罪状。党八股产生的根源是主观主义、形式主义和小资产阶级思想的反映。具体表现为："空话连篇、言之无物"、"装腔作势，借以吓人"；"甲乙丙丁，开中药铺"；"不负责任，到处害人"；"流毒全党，妨害革命"；"传播出去，祸国殃民"。不但不便于表现革命精神，而且非常容易使革命精神窒息。要使革命精神获得发展，必须抛弃党八股。毛泽东号召全党发扬五四运动精神，摆脱形式主义的束缚，深入到基层，深入到群众中去，注重生活实际，收集群众喜闻乐见的大众语言，彻底抛弃党八股、新教条，采用生动活泼、新鲜有力的马克思列宁主义文风，使革命精神得以广泛发扬，推动革命事业不断向前发展。

二 "毛泽东思想"概念的提出

毛泽东思想作为马克思列宁主义普遍原理与中国革命具体实际相结合的产物，有一个形成和发展过程，如此相对应，毛泽东思想作为一个科学概念的提出，也经历了一个反复提炼、被广泛认可到固定的过程。

这一科学概念的提出是以毛泽东在全党的领袖地位的确立和毛泽东代表的正确路线被全党接受为前提。遵义会议以后，毛泽东的领导地位逐渐被全党接受。共产国际经过长期观察，也充分肯定毛泽东。1938 年 4 月，任弼时代表中共中央向共产国际如实报告情况，促使共产国际承认并支持毛泽东在全党的领袖地位。同年 7 月初，季米特洛夫在接见王稼祥、任弼

---

① 《毛泽东选集》第 3 卷，人民出版社 1991 年版，第 826 页。

时的谈话中明确表示："中共的政治路线是正确的，中共在复杂的环境及困难条件下真正运用了马列主义。"中国党的问题"在领导机关中要在毛泽东为首的领导下解决"。① 这就为评价毛泽东的理论贡献提供了有利条件。1938 年 10 月，毛泽东在中共六届六中全会上提出了"使马克思主义在中国具体化"的任务，这次会议通过决议，号召全党努力学习马列主义理论，并把它"应用到中国的每一个实际中来"。在党中央的号召和毛泽东的带动下，全党兴起了学习马列主义理论、总结中国革命历史经验的热潮。经过整风运动批判了以王明为代表的"左"倾教条主义和冒险主义的错误后，全党高度评价了毛泽东的革命功绩和对马克思主义的创造性发展。党的高级干部和理论工作者越来越深刻地感受到需要对主要由毛泽东提出的关于中国革命的理论给以适当的命名和加以正确的评价。1941 年 3 月至 1942 年 2 月，在延安的党的理论工作者张如心先后在《共产党人》杂志和《解放日报》上发表文章，提出了"毛泽东的思想"、"毛泽东的理论"等概念，并对毛泽东创造性地发展马克思主义理论作了系统论述。在 1941 年纪念中国共产党成立 21 年之际，党的高级干部和理论工作者纷纷撰文对毛泽东的领导地位和毛泽东提出的革命理论加以阐述。朱德在《解放日报》发表题为"纪念党的 21 周年"的文章，指出"我们党已经有了自己的最英明的领袖毛泽东。他真正精通了马列主义理论，并且善于把这种理论用来指导中国革命步步走向胜利。"同一天，中共中央晋察冀边区机关报《晋察冀日报》发表题为"全党学习和掌握毛泽东主义"的社论，提出"毛泽东主义"的概念，并对此作系统阐述。陈毅《伟大的二十一年》，从关于中国社会性质、革命的动力、前途及革命战略和策略问题；关于革命战争问题；关于苏维埃政权问题；关于建党问题；关于思想方法问题等五个方面论述了毛泽东创立的正确思想体系。

　　1943 年以后，"毛泽东思想"的概念逐渐固定。7 月 6 日，《解放日报》发表刘少奇为纪念党的二十二周年而写的《清算党内的孟什维克主义思想》，论述了毛泽东及其思想在中国革命历史中的作用和地位。文章使用了"毛泽东的思想"和"毛泽东的思想体系"的概念。7 月 8 日，王稼祥在《解放日报》发表《中国共产党与中国民族解放的道路》一文中，首次使用了后来被全党接受的"毛泽东思想"这一概念，并且论述

---

① 《王稼祥选集》，人民出版社 1989 年版，第 138、141 页。

了毛泽东思想成长、发展与成熟的过程。1945 年 4 月党的六届七中（扩大）全会通过的《关于若干历史问题的决议》指出："中国共产党自一九二一年产生以来，就以马克思列宁主义的普遍真理和中国革命的具体实践相结合为自己一切工作的指针，毛泽东同志关于中国革命的理论和实践便是此种结合的代表。"随后召开的党的七大在党章中明确规定："中国共产党，以马克思列宁主义的理论与中国革命的实践之统一的思想——毛泽东思想，作为自己一切工作的指针"。刘少奇在党的七大关于修改党章的报告中指出："毛泽东思想，就是马克思列宁主义的理论与中国革命的实践之统一的思想，就是中国的共产主义，中国的马克思主义。"①

　　"毛泽东思想"的概念在抗日战争时期提出，既是革命实践的迫切需要，也是理论自身逻辑发展的必然结果。经过 20 余年革命战争的洗礼，尤其是经历过 1927 年和 1934 年两次革命的失败教训，中国共产党从幼年逐渐走向成熟。土地革命后期和抗日战争前期，在反对"左"倾教条主义的斗争中，中国共产党人日益认识到必须把马克思主义的普遍原理和中国革命的具体实践相结合，使马克思主义中国化、具体化。毛泽东作为马克思主义中国化、具体化的倡导者、实践者和理论家，以他的名字来命名中国共产党党的理论成果自然是水到渠成的不二选择。整风运动则直接催化了这一概念的提出。除此之外，还有两个外部因素也直接催生了"毛泽东思想"概念的提出。一是 1943 年 5 月共产国际的解散，使中国共产党迫切需要树立自己的旗帜。共产国际的解散"增加了我们的责任心。每个同志都要懂得自己担负了极大的责任。从这种责任心出发，就要发挥共产党人的创造力。"② 二是 1939 年 1 月国民党五届五中全会以来，国民党顽固派在军事和宣传上对共产党进行攻击。尤其是蒋介石发表《中国之命运》，宣扬"一个主义、一个政党、一个领袖"的观点，一些反动文人也借共产国际解散之际，大肆宣扬共产主义不适合中国国情，混淆三民主义和共产主义的区别。这些充分表明，毛泽东在党内的领导地位和毛泽东思想作为党的指导思想，既不是自封和自定的，也不是委任和指定的，而是全党的审慎选择，是历史形成的。

---

① 《刘少奇选集》上卷，人民出版社 1981 年版，第 333 页。
② 《毛泽东文集》第 3 卷，人民出版社 1996 年版，第 22 页。

三　《关于若干历史问题的决议》对毛泽东思想的论述

1945 年 4 月 20 日，党的六届七中全会讨论并通过的《关于若干历史问题的决议》（以下简称《决议》），总结了建党以来特别是六届四中全会至遵义会议前党的历史和基本经验教训，对若干重大历史问题做出了结论。对各次"左"倾错误的主要内容，尤其是第三次"左"倾错误的主要内容、表现及其危害，作了全面深入的揭露和剖析，高度评价了毛泽东运用马克思列宁主义基本原理解决中国革命问题的杰出贡献，肯定了确立毛泽东在全党的领导地位的重大意义。

《决议》指出："毛泽东同志代表中国无产阶级和中国人民，将人类最高智慧——马克思列宁主义的科学理论，创造地应用于中国这样的以农民为主要群众、以反帝反封建为直接任务而又地广人众、情况极复杂、斗争极困难的半封建半殖民地的大国，光辉地发展了列宁斯大林关于殖民地半殖民地问题的学说和斯大林关于中国革命问题的学说。由于坚持了正确的马克思列宁主义的路线，并向一切与之相反的错误思想作了胜利的斗争，党才在三个时期中取得了伟大的成绩，达到了今天这样在思想上、政治上、组织上的空前的巩固和统一，发展为今天这样强大的革命力量，有了一百二十余万党员，领导了拥有近一万万人民、近一百万军队的中国解放区，形成为全国人民抗日战争和解放事业的伟大的重心。"

《决议》从政治、军事、组织和思想四方面对"左"倾错误进行批判的基础上，勾画出作为马克思主义中国化第一大理论成果的毛泽东思想的基本轮廓。在政治方面，中国现阶段革命的性质，是无产阶级领导的、以工人农民为主体而有其他广大社会阶层参加的、反帝反封建的革命，即是既区别于旧民主主义又区别于社会主义的新民主主义的革命。由于现阶段的中国是在强大而又内部互相矛盾的几个帝国主义国家和中国封建势力统治之下的半殖民地半封建的大国，其经济和政治的发展具有极大的不平衡性和不统一性，这就规定了中国新民主主义革命的发展之极大的不平衡性，使革命在全国的胜利不能不经历长期的曲折的斗争；同时又使这一斗争能广泛地利用敌人的矛盾，在敌人统治比较薄弱的广大地区首先建立和保持武装的革命根据地。在军事方面，毛泽东"运用马克思列宁主义规定了服从于政治路线的正确的军事路线"，其基本精神是人民军队必须是"服从于无产阶级思想领导的、服务于人民斗争和根据地建设的工具"。

毛泽东的军事路线从两个基本观点出发："第一，我们的军队不是也不能是其他样式的军队，它必须是服从于无产阶级思想领导的、服务于人民斗争和根据地建设的工具；第二，我们的战争不是也不能是其他样式的战争，它必须在承认敌强我弱、敌大我小的条件下，充分地利用敌之劣点与我之优点，充分地依靠人民群众的力量，以求得生存、胜利和发展。"由此出发，规定了一系列正确战略战术原则。在组织方面，毛泽东制定了正确的组织路线，把党的建设提到了思想原则和政治原则的高度，坚持无产阶级思想的领导，正确地进行了反对非无产阶级思想的斗争。坚持严格的民主集中制，既不反对不正当地限制民主，也不反对不正当地限制集中。毛泽东从全党团结的利益出发，坚持局部服从全体，并根据中国革命的具体特点，规定了新干部和老干部、外来干部和本地干部、军队干部和地方干部，以及不同部门、不同地区的干部间的正确关系。在思想方面，指出"一切政治路线、军事路线和组织路线之正确或错误，其思想根源都在于它们是否从马克思列宁主义的辩证唯物论和历史唯物论出发，是否从中国革命的客观实际和中国人民的客观需要出发。"明确提出毛泽东从进入中国革命事业的第一天起，就着重于应用马克思列宁主义的普遍真理以从事于对中国社会实际情况的调查研究，在土地革命战争时期，尤其再三再四地强调了"没有调查就没有发言权"的真理，再三再四地反对了教条主义和主观主义的危害。毛泽东在土地革命战争时期所规定的政治路线、军事路线和组织路线，正是他根据马克思列宁主义的普遍真理，根据辩证唯物论和历史唯物论，具体地分析了当时国内外党内外的现实情况及其特点，并具体地总结了中国革命的历史经验，特别是1924年至1927年革命的历史经验的光辉的成果。

《决议》最后指出："到了今天，全党已经空前一致地认识了毛泽东同志的路线的正确性，空前自觉地团结在毛泽东的旗帜下了。以毛泽东同志为代表的马克思列宁主义的思想更普遍地更深入地掌握干部、党员和人民群众的结果，必将给党和中国革命带来伟大的进步和不可战胜的力量。"

党的六届七中全会的召开和《关于党的若干历史问题的决议》的通过，以及全党对之进行的深入学习，表明党对毛泽东的历史地位和毛泽东思想有了深刻的认识，增强了全党在毛泽东思想基础上的团结。毛泽东思想被公认为指导中国革命胜利的唯一正确指导思想。它标志着整风运动的结束，为党的七大的召开和把毛泽东思想的指导地位载入党章，做好了思想上的准备。

四　党的七大与毛泽东思想指导地位的正式确立

1945 年 4 月 23 日至 6 月 11 日召开的党的七大，对马克思主义中国化已经取得的成果作了系统总结，正式确立了毛泽东思想的指导地位。毛泽东在大会上作《论联合政府》的书面政治报告、口头政治报告和为会议做的结论，进一步丰富了新民主主义革命理论的内容。朱德《论解放区战场》的军事报告、刘少奇《关于修改党章的报告》、周恩来《论统一战线》等重要发言。

党的七大对马克思主义中国化第一次历史性飞跃及其成果的集中体现的毛泽东思想，作了系统、全面的总结和阐释。这方面的贡献主要体现在刘少奇向大会作的《关于修改党章的报告》和随后大会通过的新党章之中。

报告从不同角度揭示毛泽东思想内在质的规定性。从毛泽东思想与马克思主义的内在关系角度看，"毛泽东思想，就是马克思列宁主义的理论与中国革命的实践之统一的思想，就是中国的共产主义，中国的马克思主义"。从时代性和民族性看，"毛泽东思想，就是马克思主义在目前时代的殖民地、半殖民地、半封建国家民族民主革命中的继续发展，就是马克思主义民族化的优秀典型"。从其对中国革命的历史作用看，毛泽东思想是"我们这个民族的特出的、完整的关于中国人民革命建国的正确理论"，"是中国无产阶级与全体劳动人民用以解放自己的唯一正确的理论与政策"；从党内路线斗争史看，毛泽东思想不只是在与国内外敌人斗争中，同时又是在与党内各种错误的机会主义思想进行原则斗争中，生长和发展起来的。"它是我们党唯一正确的指导思想，唯一正确的总路线。"

《关于修改党章的报告》吸收了当时党内对毛泽东思想研究的成果。1941 年以来，不断有党的理论工作者和党的负责人论述毛泽东思想体系的基本观点。1942 年 7 月，陈毅为纪念党诞生 21 周年而发表的《伟大的二十一年》一文，从关于中国社会性质、革命的动力、前途及革命战略和策略问题；关于革命战争问题；关于苏维埃政权问题；关于建党问题；关于思想方法问题等五个方面论述了毛泽东创立的正确思想体系。在党的七大会议刘少奇作报告的 12 天前，张闻天在大会发言中结合自己亲身经历，讲述了对毛泽东思想的体会。提出毛泽东路线和毛泽东思想是中国自己的马克思主义，并从九个方面阐述了毛泽东对马克思主义的贡献，即：关于中国半殖民地、半封建的社会性质的思想，关于中国新民主主义革命的思想，关于中国革命不平衡性、曲折性与长期性的思想，关于首先建立以农民为主体的革命根据地以发展全国革命的思想，关于正确解决中国农民土地问题的思想，关于建立民族民主统一战线及其内部又联合又斗争的思想，关于人民战争的全套战略战术的思想，关于反对主观主义、教条主义与经验主义的思想，关于建党、建军、建政的思想等等"①。刘少奇的报告吸收了延安整风以来尤其是在讨论历史问题决议过程中研究毛泽东思想的理论成果，对毛泽东思想体系的主要内容作了概括。他指出，毛泽东思想是"表现在毛泽东同志的各种著作以及党的许多文献上。这就是毛泽东同志关于现代世界情况及中国国情的分析，关于新民主主义的理论与政策，关于解放农民的理论与政策，关于革命统一战线的理论与政策，关于革命战争的理论与政策，关于革命根据地的理论与政策，关于建设新民主主义共和国的理论与政策，关于建设党的理论与政策，关于文化的理论与政策等"② 报告对毛泽东思想概括的九个方面，构成了中国特色新民主主义理论体系，回答了中国要进行一个什么样的革命、如何进行革命、革命后要建立一个什么样的国家等一系列问题。

《关于修改党章的报告》对毛泽东思想的科学论述，是中国共产党的马克思主义理论认识史和毛泽东思想认识史上的重要里程碑。虽然报告中的一些提法由于认识程度和当时时代环境的缘故未必恰当，但总体上看，其对毛泽东思想的提炼和理论加工相当准确，对于确立毛泽东思想在全党的指导地位，对于推动全党更好地理解和把握这个理论体系，作出了不可替代的贡献。

党的七大经过讨论，一致通过把毛泽东思想作为全党的指导思想，写入党的章程。6 月 11 日通过的《中国共产党章程》规定："中国共产党，以马克思列宁主义的理论与中国革命的实践之统一的思想——毛泽东思想作为自己一切工作的指针，反对任何教条主义的或经验主义的偏向。"③

----

① 《张闻天文集》第 3 卷，中共党史出版社 1994 年版，第 262 页。
② 《刘少奇选集》上卷，人民出版社 1981 年版，第 335 页。
③ 《中共中央文件选集》第 15 册，中共中央党校出版社 1991 年版，第 115 页。

并要求，每个党员要努力提高自己的觉悟程度和领会马克思列宁主义、毛泽东思想的基础。毛泽东思想被确定为中国共产党的指导思想，是共产党人经过长达 24 年之久的艰苦探索，是在同党内"左"、右倾错误的斗争中逐步得出的全党的共识。党章对毛泽东思想地位的规定，是对马克思主义中国化第一次历史性飞跃伟大成果的最具权威的确认。

党的七大前后，为适应全党学习毛泽东思想的需要，一些抗日根据地和解放区相继出版《毛泽东选集》。各种版本的《毛泽东选集》的出版，为全党学习毛泽东思想提供了规范教材，对根据地和解放区学习宣传毛泽东思想起到了积极的推动作用。

第四节　马克思主义中国化第一次历史性飞跃的延伸

以毛泽东为核心的第一代中国共产党中央领导集体，依据新民主主义革命胜利所创造的向社会主义过渡的经济政治条件，采取社会主义工业化和社会主义改造同时并举的方针，实行逐步改造生产资料私有制的具体政策，从理论和实践上解决了在中国这样一个占世界人口近四分之一的、经济文化落后的大国中建立社会主义制度的艰难任务。社会主义制度建立以后，在艰辛探索中国社会主义建设道路过程中，形成了一系列重要的经验和成果。这些经验和成果是毛泽东思想在新中国成立以后的继续发展和延伸，是毛泽东思想的重要组成部分。因此，《关于建国以来党的若干历史问题的决议》把"关于社会主义革命和社会主义建设"，作为毛泽东思想六条基本内容之一加以阐述。

一　社会主义改造过程中对马克思主义中国化的探索

过渡时期总路线提出后，对农业、手工业和资本主义工商业的社会主义改造全面启动。这是在新民主主义革命胜利后，在生产关系领域进行的一次更深刻、更广泛的革命。

（一）毛泽东关于社会主义改造的思想

毛泽东在对中国社会主义革命问题探讨的过程中，自觉地运用了马克思的历史方法论，尤其是生产力与交往形式矛盾运动的民族性和世界性相互作用的辩证法。他首先强调要把握中国的生产力状况并认清中国的国情，这是"在中国革命的时期内和在革命胜利以后一个相当长的时期内一切问题的基本出发点"，"是认清一切革命问题的基本的根据"①。20 世纪上半叶国际国内条件结合在一起，使中国出现了在西方发达国家以及"半亚细亚"国家内不可能产生的一系列矛盾，即：本民族与西方"资产阶级的民族"、人民大众和建势力、无产阶级和资产阶级、无产阶级和地主阶级、资产阶级和地主阶级、民族资本主和外国资本主义以及官僚资本主义的矛盾等。这种种矛盾相互影响、相互交织、相互制约。其中，帝国主义和中华民族、封建主义和人民大众矛盾构成主要矛盾。正因为如此，毛泽东认为，在中国首先要完成一个无产阶级领导的反封建的革命，即新民主主义革命。他特别强调："中国革命不能不做两步走，第一步是新民主主义，第二步才是社会主义。"为此，毛泽东反对存在于党内的民粹主义观点。他在中共七大所做的口头报告中指出："我们党内有民粹主义思想存在，就是想直接从封建经济到社会主义，不经过资本主义。"

新民主主义革命一方面为资本主义中国的发展扫清道路，具有资产阶级民主主义革命的色彩，另一方面又为社会主义因素的发展准备了前提和基础。"一方面有资本主义因素的发展，另一方面有社会主义因素的发展。"新民主主义革命的这种二重性必然使其发展面临两种可能的前途，即资本主义和社会主义，后者"具极大的可能性"。按照毛泽东的观点，全部问题在于，中国无产阶只有发挥自己的主体性，在有利的国际环境中，并在"一切必要条件具备的时候"，适时进行本来意义上的社会主义革命，才能"避免资本主义的前途，实现社会主义的前途"。新民主主义革命胜利之后，资本主义生产关系与社会主义生产关系同在。

新中国诞生后，在中国如何走向社会主义的问题上，毛泽东主张原则性与灵活性相结合。他认为"要实行社会主义原则"，如果缺乏灵活性，"就行不通，就会遭到反对，就会失败"。所以他主张要达到社会主义原则，"就要结合灵活性"②。以毛泽东为代表的中国共产党人素来是以坚持从实际出发，既有坚定的原则性也有广泛的灵活性。在社会主义革命问题上，仍然主张马克思列宁主义基本原理必须与中国的具体实际相结合。一方面在改造生产资料私有制，建立生产资料社会主义公有制等方面坚持马克思列宁主义的基本原则，向苏联学习；另一方面又从中国的实际出发，

①　《毛泽东选集》第 4 卷，人民出版社 1991 年版，第 1430 页；第 2 卷，第 633 页。
②　《毛泽东文集》第 6 卷，人民出版社 1999 年版，第 326—327 页。

采取适合中国情况的社会主义改造的方针、政策和办法，避免苏联社会主义改造中的某些过火行为。

在 20 世纪 50 年代，通过没收官僚资本而建立起来的社会主义经济无疑是一种社会化大生产，且它已经控制了国民经济命脉，进行本来意义上的社会主义革命的物质前提已经具备。50 年代初期，中共领导层在坚持新民主主义社会需要一个比较长的时期这一点上，是一致的。他们都认为，新民主主义制度最终肯定要被社会主义制度所取代。但在具体的政策执行以及何时开始向社会主义过渡的问题上，中共内部认识不尽一致。1952 年底、1953 年初，随着国民经济恢复任务和民主革命遗留任务的完成，中共中央和毛泽东否定了刘少奇等人提出"先有工业化，后有集体化"、"巩固新民主主义制度"等意见，提出过渡时期的总路线。1953 年12 月，由中共中央批准并转发的、由中共中央宣传部编写的《关于党在过渡时期总路线的学习和宣传纲要》，对总路线作了完整规范表述："从中华人民共和国成立，到社会主义改造基本完成，这是一个过渡时期，党在过渡时期的总路线和总任务，是要在一个相当长的时期内，逐步实现国家的社会主义工业化，并逐步实现国家对农业、对手工业和资本主义工商业的社会主义改造。"这条总路线"好比一只鸟，它要有一个主体，这就是发展社会主义的工业；它又要有一双翅膀，这就是对农业、手工业的改造和对私营工商业的改造。"① 社会主义工业化和社会主义改造是"一体两翼"，不可分割的关系。这也是生产力和生产关系相互关系原理在社会主义改造中的运用，社会主义工业化是社会主义建设的主要任务，为适应社会主义工业化的需要，应当对农业、手工业和资本主义工商业进行社会主义改造。

（二）个体农业的社会主义改造

马克思主义认为，对个体农业的社会主义改造，不能采取剥夺、消灭农民个体劳动者私有制的办法，只能通过合作化的途径，逐步把个体所有制改造为集体所有制。列宁在《论合作制》一文中指出，用合作制的办法吸引农民参加社会主义事业，是无产阶级改造个体小生产的农业经济的唯一道路 1953 年和 1955 年，毛泽东在《关于农业互助合作的两次谈话》和《关于农业合作化问题》中相继提出"积极领导，稳步发展"和"全

---

① 《建国以来重要文献选编》第 5 册，中央文献出版社 1993 年版，第 2 页。

面规划，加强领导"的方针，成为制定个体农业社会主义改造的思想基础。

对农业的改造大体分为三个阶段：1949 年 10 月到 1953 年底主要是组织互助组，同时也试办初级社；1954 年到 1955 年上半年在全国普遍建立起初级社；1955 年下半年到 1956 年，在基本实现初级合作化的基础上，进入大办高级社阶段。在农业合作化的过程中，毛泽东和党中央及时引导，多次召开农业互助合作会议，讨论通过关于农业生产互助合作的决议。在第三次农业互助合作会议期间毛泽东指出，要"积极领导，稳步发展"；"要典型试办，不能冒进"。在农业合作化过程中，党中央提出了"积极领导，稳步发展"的方针，实行了自愿互利、典型示范和国家帮助的原则。

（三）个体手工业的社会主义改造

对手工业的改造也经过三个阶段：1949 年至 1952 年为重点试办阶段，主要是在一些与国民经济关系密切并有发展前途的行业中，挑选觉悟高、有代表性的手工业劳动者试办合作社，对一般个体手工业者则从供销环节入手，给予银行贷款，组织加工订货；1953 年春到 1955 年冬为全面发展阶段，出现了手工业合作组织的 3 种形式，即手工业供销小组、手工业供销合作社、手工业生产合作社，重点是从供销入手，发展手工业供销合作社；1955 年冬到 1956 年为高潮阶段，全面组织手工业生产合作社。在改造手工业的过程中，党中央制定了"统筹兼顾，全面安排，积极领导，稳步前进"的方针，坚持自愿互利原则。1953 年毛泽东在中央政治局扩大会议上说，搞手工业合作化比农业合作化还要难，对个体手工业和个体农业不能采用剥夺的办法，因为他们是脚踏实地的劳动者，对于他们"只能经过劝说，启发自愿"。

（四）资本主义工商业的社会主义改造

对资本主义工商业的政策由前一时期的利用、限制发展为利用、限制和改造。资本主义工商业是国家的重要财富，对国计民生有很大作用。"不仅对国家供给产品，而且可以为国家积累资金，可以为国家训练干部"①，因此一定要充分利用。但是由于资产阶级的本性是唯利是图，资本主义工商业在自由竞争阶段具有盲目性、投机性，因此为了国家和人民

---

① 《毛泽东文集》第 6 卷，人民出版社 1999 年版，第 292 页。

的利益，必然要对其进行限制。改造则有两层含义，其一是把资本主义私有制改造成社会主义公有制；其二是把资本家改造成自食其力的劳动者，不仅要在经济上对其和平赎买，政治上不剥夺选举权，给予适当安排，工作上"量才使用，适当照顾"，还要在思想上对他们进行爱国主义、唯物主义、社会主义教育。限制不能从根本上解决问题，改造则较好地解决了无产阶级与资产阶级之间的矛盾。

对资本主义工商业的改造大体经过三个阶段：1949 年到 1953 年底是实行国家资本主义低级形式阶段，这一阶段出现了加工订货、统购包销和商业中的经销代销；1954 年到 1955 年底是实行国家资本主义高级形式阶段，开始有计划地在大型企业实行公私合营，国家投入一定资金入股并派干部到企业参与经营管理，公方代表处于领导地位；1955 年底到 1956 年为实行全行业公私合营阶段，即同一行业不分企业大小同时实行公私合营。

在对资本主义工商业进行改造的过程中，党中央和毛泽东结合我国国情，创造性地选择了国家资本主义的途径，即先把资本主义变为国家资本主义，再由国家资本主义变为社会主义。毛泽东在谈到国家资本主义的性质时指出：国家资本主义是在人民政府管理下的、用各种方式同国营社会主义经济联系着和合作的、受工人监督的资本主义企业，"它们主要是为国家和人民的需要而生产，资本家已不能唯利是图"；"应该说它带有若干社会主义的性质"。① 在这个过程中采取了我国特有的改造形式及和平赎买的具体办法。全行业公私合营前，国家规定了"四马分肥"的利润分配办法，将企业盈利分为四部分：国家所得税、企业公积金、职工福利奖金、资本家红利，资本家红利一般不超过四分之一。全行业合营后，各企业的生产资料交由国家统一调配，国家对各企业清产定股，在一定时期内付给资本家"定息"。1956 年国务院规定：依据全行业公私合营清产核资确定的私股股额，付给资本家 5% 的年息。直到 1966 年"文革"时定息才停发。

二　马克思列宁主义与中国实际的第二次结合及其理论成果

社会主义改造基本完成以后，中国共产党领导各族人民开始转入全面的大规模的社会主义建设。1956 年 4 月初，毛泽东在中共中央书记处会

---

① 《毛泽东文集》第 6 卷，人民出版社 1999 年版，第 286—287 页。

议讨论《关于无产阶级专政的历史经验》一文时，提出独立自主，调查研究，在摸清本国国情的基础上把马克思列宁主义的基本原理同我国革命和建设的具体实际结合起来，制定我们的路线、方针、政策，在进行第二次结合的过程中找出在中国进行社会主义革命和建设的正确道路。"第二次结合"的提出，使马克思主义中国化步入新的征途，作为马克思主义中国化第一次历史性飞跃的毛泽东思想也在这一历史进程中继续发展和延伸。关于"第二次结合"的思想，近年来学术界有较多研究，对"第二次结合"的时代背景、历史任务以及初步探索的基本过程等，形成了大致比较一致的看法。此处不赘述。需强调的是：毛泽东关于"马克思列宁主义与中国实际的第二次结合"的思想，是指导社会主义建设的总指导方针，是毛泽东思想继续发展的重要组成部分，同时也是对马克思主义中国化第二次历史性飞跃的先行探索，为中国特色社会主义理论体系的形成提供了实践和理论两个方面的准备。在这一"结合"的过程中，毛泽东思想有了进一步的发展，主要体现在以下几个方面：

（一）对中国社会主义建设若干重大关系的初步阐述

社会主义改造基本完成后，毛泽东进一步思考、探索中国自己的社会主义建设道路的重大问题，发表了《论十大关系》等一系列有关中国社会主义建设问题的谈话，着重阐述了如何建设中国社会主义的重大原则。

中国工业化道路中的重工业、轻工业和农业的关系。鉴于欧美日本的资本主义工业化道路和苏联工业化道路各自存在的缺点，毛泽东创造性地把正确处理农业、轻工业和重工业的发展关系提到外国社会主义工业化道路的战略高度，明确了"重工业是我国建设的重点"，要用"多发展一些农业轻工业"的办法，使"重工业发展得多些快些"的中国工业化道路的构思。1959年底到1960年初，毛泽东进一步明确提出了工业和农业同时并举，"以工业为主导"的思想，提出要按照农、轻、重的次序安排国民经济。1962年9月召开的中共八届十中全会，正式将"毛泽东同志提出的以农业为基础，工业为主导"的思想确定为发展国民经济的总方针，解决了中国工业化道路的问题。

社会主义建设中经济与政治的关系问题，包括经济建设与国防建设，经济建设与政治建设，经济建设与政党制度、民族关系，经济建设中的管理体制等，这些问题在以《论十大关系》为代表的著作中都有深刻论述。

关于经济建设中的生产力布局问题。毛泽东还着重论述了经济建设的地区布局问题，即沿海工业和内地工业的关系问题，经济发展中国家、生产单位和生产者个人三者的关系问题，经济管理中的中央和地方的权限分配问题，等等。对于沿海工业和内地工业的关系，毛泽东指出："我国的工业过去集中在沿海"，"这是历史上形成的一种不合理的状况"。① 沿海的工业基地必须充分利用，但是，为了平衡工业发展的布局，内地工业必须大力发展。关于经济建设和国防建设的关系。必须把军政费用降到一个适当的比例，尽量增加经济建设费用。只有经济建设发展得更快了，国防建设才能够有更大的进步。关于国家、生产单位和生产者个人的关系。必须兼顾国家、集体和个人三者利益，无论不顾哪一头，都不利于社会主义，不利于无产阶级专政。关于中央和地方的关系，应当在巩固中央统一领导的前提下，扩大一点地方的权力，给地方更多的独立性，让地方办更多的事情。有中央和地方两个积极性，比只有一个积极性好得多。关于汉族和少数民族的关系，要着重反对大汉族主义，地方民族主义也要反对。关于党和非党的关系，要坚持中国共产党和各民主党派长期共存、互相监督的原则。关于革命和反革命的关系，要按照不同情况，对反革命分子采取杀、关、管、放等不同的处理方法。也应当给他们以生活出路，使他们有自新的机会。关于是非关系，对待犯错误的同志要采取"惩前毖后，治病救人"的方针，一要看、二要帮。关于中国和外国的关系，一切民族、一切国家的长处都要学，政治、经济、科学、技术、文学、艺术的一切真正好的东西都要学。但是，必须有分析有批判地学，不能盲目地学，不能一切照搬照抄。

《论十大关系》是毛泽东探索一条适合中国情况的建设社会主义道路的最初尝试，其中许多思想至今仍具有重要的指导意义。

（二）对社会主义社会矛盾的正确把握

提出社会主义基本矛盾理论和两类社会矛盾学说。毛泽东在《关于正确处理人民内部矛盾的问题》和读苏联《政治经济学（教科书)》的谈话中，系统地阐述了社会主义社会矛盾的学说。毛泽东指出，社会主义社会的基本矛盾仍然是生产关系和生产力、上层建筑和经济基础之间的矛盾，正是这些矛盾推动着社会主义社会的发展。1958 年 1 月，他提出：

① 《毛泽东文集》第 7 卷，人民出版社 1999 年版，第 25 页。

"共产党准备大改革"。① 经他修改的关于 1960 年国民经济报告稿中再次指出，根据生产力迅速发展的要求，对生产关系和上层建筑进行不断的改革，就为生产力的不断发展开辟了广阔的道路。而生产力的发展，又迫使生产关系和上层建筑不能不进行不断的改革。这就从理论上回答了社会主义优越性的根本之所在，为在社会主义条件下通过经济、政治体制改革，不断完善生产关系和上层建筑的某些方面，从而完善社会主义制度，提供了科学的理论依据。1957 年，毛泽东指出，我们必须正确区分和处理敌我矛盾和人民内部矛盾，以便调动一切积极因素，并且尽可能地化消极因素为积极因素，为建设社会主义服务。这是我们建设社会主义的基本方针。毛泽东在论述两类矛盾的学说时，提出了在政治生活中判断我们的言论和行动是非的六条标准，其中最重要的是社会主义道路和共产党的领导两条。坚持这六条标准，是我国的建设和改革沿着正确方向前进的政治保证。

（三）关于社会主义社会发展阶段的理论

1956 年社会主义改造基本完成时曾经宣布，中国进入了社会主义社会。这个判断是正确的，但由于对在经济文化落后的中国建设社会主义的长期性、艰巨性估计不足，对社会主义发展进程的理解以及在一些政策上有过"超阶段"的失误，碰了钉子。毛泽东在总结这些曲折发展及其经验教训后，转变了认识。1959 年底、1960 年初，毛泽东在读苏联《政治经济学教科书》的谈话中，提出了一个重要的观点："社会主义这个阶段，又可能分为两个阶段，第一个阶段是不发达的社会主义，第二个阶段是比较发达的社会主义。后一阶段可能比前一阶段需要更长的时间。"他说："在我们这样的国家，完成社会主义建设是一个艰巨任务，建成社会主义不要讲得过早了。"② 毛泽东针对当时存在的混淆集体和全民所有制、社会主义和共产主义界限，急于过渡到全民所有制和共产主义的错误，认为，由集体所有制向全民所有制过渡，由社会主义向共产主义过渡，都必须以一定程度的生产力发展为基础，因此，我们必须首先热衷于发展生产力，大力实现工业化，而不应当无根据地宣布人民公社立即实行全民所有制，甚至立即进入共产主义。大跃进以前，毛泽东曾设想，我们可能经过

①　《建国以来毛泽东文稿》第 7 册，中央文献出版社 1992 年版，第 43 页。
②　《毛泽东文集》第 8 卷，人民出版社 1999 年版，第 116 页。

3 个五年计划建成社会主义社会，但要建成一个强大的高度社会主义工业化的国家，就需要几十年艰苦努力，比如说 50 年时间，即 20 世纪的整个下半世纪。后来，随着实践的发展，毛泽东又指出："建设强大的社会主义经济，在中国，五十年不行，会要一百年，或者更多的时间。"① 毛泽东关于"不发达的社会主义"的思想，可以认为是社会主义初级阶段理论的源头。

1956 年社会主义改造基本完成以后，毛泽东及时指出：我们"现在处在转变时期：由阶级斗争到向自然界斗争，由革命到建设，由过去的革命到技术革命和文化革命。"② 他把这个"产业革命或者说经济革命"，称作是"第二个革命"。③ "大跃进"以后，他又提出社会主义现代化建设的奋斗目标和发展战略，提出我国经济发展"两步走"，"波浪式地向前发展"④ 的设想。即首先建立独立的、比较完整的工业体系和国民经济体系，而后全面实现"四个现代化"。第一步，从第三个五年计划（1966 年起）开始，用 15 年时间，即在 1980 年以前，建成一个独立的、比较完整的工业体系和国民经济体系；第二步，在本世纪（指 20 世纪，笔者注）内，全面实现农业、工业、国防和科学技术的现代化，使我国国民经济走在世界的前列。这些思想对我国社会主义初级阶段基本路线和"三步走"战略步骤也有着深刻的影响。

（四）关于社会主义社会商品经济问题

毛泽东对商品经济理论作过许多重要论述，其中既有精辟的思想，也有明显的失误。

第一，废除商品是违背经济规律的，必须利用商品经济为社会主义服务口针对"大跃进"和人民公社运动中党内有些人企图过早取消商品经济，直接过渡到产品经济和调拨制度的错误观点，毛泽东曾在第一次郑州会议上指出："避开使用有积极意义的资本主义范畴—商品生产、商品流通、价值法则等来为社会主义服务，这是对马克思主义不彻底不严肃的态度"。他认为，在社会主义建设时期，要有计划地大力发展商品生产，因为中国是商品经济很不发达的国家，很需要有一个发展商品生产的阶段。

---

① 《毛泽东文集》第 8 卷，人民出版社 1999 年版，第 301 页。
② 《毛泽东文集》第 7 卷，人民出版社 1999 年版，第 289 页。
③ 《毛泽东文集》第 8 卷，人民出版社 1999 年版，第 216 页。
④ 同上书，第 236 页。

不仅如此，商品生产和商品交换还是农民唯一能够接受的形式，因而是团结农民，巩固工农联盟，引导农民发展社会生产，走社会主义道路的唯一形式。

第二，不能把商品生产同资本主义生产混为一谈。毛泽东批评有些人一谈商品即认为是资本主义这样一种错误思想。他指出，不能孤立地看商品生产，要看它同什么经济形式相联系，商品生产和资本主义相联系是资本主义商品生产，和社会主义相联系是社会主义商品生产。商品生产不会将我们引导到资本主义，因为社会主义社会已经没有了资本主义的经济基础，即生产资料资本主义所有制变成了全民所有制，在商品生产和商品流通领域占统治地位的是国家和人民公社，资本家已经被排挤出去，这同资本主义是有本质区别的。这些论述表明，商品生产、商品流通等作为经济形式不应当有所谓"姓资姓社"问题。

第三，商品生产的命运和社会生产力水平有密切关系。毛泽东赞同斯大林关于商品生产存在的原因是两种所有制并存的论述，但认为它不全面。他认为，商品生产的命运，最终和社会生产力水平有密切关系。因此，即使是过渡到了单一的社会主义全民所有制，如果产品还不很丰富，某些范围的商品生产和商品交换仍然有可能存在。把商品生产的命运同生产力发展水平相联系，这在理论上前进了一大步。

（五）关于在执政条件下加强共产党自身建设的思想

毛泽东最早觉察到帝国主义"和平演变"战略的危险，号召共产党人提高警惕，同这种危险作斗争。同时，他十分警惕党在执政以后可能产生的种种消极现象，要求采取坚决措施加以防止和纠正。为此，他提出：共产党员必须坚持共产主义的远大理想，务必继续地保持谦虚、谨慎、不骄、不躁的作风，继续地保持艰苦奋斗的作风；各级领导干部必须自觉地运用人民赋予的权力为人民服务，依靠人民群众行使这个权力，并接受人民群众的监督；必须以普通劳动者的姿态出现，平等待人；必须防止在共产党内、在干部队伍中形成特权阶层、贵族阶层；必须依靠人民群众，坚决地反对党内和干部队伍中的腐败现象；必须切实解决"培养无产阶级的革命接班人"的问题。

除此之外，在军队和国防建设、国际战略和外交工作等方面，毛泽东等也提出过许多重要的战略思想。

邓小平为核心的第二代党的领导集体正确继承毛泽东思想基本观点和

方法和活的灵魂所创立的中国特色社会主义理论是对毛泽东艰辛探索社会主义建设规律重要思想成果的继承和发展，是对毛泽东艰辛探索社会主义建设规律失误进行理论反思的结果。诚如中国共产党十七大报告所指出的："我们要永远铭记：改革开放伟大事业，是在以毛泽东同志为核心的党的第一代中央领导集体创立毛泽东思想，带领全党全国各族人民建立新中国、取得社会主义革命和建设伟大成就以及艰辛探索社会主义建设规律取得宝贵经验的基础上进行的。新民主主义革命的胜利，社会主义基本制度的建立，为当代中国一切发展进步奠定了根本政治前提和制度基础。"

第五节　毛泽东思想与马克思主义中国化

毛泽东思想是中国共产党人在中国革命和建设的过程中，把马克思列宁主义同中国实际相结合，实现马克思主义中国化第一次历史性飞跃的理论成果。毛泽东为代表的中国共产党人在领导中国革命和建设伟大历史中，不断总结马克思主义中国化的历史经验，这些经验对继续推进中国特色社会主义伟大事业仍然具有重要的指导作用和借鉴意义。

一　毛泽东思想的历史地位和长远指导作用

（一）毛泽东思想是中国共产党长期坚持的指导思想

科学地确定毛泽东思想在中国革命和建设中的历史地位，阐明它的伟大指导作用，在新的历史条件下坚持和发展毛泽东思想，这是关系到中国社会主义事业能否顺利发展的根本问题。《关于建国以来党的若干历史问题的决议》对毛泽东和毛泽东思想的历史地位有个明确的阐述，是全党关于对毛泽东和毛泽东思想历史地位的共识。

毛泽东思想是中国化的马克思主义，在马克思主义发展史上占有重要的历史地位。毛泽东思想为马克思列宁主义的理论宝库增添了许多新的内容，是我们党的宝贵的精神财富，它将长期指导我们的行动。从党的七大至今，毛泽东思想就同马克思列宁主义一道，今天又同中国特色社会主义理论体系一道，成为我们党的指导思想。坚持毛泽东思想的指导，最重要的是学习和运用它的立场、观点和方法来研究实践中出现的新情况，解决新问题。毛泽东的重要著作，有许多是在新民主主义革命时期和社会主义改造时期写的，但仍然是我们必须经常学习的。这不但因为历史不能割断，如果不了解过去，就会妨碍我们对当前问题的了解；而且因为这些著作中包含的许多基本原理、原则和科学方法，是有普遍意义的，现在和今后对我们都具有重要的指导作用。对此，邓小平一再指出："我们必须世世代代地用准确的完整的毛泽东思想指导我们全党、全军和全国人民，把党和社会主义的事业，把国际共产主义运动的事业，胜利地推向前进。"①

邓小平在主持和指导起草党的十一届六中全会《决议》的时候，针对有些人过分看重毛泽东晚年的错误而贬低、否定毛泽东和毛泽东思想的不恰当的认知，曾一再指出："确立毛泽东同志和毛泽东思想的历史地位，这是最核心的一条。不仅今天，而且今后，我们都要高举毛泽东思想的旗帜。"《决议》对此观点有完整的表述："因为毛泽东同志晚年犯了错误，就企图否认毛泽东思想的科学价值，否认毛泽东思想对我国革命和建设的指导作用，这种态度是完全错误的。对毛泽东同志的言论采取教条主义态度，以为凡是毛泽东同志说过的话都是不可移易的真理，只能照抄照搬，甚至不愿实事求是地承认毛泽东同志晚年犯了错误，并且还企图在新的实践中坚持这些错误，这种态度也是完全错误的。"这两种态度都是没有把经过长期历史考验形成为科学理论的毛泽东思想，同毛泽东晚年所犯的错误区别开来，而这种区别是十分必要的。

（二）毛泽东思想是中国共产党人的世界观和方法论

毛泽东把马克思主义的辩证唯物论、唯物辩证法和唯物史观，化作中国共产党人的立场观点方法，作为观察国家前途和命运的工具，作为创造理论、制定路线、开辟道路的武器，作为完成各项工作任务的"桥"和"船"。毛泽东把中国革命和建设的经验，从世界观和方法论的高度加以总结，创造出有中国特点的马克思主义哲学理论，用以提高中国共产党人的哲学修养和思维能力。毛泽东的经济、政治、文化和军事著作，如《中国革命战争的战略问题》、《新民主主义论》、《在延安文艺座谈会上的讲话》、《论十大关系》和《关于正确处理人民内部矛盾的问题》等，包含着深厚的哲学意蕴与马克思主义的立场观点方法。毛泽东的哲学著作，如《实践论》、《矛盾论》、《人的正确思想是从哪里来的?》等，是中国革命和建设经验的哲学总结，是中国革命和建设规律的哲学升华。

毛泽东认为，马克思主义哲学是世界观和方法论的一致体。有什么样

---

① 《邓小平文选》第2卷，人民出版社1994年版，第39页。

的世界观就有什么样的方法论。世界观只有化作方法论，才能发挥其
"改变世界"的功能。毛泽东在注重世界观改造的同时，特别强调哲学方
法论的意义。

毛泽东思想在世界观、认识论、唯物史观、方法论、军事哲学等方面
继承和发展了马克思主义哲学。它过去、现在和将来都是中国共产党人的
世界观和方法论，是中国共产党人的"行动指南"。

（三）毛泽东思想是开拓中国革命和建设道路的思想武器

马克思主义最基本的原则是理论和实践的统一。在马克思列宁主义和
中国革命的具体实践相结合过程中形成的毛泽东思想，反转来又成了认识
和改造中国的锐利武器。在毛泽东看来，理论的价值全在于对自然和社会
的改造中。毛泽东思想的历史意义，就在于它作为中国共产党人的思想旗
帜，成功地指导了新民主主义革命，建立了中华人民共和国；成功地指导
了社会主义革命，建立了社会主义的基本制度；并在此基础上开始了社会
主义建设。

理论指导实践的过程，就是理论向实践转化的过程。在这个过程中，
有着诸多中间环节。如基本理论化为基本路线；基本路线化为基本纲领；
基本纲领化为方针政策；最后还要经过科学的思想方法和工作方法这座桥
梁，才能使理论变为现实。而这一切集中地说，就是开拓出一条革命和建
设之路。毛泽东思想的实践价值，就在于它根据理论和实践具体的、历史
的统一原则，开辟了以农村包围城市为特征的新民主主义革命道路；以和
平改造为特征的社会主义革命道路；还对社会主义建设道路进行了艰辛的
探索。

二　毛泽东推进马克思主义中国化的历史经验

毛泽东领导中国共产党实现马克思主义中国化历史过程中有很多宝贵
的经验，从不同历史时空、不同领域、不同层面、不同角度可以总结出大
大小小的立体的"经验群"。我们认为，"三大法宝"是新民主主义革命
时期马克思主义中国化的基本经验，"三大灵魂"则是马克思主义中国化
的根本经验。

（一）三大法宝是新民主主义革命时期马克思主义中国化的基本经验

中国革命的三大法宝，即统一战线、武装斗争、党的建设，是毛泽东
对中国新民主主义革命取得胜利的基本经验的总结，也是新民主主义革命

时期马克思主义中国化的基本经验。毛泽东在《共产党人发刊词》一文中，总结了中国革命两次胜利和两次失败的教训，揭示了中国革命发展的客观规律，指出："统一战线问题，武装斗争问题，党的建设问题，是我们党在中国革命中的三个基本问题。正确地理解了这三个问题及其相互关系，就等于正确地领导了全部中国革命。"① 党的历史经验也反复证明："统一战线，武装斗争，党的建设，是中国共产党在中国革命中战胜敌人的三个法宝，三个主要的法宝。"②

统一战线是中国革命的根本政策，其要义是无产阶级的同盟军问题，是无产阶级组织和调动政治军队的问题。能否正确地解决这一问题，关系到无产阶级领导权和革命的成败。毛泽东对统一战线问题极为重视，指出统一战线是战胜敌人的"主要法宝"、"基本武器"、"革命的根本政策"、"最基本的政治纲领"、"中国人民已经取得的主要的和基本的经验"等。毛泽东认为，统一战线之所以成为必要，是由中国的社会性质、矛盾和阶级状况决定，也是由中国革命发展的不平衡性和长期性决定的。中国社会是一个半殖民地半封建社会，主要矛盾是帝国主义和中华民族的矛盾，最大的压迫是民族压迫，这就使整个民族中的各革命阶级、党派和一切爱国的、不甘心受帝国主义奴役的人们有可能团结在一起。中国社会是一个两头小中间大的社会，无产阶级和地主大资产阶级都只占少数，最广大的人民是农民、城市小资产阶级以及其他的中间阶级。中国无产阶级要战胜强大的帝国主义及其在中国的反动同盟军——大地主大资产阶级，就必须和农民、小资产阶级和民族资产阶级结成最广泛的革命统一战线。中国新民主主义革命时期的统一战线，包含着两个联盟。一是工人阶级和其他劳动人民的联盟，主要是无产阶级和农民、城市小资产阶级等劳动人民的联盟；二是工人阶级同可以合作的非劳动人民的联盟，主要指无产阶级和民族资产阶级的联盟，也包括特定历史条件下，无产阶级和一部分地主阶级、带买办性的大资产阶级的联盟。在这两个联盟中，第一个联盟是基本的、主要的，是统一战线的基础。领导权问题是革命统一战线的根本问题。无产阶级及其政党实现对同盟者的领导必须具备两个条件：一是率领被领导者向着共同的敌人作坚决斗争并取得胜利；二是对被领导者给以物

---

① 《毛泽东选集》第 2 卷，人民出版社 1991 年版，第 605—606 页。
② 同上书，第 606 页。

质利益，至少不损害其利益，同时给予政治教育。

武装斗争是中国革命的重要法宝和基本武器。马克思列宁主义认为，革命的中心任务和最高形式是武装夺取政权，是战争解决问题。武装斗争是中国革命的主要斗争形式，大革命失败前，由于不懂得武装斗争的重要性，共产党把主要精力放在开展工人运动、学生运动、农民运动等民众运动方面，没有认真去准备武装斗争和组织军队，"其结果，国民党一旦反动，一切民众运动都塌台了。"① 血的教训让中国共产党深刻理解到武装斗争重要性和枪杆子里出政权的真理。毛泽东认为，中国革命的性质和革命的对象，"规定了中国革命斗争的主要形式是武装斗争。我们党的历史，可以说就是武装斗争的历史"②。武装斗争这个法宝只有通过农村包围城市、最后武装夺取政权的正确革命道路，长时期采取游击战争的形式才能取得新民主主义主义革命的胜利。其中，党对军队的绝对领导是保证这一胜利的关键。

党的建设是中国革命取得胜利的最重要前提。中国共产党阶级基础的先进性决定了它必然要成为中国革命事业的领导核心。党的建设是一门科学，是一项"伟大工程"。新民主主义革命时期，以毛泽东为代表的中国共产党人根据中国社会历史特点，把马克思主义与中国共产党自身建设的具体实际结合起来，逐步形成和发展了党的建设的理论。中国共产党加强自身建设及在这一过程中形成的党的建设理论也同样具有鲜明的中国特色，主要体现在：党的建设必须紧密地联系党的政治路线。党的政治路线正确，"党的发展、巩固和布尔什维克化就前进一步"；党的建设搞好了，"党就能、党也才能更正确地处理党的政治路线"③；着重从思想上建党、加强组织建设和作风建设等。其中，把党的思想建设放在首位，是党的建设的一个重要原则。中国处于一个半殖民地半封建社会，农民和小资产阶级占人口的大多数，这个基本特点决定了党的建设最主要的问题就是思想建设问题，就是如何保持党的无产阶级先锋队性质的问题。

毛泽东还对统一战线、武装斗争、党的建设三者之间的关系进行了阐

---

① 《毛泽东选集》第 2 卷，人民出版社 1991 年版，第 544 页。
② 同上书，第 604 页。
③ 同上书，第 605 页。

述，"统一战线和武装斗争，是战胜敌人的两个基本武器。统一战线，是实行武装斗争的统一战线。而党的组织，则是掌握统一战线和武装斗争这两个武器以实行对敌冲锋陷阵的英勇战士。"① 这三大法宝作为新民主主义革命时期马克思主义中国化的历史经验，极大地丰富了新民主主义理论体系，使其具有鲜明的创造性。

（二）"三大灵魂"是毛泽东推进马克思主义中国化的根本经验

毛泽东推进马克思主义中国化的根本经验有三个，即实事求是、独立自主和群众路线，《关于建国以来党的若干历史问题的决议》（以下简称《历史决议》）对此有明确的定论。在党的第一个历史决议的基础上，《历史决议》重新建构和论述了毛泽东思想六个方面的基本内容，在此之后提出"毛泽东思想的活的灵魂"这一重要概念，指出它是贯穿于上述各个组成部分的立场、观点和方法，它们有三个基本方面，即实事求是，群众路线，独立自主。这些活的灵魂，是毛泽东把辩证唯物主义和历史唯物主义运用于无产阶级政党的全部工作，在中国革命的长期艰苦斗争中形成了具有中国共产党人特色的这些立场、观点和方法，不仅表现在《反对本本主义》、《实践论》、《矛盾论》、《〈农村调查〉的序言和跋》、《关于领导方法的若干问题》、《人的正确思想是从哪里来的?》等重要著作中，而且表现在毛泽东的全部科学著作中，表现在中国共产党人的革命活动中。

实事求是，就是从实际出发，理论联系实际，就是要把马克思列宁主义普遍原理同中国革命具体实践相结合。实事求是与教条主义是马克思主义中国化进程中两种传统，马克思主义中国化的第一次历史性飞跃，是在实事求是的优良传统同"左"右倾教条主义的不良传统斗争中形成的。毛泽东从来反对离开中国社会和中国革命的实际去研究马克思主义。早在1930年，他就提出反对本本主义，强调调查研究是一切工作的第一步，没有调查就没有发言权。他在延安整风运动前夕指出，主观主义是共产党的大敌，是党性不纯的一种表现。这些精辟论断冲破了教条主义的束缚，使人们的思想得到一大解放。他的哲学著作和其他许多包含着丰富哲学思想的著作，从总结中国革命的经验教训中，深刻地论述和丰富了马克思主义的认识论和辩证法。毛泽东着重阐明辩证唯物主义认识论是能动的革命

---

① 《毛泽东选集》第 2 卷，人民出版社 1991 年版，第 613 页。

的反映论，特别强调充分发扬根据和符合客观实际的自觉的能动性。他以社会实践为基础，全面地系统地论述了辩证唯物主义关于认识的源泉、认识的发展过程、认识的目的、真理的标准的理论；指出正确认识的形成和发展，往往需要经过由物质到精神，由精神到物质，即由实践到认识，由认识到实践多次的反复；指出真理是同谬误相比较而存在、相斗争而发展的，真理是不可穷尽的，认识的是非即认识是否符合客观实际，最终只能通过社会实践来解决。毛泽东阐述和发挥了马克思主义辩证法的核心——对立统一规律。他指出不仅要研究客观事物的矛盾的普遍性，尤其重要的是要研究它的特殊性，对于不同性质的矛盾，要用不同的方法去解决。因此，不能把辩证法看作可以死背硬套的公式，而必须把它同实践、同调查研究密切结合，加以灵活运用。他使哲学真正成为无产阶级和人民群众认识世界和改造世界的锐利武器。特别是他论述中国革命战争问题的重要著作，提供了在实践中运用和发展马克思主义认识论和辩证法的最光辉的范例。"实事求是，是马克思主义的根本观点，是中国共产党人认识世界、改造世界的根本要求，是我们党的基本思想方法、工作方法、领导方法"①，我们党必须永远坚持。

群众路线，就是一切为了群众，一切依靠群众，从群众中来，到群众中去。把马克思列宁主义关于人民群众是历史的创造者的原理系统地运用在党的全部活动中，形成党在一切工作中的群众路线，这是我们党长时期在敌我力量悬殊的艰难环境里进行革命活动的无比宝贵的历史经验的总结。毛泽东经常强调，只要我们依靠人民，坚决地相信人民的创造力是无穷无尽的，因而信任人民，和人民打成一片，那就任何困难都有可能克服，任何敌人最终都压不倒我们，而只能被我们所压倒。他还指出，领导群众进行一切实际工作时，要取得正确的领导意见，必须从群众中来、到群众中去，实行领导和群众相结合，一般号召和个别指导相结合。这就是说，把群众的意见集中起来，化为系统的意见，又到群众中坚持下去，在群众的行动中考验这些意见是否正确。如此循环往复，使领导的认识更正确、更生动、更丰富。这样，毛泽东就把马克思主义的认识论同党的群众路线统一起来了。党是阶级的先进部队，党是为人民的利益而存在和奋斗

---

① 习近平：《在纪念毛泽东同志诞辰 120 周年座谈会上的讲话》，《人民日报》2013 年 12 月 27 日。

的，但是党永远只是人民的一小部分；离开人民，党的一切斗争和理想不但都会落空，而且都要变得毫无意义。我们党要坚持革命，把社会主义事业推向前进，就必须坚持群众路线。

独立自主，自力更生，是从中国实际出发、依靠群众进行革命和建设的必然结论。无产阶级革命是国际性的事业，需要各国无产阶级互相支援。但是完成这个事业，首先需要各国无产阶级立足于本国，依靠本国革命力量和人民群众的努力，使马克思列宁主义的普遍原理同本国革命的具体实践相结合，把本国的革命事业做好。毛泽东一贯强调，我们的方针要放在自己力量的基点上，自己找出适合我国情况的前进道路。在我们这样一个大国，尤其必须主要依靠自己的力量发展革命和建设事业。我们一定要有自己奋斗到底的决心，要信任和依靠本国亿万人民的智慧和力量，否则，无论革命和建设都不可能取得胜利，胜利了也不可能巩固。当然，我国的革命和建设不是也不可能孤立于世界之外，我们在任何时候都需要争取外援，特别需要学习外国一切对我们有益的先进事物。闭关自守、盲目排外以及任何大国主义的思想行为都是完全错误。但是，尽管我国经济文化还比较落后，我们对待世界上任何大国、强国和富国，都必须坚持自己的民族自尊心和自信心，决不允许有任何奴颜婢膝、卑躬屈膝的表现。新中国成立以后，在党和毛泽东领导下，无论遇到什么样的困难，我们都没有动摇过独立自主、自力更生的决心，没有在任何外来的压力面前屈服，表现了中国共产党、中国各族人民的大无畏的英雄气概。我们主张各国人民和平共处，平等互助。我们坚持独立自主，也尊重别国人民独立自主的权利。适合本国特点的革命道路和建设道路，只能由本国人民自己来寻找、创造和决定，任何人都无权把自己的意见强加于人。只有这样，才能有真正的国际主义，否则就只能是霸权主义。

第五章 马克思主义中国化第二次历史性飞跃及其理论成果

马克思主义中国化第二次历史性飞跃，发生在党的十一届三中全会以后。中国共产党以巨大的政治勇气、理论勇气、实践勇气实行改革开放，经过艰辛探索，形成了党在社会主义初级阶段的基本理论、基本路线、基本纲领、基本经验，建立和完善社会主义市场经济体制，坚持全方位对外开放，推动社会主义现代化建设取得举世瞩目的伟大成就。中国共产党带领中国人民在总结国内国际正反两方面经验的基础上，找到了中国特色社会主义道路，创立了中国特色社会主义理论体系，形成了邓小平理论、"三个代表"重要思想以及科学发展观等重大战略思想，开辟了马克思主义在中国发展的新境界。

第一节 中国特色社会主义道路的开辟与拓展

中国特色社会主义道路是在中国共产党的领导下，紧紧团结和依靠人民，经过几代共产党人的艰辛开拓和接力探索，将马克思主义基本原理与中国实际、时代特征结合起来，独立自主、走自己的路，取得的建设和改革的伟大胜利。中国特色社会主义，是科学社会主义在中国的实践形态，是马克思主义中国化的重要理论成果，是具有"中国特色"的社会主义制度安排。实践证明，中国之所以能够取得举世瞩目的成就，就在于坚持和发展了中国特色社会主义。

一 中国特色社会主义道路的历史渊源

中国特色社会主义道路是在中国共产党人的领导下，独立自主，自力更生，探索出的一条"中国特色"的现代化道路。而中国特色社会主义道路的成功开辟，得益于几代中国共产党人一贯的思维方式和执政意识——独立自主。正如邓小平所言，"中国的事情要按照中国的情况来办，要依靠中国人自己的力量来办。独立自主，自力更生，无论过去、现在和将来，都是我们的立足点。"① 中国特色社会主义道路的历史前提，是中国共产党人找到了正确的新民主主义革命道路，建立了新中国。中国共产党随之成为领导中国人民走上社会主义道路的执政党，开始探索中国式的现代化道路。自十一届三中全会以来，中国共产党在结束了"十年动乱"之后，重新确立了实事求是的思想路线，逐步确立了一条适合我国国情的社会主义现代化建设的正确道路。后来，党的十二大把这条道路称为"中国特色社会主义道路"。

（一）历史前提：中国革命道路的成功实践

近代以来，随着诸多不平等条约的签订，中国逐渐沦为半殖民地半封建社会。这样特殊的国情注定了中国革命道路不可能照搬其他国家的经验和模式。中国革命道路走的是一条以农村斗争为重点，农村包围城市，武装夺取政权的道路。然而，革命道路从来都不是平坦的，在二十八年的中国革命斗争过程中，曾犯过两次右倾错误，三次"左"倾错误。② 1956年9月，毛泽东在同前来参加中共八大的拉丁美洲的一些党代表谈及我们党的历史经验时指出：在土地革命战争时期，以瞿秋白、李立三、王明为代表的三次"左"倾机会主义路线，给我们党带来了很大的损失，特别是王明"左"倾机会主义路线，把我们党在农村中的大部分根据地搞垮了。但他们都是"很好的反面教员"，"他们当时的主要错误，就是教条主义，硬搬外国的经验。我们党清算了他们的错误路线，真正找到了把马克思列宁主义的普遍真理和中国的具体情况相结合的道路。③"邓小平总结说："中国革命为什么能取得胜利？就是以毛泽东同志为首的中国共产党人，独立思考，把马列主义的普遍原理同中国的具体情况相结合，找到了适合中国情况的革命道路、形式和方法。"④ 坚持马克思列宁主义普遍

---

① 《邓小平文选》第3卷，人民出版社1993年版，第3页。

② 即陈独秀在第一次国内革命战争后期，王明在抗日战争初期都犯过右倾机会主义错误，1929年11月至1928年4月以瞿秋白为代表的"左"倾盲动主义错误，1930年6月至9月以李立三为代表的"左"倾冒险主义错误，1931年至1935年遵义会议前以王明为代表的"左"倾冒险主义错误。

③ 《毛泽东文集》第7卷，人民出版社1999年版，第133页。

④ 《邓小平文选》第3卷，人民出版社1993年版，第27页。

真理与中国的具体实际相结合，这就是中国革命道路最宝贵的经验，也是我们党的一条基本经验。

毛泽东在《新民主主义论》中写道："中国革命的历史特点是分为民主主义和社会主义两个步骤，而其第一步现在已不是一般的民主主义，而是中国式的、特殊的、新式的民主主义，而是新民主主义。"① 1949 年，新中国成立，标志着新民主主义革命的胜利，这是中国革命走"第二步"的前提条件，也是中国走上社会主义道路的政治保证。既然民主革命道路没有照搬外国的经验，那么搞社会主义革命也不可能照搬其他国家的模式。所以，"中国特色"社会主义道路是中国革命道路的历史延续，而中国革命的成功实践是"中国特色"社会主义道路的历史前提。

（二）历史奠基："中国特色"社会主义建设的初步探索

"中国特色"社会主义建设是在接力探索中，逐步推进的。"以毛泽东同志为核心的党的第一代中央领导集体带领全党全国各族人民完成了新民主主义革命，进行了社会主义改造，确立了社会主义基本制度，成功实现了中国历史上最深刻、最伟大的社会变革，为当代中国一切发展进步奠定了根本的政治前提和制度基础。在探索过程中，虽然经历了严重曲折，但党在社会主义建设中取得的独创性理论成果和巨大成就，为新的历史时期开创中国特色社会主义提供了宝贵经验、理论准备、物质基础。"② 可以说，以毛泽东同志为核心的党的第一代中央领导集体开始积极探索适合中国国情的社会主义道路，为"中国特色"社会主义道路的开辟奠定了初步基础。

1956 年 2 月，苏共二十大召开，赫鲁晓夫在会议的最后一天作了秘密报告，揭露斯大林领导苏联社会主义建设中的严重错误，以及对他的个人崇拜造成的严重后果，全盘否定了斯大林。美国的《纽约时报》将这个秘密报告公之于众，在全世界都引起了极大的震动。1956 年 4 月，毛泽东在中央政治局的扩大会议上讲话说，赫鲁晓夫既"揭了盖子，也捅了篓子"，"揭了盖子"就是指破除了对斯大林和苏联经验的迷信，各国的马克思主义政党都应该努力寻求适合本国情况的革命和建设道路。他指

---

① 《毛泽东选集》第 2 卷，人民出版社 1991 年版，第 666 页。
② 胡锦涛：《坚定不移地沿着中国特色社会主义道路前进为全面建成小康社会而奋斗——中国共产党第十八次代表大会报告》。

出，对我们党而言，"最重要的是要独立思考，把马列主义的基本原理同中国革命和建设的具体实际相结合。民主革命时期我们在吃了大亏之后才能成功地实现了这种结合，取得了中国新民主主义革命的胜利，现在是社会主义革命和建设时期，我们要进行第二次结合，找出中国怎样建设社会主义的道路。"① 可以说，从 1956 年开始，中国共产党人开始独立探索中国自己的社会主义道路。我们党在当时不可能事先做好充分的理论准备，而且对于中国建设社会主义的复杂性和艰巨性严重估计不足，使得我国后来的社会主义建设遭遇了重大曲折。但是，值得肯定的经验就是，我们党坚持"把马克思主义的基本原理与中国具体实际相结合"，作为中国社会主义建设的思想原则。

在 1956—1957 年，我们党在理论上探讨了关于适合中国国情的社会主义建设的问题，一些理论观点对于中国如何进行建设社会主义具有非常重要的理论价值。1956 年 4 月，毛泽东发表了《论十大关系》的重要讲话。讲话中，提到一个基本方针，"就是要把国内外一切积极因素调动起来，为社会主义事业服务"②。此外，讲话还提出关于如何处理农轻重的关系，沿海工业与内地工业的关系，经济建设和国防建设以及国家、个人、集体的关系的基本原则。1975 年，邓小平就《论十大关系》的整理稿一事，致信毛泽东说，"我们在读改时，一致认为这篇东西太重要了，对当前和以后，都有很大的针对性和理论指导意义"③。

1956 年 9 月，在党的八大会议上，以毛泽东为主要代表的第一代领导集体包括刘少奇、周恩来、朱德、陈云在内，都提出许多重要的思想观点。1957 年 2 月，毛泽东发表了《关于正确处理人民内部矛盾的问题》的讲话，创造性地提出了在社会主义社会中存在的两类社会矛盾，即敌我之间的矛盾和人民内部矛盾，强调注意区分两类不同性质的矛盾，并且提出了处理人民内部矛盾的原则。虽然有些处理矛盾的原则在后来的实践中并没有很好地坚持下去，但是这些思想、观点和原则为后来的社会主义建设事业提供了理论指导。

1956 年，对生产资料私有制的社会主义改造顺利完成，标志着我国

① 吴冷西：《毛泽东和两论无产阶级专政的历史经验》，《当代思潮》1996 年第 6 期。

② 《毛泽东文集》第 7 卷，人民出版社 1999 年版，第 23 页。

③ 《邓小平年谱（1975—1997）》（上），中央文献出版社 2004 年版，第 68 页。

基本确立了社会主义制度。同年，我国的工业总产值首次超过了农业总产值，这标志着我国在从落后的农业国迈向先进的工业国的道路上实现了历史性的跨越。"从一九五三年到一九五六年，工业总产值平均每年增长百分之十九点六，超过了第一个五年计划规定的百分之十四点七的速度。这些新建立或发展起来的工业，几乎都掌握在国家手里，属于社会主义性质的经济，在整个国民经济中更加明显地起着主导作用。这是中国建成社会主义基本制度的物质基础。没有它，就谈不上中国的社会主义。"① 从1952 年到1957 年，"'一五'期间工业生产所取得的成就，远远超过了旧中国的一百年。同世界其他国家工业起飞时期的增长速度相比，也是名列前茅的。……国家财政收入结构变化很大，1950 年主要是靠工商和农业税收，占75%，国营企业事业收入只占13.4%，其中工业收入仅占6.8%，1957 年各项税收的比重下降为49.9%，国营企事业收入则上升为46.5%，其中工业企业收入上升为19.1%。人民生活水平也逐步有所提高，全国居民平均消费水平1957 年达到102 元，比1952 年的76 元提高三分之一强，其中职工平均消费水平由148 元提高到205 元，提高38.5%，农民由62 元提高到79 元，提高27.4%"。② 可以说，经过了三个五年计划之后，已经为我国实现"四个现代化"奠定了初步基础。

（三）历史经验："走自己的路"

邓小平曾经说，"中国革命的成功，是毛泽东同志把马克思列宁主义同中国的实际相结合，走自己的路。现在中国搞建设，也要把马克思列宁主义同中国的实际相结合，走自己的路"。③ 无论是中国革命道路，还是社会主义建设道路，总结起来，就是中国共产党在革命和建设的不同时期，总结的一条宝贵经验——"走自己的路"。其内涵在于：

第一，坚持独立自主，自力更生的原则立场。"独立自主，自力更生，是从中国实际出发、依靠群众进行革命和建设的必然结论。"④ 在新的历史时期，我国搞对外开放，同样坚持的是以自力更生为基础，根据自己的条件和经验，制定独立的政策。总结起来，"中国革命在各个阶段都曾得到各国革命力量的援助，这是中国人民永远不会忘记的。但是中国革

---

① 金冲及：《二十世纪中国史纲》第3 卷，社会科学文献出版社2009 年版，第836 页。
② 胡绳：《中国共产党的七十年》，中共党史出版社1991 年版，第364—365 页。
③ 《邓小平文选》第3 卷，人民出版社1993 年版，第95 页。
④ 《三中全会以来重要文献选编》（下），中央文献出版社2011 年版，第164 页。

命的胜利，从根本上说是中国共产党坚持独立自主、自力更生的原则，依靠中国各族人民自身的力量，经历千辛万苦，战胜许多艰难险阻才取得的。"① 正是坚持了这样的原则立场，我们党才能在二十八年革命的过程中，敢于探索适合中国国情的革命道路；也正是坚持了这样的原则立场，我们党才领导和团结各族人民走出了一条"中国特色社会主义道路"。

第二，不希望其他国家的经验或模式强加给中国。1981 年，我们党在《关于建国以来党的若干历史问题的决议》这一重要文件中，将"独立自主"概括于"毛泽东思想的三大活的灵魂"之中。在该文件中，再次重申了我们的原则立场——"我们坚持独立自主，也尊重别国人民独立自主的权利。适合本国特点的革命道路和建设道路，只能由本国人民自己来寻找，创造和决定，任何人都无权把自己的意见强加于人。"② 1982 年，邓小平在会见法国共产党中央代表团时说："一个国家的社会主义革命和建设应当由这个国家的党自己独立处理，任何外国党要说三道四、指手画脚，肯定会犯错误。一个党对别国的情况总是比较生疏的，总没有本国那样了解自己的问题"。③ 时至今日，我国在处理自身建设以及国际交往问题时，依然遵循这一原则，并且赢得了其他国家的尊重。

第三，我们无意输出我国的经验和模式。古语云："己所不欲，勿施于人。"我们不希望其他国家的经验或模式强加给中国。同样，我们也不会将自身的经验强加于其他国家。毛泽东在向其他国家介绍我们党的一些历史经验时，曾强调："中国革命的经验，建立农村根据地，以农村包围城市，最后夺取城市的经验，对你们许多国家不一定适用，但可供你们参考。我奉劝诸位，切记不要硬搬中国的经验。任何外国的经验，只能作参考，不能当作教条。一定要把马克思列宁主义的普遍真理和本国的具体情况这两个方面结合起来。"④ 党的十三大提出了社会主义初级阶段的两层含义，其中一条特别强调："社会主义初级阶段不是泛指任何国家进入社会主义都会经历的起始阶段，而是特指我国在现有的历史条件下进行社会主义建设所特有的阶段"。从中可见，我们党并不认为我们的理论普遍适用于任何国家，也无意输出我们的理论。如今当西方国家在热捧"中国

---

① 《三中全会以来重要文献选编》（下），中央文献出版社 2011 年版，第 128 页。
② 同上书，第 165 页。
③ 《邓小平年谱（1975—1997）》（下）中央文献出版社 2004 年版，第 836—864 页。
④ 《毛泽东文集》第 7 卷，人民出版社 1999 年版，第 133 页。

模式"、"中国道路"的时候,我们党也一直采取审慎的态度,因为我们也无意输出我国的发展模式。

第四,敢于独立探索"自己的路"。中国的革命道路是"走自己的路"。走社会主义道路也不可能照搬其他国家。邓小平说,"过去搞民主革命,要适合中国情况,走毛泽东同志开辟的农村包围城市的道路。现在搞建设,也要适合中国情况,走出一条中国式的现代化道路。"① 1979 年 4 月,邓小平在中共中央工作会议期间,对习仲勋、杨尚昆提出的在邻近香港、澳门的深圳、珠海以及汕头兴办出口加工区的意见表示赞同,提出"还是叫特区好"。他说:"中央没有钱,可以给些政策,你们自己去搞,杀出一条血路来"。正是怀着这种大无畏精神和敢为人先的理论勇气,经过了几代中国共产党人的接力探索,中国已经成功走出了一条"中国式"的现代化道路即中国特色社会主义道路。

二　中国特色社会主义道路的现实基础

中国特色社会主义道路是中国共产党人在新的历史时期,在科学判断时代主题的前提下,坚持以经济建设为中心,根据中国国情逐步探索出的一条"中国式"的现代化道路。如果没有拨乱反正的历史前提,中国无法从极"左"错误中纠正过来;如果没有对于时代主题的科学判断,中国可能还是坚持"阶级斗争为纲"而不是"一心一意搞建设";如果没有结合中国国情搞社会主义建设,中国的社会主义建设就无法称之为"中国特色社会主义"。

（一）拨乱反正的历史前提

1976 年"文化大革命"的结束,宣告着中华民族打开了历史崭新的一页。经历了十年动乱的中国,积累的社会矛盾却使得我们前进的步伐异常沉重。1977 年 2 月 7 日,《人民日报》、《红旗》杂志、《解放军报》发表《学好文件抓住纲》的社论,提出了"两个凡是",即"凡是毛主席作出的决策,我们都坚决维护,凡是毛主席的指示,我们都始终不渝地遵循"。这篇社论也反映出当时我们党内并没有彻底清算十年动乱的极"左"的错误。按照"两个凡是"的指示,即使在粉碎"四人帮",结束"文化大革命"之后,依然无法否定和纠正"文化大革命"的错误,依然

---

① 《邓小平文选》第 2 卷,人民出版社 1994 年版,第 163 页。

要坚持"以阶级斗争为纲"。这也是"文革"之后我们必须面对的一大思想问题。

在经济工作方面，当时也依然延续着"冒进"的错误。"在粉碎'四人帮'后不久的一九七六年十二月间召开的第二次全国农业学大寨会议上，重新提出实现四个现代化的要求，但未能认真考虑客观实际的可能，对农业生产指标和人民公社公有化水平提出了无法实现的高指标。一九七七年一月，国务院又要求到一九八〇年在全国基本实现农业机械化。五月，华国锋在全国工业学大庆会议上讲话，把这两次会议称为'是力争抓纲治国的战略决策。今年初见成效、三年大见成效的两次十分重要的会议'，预言：'我国国民经济必将出现一个全面跃进的新局面'。"① 在经历了十年的"文革"之后，我们党迫切地希望把我国的经济建设搞上去，而如果经济建设不从国情出发，不量力而行，就只能继续在"左"的错误道路上越走越远。

在政治工作方面，首解决的就是调整各级领导班子，落实干部政策，平反冤假错案，尽快恢复正常的社会主义建设，使人民群众的生活回到正常的轨道平反冤假错案，毫无疑问地是为了纠正"文化大革命"的错误。而要正视"文化大革命"的错误并且予以纠正，就等于否定了"两个凡是"。"1977年1月，理论界提出对张春桥的《论对资产阶级的全面专政》和姚文元的《论林彪反党集团的社会基础》进行点名批判。这两篇文章是'文化大革命'后期阐发'左'的指导思想的代表作，比较集中地反映了'文化大革命'的基本理论观点，对这两篇文章的深入批判，触及新中国成立后'左'倾理论的一些根本问题，但当时主观宣传工作的领导人却认为'这两篇文章是经中央和伟大领袖毛主席看过的，不能点名批判'；只能不点名地批判文内的错误观点，而不能提及这两篇文章。"② 诸如此类的事件还有很多，解决问题的矛头最终都指向了"两个凡是"。1977年5月24日，邓小平指出："'两个凡是'不行。按照'两个凡是'，就说不通为我平反的问题，也说不通肯定一九七六年广大群众

---

① 金冲及：《二十世纪中国史纲》第4卷，社会科学文献出版社2009年版，第1121—1122页。

② 石仲泉：《中国共产党与马克思主义中国化》，中国人民大学出版社2011年版，第299—300页。

在天安门广场的活动'合乎情理'的问题。"① 因此，无论是经济工作，还是政治工作，归根结底都是思想路线的问题。对于当时的中国共产党而言，如果不纠正"两个凡是"，会在极"左"的道路上越走越远。

1978 年 5 月，中央党校内部刊物《理论动态》上发表了一篇名为《实践是检验真理的唯一标准》的文章。这篇文章在当时的中国社会引起了不少的轰动，可以说文章语言尖锐，观点鲜明，从根本上否定了"两个凡是"。此后，《光明日报》、《人民日报》、《解放日报》相继转载。由此，在当时的理论界开展了一场关于真理标准的大讨论。"这场讨论，冲破了'两个凡是'的严重束缚，推动了全国性的马克思主义思想解放运动，为具有划时代意义的党的十一届三中全会作了重要的思想准备，在党和国家的历史进程中产生了重大而深远的影响。"② 1978 年底，党的十一届三中全会顺利召开，重新确立了实事求是作为党的思想路线，抛弃了"以阶级斗争为纲"的错误路线，把全党的工作重点转移到经济建设上来。自此，中国的社会主义建设在经历了十年的蹉跎之后，终于回到正途。中国也随之进入了一个全新的历史时期。

（二）时代主题的科学判断

1951 年，毛泽东说，在国际范围，我们依靠的是以苏联为首的和平民主阵营的巩固团结以及世界各国爱好和平的人民的深厚同情，帝国主义想称霸世界是狂妄的，以苏联为首的伟大和平阵营是不能侵犯的，中华人民共和国是不能欺负的。③ 1964 年，毛泽东针对当时的国际形势提出了"两个中间地带"的著名论断，他指出在苏联和美国之间有着广泛的中间地带，"亚洲、非洲、拉丁美洲是第一个中间地带；欧洲、北美加拿大、大洋洲是第二个中间地带。"④ 1969 年，毛泽东指出"关于世界大战问题，无非是两种可能：一种是战争引起革命，一种是革命制止战争"。1975 年，毛泽东提出了关于"三个世界"的划分，"美国、苏联是第一世界。中间派，日本、欧洲、澳大利亚、加拿大，是第二世界"，⑤ 广大亚非拉国家是第三世界。综合起来，在 20 世纪 60—70 年代，国际形势还是

---

① 《邓小平文选》第 2 卷，人民出版社 1994 年版，第 38 页。
② 《十五大以来重要文献选编》（上），人民出版社 2000 年版，第 332 页。
③ 《毛泽东文集》第 6 卷，人民出版社 1999 年版，第 185 页。
④ 《毛泽东文集》第 8 卷，人民出版社 1999 年版，第 345 页。
⑤ 同上书，第 441 页。

以意识形态挂帅来划分阵营的，美国和苏联两个超级大国的对峙，使得战争有可能发生，而广大的"中间地带"成为制衡战争发生的和平力量，处在亚非拉的大多数国家均是发展中国家，即第三世界国家。我国要面临的环境一直都不太好，一直到 20 世纪 70 年代末，我国打开对美关系的大门，我国的外部环境才发生改变。

1977 年 9 月，邓小平指出："国际形势变化很大，许多老的概念、老的公式已不能反映现实，过去老的战略规定也不符合现实了。原来存在的两个阵营都瓦解了，两个阵营中间存在的中间地带也发生了变化。"① 1982 年，邓小平提出，超级大国的霸权主义还存在，而且超级大国是利用第三世界国家之间的冲突来达到自己的目的的，"直接受害的是第三世界的国家和人民。这就决定了有切身利益的第三世界是真正维护世界和平、反对霸权主义的主力"。② 邓小平在谈及中国对外政策的纲领就是"反对霸权主义、维护世界和平"。这不仅是中国人民的需要，而且是第三世界国家人民的需要，我们希望争取一个长期和平的国际环境来搞建设。1985 年，邓小平提出"现在世界上真正大的问题，带全球性的战略问题，一个是和平问题，一个是经济问题或者说发展问题。和平问题是东西问题，发展问题是南北问题。"③ 这时，和平与发展逐渐成为时代的主题。对于我国这样的人口多，底子薄，生产力落后的国家而言，必须在一个长期和平的环境中，一心一意地搞建设，聚精会神地求发展。没有对于时代主题的科学判断，整日诚惶诚恐地担心战争的爆发，是不可能安心搞社会主义建设，推进社会主义改革的。所以，对于时代主题的判断，直接影响到我们是否能够"一心一意搞建设"。

（三）基本国情的现实需要

邓小平强调："中国式的现代化，必须从中国的特点出发。"④ 坚持一切从实际出发，理论联系实际，是我们党一直坚持的思想路线。对于我国而言，"一个是底子薄。帝国主义、封建主义、官僚资本主义长时期的破坏，使中国成了贫穷落后的国家。建国后我们的经济建设是有伟大成绩的，建立了比较完整的工业体系，培养了一批技术人才。我国工农业从解

① 《邓小平年谱（1975—1997）》（上），中央文献出版社 2004 年版，第 200 页。
② 《邓小平文选》第 2 卷，人民出版社 1994 年版，第 416 页。
③ 《邓小平文选》第 3 卷，人民出版社 1993 年版，第 105 页。
④ 《邓小平文选》第 2 卷，人民出版社 1994 年版，第 163 页。

放以来直到去年的每年平均增长速度，在世界上是比较高的。但是由于底子太薄，现在中国仍然是世界上很贫穷的国家之一。中国的科学技术力量很不足，科学技术水平从总体上看要比世界先进国家落后二三十年"。"第二条是人口多，耕地少。现在全国人口有九亿多，其中百分之八十是农民。人多有好的一面，也有不利的一面。在生产还不够发展的条件下，吃饭、教育和就业就都成为严重的问题。我们要大力加强计划生育工作，但是即使若干年后人口不再增加，人口多的问题在一段时间内也仍然存在。我们地大物博，这是我们的优越条件。但有很多资源还没有勘探清楚，没有开采和使用，所以还不是现实的生产资料。土地面积广大，但是耕地很少。耕地少，人口多特别是农民多，这种情况不是很容易改变的。这就成为中国现代化建设必须考虑的特点。"[1] 后来，在谈到基本国情时，我们经常概括为"人口多、底子薄，生产力落后"。实践证明，中国特色社会主义是在新的时代背景下，吸收和借鉴了社会主义建设正反两方面的历史经验，成功探索出的一条适合中国国情的"现代化"道路。

三　中国特色社会主义道路的成功开辟

邓小平说："从十一届三中全会到十二大，我们打开了一条一心一意搞建设的新路。"[2] 这条"新路"就是中国特色社会主义道路。自党的十一届三中全会以来，我们党重新确立了实事求是的思想路线，实现了从以阶级斗争为纲到以经济建设为中心的转变，逐步确立了一条适合我国国情的社会主义现代化建设的正确道路。中国特色社会主义道路发端于"中国式"的现代化道路的探索。

（一）拨乱反正开启改革的序幕

1978 年 12 月，党的十一届三中全会顺利举行。这次会议也确定了新时期的历史任务：反对霸权主义，实现社会主义现代化，完成祖国统一的大业。会议积极肯定了十一届二中全会以来全党为把工作重心转移到经济建设上来所做的准备，提出"实现四个现代化，要求大幅度地提高生产力，也就必然要求多方面地改变生产力发展不适应的生产关系和上层建

---

① 《邓小平文选》第 2 卷，人民出版社 1994 年版，第 164 页。
② 《邓小平文选》第 3 卷，人民出版社 1993 年版，第 11 页。

筑，改变一切不适应的管理方式、活动方式和思想方式"。① 会议也确立了实现社会主义现代化建设的必要途径就是改革，党的十一届三中全会也被看作改革开放新时期的起点。同年，在安徽、四川两省农村开始试行"包产到户"的农业生产责任制，开启了农村改革的序幕。

1979年3月10日，邓小平在党的理论工作务虚会的讲话中说：实现中国式的现代化，就要深入研究中国实现四个现代化所遇到的新情况、新问题，并且做出有重大指导意义的回答。同时，他提出了实现四个现代化必须坚持的"四项基本原则"即：坚持社会主义道路，坚持无产阶级专政，坚持共产党的领导，坚持马列主义、毛泽东思想，并强调"四项基本原则"是实现现代化的根本前提和政治保证。

1979年4月，中央工作会议召开，会议制定了"调整、改革、整顿、提高"的工作方针。可以说，"调整国民经济的过程，实际上是探索适合中国情况的社会主义现代化建设的过程，也是推进改革开放的过程"。② 这次会议指出，我们搞现代化，一定要从中国的实际出发，我们的资金有限，技术力量不足，人口又多，所以搞现代化一定要有合理的安排。首先，满足人民生活的基本需要，坚持基本建设规模同国家的财力物力相适应，同时逐年新建一些必要的项目；其次，坚持自力更生为主，争取外援为辅的方针，引进国外的先进技术和设备，利用国外的资金，逐步提高我国自力更生的能力。在这次会议上，邓小平正式使用了"对外开放"的表述。同年7月，中共中央决定在深圳、珠海、汕头、厦门试办特区。

1981年7月16日，中共中央、国务院做出了《关于城镇非农业个体经济若干政策性决定》。其中指出，在国营经济和集体经济占绝对优势的前提下，恢复和发展城镇非农业个体经济，对于发展经济，活跃市场，满足人民生活的需要，扩大就业，都有着重要的意义。③ 《决定》中对于个体经济的肯定，标志着个体经济在社会主义经济中的地位在逐步变化。同样10月17日，中共中央、国务院又做出《关于广开门路、搞活经济，解决城镇就业问题的若干决定》，强调个体劳动者，同国营、集体企业职工一样，都是我国社会主义的劳动者，在社会地位和政治地位上与国营、集

① 《改革开放三十年重要文献选编》（上），中央文献出版社2008年版，第15页。

② 胡绳：《中国共产党的七十年》，中共党史出版社1991年版，第542页。

③ 《中国特色社会主义理论体系形成与发展大事记》（一九七八——二〇〇八年），中央文献出版社2008年版，第39页。

体企业职工一视同仁。

（二）中国式现代化道路的开辟：中国特色社会主义道路

1981年6月27日，党的十一届六中全会一致通过了《关于建国以来党的若干历史问题的决议》。《决议》指出："三中全会以来，我们党已经逐步确立了一条适合我国情况的社会主义现代化建设的正确道路。这条道路还将在实践中不断充实和发展，但是它的主要点，已经可以从建国以来正反两方面的经验、特别是'文化大革命'的教训中得到基本的总结"。[①]《决议》开创性地提出了我国社会主义现代化建设的十个具体问题：（1）社会主义改造基本完成以后，我国所要解决的主要矛盾，是人民日益增长的物质文化需要同落后的社会生产之间的矛盾。党和国家工作的重点必须转移到以经济建设为中心的社会主义现代化建设上来，大大发展社会生产力，并在这个基础上逐步改善人民的物质文化生活。（2）社会主义经济建设必须从我国国情出发，量力而行，积极奋斗，有步骤分阶段地实现现代化的目标。（3）社会主义生产关系的变革和完善必须适应于生产力的状况，有利于生产的发展。国营经济和集体经济是我国基本的经济形式，一定范围的劳动者个体经济是公有制经济的必要补充。（4）在剥削阶级作为阶级消灭后，阶级斗争已经不是主要矛盾。由于国内的因素和国际的影响，阶级斗争还将在一定范围内长期存在，在某种条件下还有可能激化。（5）逐步建设高度民主的社会主义政治制度，是社会主义革命的根本任务之一。（6）社会主义必须有高度的精神文明。（7）改善和发展社会主义的民族关系，加强民族团结，这对于我们这个多民族国家具有重大意义。（8）在战争危险依然存在的国际条件下，必须加强现代化的国防建设。（9）在对外关系上，必须继续坚持反对帝国主义、霸权主义、殖民主义和种族主义，维护世界和平。（10）根据"文化大革命"的教训和党的现状，必须把我们党建设成为具有健全的民主集中制的党。这十条既是对我国社会主义现代化建设正反两方面的经验总结，也可以看作对"中国特色社会主义"的最初概括。

1982年9月1日，邓小平在中国共产党第十二次全国代表大会的开幕词中，说："无论是革命还是建设，都要注意学习和借鉴外国经验。但是，照抄照搬别国经验、别国模式，从来不能得到成功。这方面我们有过

---

① 《改革开放三十年重要文献选编》（上），中央文献出版社2008年版，第212页。

不少教训。把马克思主义的普遍真理同我国的具体实际结合起来，走自己的道路，建设有中国特色的社会主义，这就是我国总结长期历史经验得出的基本结论"。① 至此，"中国特色社会主义"的历史命题正式出现在党的文件中，此后"中国特色社会主义"成为中国共产党人领导中国人民进行社会主义建设的重要课题。理论既是实践的先导，又在实践中得以不断地丰富和发展。在新的历史时期，以邓小平为核心的第二代领导集体成功开辟了一条中国式的现代化道路——中国特色社会主义道路。

（三）中国特色社会主义道路的历史定位

1987年，党的十三大报告提出："正确认识我国社会主义现在所处的历史阶段，是建设有中国特色社会主义的首要问题，是我们制定和执行正确的路线和政策的根本依据"。② 报告系统地论述了我国社会主义初级阶段的含义，指出："总起来说，我国社会主义初级阶段，是逐步摆脱贫穷、摆脱落后的阶段；是由农业人口占多数的手工劳动为基础的农业国，逐步变为非农业人口占多数的现代化的工业国的阶段；是由自然经济半自然经济占很大比重，变为商品经济高度发达的阶段；是通过改革和探索，建立和发展充满活力的社会主义经济、政治、文化体制的阶段；是全民奋起，艰苦创业，实现中华民族伟大复兴的阶段。"③ 1997年，党的十五大报告中提出了社会主义初级阶段的基本纲领，进一步明确了"什么是社会主义初级阶段有中国特色社会主义的经济、政治和文化"，以及"怎样建设这样的经济、政治和文化"。报告指出，社会主义初级阶段，"是广大人民牢固树立建设有中国特色社会主义共同理想，自强不息，锐意进取，艰苦奋斗，勤俭建国，在建设物质文明的同时努力建设精神文明的历史阶段"。④ 可以说，社会主义初级阶段既是我国当前最大的实际，也是中国特色社会主义道路的重要历史定位，而中国特色社会主义是我国社会主义初级阶段的共同理想。

四　中国特色社会主义道路的不断拓展

中国特色社会主义道路是"中国式"的现代化道路，也是实现"中

---

① 《邓小平文选》第3卷，人民出版社1993年，第2—3页。
② 《改革开放三十年重要文献选编》（上），中央文献出版社2008年版，第474页。
③ 同上书，第476页。
④ 《改革开放三十年重要文献选编》（下），中央文献出版社2008年版，第898页。

国梦"的伟大复兴之路。改革开放是中国特色社会主义道路不断拓展的根本动力。随着改革开放的不断深入，中国的社会主义现代化建设取得了举世瞩目的成就，中国特色社会主义道路也越走越宽。

（一）中国特色社会主义道路在改革中拓宽

改革开放逐渐深入的过程，就是中国特色社会主义道路逐渐拓宽的过程。自党的十二大以来，改革的步伐从农村逐步迈向城市，对外开放的程度也逐渐深入，对内改革和对外开放日益成为中国经济腾飞的两个重要动力。1984 年以后，农村地区家庭联产承包责任制在全国铺开，联产承包制采取了统一经营与分散经营相结合的原则，使集体优越性和个人积极性同时得到发挥。改革的重心逐渐向城市转移，而城市改革的重点就是经济体制改革。党的十二大提出计划为主，市场调节为辅；十二届三中全会提出商品经济是社会经济发展不可逾越的阶段，我国社会主义经济是在公有制基础上有计划的商品经济；十三大提出社会主义有计划的商品经济体制应该是计划与市场内在统一的体制；十三届四中全会后，提出建立适应有计划商品经济发展的计划经济与市场调节相结合的经济体制和运行机制。1992 年，党的十四大第一次明确提出我国经济体制改革的目标就是建立社会主义市场经济体制。社会主义市场经济体制的建立，是中国共产党人在新的历史时期的一次伟大创举，也是中国特色社会主义道路具体表现之一。

政治体制改革方面，邓小平 1980 年就发表了《党和国家领导制度的改革》，旗帜鲜明地批判了我国存在的家长制和官僚主义作风，明确提出了我国进行政治体制改革的具体步骤和设想，奠定了政治体制改革的理论基础，成为我国政治体制改革的纲领性文件。1982 年，党的十二大报告首次明确提出"政治体制"概念，指出要"继续改革和完善国家的政治体制和领导体制"，并提出"党政分工"的观点。1986 年，中央成立政治体制改革领导小组。1987 年，党的十三大报告提出"要建立高度民主、法治完备、富有效率、充满活力的社会主义政治体制"，并详细论述了政治体制改革的蓝图，政治体制改革具体化、系统化。1992 年，党的十四大报告将政治体制改革的重点由十三大提出的"党政分开、下放权力"转变为"民主与法治建设和机构改革"。1997 年，党的十五大报告对政治体制改革的思路作了新的概括，在中国共产党的历史上第一次确认"法治"概念。

精神文明建设方面，党的十二大报告将建设精神文明的任务提到战略全局的高度，将同时进行两个文明建设，确定为建设社会主义的一个战略方针。报告指出，"社会主义精神文明是我国社会主义的重要特征，是社会主义制度优越性的重要体现。"1986 年，党的十二届六中全会通过了《中共中央关于社会主义精神文明建设指导方针的决议》，进一步阐明了社会主义精神文明建设的战略地位、根本任务和基本指导方针。1992 年，党的十四大报告指出："坚持两手抓，两手都要硬，把精神文明建设提高到新水平"。1996 年，党的十四届六中全会通过了《中共中央关于加强社会主义精神文明建设》的纲领性文件并进一步提出了精神文明建设的总的指导思想和今后 15 年的主要奋斗目标。1997 年，党的十五大报告全面阐述了建设有中国特色社会主义的经济、政治和文化纲领，并集中阐述了有中国特色社会主义文化建设问题。

1989 年是中国历史上极不平常的一年。邓小平等老一辈无产阶级革命家采取正确的方针、政策和一系列果断措施，坚决平息了危及党和国家历史命运的政治风波。同年，6 月 23 日至 24 日在北京召开了中国共产党第十三届四中全会，形成了以江泽民同志为核心的党中央第三代领导集体。以江泽民同志为核心的党的第三代领导集体进一步回答了"什么是社会主义，怎样建设社会主义"，创造性地回答了"建设什么样的党，怎样建设党"的重大历史课题，成功地把中国特色社会主义推向 21 世纪。

（二）越走越宽的中国特色社会主义道路

2002 年，中国共产党第十六次全国代表大会高举邓小平理论伟大旗帜，全面落实"三个代表"重要思想，联系党的全部历史经验，总结了 13 年来党带领中国人民建设中国特色社会主义的基本经验，深刻回答了在新世纪、新阶段"举什么旗，走什么路，实现什么目标"等事关党和国家前途和发展的一系列重大问题，对我国改革开放和社会主义现代化建设做出了全面部署。这次会议突出地强调了"发展是执政兴国的第一要务"，做出了关于我国在新的发展阶段的经济建设和经济体制改革、政治建设和政治体制改革、文化建设和文化体制改革，以及国防外交、祖国统一等工作总方针和总部署，提出了建设社会主义物质文明、精神文明、政治文明的重大战略举措；强调必须毫不放松地加强和改善党的领导，全面推进党的建设新的伟大工程。

党的十六大以后，以胡锦涛同志为总书记的党中央进一步深化和拓展中国特色社会主义道路，提出了科学发展观等一系列重大战略思想，科学地回答了"实现什么样的发展，怎样发展"的重大问题。中国共产党领导中国人民以科学发展观统领经济社会发展全局，着力构建社会主义和谐社会，大力保障和改善民生，促进社会公平正义；重视并加快生态文明建设；大力推进社会主义核心价值体系建设；推进党的执政能力建设和先进性建设，在新的历史起点上坚持和发展了中国特色社会主义。

2012 年，在全面建设小康社会的关键时期和深化改革开放、加快转变经济发展方式的攻坚时期，召开了中国共产党第十八次全国代表大会，形成了以习近平为核心的新一届中央领导集体。这次会议明确了科学发展观是党必须长期坚持的指导思想，并将其写入党章；坚定了走中国特色社会主义政治发展道路和推进政治体制改革前进方向；提出了全面建成小康社会的发展目标；确立了坚定不移地走中国特色社会主义道路的政策立场；强调大力推进生态文明建设，加强生态文明制度建设。2013 年 11 月9 日至 12 日，中国共产党第十八届中央委员会第三次全体会议在北京召开。会议审议通过了《中共中央关于全面深化改革若干重大问题的决定》，明确全面深化改革的重大意义、指导思想、总体思路和改革重点，对于包括经济体制、政治体制、文化体制、社会体制、生态文明体制等在内的改革的重大问题进行部署和指导；成立中央全面深化改革领导小组，负责改革总体设计、统筹协调、整体推进、督促落实；设立国家安全委员会，完善国家安全体制和国家安全战略，确保国家安全。

党的十八大以来，中国共产党更加注重改革的系统性、整体性、协同性，在加快发展社会主义市场经济的同时，更加注重发展民主政治、弘扬先进文化、建设生态文明和党的自身建设，更加注重激发劳动、知识、技术、管理、资本等各种生产要素的活力，更加注重让发展成果更多更公平地惠及全体人民。在新一届中央领导集体的领导下，中国人民在追求中华民族伟大复兴美好"中国梦"的过程中，中国特色社会主义道路将会越走越宽广！

五　坚定中国特色社会主义"道路自信"

"道路关乎党的命脉，关乎国家前途、民族命运、人民幸福。"① 在社会主义初级阶段，能够实现社会主义现代化和中华民族伟大复兴、创造人

---

① 胡锦涛：《坚定不移沿着中国特色社会主义道路前进，为全面建成小康社会而奋斗》，《十八大以来重要文献选编》（上），中央文献出版社 2014 年版，第 8 页。

民美好生活的道路，既不是封闭保守的老路，也不是改旗易帜的资本主义道路，而是中国特色社会主义道路。

（一）全面理解中国特色社会主义道路

中国特色社会主义道路，就是在中国共产党的领导下，立足基本国情，以经济建设为中心，坚持四项基本原则，坚持改革开放，解放和发展社会生产力，巩固和完善社会主义制度，建设社会主义市场经济、社会主义民主政治、社会主义先进文化、社会主义和谐社会，建设富强民主文明和谐的社会主义现代化国家。① 中国特色社会主义道路包括"一个中心，两个基本点"的基本路线，确定了巩固和完善社会主义制度的根本目的，涵盖了中国特色社会主义事业五位一体的总体布局，提出了我国发展的战略目标，揭示了我们党在实践中找到的这条道路的关键问题。中国特色社会主义道路是由诸多具体道路构成的总道路。其中，具体道路包括：中国特色农业现代化道路、中国特色城镇化道路、中国特色社会主义政治发展道路、中国特色反腐倡廉道路等。

总结起来，新时期中国特色社会主义道路的成功拓展，理论基础是对马克思列宁主义、毛泽东思想的科学继承，时代背景是对国际形势和时代特征的科学把握，历史根据是对我国改革开放和社会主义现代化建设生动实践、对最广大人民共同愿望的科学认识。在"什么是社会主义、怎样建设社会主义"的问题上，明确了我国仍处于并将长期处于社会主义初级阶段的历史方位，提出了以经济建设为中心是兴国之要、四项基本原则是立国之本、改革开放是强国之路的重大论断，解决了我国既要坚持社会主义又要根据时代条件和人民愿望发展社会主义的问题。在建设什么样的党，怎样建设党的问题上，明确了我们党已经从领导人民为夺取全国政权奋斗的党成为领导人民掌握全国政权并长期执政党：已经从受到外部封锁和实行计划经济条件下领导国家建设的党成为对外开放和发展社会主义市场经济条件下领导国家建设的党；这一新的历史方位，提出了坚持马克思主义执政党性质、提高党的执政能力、保持和发展党的先进性等问题。在"实现什么样的发展、怎样发展"的问题上，我们提出了通过改革解放和发展社会生产力，满足人民群众日益增长的物质文化需要是建设社会主义的根本任务；实现全面协调可持续的科学发展，坚持发展为了人民、发展

---

① 参见《十七大以来重要文献选编》，中央文献出版社2009年版，第9页。

依靠人民、发展成果由人民共享的重大论断，解决了我国社会主义事业的发展目的、发展理念、发展方式、发展动力等问题。

总之，中国特色社会主义作为新时期以来我们党继续推进马克思主义中国化的伟大历史性创造，体现在实践上，就是开辟了中国特色社会主义道路。中国特色社会主义道路，具体来讲，就是在中国共产党的领导下，坚持走中国特色社会主义市场经济建设道路，中国特色社会主义民主政治发展道路，中国特色社会主义文化发展道路，中国特色社会主义和谐社会建设道路，中国特色社会主义生态文明建设道路，中国特色社会主义的和平发展道路，以及中国共产党自身的建设道路。中国特色社会主义道路既坚持了科学社会主义的基本原则，又结合了中国自身的实际情况和时代特征，在中国特色社会主义理论体系的指导下，走出来的一条新路。

（二）中国特色社会主义的"道路自信"

中国特色社会主义道路来之不易，我们不但要倍加珍惜，更要坚定道路自信。这种"道路自信"绝非毫无根基的盲信。具体来说，中国特色社会主义道路自信来源于：

第一，这条道路具有深厚的历史和实践根基。中国特色社会主义道路"是在改革开放三十多年的伟大实践中走出来的，是在中华人民共和国成立六十多年的持续探索中走出来的，是在对近代以来一百七十多年中华民族发展历程的深刻总结中走出来的，是在对中华民族五千多年悠久文明的传承中走出来的，具有深厚的历史渊源和广泛的现实基础。"① 改革开放30多年，新中国成立60多年来，正是由于中国共产党领导中国人民选择和坚持了社会主义制度，选择和坚持了中国特色社会主义道路，才逐渐摆脱封闭、贫穷和落后，走上富强、民主、文明、和谐的富民强国道路。正是由于我们坚持了中国特色社会主义道路，中国不但能够屹立于世界东方，而且以"中国经验"、"中国模式"所取得的举世瞩目的成就推动着世界进步和发展。

第二，中国特色社会主义道路自信来源于日臻成熟的执政党。在中国共产党成立90多年的历史中，从一个党员人数几十人的小党、在野党，

---

① 习近平：《在第十二届全国人民代表大会第一次会议上的讲话》，《十八大以来重要文献选编》（上），中央文献出版社2014年版，第234页。

发展成为拥有党员 8000 多万人的世界第一大党和领导 13 亿中国人民实现民族伟大复兴的执政党，其间无数的磨难和考验使党自身更加成熟；在中国共产党执政的 60 多年中，世界风云变幻，一次次地考验着中国共产党的执政智慧，在向国家、人民和世界交出的一份份答卷中，中国共产党逐渐形成了自己独特而科学的执政理念，执政能力日益增强。实践证明，中国共产党善于总结正反两方面的经验教训，能够为中国特色社会主义道路提供坚强领导和政治保障，能够带领全国各族人民迎刃而解，克服困难，创造辉煌。

第三，中国特色社会主义道路自信来源于广大干部群众的信念、支持和参与。人民创造历史。离开广大人民的参与和支持，任何道路都不可能取得成功。社会主义的本质决定了中国特色社会主义道路是一条与最广大人民群众的利益福祉密切相联的道路，是一条实现人民幸福美好生活的道路。改革开放 30 多年来，人民群众以社会主义国家主人翁的精神和姿态参与其中，建设社会主义国家，共享社会主义改革成果，奠定了中国特色社会主义道路的群众基础。回到封闭保守的老路，人民不会答应；走向改旗易帜的邪路，人民不会允许。只有在中国特色社会主义道路的共同基础上，中国共产党才能汇聚人民共识、团结人民精神、凝聚人民力量，一路同行，共创美好未来。

第二节　邓小平理论：科学社会主义新的理论形态

邓小平理论是马克思列宁主义的基本原理同当代中国实践和时代特征相结合的产物。党的十一届三中全会以来，以邓小平为主要代表的中国共产党人，在总结国内外正反两方面经验的基础上，在研究新的世界形势的基础上，在改革开放的全新实践中，开辟了中国特色社会主义道路，创立了邓小平理论，实现了党的指导思想和基本理论的与时俱进。

一　邓小平理论的形成和发展

"文化大革命"结束后，以邓小平为代表的中国共产党人开始了理论和实践的新探索，把马克思主义基本原理同中国实际相结合，解放思想，实事求是，把党和国家的工作重心转移到以经济建设为中心的社会主义现代化建设上来，坚持开拓创新，逐步探索出一条符合中国国情的建设有中国特色社会主义的发展道路，形成了邓小平理论。

（一）历史转折：邓小平理论逐步形成（1978 年十一届三中全会至 1982 年党的十二大）

1976 年，"文化大革命"结束。但持续十年的"文化大革命"积累下许多严重的政治问题和社会问题，党和人民面临的任务十分艰巨。由于"两个凡是"错误方针的提出，重新确立党的正确思想路线成为恢复和开展社会主义建设的先决条件。十一届三中全会前后，党支持并领导了"真理标准大讨论"，为重新确立"解放思想实事求是"的思想路线做了充分的准备。在 1978 年 12 月 13 日召开的中央工作会议闭幕会上，邓小平作了题为《解放思想，实事求是，团结一致向前看》的重要讲话，"这篇讲话，是在'文化大革命'结束以后，中国面临向何处去的重大历史关头，冲破'两个凡是'的禁锢，开辟新时期新道路、开创建设有中国特色社会主义新理论的宣言书"。① 党的十一届三中全会随后召开并发表公报，正式宣布全党工作的重点应该转移到社会主义现代化建设上来。1982 年，在党的十二大开幕词中，邓小平首次提出了"建设有中国特色的社会主义"这一马克思主义中国化的重要命题。

（二）开拓创新：邓小平理论的逐步发展（1982 年党的十二大至 1987 年党的十三大召开）

党的十二大之后，社会主义现代化建设稳步发展。邓小平紧密围绕"什么是社会主义，怎样建设社会主义"这一根本命题，不断进行理论探索，以极大的政治勇气和理论智慧创造性地提出了"和平与发展"是时代的主题，对社会主义现代化建设的外部环境做出了科学的判断；提出了社会主义的根本任务是解放生产力、改革是中国的第二次革命、社会主义和市场经济不存在根本矛盾、计划和市场都是发展生产力的方法、一个国家两种制度等重要思想，进一步丰富和发展了建设有中国特色社会主义的理论内涵。党的十三大报告系统阐述了社会主义初级阶段理论，制定了党在社会主义初级阶段的"一个中心，两个基本点"的基本路线，从十二个方面概括了十一届三中全会以来邓小平对建设有中国特色社会主义探索的理论成果，初步形成了邓小平"建设有中国特色社会主义"理论的基本轮廓。

---

① 《改革开放三十年重要文献选编》（下），中央文献出版社 2008 年版，第 894 页。

（三）完善成熟：邓小平理论确立为党的指导思想（1987年党的十三大至1997年党的十五大）

自党的十三大召开之后，党和全国人民经受住了国内政治风波和苏东剧变的严峻挑战，改革开放和社会主义现代化建设事业全面推进。1992年，邓小平在南方视察时发表了著名的"南方谈话"，精辟地分析了当时的国际国内形势，科学地总结了十一届三中全会以来党的基本实践和基本经验，明确地回答了当时经常困扰和束缚人们思想的许多重大认识问题，提出了"三个有利于"标准、计划和市场都是经济手段等新的理论观点，明确指出社会主义的本质是"解放生产力，发展生产力，消灭剥削，消灭两极分化，最终达到共同富裕"。党的十四大报告，系统地阐述了"建设有中国特色社会主义理论"的主要内容，"这个理论，第一次比较系统地初步回答了中国这样的经济文化比较落后的国家如何建设社会主义、如何巩固和发展社会主义的一系列基本问题，用新的思想、观点，继承和发展了马克思主义"，[①] 并使得人们对社会主义的认识提高到了新的水平。1997年，党的十五大将由邓小平创立的"建设有中国特色社会主义"的理论正式命名为邓小平理论，并将其与马克思列宁主义、毛泽东思想一起，确定为党的指导思想并写进党章。1999年，邓小平理论被写入宪法。

二 邓小平理论的思想体系

邓小平理论是在和平与发展的时代主题下，在总结了中国社会主义建设的正反两个方面经验和教训的基础上，系统地回答了"什么是社会主义，怎样建设社会主义"的问题，是对毛泽东思想的继承与发展。邓小平理论的作为一个上承毛泽东思想，下启"三个代表"重要思想的思想体系，内涵丰富。它包括发展道路、发展阶段、根本任务、发展动力、外部条件、政治保证、战略步骤、领导力量和依靠力量、实现祖国统一等九个方面的内容。其中，社会主义本质理论、社会主义初级阶段理论、社会主义改革开放理论和社会主义市场经济理论作为邓小平理论的"四大基石"，既是邓小平理论的本质内容，又构成了中国特色社会主义理论体系的基本框架。

---

① 《改革开放三十年重要文件选编》（上），中央文献出版社2008年版，654页。

（一）社会主义本质理论

长期以来，我们党并没有完全搞清楚"什么是社会主义、怎样建设社会主义"这个根本问题。因此，在社会主义建设探索过程中出现了一些偏差甚至重大失误。十一届三中全会重新确立了党的正确的思想路线和政治路线，将党和国家的工作重心转移到社会主义现代化建设上来。然而，社会主义的错误认识仍然严重阻碍了我国社会主义的发展。要推进社会主义现代化建设，就需要从理论上正确认识社会主义的本质。1979 年 3 月，邓小平在党的理论工作务虚会上指出："社会主义的经济是以公有制为基础的，生产是为了最大限度地满足人民的物质、文化需要，而不是剥削。"① 1980 年，邓小平指出，"社会主义是一个很好的名词，但是如果搞不好，不能正确理解，不能采取正确的政策，那就体现不出社会主义的本质。"② 在改革开放初期，邓小平就提出要鼓励一部分地区、一部分人先富裕起来，带动其他地区和人民的积极性。而由此可能引发的贫富差距问题，邓小平也十分的关注，并多次强调要实现共同富裕。1985 年 3 月，邓小平在全国科技会议上强调："社会主义的目的就是要全国人民共同富裕，不是两极分化。如果我们的政策导致两极分化，我们就失败了；如果产生了什么新的资产阶级，那我们就真是走了邪路了。"③ 同年 5 月，邓小平再次强调："社会主义与资本主义不同的特点就是共同富裕，不搞两极分化。创造的财富，第一归国家，第二归人民，不会产生新的资产阶级。国家拿的这一部分，也是为了人民，搞点国防，更大部分是用来发展经济，发展教育和科学，改善人民生活，提高人民文化水平。"④ "如果导致两极分化，改革就算失败了"⑤。由此可见，邓小平对社会主义本质的认识，经历了一个不断深化的过程。经过长期思考和实践探索，1992 年邓小平在南方谈话中提出了社会主义本质的科学论断——社会主义的本质，是解放生产力，发展生产力，消灭剥削，消除两极分化，最终达到共同富裕。

社会主义本质理论的提出，使我们对社会主义的认识从过去主要强调

---

① 《邓小平文选》第 3 卷，人民出版社 1993 年版，第 167 页。
② 《邓小平文选》第 2 卷，人民出版社 1994 年版，第 313 页。
③ 《邓小平文选》第 3 卷，人民出版社 1993 年版，第 110—111 页。
④ 同上书，第 123 页。
⑤ 同上书，第 139 页。

公有制、按劳分配等基本特征，深入到实现共同富裕这样的社会主义根本目标上来，把我们党对社会主义的认识提高到了一个新的科学水平。

（二）社会主义初级阶段理论

我国正处于并将长期处于社会主义的初级阶段。这个论断，包含两层含义。第一，我国社会已经是社会主义社会。我们必须坚持而不能离开社会主义社会。第二，我国的社会主义社会还处在初级阶段。我们必须从这个实际出发，而不能超越这个阶段。党的十五大报告从经济、政治、文化等方面，概括了社会主义初级阶段的九个特征：“社会主义初级阶段，是逐步摆脱不发达状态，基本实现社会主义现代化的历史阶段；是由农业人口占很大比重、主要依靠手工劳动的农业国，逐步转变为非农业人口占多数、包含现代农业和现代服务业的工业化国家的历史阶段；是由自然经济半自然经济占很大比重，逐步转变为经济市场化程度较高的历史阶段；是由文盲半文盲人口占很大比重、科技教育文化落后，逐步转变为科技教育文化比较发达的历史阶段；是由贫困人口占很大比重、人民生活水平比较低，逐步转变为全体人民比较富裕的历史阶段；是由地区经济文化很不平衡，通过有先有后的发展，逐步缩小差距的历史阶段；是通过改革和探索，建立和完善比较成熟的充满活力的社会主义市场经济体制、社会主义民主政治体制和其他方面体制的历史阶段；是广大人民牢固树立建设有中国特色社会主义共同理想，自强不息，锐意进取，艰苦奋斗，勤俭建国，在建设物质文明的同时努力建设精神文明的历史阶段；是逐步缩小同世界先进水平的差距，在社会主义基础上实现中华民族伟大复兴的历史阶段。”[①] 我国的社会主义初级阶段，不是泛指任何国家进入社会主义都会经历的起始阶段，而是特指我国在生产力落后、商品经济不发达条件下建设社会主义必然要经历的特定阶段。正是对于我国处于社会主义初级阶段国情的正确认识，使得我们党正确地制定了社会主义初级阶段党的基本路线：领导和团结全国各族人民，以经济建设为中心，坚持四项基本原则，坚持改革开放，自力更生，艰苦创业，为把我国建设成为富强、民主、文明的社会主义现代化国家而奋斗。

（三）社会主义改革开放理论

“文化大革命”结束后，邓小平清醒地认识到，不对那些与生产力发

---

① 《改革开放三十年重要文件选编》（下），中央文献出版社 2008 年版，第 897—898 页。

展要求不相符合的生产关系和上层建筑进行改革，中国的社会主义现代化建设将是一句空话。邓小平始终认为，"改革开放是决定中国命运的一招"。① 1978 年 10 月，邓小平在工会第九次全国代表大会上指出："各个经济战线不仅需要进行技术上的重大改革，而且需要进行制度上、组织上的重大改革"。② 同年 12 月，邓小平再次强调，正确的改革同生产力迅速发展不相适应的生产关系和上层建筑。随后召开的十一届三中全会，正式向党内外宣告这一正确判断，开启了改革开放的历史进程。70 年代末，改革由中国农村开始，在党和政府有计划、有步骤的领导下，逐步扩展到以城市为主的经济体制改革。改革是中国的第二次革命，"需要有勇气，胆子要大，步子要稳"。③ "要发展社会主义社会生产力，必须改革，这是唯一的道路"。④ 中国的改革是全面的改革，不仅包括经济体制改革，还包括与经济体制改革行配套的政治体制、文化体制、社会体制和其他体制的改革。在邓小平建设有中国特色社会主义理论的指导下，党的十五大提出了我国社会主义初级阶段的基本纲领，明确了经济体制改革、政治体制改革和建设中国特色社会主义文化的具体目标。改革事关中国社会主义现代化建设的成败，如何评价改革的得失，标准至关重要。1992 年，邓小平在南方谈话中明确提出了"三个有利于"标准，即要以"是否有利于发展社会主义社会的生产力、是否有利于增强社会主义国家的综合国力、是否有利于提高人民生活水平"，作为判断改革得失的标准。

建设有中国特色的社会主义离不开同世界的交往。在进行国内改革的同时，我国拉开了对外开放的序幕，由封闭半封闭状态转变为全方位、多层次的对外开放的历史格局。所谓全方位，就是指不论对资本主义国家还是社会主义国家，对发达国家还是发展中国家，都实行开放政策。所谓多层次，就是指根据我国各省市地区的实际情况，建立经济特区、沿海开放城市、经济技术开发区、沿海经济开放区、沿边和沿江地区以及内陆省区等不同形式、不同程度的开放，以此形成全国范围内的对外开放格局。

（四）社会主义市场经济理论

邓小平科学区分了社会主义基本制度和经济体制的关系，随着对

---

① 《邓小平文选》第 3 卷，人民出版社 1993 年版，第 368 页。
② 《邓小平文选》第 2 卷，人民出版社 1994 年版，第 136 页。
③ 《邓小平文选》第 3 卷，人民出版社 1993 年版，第 130 页。
④ 《邓小平年谱（1975—1997）》（下），中央文献出版社 2004 年版，第 1094 页。

"计划"和"市场"相互关系认识的不断深化，逐步建立社会主义市场经济理论。在邓小平看来，计划经济体制和市场经济体制都是经济建设和运行的手段和方法，其本身并不具有社会制度的属性。"说市场经济只存在于资本主义社会，只有资本主义的市场经济，这肯定是不正确的。社会主义为什么不能搞市场经济，这个不能说是资本主义。我们是计划经济为主，也结合市场经济，但这是社会主义的市场经济。虽然方法上基本上和资本主义社会的相似，但也有不同，是全民所有制之间的关系，当然也有同集体所有制之间的关系，也有同外国资本主义的关系，但是归根到底是社会主义的，是社会主义社会的。市场经济不能说只是资本主义的。市场经济，在封建社会时期就有了萌芽。社会主义也可以搞市场经济。同样地，学习资本主义国家的某些好东西，包括经营管理方法，也不等于实行资本主义。这是社会主义利用这种方法来发展社会生产力。把这当作方法，不会影响整个社会主义，不会重新回到资本主义。"① 1992 年，邓小平在南方谈话中进一步指出："计划多一点还是市场多一点，不是社会主义与资本主义的本质区别。计划经济不等于社会主义，市场经济不等于资本主义，社会主义也有市场。计划和市场都是经济手段。"② 同年，党的十四大确立了建立社会主义市场经济体制的经济体制改革目标。

三　邓小平理论：科学社会主义新的理论形态

（一）邓小平理论：马克思主义在中国发展的新阶段

邓小平运用马克思主义的辩证法原则，将矛盾的普遍性与特殊性联系起来，将共性与个性联系起来，成功地开辟了中国特色社会主义道路，形成了邓小平理论。邓小平理论解决了马克思主义同当代中国实践和时代特征相结合的问题，是指导中国人民在改革开放中胜利实现社会主义现代化建设的重要行动指南，是马克思主义在中国发展的新阶段，也是科学社会主义的新的理论形态。

（二）邓小平理论：对科学社会主义的理论贡献

马克思恩格斯成功实现了社会主义从空想到科学的飞跃，是科学社会主义的原生态理论。而邓小平理论是关于在一个生产力发展水平落后的国

---

① 《邓小平文选》第 2 卷，人民出版社 1994 年版，第 236 页。
② 《邓小平文选》第 3 卷，人民出版社 1993 年版，第 373 页。

家搞社会主义现代化建设的理论。党的十五大报告，概括邓小平理论的"四个新"：第一，邓小平理论坚持解放思想、实事求是，在新的实践基础上继承前人又突破陈规，开拓了马克思主义的新境界。第二，邓小平理论坚持科学社会主义理论和实践的基本成果，抓住"什么是社会主义、怎样建设社会主义"这个根本问题，深刻地揭示了社会主义的本质，把对社会主义的认识提高到新的科学水平。第三，邓小平理论坚持用马克思主义的宽广眼界观察世界，对当今时代特征和总体国际形势，对世界上其他社会主义国家的成败，发展中国家谋求发展的得失，发达国家发展的态势和矛盾，进行正确分析，做出了新的科学判断。第四，总起来说，邓小平理论形成了新的建设有中国特色社会主义理论的科学体系①。这"四个新"足以概括邓小平理论的理论贡献和历史地位。邓小平理论第一次明确提出了"社会主义初级阶段"这一科学概念，对于中国国情和社会主义所处的历史地位做出了科学判断；通过吸收和借鉴其他国家的发展经验；提出了改革开放是中国社会主义建设的出路；打破了以往对于社会主义教条式的理解，提出了"计划和市场不是资本主义和社会主义的本质区别"，第一次将社会主义与市场经济相结合，提出了建立社会主义市场经济体制的目标。这正是有了这些前无古人的社会主义实践探索，才有了中国特色社会主义的伟大实践。

第三节　"三个代表"重要思想的形成和发展

　　"三个代表"重要思想是对马克思列宁主义、毛泽东思想和邓小平理论的继承和发展，反映了当代世界和中国的发展变化对党和国家工作的新要求，是加强和改进党的建设、推进我国社会主义自我完善和发展的强大理论武器，是全党集体智慧的结晶，是全党必须长期坚持的指导思想。始终做到"三个代表"，是我们党的立党之本、执政之基、力量之源。

一　"三个代表"产生的时代背景

　　1989 年，邓小平对江泽民和新的中央其他领导提出了"聚精会神地

---

　　①　参见《改革开放三十年重要文件选编》（下），中央文献出版社 2008 年版，第 894—895页。

抓党的建设"① 的重要意见。随着时代的发展和中国特色社会主义建设的不断推进，我们党面临着新的形势和新的问题，需要我们党清醒认识、科学把握，用新的理论指导不断发展的实践。

（一）国际形势深刻变革

进入 20 世纪 90 年代，冷战结束，世界朝着多极化方向发展，世界形势总体趋于缓和。"和平与发展是当今时代的主题。多极化趋势在全球或地区范围内，在政治、经济等领域都有新的发展，世界上各种力量出现新的分化和组合。大国之间的关系经历着重大而又深刻的调整。各种区域性、洲际性的合作组织空前活跃。广大发展中国家的总体实力在增强。多极化趋势的发展有利于世界和平、稳定和繁荣。各国人民要求平等相待、友好相处的呼声日益高涨。要和平、求合作、促发展已经成为时代的主流。维护世界和平的因素正在不断增长。在相当长的时期内，避免新的世界大战是可能的，争取一个良好的国际和平环境和周边环境是可以实现的。"② 但是，在世界整体形势趋于缓和的背景下，"冷战思维依然存在，霸权主义和强权政治依然是威胁世界和平与稳定的主要根源。……不公正、不合理的国际经济旧秩序还在损害着发展中国家的利益。贫富差距不断扩大。利用'人权'等问题干涉他国内政的现象还很严重。因民族、宗教、领土等因素而引发的局部冲突时起时伏。世界仍不安宁"。③ 苏联解体，东欧剧变之后，中国作为世界上最大的社会主义发展中国家，已然成为西方敌对势力最主要西化、分化的目标。

1999 年，以美国为首的北约悍然使用导弹，袭击了中国驻南斯拉夫联盟大使馆。2000 年，以美国为首的西方国家在联合国人权大会上第九次抛出反华提案，均遭到了我国的强烈抗议并以失败告终。西方敌对势力以"人权"、"民主"、"宗教"等为借口，企图插手我国台湾、西藏等国内事务，干涉我国内政。美国继续发展高技术武器装备，发展战区导弹防御系统，强化区域军事合作，并向台湾出售先进武器装备。这些问题都是我国进行社会主义现代化建设无法回避的。面对纷繁复杂的国际形势，我们需要清醒的头脑，分析应对。同时，以信息科技、生命科技为主要标志

---

① 《邓小平文选》第 3 卷，人民出版社 1993 年版，第 314 页。
② 《改革开放三十年重要文件选编》（下），中央文献出版社 2008 年版，第 913 页。
③ 同上。

的现代科学技术飞速发展，对各国政治、经济、军事、科技、文化、社会等领域产生深刻影响。随着我国加入世贸组织，我国经济对世界经济发展依赖程度不断加深，国际竞争日益激烈，保持我国经济快速发展和维护我国经济安全的任务更加艰巨。特别是网络技术的发展，使得各国经济发展网络化程度不断提高。

（二）国内形势

进入新世纪，我国进入全面建设小康社会，加快建设社会主义现代化的新阶段。2001 年，我国国内生产总值达到 95933 亿元，比 1989 年增长近两倍，年均增长百分之九点三，经济总量已居世界第六位。人民生活总体上实现了由温饱到小康的历史性跨越。在新世纪的这一阶段，我们不可避免地遇到了新的问题。在经济快速发展的同时，我国农民和城镇部分居民收入增长缓慢，失业人员增多，部分群众的生活还很困难；收入分配关系尚未理顺；市场经济秩序有待继续整顿和规范；有些地方社会治安状况不好等问题逐渐凸显。随着社会主义市场经济体制的全面展开，我国出现了私营企业主、个体工商户、农民工等新的阶层，原有的工人、农民内部有就业、分配的多样性，也出现了贫富分化的趋势。

2000 年 5 月，江泽民在江苏、浙江、上海党建工作座谈会上曾说过："我们现在遇到的矛盾和问题很多，而且错综复杂、相互交织，但归根到底，是要正确认识和妥善处理新的历史条件下解放思想和发展社会生产力与调整完善生产关系，根据经济基础的发展自觉改革和完善上层建筑中不相适应的问题。"[①] 而这些与经济基础不相适应的问题，不仅表现在思想文化和意识形态层方面，还表现在政治体制方面。政治体制改革的呼声日趋高涨。新出现的社会阶层是否应该划分，私营企业主能否加入中国共产党等问题，都成为人们争论的焦点问题。在新世纪出现的这些新问题和新情况，意味着我们党的执政环境发生了一些新的变化，对我们党的执政实践提出了新的挑战和要求。

（三）党的地位和任务发生变化

"时代在发展，形势在变化，我们党要不断巩固自己的执政地位，必须紧跟世界发展进步的潮流，始终代表中国先进生产力的发展要求、先进文化的前进方向和最广大人民的根本利益，坚决解决党内存在的突出问

---

① 《江泽民文选》第 3 卷，人民出版社 2006 年版，第 26 页。

题。提出'三个代表'的要求，其出发点和着眼点就在这里。"① "三个代表"重要思想，是在科学判断党在新时期的历史地位的基础上提出来的。"我们党经历革命、建设和改革，已经从领导人民为夺取全国政权而奋斗的党，成为领导人民掌握全国政权并长期执政的党；已经从受到外部封锁和实行计划经济条件下领导国家建设的党，成为对外开放和发展社会主义市场经济条件下领导国家建设的党。"② 到 2000 年，中国共产党在全国范围内已拥有党员六千三百多万，许多年轻党员加入到党的组织中来，给党带来了新的活力。在党组织稳固发展的同时，我们党也遇到了一些新的问题。一些党员领导干部的形式主义、官僚主义作风严重，工作和生活中的弄虚作假、铺张浪费行为引起了广大人民群众的不满，一些贪污腐败现象更是极坏地影响了我们党在群众中形象。同时，面对新的发展形势，党的领导方式和执政方式与新形势新任务的要求还不完全适应，有的党组织软弱涣散，丧失了战斗堡垒的作用。在长期执政的条件下，部分党员丧失了在革命战争时期形成的坚定的理想信念和价值标准，甚至淡化了我们党全心全意为人民服务的宗旨。"三个代表"重要思想的提出，正是对国际国内形势变化和党的自身状况的变化的科学把握和积极回应。

二　"三个代表"重要思想的科学体系

"三个代表"重要思想具有鲜明的时代特征。它不仅是中国共产党自身建设的行为指南，而且是我国改革开放和两个文明建设的指导思想，关系着中国特色社会主义建设的全局。它的提出经历了长时间的思考和探索；它的发展和完善经受了实践的检验。

（一）"三个代表"重要思想的提出

2000 年 2 月，江泽民在广东视察期间，提出了"三个代表"的要求。2 月 20 日，江泽民在广东茂名高州市领导干部"三讲"教育会议上，提出了"五个始终"的要求。他指出："我们要使党始终保持工人阶级先锋队性质，始终代表最广大人民群众的利益，始终成为社会先进生产力的代表，始终领导全国各族人民促进社会生产力发展，始终坚强有力地发挥好领导核心作用，也必须结合新的历史条件进一步从思想上、组织上和作风

---

① 《江泽民论由中国特色社会主义（专题摘编）》，中央文献出版社 2002 年版，第 579 页。
② 《改革开放三十年重要文件选编》（下），中央文献出版社 2008 年版，1245 页。

上把党建设好"①。2 月 25 日，江泽民在广州主持召开党建工作座谈会时，第一次提出了"三个代表"思想。江泽民指出："总结我们党七十多年的历史，可以得出一个重要结论，这就是：我们党所以赢得人民的拥护，是因为我们党在革命、建设、改革的各个历史时期，总是代表着中国先进生产力的发展要求，代表着中国先进文化的前进方向，代表着中国最广大人民的根本利益，并通过制定正确的路线方针政策，为实现国家和人民的根本利益而不懈奋斗。人类又来到一个新的世纪之交和新的千年之交。在新的历史条件下，我们党如何更好地做到这'三个代表'，是一个需要全党同志，特别是党的高级干部深刻思考的重大课题。"② 他同时强调："所有共产党员和领导干部，都要深刻认识和牢牢把握这'三个代表'，用以指导自己的思想和行动，这样才能使自己真正成为一名合格的党员、合格的党的领导干部。我今天提出这个问题，请大家从理论上、实践上共同加以研究。"③ 这是江泽民经过长期思考，对在新的历史阶段"建设什么样的党、怎样建设党"这一问题的初步回答。同年 5 月，江泽民在上海主持召开江苏、浙江、上海党建工作座谈会时再次强调："始终做到'三个代表'，是我们党的立党之本、执政之基、力量之源。"④ 至此，"三个代表"重要思想的科学内涵得到了完整表述。

（二）"三个代表"重要思想的充实完善

2001 年 7 月，江泽民同志在纪念建党 80 周年大会上的讲话中，全面阐述了"三个代表"的科学内涵、基本内容和现实意义。他指出，我们党要始终代表中国先进生产力的发展要求，就是党的理论、路线、纲领、方针、政策和各项工作，必须努力符合生产力发展的规律，体现不断推动社会生产力的解放和发展的要求，尤其要体现推动先进生产力发展的要求，通过发展生产力不断提高人民群众的生活水平。我们党要始终代表中国先进文化的前进方向，就是党的理论、路线、纲领、方针、政策和各项工作，必须努力体现发展面向现代化、面向世界、面向未来的，民族的科学的大众的社会主义文化的要求，促进全民族思想道德素质和科学文化素质的不断提高，为我国经济发展和社会进步提供精神动力和智力支持。我

---

① 江泽民：《论党的建设》，中央文献出版社 2001 年版，第 381 页。
② 《江泽民文选》第 3 卷，人民出版社 2006 年版，第 2 页。
③ 同上书，第 3 页。
④ 同上书，第 15 页。

们党要始终代表中国最广大人民的根本利益，就是党的理论、路线、纲领、方针、政策和各项工作，必须坚持把人民的根本利益作为出发点和归宿，充分发挥人民群众的积极性、主动性、创造性，在社会不断发展进步的基础上，使人民群众不断获得切实的经济、政治、文化利益。"三个代表"重要思想回答了在新的历史条件下，"建设什么样的党、怎么样建设党"这一重大问题，并提出了加强和改进党的建设、始终保持党的先进性和纯洁性的历史任务。

2002 年 12 月，江泽民在党的十六大报告中进一步阐述了"三个代表"重要思想的时代背景、历史地位、精神实质和指导意义，阐明了贯彻"三个代表"重要思想的根本要求，提出要把"三个代表"重要思想贯彻到社会主义现代化建设的各个领域，体现在党的建设的各个方面。十六大报告明确指出，贯彻"三个代表"重要思想，关键在坚持与时俱进，核心在坚持党的先进性，本质在坚持执政为民，全党同志要牢牢把握这个根本要求，不断增强贯彻"三个代表"重要思想的自觉性和坚定性。贯彻"三个代表"重要思想，必须使全党始终保持与时俱进的精神状态，不断开拓马克思主义理论发展的新境界，必须把发展作为党执政兴国的第一要务，不断开创现代化建设的新局面，必须最广泛最充分地调动一切积极因素，不断为中华民族的伟大复兴增添新力量，必须以改革的精神推进党的建设，不断为党的肌体注入新活力。

（三）"三个代表"重要思想被写入党章

党的十六大报告将 1989 年以来十三年建设中国特色社会主义的基本经验总结为"坚持以邓小平理论为指导，不断推进理论创新"；"坚持以经济建设为中心，用发展的办法解决前进中的问题"；"坚持改革开放，不断完善社会主义市场经济体制"；"坚持四项基本原则，发展社会主义民主政治"；"坚持物质文明和精神文明两手抓，实行依法治国和以德治国相结合"；"坚持稳定压倒一切的方针，正确处理改革发展稳定的关系"；"坚持党对军队的绝对领导，走中国特色的精兵之路"；"坚持团结一切可以团结的力量，不断增强中华民族的凝聚力"；"坚持独立自主的和平外交政策，维护世界和平与促进共同发展"；"坚持加强和改善党的领导，全面推进党的建设新的伟大工程"等十条基本经验。与此同时，将根本经验归结为"我们党必须始终代表中国先进生产力的发展要求，代表中国先进文化的前进方向，代表中国最广大人民的根本利益"，这一总结科学提炼了"三个代表"重要思想的基本内容。党的十六大将"三个代表"重要思想同马克思列宁主义、毛泽东思想、邓小平理论一道，确立为党必须长期坚持的指导思想并写入了党章。2004 年，"三个代表"重要思想被写入宪法。

2003 年 7 月 1 日，胡锦涛同志在"三个代表"重要思想理论研讨会上的讲话中将"立党为公、执政为民"为衡量有没有真正学懂、是不是真心实践"三个代表"重要思想的重要标志。他强调，坚持立党为公、执政为民，不能停留在口号和一般要求上，必须围绕人民群众最现实、最关心、最直接的利益来落实，努力把经济社会发展的长远战略目标和提高人民生活水平的阶段性目标统一起来，把实现人民的长远利益和当前利益结合起来。经过不断的发展和实践，"三个代表"重要思想这一系统的科学理论体系在建设中国特色社会主义的思想路线、发展道路、发展阶段、发展战略、根本任务、发展动力、依靠力量、国际战略、领导力量和根本目的等重大问题方面都有了新的丰富和发展。

三 "三个代表"重要思想：共产党执政规律的集中体现

（一）对三大规律的新思考

生产力是人类社会发展的根本动力。人类社会发展的过程就是先进生产力不断取代落后生产力的过程。始终做先进生产力的代表是人类社会发展规律的必然要求。对于社会主义建设而言，高度的精神文明也是社会主义优越性的体现，党只有始终代表先进文化的发展方向，才能带领全国各族人民团结一心地搞社会主义建设。无论是从人类社会主义发展规律来看，还是社会主义建设的规律看，"历史反复说明，违背历史规律和人民要求，不紧跟人类社会经济文化和科技进步发展的潮流，一个国家、一个民族不论曾经多么强大，最终也是要落伍的，而落后就要挨打"。① 只有始终代表最广大人民的根本利益的执政党才能强大的生命力。

"三个代表"重要思想，第一次系统全面地回答了在新的历史条件下，"建设一个什么样的党，怎样建设党"的问题。"三个代表"重要思想的提出、形成和发展，也标志着我们党对于人类社会发展规律、社会主义建设的规律以及中国共产党的执政规律的认识达到了新的理论高度。国

---

① 《江泽民文选》第 3 卷，人民出版社 2006 年版，第 12 页。

际上其他执政兴衰成败的经验教训、国际共产主义运动的曲折发展、国内国际形势的深刻变化，中国共产党要想在风云变幻中立于不败之地必须深入思考中国共产党执政的规律。

（二）共产党执政规律的集中体现

始终代表最广大人民的根本利益，实现好、维护好、发展好最广大人民的根本利益，这是共产党执政的本质要求。在社会主义市场经济全面发展的条件下，如何保持党的阶级本质和执政本质不改变，关系到我们党自身的纯洁性和先进性。而要保持我们党自身的先进性，就必须做先进生产力发展要求的代表，做先进文化前进方向的代表。只有共产党做先进生产力发展要求的代表，才能不断发展先进生产力，共产党的执政才符合人类社会发展规律。只有自觉代表先进生产力的发展要求，才能不断推进中国特色社会主义事业向前发展。而对于中国特色社会主义事业，物质文明、精神文明和政治文明都是应有之义。先进文化是先进生产力重要的思想保证和精神动力。物质文明和精神文明是相辅相成的，这就决定了中国共产党既要代表先进生产力的发展要求，也要代表先进文化的前进方向。政治文明为物质文明和精神文明提供政治保证，因为只有坚持共产党的领导，才能保证人民当家作主，保证改革和发展的成果由人民共享。而要真正贯彻"三个代表"重要思想，就必须做到立党为公、执政为民。"三个代表"重要思想，揭示了共产党执政的本质、根本任务、根本的依靠力量以及共产党执政效果的判断标准，是对共产党执政规律的根本揭示和集中体现。

第四节　科学发展观:科学发展的世界观和方法论

科学发展观，是马克思主义关于发展的世界观和方法论的集中体现，是同马克思列宁主义、毛泽东思想、邓小平理论和"三个代表"重要思想既一脉相承又与时俱进的科学理论。作为我国经济社会发展的重要指导方针，科学发展观，是发展中国特色社会主义必须坚持和贯彻的重大战略思想。

一　科学发展观的提出依据

2003年，一场前所未有的灾难——"非典"肆虐中国大地。在痛定思痛之后，我们党概括了战胜"非典"的重要启示，同时也总结了二十多年来我国改革开放和现代化建设的成功经验，吸取了世界上其他国家在发展进程中的经验教训，提出了科学发展观。2013 年 2 月 1 日，即将卸任的温家宝总理在《求是》上发表文章，其中提到"'非典'疫情以及由此引发的我们治国理政理念的转变，和一系列重大经济社会政策的调整，无论是对我国经济社会发展来说，还是对政府改革和建设来说，都是一件具有标志性意义的大事"，而"我们治国理政理念的转变"，就是从科学发展观的提出开始的。

（一）社会主义初级阶段的基本国情是科学发展观提出的根本依据

1978 年党的十一届三中全会开启了我国改革开放和社会主义现代化建设的大幕。中国共产党人将马克思主义基本原理同中国实际相结合，解放思想，实事求是，开拓创新，逐渐探索出一条符合中国国情的社会主义现代化建设之路。在短短的不到三十年的时间里，创造了举世瞩目的成绩，我国生产力水平和人民生活水平都取得了长足的发展。但是，我国处于并将长期处于社会主义初级阶段的基本国情并没有改变。党的十七大报告中明确指出：经过新中国成立以来特别是改革开放以来的不懈努力，我国取得了举世瞩目的发展成就，从生产力到生产关系、从经济基础到上层建筑都发生了意义深远的重大变化，但我国仍处于并将长期处于社会主义初级阶段的基本国情没有变，人民日益增长的物质文化需要同落后的社会生产之间的矛盾这一社会主要矛盾没有变。

我国目前仍处于并将长期处于社会主义初级阶段，生产力发展水平仍然不高，人口多，底子薄，发展不平衡的状况将长期存在。正确认识我国所处的历史阶段和基本国情，是我们推进改革、促进发展的根本依据所在。"由于人口多、底子薄、发展不平衡，中国在发展中仍面临着一些突出矛盾和问题，主要是：经济结构不合理和粗放型经济增长方式还没有根本改变，城乡、区域、经济社会发展不够协调，人口资源环境压力加大，就业、社会保障、教育、医疗等民生问题比较突出。"[①] 为了解决这些突出的矛盾和问题，我们党才提出了科学发展观，用发展和改革的办法来解决前进中的问题。

社会发展是一个螺旋式上升的过程。社会主义初级阶段是一个长期的

①　胡锦涛：《坚持和平发展，促进共同繁荣》，《人民日报》2006 年 11 月 18 日。

历史过程。在这个漫长的历史阶段中，也有不同的发展阶段，会呈现出不同的阶段性特征。当前我国发展的阶段性特征，就是社会主义初级阶段基本国情在新世纪新阶段的具体表现。

（二）社会主义现代化建设在新世纪的阶段性特征是科学发展观提出的现实基础

新世纪新阶段，我们党和国家面临的发展机遇前所未有，面对的挑战也前所未有。和平、发展、合作成为时代潮流，世界多极化和经济全球化的趋势深入发展，科技进步日新月异。同时，国际环境复杂多变，综合国力竞争日趋激烈，影响和平与发展的不稳定不确定因素增多，我们仍将长期面对发达国家在经济科技等方面占优势的压力。我国社会主义市场经济体制日趋完善，社会主义物质文明、政治文明、精神文明和党的建设不断推进，综合国力大幅度提高，人民生活显著改善，社会政治长期保持稳定。但是，我们也清醒地认识到，我国进入改革发展的关键时期，经济体制深刻变革，社会结构深刻变动，利益格局深刻调整，思想观念深刻变化。这种空前的社会变革，给我国发展进步带来巨大活力，也必然带来这样那样的矛盾和问题。

"我国工业化和城镇化进程加快，经济结构调整进程加速，农村大量富裕劳动力向非农领域转移；经济市场化程度迅速提高，深化改革进一步触及深层次的矛盾和问题，体制创新进入攻坚阶段；地区发展不平衡，经济社会发展不平衡，缩小地区发展差距和促进经济社会协调发展任务艰巨；我国经济对外依存度不断提高，世界经济对我国发展的影响明显加深；人民群众的物质文化需要不断提高并趋多样化，社会利益关系更趋多样化，社会利益关系更趋复杂，统筹兼顾各方面利益难度加大；人民群众的民主法制意识不断增强，政治参与的积极性不断提高，对发展社会主义民主政治和落实依法治国基本方略提出了新的要求；人们受各种思想观念影响的渠道明显增多、程度明显加深，思想活动的独立性、选择性、多边性、差异性明显增强。"① 而要处理好这些问题，就必须真正处理好全体人民的根本利益和各方面的利益问题，全面把握中国特色社会主义事业的总体布局，实现经济建设、政治建设、文化建设、社会建设、生态建设的协调发展，全面推进。

---

① 《改革开放三十年重要文件选编》（下），中央文献出版社 2008 年版，第 1401 页。

（三）当代世界各国的发展实践和发展理论是科学发展观提出的重要借鉴

20世纪50年代以来，世界各国普遍进入了快速发展时期。十一届三中全会以来，中国共产党领导全国各族人民，以经济建设为中心，坚持改革开放，不断创新，我国社会经济飞速发展。各国发展实践证明，国内人均生产总值处于1000美元至3000美元阶段，是"黄金发展期"和"矛盾凸显期"并存的阶段。根据相关统计数据，截至2006年年底，我国国内人均生产总值已经超过2000美元，按照我国既定发展规划和现行汇率，到2020年，我国国内人均生产总值将超过3000美元。环顾世界各国现代化建设的历史，有的国家抓住了发展的黄金时机，经济社会稳步发展，顺利实现现代化转型；而有的国家则因为种种原因，经济发展缓慢、失业率攀升、贫富差距扩大、生态环境恶化，甚至出现社会动荡，整个经济社会停滞不前。因此，这段时期既是我国现代化建设的重大机遇期，也是各种矛盾凸显的历史转折期。我们需要借鉴世界各国发展的经验和教训，建立一套适合自身特点的发展理论。

从新中国成立开始，中国共产党人一直致力于将马克思列宁主义基本原理同中国实际情况相结合，从未停止过中国发展道路的探索。毛泽东在借鉴苏联社会主义发展经验教训的基础上，撰写《论十大关系》等重要论著，初步探索了适合中国国情的社会主义发展道路。毛泽东认为，苏联和东欧一些社会主义国家在经济建设过程中出现了重工业、轻工业、农业发展不平衡，各方利益没有兼顾等问题，从而提出"要引以为戒"。1956年，中共八大在全面分析国内外形势的基础上指出，我国社会的主要矛盾是人民对于经济文化迅速发展的需求同当前经济文化不能满足人民需要的状况之间的矛盾。因此要集中力量发展社会生产力，实现国家工业化。

邓小平强调，"发展是硬道理"，社会主义的根本任务是解放和发展生产力。根据这一基本认识，十一届三中全会以来，中国共产党坚持"一个中心，两个基本点"的基本路线，制定实施"三步走"发展战略，提出内地和沿海发展的"两个大局"调节社会分配关系，防止两极分化等重要思想，并高度重视社会的全面、协调、持续发展问题。江泽民同志提出，"发展是党执政兴国的第一要务"。党的十五大报告提出建设中国特色社会主义经济、政治、文化的基本纲领，形成三位一体的战略布局。同时，江泽民同志还提出了如何正确处理改革发展稳定之间的关系、正确处理社会主义现代化建设中的十二个重大关系等重要论述。新中国成立以来关于社会主义发展道路的积极探索，为科学发展观的形成提供了直接的理论来源。所以，科学发展观，就是对邓小平理论和"三个代表"重要思想的继承和发展，在新世纪新阶段党和国家事业发展全局出发提出的重大战略思想。

二　科学发展观的形成与发展

任何科学理论都不是一蹴而就的，科学发展观也是这样。从 2003 年首次提出"科学发展观"这一历史命题，到 2012 年科学发展观成为党的指导思想，随着中国特色社会主义实践的不断推进，科学发展观也经历了一个从提出到不断丰富发展的过程。

（一）首次提出"发展观念"的问题

2003 年 7 月，胡锦涛同志在全国防止"非典"工作会议上指出，通过抗击"非典"斗争，我们比过去更深刻地认识到，我国的经济发展和社会发展、城市发展和农村发展还不够协调。我们要高度重视存在的问题，采取切实措施加以解决，真正使这次防止"非典"斗争成为我们改进工作、更好地推动事业发展的一个重要契机。在这次会议上，他对发展观念的问题提出了新的要求："我们要更好地坚持全面发展、协调发展、可持续发展的发展观，更加自觉地坚持推动社会主义物质文明、政治文明和精神文明协调发展，坚持在经济社会发展的基础上，促进人的全面发展，坚持促进人与自然的和谐。在促进发展的进程中，我们不仅要关注经济指标，而且要关注人文指标、资源指标和环境指标；不仅要增加促进经济增长的投入，而且要增加促进社会发展的投入，增加保护资源和环境的投入。"①

（二）完整提出"科学发展观"的命题

2003 年 9 月，胡锦涛同志在江西考察时指出，要牢固树立协调发展、全面发展、可持续发展的科学发展观。这是胡锦涛同志首次在公开讲话中使用"科学发展观"一词。2003 年 10 月，党的十六届三中全会通过的《中共中央关于完善社会主义市场经济体制若干问题的决定》指出："坚持以人为本，树立全面、协调、可持续的发展观，促进经济社会和人的全面发展。"胡锦涛同志强调，树立和落实全面发展、协调发展和可持续发

---

① 《十六大以来重要文献选编》（上），中央文献出版社 2005 年版，第 396—397 页。

展的科学发展观，对于我们更好地坚持"发展才是硬道理"的战略思想具有重大意义。2003 年年底，胡锦涛同志在中央召开的经济工作会议上明确指出，牢固树立和认真落实以人为本，全面、协调、可持续的发展观，对于提高党领导经济工作的水平和驾驭全局的能力，实现全面建设小康社会的宏伟目标至关重要。这既是我国经济工作必须长期坚持的重要指导思想，也是解决当前经济社会发展中诸多矛盾必须遵循的基本原则。

（三）完善和发展

2004 年 2 月，在中央党校举办的省部级主要领导干部"树立和落实科学发展观"专题研讨班上，党中央正式公开使用"科学发展观"的概念。2004 年 3 月，在中央人口资源环境工作座谈会上，胡锦涛同志发表重要讲话，科学阐述了全面、协调、可持续、以人为本等概念的含义，并集中概括了科学发展观的科学内涵。2004 年 9 月，党的十六届四中全会通过的《中共中央关于加强党的执政能力建设的决定》，把树立和落实科学发展观作为提高党的执政能力的重要内容。2005 年 10 月，党的十六届五中全会通过的《中共中央关于制定国民经济和社会发展第十一个五年规划的建议》强调，要坚定不移地以科学发展观统领经济社会发展全局，坚持以人为本，转变发展观念、创新发展模式、提高发展质量，把经济社会发展切实转入全面协调可持续发展的轨道。2006 年 3 月，全国人大十一届四次会议通过的《中华人民共和国国民经济和社会发展第十一个五年规划纲要》中指出，"十一五"时期促进国民经济持续快速协调健康发展和社会全面进步，关键是要牢固树立和全面落实科学发展观。2006 年 10 月，十六届六中全会通过的《中共中央关于构建社会主义和谐社会若干重要问题的决定》中指出，构建社会主义和谐社会，必须坚持以科学发展观统领经济社会发展全局。2006 年 12 月，胡锦涛同志在中央经济工作会议上的讲话中，第一次将"又快又好发展"改为了"又好又快发展"。这次重要调整，释放了一个强烈的信号，就是我们要走一条更加注重发展质量和效益的发展道路。2007 年 10 月，党的十七大报告中进一步深刻阐述了科学发展观的时代背景、科学内涵、精神实质和根本要求。胡锦涛同志强调，在新的发展阶段继续全面建设小康社会、发展中国特色社会主义，必须深入贯彻落实科学发展观，增强贯彻落实科学发展观的自觉性和坚定性，把科学发展观贯彻落实到经济社会发展的各个方面。党的十七大把科学发展观写入了党章。2012 年，十八大将科学发展观与毛泽东思想、邓小平理论、"三个代表"重要思想一起，列为党的指导思想。

三 科学发展观的内涵

科学发展观，运用马克思主义的立场、观点、方法指导中国特色社会主义实践，是认识经济社会发展的客观规律的重要理论成果，是在新的发展阶段继续全面建设小康社会、发展中国特色社会主义的重要战略思想。科学发展观，第一要义是发展，核心是以人为本，基本要求是全面协调可持续，根本方法是统筹兼顾。

（一）第一要义——发展

发展是科学发展观的第一要义。"强调第一要义是发展，是基于我国社会主义初级阶段基本国情，基于人民过上美好生活的深切愿望，基于巩固和发展社会主义制度，基于巩固党的执政基础、履行党的执政使命作出的重要结论。"[1] 发展是我们党执政兴国的第一要务，关系到全面建设小康社会和实现社会主义现代化的成败。坚持用发展解决前进中出现的问题，是新中国成立以来特别是改革开放以来我国社会主义建设的一条基本经验。要将中国特色社会主义事业不断推向前进，就必须把发展作为党执政兴国的第一要务，推动国民经济持续快速协调健康发展，一心一意谋发展，聚精会神搞建设，不断发展社会生产力，提高我国的综合国力。

马克思主义认为，生产力的发展是人类社会发展的最终决定力量。"只有坚持以经济建设为中心，不断解放和发展生产力，才能为社会全面进步和人的全面发展奠定坚实的物质基础。同时，经济发展又是同政治发展、文化发展紧密联系的。从根本上说，经济发展决定政治发展和文化发展，但政治发展和文化发展也会反过来对经济发展产生作用，在一定条件下还可以产生决定性作用。"[2] 所以，必须坚持以经济建设为中心，坚持以人为本，树立全面、协调、可持续的发展观，统筹城乡发展、统筹区域发展、统筹经济社会发展、统筹人与自然和谐发展、统筹国内发展和对外开放。

（二）核心——以人为本

科学发展观的核心，就是坚持以人为本。"以人为本"的"人"不是

---

① 《十七大以来重要文献选编》（上），中央文献出版社2009年版，第137页。
② 《十六大以来重要文献选编》（上），中央文献出版社2005年版，第483页。

指作为个体的人，而是指广大人民群众。"以人为本"，就是以广大人民的根本利益为本。"坚持以人为本，就是要以实现人的全面发展为目标，从人民群众的根本利益出发谋发展、促发展，不断满足人民群众日益增长的物质文化需求，切实保障人民群众的经济、政治和文化权益，让发展的成果惠及全体人民。"① 以人为本，既体现了唯物史观的基本原理，也体现了我们党全心全意为人民服务的根本宗旨。

马克思主义认为，人民群众是历史的创造者，是推动社会发展的决定性力量，人民群众创造了物质财富和精神财富。"中国最广大人民群众是建设中国特色社会主义事业的主体，是先进生产力和先进文化的创造者，是社会主义物质文明、政治文明和精神文明协调发展的推动者。我们必须最充分地调动人民群众的积极性、主动性和创造性，最大限度地集中全社会全民族的智慧和力量，最广泛地动员和组织亿万群众投身中国特色社会主义伟大事业。"② 只有党的正确主张变为人民群众的自觉行动，动员广大人民群众为实现自身的利益和美好生活而团结奋斗，才成功地解决了"依靠谁发展，为了谁发展"的问题。

科学发展观的核心是以人为本，反映了我们党的一贯坚持的价值取向，这是中国共产党的性质和宗旨决定的。作为无产阶级政党，中国共产党在执政以后的首要任务，就是带领人民推动经济社会的发展，不断满足人民日益增长的物质文化需求。党的十七大报告指出，要始终把实现好、维护好、发展好最广大人民的根本利益作为党和国家一切工作的出发点和落脚点，尊重人民主体地位，发挥人民首创精神，保障人民各项权益，走共同富裕道路，促进人的全面发展，做到发展为了人民、发展依靠人民、发展成果由人民共享。中国共产党在领导革命建设的过程中，将"全心全意为人民服务"镌刻在了自己的旗帜上。"怎样发展"关系中国特色社会主义现代化建设的成败，而"为谁发展"关乎改革开放的命运走向。只有坚持以人为本，才能保证改革开放的正确方向，实现中华民族的伟大复兴。

（三）基本要求——全面协调可持续

十一届三中全会以来，我国生产力快速发展，社会物质财富极大增

① 《十六大以来重要文献选编》（上），中央文献出版社 2005 年版，第 850 页。
② 同上书，第 646 页。

加，人民生活水平不断提高。但是，在经济飞速发展的同时，社会发展相对滞后，环境资源消耗巨大，社会贫富差距扩大，文化、卫生、教育等各项事业相对落后于经济发展。因此，要按照中国特色社会主义事业总体布局，全面推进经济建设、政治建设、文化建设、社会建设，促进现代化建设各个环节、各个方面相协调，促进生产关系与生产力、上层建筑与经济基础相协调。坚持生产发展、生活富裕、生态良好的文明发展道路，建设资源节约型、环境友好型社会，实现速度和结构质量效益相统一、经济发展与人口资源环境相协调，使人民在良好生态环境中生产生活，实现经济社会可持续发展。

"全面发展，就是要以经济建设为中心，全面推进经济、政治、文化建设，实现经济发展和社会全面进步。协调发展，就是要统筹城乡发展、统筹国内发展和对外开放，推进生产力和生产关系、经济基础和上层建筑相协调，推进经济、政治、文化建设的各个环节、各个方面相协调。可持续发展，就是要促进人与自然的和谐，实现经济发展和人口、资源、环境相协调，坚持走生产发展、生活宽裕、生态良好的文明发展道路，保证一代接一代地永续发展。"① 只有在发展的过程中，充分考虑资源和环境的承受力，统筹考虑当前发展和未来发展的需要，在追求经济指标增长的同时，重视保护、优化人文和自然环境，才能实现真正的科学发展。

"现在，我们之所以把全面协调可持续作为科学发展观的基本要求来强调，这是因为：一方面，经过长期发展，我们积累了较为雄厚的物质技术条件，可以在推进全面协调可持续发展上有更大作为；另一方面，城乡区域发展不平衡、经济社会发展不协调、经济发展与人口资源环境不适应等问题更加突出地摆在了我们面前，我们只有更加自觉地推进全面协调可持续发展，才能更好化解对我国发展的各种制约因素，更好推动我国发展进程，确保实现我国发展的战略目标。"② 科学发展，就是要坚持全面、协调、可持续的发展要求，在经济发展的基础上，推动社会进步和人的全面发展，促进社会主义物质文明、精神文明、政治文明、生态文明的协调发展，经济发展和人口、资源、环境相协调，既积极实现当前的发展目标，又为子孙后代留下充分的发展条件和发展空间。

---

① 《十六大以来重要文献选编》（上），中央文献出版社 2005 年版，第 850 页。
② 《十七大以来重要文献选编》（上），中央文献出版社 2009 年版，第 140 页。

（四）根本方法——统筹兼顾

科学发展观的根本方法是统筹兼顾。要正确认识和妥善处理中国特色社会主义事业中的重大关系，统筹城乡发展、区域发展、经济社会发展、人与自然和谐发展、国内发展和对外开放，统筹中央和地方关系，统筹个人利益和集体利益、局部利益和整体利益、当前利益和长远利益，充分调动各方面积极性。统筹国内国际两个大局，树立世界眼光，加强战略思维，善于从国际形势发展变化中把握发展机遇、应对风险挑战，营造良好国际环境。既要总揽全局、统筹规划，又要抓住牵动全局的主要工作、事关群众利益的突出问题，着力推进、重点突破。

"统筹兼顾"既是我们党在中国这样一个十几亿人口的发展中国家治国理政的重要历史经验，处理各方面矛盾问题必须坚持的重大战略方针，也是我们党一贯坚持的科学有效的工作方法。"统筹协调各方面利益关系，妥善处理社会矛盾。适应我国社会结构和利益格局的发展变化，形成科学有效的利益协调机制、诉求表达机制、矛盾调处机制、权益保障机制。坚持把改善人民生活作为正确处理改革发展稳定关系的结合点，正确把握最广大人民的根本利益，现阶段群众的共同利益和不同群体的特殊利益的关系，统筹兼顾各方面群众的关切。"① 我国正处在改革发展的关键时期，经济体制深刻变革、社会结构深刻变动，利益格局深刻调整，思想观念深刻变化。要处理好个人利益和集体利益的关系，局部利益和整体利益、当前利益和长远利益的关系，正确处理人民内部矛盾，化解不和谐因素，形成各方面参与推进改革、推动发展、维护稳定的强大合力，就必须坚持统筹兼顾的根本方法。

四　科学发展观：科学发展的世界观和方法论

科学发展观，就是关于科学发展的世界观和方法论。作为中国特色社会主义理论体系中的又一理论成果，继承和发展了党的三代领导集体关于发展的一系列重要思想，科学发展观深刻地回答了在新世纪新阶段中国社会经济建设、政治建设、文化建设、社会建设和生态建设等重大问题。

（一）科学发展观：马克思主义关于发展的世界观和方法论

一个国家坚持什么样的发展观，对这个国家的发展会产生重大影响，

---

① 《十六大以来重要文献选编》（下），中央文献出版社 2008 年版，第 664 页。

不同的发展观往往会导致不同的发展结果。要实现科学发展，就不能把增长等同于发展。长期以来，我们都把经济的增长等同于经济的发展。增长是发展的基础，没有经济的数量增长，没有物质财富的积累，就谈不上发展。但增长并不简单地等同于发展，如果单纯扩大数量，单纯追求速度，而不重视质量和效益，不重视经济、政治和文化的协调发展，不重视人与自然的和谐，就会出现增长失调、从而最终制约发展的局面。"① 科学发展观，是一个完整的科学思想体系，涉及科学发展的主题、动力、内涵、发展目标以及政治保障等内容。作为新世纪新阶段社会主义现代化建设的重要指导思想，科学发展观总结了我国现代化建设的经验和教训。突破了人们以往关于发展的种种错误观点，是科学发展的世界观和方法论。

（二）科学发展观：总结经验顺应潮流

科学发展观既总结了中国现代化建设经验，顺应了时代潮流发展方向又继承了中华民族的优秀文化传统。"中华文明是世界古代文明中始终没有中断、连续五千多年发展至今的文明。中华民族在漫长历史发展中形成的独具特色的文化传统，深深影响了古代中国，也深深影响着当代中国。现时代中国强调的以人为本、与时俱进、社会和谐、和平发展，既有着中华文明的深厚根基，又体现了时代发展的进步精神。"② 科学发展观中蕴含着人与自然和谐相处的发展理念，就是继承了中华文化传统中"天人合一"的思想。中国文化传统中早有"不枯泽而渔，不焚林而猎"的古训，认为人是大自然的一部分，人应该尊重客观的自然规律，不能只顾眼前利益，不做长远打算。这与科学发展观的精神实质相同。因为只有遵循规律的发展，才能实现人与自然和谐相处，才是真正的科学发展。

（三）科学发展观：随着中国特色社会主义实践的推进而发展

科学发展观，针对我国发展过程中出现的问题，着眼于中国特色社会主义建设的整体布局，统筹规划，将最广大人民的根本利益作为出发点和归宿点。这一系列新理念、新思路丰富和发展了中国特色社会主义理论体系，是对中国共产党执政规律、社会主义建设规律和人类社会发展规律认识的进一步深化。随着中国特色社会主义实践的向前推进，科学发展观逐渐深入人心。党的十七大首次提出了"生态文明"建设目标，"建设生态

---

① 《改革开放三十年重要文献选编》（下），中央文献出版社 2008 年版，第 1361 页。
② 《十六大以来重要文献选编》（下），中央文献出版社 2008 年版，第 428 页。

文明，基本形成节约能源资源和保护生态环境的产业结构、增长方式、消费方式"。在党的十八大报告中，更把"生态文明"的相关内容独立成章，把生态文明看作是关系人民福祉、关乎民族未来的长远大计，提出把生态文明放在突出地位，融入经济建设、政治建设、文化建设、社会建设各方面和全过程，努力建设美丽中国，实现中华民族的永续发展。这既是对落实科学发展观的一大进步，也是全面建成小康社会的更高要求。

第五节　第二次历史性飞跃与第一次历史性飞跃的关系

所谓"飞跃"，指"事物发展过程中从量到质，从一种质态到另一种质态的转变过程"。[①] 而历史性飞跃，是指具有鲜明的时代性和重要的历史意义的飞跃。马克思主义与中国具体实际相结合的第一次历史性飞跃产生了毛泽东思想，第二次历史性飞跃产生了邓小平理论、"三个代表"重要思想以及科学发展观等一系列重大战略思想，即中国特色社会主义理论体系。

一　马克思主义时代观：划分历史性飞跃理论依据

马克思主义从来都不是一成不变的教条，而是具体实践的指南，需要在实践中不断丰富和发展。然而，随着时空的转换，马克思主义不再停留在理论，而是从理论走向了实践，也从一国胜利的社会主义实践走向了多国胜利的社会主义实践，使中国从一个半殖民地半封建国家成为一个全世界 GDP 总量排名第二的社会主义国家。在新的历史时期，要建设和发展社会主义，就要实现马克思主义理论与中国具体实际相结合。解决中国建设和改革的现实问题，就必须在马克思主义中国化的过程中，实现马克思主义的时代化。

（一）关于"历史性飞跃"的表述

1987 年，党的十三大报告对马克思主义中国化的两次历史性飞跃进行了初步阐述："马克思主义与我国实践的结合，经历了六十多年。在这个过程中，有两次历史性飞跃。第一次飞跃，发生在新民主主义革命时

---

① 《哲学大辞典》（分类修订本）（上），上海辞书出版社 2007 年版，第 100 页。

期，中国共产党人经过反复探索，在总结成功和失败经验的基础上，找到了有中国特色的革命道路，把革命引向胜利。第二次飞跃，发生在十一届三中全会以后，中国共产党人在总结建国三十多年来正反两方面经验的基础上，在研究国际经验和世界形势的基础上，开始找到一条建设有中国特色的社会主义的道路，开辟了社会主义建设的新阶段"①。这是"两次历史性飞跃"首次正式出现在党的文件当中。

　　1997 年，党的十五大报告中指出："马克思列宁主义同中国实际相结合有两次历史性飞跃，产生了两大理论成果。第一次飞跃的理论成果是被实践证明了的关于中国革命和建设的正确的理论原则和经验总结，它的主要创立者是毛泽东，我们党把它称为毛泽东思想。第二次飞跃的理论成果是建设有中国特色社会主义理论，它的主要创立者是邓小平，我们党把它称为邓小平理论。这两大理论成果都是党和人民实践经验和集体智慧的结晶。"② 同时，报告还指出，作为毛泽东思想的继承和发展的邓小平理论，是指导中国人民在改革开放中胜利实现社会主义现代化的正确理论。邓小平理论是当代中国的马克思主义，是马克思主义在中国发展的新阶段。在当代中国，马克思列宁主义、毛泽东思想、邓小平理论，是一脉相承的统一的科学体系。

　　2007 年，党的十七大报告首次将邓小平理论、"三个代表"重要思想、科学发展观等重大战略思想都纳入"中国特色社会主义理论体系"之中。"这个理论体系，坚持和发展了马克思列宁主义、毛泽东思想，凝结了几代中国共产党人带领人民不懈探索实践的智慧和精神财富，是全国各族人民团结奋斗的共同思想基础。"换而言之，马克思主义中国化的第二次历史性飞跃产生的最新理论成果就是——中国特色社会主义理论体系。而之所以这样划分历史性飞跃的重要依据是马克思主义时代观。

　　(二) 马克思主义时代观：划分历史性飞跃的理论依据

　　马克思主义时代观是唯物史观的具体体现，因此马克思主义语境下的"时代"从来都不是一个很短的历史时期，而是从人类社会发展的基本矛盾出发，研究人类社会发展的阶段性。同时，要坚持和发展马克思主义，就是要以马克思主义的立场、方法和观点来分析和解决中国的具体问题，

　　① 《改革开放三十年重要文献选编》（上），中央文献出版社 2008 年版，第 501 页。
　　② 《改革开放三十年重要文献选编》（下），中央文献出版社 2008 年版，第 894 页。

唯物史观就是马克思主义时代观的重要理论基础。"每一个时代的理论思维，从而我们时代的理论思维，都是一种历史的产物，它在不同的时代具有完全不同的形式，同时具有完全不同的内容。"① 任何理论体系的形成和发展都不可能绕过时代的变迁和演进。而人们要去坚持和发展一种理论时，时代问题既是坚持和发展这一理论的迫切需要，也是坚持和发展这一理论重要的依据。坚持和发展马克思主义就是如此。列宁曾说，"每个时代都有而且总会有个别的、局部的、有时前进、有时后退的运动，都有而且总会有各种偏离运动的一般形式和一般速度的情形。我们无法知道，一个时代的各个历史运动的发展会有多快，有多少成就。但我们能够知道，而且确实知道，哪一个阶级是这个或那个时代的中心，决定着时代的主要内容、时代发展的主要方向、时代的历史背景的主要特点等等。只有在这个基础上，即首先各个"时代"的不同的基本特征，我们才能够正确地制定自己的策略；只有了解了某一时代的基本特征，才能在这一基础上去考虑这个国家或那个国家的更具体的特点。"② 时代问题是一个政党、一个国家制定正确大政方针的前提条件，也是理论创新发展的衡量尺度。之所以说，马克思主义中国化实现了两次历史性飞跃就是在于两次飞跃的时代主题发生了变化，毛泽东思想产生的时代主题是战争与革命，而邓小平理论、"三个代表"重要思想和科学发展观等战略思想产生的时代主题是和平与发展。

二　马克思主义中国化两次历史性飞跃的精髓：实事求是

1941 年，毛泽东在延安干部会上的报告中说，要使马克思列宁主义的理论和中国革命的实际运动结合起来，做到有的放矢。"'的'就是中国革命，'矢'就是马克思列宁主义。我们中国共产党人所以要找这根'矢'，就是为了要射中国革命和东方革命这个'的'的。这种态度，就是实事求是的态度。'实事'就是客观存在着的一切事物，'是'就是客观事物的内部联系，即规律性，'求'就是我们去研究。"③ 而要真正做到实事求是，不是凭主观想象，不是凭一时的热情，不是凭死的书本，而是

---

① 《马克思恩格斯选集》第 4 卷，人民出版社 1995 年版，第 284 页。
② 《列宁全集》第 26 卷，人民出版社 1990 年版，第 143 页。
③ 《毛泽东选集》第 3 卷，人民出版社 1991 年版，第 801 页。

凭客观存在的事实，详细地占有材料。在马克思列宁主义的一般原理指导下，从这些材料中找到正确的结论。实事求是就是党性的表现，就是理论和实际相统一的马克思列宁主义的理论风格。

（一）马克思主义中国化的第一次历史性飞跃

以毛泽东同志为核心的第一代领导集体，把马克思主义的科学社会主义理论与近代中国社会的具体实际相结合，走了一条农村包围城市、武装夺取政权的中国革命道路。邓小平曾说："马克思、列宁从来没有说过农村包围城市，这个原理在当时世界上还是没有的。但是毛泽东同志根据中国的具体条件指明了革命的具体道路，在军阀割据的时候，在敌人控制薄弱的地区，领导人民建立革命根据地，用农村包围城市，最后夺取了政权。列宁领导的布尔什维克党是在帝国主义世界的薄弱环节搞革命，我们也是在敌人控制薄弱的地区搞革命，这在原则上是相同的，但我们不是先搞城市，而是先搞农村，用农村包围城市。如果没有实事求是的基本思想，能提出和解决这样的问题吗？能把中国革命搞成功吗？"①"工农武装割据"的思想形成标志着毛泽东思想的形成，它既遵循了马克思主义的基本原理又结合了中国的具体实际。可以说，"实事求是"是从中国的语言概括出的马克思主义的精髓。正是靠"实事求是"，我们党才能排除"左"和右的干扰，成功探索出一条中国特色的革命道路，取得了新民主主义革命的胜利，建立了新中国。实现了马克思主义与中国实践相结合的第一次历史性飞跃。

（二）马克思主义中国化的第二次历史性飞跃

在1977—1978年这徘徊的两年间，也正是靠"实事求是"才能拨乱反正，使中国社会秩序回归正常。党的十一届三中全会，提出"解放思想、开动脑筋、实事求是、团结一致向前看"，并重新确立了实事求是的思想路线。"实事求是，是无产阶级世界观的基础，是马克思主义的思想基础。过去我们搞革命所取得的一切胜利，是靠实事求是；现在我们要实现四个现代化，同样要靠实事求是。"② 实事求是，一切从实际出发，理论联系实际，在实践中检验和发展真理。邓小平对于思想路线的概括，使实事求是的思想路线提升到了一个新的理论境界。正是靠实事求是，我们

---

① 《邓小平文选》第2卷，人民出版社1994年版，第126—127页。

② 同上书，第143页。

党在改革开放三十多年的接力探索中，成功开辟了中国特色社会主义道路，形成了中国特色社会主义理论体系，实现了马克思主义与中国实际相结合的第二次历史性飞跃。邓小平强调，"马列主义、毛泽东思想的基本原则，我们任何时候都不能违背，这是毫无疑义的。但是，一定要和实际相结合，要分析研究实际情况，解决实际问题。按照实际情况决定工作方针，这是一切共产党员所必须牢牢记住的最基本的思想方法、工作方法。实事求是，是毛泽东思想的出发点、根本点。这是唯物主义。"① 所以，共同的思想路线，是马克思主义中国化理论成果的精髓所在。中国特色社会主义理论体系是对马克思列宁主义、毛泽东思想的继承与发展，它凝结了几代中国共产党人带领人民不懈探索实践的智慧和心血，是马克思主义中国化最新的理论成果。

三　马克思主义中国化两大理论成果的关系：一脉相承又与时俱进

马克思主义是严密的科学体系，具有鲜明的阶级立场，并且对社会实践有着巨大的指导作用。"马克思学说具有无限力量，就是因为它正确。它完备而严密，它给人们提供了决不同任何迷信、任何反动势力、任何为资产阶级压迫所作的辩护相妥协的完整的世界观。马克思学说是人类在 19 世纪所创造的优秀成果——德国的哲学、英国的政治经济学和法国的社会主义的当然继承者。"② 马克思主义虽然诞生于 19 世纪，但是并没有就此停步。马克思主义之所以是一种科学的原理，在于它深刻地揭示了人类历史发展的客观规律，为人类社会的发展，指明了正确的方向。马克思主义"绝不是世界文明和发展大道而产生的一种故步自封、僵化不变的学说。恰恰相反，马克思的全部天才正是在于他回答了人类先进思想已经提出的种种问题"。③ 这些"天才的回答"对于任何一个进行社会主义实践的国家而言，都具有非常重要的指导意义。中国共产党坚持将马克思主义基本原理与中国革命、建设和改革的具体实际相结合，实现了马克思主义中国化两次历史性飞跃，产生了两大理论成果，即毛泽东思想和中国特色社会主义理论体系。两个理论成果是一脉相承又与时俱进的。

---

① 《邓小平文选》第 2 卷，人民出版社 1994 年版，第 114 页。
② 《列宁专题文集·论马克思主义》，人民出版社 2009 年版，第 67 页。
③ 同上书，第 66 页。

（一）一脉相承的内涵

"一脉相承"就是具有内在的统一性，本质联系。对马克思主义本身来说，其一脉相承是指贯穿于马克思主义总体发展过程之始终的、最具稳定性、根本性和实质性的东西，是马克思主义的本质规定性，是区别于其他学说的根本性和标志性的东西。之所以说毛泽东思想与中国特色社会主义理论体系是一脉相承的，是在于它们具有共同的思想基础。毛泽东曾说："指导我们思想的理论基础是马克思列宁主义。"[1] "指导一个伟大的革命运动的政党，如果没有革命理论，没有历史知识，没有对于实际运动的深刻的了解，要取得胜利是不可能的。"[2] 这里的"革命的理论"就是指马克思列宁主义。邓小平在多次讲话中，强调四项基本原则是立国之本，而四项基本原则中有一项是坚持马克思列宁主义指导思想。坚持马克思列宁主义为指导思想，就是要坚持用马克思列宁主义的立场、方法和观点来分析和解决中国的实际问题，而不是照搬照抄具体的结论。邓小平说，"我们搞改革开放，把工作重心放在经济建设上，没有丢马克思，没有丢列宁，也没有丢毛泽东。老祖宗不能丢啊！"[3] "老祖宗"就是马克思主义的基本原理即唯物主义、剩余价值理论、无产阶级革命的理论以及科学的经验、方法等。要在坚持马克思主义的同时，发展马克思主义。"老祖宗不能丢"，而且要发展"老祖宗"，就是要坚持一脉相承又与时俱进。

一脉相承的具体表现是：一是它们都坚持以马克思列宁主义、两大理论成果为指导，在理论渊源上一脉相承；二是它们都为实现中华民族伟大复兴而奋斗，在理论主题上一脉相承；三是它们都坚持解放思想、实事求是、与时俱进，在理论品质上一脉相承；四是它们都以中国社会的基本国情为立论基础，在理论基点上一脉相承；五是它们都坚持以人为本，把实现好、维护好、发展好最广大人民的根本利益作为全部理论的出发点和落脚点，在阶级立场上一脉相承。

（二）与时俱进的内涵

"与时俱进"，顾名思义，可以理解为与时代发展同进步。马克思主

① 《毛泽东文集》第6卷，人民出版社1999年版，第350页。
② 《毛泽东选集》第2卷，人民出版社1991年版，第521页。
③ 《邓小平文选》第3卷，人民出版社1999年版，第369页。

义之所以具有强大的生命力，就在于具有与时俱进的理论品质。马克思曾公开声明："我们不想教条式地预料未来，而只是希望在批判旧世界中发现新世界。"① 恩格斯明确指出："我们的理论是发展着的理论，而不是必须背得烂熟并机械地加以重复的教条"。② 所以，马克思主义应该随着时代的发展而发展，因为"马克思活着的时候，不能将后来出现的所有的问题都看到，也就不能在那时把所有的这些问题都加以解决"。③ 在新的历史时期，邓小平说，"马克思去世以后一百多年，究竟发生了什么变化，在变化的条件下，如何认识和发展马克思主义，没有搞清楚。绝不能要求马克思为解决他去世之后上百年、几百年所产生的问题提供现成答案。列宁同样也不能承担为他去世以后五十年、一百年所产生的问题提供现成答案的任务。真正的马克思列宁主义者必须根据现在的情况，认识、继承和发展马克思列宁主义。"④ "坚持马克思主义，最重要的就是要坚持马克思主义的科学原理和科学精神、创新精神，善于根据客观情况的变化，及时察觉和研究前进中的新情况和新问题，不断从人民群众在实践中创造的新鲜经验中吸取营养，不断改进和完善我们的工作"。⑤ 在深刻把握马克思主义的基本原理的同时，深入了解客观实际，把握时代发展的潮流，在继承中坚持，在坚持中发展，在发展中创新。

与时俱进的具体表现是：在和平与发展的时代主题下，邓小平理论、"三个代表"重要思想以及科学发展观等重大战略思想，继承和发展了毛泽东思想，都坚持从实际出发，注重总结改革开放不同时期、不同阶段的新鲜经验，注重探索和回答不同时期、不同阶段遇到的新矛盾、新问题，在理论的创新和发展上都作出了各自的独特贡献。它们既相互贯通又层层递进，体现了新时期以来我们党理论创新成果的科学性体系、阶段性成果和发展性要求的内在统一。

---

① 《马克思恩格斯全集》第 1 卷，人民出版社 1956 年版，第 461 页。
② 《马克思恩格斯选集》第 4 卷，人民出版社 1995 年版，第 681 页。
③ 《毛泽东文集》第 8 卷，人民出版社 1999 年版，第 5 页。
④ 《邓小平文选》第 3 卷，人民出版社 1999 年版，第 291 页。
⑤ 《江泽民文选》第 3 卷，人民出版社 2006 年版，第 37 页。

第六节　中国特色社会主义理论体系与
马克思主义中国化

2011 年 7 月 1 日，胡锦涛同志在纪念中共产党建党 90 周年的大会上说，"经过 90 年的奋斗、创造、积累，党和人民必须倍加珍惜、长期坚持、不断发展的成就是：开辟了中国特色社会主义道路，形成了中国特色社会主义理论体系。中国特色社会主义理论体系，是指导党和人民沿着中国特色社会主义道路实现中华民族伟大复兴的正确理论"。中国特色社会主义理论体系，坚持和发展了马克思列宁主义、毛泽东思想，凝结了几代中国共产党人带领人民不懈探索实践的智慧和心血，是马克思主义中国化最新成果，是党最可宝贵的政治和精神财富，是全国各族人民团结奋斗的共同思想基础。

一　中国特色社会主义理论体系：马克思主义中国化的最新理论成果

中国特色社会主义理论体系，作为马克思主义中国化的最新理论成果，在理论上主要解决了四个问题："什么是马克思主义，怎样对待马克思主义"；"什么是社会主义，怎样建设社会主义"；"建设一个什么样的党，怎样建设党"；"实现什么样的发展，怎样发展"这四个问题。它是在实现和推进马克思主义中国化的历史进程中不断摸索、积累经验，总结教训，最终形成的。中国特色社会主义理论体系，既是马克思主义中国化的最新成果，也是中国化的马克思主义。

（一）马克思主义中国化与中国化的马克思主义

1942 年，毛泽东在讲话中说："我们要把马、恩、列、斯的方法用到中国来，在中国创造出一些新的东西。只有一般的理论，不用于中国的实际，打不得敌人。但如果把理论用到实际上去，用马克思主义的立场、方法来解决中国问题，创造些新的东西，这样就用得了"①。"解决中国问题"就是实现马克思主义中国化的目的所在，"创造些新的东西"就是在总结实践中成功经验的基础上不断丰富和发展，形成的理论成果，是中国化的马克思主义。马克思主义中国化就是马克思主义基本原理与中国实际

---

① 《毛泽东文集》第 2 卷，人民出版社 1993 年版，第 408 页。

相结合的历史进程，而中国化的马克思主义，是指那些融合了中国革命、建设、改革的经验和理论，并被实践证明了的正确的马克思主义。两者既相联系，又相区别。

从一定意义上讲，中国共产党的历史就是一部提出、探索、实现马克思主义中国化，并在实践中不断发展中国化的马克思主义的历史。90 年来，我们党团结带领人民在中国这片古老的土地上，书写了人类发展史上惊天地、泣鬼神的壮丽史诗，集中体现为完成和推进了三件大事。第一件大事就是我们党紧紧依靠人民完成了新民主主义革命，实现了民族独立、人民解放。第二件大事，我们党紧紧依靠人民完成了社会主义革命、确立了社会主义基本制度。第三件大事，我们党紧紧依靠人民进行了改革开放新的伟大革命，开创、坚持、发展了中国特色社会主义。这三件大事能够顺利完成，共同的历史主线就是实现了马克思主义的中国化。所以，马克思主义中国化是一个历史过程，是马克思主义的基本原理同中国的革命、建设、改革的实际日益结合的动态过程。

而中国化的马克思主义，就是那些符合中国具体实际，在被中国实践证明了的正确的马克思主义理论，可以说是结合了中国经验的马克思主义，是马克思主义在中国的新发展。中国化的马克思主义，既包括那些被成功应用的马克思主义的基本原理，也包括那些发端于中国本土的马克思主义，即毛泽东思想和中国特色社会主义理论体系。这也是马克思主义中国化两次历史性飞跃产生的两大理论成果。

马克思主义中国化与中国化的马克思主义的联系在于，马克思主义中国化侧重指历史过程，而这一历史过程的结果是形成和发展了中国化的马克思主义。同时，两者是量变和质变的区别，只有不断推进马克思主义中国化的量变，量变的积累才能最终达到质变，形成新的中国化的马克思主义。所以，两者是既相互区别，又相互促进，相辅相成。过程和结果，量变和质变，都是辩证统一的。马克思主义中国化与中国化的马克思主义，统一于实现中华民族伟大复兴实践中。

（二）中国特色社会主义理论体系：马克思主义中国化与中国化的马克思主义的辩证统一

就当前的历史阶段而言，马克思主义中国化与中国化的马克思主义，统一于中国特色社会主义的伟大实践之中。中国特色社会主义理论体系是马克思主义中国化的最新理论成果。作为中国特色社会主义的理论形态，中国特色社会主义体系既是马克思主义成功运用到中国实践中的经验和理论，也将随着中国特色社会主义建设的不断深入而发展。中国特色社会主义理论体系，是当代中国化的马克思主义。它在坚持了马克思主义的立场、方法和观点的基础上，成功地将马克思主义经典作家对于社会主义的设想付诸实践，并将成功经验上升为理论。它继承了马克思主义理论实践性的特质，具有科学性与真理性的特征。与此同时，中国特色社会主义理论体系既是马克思主义基本原理在当代中国的传承和发展，也是当前指导我国社会主义现代化建设的重要指导思想。它同样要接受实践的检验，在实践中丰富和发展。马克思主义具有与时俱进的理论品质，中国化的马克思主义也同样是开放的理论体系。所以，中国特色社会主义理论体系也具有开放性的特征。

二　中国特色社会主义理论体系的科学性与真理性

经过改革开放 30 多年的艰辛探索，中国特色社会主义事业取得了举世瞩目的成就。我们的事业是前无古人的事业，必须在实践中丰富和发展我们的理论，再回到实践中去检验和发展我们的理论。正如邓小平所说："我们现在所干的事业是一项新事业，马克思没有讲过，我们的前人没有做过，其他社会主义国家也没有干过，所以，没有现成的经验可学。我们只能在干中学，在实践中摸索。"① 中国特色社会主义理论体系就是不断地在实践中检验、发展，最终形成的关于中国特色社会主义建设的科学体系。中国特色社会主义理论体系坚持辩证唯物主义和历史唯物主义的立场和方法，并创造性地运用马克思主义的基本原理来分析和解决当今世界和中国的实际问题；坚持了无产阶级政党必须根植于人民的立场，贯彻了马克思主义的群众观点；坚持了马克思主义与时俱进的理论品质，是坚持和发展马克思主义的典范。作为当代中国的马克思主义，中国特色社会主义理论体系同样具有严格的科学性与真理性。

（一）中国特色社会主义理论体系的科学性

中国特色社会主义理论体系的科学性体现在：

第一，它坚持了科学的世界观和方法论。这里所说的科学的世界观和方法论就是马克思主义。马克思主义是马克思恩格斯创立的观点和学说体

---

① 《邓小平文选》第 3 卷，人民出版社 1993 年版，第 258—259 页。

系，是科学的世界观和方法论。就其本质而言，马克思主义是一种关于社会主义的学说。马克思主义通过揭示生产力和生产关系的矛盾运动阐明了人类社会发展的普遍规律，论证了社会主义取代资本主义的历史必然性。同时，马克思主义对于什么是社会主义，社会主义历史阶段的划分、社会主义社会的特征、根本任务、根本原则等都作了深入的分析和研究，是各国社会主义实践的科学指南。马克思主义提出，社会主义是在生产力高度发展的基础上建立和发展起来的，以社会化大生产为基础，实行生产资料公有制，实现按劳分配的方式分配，消灭私有制，最终实现社会主义的高级阶段——共产主义，实现人的全面而自由的发展。中国特色社会主义理论体系很好地坚持了马克思主义的这些基本原理，实现了马克思主义的基本原理与中国实际相结合。我国经济、政治、文化、社会建设、生态文明五位一体的社会主义建设都是马克思主义基本原则和方法的实际体现。

第二，坚持了社会主义的价值取向。以人为本，是无产阶级政党的执政理念。坚持以人为本，就是坚持以最广大人民的根本利益为本。最广大人民包括工人、农民、知识分子等社会主义建设者，即唯物史观里的人民群众。以人为本是中国特色社会主义理论体系的核心理念。无论是邓小平理论、"三个代表"重要思想还是科学发展观，自始至终都强调我国的社会主义建设的出发点是为了提高人民的生活水平，满足人民日益增长的物质文化需要，归宿点还是为了最广大人民的根本利益。实现好、维护好、发展好最广大人民的根本利益是我国一切方针政策的目的。经济建设着眼于提高人民生活水平，政治建设着眼于保障人民当家作主的权利，文化建设着眼于满足人民的精神文化需要，社会建设着眼于民生建设，生态建设着眼于实现人、环境、资源三者的和谐统一。

（二）中国特色社会主义理论体系的真理性

中国特色社会主义理论体系的真理性体现在：

第一，它坚持了实践是检验真理的唯一标准。"马克思列宁主义之所以被称为真理，也不但在于马克思、恩格斯、列宁、斯大林等人科学地构成这些学说的时候，而且在于为尔后革命的阶级斗争和民族斗争的实践所证实的时候。"[1] "判定认识或理论之是否真理，不是依主观上觉得如何而

①《毛泽东选集》第1卷，人民出版社1991年版，第293页。

定，而是依客观上社会实践的结果如何而定。真理的标准只能是社会的实践。"① 1978 年，关于"真理标准"的大讨论，是我国进入新的历史时期之后的一次思想解放运动。在此之后，我们党重新确立了实事求是的思想路线，明确指出，在实践中检验和发展真理。改革开放 30 多年的实践，证明了中国特色社会主义理论体系的科学性、正确性。

第二，它坚持了与时俱进的理论品质。"人类认识的历史告诉我们，许多理论的真理性是不完全的，经过实践的检验而纠正了它们的不完全性。许多理论是错误的，经过实践的检验而纠正其错误。"② 要在实践中检验和发展真理，就必须跟得上时代的进步，既不超越所处的时代，又不落后所在的时代，而是随着时代的发展而发展，随着时代的进步而进步。这也是马克思主义具有强大生命力的奥秘所在。"马克思主义必须在斗争中才能发展，不但过去是这样、现在是这样，将来也必然还是这样。正确的东西总是在同错误的东西作斗争的过程中发展起来的。真的、善的、美的东西总是在同假的、恶的、丑的东西相比较而存在，相斗争而发展的。当着某一种错误的东西被人类普遍地抛弃，某一种真理被人类普遍地接受的时候，更加新的真理又在同新的错误意见作斗争。这种斗争永远不会完结。这是真理发展的规律，当然也是马克思主义发展的规律。"③ 中国特色社会主义理论体系，坚持了马克思主义与时俱进的理论品质，也将随着中国特色社会主义实践的发展而发展。

三 中国特色社会主义理论体系的开放性

中国特色社会主义理论作为新的历史时期中国共产党人的伟大创举，体现在政治上，就是中国特色社会主义伟大旗帜；在实践上，就是中国特色社会主义道路；在理论上，就是中国特色社会主义理论体系；在制度上，就是中国特色社会主义制度。中国特色社会主义理论体系，作为马克思主义中国化的最新理论成果，是将马克思主义哲学、政治经济学和科学社会主义的基本方法和观点运用于中国的社会主义现代化建设当中，是对马克思列宁主义、毛泽东思想的继承与发展，是包括邓小平理论、"三个代表"

---

① 《毛泽东选集》第 1 卷，人民出版社 1991 年版，第 284 页。
② 同上书，第 293 页。
③ 毛泽东：《毛泽东的五篇哲学著作》，人民出版社 2008 年版，第 103 页。

重要思想、科学发展观等重要战略思想在内的科学理论。马克思列宁主义为中国特色社会主义理论提供了世界观和方法论的指导，毛泽东思想为中国特色社会主义理论体系的形成和发展奠定了重要的理论基础，是渊源性的理论。在当代中国，坚持和发展中国特色社会主义理论体系，就是坚持和发展马克思列宁主义、毛泽东思想。

（一）中国特色社会主义理论体系具有深邃的历史眼光

中国特色社会主义理论体系是将马克思主义的普遍原理与中国的具体实际相结合而产生的理论，揭示的是中国改革和建设的规律，中国共产党执政的规律；回答的是在中国这样生产力相对落后，商品经济不发达的条件下进行社会主义改革和建设的问题，以及在这样一个国家，作为执政党的中国共产党如何领导社会主义改革和建设问题。它是站在人类社会发展历程的高度来看待世界范围的社会主义运动，并反思自身建设的问题。

邓小平理论反思了世界社会主义运动的历史经验，汲取了苏联社会主义建设的一些教训，科学地回答了什么是社会主义和怎样建设社会主义的问题。邓小平认为，搞社会主义建设，不是吹牛皮。要证明社会主义制度比资本主义制度优越，还是要靠事实说话。贫穷不是社会主义，体制僵化、平均主义、大锅饭也不是社会主义。社会主义追求的是生产力的高度发展，最终实现共同富裕。不坚持社会主义，不改革开放，不发展经济，不改善人民生活，只能是死路一条。"三个代表"重要思想也是在吸取了其他国家执政党的经验和教训的基础上提出的。20 世纪 90 年代，东欧剧变、苏联解体，世界社会主义出现了严重曲折，我国的社会事业也面临着空前巨大的困难和压力。以江泽民为核心的第三代领导集体追问世界社会主义变化的原因，抱着对国家、对人民、对历史负责的态度来探寻答案——只有巩固和加强中国共产党自身才能领导中国人民谱写历史发展的新篇章。科学发展观也是经历了"非典"之后痛定思痛提出的，希望中国可以避免走"先污染后治理"的发展道路，实现人与自然、人与社会、人与人的和谐相处。这些都足以说明中国特色社会主义理论体系没有拘泥于中国本国的现实，而是将理论视野范围从过去、现在延伸到未来，延伸到整个世界历史，是站在整个人类社会的历史发展的高度探求解决问题之道的。

（二）中国特色社会主义理论体系具有宽广的理论视野

中国共产党作为世界上人数最多的执政党，只有科学把握世界的深刻变化特征，主动顺应维护和平、促进发展的时代潮流，正确应对世界多极化、经济全球化和科技进步的发展趋势，才能在纷繁复杂的国际形势变化中把握自身的发展方向，掌握全局，实现中华民族的伟大复兴。因为只有坚持用宽广的眼界观察世界，才能科学判断国际形势进行战略思维。

1992 年，邓小平在南方谈话时说："社会主义要赢得与资本主义相比较的优势，就必须大胆吸收和借鉴人类社会创造的一切文明成果，吸收和借鉴当今世界各国包括资本主义发达国家的一切反映现代社会化生产规律的先进经营方式、管理方法。"① 2001 年，江泽民同志指出："应尊重各国的历史文化、社会制度和发展模式，承认世界多样性的现实。世界各种文明和社会制度，应长期共存，在竞争比较中取长补短，在求同存异中共同发展。"② 2008 年，胡锦涛同志在日本早稻田大学演讲时说："坚持开放，就是要打开国门来搞建设，在互利共赢的基础上同所有国家开展经济技术合作，吸收和借鉴人类社会创造的一切优秀文明成果，既通过维护世界和平发展自己，又通过自身发展维护世界和平。"③ 习近平总书记在纪念中国共产党成立 90 周年的研讨会上强调，"一定要以宽广的眼光密切观察世界局势的发展变化，积极借鉴吸收人类文明一切优秀成果"。这里所说的"吸收和借鉴"绝不是照搬照抄，而是使之适应中国的具体实际，具有中国风格、中国气派。这样的"吸收和借鉴"，也使得中国特色社会主义可以顺应时代的变化，顺应历史潮流的发展，在发展中不断创新。

2011 年，习近平总书记在纪念中国共产党成立 90 周年的研讨会上强调，党的指导思想和基本理论与时俱进的历史进程启示我们，推进马克思主义中国化，一定要以科学态度对待马克思主义，正确处理坚持和发展、一脉相承和与时俱进的辩证统一关系；一定要胸怀共产主义远大理想，坚持以我们正在做的事情为中心，充分尊重人民群众的伟大实践和创造；一定要以宽广的眼光密切观察世界局势的发展变化，积极借鉴吸收人类文明一切优秀成果；一定要坚持不懈地用党的理论创新成果武装党员干部头脑，不断提高全党的思想理论水平。

（三）不断发展和完善中国特色社会主义理论体系

理论来源于实践，理论指导实践发展。中国特色社会主义理论体系是

---

① 《邓小平文选》第 3 卷，人民出版社 1993 年版，第 373 页。
② 《江泽民文选》第 3 卷，人民出版社 2006 年版，第 298 页。
③ 《改革开放三十年重要文献选编》（下），中央文献出版社 2008 年版，第 1795 页。

指导中国特色社会主义事业不断发展进步的正确理论，是中国共产党在改革开放过程中创造和积累的宝贵精神财富。中国特色社会主义建设事业的不断进步和发展，决定了中国特色社会主义理论体系的不断丰富和发展。这也恰恰体现了中国特色社会主义理论体系的生命力和活力。正是在中国特色社会主义理论体系的指导下，中国特色社会主义建设事业取得了举世瞩目的成就，积累了令人称道的"中国经验"，走出了令人称奇的"中国道路"，创造了令人称慕的"中国奇迹"。坚定中国特色社会主义的理论自信不是固步自封地欣赏现有理论成果，而是在发展着的实践中不断丰富、发展、完善这一理论，使其保持强劲发展动力和活力。

随着马克思主义中国化的不断推进，中国特色社会主义理论体系也将不断发展。中国特色社会主义道路之所以正确、之所以能够引领中国发展进步，关键在于我们既坚持了科学社会主义的基本原则，又根据我国实际和时代特征赋予其鲜明的中国特色。在当代中国，坚持中国特色社会主义道路，就是真正坚持社会主义；坚持中国特色社会主义理论体系，就是真正坚持马克思主义。

四　坚定中国特色社会主义理论体系的理论自信

如上所述，中国特色社会主义理论体系的理论自信来源于这一理论的科学性、真理性，更在其开放性中得以体现。这一理论不仅为中国特色社会主义建设提供理论支撑，而且为其他社会主义国家的建设事业提供可资借鉴的方式、方法，在世界社会主义运动史上留下浓墨重彩的一笔，同时也是人类思想宝库的巨大财富。

坚定中国特色社会主义理论体系的理论自信，就是坚信只有中国特色社会主义理论体系而不是其他的什么理论能够指导中国特色社会主义建设事业的发展。这一点已经被30多年的改革开放的实践所证明。中国特色社会主义理论体系是改革开放30多年成功经验的总结和结晶，是马克思主义中国化的最新成果，是指引当代中国发展进步的强大思想武器。中国特色社会主义理论体系以社会主义改革开放理论、社会主义初级阶段理论、社会主义本质理论、社会主义市场经济理论、社会主义政治文明理论、社会主义和谐社会理论、社会主义生态文明理论等一系列科学理论为支撑，用崭新的思维和语言构建起科学的理论体系，深化了对共产党执政规律、社会主义建设规律和人类社会发展规律的认识。正是在这一理论指导下，我们克服了重重危机和困难，不断开创中国特色社会主义事业新局面。脱离当代中国实际，一味追求西方的民主模式和发达国家的治国理政思潮，必然会使党和国家事业蒙受损失，这一点是被实践证明过的；不顾时代发展变化，僵化、教条地运用马克思主义，缺乏改革勇气和精神，党和国家的事业就会止步不前，这一点也是被实践证明了的。

不断推进中国特色社会主义理论体系的大众化，要使其成为广大党员干部、人民群众的理论自觉。理论是行动的指南。理论只有掌握群众，才能推动实践发展。改革开放30多年来，中国特色社会主义理论体系时刻显示着其理论威力，成为全党全国各族人民共同奋斗的思想基础。在当前各种思潮涌动、多种学说泛滥的情势下，继续推进中国特色社会主义理论体系的大众化，坚持用发展着的马克思主义武装全党和人民，指导新的实践，中国特色社会主义建设事业才能沿着正确的方向不断推进。

中国共产党从来不隐瞒自己的宗旨和主张，所以要勇于、善于向其他政党、国家、人民介绍这一理论，鲜明地亮出自己的旗帜。中国特色社会主义理论体系就是指导中国特色社会主义建设事业的行动指南，是全党全国人民共同奋斗的思想基础。这一点无须讳言。在世界社会主义运动遭遇低潮，一些国家共产党遭遇挫折和低谷的情况下，中国共产党领导的中国特色社会主义事业取得了成功。在谈及中国取得的举世瞩目的成就时，一些学者、理论家从细枝末节寻找中国成功的根源，而有意无意地不谈"中国特色社会主义"的道路，不谈中国特色社会主义的理论和制度。作为中国特色社会主义理论体系的创立者、受用者、推动者，中国共产党有责任、有义务，更应该有信心向全世界人民介绍这一理论，讲好"中国故事"，使中国特色社会主义理论体系大方而完整地展现在世界人民面前。

第六章　马克思主义中国化的
基本经验及其特点

在回顾马克思主义中国化历史进程的基础上，总结中国共产党团结带领全国人民不懈探索马克思主义同中国具体实际相结合的历史经验，有利于进一步深刻地认识不同历史时期中国共产党人丰富和发展马克思主义的规律与趋势。

坚持马克思主义普遍原理同中国的具体实际相结合，这是马克思主义中国化至为核心的内容。围绕着这一核心，理论界对马克思主义中国化的基本经验进行了多种归纳和概括。我们认为，为力求深刻地理解马克思主义中国化的基本经验，必须思考如下几个关键问题：

第一，如果说马克思主义中国化业已取得了弥足珍贵的历史经验，那么可否从中概括出至为核心的若干"基本经验"？也就是说，我们**何以可能**在当下这一时点总结出马克思主义中国化的基本经验，目前已具备了怎样的实践基础和理论基础？

第二，相较于马克思主义中国化的基本规律、历史教训和具体经验等相关范畴，对"基本经验"的提炼和表述应采用**何种方式**才更为恰当？

第三，以上述认识为基础作出提炼，探究马克思主义中国化的基本经验究竟有哪些，应当**如何表述**，如何理解其内容？这是本章的中心任务所在。

第四，这些基本经验具有什么样的**鲜明特点**？

第五，马克思主义中国化基本经验的**政治意义和实践价值**何在？

本章的研究将围绕上述问题次第展开。

第一节　马克思主义中国化基本经验的诞生基础

"马克思主义中国化"，包含了"马克思主义"与"中国实际"二者之间的双向互动：一方面，要运用我们掌握的马克思主义理论去解决中国革命、建设和改革的实际问题；另一方面，又要将中国革命、建设和改革的丰富经验上升为理论，创造出中国化的马克思主义理论，丰富和发展马克思主义。

正是在这个过程当中，中国共产党领导了中华大地上风雷激荡的社会主义实践，进行了既秉承马克思主义理论精髓又不断与时俱进的理论创新，也创造和积累了具有重要历史价值的马克思主义中国化的基本经验。

一　马克思主义中国化基本经验的实践基础

毫无疑问，近百年波澜壮阔的马克思主义中国化取得了丰富的历史经验，而我们之所以能够说，这当中已经积淀出了具有世界历史价值、值得认真总结的若干基本经验，其实践基础不仅在于马克思主义中国化进程将近一个世纪的历史跨度，更在于它所完成的伟大历史成就，而且这些伟大成就正是马克思主义中国化的实践成果的集中体现。

（一）九十多年来完成和推进了"三件大事"

马克思主义是科学，而且是实践的科学。它科学地揭示了人类社会发展的普遍规律，指出了无产阶级革命、社会主义建设与人类解放的正确道路；它坚持以实践为基础，紧密结合实际，不断研究和解决人民群众实践提出的新情况、新问题。这样一种实践的科学，在同中国的时代特征、社会实际、人民群众实践相结合之后，显示出了巨大的威力，改变了中国人民和中华民族苦难深重的命运。

党的十八大报告指出，90多年来，我们党紧紧依靠人民，把马克思主义基本原理同中国实际和时代特征结合起来，独立自主走自己的路，历经千辛万苦，付出各种代价，取得革命建设改革伟大胜利，开创和发展了中国特色社会主义，从根本上改变了中国人民和中华民族的前途命运。正如胡锦涛《在庆祝中国共产党成立90周年大会上的讲话》中所概括的，90多年来，中国共产党团结带领人民在中国这片古老的土地上，书写了人类发展史上的壮丽史诗，集中体现为完成和推进了三件大事①：

第一件大事，完成了新民主主义革命，实现了民族独立、人民解放。经过北伐战争、土地革命战争、抗日战争、解放战争，党和人民进行 28 年浴血奋战，打败日本帝国主义侵略，推翻国民党反动统治，建立了中华人民共和国。新中国的成立，使人民成为国家、社会和自己命运的主人，实现了中国从几千年封建专制制度向人民民主制度的伟大跨越，实现了中国高度统一和各民族空前团结，彻底结束了旧中国半殖民地半封建社会的历史，彻底结束了旧中国一盘散沙的局面，彻底废除了列强强加给中国的不平等条约和帝国主义在中国的一切特权。中国人从此站立起来了，中华民族发展进步从此开启了新的历史纪元。

第二件大事，完成了社会主义革命，确立了社会主义基本制度。创造性地实现由新民主主义到社会主义的转变，使占世界人口四分之一的东方大国进入社会主义社会，实现了中国历史上最广泛最深刻的社会变革。建立起独立的比较完整的工业体系和国民经济体系，积累了在中国这样一个社会生产力水平十分落后的东方大国进行社会主义建设的重要经验。

第三件大事，进行了改革开放新的伟大革命，开创、坚持、发展了中国特色社会主义。党的十一届三中全会以来，我们总结我国社会主义建设经验，同时借鉴国际经验，以巨大的政治勇气、理论勇气、实践勇气实行改革开放，经过艰辛探索，形成了党在社会主义初级阶段的基本理论、基本路线、基本纲领、基本经验，建立和完善社会主义市场经济体制，坚持全方位对外开放，推动社会主义现代化建设取得举世瞩目的伟大成就。

这三件大事，从根本上改变了中国人民和中华民族的前途命运，使具有 5000 多年文明历史的中国面貌焕然一新，中华民族伟大复兴展现出前所未有的光明前景。90 多年来，中国社会发生的变革，中国人民命运发生的变化，其广度和深度，其政治影响和社会意义，在人类发展史上都是十分罕见的。事实充分证明，在近代以来中国社会发展进步的壮阔进程中，历史和人民选择了中国共产党，选择了马克思主义，选择了社会主义道路，选择了改革开放。

（二）发展和进步应归功于马克思主义中国化

当代中国的发展进步归功于马克思主义中国化对中国实际问题的解

---

① 胡锦涛：《在庆祝中国共产党成立 90 周年大会上的讲话》（2011 年 7 月 1 日），《人民日报》2011 年 7 月 2 日。

决。恩格斯在晚年一再强调,未来社会主义是什么样的,要由生活在那个时代的人们,根据社会发展的实际,在新的实践中作出新的回答。马克思主义中国化是马克思主义实践性的现实化、具体化和基本旨趣,其根本目的就是以马克思主义为指导去分析、解决中国的实际问题。正是因为如此,高扬马克思主义旗帜的中国共产党的诞生,使中国革命的面貌焕然一新,使中华民族伟大复兴一步步从理想走向现实。简言之,中国90多年来的发展进步应当归功于马克思主义中国化,而不是其他什么主义在中国的传播应用。

新民主主义革命时期,毛泽东就特别强调:"应确立以研究中国革命实际问题为中心,以马克思列宁主义基本原则为指导的方针,废除静止地孤立地研究马克思列宁主义的方法。"[①] 他还说,理论必须解决实际问题,否则,再好的理论,哪怕是马克思主义,也是没有意义的。正是基于这种深刻认识,以毛泽东为代表的中国共产党人运用马克思主义去分析、解决中国实际问题,开辟了"农村包围城市,武装夺取政权"的革命道路,取得了革命的胜利,建立了新中国。

新中国成立初期,在中国这样一个人口众多、经济文化落后的国家,怎样进行社会主义改造?怎样建设社会主义?这也是中国共产党迫切需要回答的问题。以毛泽东为核心的党中央以解决中国实际问题为中心,创造性地提出了具有中国特色的社会主义改造理论。在此理论指导下,我国顺利地完成了对农业、手工业和资本主义工商业的社会主义改造,确立了社会主义制度,为当代中国一切发展进步奠定了根本政治前提和制度基础。

"文化大革命"结束后,面对我国社会主义建设中出现的挫折和失误,究竟"什么是社会主义、怎样建设社会主义"等基本问题,又严峻地摆在中国共产党面前。以邓小平为核心的第二代中央领导集体坚持以解决中国实际问题为中心,破解了社会主义首要的基本问题。关于"什么是社会主义",邓小平提出:"社会主义的本质,是解放生产力,发展生产力,消灭剥削,消除两极分化,最终达到共同富裕。"[②] 关于"怎样建设社会主义",邓小平开创了中国特色社会主义理论,第一次比较系统地回答了在中国这样一个经济文化比较落后的大国如何建设、巩固和发展社

---

① 《毛泽东选集》第3卷,人民出版社1991年版,第802页。
② 《邓小平文选》第3卷,人民出版社1993年版,第373页。

会主义的一系列基本问题。

20世纪90年代初，面对苏联解体、东欧剧变，面对我国发展遇到的新的困难和挑战，面对党执政地位和历史方位的变化，"建设一个什么样的党、怎样建设党"这一重大问题又摆在中国共产党面前。以江泽民同志为核心的党的第三代中央领导集体，创立了"三个代表"重要思想，依据新的实践确立了党的基本纲领、基本经验，确立了社会主义市场经济体制的改革目标和基本框架，确立了社会主义初级阶段的基本经济制度和分配制度，开创全面改革开放新局面，推进党的建设新的伟大工程。

新世纪以来，我国的社会主义建设和改革开放取得了显著新成就，但也遇到了一系列新情况、新问题和新矛盾，如收入差距问题比较突出，资源约束和市场需求约束增强，经济体制和其他方面的管理体制还不完善，民主法制和思想道德等方面存在着一些不容忽视的问题，等等。因此，回答"实现什么样的发展和怎样发展"的问题，又成为当务之急的重大战略问题。以胡锦涛同志为总书记的党中央提出了科学发展观的重大战略思想，为破解发展难题提供了科学的世界观和方法论，强调坚持以人为本、全面协调可持续发展，提出构建社会主义和谐社会、加快生态文明建设，形成中国特色社会主义事业总体布局，着力保障和改善民生，促进社会公平正义，推动建设和谐世界，推进党的执政能力建设和先进性建设。

党的十八大以来，新一届中央领导集体正在进一步探求以解决中国当前实际问题为中心，继续推进马克思主义中国化。中国梦作为当代中国发展进步的精神旗帜，凝聚中国人民团结一致实现中华民族伟大复兴。

从新中国"站起来"到改革开放"富起来"，再到新世纪"强起来"，我国综合国力、社会生产力、人民生活水平得到了极大提升。中国仅用了60多年的时间就将13亿人带入工业化阶段，这一阶段，欧美发达国家用了将近300年，中国谱写了人类发展史的奇迹。改革开放以来，我们沿着中国特色社会主义道路不断前进，经济建设、政治建设、文化建设、社会建设取得了举世瞩目的成就，实现了长达30多年的快速发展。2002年到2011年，国内生产总值年均增长10.7%，从世界第六位上升到第二位，人均国内生产总值由1000多美元提高到5432美元。当今世界，中国的发展已经成为世界经济的重要部分，成为金融危机冲击下世界经济发展的重要引擎，用无可争辩的发展事实，展现着社会主义制度的极大优越性。中国的发展进步，得益于科学的理论指导，得益于正确的前进道路，一句话，得益于马克思主义中国化的理论创新与实践探索。

（三）成功的实践昭示着系统性经验已初步形成

经验，是实践主体从多次实践中得到的知识或技能，同样，马克思主义中国化经验的取得也离不开长期的全面实践，中华大地成为马克思主义基本原理同本地实际、时代特征结合的现实试验场，见证了马克思主义中国化历史经验的探索、积淀和总结再应用。然而，将近一个世纪的马克思主义中国化历史实践仅仅为基本经验的积累提供了一个前提——仅仅经历了长期的实践是不够的，如果在实践中一事无成、一败涂地，或者只不过是在特殊的时代背景和外部条件助力下，只不过是实践主体的行动偶然地适应了社会发展规律，从而零星地取得了一些局部成就，也丝毫称不上是积累了一批基本经验。

任何经验的取得都来之不易，必须经历实践的反复锤炼之后才能形成，更何况是马克思主义中国化这一跨时代伟业的基本经验。毛泽东在七千人大会总结"大跃进"以来的经验教训时曾经指出，在抗日战争前夜和抗日战争时期的《中国革命战争的战略问题》等马克思主义中国化的重要文献，"只有在那个时候才能产生，在以前不可能，因为没有经过大风大浪，没有经过两次胜利和两次失败的比较，还没有充分的经验，还不能充分认识中国革命的规律。"[1] 毛泽东提出的这种思考方法，同样适用于我们今天对马克思主义中国化所取得的经验进行分析和思考。

中国共产党团结带领人民、紧紧依靠人民，建立了推动中国发展进步的丰功伟业，特别是完成和推进了三件大事，从根本上改变了中国人民和中华民族的前途命运，而且完全是在高扬马克思主义旗帜、依靠时刻把马克思主义同中国实际和时代特征结合而取得的，这充分说明了，马克思主义中国化的成功实践绝不是零星的、偶然的或依赖于某些特殊历史条件的，所取得的历史经验也绝不是碎片化、片断式的，而是基本上能够一以贯之，逐渐形成了较为完整的系统性的基本经验。

马克思主义中国化的成功实践昭示着系统性经验的初步形成。可以说，事实已经给出了明确的答案，马克思主义中国化基本经验的取得具备坚实的实践基础，此时我们也完全有底气、有资格回过头去，系统地总结这些基本经验。当然，马克思主义中国化的实践远远没有到达终点，基本

---

[1] 《毛泽东文集》第 8 卷，人民出版社 1999 年版，第 299 页。

经验的积累和总结也远没有到可以盖棺论定的时候，相对于需要几代人、十几代人持续努力的社会主义事业，90多年的进程只是这条历史长河中的一段，因而相应的基本经验只能说是已经初步形成。

二　马克思主义中国化基本经验的理论基础

经验来源于反复的实践，但又高于任何一次具体实践，它要求实践主体对客观实际的认识不断深入，并有意识地对获得的认识做出梳理和提炼，因而离不开科学的理论思维。在推进马克思主义中国化的进程中，中国共产党团结和依靠人民，不仅创造了世人瞩目的实践成就，还产生了影响深远的重大理论成果，为马克思主义中国化基本经验的总结奠定了坚实的理论基础。

（一）理论创新过程也是认真总结经验的过程

马克思主义根植于人类文明优秀成果的土壤之中，具有开放性、革命性和批判性。它把世界看作是永无止境的发展过程，能随着地域不同和时代变化审视新出现的问题，并从不同时代、不同地域、不同实践主体吸取新鲜元素，发展和创新理论，进而推动时代变迁，引领时代变革。

中国共产党在实践中不断推进马克思主义中国化的理论创新，但始终把这个过程看作是实现马克思主义基本原理与中国国情的有机结合的过程，并把这一点视为多年奋斗历程中积累的一条基本经验。毛泽东把二者的"结合"称为我们党领导中国革命必须解决的第一重要问题。邓小平把二者的"结合"称为我们吃了苦头总结出来的经验。江泽民把二者的"结合"称为我们党80年最基本的经验。胡锦涛也指出："我们党在八十多年的奋斗历程中积累的一条根本经验，就是要不断根据发展变化着的实际情况和时代条件，坚持马克思主义基本原理同中国具体实际相结合，不断开拓党和人民事业前进的道路。"①

这生动地说明了，马克思主义中国化的整个理论创新过程，也是中国共产党在认真回顾历史、努力总结经验的过程；每一次理论创新的历史性飞跃，正是在探索和试错的过程中，在新的时代背景和形势变化之下，思考省视历史经验的突出理论成果。无论是毛泽东思想，还是包括邓小平理论、"三个代表"重要思想以及科学发展观等重大战略思想在内的中国特

---

① 《十六大以来重要文献选编》（上），中央文献出版社2005年版，第642—643页。

色社会主义理论体系，都体现了对马克思主义中国化历史进程的正反两方面辩证分析和基本经验的总结，既珍惜成功经验，使其在不同的历史条件下发扬光大，切实转换成强大的物质力量，又重视失误教训，时刻引以为戒，避免重蹈覆辙。

可以说，马克思主义中国化的理论创新过程，始终伴随着中国共产党认真总结经验的努力，马克思主义中国化的重大理论创新成果，无一不是与对基本经验的深刻思考紧密联系在一起的。

（二）马克思主义中国化两大理论成果业已诞生

以中国化的马克思主义理论成果为标志，马克思主义中国化迄今为止取得了两次历史性飞跃，诞生了两大理论成果。习近平在纪念中国共产党成立 90 周年党建研讨会上的讲话指出："归结起来说，中国共产党 90 年来坚持马克思主义基本原理同中国具体实际相结合，推进马克思主义中国化产生了两大理论成果，这就是毛泽东思想和包括邓小平理论、'三个代表'重要思想以及科学发展观等重大战略思想在内的中国特色社会主义理论体系。马克思主义中国化的这两大理论成果，是我们党最可宝贵的政治和精神财富，是全党全国各族人民团结奋斗的共同思想基础，是指引党和国家事业不断从胜利走向胜利的行动指南。"[1]

以毛泽东为主要代表的中国共产党人，在总结中国革命正反两方面经验的基础上找到了中国新民主主义革命的正确道路，并适时进行社会主义革命，积极探索适合中国国情的社会主义建设道路，创立和发展了毛泽东思想。

毛泽东思想是马克思列宁主义在中国的创造性运用和发展，是被实践证明了的关于中国革命和建设的正确的理论原则和经验总结，它以一系列独创性思想为马克思主义理论宝库增添了新的内容。比如：一切从实际出发、理论联系实际、实事求是、在实践中检验真理和发展真理的思想路线；无产阶级领导的农民土地革命战争思想和农村包围城市的革命发展道路；人民军队和人民战争的思想；共产党与其他政治力量建立革命统一战线的理论和策略；新民主主义的政治、经济、文化的思想；人民是创造世界历史动力的思想和党的群众路线；正确处理党内矛盾和社会主义社会人

---

① 习近平：《中国共产党 90 年来指导思想和基本理论的与时俱进及历史启示——在纪念中国共产党成立 90 周年党建研讨会上的讲话》，《党建研究》2011 年第 7 期。

民内部矛盾的原则；和平实现社会主义改造的道路；处理国际关系的和平共处五项原则；党的思想、组织、作风建设的一系列原则，等等。概括起来说，毛泽东思想系统回答了在中国这样经济文化比较落后的大国进行什么样的革命、怎样进行革命的问题，系统回答了在无产阶级人数很少而战斗力很强、农民和其他小资产阶级占人口大多数的国家建设什么样的党、怎样建设党的问题，并在探索建设社会主义问题上取得了重要成果。

以邓小平为主要代表的中国共产党人，在总结新中国成立以后正反两方面经验的基础上，在研究国际经验和世界形势的基础上，在改革开放的崭新实践中，开辟了中国特色社会主义道路，创立了邓小平理论。

在中国这样的东方大国建设社会主义，和进行无产阶级革命一样，同样是马克思主义发展史上的新课题，必须从国情出发，把马克思主义基本原理同中国具体实际结合起来，走中国自己的建设道路。邓小平理论围绕什么是社会主义、怎样建设社会主义这个首要的基本的理论问题，在社会主义发展道路、发展阶段、根本任务、发展动力、外部条件、政治保证、战略步骤、领导力量和依靠力量以及祖国统一等重大问题上，形成一系列相互联系的基本观点，第一次比较系统地初步回答了中国这样的经济文化比较落后的国家如何建设、巩固和发展社会主义的一系列基本问题。其中许多新思想，如：社会主义本质和社会主义初级阶段的思想，社会主义的根本任务是发展生产力的思想，四项基本原则是立国之本、改革开放是强国之路的思想，社会主义也可以搞市场经济的思想，科学技术是第一生产力和尊重知识、尊重人才的思想，一系列"两手抓、两手都要硬"的社会全面发展的思想，从制度上建设党的思想，和平与发展是当今世界两大主题的思想，按照"一国两制"方针推进祖国和平统一大业的思想等，丰富、发展了马克思列宁主义和毛泽东思想。

以江泽民为主要代表的中国共产党人，把握世情、国情、党情的发展变化，在实践中积累了治党治国治军新的宝贵经验，创立了"三个代表"重要思想。

"三个代表"重要思想，继承和发展了马克思主义关于人类社会前进最终是由生产力发展决定的，同时是由先进文化引导的，是由人民群众推动的等基本原理；揭示了中国特色社会主义是社会主义市场经济、社会主义民主政治和社会主义先进文化的有机统一，是社会主义物质文明、政治文明和精神文明的全面发展，是党领导的伟大事业同党的建设新的伟大工程相互促进的进程；创造性地把党的建设同当今世界和当代中国的发展趋势，同我国社会主义制度的自我完善和发展，同实现中国特色社会主义的宏伟目标和各项任务联系起来，赋予党的性质和宗旨、党的指导思想和党的任务以鲜明的时代内涵和时代特征，标志着我们党对共产党执政规律、社会主义建设规律、人类社会发展规律的认识达到新高度。

以胡锦涛为总书记的党中央，顺应国内外形势发展变化，发扬求真务实、开拓进取精神，继续推进理论创新和实践创新，提出了科学发展观等重大战略思想。

科学发展观将发展作为第一要义，强调发展是硬道理，在当代中国的本质要求就是科学发展；科学发展观将以人为本作为核心，把经济社会发展与人的全面发展统一起来，赋予党的宗旨以新的时代内涵；科学发展观将全面协调可持续作为基本要求，揭示了经济建设、政治建设、文化建设、社会建设以及生态文明建设的内在联系，揭示了科学发展与社会和谐的内在联系，回答了我国经济社会发展中的一系列重大问题；科学发展观将统筹兼顾作为根本方法，丰富和发展了解决我国经济社会矛盾的方法论，深化了对社会主义现代化建设的规律性认识。科学发展观是同马克思列宁主义、毛泽东思想、邓小平理论和"三个代表"重要思想既一脉相承又与时俱进的科学理论，继续回答了什么是社会主义、怎样建设社会主义，建设什么样的党、怎样建设党的问题，创造性地回答了实现什么样的发展、怎样发展的问题，使我们党对中国特色社会主义的认识达到了新高度。

马克思主义中国化取得的每一项重大理论成果，都深刻体现了继承前人而不墨守成规，开拓进取而不因循守旧的创新精神，深刻体现了马克思主义与时俱进的理论品格，化作进一步推动马克思主义中国化进程的强大动力。

（三）理论飞跃及其成果奠定了基本经验的理论基础

由上述可知，马克思主义中国化理论创新业已取得的历史性飞跃及形成的两大理论成果，表明马克思主义中国化基本经验的思考和总结已经具备了充分的主体条件：一方面，中国共产党重视总结历史经验，特别是马克思主义中国化的基本经验，并把这种努力始终贯穿于其理论创新的整个过程之中，将对基本经验（或根本经验）的思考体现在重大理论成果之中；另一方面，中国共产党推进理论创新取得的两次飞跃和两大成果，已被实践证明是进一步推动马克思主义中国化进程的强大动力，是我们最可宝贵的政治和精神财富，这证明马克思主义中国化的基本经验绝不是无中生有的空泛概念，而是具备了数量众多、内涵丰富而又意义非凡的理论资源，完全可以上升到应有的理论高度，来进行一次全面、系统的总结。

总之，中国共产党作为推进马克思主义中国化的最主要的主体，不仅有着不断总结基本经验的意愿，而且具备了进行理论思考、理论创新乃至用以指导进一步实践的能力，这两个层面相互促进、相得益彰，共同构成了马克思主义中国化基本经验形成的理论基础。

第二节　马克思主义中国化经验的表述方式与层次划分

如果说，我们把中国共产党推进马克思主义中国化的历史经验最终归结到一点，那么，"把马克思主义基本原理同中国具体实际相结合"无疑居于不可替代的重要地位。然而，为了更加深入地理解马克思主义中国化的基本经验，更加有条理地表述这些基本经验，有必要先对马克思主义中国化历史经验的表述方式及层次划分等问题进行简要探讨。

一　马克思主义中国化经验总结的表述方式

只有弄清楚什么是经验，才有可能对马克思主义中国化进程中经验类的内容作出适当表述。所谓经验，是指实践主体从多次实践中得到的知识或技能。因此，经验是针对实践主体而言，是实践证明比较有效的认识、做法，它尽管来自于对客观实际的认识，来自于改造客观世界的实践，但归根结底是直接与主体的认识和行动相关。总结经验的目的，简要地说，就是要把过去看准了、做对了的东西加以总结、坚持，把过去看偏了、做差了的东西加以反思、纠正，以更好地运用于指导今后的实践。

因此，谈到马克思主义中国化的经验，必须满足以下三个基本条件：第一，它们是马克思主义中国化的主体在这90多年来的实践中逐步积累而来的，在每一条经验的表述中间，都会或明或暗地存在着一个重要实践主体——中国共产党；第二，它们来自实践但又高于任何一次具体实践，研究者首先需要对马克思主义中国化的整体进程或是某个阶段的局部进程加以考察，分析其中存在的一些客观规律或规律性现象，继而以此为参照，对主体认识运用规律的有效性及其实践结果进行全面评估，再通过适当的抽象概括而提炼出具有一定普遍意义的经验心得；第三，它们提供的启示和教训，可以被运用于指导今后的实践，以更加有效地推进马克思主义中国化的进程。

此外，在时态的运用上，经验既是来源于对过去的总结，又可以看作是对未来的启示，因此命题的表述既可以用过去式，例如，"对社会主义建设规律的认识提升到了新高度"，也可以结合历史经验对未来提出展望和要求，例如"必须牢牢坚持并不断巩固马克思主义在我国主流意识形态中的指导地位"。而在实际研究中，应用得最多的还是表述简明扼要但时态不必十分明确的方式，例如，"真正地了解中国现实实际，一切从中国国情出发"，"把人民群众的利益需求和创造精神紧密结合起来作为社会主义建设的基本方针"，等等。

二 与马克思主义中国化"经验"密切相关的若干范畴

研究马克思主义中国化的经验，离不开马克思主义中国化的历史进程，也绕不开对经验与规律之间、经验与教训之间关系的辨析。

（一）马克思主义中国化的进程与经验

进程是事物在时间或空间上连续发展变化或进行的过程，其发展变化根源于事物的内部矛盾。毛泽东曾指出："事物总是作为过程而向前发展的。而任何一个过程，都是由矛盾着的两个侧面相互联系又相互斗争而得到发展的。"① 马克思主义中国化的历史进程，同样是一个不断发展变化、不断深入进行的过程，迄今为止可以从三个历史时期、两次历史性飞跃、两大理论成果的角度来概括，即新民主主义革命、新中国成立到党的十一届三中全会、党的十一届三中全会召开以后这三个历史阶段；新民主主义革命时期马克思主义与中国实际相结合的第一次历史性飞跃和改革开放以来马克思主义与中国实际相结合的第二次历史性飞跃；产生了毛泽东思想和包括邓小平理论、"三个代表"重要思想和科学发展观等在内的中国特色社会主义理论体系这两大理论成果。

马克思主义中国化的历史经验来自于将马克思主义与中国实际相结合的实践，离开了对进程的回顾、认识和反思，经验就无从产生；得到经验

---

① 《建国以来毛泽东文稿》第 10 册，中央文献出版社 1996 年版，第 442 页。

本身不是目的，更重要的是，要从以往的辉煌胜利或曲折艰辛中获取启迪、汲取力量，以便更好地指导实践，使马克思主义中国化接下来的历史进程更为顺利，尽量少走弯路、少付出不必要的代价。

（二）马克思主义中国化的经验与规律

尽管在具体策略上，当形势不够明朗时，小范围的试错、摸着石头过河也能取得一定的突破、产生一部分经验，但总的来说，成功的经验绝大部分是人们在自觉地认识规律、遵循规律的过程中获得的。可以说，经验同对规律的认识密不可分。

例如，中国的社会主义建立在一个生产力水平低下、经济文化落后的新民主主义社会基础之上，虽然跨越了资本主义的"卡夫丁峡谷"，却不可能跨越资本主义先进的生产力、不可能跨越商品经济充分发展的阶段。正是基于这一规律，邓小平对中国社会主义的历史方位作出了科学判断，即中国处于社会主义初级阶段，并在深刻把握这一基本国情的基础上创立了邓小平理论，实现了马克思主义中国化的第二次历史性飞跃。在此过程中，为探索建立社会主义市场经济，给基层群众的大胆创新、某些地区的勇于尝试营造了宽松的环境，闯出了一条中国特色的经济发展之路，创造了一大批鲜活的具体经验。

经验与规律又是有严格区别的，规律是客观事物之间或是主客体之间矛盾运动中体现出来的内在的、本质的必然联系，而经验尽管来自于人们改造客观世界的实践，但归根结底是直接与主体的认识和行动相关，因此，它受制于主体的具体经历和历史视野，会因同一规律在不同条件下的不同表现而有所侧重甚至得出不同的经验，却也因此更具有历史性、针对性、独特性。

例如，中国共产党在坚持和发展马克思主义、推进马克思主义中国化的进程中，始终是有"左"反"左"、有右反右，但总的来说，由于"左"的错误和教条主义的马克思主义观曾经给中国革命和建设带来了严重损失，留下了浓重的阴影，而我们党在纠正"左"的错误方面又积累了大量的经验、取得了重大的胜利，因而使得人们往往对"左"的错误更加警惕，对反"左"的经验更为推崇。这一方面为从根本上远离"左"的思想漩涡奠定了良好的基础，另一方面也易于在矫枉过正的心态下忽视暗潮汹涌的右的威胁，因此，有待于根据新的时代变化、根据对中国特色社会主义发展前景的判断，以发展的眼光分析马克思主义中国化的历史经验，既重视反"左"的经验以避免重蹈覆辙，也注意挖掘反右的经验以更好地应对当前以及未来一段时期的思潮动向。

（三）马克思主义中国化的经验与教训

中国共产党人在践行马克思主义中国化的历程中既取得了伟大的成绩，也充满了艰辛和曲折，留下了很多值得总结记取的经验和教训。

讨论经验与教训的关系，不是简单地回答是否应当回避马克思主义中国化进程中的挫折、失误和教训，关键在于，我们要总结90年来的经验，那么这些经验是否是一以贯之、始终是以正面的积极的意义载入马克思主义中国化的光辉史册？是否有一些重要的经验（暂且不论具体的局部的经验），在大部分时期都坚持得很好，但在某些时期由于做得不足而影响了探索的进程、尝到了反面教训？甚至是否因为把某些经验绝对化、静止化，从而走向另一个极端，演化成为人们所不愿见到的教训？反过来，是否还有一些经验，正是经历了挫折之后，通过对教训的反思而取得的？

例如，就推动马克思主义的中国化而非"他国化"而言，中国共产党成功地开辟了一条具有中国特色的革命道路，进入社会主义建设时期之后不久，毛泽东就为防止照搬苏联经验适时地提出了"以苏为鉴"，强调从中国的国情出发，"进行第二次结合，找出在中国进行社会主义革命和建设的正确道路"①。"大跃进"在一定程度上是由反对照搬苏联经验而引发的，"阶级斗争扩大化"的理论和实践就是为了使中国不蹈苏联"蜕变"的覆辙，要"反修防修"而采取的重大举措；苏共二十大之后中苏十年论战，对中国共产党随后产生的警惕右而没有警惕"左"的思想倾向有着重大的影响，但正是这场论战对中国思想界进行的普遍洗礼，使得苏联在20世纪后半叶一步步滑向人道的民主社会主义并最终背弃科学社会主义以至于亡党亡国之际，中国没有亦步亦趋地步之后尘。

可见，在马克思主义中国化的探索进程中，经验与教训往往相伴而生，因此，对这一类经验在肯定、强调的同时，要避免将其绝对化、抽象化，而且要指出其过犹不及或者是变质走样的可能性，这样才能使经验不再演化为教训，也不会因为在某个领域内曾经有了教训就不成其为经验。

总结教训不是为了否定过去，而是更好地启示未来。因此，我们不能像某些研究者一样，抱着把某个历史时期涂成一片黑的态度，聚焦于当时

---

① 吴冷西：《十年论战》（上），中央文献出版社1999年版，第23页。

的具体做法、具体情况本身，仿佛只要把这些做法统统翻过来就是正确的、就算汲取教训了；而是要客观地分析当时的历史条件，将关注点聚焦于自我纠错机制的建立，只有这样，才有可能真正地化教训为经验。

三　马克思主义中国化的整体经验与阶段性经验

在过去的几年里，对马克思主义中国化历史经验的探讨成为理论界的一大研究热点。应该说，经历了近一个世纪的探索，总结经验这样的规律性认识并不是一种偶然。但这些研究之所以能如雨后春笋般集中涌现，还得益于这几年中的几项重大纪念活动：纪念改革开放 30 周年，纪念五四运动 90 周年，纪念新中国成立 60 周年，纪念中国共产党成立 90 周年。与之相对应，党中央和理论界在总结经验时，也大致按照 30 年、60 年、90 年这样三个区间来总结。

（一）政界学界对改革开放以来 30 年的经验总结

2007 年党的十七大召开、2008 年纪念改革开放 30 周年，各界对中国共产党在这 30 年间的历史经验作出了总结。党的十七大报告和胡锦涛《纪念党的十一届三中全会召开 30 周年大会上的讲话》，都已经对"我们这样一个十几亿人口的发展中大国摆脱贫困、加快实现现代化、巩固和发展社会主义的宝贵经验"进行了总结，概括出"十大结合"，即：

必须把坚持马克思主义基本原理同推进马克思主义中国化结合起来，解放思想、实事求是、与时俱进，以实践基础上的理论创新为改革开放提供理论指导；必须把坚持四项基本原则同坚持改革开放结合起来，牢牢扭住经济建设这个中心，始终保持改革开放的正确方向；必须把尊重人民首创精神同加强和改善党的领导结合起来，坚持执政为民、紧紧依靠人民、切实造福人民，在充分发挥人民创造历史作用中体现党的领导核心作用；必须把坚持社会主义基本制度同发展市场经济结合起来，发挥社会主义制度的优越性和市场配置资源的有效性，使全社会充满改革发展的创造活力；必须把推动经济基础变革同推动上层建筑改革结合起来，不断推进政治体制改革，为改革开放和社会主义现代化建设提供制度保证和法制保障；必须把发展社会生产力同提高全民族文明素质结合起来，推动物质文明和精神文明协调发展，更加自觉、更加主动地推动文化大发展大繁荣；必须把提高效率同促进社会公平结合起来，实现在经济发展的基础上由广大人民共享改革发展成果，推动社会主义和谐社会建设；必须把坚持独立自主同参与经济全球化结合起来，统筹好国内国际两个大局，为促进人类和平与发展的崇高事业做出贡献；必须把促进改革发展同保持社会稳定结合起来，坚持改革力度、发展速度和社会可承受程度的统一，确保社会安定团结、和谐稳定；必须把推进中国特色社会主义伟大事业同推进党的建设新的伟大工程结合起来，加强党的执政能力建设和先进性建设，提高党的领导水平和执政水平、拒腐防变和抵御风险能力。

在纪念党的十一届三中全会召开 30 周年大会上，胡锦涛强调："30 年来，我们党的全部理论和全部实践，归结起来就是创造性地探索和回答了什么是马克思主义、怎样对待马克思主义，什么是社会主义、怎样建设社会主义，建设什么样的党、怎样建设党，实现什么样的发展、怎样发展等重大理论和实际问题。30 年的历史经验归结到一点，就是把马克思主义基本原理同中国具体实际相结合，走自己的路，建设中国特色社会主义。"① 这集中体现了中国共产党对改革开放和现代化建设以来马克思主义中国化历史经验的深刻把握。

（二）政界学界对新中国成立以来 60 年的经验总结

2009 年是新中国成立 60 周年，又逢五四运动 90 周年，这一年对新中国 60 年马克思主义中国化的基本经验研究成果比较集中。有学者认为，60 年艰辛探索形成了宝贵的经验，其中主要是搞清楚了三个问题："什么是马克思主义、怎样对待马克思主义"，"什么是社会主义、怎样建设社会主义"，"什么是人民群众的积极性，如何依靠人民群众的力量推进社会主义"②。有学者指出，新中国 60 年来推进马克思主义中国化的根本经验就是实事求是，即运用马克思主义立场、观点和方法研究不断发展变化的世情、国情、党情，努力探求共产党执政规律、社会主义建设规律、人类社会发展规律。③ 还有学者认为，马克思主义中国化不断深入发展的历史过程中，形成了四点基本经验：马克思主义中国化的基本要求在于运用马克思主义的世界观和方法论来研究和把握中国经济社会发展的客观规律；马克思主义中国化的基本内容就是与中国文化紧密结合，给予中国文

① 胡锦涛：《在纪念党的十一届三中全会召开 30 周年大会上的讲话》，《人民日报》2008 年 12 月 19 日。

② 包心鉴：《新中国 60 年马克思主义中国化的基本经验》，《西北大学学报》（哲学社会科学版）2009 年第 39 卷第 6 期。

③ 贾建芳：《新中国 60 年来马克思主义中国化的根本经验》，《理论视野》2010 年第 2 期。

化以马克思主义的科学解释；马克思主义中国化的基本方式之一就是要倡导党的领导集体中的成员独立撰写马克思主义大众化的文章；马克思主义中国化的基本特点不仅仅是理论的特色化、中国化，而且是顺应世界发展潮流的国际化、世界化。①

（三）政界学界对建党以来 90 年的经验总结

2011 年前后，纪念中国共产党成立 90 周年时，又出现一批对马克思主义中国化基本经验的思考总结和研究成果。

习近平在纪念中国共产党成立 90 周年党建研讨会上的讲话中指出，党的指导思想和基本理论与时俱进的历史进程，为我们提供了许多深刻的启示：推进马克思主义中国化，一定要以科学态度对待马克思主义，正确处理坚持和发展、一脉相承和与时俱进的辩证统一关系；推进马克思主义中国化，一定要胸怀共产主义远大理想，坚持以我们正在做的事情为中心，充分尊重人民群众的伟大实践和创造；推进马克思主义中国化，一定要以宽广的眼光密切观察世界局势的发展变化，积极借鉴吸收人类文明一切优秀成果；推进马克思主义中国化，一定要坚持不懈地用党的理论创新成果武装党员干部头脑，不断提高全党的思想理论水平。②

在学界，诸多学者结合自身研究的结论做出了各种概括，有专家认为，90 年来取得的基本经验有：破除迷信，解放思想，科学地对待马克思主义；真正地了解中国现实实际，一切从中国国情出发；继承优秀历史文化，创造马克思主义的民族形式，形成中国特色；坚持世界眼光，与时俱进，不断吸收人类文明优秀成果；总结群众实践经验，让理论掌握群众改造中国。③ 有学者提出，中国共产党成立 90 年来，在马克思主义中国化史上写下了不朽的篇章，积累了丰富的经验：解放思想、实事求是是推进马克思主义中国化的基本法宝，以解决中国实际问题为中心是马克思主义中国化的基本目的，维护和实现最广大人民群众的根本利益是马克思主义中国化的价值取向，把中国丰富的实践经验上升为理论是马克思主义中

---

① 辛向阳：《马克思主义中国化的四点基本经验》，《河北师范大学学报》（哲学社会科学版）2009 年第 32 卷第 6 期。

② 习近平：《中国共产党 90 年来指导思想和基本理论的与时俱进及历史启示——在纪念中国共产党成立 90 周年党建研讨会上的讲话》，《党建研究》2011 年第 7 期。

③ 石仲泉：《马克思主义中国化的艰辛探索和基本经验》，《毛泽东邓小平理论研究》2011 年第 7 期。

国化的理论旨趣。①

　　由于每个时期我们面对的国情、世情、党情不同，要解决的问题不同，那么每一阶段有每一阶段的历史经验，是符合实际的，而且阶段性的经验能成为整体经验的基础。但是，停留在阶段性的经验总结上还是不够的，如何在把握马克思主义中国化整体进程中找出一些共性的、基本上贯穿于始终的基本经验，也是十分必要的。

四　马克思主义中国化历史经验的层次性

　　中国共产党坚持马克思主义中国化的波澜壮阔的伟大历程，取得了丰富的经验。对此，已有许多学者从不同的学科、不同的视角进行总结，有着不同的概括。

　　一部分学者是从某一个角度强调某一点，他们认为是马克思主义中国化的最重要的经验，例如：理论联系实践，是最宝贵的经验②；坚持与发展，是首要基本经验③；坚持马克思列宁主义的普遍真理和中国革命的具体实践相结合的正确方向，是根本性经验。④

　　大多数研究则将研究主题确定为"基本经验"或"历史经验"、"经验"，然后在同一层次上展开论述，也就是列举若干条经验，如四点基本经验、十大经验等。⑤

　　还有的研究将"经验"划分为不同的层次，首先是基本经验，其次是主要经验，再次是具体经验。⑥或者把居于统领作用的最高层次的经验称为根本经验，如有的专家认为，"纵观马克思主义中国化的伟大历史进

---

①　张远新：《90 年来中国共产党推进马克思主义中国化的基本经验》，《马克思主义研究》2011 年第 3 期。

②　李珊珊：《理论联系实际：马克思主义中国化最宝贵的经验》，《理论月刊》2009 年第 11 期。

③　黄刚：《坚持与发展：马克思主义中国化的首要基本经验》，《长江论坛》2011 年第 6 期。

④　田心铭：《把马克思主义基本原理同中国具体实际相结合——试论新中国的根本历史经验》，《高校理论战线》2009 年第 9 期。

⑤　刘先春、杨志超：《马克思主义中国化的四大根基——关于马克思主义中国化基本经验的理论总结》，《理论学刊》2011 年 2 月总第 204 期；刘锋：《中国共产党推进马克思主义中国化的十大经验》，《党政干部学刊》2011 年第 9 期。

⑥　王海、甄巍然：《基本经验·主要经验·具体经验——马克思主义中国化的经验解读》，《宁夏党校学报》2010 年第 12 卷第 4 期。

程，最根本的一条经验就是理论联系实际"，然后具体来说又有四点历史经验，即必须坚持马克思主义的理论指导、理论武装、理论创新和优良学风。①

值得注意的是，这些表述之所以存在着各种差别，往往是因为各自的概括处于不同的层次之上，造成这些结论之间难以直接进行比较、对接和整合；而一旦仔细地划分支撑其核心论点的具体层次的各个论据，就会发现大部分内容是不谋而合的。这就说明，若要在马克思主义中国化的历史经验提炼问题上充分吸收已有的研究成果，并取得最大程度的共识，就必须分清主次，将诸多的经验分门别类，既突出最根本最重要、最具有全局影响力的基本经验，又充分珍惜蕴含着大量具体经验的历史宝库。

我们的考察对象，应当是在划分层次、分清主次的基础上，先集中归结出若干马克思主义中国化的基本经验，然后再结合每一时期的特点和中心任务，结合当前的重大理论和现实问题的需要，总结出一些主要经验。

第三节　中国共产党推进马克思主义中国化的基本经验

基于以上准备，本节尝试对 90 多年来中国共产党推进马克思主义中国化的基本经验作出几点概括。对这些基本经验内容的表述，话语看似寻常，但在它们背后，却是蕴藏着众多惊心动魄的历史选择，凝聚着众多前无古人的理论探索，支撑着马克思主义中国化这一伟大历史进程的顺利进行。

一　把握马克思主义理论精髓

马克思主义中国化的第一条基本经验是：把握理论精髓，坚持马克思主义基本原理，科学地对待马克思主义。这是实现和推进马克思主义中国化的基本前提。

马克思主义是实现马克思主义中国化的理论指导和行动指南，把握其理论精髓的第一要义，是系统掌握马克思主义基本原理，信仰马克思主

---

① 王伟光：《总结马克思主义中国化的历史经验推进马克思主义中国化的不断创新——在"中国马克思主义论坛 2009"上的演讲》，《理论视野》2009 年第 12 期。

义、坚持马克思主义、用马克思主义指导行动。如果不相信马克思主义，不坚持马克思主义，马克思主义中国化就无从谈起。把握理论精髓的第二要义，是"强调马克思主义理论的行动指南性、科学方法性和不断发展性"①。如果把马克思主义神圣化、绝对化、教条化，静止地去对待马克思主义，生搬硬套地运用于具体的实践中，也不能称为马克思主义中国化。

（一）系统掌握并始终坚持马克思主义基本原理

就理论形态而言，马克思主义是马克思恩格斯创立的并由其后继者丰富和发展了的观点与学说的体系，它是无产阶级认识世界和改造世界的理论武器。马克思主义是我们立党立国的根本指导思想，坚持马克思主义的基本原理不动摇，是中国共产党实现马克思主义中国化的根本。历届中央领导集体都反复强调：马克思主义的基本原理任何时候都要坚持，"老祖宗不能丢"，丢掉老祖宗，就会迷失方向，犯下大错误。

思想是行动的先导，只有马克思主义的科学理论入脑入心，才能从思想深处解决好信仰、信念和信心问题，才能真正与中国的具体实际相结合，实现马克思主义中国化。在"真学，真懂，真信，真用"当中，"真学"是基础，"真懂"是前提。如果不能潜下心来认真学习，静心思考，就不可能真懂；如果不是真正理解，真信、真用就是空话。马克思主义是个博大精深的理论体系，系统掌握马克思主义基本原理，就是对马克思主义经典作家的著作认真阅读研究，深刻领会精神实质，熟悉马克思主义的基本理论，从而加强工作中的原则性、系统性、预见性和创造性。学习和掌握马克思主义基本原理，最关键的是认识到马克思主义理论中最本质的东西，也就是马克思主义理论体系中最基本的立场、观点和方法。只有系统地而不是零碎地、实际地而不是空洞地学习马克思主义的基本原理，形成科学的思维方法，才能顺利地推进马克思主义中国化。

不断推进马克思主义中国化，必须始终坚持马克思主义的理论指导。中国革命、建设和改革的实践过程充分证明，党和国家事业的兴衰成败，从根本上说都取决于是否真正坚持马克思主义科学理论的指导。无论时代怎样发展，历史条件如何变化，马克思主义的指导地位绝不能动摇。借口

---

① "马克思主义中国化的历史进程和基本经验"课题组：《马克思主义中国化研究——历史进程和基本经验》（下），北京出版集团公司、北京人民出版社2009年版，第677页。

时代和历史条件的变化，轻视、怀疑甚至否定马克思主义理论的指导地位，党和国家的事业就会偏离正确的方向，就会遭受损失甚至失败。坚持马克思主义基本原理是推进马克思主义中国化的重要前提。认为马克思主义中国化就是要把马克思主义变成另外的东西，"一个新的东西，中国的东西，与原来的东西不同"，是对马克思主义中国化的歪曲。①

中国的革命和建设中出现了许多前无古人的伟大创造，但究其本质，都没有离开马克思主义基本原理的指导。例如，我们以无产阶级作为新民主主义革命的领导力量，但并没有否定这一阶段革命的性质仍然是资产阶级民主革命，因而中国共产党将农民及小资产阶级都作为无产阶级的同盟者。又如，改革开放以来，我国所有制结构中的非公有制经济成分大大增加，但公有制经济仍然是主体，国有经济居于主导地位，这一基本原则没有改变。实行社会主义市场经济，这既是我们在建设中国特色社会主义过程中实现的重大突破，但也并没有从根本上违背马克思主义经典作家的理论设想——实际上，马克思在《共产党宣言》当中提出，无产阶级专政的国家在集中控制了土地、银行、运输业之后，还要借助于地租提供的国家支出、借助于国家资本和独享垄断权、借助于国家工厂的不断壮大，继续发展社会生产力，继续改造社会生产关系，逐步向共产主义社会过渡②。

当然，我们也反对把马克思主义理论体系中的每一个语句都当作基本原理，如果不顾历史条件和客观情况的变化，把马克思主义经典作家所有的话都当成不可更改的教条，那就会损害乃至窒息马克思主义的生命力。

（二）反对曲解马克思主义或将其教条化

把握马克思主义理论精髓，还体现在必须坚持科学的马克思主义观，既不能随意曲解马克思主义，也不能将其固化在书本当中、走向教条化。

马克思主义是在与形形色色的思潮和理论的斗争中诞生并发展起来

---

① 王伟光：《总结马克思主义中国化的历史经验推进马克思主义中国化的不断创新——在"中国马克思主义论坛 2009"上的演讲》，《理论视野》2009 年第 12 期。

② 马克思在《共产党宣言》中提出了通过国有化剥夺私有制的具体措施，包括"剥夺地产，把地租用于国家支出"，"通过拥有国家资本和独享垄断权的国家银行，把信贷集中在国家手里"，"把全部运输业集中在国家手里"，"增加国家工厂和生产工具，开垦荒地和改良土壤"。参见《马克思恩格斯选集》第 3 卷，人民出版社 1995 年版，第 293—294 页。从这些论述来看，社会主义革命成功后，国家不一定立即消亡，市场经济不一定立即失效，而是通过国有化壮大国有经济，向自由人联合体过渡。

的，包括与一些似是而非的贴着"马克思主义"标签却背离了其本质的非马克思主义、假马克思主义进行争论以至斗争。在国际共产主义运动史上，既存在着企图修正马克思主义的基本原则，从而违背了马克思主义指导思想的倾向，也存在着把马克思主义"本本化"、"教条化"，搬用马克思主义书本上的理论原则或具体结论，从而扭曲马克思主义的本质和生命力的倾向。

作为马克思主义中国化的首创成果，毛泽东思想是在与本本主义、教条主义的长期斗争中，在正确理解、科学坚持马克思主义的过程中逐步形成并不断成熟的。1930 年，毛泽东写了《反对本本主义》，明确指出："马克思主义的'本本'是要学习的，但是必须同我国的实际情况相结合。我们需要'本本'，但是一定要纠正脱离实际情况的本本主义。"① 第五次反"围剿"失败的惨痛教训和两万五千里长征的非凡经历，使中国共产党人进一步认清将马克思主义基本原理同中国具体实际紧密结合起来的极端重要性，成为开创马克思主义中国化的基本出发点。1938 年 10 月，毛泽东在党的六届六中全会上第一次提出"马克思主义在中国具体化"，提炼出把马克思主义基本原理同中国具体实际紧密结合起来的精辟思想。这一重要思想，不仅成为夺取中国革命伟大胜利的根本法宝，而且成为探索社会主义建设道路的根本选择。延安整风期间，毛泽东指出，党内的马克思主义有两种：一种是假马克思主义，夸夸其谈，从心所欲，无的放矢，不顾实际；另一种是真马克思主义，实事求是、不尚空谈，顾及时间、地点与条件。在党的七大上，他又说，我们要的是香的马克思主义，不是臭的马克思主义；是活的马克思主义，不是死的马克思主义。

20 世纪 50 年代的社会主义建设实践当中，我们逐渐注意到了苏联发展方式的弊端，明确提出搞社会主义不一定全照苏联那套公式，并自觉地对社会主义建设道路进行了独立自主的艰辛探索，开拓了一条符合当时实际情况、具有本国特色的社会主义改造和工业化道路。1956 年的《论十大关系》、1957 年的《关于正确处理人民内部矛盾的问题》等重要著作，深刻体现了这一时期中国共产党在坚持马克思主义中国化方面的正确思想。遗憾的是，从 50 年代后期开始，偏离了前进道路的"左"的方针路线逐渐居于主导地位，最终导致"文化大革命"的发生。

---

① 《毛泽东选集》第 1 卷，人民出版社 1991 年版，第 111—112 页。

在改革开放新的历史时期，邓小平着眼于时代变化和实践发展，继续坚持与发展马克思主义，有"左"反"左"，有右反右，既拨乱反正、坚定地推进改革开放，又反对资产阶级自由化、坚持四项基本原则，再一次创造性地推进了马克思主义中国化的历史性飞跃。邓小平认为，在中国这样落后的国家建设社会主义，马克思列宁的本本上找不出来，要靠自己总结经验教训，去大胆地试，大胆地闯。"不解放思想不行，甚至于包括什么叫社会主义这个问题也要解放思想。"① 此后，"三个代表"重要思想和科学发展观等重大战略思想，对邓小平理论作出了与时俱进的丰富和发展，共同构成了中国特色社会主义理论体系。在当代中国，坚持中国特色社会主义理论体系，就是真正坚持马克思主义。

纵观中国共产党不平凡的思想历程，生动体现了探索社会主义发展规律的马克思主义科学态度。这90多年中，科学的马克思主义观居于指导思想的时期占大多数，而僵化的、教条化的马克思主义仅在少数的一些时期内占据上风；修正的变质的假马克思主义虽然也使一部分人陷入了迷惑，在局部产生了一定的影响，但没有掌握过思想领域的领导权。正是在同这些错误思潮进行坚决斗争的基础上，排除了干扰，端正了航向，保证了马克思主义中国化不断取得新胜利。这是中国共产党取得辉煌成就的根本原因。

二　扎根中国革命和建设实践

马克思主义中国化的第二条基本经验是：扎根中国实践，实现马克思主义与中国革命和建设具体实际、中华优秀传统文化的"互相结合"。这是实现马克思主义中国化的根本路径。

马克思主义中国化的实践反复证明，只有把马克思主义基本原理深植于中国革命、建设和改革的现实土壤之中，准确把握马克思主义与基本国情、时代特征的结合点，在实践中不断深化和发展马克思主义，才能使之迸发出无限生机与活力，对实践产生巨大的指导作用。

准确地认识、把握中国的历史传统和中国国情这个客体，是实现马克思主义中国化、继续推进马克思主义中国化事业的基本前提，也是中国共产党正确制定自己的路线方针政策的前提和基础。走适合中国国情的革

---

① 《邓小平文选》第 2 卷，人民出版社 1994 年版，第 312 页。

命、建设和改革的道路，就必须正确地认识中国的国情，把握我国社会主义发展的历史方位，充分反映社会主义革命、建设和改革的客观规律。马克思主义与中国实际的结合是双向的互动：一方面，使马克思主义在中国具体化，成为"中国化的马克思主义"；另一方面，又"使中国革命丰富的实际马克思主义化"，即把中国革命的宝贵经验上升为理论，进入马克思主义的理论范畴。其中一个关键的因素在于，只有马克思主义与中国传统优秀文化相结合，才能真正实现马克思主义中国化，使马克思主义具有鲜明的民族特色；同时，通过马克思主义的理论先进性"激活"中国传统文化中所积淀的积极因素，为中国传统文化的现代化开辟更广阔的前景。

　　了解中国国情这一中国最大的实际，就必须对中国国情有一个总体的科学判断，必须对中国的社会性质、社会发展阶段、社会主要矛盾及其变化、中国经济政治文化发展之特点和走向、特别是对中国文化传统、中国民族性有深刻的认识。

　　（一）把握时代主题，为马克思主义增添时代内容

　　马克思主义作为人类先进思想文化的结晶，是历史的产物，是时代精神的精华。随着时代主题的转换和时代内容的变革，马克思主义对时代提出的重大理论和实践课题作出新的回答，实现马克思主义与时俱进。恩格斯指出："每一个时代的理论思维，从而我们时代的理论思维，都是一种历史的产物，它在不同的时代具有完全不同的形式，同时具有完全不同的内容。"[①] 应时而生、与时俱进，是马克思主义始终保持蓬勃生命力的重要因素，也是马克思主义中国化得以不断推进的重要因素。

　　马克思主义创立后，到19世纪末20世纪初，主要资本主义国家进入垄断资本主义阶段，列宁基于对帝国主义时代主题和特征的科学把握，提出了一国或数国胜利论的社会主义革命思想，指导了十月革命的胜利，也为中国这一当时处于半封建半殖民地境遇中的国家指明了方向。正是基于对国际格局和中国社会性质的判断，第一代中国共产党人领导人民进行了新民主主义革命，建立了新中国，继而完成了社会主义改造，走上了社会主义建设的探索道路。

　　同样，如果没有时代主题由战争与革命到和平与发展的转换，没有中

---

① 《马克思恩格斯文集》第9卷，人民出版社2009年版，第437页。

国共产党人对时代发展主题的科学把握，就没有中国特色社会主义理论的产生。20 世纪 70 年代国际关系发生了重要调整，国际形势开始从紧张转向缓和，从冷战转向合作，各国经济相互依存度加深。邓小平根据国际形势的深刻变化，于 1985 年 3 月指出："现在世界上真正大的问题，带全球性的战略问题，一个是和平问题，一个是经济问题或者说发展问题。和平问题是东西问题，发展问题是南北问题。概括起来，就是东西南北四个字。"正是科学把握了当代世界的"和平与发展"两大主题，中国共产党结束了以阶级斗争为纲，把工作重心转移到经济建设上来，并制定了改革开放的政策，开创了一条成功的中国特色社会主义道路。和平与发展作为时代的主题，成为中国特色社会主义理论与实践发展的一个根本依据。[①]

时代主题可以说是一个时代所面临的全球性、战略性的社会实际问题，而各具特色的本国社会实际又从不同层面反映时代特征。推进马克思主义中国化，就要密切关注中国的社会实际，及时回应社会实际的新变化、新要求，运用马克思主义基本原理对不同时代的社会实际提出的重大问题作出科学回答。正如邓小平所指出的："马克思去世以后一百多年，究竟发生了什么变化，在变化的条件下，如何认识和发展马克思主义，没有搞清楚。绝不能要求马克思为解决他去世之后上百年、几百年所产生的问题提供现成答案。列宁同样也不能承担为他去世以后五十年、一百年所产生的问题提供现成答案的任务。真正的马克思列宁主义者必须根据现在的情况，认识、继承和发展马克思列宁主义。"[②] 因此，马克思主义中国化离不开马克思主义的时代化。

（二）了解中国实际，将马克思主义置于现实的基础之上

恩格斯曾说过："为了使社会主义变为科学，就必须首先把它置于现实的基础之上。"[③] 这一著名论断，深刻地揭示了科学社会主义赖以发生发展的根基，也启示着我们，马克思主义中国化的根基就在于准确把握中国的国情。

中国国情异常复杂，涵盖了自然和社会、现实和历史、中国和世界等诸多要素；涉及各种矛盾关系，包括社会面貌、经济结构、阶级关系、政

---

① 张凤华：《马克思主义时代化的基本经验》，《社会主义研究》2011 年第 3 期。
② 《邓小平文选》第 3 卷，人民出版社 1993 年版，第 291—292 页。
③ 《马克思恩格斯选集》第 3 卷，人民出版社 1995 年版，第 358 页。

治斗争、文化教育等方面，以及自然状况、人口构成、民族传统、宗教信仰、历史发展、对外关系等内容。认识这样复杂的国情，从而在总体上把握住中国的社会性质和革命的发展规律，建立科学的理论，制定正确的路线方针政策，显然是幼年的中国共产党不能立刻胜任的。党对于中国国情全面、深刻的认识是在 20 世纪 30 年代末 40 年代初。通过总结过去的历史经验和抗日战争的经验，党"认识了中国这个客观世界"和"中国革命的规律"，懂得"认清中国的国情，乃是认清一切革命问题的基本的根据"①。然而，对中国国情的认识不是一蹴而就的。

认识中国的基本国情，主要是准确认识我国的社会性质、所处的阶段和主要矛盾。现实社会主义处在什么样发展阶段？这是新中国建立以后直接影响到党的路线和国家方向的一个根本性问题。确立社会主义初级阶段的历史方位，探索社会主义初级阶段的基本规律，把社会主义初级阶段作为改革与发展的基本出发点，这是马克思主义中国化的一条重要历史经验。

我国的社会主义将长期处在不发达水平上。对此，20 世纪 50 年代的毛泽东有着比较清醒的认识，并反复提醒全党对社会主义建设要作长期的思想准备。他多次分析了我国"一穷二白"的特点，提醒人们"不要迷信在社会主义国家里一切都是好的。"② 1959 年底至 1960 年初，毛泽东在亲自组织读苏联《政治经济学》教科书时，还明确指出："社会主义这个阶段，又可能分为两个阶段，第一个阶段是不发达阶段，第二个阶段是比较发达的社会主义。""在我们这样的国家，完成社会主义建设是一个艰巨任务，建成社会主义不要讲得过早了。"③ 这些论述表明，当时中央领导人对社会主义的现实基础和发展阶段是有深刻认识的。只不过，毛泽东的这些正确思想未能很好地转化为社会实践并长期坚持下去。总的来看，新中国的头 7 年和 60 年代前期的纠"左"是对国情认识比较清醒的时候，国家的发展比较顺利。"大跃进"运动和"文化大革命"两次全局性的严重失误，都与不能正确认识党和国家的实际状况密切相关。

改革开放初期，邓小平对党的历史经验的深入总结，对中国发展道路

---

① 《毛泽东选集》第 2 卷，人民出版社 1991 年版，第 633 页。
② 《毛泽东文集》第 7 卷，人民出版社 1993 年版，第 69 页。
③ 《毛泽东文集》第 8 卷，人民出版社 1993 年版，第 116 页。

的深入思考，也围绕着社会主义现实发展阶段问题而展开。他反复强调："最根本的一条经验教训，就是要弄清什么叫社会主义和共产主义，怎样搞社会主义。"① 而要搞清楚什么是社会主义、怎样建设社会主义，关键又在于搞清楚现实社会主义处在什么阶段上。"中国社会主义是处在一个什么阶段，就是处在初级阶段，是初级阶段的社会主义。""一切都要从这个实际出发，根据这个实际来制定规划。"② "三个代表"重要思想适应和平与发展时代主题深入发展的要求，抓住当代中国发展的最基本问题，把发展先进生产力、发展先进文化、实现最广大人民根本利益作为有机联系的整体，将深化对社会主义初级阶段建设规律的认识与深化对共产党执政规律的认识有机地联系起来。科学发展观也是立足社会主义初级阶段基本国情，总结我国发展实践，借鉴国外发展经验，适应新的发展要求提出来的，进一步探索和回答了在和平、发展、合作的时代潮流下，在工业化、信息化、城镇化、市场化、国际化大趋势中，实现什么样的发展、怎样发展的重大问题。

党的十八大报告再次强调："我国仍处于并将长期处于社会主义初级阶段的基本国情没有变，人民日益增长的物质文化需要同落后的社会生产之间的矛盾这一社会主要矛盾没有变，我国是世界最大发展中国家的国际地位没有变。在任何情况下都要牢牢把握社会主义初级阶段这个最大国情，推进任何方面的改革发展都要牢牢立足社会主义初级阶段这个最大实际。"

由于中国幅员辽阔，存在地区发展不平衡，城乡发展不平衡等情况，所以，国情除基本国情以外，还包含其他的个别国情。中国共产党在推进马克思主义中国化的过程中，严格区分了基本国情和个别国情，没有以偏概全，更没有片面地看待中国的国情，为马克思主义在中国发展提供了依据。③

（三）弘扬传统文化，创造马克思主义的民族形式

推进马克思主义中国化，不仅意味着把马克思主义基本原理放到中国社会现实中加以检验、运用和发展，而且意味着把马克思主义与中国优秀

---

① 《邓小平文选》第 3 卷，人民出版社 1993 年版，第 223 页。
② 同上书，第 252 页。
③ 王海、甄巍然：《基本经验主要经验具体经验——马克思主义中国化的经验解读》，《宁夏党校学报》2010 年第 12 卷第 4 期。

传统文化有机结合起来，使马克思主义具有鲜明的民族特色。恩格斯曾指出，每个国家运用马克思主义，都必须穿上本民族的服装。毛泽东也曾指出，马克思主义必须和中国的具体特点相结合并通过一定的民族形式才能实现。

在五千多年的历史长河中，中华民族创造出了具有深厚积淀和丰富内涵的优秀传统文化，中国共产党有着继承中国优秀历史文化的光荣传统。尊重、热爱本民族传统文化的中国共产党人，去其糟粕，取其精华，在革命时期将马克思主义与中国优秀历史文化相结合，创立了新民主主义文化，改革开放以后又发展了以建设社会主义精神文明为代表的中国特色社会主义的先进文化。这样的新文化，对提高民族自信心，使中华民族屹立于世界先进民族之林发挥了重要作用。

马克思主义中国化的两大成果，毛泽东思想和中国特色社会主义理论体系，都充分继承、发扬了中华民族优秀文化传统。马克思主义的民族化不仅要表现在语言表达的形式上，更要体现在与中国优秀传统文化相通共融的思想内容上。

毛泽东本人博古通今，对中国历史文化有深入的研究，这是他能成功地吸收和利用中国传统文化中的优秀成分进行马克思主义中国化的重要条件之一。如毛泽东提出的“实事求是”（最早出现在《汉书》中），作为党的思想路线，就鲜明地体现着中华民族优秀传统文化特点。又如，在党的建设方面，毛泽东和中国共产党人批判地吸取了以孔子为代表的儒家注重德治，注重修身、正己的政治哲学和伦理哲学中的积极思想，重视思想教育，重视党性修养和主观世界的改造，形成了一整套思想政治工作的理念和方法，保证了党的无产阶级先锋队性质和党的任务的完成。当时中国共产党的党员绝大多数成员来自于农民和其他小生产者、知识分子，再加上中国共产党主要长期在农村分散的环境中从事革命活动，要在这样的环境中把党建设成为无产阶级政党，除了有正确的路线外，很重要的一条就是依靠中国共产党特有的党性修养理论，而这些理论正是马克思主义与中国传统修养论相结合的产物。①

江泽民对最早来源于《周易》的“与时俱进”、胡锦涛对被宋明时代

---

① 李贵忠：《从历史比较中探求马克思主义中国化的经验教训》，《理论界》2012 年第 1 期。

的浙东学派所推崇的"求真务实"等中国传统文化的内容都进行了马克思主义的解读。还有邓小平的"小康社会"等思想，以及科学发展观"以人为本"、"和谐社会"等思想，都蕴含着中华民族优秀传统文化的特质。作为外来理论的马克思主义只有富有"中国特色"和"中国气派"才能为中国的老百姓喜闻乐见，这种符合中华民族传统思维和表达习惯、符合民族文化心理的概念、思想，不仅能借民族思维、文化心理之力表达中国共产党人对中国革命、建设、改革之路的马克思主义观，同时，由于它十分贴近中国大众而又通俗易懂，从而便于人们理解掌握，有利于实现对马克思主义及其中国化成果的宣传和教育。

与此同时，中国传统文化的精华或糟粕要靠马克思主义来甄别批判，这株古树之所以能够发出新芽，其现代生命力是由马克思主义的先进性来"激活"的。传统文化毕竟是建立在农业文明基础上的文化，与建立在现代文明基础的社会主义和马克思主义具有很大的差异性。继承中国历史文化的目的，不是复归旧传统，而是要创造新文化，即民族的、科学的、大众的先进文化，创造马克思主义的民族形式，形成具有中国特色和民族风格的马克思主义。它不仅要有新鲜活泼的、为中国老百姓喜闻乐见的民族形式，还要有革命的内容和先进的方向。恰如毛泽东所指出的："对于过去时代的文艺形式……到了我们手里，给了改造，加进了新内容，也就变成革命的为人民服务的东西了。"①

因此，"中国特色"并不是由传统文化所规定的，也不能刻意地从传统文化中去寻找，更不能把传统文化的特色当作是社会主义的中国特色去张扬。中国特色是中国社会主义的特色，而不是离开了社会主义的中国特色，它是由现实的中国人民在建设社会主义的实践中创造出来的，是以我们正在干的事情为中心综合地全方位地汲取各种资源而自然形成和自然地表现出来的。②

总之，传统文化是我们无从选择的文化之根，其积极作用和消极作用都作为一种遗产、一种背景而存在着，中国共产党人正是由于能够客观地去尊重它、理解它，进而扬利去弊、去粗取精，让马克思主义穿上了中华民族的"服装"，在对传统文化实现现代化改造的基础上，形成了中国化

---

① 《毛泽东选集》第 3 卷，人民出版社 1991 年版，第 855 页。
② 马俊峰：《"中国经验"与中国化的马克思主义》，《现代哲学》2008 年第 6 期。

的马克思主义理论。

三　筑牢人民主体和群众根基

马克思主义中国化的第三条基本经验是：筑牢群众根基，坚持马克思主义的群众观点和群众路线，使马克思主义转化为人民群众的社会实践。这是马克思主义中国化的依靠力量。

人民群众是历史的创造者，是创造物质财富和精神财富的决定力量，也是变革社会制度、推动社会发展的决定力量。"一切为了群众，一切依靠群众，从群众中来，到群众中去"，坚持群众观点和群众路线，这是马克思主义中国化的根本保证。马克思主义中国化的前进目标，就是要通过马克思主义基本原理与中国具体实际相结合，代表、维护和实现最广大人民群众的根本利益，实现中华民族的伟大复兴；马克思主义中国化的理论过程，归根到底要让理论掌握广大群众，并以人民群众的社会实践为重要源泉；马克思主义中国化的实践过程，归根到底要与人民群众的社会实践相结合，并依靠作为创造历史主体的广大群众来实现。马克思主义的科学魅力在于深深扎根于人民群众的社会实践之中，马克思主义的巨大作用在于转化为人民群众的社会实践。

（一）"为了人民"

"为了人民"，是指马克思主义中国化是以维护和实现最广大人民群众的根本利益为价值取向。马克思主义是服务人民、造福人民的理论。1945 年，毛泽东指出："我们共产党人区别于其他任何政党的又一个显著的标志，就是和最广大的人民群众取得最密切的联系。全心全意地为人民服务，一刻也不脱离群众；一切从人民的利益出发，而不是从个人或小集团的利益出发；向人民负责和向党的领导机关负责的一致性；这些就是我们的出发点。"① 经过 28 年的浴血奋战，中国共产党领导人民推翻了压在中国人民头上的三座大山，建立了新中国，从此，人民翻身做了主人。

新中国成立后，以毛泽东为代表的中国共产党人，不仅把维护人民群众的利益作为执政党建设的根本准则和宗旨，而且把它同社会主义制度的建立、巩固紧密联系起来，并作为进行社会主义建设的一个目标。新中国成立初期和"一五"期间，党领导人民消灭了人剥削人的私有制，建立

---

① 《毛泽东选集》第 3 卷，人民出版社 1991 年版，第 1094—1095 页。

起社会主义制度，为保障人民的根本利益奠定了良好的制度基础；采取了一系列解放和发展生产力的重大举措，为改善民生打下了一定的物质基础；同时，党和政府还大力开展社会救助，建立福利设施，健全福利政策和制度，极大地保障和维护了人民群众的根本利益。

进入 20 世纪 80 年代，以邓小平为代表的中国共产党人，时刻关注最广大人民的利益和愿望，无论是对社会主义的基本任务、最终目的的阐述，还是对我国新时期的主要矛盾的判断以及衡量各项工作是非得失的根本标准的确立，都贯穿着全心全意为人民谋利益的宗旨。邓小平明确指出，社会主义的本质就是最终达到共同富裕；人民"答应不答应"、"拥护不拥护"、"赞成不赞成"、"高兴不高兴"是新时期党制定基本路线和各项方针政策的出发点和归宿，是衡量党的路线、方针、政策是否正确的根本标准。在实践中，邓小平强调，一要坚持社会主义方向，这是真正保障人民群众根本利益的政治保障。二要把经济建设作为党和国家的工作中心，把解决人民群众的温饱问题和 2 亿多人的贫困问题作为当时最大的民生问题。三要实行改革开放，这是实现人民利益的重要举措和动力。

20 世纪 90 年代以后，以江泽民同志为代表的中国共产党人，逐步形成和提出了"三个代表"重要思想，它以生产力为逻辑起点，以文化为重要纽带，以人民利益为最终归宿。"三个代表"重要思想的本质是立党为公、执政为民，根本出发点是最广大人民的根本利益，实践"三个代表"重要思想的根本保证是实现好、维护好、发展好人民的根本利益。在实践中，党提出了一系列保护和实现人民利益的新观点和新举措：提出了"全面建设小康社会"的战略目标；阐明了新的民生发展途径——物质文明、政治文明和精神文明协调发展，促进社会全面进步和人的全面发展；对民生发展动力进行了提升——提出了全面创新动力论；积极探索推动民生建设的突破口，全面提升民生质量。①

进入新世纪以来，作为马克思主义中国化的最新理论成果，科学发展观将以人为本贯穿经济社会发展始终，坚持把人民群众作为发展的出发点、依靠力量和根本目的，回答了"为谁发展、靠谁发展、如何发展"的重大问题。胡锦涛同志多次指出，党的一切奋斗和工作都是为了造福人

---

① 张远新：《90 年来中国共产党推进马克思主义中国化的基本经验》，《马克思主义研究》2011 年第 3 期。

民，要始终把实现好、维护好、发展好最广大人民的根本利益作为党和国家一切工作的出发点和落脚点，做到权为民所用，情为民所系，利为民所谋。科学发展观的核心是以人为本，强调发展为了人民、发展依靠人民、发展成果由人民共享。将科学发展观付诸实践，使一些重大的民生问题得到了有效解决，如取消了"农业税"，加大对"三农"的支持力度，着力解决困难群体和弱势群体的民生问题，积极建立和完善新型农村合作医疗制度、城镇基本医疗保险制度及农村养老制度等。

（二）"武装人民"

"武装人民"，也就是说，马克思主义中国化的过程，同时又是一个马克思主义大众化的过程，是理论武装群众、掌握群众，为人民群众所接受并转化为巨大物质力量的过程；通过"武装人民"，使人民创造历史的活动更具主动性。马克思主义大众化是马克思主义理论创新的最终归宿，学习、掌握马克思主义不是少数政治家、革命家和理论家们的专利，精英化和特权化的马克思主义不是真正的马克思主义，曲高和寡的马克思主义者不是真正的马克思主义者。中国共产党坚持群众史观，既让群众掌握马克思主义，又让马克思主义掌握群众，使其创造历史的活动更具主动性和创造性。为此，中国共产党十分重视马克思主义理论教育，大力倡导马克思主义大众化、通俗化、普及化。中国共产党90年的历史，从某种意义上说，就是在马克思主义中国化的实践中，不断地使中国化的马克思主义理论掌握群众，使之成为改造中国的强大物质力量的历史。[①]

90多年来，中国共产党通过马克思主义大众化包括马克思主义中国化成果的大众化，不断使马克思主义走向中国大众，积累了宝贵的经验。除了让马克思主义穿上民族服装、体现时代风格，具有通俗化的形式之外，很重要的一条是思想宣传教育与群众的思想状况和理论需求相结合，与解决人民群众的实际问题相结合。毛泽东就曾指出："我们说的马克思主义，是要在群众生活群众斗争里实际发生作用的活的马克思主义，不是口头上的马克思主义"，"要联系群众，就要按照群众的需要和自愿。一切为群众的工作都要从群众的需要出发，而不是从任何良好的个人愿望出

①　石仲泉：《马克思主义中国化的艰辛探索和基本经验》，《毛泽东邓小平理论研究》2011年第7期。

发。"① 邓小平也强调："学马列要精，要管用的。长篇的东西是少数搞专业的人读的，群众怎么读？……其实马克思主义并不玄奥。马克思主义是很朴实的东西，很朴实的道理。""社会主义经济政策对不对，归根到底要看生产力是否发展，人民收入是否增加。这是压倒一切的标准。空讲社会主义不行，人民不相信。"②

对党员群众进行马克思主义宣传教育，必须了解他们的思想实际，敢于和善于分析、回答现实生活中和群众思想上迫切需要解决的困惑与问题。例如，在延安时期，普通群众对马克思主义并不了解，针对这种情况，党对群众开展了马克思主义基本认知教育，并在政治教育中设置了最低限度和最高限度两个标准。对党员干部，则主要是组织开展理论学习，加强理论研究，进行思想整顿。实践证明这种做法取得了良好效果，党员干部提高了理论素养，坚定了革命信念。改革开放新时期，人们的文化程度提高，价值观念多元，思想状况的差异性明显增强，对当代中国的马克思主义理论宣传教育提出了更高要求。为了满足广大干部群众理论上的新期待，中宣部从 2003 年开始组织专家学者和实际部门的同志连续编写了《理论热点面对面》等理论通俗读物，宣传普及了党的创新理论。

马克思主义宣传教育还必须与解决人民群众的实际问题相结合。离开人民群众的现实生产生活进行马克思主义大众化，既难收到好的效果，同时，也背离了马克思主义理论目的的本意。因此，普及、宣传马克思主义，就必须与广大人民群众生产生活实践紧密结合，回答和解决他们最关心的实际问题，始终把最广大人民的需求和根本利益作为理论宣传工作的出发点，让群众切实感受到马克思主义是大众的理论，是为大众服务的。只有这样，才能更好地缩短和消除理论与普通大众之间的距离，理论才能"彻底"，才能说服群众，赢得群众，为群众所掌握。

回顾历史可以看到，无论是在革命战争年代，还是在社会主义的建设与改革时期，中国共产党在向广大人民群众宣传马克思主义以及党的路线方针政策时，都切实有效地做到了与解决群众实际问题的有机结合，并取得了很好的效果。例如，早在新民主主义革命时期，我们党在向人民群众宣传马克思主义和党的政策主张时，就是从紧密结合解决广大农民生存的

---

① 《毛泽东选集》第 3 卷，人民出版社 1991 年版，第 858、1012 页。
② 《邓小平文选》第 3 卷，人民出版社 1993 年版，第 382、314 页。

最根本问题——土地问题入手，努力实现"耕者有其田"，从而赢得广大农民的支持和拥护，走出了一条农村包围城市、武装夺取政权的道路。党的十一届三中全会以后，在推行和宣传改革开放的各项方针和政策时，也是从人民群众最关心的问题入手，赢得广大人民对党的理论政策的拥护。在努力实现科学发展、构建社会主义和谐社会的新阶段，更加重视党的理论政策宣传与解决人民群众生产生活实际问题的有机结合，陆续推出和实施了免除农业税、提高职工养老保险待遇、减轻中小企业负担、缩小城乡发展差距等政策措施，给人民群众带来了看得见、摸得着的实惠和利益，使他们真切地感受到了马克思主义以及党的路线、方针、政策在解决他们生产生活实际问题中的重要作用，增强了当代中国马克思主义在广大人民中的信服度与影响力。①

（三）"依靠人民"

"依靠人民"，即依靠人民群众的力量，尊重人民首创精神。坚持马克思主义基本原理同中国具体实际相结合，归根到底要同人民群众的社会实践相结合，要运用人民群众的实践经验丰富和发展马克思主义。毛泽东反复强调，群众是真正的英雄，而我们自己则往往是幼稚可笑的；只要依靠人民，坚决地相信人民的创造力是无穷无尽的，因而信任人民，和人民打成一片，那就任何困难都可以克服，任何敌人都可以战胜；人民，只有人民，才是创造历史的动力。他还强调指出，进行一切工作，都必须坚持从群众中来，到群众中去，实行领导和群众相结合的科学方法。这就是说，把群众的意见集中起来，化为系统的意见，又到群众中坚持下去，在群众的行动中检验这些意见是否正确。如此循环往复，就会使领导的认识更加正确、更加生动、更加丰富。正是毛泽东大力倡导并身体力行的群众观点和群众路线，确保了中国革命的成功和社会主义制度的建立。

中国共产党人在马克思主义中国化探索的过程中，把尊重实践和尊重群众结合起来，不仅强调依靠人民群众的力量，将马克思主义中国化理论与人民火热的社会实践相结合，而且爱护和支持群众的首创精神，把群众实践的经验条理化、系统化，上升为理论和政策。

一方面，以中国化的马克思主义理论为指导，依靠人民群众的力量进

---

① 张博颖等：《中国共产党推进马克思主义大众化的历史经验》，《毛泽东邓小平理论研究》2011 年第 4 期。

行革命、建设和改革，促进经济社会发展。一切发展必须依托人的主体性。尊重实践，尊重群众，关注最广大群众的利益和愿望，注重从本质上发现、保护、调动人民群众的社会主义积极性，注重依靠人民群众的智慧和力量解决经济社会发展中的问题，这是马克思主义群众观在社会变革与发展上的基本要求。

另一方面，尊重人民首创精神，在人民的历史创造中进行理论创造，不断赋予马克思主义以勃勃生机和活力。不断总结广大群众的实践经验，并让理论掌握广大群众，不断进行像《实践论》所说的"实践，认识，再实践，再认识"的过程，这是推进马克思主义中国化发展的一条成功路径。[①] 中国共产党注重从人民群众的首创精神和实践经验中捕捉、把握社会变革与发展的契机，善于概括群众实践的新鲜经验，并将之上升到理论上来指导实践，根据人民群众的主体愿望和实践指向，敏锐地捕捉和把握社会动向，不失时机地推进马克思主义中国化。

四 重视党的思想等各项建设

马克思主义中国化的第四条基本经验是：重视党的建设，特别是始终不懈地进行党的理论建设，始终坚持"实事求是"的思想路线。这是马克思主义中国化的进步动力和组织保证。

中国共产党是马克思主义中国化这一伟大事业的领导核心，没有共产党，就没有90年来马克思主义中国化的理论和实践成果。坚持不懈地进行党的建设，认识和运用马克思主义执政党建设规律，以科学理论指导党的建设，以科学制度保障党的建设，以科学方法推进党的建设，这是马克思主义中国化的主体条件。如在党的领导制度上，实行集体领导，实行民主集中制，就是马克思主义中国化得以在大部分时期顺利推进的一个重要原因，也是一条成功的历史经验。

而高度重视思想理论建设，是党的建设的首要任务。历史表明，党越重视自身建设，特别是理论建设，就越具有牢固的理论基础，就越能形成一支坚强的高水平的理论队伍；中央领导集体越坚持"实事求是"的思想路线，就越善于把马克思主义基本原理同中国的具体实际和时代特征结

---

① "马克思主义中国化的历史进程和基础经验"课题组：《马克思主义中国化研究——历史进程和基本经验》（下），北京出版集团公司，北京人民出版社2009年版，第736页。

合起来，马克思主义中国化事业也就进展越顺利。

（一）党的理论建设关乎主体要素

马克思主义中国化进程推进得顺利与否，取决于中国共产党这一马克思主义中国化的主体情况如何，取决于党的建设是否始终不渝地进行以及建设的效果如何。而在党的各项建设当中，思想建设又是重中之重。高度重视思想理论建设，加强理论武装，是我们党的政治优势和优良传统，是党的根本建设，是党的建设的首要任务。胡锦涛曾指出："理论创新每前进一步，理论武装就跟进一步，这是我们党加强自身建设的一条重要经验"。①

中国共产党既是一个具有统一的理论基础和共同信念组成的阶级性的政治组织，又是一个由具有不同的经历、经验、文化水准、职业、年龄的人群构成的复合文化体，这种由个人、群体组成的中国化主体本身的阅历经验、知识结构、个体价值取向对马克思主义的理解，对中国实际的观察，对马克思主义与中国实际这二者结合的过程有重要的影响。② 中国共产党从诞生之日起，就把马克思主义确立为立党、立国的根本指导思想，并注重通过我们党内的马克思主义思想理论教育，改造和克服各种非无产阶级思想，把广大农民和小资产阶级出身的党员培养和锻炼成坚定的共产主义战士。

党的先进性首先表现在思想理论上的先进性。在90多年波澜壮阔、艰苦卓绝的奋斗历程中，中国共产党之所以能够保持先进性，领导全国各族人民夺取革命、建设和改革事业的伟大胜利，根本原因就在于始终坚持思想建党的原则，始终坚持以马克思主义武装全党，并使之成为全国人民团结奋斗的共同思想基础。注重从思想上建设党，是中国共产党对马克思主义建党学说的创造性发展，也是加强党的建设、保持党的先进性的一条重要经验和重要原则。

建党之初，中国共产党就清醒地认识到，在旧中国农民、小资产阶级占大多数、工人阶级数量极少的条件下，要建设坚强正确的马克思主义政党，必须把中国革命的经验加以科学总结和理论概括，再把科学理论

---

① 胡锦涛：《在庆祝中国共产党成立90周年大会上的讲话》（2011年7月1日），《人民日报》2011年7月2日。

② 马启民：《关于马克思主义中国化若干经验教训的思考》，《马克思主义研究》2009年第7期。

"从外面灌输进"工人阶级及其人民群众的头脑中，对工人阶级先锋队及其人民群众进行理论武装。理论武装的重点在于党的高、中级干部，高、中级干部的领导水平，尤其是政治理论水平如何，关系到党和国家的前途命运。毛泽东在抗日战争时期就指出："在担负主要领导责任的观点上说，如果我们党有一百个至二百个系统地而不是零碎地、实际地而不是空洞地学会了马克思列宁主义的同志，就会大大地提高我们党的战斗力量"①。延安时期，中国共产党经过整风学习，坚决纠正了党内的各种错误思想，使党变为一个共产主义的熔炉，全党在毛泽东思想的基础上达到空前的团结和统一，为夺取抗日战争和解放战争胜利提供了有力保证。

新中国成立后，中国共产党为迎接新的任务，努力学习马列主义、毛泽东思想，学习过去不熟悉的东西，创造性地进行了社会主义改造，推动了全国规模的社会主义建设。改革开放以来特别是党的十六大以来，中国共产党着力用马克思主义中国化最新成果武装广大党员干部头脑，在全党兴起学习贯彻邓小平理论和"三个代表"重要思想新高潮、开展保持共产党员先进性教育活动、开展深入学习实践科学发展观活动等，使广大党员干部受到了普遍的、深刻的党的理论创新成果的学习教育，为推进马克思主义中国化提供了坚实思想基础，提供了主体条件。

中国共产党始终坚持把思想理论建设放在首位，坚持不懈用党的理论创新成果武装全体党员，通过思想建设引领党的组织、作风、制度和反腐倡廉等各方面建设，使党的理论和实践始终体现时代性、把握规律性、富于创造性。正是因为始终坚持以思想理论建设为灵魂和主线推动党的各方面建设，才极大促进了全党思想和意志的统一，极大增强了党的创造力、凝聚力、战斗力，有力推动了党的执政能力的提高和党的先进性的发展。②

（二）正确的思想路线成为重要思想武器

正确的思想路线，在中国共产党的历史经验当中居于重要地位。中国共产党在各个历史时期、各个重要历史时刻总结出的基本经验，主要包含了两个方面的内容，一是回答走什么路的问题，二是回答如何认识和对待

---

①　《毛泽东选集》第2卷，人民出版社1991年版，第533页。

②　李长春：《在纪念中国共产党成立90周年理论研讨会上的讲话》（2011年7月2日），《人民日报》2011年7月6日。

马克思主义的问题。上述这两个方面的探索和总结的关系，实际上就是党的总路线（在不同时期也称基本路线、政治路线）与党的思想路线的关系。党的总路线（或基本路线、政治路线）概括了党在一定历史时期的目标和政策，党的思想路线则是制定和贯彻党的总路线的理论原则和方法论原则。[①]

"思想路线"问题，是中国共产党将马克思主义认识论用于中国革命和建设实际的一个独特创造。它是指人们在估量形势、思考问题、指导工作、制定斗争策略时，从什么出发的问题。是从物质到精神，从客观存在到主观意识，还是相反；是从客观实际出发，还是从主观想象、从本本出发，或从上级指示出发。这是两条根本不同的哲学认识路线。[②]

解放思想、实事求是作为党的思想路线，是党的指导思想的哲学概括。它既强调了物质世界与实践活动的客观性，又强调了人的主体性和理论对实践的巨大指导作用，为理论创新提供了可能。"解放思想、实事求是，是马克思主义活的灵魂，是我们认识新事物、适应新形势、完成新任务的根本思想武器"，"如果没有全党坚持解放思想、实事求是，就不可能有改革开放和现代化建设的一系列新政策，也就不可能有今天这样党和国家事业发展的大好局面"[③]，也就不能有中国特色社会主义理论的不断创新，即马克思主义的中国化。

以毛泽东为代表的中国共产党人确立了"实事求是"党的思想路线，将马克思主义关于资产阶级民主革命和民族殖民地理论与中国革命具体实际相结合，最终创立了毛泽东思想，实现了马克思主义中国化的第一次历史性飞跃，使我们在中国革命的斗争中取得了胜利，并在社会主义建设的探索道路上迈出了最初的步伐。而在社会主义建设进行了一个时期之后，却背离了"实事求是"的思想路线，致使马克思主义与我国实际"第二次结合"的任务没有顺利完成。

以邓小平为代表的中国共产党人坚持解放思想、实事求是，将党的思想路线完整地表述为一切从实际出发，理论联系实际，实事求是，在实践

[①]　田心铭：《把我们的历史经验归结到一点——略论"把马克思主义基本原理同中国具体实际相结合"在党的历史经验中的地位》，《思想理论教育导刊》2009年第12期。

[②]　余品华：《论马克思主义中国化的基本经验和规律——从井冈山道路到中国特色社会主义道路的思考》，《中国井冈山干部学院学报》2008年5月第1卷第3期。

[③]　《江泽民文选》第3卷，人民出版社2006年版，第130页。

中检验真理和发展真理，打破了"两个凡是"的思想束缚，把人们从思想僵化、半僵化的牢笼中解放出来；将马克思主义基本原理与中国建设具体实际相结合，创立了邓小平理论。以江泽民为代表的中国共产党人坚持解放思想、实事求是，弘扬与时俱进的创新精神，把马克思主义中国化的伟大事业继续推向前进，创立了"三个代表"重要思想。以胡锦涛为代表的中国共产党人坚持解放思想、实事求是的思想路线，确立求真务实在党的思想路线中的核心地位，继续推进马克思主义中国化的历程，提出了科学发展观等重要思想；用中国特色社会主义理论体系对新时期马克思主义中国化的理论成果进行科学整合。

可见，马克思主义中国化的每一次历史性飞跃都是由于坚持党的思想路线的结果；相反，马克思主义中国化过程中的每一次挫折也和没有很好地坚持党的思想路线息息相关。在全球化的今天，坚持实事求是的思想路线，并不过时，也并不老套。只有反复强调这一点，我们的马克思主义中国化进程才能顺利，根基才能坚实。

五　坚持兼收并蓄的世界眼光

马克思主义中国化的第五条基本经验是：坚持世界眼光，吸收人类文明优秀成果，顺应并影响世界发展潮流。这是马克思主义中国化得以推进和不断发展的广阔视野。

马克思主义是世界历史的产物和"人类知识的总和"的结晶，它的开放性和国际化要求应用它的共产党人具有世界眼光。中国共产党在推进马克思主义中国化的过程中，善于以广阔的视野观察世界，在此基础上趋利避害、争取和平，注意吸收一切国家和民族的长处，构建自己发展的道路。中国既通过争取和平的国际环境来发展自己，又通过自身的发展促进世界和平。中国的社会主义革命和建设始终离不开国际环境，也自然对国际社会具有深刻的影响，我们不仅积极利用并营造一个有利于推进马克思主义中国化的国际环境，而且通过中国道路的成功示范，增强社会主义运动的复兴力量，并向全世界展现社会主义的独特魅力。

（一）顺应世界发展的先进潮流

坚持世界眼光，是马克思主义的特征。列宁曾经说："马克思主义同'宗派主义'毫无相似之处，它绝不是离开世界文明发展大道而产生的一种故步自封、僵化不变的学说。恰恰相反，马克思的全部天才正是在于他回答了人类先进思想已经提出的种种问题。"①

正确地坚持马克思主义中国化，必然要求科学的世界眼光，以开放的世界眼光来审视中国，把对国情的认识和对世情的判断科学结合起来，正确理解社会主义在整个人类范围取代资本主义的长期性和艰巨性，进而寻求本国社会主义建设的发展道路。国际关系和国际环境的变化是不以人的意志为转移的，但作为一个引导马克思主义中国化的政党来说，在理论的自觉性上，不论是在缓和的国际环境还是激化的国际关系情况下，都应保持清醒的头脑，善于趋利避害，吸收一切国家和民族的长处，从世界的视野中，构建自己发展的道路。

毛泽东在创立井冈山道路时，就非常注重对时代特点和国际形势的研究。由于中国的新民主主义革命是在世界资本主义进入帝国主义阶段的背景下进行的，因此不可能是孤立的、封闭的、与世隔绝的革命。当时中国共产党人作报告，总是"一国际、二国内"。毛泽东思想与列宁主义一样，是帝国主义和无产阶级革命时代的马克思主义。毛泽东正是从这样一个时代背景来思考中国的革命道路问题，把中国的革命与世界无产阶级革命、与世界殖民地半殖民地人民反对帝国主义的斗争结合起来。他对井冈山等红色根据地之所以能在白色包围中长期存在的分析，与他对中国作为半封建半殖民地之经济政治发展不平衡的分析直接相关；而这种不平衡的分析，又来自他对列宁提出的帝国主义经济发展不平衡规律在中国的杰出运用。从世界矛盾总体格局来分析中国的主要矛盾，确定中国革命的性质、对象、力量、道路等问题，是毛泽东思想的特色。土地革命战争后期，毛泽东和中共其他领导人对中日民族矛盾上升为主要矛盾、阶级矛盾下降为次要矛盾的分析，对第二次世界大战和国际反法西斯斗争的密切关注，是确定抗日战争党的路线、方针、政策的基础。新中国成立后，毛泽东明确提出："我们的方针是，一切民族、一切国家的长处都要学……但是，必须有分析有批判地学，不能盲目地学，不能一切照抄，机械搬运。"②

邓小平坚持用马克思主义的宽广眼界观察世界中的中国。他指出："现在的世界是开放的世界。中国在西方国家产业革命以后变得落后了，

---

①　《列宁选集》第 2 卷，人民出版社 1995 年版，第 309 页。

②　《毛泽东文集》第 7 卷，人民出版社 1993 年版，第 41 页。

一个重要原因就是闭关自守。建国以后，人家封锁我们，在某种程度上我们也还是闭关自守。"① 邓小平提出"面向现代化、面向世界、面向未来"的新思维方式，提出改革开放，提出"中国的发展离不开世界"，"关起门来搞建设是不能成功的"。邓小平提出和平与发展是当代世界的两大问题的新的科学论断，反映了第二次世界大战后世界发展变化的本质特征，把握了当代国际关系的基本内容。

即便是在处理 20 世纪 80 年代末 90 年代初险恶的国际环境和紧张的国际关系时，也体现了中国共产党人科学的世界眼光。1989 年风波后，以美国为首的西方国家对中国实行所谓的经济制裁，面对紧张的国际形势，中国采取了坚定的原则立场和灵活的策略。一方面，不怕制裁，坚决维护国家主权，在涉及国家独立和民族尊严以及中国根本制度问题上不屈服西方的压力。另一方面，继续坚持对外开放的方针，不因西方的制裁而回到自我封闭的老路上去。同时利用西方矛盾，多方面开展西方国家的外交工作。这种成熟的理性的处理紧张局势的方法，有利于占据国际领域的主动地位，创造为我国积极吸收和利用国际发展经验的有利条件，从而使中国的发展道路不脱离世界发展的潮流。这一经验比起 1957 年后一段时间我们对国际形势和国际关系的处理显然是一个很大的进步。②

以江泽民为核心的党的第三代领导集体坚持用马克思主义的宽广眼界观察世界，把立足中国与放眼世界紧密结合，提倡"全球意识"、"世界眼光"。"三个代表"重要思想既是在对冷战结束后当今国际局势发生深刻变化的科学判断的基础上形成的，又是在科学判断党的历史方位的基础上形成的。我们抓住世界总体和平的有利时机，发展同世界各国和各地区的友好关系，有力促进了国际交流合作。实施"引进来"和"走出去"相结合的对外开放战略，努力利用国际国内两个市场、两种资源；加入世界贸易组织，在更大范围、更广领域和更高层次上参与国际经济技术合作和竞争；顺应区域一体化发展潮流，积极参与并推进东盟与中日韩、东盟与中国合作机制，倡议和推动成立了上海合作组织。

以胡锦涛为总书记的党中央提出科学发展观，同样正是由于清醒认识

① 《邓小平文选》第 3 卷，人民出版社 1993 年版，第 64 页。
② 马启民：《关于马克思主义中国化若干经验教训的思考》，《马克思主义研究》2009 年第 7 期。

当今世界和当代中国发展的大势，全面把握我国发展的新要求和人民群众的新期待，而科学制定的适应时代要求和人民愿望的行动纲领和战略决策。在十七大、十八大报告中，胡锦涛均专门论述了当代中国同世界的关系发生的历史性变化，指出中国的前途命运日益紧密地同世界的前途命运联系在一起，中国将始终不渝走和平发展的道路。①

（二）发挥对世界格局的积极影响

在中国共产党领导下走向自强自立的中国，不再被动地卷入资本主义世界殖民体系，而是在利用外部条件、吸收人类文明成果进行革命和建设的同时，也主动发挥了社会主义东方大国对世界的积极影响，将马克思主义中国化的成果延伸出国界，运用于广阔的国际舞台。

新中国成立前夕，毛泽东提出了"另起炉灶"、"打扫干净屋子再请客"、"一边倒"等对外基本方针，在新中国诞生后，倡导和坚持和平共处五项原则，很快与一批社会主义国家建立正式外交关系，同时反对帝国主义的侵略政策和战争政策，以抗美援朝战争的胜利粉碎了帝国主义扩大侵略的野心，维护了亚洲和世界和平，也为国内建设赢得了一个相对稳定的外部环境。20 世纪 70 年代初，中国恢复了在联合国的合法席位，并打开了中美关系正常化的大门，提出"三个世界"划分的理论和我国永远不称霸的思想，反对超级大国的强权政治和霸权主义，为广大第三世界国家做出了示范，成为维护世界和平的一支重要力量。

改革开放之后，邓小平在作出"和平与发展成为当今世界的两大主题"的判断后，提出奉行独立自主的外交路线和政策，在国际事务中坚持反对霸权主义和强权政治，中国永远不称霸，以和平共处五项原则为基础，建立国际新秩序。他创造性地提出"一个国家，两种制度"的构想，对领土争端提出"主权属我，搁置争议，共同开发"的主张，中国为维护世界和平与发展作出了新的贡献。

20 世纪的最后十年，冷战结束，世界多极化和经济全球化加速发展，国际关系错综复杂。以江泽民为核心的党的第三代中央领导集体全面阐述了和平与发展的时代主题，论述了世界多极化和经济全球化发展的历史趋势，积极倡导建立国际政治经济新秩序，倡导国际关系民主化，提出要建

---

① 余品华：《论马克思主义中国化的基本经验和规律——从井冈山道路到中国特色社会主义道路的思考》，《中国井冈山干部学院学报》2008 年 5 月第 1 卷第 3 期。

立适应时代需要的新安全观。在这些思想的指导下，我国积极参与国际事务，对维护国际和地区和平稳定与发展发挥了积极影响。

进入 21 世纪以后，面对大调整、大变革的世界，以胡锦涛为总书记的中央领导集体，提出了和谐世界的理念，明确了与各国人民携手努力，推动建立持久和平、共同繁荣的和谐世界的长远目标。构建和谐世界是针对当前不和谐的世界发出的真诚而正当的呼声，是中国和平国际主义的再一次宣示，是对"新安全观"的继承与发展，是崛起的中国重塑国际新秩序的世界责任。构建和谐世界的倡导和理念，将对国际政治民主化和建立世界新秩序起到积极作用。

当今世界，中国的发展已经成为世界经济的重要部分，成为金融危机冲击下世界经济发展的重要引擎。中国的发展强大已经成为不可阻挡的趋势，中国特色社会主义客观上对西方资本主义形成挑战，这让西方感到了压力。中国只有坚定不移地走科学发展之路，只有实现又好又快的发展，人们充分享受发展成果，用不可争辩的发展事实，展现社会主义制度的极大优越性，才能最终赢得制度较量的胜利，为人类和平发展作出更大的贡献。

马克思主义中国化的伟大进程，贯穿于中国共产党 90 多年来的艰辛奋斗和光辉历史。以上仅是对这一历程基本经验的初步概括，今后进一步的研究尚需以此为基础，对马克思主义中国化不同时期的主要经验、不同领域（如马克思主义大众化方面、"五位一体"建设各个领域）的具体经验作出更为深入细致的研究。

第四节　马克思主义中国化基本经验的特点

伴随着革命、建设和改革的伟大实践，马克思主义的中国化走过了极不平凡的发展历程，给予我们许多深刻的启示，留下了众多闪光的历史经验。上述五点马克思主义中国化基本经验，显示出中国共产党对共产党执政规律、社会主义建设规律、人类社会发展规律的不断深化认识，也展现着中国革命和社会主义建设、改革、发展的不懈奋斗实践。这些来自于理论认识和长期实践的基本经验，既带着鲜明的中国特色，印记着时代特征，又具有世界意义，传承着代代薪火。总而言之，马克思主义中国化基本经验的突出特点表现在，它兼具理论性与实践性、民族性与世界性、时代性与传承性。

一　兼具理论性与实践性

马克思主义中国化，将马克思主义基本原理与中国具体实际相结合，本身即包含着理论与中国革命和建设的实践相统一这层含义。"马克思主义中国化"涉及"马克思主义"与"中国"相结合的问题，核心在于"化"，这个"化"所提示的不仅是马克思主义在中国的应用，也包含了中国实践对马克思主义的提升。因此，马克思主义中国化内在地包含了马克思主义理论与中国具体实践的"双向互动过程"。① 在马克思主义中国化历程中，理论探索与实践开拓互为条件、互相促进，相辅相成，可以说，马克思主义中国化就是在理论与实践的辩证统一中前进的，而马克思主义中国化的基本经验，也充分体现了理论性与实践性的辩证统一。

例如，马克思主义中国化的基本经验之一是要把握理论精髓，坚持马克思主义基本原理，科学地对待马克思主义。这一经验主要是从理论认识层面来取得的，但决离不开实践层面的正反两方面丰富曲折的经历。掌握基本原理，是为了解决实际问题，马克思主义的理论研究，必须紧密围绕和结合实际问题。只有不断研究新情况、解决新问题，才能够在运用和检验中不断发展基本原理，使理论之树常青。进一步地，中国化的马克思主义理论不仅仅是在思想领域与形形色色的思潮和理论进行了较量，摒弃了本本主义、教条主义，战胜了非马克思主义、假马克思主义，而且在马克思主义中国化的实践道路上，也是从第五次反"围剿"的惨痛失败中，从"文化大革命"的风雨飘摇中，更加深刻地认识到怎样才是坚持科学的马克思主义观，进而坚定地摆正了航向，在更为科学、成熟的理论指导下，驶向更加成功的革命和建设实践航程。

又如，马克思主义中国化的基本经验之二是，扎根中国实践，实现马克思主义与中国具体实际、优秀传统文化的"互相结合"。显然，这一经验更多地从实践中得来，什么是中国实际、如何扎根中国实际，没有一本现成的书本能提供答案，都必须在马克思主义中国化的实际历程中寻求答案，再通过实践加以验证，并伴随着实践的前进来不断认识新的具体国情

---

① 林志友：《马克思主义中国化的进程及其规律研究》，中国社会科学出版社 2010 年版，第 227 页。

和时代特征。然而，要想准确地认识、把握中国的历史传统和中国国情这个客体，仅凭个人的观察所得或经验主义是不行的，必须要上升到理论层面，运用理论思维，准确认识我国的社会性质、所处的阶段和主要矛盾。因此，"社会主义初级阶段论"不仅仅是通过现象的描述来界定中国的基本国情，更是从哲学高度，全面分析这一阶段的社会性质和主要矛盾，从而为践行社会主义初级阶段的中国特色社会主义道路奠定了认识基础。

再如，马克思主义中国化的基本经验之三，在于筑牢群众根基，坚持马克思主义的群众观点和群众路线。群众观点是认识依据，群众路线是工作方法，这更体现了"从群众中来，到群众中去"是理论性与实践性的高度统一。代表、维护和实现最广大人民群众的根本利益，既是马克思主义理论区别于其他一切理论的价值取向，又是马克思主义中国化的奋斗目标，并取得了丰硕的成果；马克思主义中国化的理论过程，归根到底要让理论掌握广大群众，并以人民群众的社会实践为重要源泉；马克思主义中国化的实践过程，要与人民群众的社会实践相结合，要依靠群众来实现。

总之，马克思主义是作为一种社会改造理论被引入中国的，马克思主义中国化不是为了引进理论而引进理论，而是为了解决中国争取独立与富强的实际问题。而中国革命和建设中产生的好的做法、形成的宝贵经验，也有一部分升华为具有普遍指导意义的理论。马克思主义中国化的历程生动地体现了善于以科学理论指导实践，善于把实践创新转化为理论创新，又用理论创新来指导和推动实践创新的辩证法，在此过程中产生的基本经验也都体现出理论性与实践性的辩证统一。

二　兼具民族性与世界性

马克思主义中国化的基本经验中蕴含着民族性与世界性的辩证统一，这表现为双向互动过程的两个方面，即：既运用具有世界普遍意义的马克思主义基本原理来与中国实际相结合，实现了马克思主义的中国化，又能从带着中国特色的马克思主义理论探索和社会主义实践开拓道路中，引申出具有世界历史价值的科学社会主义理论与实践的当代形态。

马克思主义作为最先进的文化形态，"吸收和改造了两千多年来人类思想和文化发展中一切有价值的东西"①，是人类文明所创造的优秀成果

---

① 《列宁选集》第 4 卷，人民出版社 1995 年版，第 299 页。

的"当然继承者"。它与各民族国家的历史文明有着很大的包容性和共通性，能够同一切历史文明连接相融。实际上，马克思主义作为科学的世界观和方法论，本身也包含了"民族化"要求。马克思、恩格斯的理论研究虽然主要关注资本主义发达国家的工人运动和无产阶级革命斗争，但随着欧洲资本主义欠发达国家和亚洲经济发展落后国家民族解放运动的兴起，他们的视野也转向被压迫民族，研究范围扩大到将无产阶级革命斗争同民族解放运动结合起来。晚年，马克思、恩格斯了解到东方许多国家社会历史发展状况和俄罗斯民族的社会历史状况后，更加强调未来的社会发展道路"必须考虑到各国的制度、风俗和传统"，如果"使用一般历史哲学理论这一把万能钥匙，那是永远达不到这种目的的"。[①] 他们提出的东方经济落后国家有可能跨越资本主义制度"卡夫丁峡谷"的构想，进一步强化了理论的"民族化和时代化"特征。马克思主义的这种理论品格，使其在传播到神州大地后，自然地与中华民族的现实需要和历史文明相结合。

在马克思主义中国化的进程中，将马克思主义的基本原理同中国具体实际结合起来，从哲学根据上来说，实质上就是"一般性"与"特殊性"，即共性与个性的辩证关系问题。所谓马克思主义中国化，就是运用马克思主义的"一般"，即马克思主义世界观和方法论，去说明和解决中国的"特殊"问题，形成与中国实际相结合马克思主义，即中国化的马克思主义。比如新民主主义革命理论，由无产阶级去领导资产阶级民主革命，这是由我国长期的半殖民地半封建社会性质决定的，而其他国家不一定如此。又如社会主义初级阶段理论，我国之所以处于并将长期处于社会主义初级阶段，有其历史和现实的特殊原因，并不一定是每一个国家进入社会主义后都必经的阶段。但这些都是马克思主义中国化不能回避而必须科学回答的课题。同时，中华民族具有独特的民族心理、性格特征、文化形式、风俗习惯，因此，马克思主义中国化的过程、方式、途径、载体及理论成果的表现等方面，也会具有鲜明的民族特色。

在马克思主义中国化的基本经验中，"扎根中国实践，实现马克思主义与中国实际、优秀传统文化的互相结合"这一条经验，最充分地体现了马克思主义中国化的着力点就在于运用马克思主义的"一般"来说明

[①] 《马克思恩格斯全集》第19卷，人民出版社1963年版，第131页。

和解决中国的"特殊"问题，使得马克思主义作为人类文明成果的"一般"与作为中华民族本土文明的"特殊"传统文化相结合。这一特点也同样贯穿在中国共产党建设自身这一马克思主义中国化的主体，以及团结依靠人民群众这一历史创造主体的过程中，即马克思主义中国化的基本经验之三"筑牢群众根基，坚持马克思主义的群众观点和群众路线"和基本经验之四"重视党的建设，特别是始终不懈地进行党的理论建设，始终坚持党的思想路线"当中。这方面的具体事例不胜枚举。

例如，"求真务实"在中华民族历史上源远流长，这突出体现在宋明时期的浙东学派的思想上；宋代的刘宗周对"知"与"行"的关系作了研究，强调求"真知"，"即知即行是谓真知"；明代的朱舜水认为"圣贤之学，俱在践履"，"学问之道，贵在实行"。而中国共产党取其精华为我所用，胡锦涛曾对"求真务实"做了马克思主义的科学解释："求真务实，是辩证唯物主义和历史唯物主义一以贯之的科学精神，是我们党的思想路线的核心内容，也是党的优良传统和共产党人应该具备的政治品格。"①

又如，党的群众路线，是中国共产党人把马克思主义关于人民群众是历史创造者的原理同中国具体实际相结合而形成的，是中国化的马克思主义工作路线和工作方法。1922年7月召开的党的二大通过的《组织章程决议案》就指出：党的一切运动都必须深入到广大的群众里面去。1928年召开的党的六大作出了"党的总路线是争取群众"的重要论断。抗日战争时期，毛泽东在《关于领导方法的若干问题》中对党的群众路线的工作方法进行了精辟概括，在《论联合政府》一文中阐述了党的群众路线的核心内容，并提出把"和最广大的人民群众取得最密切的联系"作为党的三大优良作风之一。新中国成立以后，中国共产党根据执政党面临的新形势和新任务，对群众路线又作了新的丰富和发展。改革开放以来，以邓小平同志为核心的党的第二代中央领导集体对群众路线进行了开创性继承和发展，他指出："群众路线和实事求是这两条是最根本的东西"；以江泽民同志为核心的党的第三代中央领导集体明确提出了"立党为公、执政为民"的重要理念，把"代表最广大人民的根本利益"作为"三个代表"重要思想的核心内容；以胡锦涛同志为总书记的党中央明确提出

---

① 《十六大以来重要文献选编》（上），中央文献出版社2006年版，第724页。

了以人为本的科学发展观，强调发展为了人民，发展依靠人民，发展成果由人民共享等重要思想，把"始终保持党同人民群众的血肉联系"作为保持和发展马克思主义政党先进性的根本点，作为提高党的建设科学化水平的重要任务。①

在当前新的历史条件下，以习近平同志为总书记的党中央把党的群众路线视为"党的生命线和根本工作路线"，决定从 2013 年下半年开始用一年左右时间在全党开展党的群众路线教育实践活动，加强对全体党员的马克思主义群众观点教育，始终保持党同人民群众的血肉联系，为推动全面建成小康社会、实现中华民族伟大复兴的中国梦提供坚强保证。

从马克思主义中国化基本经验的民族性与世界性相统一的后一个方面来说，马克思主义中国化所要解决的是中国的问题，其特殊性或者民族性、地域性是不言而喻的，但同时这些经验并没有偏离人类社会发展的一般规律，而是依据世界历史的一般进程对于中国问题的科学回答，因而又具有世界性的普遍意义。正如第五条基本经验所展现的那样，中国共产党在推进马克思主义中国化的进程中，坚持世界眼光，吸收人类文明优秀成果，不仅顺应了世界发展潮流，而且对世界经济、政治、文化、社会等各方面产生着深远而积极的影响。

中国共产党领导的新民主主义革命，既不是旧式的资产阶级革命，也不是单纯的民族解放运动，而是世界无产阶级革命和民族解放运动的一部分，是世界社会主义革命的一部分。同样，中国的社会主义建设，也是当前世界社会主义运动的一部分，是世界发展与进步的一部分。在这个总体格局中，马克思主义中国化的过程，同时也是用马克思主义来"化"中国的过程。马克思主义的基本原理揭示了人类社会的发展方向和普遍规律，提出了认识世界和改造世界的基本原则和方法。而马克思主义中国化及其理论成果不仅没有脱离这个范围，而且其创造性的一些基本经验还可以为其他国情与中国相似的国家所吸收和借鉴。

如同郑永年在评论"中国模式"时较为客观地指出的那样："中国的改革是在国际环境下发生的，就是说中国的经验是世界发展经验的内在部分。中国不是关起门来改革的，而是在开放环境下。在这个过程中，中国学习了很多的经验，不仅向发达的西方国家学，而且也向像新加坡那样的

---

①　韩振峰、纪淑云：《党的群众路线的由来与发展》，《光明日报》2013 年 7 月 3 日。

小国家学。在很大程度上说，中国的成功是一些国际最优经验和中国本身实践结合的产物。就是说，中国模式既具有世界性，也具有中国性。因此，在讨论中国模式时，光强调国际性或者光强调地方性（中国特色）都不是很科学的。具有国际性，表明中国的发展无论对发展中国家还是对发达国家都具有参照意义；而中国性则表明各国只能根据自己的情况来参照中国模式。"①

应该说，马克思主义的创始人阐发的基本原理无疑是普遍真理，但是他们具体的理论表述也带有较多的西欧色彩；列宁主义是对马克思主义的丰富和发展，具有世界性的意义，但也带有较多的俄国色彩。这不是它们的缺点，相反，这是它们致力于解决实践中遇到的问题的表现，是它们宝贵的理论品格。② 中国的国情既不同于西欧诸国，也不同于俄国，马克思主义的中国化进程，不仅解决了中国革命和建设的实际问题，也在一般意义上对马克思主义进行了基于实践的继承、丰富和发展。

三　兼具时代性与传承性

既一脉相承，又与时俱进，这是马克思主义中国化的本质要求，也是蕴含在其基本经验中的一个重要特征。马克思主义中国化一系列基本经验的产生，既一以贯之、前后衔接，保持了一脉相承的连续性和稳定性，又跟随着时代脉搏的跳动，不断发展和发展，指导不同历史阶段的革命或建设、改革和发展。

从马克思主义中国化本身来说，毫无疑问是继承性与发展性的辩证统一，是连续性与阶段性的辩证统一。在理论层面上，马克思主义作为科学的理论体系，有其基本原理和贯穿于其中的立场、观点和方法，只有把握"继承性"这个逻辑前提，对马克思主义的发展才不会步入歧途，始终坚持马克思主义是中国共产党的一贯做法和基本特点；同时，运用马克思主义立场、观点和方法来回答新的实践中所遇到的新情况、新问题，必然要有所创新，只有坚持发展性，才能保证马克思主义永葆青春和活力。毛泽东思想和中国特色社会主义理论体系，都是既坚持了马克思主义的理论体

---

① 郑永年：《中国改革开放对世界意味着什么》，《联合早报》2008 年 11 月 25 日。
② 王学俭、朱大鹏：《从辩证思维看马克思主义中国化的历程和经验》，《高校理论战线》2010 年第 9 期。

系和基本立场、观点、方法，又根据时代变化和现实要求发展了马克思主义。在实践层面上，马克思主义中国化的进程既体现了中国革命和建设的不同时期的阶段性特征，又体现了连续的迈向科学社会主义的发展路径，前后是一个有机整体；连续性说明马克思主义中国化不曾中止，始终在向前推进，但只有上一个阶段的任务完成了，才有下一个阶段的开始，而且上一阶段已经孕育了下一阶段的因子，各个阶段具有内容上的连续和承接。

马克思主义中国化的基本经验当中，正是处处渗透着时代性与传承性的统一，这个特点在本章第三节对各条基本经验形成轨迹的阐述中也有着充分的体现。无论是把握理论精髓，扎根中国实践，还是筑牢群众根基，重视党的思想建设、坚持党的思想路线，以及坚持世界眼光，都是贯穿于马克思主义中国化进程的始终（唯因如此，才可以称得上是"基本经验"），但在每一个时期，又有着各自侧重点不同的表现。

以基本经验之二当中的实现马克思主义与中国具体实际相结合、准确把握中国的历史传统和中国国情为例，自始至终，中国共产党都努力地去客观认识我国的社会性质、所处的阶段和主要矛盾，由此来确定自身的中心任务。同时，每一个时代又都具有自身的特点：新民主主义革命时期，帝国主义与中华民族的矛盾、封建主义与人民大众的矛盾是中国社会的主要矛盾，领导全国人民推翻帝国主义、封建主义和官僚资本主义的压迫，实现国家独立和人民解放是当时中国共产党的中心任务；社会主义革命时期，无产阶级与资产阶级的矛盾是中国社会的主要矛盾，我们的任务是"要在一个相当长的时期内，逐步实现国家的社会主义工业化，并逐步实现国家对农业、手工业和资本主义工商业的社会主义改造"；社会主义建设时期，人民群众日益增长的物质文化需求与落后的社会生产之间的矛盾是社会主要矛盾，党的任务是领导社会主义现代化建设。

又如，中国共产党始终坚持把思想理论建设放在首位，以思想理论建设为灵魂和主线推动党的各方面建设，极大促进了全党思想和意志的统一，这是马克思主义中国化的一条重要经验和重要原则。在不同时期，所针对的错误思想和观念分歧不尽一致，加强思想建设所采取的具体方式也有所变化。无论是延安时期的整风学习，还是党的十六大以来开展保持共产党员先进性教育活动，以及近年来的保持党员纯洁性教育、群众路线教育活动，都使广大党员干部受到了普遍的学习教育，为推进党的建设提供了坚实思想基础。

第五节　马克思主义中国化基本经验的
当代意义与历史价值

回溯历史是为了启示未来，我们之所以要认真总结马克思主义中国化的基本经验，是因为这些经验具有重要的理论意义、实践价值和世界历史价值，能够作为一面可供对照和借鉴的镜子，为我们今天认识、解决和处理改革开放及全面建设小康社会中的重大战略性问题，从整体上推进中国特色社会主义的伟大事业，推进马克思主义中国化的历史进程，提供宝贵的理论财富和实践启迪。

一　理论意义：可升华为中国化的马克思主义

"马克思主义中国化"包含了既互相区别又紧密联系的两个过程：既要运用马克思主义去解决中国革命、建设和改革的实际问题，又要将中国革命、建设和改革的成功经验上升为理论，创造和不断丰富中国化的马克思主义理论，进而继承发展马克思主义，并进一步提高解决中国实际问题的能力和水平。因此，及时地总结马克思主义中国化在理论创新和实践创造中所取得的基本经验，是这一进程的题中应有之义，它可以为中国化的马克思主义理论呈现更为清晰的思想脉络，增强其逻辑说服力，同时增添新的理论来源。

（一）理论创新是在经验基础上取得的

回顾往昔我们会发现，马克思主义中国化取得的两大理论成果都是在深刻认识历史经验基础上的理论创新。

毛泽东曾提出："我们要使中国革命丰富的实际马克思主义化。"[1] 从新民主主义革命理论到社会主义改造和建设理论，毛泽东思想充分体现了在对中国革命和建设实践经验进行系统总结基础上的理论创造，为马克思主义的理论宝库贡献了一批生动鲜活的思想资源。

邓小平也十分强调在不断总结新的实践经验的基础上，创造出新的理论，推进马克思主义的发展。例如，关于对外开放，他认为："我们在制

---

① 《毛泽东文集》第 2 卷，人民出版社 1993 年版，第 374 页。

定对内经济搞活这个方针的同时，还提出对外经济开放。总结历史经验，中国长期处于停滞和落后状态的一个重要原因是闭关自守。经验证明，关起门来搞建设是不能成功的，中国的发展离不开世界。"① 在谈到选择走中国特色社会主义道路的时候，他更是坚定地指出："把马克思主义的普遍原理同我国的具体实际结合起来，走自己的路，建设有中国特色的社会主义，这就是我们总结长期历史经验得出的基本结论。"② 以江泽民为代表的党的第三代中央领导集体，既继承了邓小平理论，又紧密结合"治党治国新的宝贵经验，形成了'三个代表'重要思想"③。胡锦涛在论及科学发展观时也指出："科学发展观，是立足社会主义初级阶段基本国情，总结我国发展实践，借鉴国外发展经验，适应新的发展要求提出来的。"④ 可见，中国特色社会主义理论体系的开创、丰富和完善都离不开对经验的深刻认识和总结。

在马克思主义中国化的实践进程当中，人民群众是实践的主体，在人民的实践活动中涌现了许多生气勃勃的伟大创造，如十一届三中全会以来探索家庭联产承包责任制，兴办乡镇企业，发展外向型经济，发展第三产业等，产生了一大批实践经验，能动地改造社会和推动时代变迁，为中国特色社会主义的理论概括提供了丰富的一大源泉。

（二）总结经验有利于探索规律和丰富思想

当然，无论是实践创造的经验，还是理论发展的经验，它们源于马克思主义中国化的进程，却并非与进程完全重合，它们来自 90 多年的披荆斩棘、艰辛探索，却不会自动闪现。特别是具有全局性、整体性、系统性意义的马克思主义中国化基本经验，必须运用理论思维对其进行仔细的分析梳理和总结概括，必须有意识地进行理论研究才能得出结论。这正是马克思主义理论工作者们的使命和责任所在。

一方面，通过梳理和总结马克思主义中国化的基本经验，理论工作者们可以从中进一步研究探索马克思主义中国化的一般规律，为当代中国马克思主义中国化的可能性、可行性提供学理依据，有助于在文化多元化、价值多元化的背景下推进马克思主义中国化理论成果的普及和深入研究。

① 《邓小平文选》第 3 卷，人民出版社 1993 年版，第 78 页。
② 同上书，第 3 页。
③ 《中国共产党第十七次全国代表大会文件汇编》，人民出版社 2007 年版，第 59 页。
④ 同上书，第 13 页。

另一方面，认真总结和研究马克思主义中国化的基本经验，可以为中国特色社会主义理论体系的进一步完善提供经过提炼的思想资源；经过检验的成熟的"中国经验"还可以直接构成中国特色社会主义理论体系的新内容，升华为中国化的马克思主义理论新成果。中国特色社会主义理论的创立和发展，离不开将马克思主义普遍原理运用于中国具体实际的坚持，也离不开一段时期社会主义建设和改革的实践观察及其经验总结。一代又一代中央领导集体所不断描绘增色的这幅蓝图，并不是在行动开始之前就纤毫毕现地设计好、规划好，也不是能预料前行途中种种情况和挑战并事先准备好应对策略的"锦囊妙计"，它恰恰是不断回顾历史、审视现实，在不断总结经验的过程中得以创立和丰富发展的。从学界的视角对马克思主义中国化基本经验的内容作出梳理和尝试性概括，有助于通过思想提炼达到去粗取精，为中国共产党全面审视历史经验教训，进而不断完善中国特色社会主义理论体系提供有益的借鉴。

二　实践价值：进一步增强实践的主动性实效性

一个国家、一个民族、一个执政党，只有客观回顾自己的历史，只有正确理解自己所走的道路，才能坚定信念、凝聚力量，在不断的社会变革中走向进步。90余年马克思主义中国化的进程，既积累了丰富的实践经验，也积淀了深厚的理论创新经验，对这些经验进行总结，不仅是中国共产党推进理论建设的需要，同时对于在新的时代条件下，继承和发扬好的经验和做法，进一步增强实践的主动性、实效性，更好地用马克思主义及其中国化的成果来武装全党全国各族人民，更有力地推进中国特色社会主义实践，均具有重要的意义。

应当承认，马克思主义中国化基本经验具有较强的理论抽象性，不能像某些具体的历史经验那样，可以直接重复运用于某一时期或某一区域的实践；它也不同于中国化的马克思主义理论成果，可以发挥科学理论对实践的总体指导作用。但是，这些基本经验来自对90多年马克思主义中国化整体进程中理论探索和实践探索的提炼，其本身就体现了理论性与实践性的高度统一，贯穿于马克思主义中国化的两大理论成果产生与发展的始终，历经了中国特殊国情条件下丰富实践历程的正反两方面检验，包含了多个方面的实践因素，因而能够有效地对应到我们当前所推进的中国特色社会主义事业当中去，并发挥积极的提示、校正、促进等功能。

　　当前，我国社会主义现代化建设和改革发展进入攻坚阶段，实现全面建成小康社会的任务进入关键时期，所有制方面的改革如何深化，社会主义市场经济如何完善，如何深化政治体制改革的问题，如何实现持续、协调和科学的发展，如何坚定人们的理想信念、重建精神家园，如何建设文化强国、牢固树立社会主义核心价值体系，如何提高党的执政能力，等等，面临一系列有待解决的重大实践问题。这些都需要我们继续解放思想、实事求是，既要尊重实践创造，也不能总是摸着石头过河，而要加强科学的前瞻性、预见性，除了要进一步实现理论上的突破和创新外，充分学习和尊重我们以往已取得的宏观性、全局性的基本经验，是至为关键也是十分有效的。

　　因此，对马克思主义中国化基本经验所作的科学总结，既是过去几十年来马克思主义之所以成功地实现中国化的秘密所在，也是今后继续推进马克思主义中国化不可缺少的宝贵精神财富。在新的实践中弘扬正确的历史经验，避免错误的历史教训，必将有力地推进中国特色社会主义伟大事业，使中国化的马克思主义放射出更加灿烂的光辉。

三　世界历史价值：构成对世界文明的新贡献

　　已被实践证明成功的中国经验，是对马克思主义的现代诠释，也是对世界文明的新贡献。任何经验，就其起源来讲，都是由具体的人在具体的时间地点环境条件下从具体的实践过程中产生的，都具有特定的适用性范围，都是具体的地方性的经验，但其中也蕴涵着一般性、普遍性的东西，存在着经过提炼上升为一般性知识的可能。这在一个国家内部是如此，在世界范围内也是如此。马克思主义中国化作为马克思主义在中华大地上扎根发芽、开花结果的体现，当然具有特殊性，但它并没有偏离人类社会发展的一般趋势，而是依据世界历史的一般进程对于中国问题的科学回答，因而极大地丰富了对人类社会发展规律的认识，从某种意义上说，标志着一种已被现实印证了的人类社会未来发展方向的具体可能性，因而具有重要的世界意义。

　　（一）有利于摆脱现代化的西方逻辑

　　世界上各个国家的发展很不平衡，有经济发达与不发达之分，科学研究水平也有先进和落后之别。如果说在交往不很普遍尚未进入世界历史时代之前，这一点还不很明显的话，到了世界历史时代就成了一个基本的经验性事实。因此，那些来自比较发达、比较先进国家的经验，那些从这些经验中产生的理论及其方法论，往往较容易得到传播，为其他国家认可和重视，获得了一种世界性普遍性知识的地位。

对于后发现代化国家来说，由于追赶发展的压力异常沉重，而技术、知识、人力资本等现代化的动力因素又难以在短期内取得突破性进展，制度因素的重要性便显得尤为突出。"把马克思主义基本原理同中国具体实际相结合"，昭示着世界发展史上，一个全新的"非西方的现代化道路"正式诞生。"中国经验"既批判、反思了传统的西方现代性模式及其带来的现代性焦虑，又创造性地探索和建构了中国现代化新道路。它充分证明，世界上没有放之四海皆准的发展道路和发展模式，也没有一成不变的发展道路。

中国改变了现代化的"单向趋同"，拓宽了民族国家走向现代化的途径，丰富了人类对于社会发展规律和道路的认识。现代化未必一定被建构为资本逻辑的推演模式。既坚持独立自主，又兼收并蓄，向现代化先行者学习和借鉴，将西方现代性经验一定程度上融入社会主义发展的理论和实践框架，使世界上终于出现了非西方的现代化模式和经验，这本身就是一种世界性胜利。①

作为无产阶级革命理论的马克思主义，当然是反对欧洲中心主义的，但它只能产生于工业化和市场经济比较发达、阶级斗争比较尖锐、工人阶级力量比较壮大的欧洲，所以尽管它主要依赖的是西欧各国的经验，在其传播过程中一开始就作为一种世界性普遍性知识而定位的。相对于西欧国家，俄罗斯是比较落后的，但当列宁领导的十月革命成功之后，至少对于那些争取民族独立的国家的革命者来说，列宁主义也被看作是世界性普遍性知识来接受的。

中国当然现在还不是发达国家，可中国风起云涌的民族独立解放运动、社会主义革命以及改革开放所取得的巨大成就已经为许多国家所重视，为中国经验提升为世界性普遍性知识创造了现实的可能。实际上，对于许多与中国处于相同或相似境遇的落后国家来说，中国经验作为一种实现现代化的经验，作为把现代化与本土化成功结合的经验，肯定具有重要

---

① 田鹏颖：《"中国经验"的重要启示》，载程恩富、张兴茂主编《中国共产党建党九十周年与马克思主义中国化的理论与实践》，中国社会科学出版社 2012 年版。

的普遍性意义。①

（二）向世人证明马克思主义的现实生命力

中国经验证明，马克思主义不是教条，不是针对欧洲社会的思考，而是对整个人类社会世界发展规律的理论把握；马克思主义没有过时，没有失败，而是经过科学的理解和运用之后，在现实中焕发着更加蓬勃的生命力。

自马克思主义诞生以来，世界范围内的社会主义运动在这一科学理论的催生和引导之下曾经蓬勃开展，如火如荼。中国的民族自立和社会主义革命的胜利，与俄国十月革命和苏联社会主义革命建设一道，沉重打击了资本主义世界体系，把无产阶级革命和民族解放运动推向新的阶段，开辟了人类由资本主义向社会主义、共产主义过渡的新时代。

20 世纪末以来，世界社会主义运动陷入低潮，西方一些政论家甚至预言，人类历史将以社会主义的全面失败和马克思主义的全面终结而告终。可是，中国经验的创造，向世人展示了社会主义运动还在发展，社会主义思想没有终结，社会主义制度充满活力，人类对超越资本主义、实现共产主义的探索并未停歇，而是以一种更为成熟稳健的姿态进入一个新的历史行程。中国特色社会主义理论创立后，中国共产党领导中国人民经过30 多年的改革开放，综合国力和国际竞争力显著提高，人民生活实现了小康。中国改革开放的成果也惠及了广大发展中国家。中国把自身的发展与人类共同进步联系在一起，致力于建设一个持久和平，共同繁荣的和谐世界。中国已成为推动世界经济增长和人类文明进步的重要力量。

从马克思主义发展的角度看，苏东剧变之后，中国无疑已经成为世界社会主义运动的重镇，中国共产党人必然将要承担更多的责任，依据中国经验而建构的中国化马克思主义，将成为马克思主义队伍中最鲜亮的一面旗帜。

（三）将增强中国在世界文化体系中的话语权

马克思主义只有实现民族化和具体化，才能转变成精神财富，进而转变成巨大的物质力量。马克思主义的中国化促进了中国传统文化的现代转化，使马克思主义获得了中国特色、中国风格和中国气派，形成了中国特色社会主义现代性话语系统。

---

① 　马俊峰：《"中国经验"与中国化的马克思主义》，《现代哲学》2008 年第 6 期。

中国要面向世界、走向世界，不仅意味着在参与世界事务、吸取借鉴其他民族的经验，同时也意味着向其他国家介绍输出自己的经验，在平等的基础上进行交流，相互尊重，相互学习。适时而客观地总结马克思主义中国化的基本经验，将进一步增强中国的道路自信、理论自信和制度自信。这种自信不仅是来自主观想象，也源于客观认同或普遍重视，中国化马克思主义在世界文化体系中的话语权将进一步增强。

第七章　马克思主义中国化的 规律和规律性认识

本书在《导论》中简略阐述了马克思主义中国化规律性研究的原则和方法。一个时期以来，学术理论界对马克思主义中国化规律研究的著述，颇有你追我赶、争先恐后之势。这表明了研究马克思主义规律的迫切性和广泛性。众多的研究成果，虽然琳琅满目，令人眼花缭乱，也给予人们许多启迪，但是，真正总结出普遍认可的规律，还不多见。这从另一个侧面，说明了发现和总结规律的难度，也衬托出理论界的准备不足甚至有些浮躁和急于求成。

规律是事物发展过程中的本质联系，这是一种反映总体的、全过程的、最普遍的联系，因而，不可能到处都是规律，众多的具体经验也不能被视为就是规律。但是，马克思主义中国化的规律确是客观存在，是不能否认的。对其规律的发现和总结，只能也必须实事求是。本章从理解规律的内涵和怎样发现规律、把握规律入手，遵循和借鉴马克思主义经典作家关于对人类历史发展规律揭示的立场、观点和方法，力图重点阐述对马克思主义中国化的"结合律"、"正反律"、"创新律"及其规律性的认识。

第一节　规律的内涵及规律的发现、把握和运用

本节重点讨论如何认识和把握规律。

一　规律的基本内涵

规律也称为法则，是事物本身所固有的、深藏于现象背后并决定和支配现象的方面，决定着事物发展的必然趋向。

规律具有普遍性的形式，是客观事物发展过程中的本质联系；是指同

一类现象的本质关系或本质之间的稳定联系，它是千变万化的现象世界的相对静止的内容，是同本质具有同等地位的概念。规律是反复起作用的，只要具备必要的条件，合乎规律的现象就会必然出现。规律是客观存在的，既不能创造，也不能消灭；不管人们承认不承认，规律总是以其铁的必然性起着作用。

世界上千差万别的事物，都有各自互不相同的规律，可分为自然规律、社会规律和思维规律。自然规律和社会规律都是客观的物质世界的规律，但它们的表现形式有所不同：自然规律是在自然界各种不自觉的、盲目的动力相互作用中表现出来的；社会规律则必须通过人们的自觉活动表现出来。思维规律是人的主观的思维形式对物质世界的客观规律的反映。

无论是自然规律、社会规律还是思维规律，既然是规律，它们都是不以人们的意志为转移的，都不能被创造、改变和消灭。但是，在实践的基础上，人们可以对它们表现出来的种种现象进行研究，去粗取精、去伪存真、由此及彼、由表及里，逐步认识和掌握它们，并利用它们来认识世界和改造世界。揭示这些规律的真谛，借以指导实践，这是马克思主义学者的本职任务。

一般说来，历史上绝大多数唯心主义或者都否认规律的存在，或者以这样那样的方式把规律说成是"绝对精神"、"神的赐予"等个人的主观意志等意识现象的产物。他们或者认为规律是人强加给自然界的。否认人类社会的发展有客观规律性，这是唯心史观的根本特征之一。

古希腊时期的唯物主义者赫拉克利特（Heraclitus，约公元前530年—前470年），继承米利都学派的传统，认为物质性的元素是万物的本原。这个本原是永恒的活火，火转化为万物，万物又转化为火。他认为万物都是在不断运动变化中的，并提出了"人不能两次踏进同一条河流"的命题。他论证了事物的运动变化是按照一定的规律进行的，第一个提出了"逻各斯"的思想："这个世界对于一切存在物都是同一的，它不是任何神或者任何人所创造的，它过去，现在和未来永远是一团永恒的活火，在一定分寸上燃烧，在一定分寸上熄灭。"

赫拉克利特从探究万物的本原深入到探求现象背后的普遍规律，其辩证法思想虽然还带着朴素的直观性，但在当时却是非常深刻的。他提出事物不断运动变化，一切皆流的思想，认为事物的运动变化都是按照一定的尺度、分寸进行的，从而提出了逻各斯的思想，内含着对立统一的辩证法，朴素地看到对立双方是相互依存、相互统一、相互转化、相互作用的。他甚至提出了斗争是万物之父、万物之王的思想，无愧为被称为辩证法的奠基人。

二　马克思、恩格斯对人类历史发展规律的认识和揭示

马克思、恩格斯创立了唯物史观，发现了人类社会发展的一般规律，第一次使人们真正认识到，人类社会和自然界一样，也是按照自己固有的客观规律运动和发展的。自然科学和社会科学的规律都是对客观事物发展规律的反映。

马克思、恩格斯在《共产党宣言》中运用历史唯物主义的理论，分析了资本主义社会两大基本阶级——资产阶级和无产阶级产生、发展及其相互斗争的过程，揭示了资本主义必然灭亡和社会主义必然胜利的客观规律，阐明了无产阶级的历史使命。

《共产党宣言》阐明了共产党的性质、特点和基本纲领，是无产阶级根本利益的代表，是无产阶级的先锋队组织。共产党坚持无产阶级国际主义原则，坚持各国无产阶级要团结战斗、互相支援。共产党以科学社会主义作为行动的指导思想，能够把握社会的发展规律。共产党的最低起点是推翻资产阶级的统治，由无产阶级夺取政权，最高纲领和最终目的是彻底消灭私有制，消灭一切阶级和阶级差别，在全世界实现共产主义。马克思、恩格斯还论述了无产阶级革命和无产阶级专政的基本思想，对无产阶级历史使命的学说作了完整、系统的、精辟的阐述。在反对资产阶级斗争中，无产阶级的队伍不断扩大，最终成为埋葬旧制度的阶级力量和建设新社会的领导力量。资产阶级不会自动退出历史舞台。它总是要运用政治、经济和思想文化的手段，特别运用资产阶级的国家机器奴役镇压无产阶级，无产阶级只有用暴力推翻全部的社会制度。无产阶级的革命是阶级斗争的最高形式，无产阶级夺取政权之后，必须建立自己的政治统治，即实行无产阶级专政，这是向共产主义过渡的重要条件。

马克思、恩格斯一方面揭示了资本主义必然灭亡、社会主义必然胜利的历史趋势，另一方面又指出："无论哪一个社会形态，在它所能容纳的全部生产力发挥出来以前，是决不会灭亡的；而新的更高的生产关系，在它的物质存在条件在旧社会的胎胞里成熟以前，是决不会出现的。""两个决不会"与"两个必然"，恰好构成了辩证的统一体，体现了现实与未

来的统一、量变与质变的统一、科学性与革命性的统一。

马克思在《资本论》中深刻地揭示了资本主义生产关系的本质和资本主义生产方式的运动规律，科学论证了社会主义必然代替资本主义的历史趋势，展示了未来共产主义社会的美好前景。《资本论》是应时代发展的客观要求而产生的。19世纪三四十年代，无产阶级和资产阶级之间的矛盾日益尖锐，工人运动蓬勃发展，无产阶级作为一支独立的政治力量已经登上了历史舞台，迫切需要科学的革命理论来指导。于是，《资本论》作为工人阶级的"圣经"便应运而生了。《资本论》以资本主义生产关系为研究对象，运用矛盾分析的方法，从解剖资本主义社会的经济细胞"商品"开始，逐一分析了商品二因素、生产商品的劳动二重性、私有制条件下商品社会的基本矛盾以及资本主义社会固有的内在矛盾，从而科学揭示了资本主义制度的产生、发展和灭亡的历史趋势。

恩格斯的《在马克思墓前的讲话》，阐述了马克思对人类历史的发展规律的发现："正像达尔文发现有机界的发展规律一样，马克思发现了人类历史的发展规律，即历来为纷繁芜杂的意识形态所掩盖着的一个简单事实：人们首先必须吃、喝、住、穿，然后才能从事政治、科学、艺术、宗教等等。所以，直接的物质的生活资料的生产，从而一个民族或一个时代的一定的经济发展阶段，便构成基础，人们的国家设施、法的观点、艺术以至宗教观念，就是从这个基础上发展起来的。因而，也必须由这个基础来解释，而不是像过去那样做得相反。"恩格斯还指出："不仅如此。马克思还发现了现代资本主义生产方式和它所产生的资产阶级社会的特殊的运动规律。由于剩余价值的发现，这里就豁然开朗了，而先前无论资产阶级经济学家或社会主义批评家所做的一切都只是在黑暗中摸索。"恩格斯指出了发现规律的难度，说"一生中能有这样两个发现，该是很够了，即使只要能作出一个这样的发现，也已经是幸福的了。但是马克思在他所研究的每一个领域，甚至在数学领域，都有独到的发现，这样的领域是很多的，而且其中任何一个领域他都不是浅尝辄止。"①

三　列宁对帝国主义发展规律的认识和揭示

列宁说："规律是现象中持久的东西。"无论自然界还是人类社会，

---

① 《马克思恩格斯文集》第3卷，人民出版社2009年版，第601—602页。

不仅都按照本身固有的规律向前发展，而且规律贯穿着事物发展过程的始终。开始如此，过程如此，将来也必然如此。他还说，"规律和本质是表示人对现象、对世界等等的认识深化的同一类的（同一系列的）概念，或者说得更确切些，是同等程度的概念。"规律就是"本质的关系或本质之间的关系"。

列宁在《帝国主义是资本主义的最高阶段》中深刻地揭示了帝国主义的本质。他阐明，垄断是帝国主义经济实质，帝国主义的五个基本经济特征都是在垄断基础上产生和发展起来的，帝国主义是垄断的资本主义。他对帝国主义的实质特点、基本矛盾进行了全面的分析，揭示了帝国主义形成、发展、灭亡的规律，论证了帝国主义是垂死的资本主义，是社会主义革命的前夜。列宁在本书中揭示了资本主义政治经济发展不平衡规律，指出了生产资料私有制与帝国主义战争的必然联系。不平衡规律证明：不管它是从经济上对世界市场已经瓜分完毕，还是从政治上对殖民地等领土已经瓜分完毕，为了重新瓜分世界市场和攫取更多的殖民地，必然要发生帝国主义侵略战争。列宁从帝国主义本质的分析出发所作的结论，已为历史所证实。

四　毛泽东对中国革命战争规律的认识和揭示

毛泽东对规律的阐述特别是对战争规律的揭示，具有独特的理论贡献。毛泽东从世界观和认识论的高度对实事求是作了科学概括，他说："'实事'，就是客观存在着的一切事物，'是'，就是客观事物的内部联系，即规律性，'求'就是我们去研究。我们要从国内外、省内外、县内外、区内外的实际情况出发，从其中引出其固有的而不是臆造的规律性，即找出周围事变的内部联系，作为我们行动的向导。"[①] 毛泽东对战争的客观规律进行了详细研究，他在《中国革命战争的战略问题》、《抗日游击战争的战略问题》、《论持久战》等一系列军事著作，系统地揭示了战争发展的规律，阐明了按客观规律指导战争，办好一切事情的必要性。对于战争"不懂得它的情形，它的性质，它和它以外事情的关联，就不知道战争的规律，就不知道如何指导战争，就不能打胜仗。"不仅战争如此，而且"不论做什么事，不懂得那件事的情形，它的性质，它和它以

---

① 《毛泽东选集》第3卷，人民出版社1991年版，第801页。

外的事情的关联，就不知道那件事的规律，就不知道如何去做，就不能做好那件事。"① 毛泽东把战争规律区分为一般战争的规律、革命战争的规律和中国革命战争的规律。指出"我们不但要研究一般战争的规律，还要研究特殊的革命战争的规律，还要研究更加特殊的中国革命战争的规律"，因为"中国革命战争——不论是国内战争或民族战争，是在中国的特殊环境之内进行的，比较一般的战争，一般的革命战争，又有它的特殊的情形和特殊的性质。因此，在一般战争和一般革命战争的规律之外，又有它的一些特殊规律。如果不懂得这些，就不能在中国革命战争中打胜仗"②。

在《中国革命战争的战略问题》中，毛泽东同志分析了中国革命的四个特点：一是"中国是一个政治经济发展不平衡的半殖民地的大国，而又经过了一九二四年至一九二七年的革命"。这个特点"不但基本地规定了我们政治上的战略战术，而且也基本上规定了我们军事上的战略和战术"。二是"敌人的强大"。这个特点，"使红军的作战不能不和一般战争以及苏联内战、北伐战争都有许多不同"。三是"红军的弱小"。表现在我们的军队与国民党军队相比，数量少、武器差、供给十分困难等。这个特点决定了我们不可能很快地战胜敌人。四是"共产党的领导和土地革命"。党的领导和农民的援助，这使我们在政治上具有巨大的威力，是我们能够以弱胜强的源泉，实行土地革命，使我们获得了广大农民的拥护和援助，军队也有了物质上的保障。毛泽东指出："第一个特点和第四个特点，规定了中国红军的可能发展和可能战胜其敌人。第二个特点和第三个特点，规定了中国红军的不可能很快发展和不可能很快战胜其敌人，即是规定了战争的持久，而且如果弄得不好的话，还可能失败。"③ 他强调："这是中国革命战争的根本规律，许多都是从这个根本规律发生出来的。"④ 土地革命战争和后来的抗日战争、解放战争的历史，都充分地证明了毛泽东总结的这一规律的正确性。

这里需要指出，毛泽东明确阐述了掌握规律和运用规律的根本方法，这就是要从战争中学习战争。认识和掌握战争规律必须经过战争实践。正

---

① 《毛泽东选集》第 1 卷。人民出版社 1991 年版，第 171 页。
② 同上。
③ 同上书，第 191 页。
④ 同上。

确地认识和指导战争，就必须使主观与客观相符合。指导战争同进行任何工作一样，必须正确认识和处理主观与客观的关系，力求做到主观指导同客观实际相符合。在第二次国内革命战争时期，我党领导的革命战争有的胜利了，有的失败了，其根本原因是战争的指导者是否遵循一条马克思主义的思想路线或认识路线，能否做到主观指导同客观实际相结合的问题。毛泽东说："为什么主观上会犯错误呢？就是因为战争或战斗的布署和指导不适合当时当地的情况，主观的指导和客观的实在情况不符合，不对头，或者叫做没有解决主观和客观之间的矛盾"，而要做到主观与客观之间的符合，具体到战争中来，"那就是熟识敌我双方各方面的情况，找出其行动的规律，并且应用这些规律于自己的行动"①。

五 邓小平对社会主义建设规律的认识和揭示

改革开放以来，邓小平在总结中国共产党的历史经验和教训的基础上，主要反思了"什么是社会主义，怎样建设社会主义？"这个根本问题，揭示了社会主义建设的规律，成功地开创了中国特色社会主义道路。

邓小平在党的十二大开幕式上指出："和八大的时候比较，现在我们党对我国社会主义建设规律的认识深刻得多了，经验丰富得多了，贯彻执行我们的正确方针的自觉性和坚定性大大加强了。我们有充分的根据相信，这次代表大会制定的正确的纲领，一定能够全面开创社会主义现代化建设的新局面，使我们党兴旺发达，使我们的社会主义事业兴旺发达，使我们的国家和各民族兴旺发达。"②

邓小平指出："我们的现代化建设，必须从中国的实际出发。无论是革命还是建设，都要注意学习和借鉴外国经验。但是，照抄照搬别国经验、别国模式，从来不能得到成功。这方面我们有过不少教训。把马克思主义的普遍真理同我国的具体实际结合起来，走自己的道路，建设有中国特色的社会主义，这就是我们总结长期历史经验得出的基本结论。"③ 这里，所谓总结长期历史经验的出的基本结论，即是对社会主义建设规律的认识。

---

① 《毛泽东选集》第 1 卷，人民出版社 1991 年版，第 178 页。
② 《邓小平文选》第 3 卷，人民出版社 1993 年版，第 2 页。
③ 同上书，第 2—3 页。

　　从邓小平的开幕词上下文的逻辑上看，是在讲对规律的认识。他将党的十二大与七大、八大相比较，两次强调对规律的认识：一次是提到党的七大以前，民主革命经过二十多年的曲折发展，**"全党掌握了我国民主革命的规律"**；另一次提到八大以后社会主义革命和建设二十多年的曲折发展，说"从十一届三中全会以来，我们党在经济、政治、文化等各方面的工作中恢复了正确的政策，并且研究新情况、新经验，制定了一系列新的正确政策。和八大的时候比较，**现在我们党对我国社会主义建设规律的认识深刻得多了**，经验丰富得多了，贯彻执行我们的正确方针的自觉性和坚定性大大加强了"。接下来，也从认识规律的高度，讲到现代化建设，必须从中国的实际出发。讲到了我们党总结长期历史经验得出的基本结论，就是**"把马克思主义的普遍真理同我国的具体实际结合起来，走自己的道路，建设有中国特色的社会主义"**①。

　　邓小平在会见外宾时还曾指出："马克思主义必须发展。我们不把马克思主义当作教条，而是把马克思主义同中国的具体实际相结合，提出自己的方针，所以才能取得胜利。过去我们以农村包围城市，取得了革命的胜利，这一点在马克思列宁主义书本里是没有的。现在我们还是坚持马克思列宁主义、毛泽东思想。这里有继承的部分，有发展的部分。我们建设社会主义，准确地说是建设有中国特色的社会主义，这样才是真正地坚持了马克思主义。"②"我们坚持马列主义、毛泽东思想，坚持社会主义道路，不过什么叫社会主义的问题，我们现在才解决。坦率地说，我们过去照搬苏联搞社会主义的模式，带来很多问题。我们早就发现了，但没有解决好。我们现在要解决好这个问题，我们要建设的是具有中国自己特色的社会主义。"③这里，既是对社会主义建设规律的认识，也是对马克思主义中国化规律的认识。

　　总之，马克思主义经典作家在发现规律、把握规律、遵循规律、运用规律方面，作出了典范，他们的阐述，给人们以极大的启发和教育。

---

① 《邓小平文选》第3卷，人民出版社1993年版，第2页。
② 同上书，第191页。
③ 同上书，第261页。

第二节　马克思主义中国化的规律是客观存在

本书在《导论》中明确阐述了马克思主义中国化的规律性研究，是以对马克思主义中国化的基本内涵正确理解为前提的。马克思主义在中国的"民族化"和"具体化"的进程中，会出现什么样的规律？这些规律是客观存在吗？如何发现这些规律并运用它们？这些规律在两次伟大的历史性飞跃中，呈现出什么特点？这些都是我们应深入思考和探索的问题。

如前所述，从学理上说，规律是客观事物发展过程中的本质联系；是指同一类现象的本质关系或本质之间的稳定联系。这里首先需要思考的是，马克思主义在中国的传播中，同一类现象的本质关系或本质之间的稳定联系是什么？

一　马克思、恩格斯著作的翻译

马克思、恩格斯的著作传入中国，在 19 世纪末就开始了。1899 年上海广学会创办的《万国公报》上发表的《大同学》中提到了"马克思"，这是中文报刊上最早的马克思的中译名。但这不是中国人自己的译著。中国人在自己的著述中，首次提到马克思的是梁启超。他在 1902 年 9 月的《新民丛报》上发表的《进化论革命者颉德之学说》中，把麦喀士（即马克思）称为社会主义之泰斗。1903 年，日本出版的《近世社会主义》和《社会主义神髓》两本介绍马克思主义理论的书籍，先后译成中文出版。这是最早的两本介绍社会主义理论的中文译著。我国最早介绍马克思、恩格斯的生平并摘译马克思、恩格斯著作的，是资产阶级民主主义者朱执信。他在 1905 年同盟会机关报《民报》第 2 号发表的《德意志社会革命家小传》一文中，第一次比较详细地叙述了马克思、恩格斯的生平活动，介绍了《共产党宣言》的写作背景和中心思想，并节译了其中的十项纲领。这是中国人第一次著文介绍《共产党宣言》，其中十项纲领的译文也是马克思、恩格斯著作的第一次中文节译。《共产党宣言》第一个中文全译本是陈望道 1920 年翻译的。《反杜林论》的第一个全译本，是吴黎平在 1930 年译成，但是他的译著出版之后，译者本人就被国民党逮捕入狱了。《资本论》的第一个中文全译本费了十年工夫。郭大力和王亚南于 1928 年开始翻译，第一卷译稿尚未问世，就在 1932 年被日本帝国主义的侵华炮火烧毁。1934 年两位译者又再次从头开始翻译，一直到 1938 年，才由生活·读书·新知三联书店印制出版。

二　马克思主义从日本间接传入中国

在中共早期成员中，留日学生占了很大的比例。陈独秀去日本最早，从 1901 年至 1915 年，前后达 5 次之多。五四运动前后，李大钊、李汉俊、李达、陈望道、董必武、周恩来、彭湃、施存统、周佛海等，先后赴日本留学。在留日群体中，以李大钊、李汉俊、李达为优秀代表，"三李"的理论素养较高，社会影响最大。

日本经过 1868 年"明治维新"一跃而为强国，吸引中国许多青年到日本寻找救国的出路。20 世纪初，中国形成留学日本热潮，从 1900 年的百人增加到 1905 年的五六千人。此时日本出现了社会主义思想的高潮，社会主义者界利彦等创办《新社会》杂志，刊登介绍马克思主义的文章；社会主义先驱者幸德秋水写的《社会主义神髓》于 1903 年译成中文，成为第一部介绍马克思主义的译著。十月革命后，中国留日学生不断地把日文版的马克思主义文献翻译介绍到中国。1919 年 1 月，日本的马克思主义经济学家河上肇创办《社会问题研究》，山川均创办理论刊物《社会主义研究》，陆续发表介绍马克思主义的文章和译文，对中国思想界影响很大。

1920 年，幸德秋水所著《广长舌》和《二十世纪之怪物帝国主义》，译成中文出版，当时在中国颇为流行。"社会主义"一词就是此时从日语中引进的。李大钊 1914 年 1 月到日本留学，考入东京早稻田大学政治本科学习，1916 年 5 月回国，只两年多时间。这期间，正是袁世凯大闹恢复帝制，他积极组织神州学会，参加留日学生总会，秘密进行反袁活动。李大钊受幸德秋水和河上肇的讲授和著作影响较大，开始接触马克思主义。五四运动后，在"问题"与"主义"论争中，李大钊 1919 年 8 月写了《再论问题与主义》，有力地批驳了胡适的资产阶级改良主义和实验主义，捍卫了马克思主义的阵地，帮助广大青年划清了马克思主义与改良主义的界限，为马克思主义传播开辟了道路。10 月，李大钊发表了著名论文《我的马克思主义观》，是我国第一部系统地全面介绍马克思主义的论著。李大钊的这篇文章，在很大程度上是受河上肇的《马克思的社会主义理论体系》和福田德三的《续经济学研究》的影响而写成的。他不但介绍了马克思主义的概要,同时阐明了自己带有批判观点的对马克思主义的见解。此外,李大钊于 1920 年下半年,在北京大学等 5 所高等学校开设《现代政治》、《唯物史观》、《社会主义和社会运动》、《史学思想史》、《女权运动史》等课程,系统地讲授马克思主义。

李达回忆说:"中国接受马克思主义得自日本的帮助很大,这是因为中国没人翻译,资产阶级学者根本不翻译,而我们的人又翻译不了。"1920 年 8 月,李达回国后,参加《新青年》编辑工作,担任上海发起组的理论刊物《共产党》月刊主编。12 月,李达发表《社会革命底商榷》、《无政府主义之解剖》等文章,以鲜明的马克思主义立场,阐明了无产阶级专政的历史作用,有力地批驳了无政府主义者的谬论。在反对梁启超、张东荪等人的基尔特社会主义的论争中,李达 1921 年 5 月撰写长篇论文《讨论社会主义并质梁任公》,指出:"在今日而言开发实业,最好莫如采用社会主义。"

三 马克思主义从法国、德国等间接传入中国

中国共产党早期领导人,许多都有旅欧经历。五四运动后,周恩来、蔡和森、陈毅、邓小平、赵世炎、陈乔年、陈延年、王若飞、罗亦农、彭述之、向警予、朱德、蔡畅、聂荣臻、李维汉、李富春等赴法国勤工俭学。

蔡和森 1895 年 3 月出生于上海,1913 年进入湖南省立第一师范学校读书。期间,同毛泽东等人一起组织进步团体新民学会,创办《湘江评论》,参加五四运动。1919 年底赴法国勤工俭学。在法国期间,他翻译马克思的著作,认真研究俄国十月革命的经验,很快成为坚定的马克思主义者。1920 年下半年至 1921 年初,他先后致信毛泽东等,明确提出:只有社会主义能够拯救中国与改造世界,要发展中国革命,先要组织党——共产党。共产党是无产阶级革命运动的"发动者、宣传者、先锋队、作战部"。他第一次旗帜鲜明地称这个党为"中国共产党"。毛泽东对他的主张"深切赞同"。同时,蔡和森对中国共产党建党的理论、方针及组织原则也作了较系统的阐述,为党的创建和早期党的建设作出重要贡献。1921 年春,周恩来、赵世炎等人在巴黎成立了由留学生中先进分子组成的共产党早期组织。翌年 6 月,旅欧中国少年共产党(简称"少共")在巴黎成立。其后,在欧洲大陆诞生了中国共产党和中国共青团最早的海外支部。

　　周恩来等人在欧洲这个马克思主义的发源地，接受着有关革命的新思想、新理论，也接触着真实的资本主义社会。中国共产党的巴黎组织称作"旅欧总支部"，由赵世炎任第一届总支书记，周恩来任第二届书记。旅欧总支部领导的范围不限于法国，而且包括德国和比利时。周恩来为党在欧洲的喉舌《少年》月刊——1923 年改名为《赤光》撰稿。第二期刊登了他的《共产主义与中国》的文章。周恩来在文章中指出："世界上只有一个共产主义能使这个责任无国界无种界地放在无产阶级的肩上，也只有他能使中国民族得列于人类中间彼此一视同仁。"作为旅欧总支部的负责人，周恩来经常奔波于巴黎和柏林之间，而且在德国逗留的时间往往较长。在柏林，认识了比他年长 12 岁的朱德。朱德后来通过周恩来介绍参加了中国共产党。

四　列宁主义从苏联传入中国

　　列宁的著作是随着十月革命一声炮响传入中国的。1917 年 11 月 10 日，即十月革命胜利的第三天，上海的《民国日报》就报道了十月革命胜利的消息，其中提到列宁及其几项主张。1919 年 9 月，北京《解放与改造》杂志刊载了列宁在 1917 年写的《俄国的政党和无产阶级的任务》一文，这是我国报刊上最早发表的列宁著作中译文。此后，我国先进分子相继组织共产主义小组和马克思列宁主义研究团体，翻译和研究马列著作。到中国共产党创立前，我国报刊发表《俄罗斯的新问题》等列宁著述约 13 篇。1921 年 9 月 1 日，中国共产党在建立和开展活动的初期，在上海正式成立了我党的第一个出版机构——人民出版社。党中央宣传主任李达亲自主持的人民出版社的任务是：秘密出版发行马克思主义的理论著作和翻译著述。它曾拟定出版 15 种"马克思全书"、14 种"列宁全书"和 11 种"康民尼斯特（共产主义）丛书"。由于反动势力的迫害和人力物力等困难，实际只出了 3 种"马克思全书"。1923 年 11 月，中国共产党成立了第二个出版发行机构——上海书店，并以上海书店为中心，在全国建立了传播马列著作和革命书报的发行网。据统计，从中国共产党成立到第一次国内革命战争结束，我国出版列宁著作约 6 种，报刊发表列宁著述约 28 篇。大革命失败以后，上海是白色恐怖最严重的地区。然而仅上海地区就出版列宁著作近 30 种，其中包括《国家与革命》、《帝国主义是资本主义的最高阶段》等列宁主要著作。在中央苏区革命根据地，尽管战斗频繁，条件极为艰难，仍然出版了《二月革命至十月革命》、《列宁论游击战争》等多种图书。党的机关刊物《斗争》一年内就发表过《新的任务与新的力量》等 5 篇列宁著述。据统计，在第二次国内革命战争时期，我国出版列宁著作约 42 种，报刊发表列宁著述约 19 篇。红军长征到达陕北以后，党中央在延安成立了解放社，专门出版马克思列宁主义著作和党的文献。中宣部长张闻天在延安马列学院建立了专门负责编辑、翻译马列主义著作的编译部。此外中央军委、鲁迅艺术文学院等单位也纷纷成立编译部，翻译恩格斯的军事著作和马克思、恩格斯文艺论述等。

1921 年，刘少奇、任弼时等人赴苏俄入莫斯科东方劳动者共产主义大学学习。从 1923 年 3 月至 1924 年 9 月，在共产国际和苏联政府协助下，在巴黎的中共旅欧支部成员先后有三批赴东方大学学习，到 1927 年上半年，到东方大学学习的中共人员前后达百人以上。至 1930 年，莫斯科中山大学培养了 1000 多名毕业生，其中有叶挺、王稼祥、秦邦宪、王明、俞秀松、朱瑞、左权、乌兰夫、杨尚昆、陈赓、伍修权、张如心、陈伯达、刘伯承、凯丰等。

1921 年冬天，东方大学中国班开始建立党的组织。刘少奇、罗亦农、彭述之、卜士奇、吴芳等首先由团转党，加入东方大学总支部。接着组成了中共旅莫支部。当时中国班的团员也参加支部的组织生活。1922 年初任弼时、肖劲光等先后由团转党。中共旅莫支部委员会由刘少奇、罗亦农、彭述之、卜士奇、吴芳组成。中共旅莫支部受东方大学总支直接领导。

中国班的第一批学员的课程主要有：科学社会主义、政治经济学、辩证唯物主义和历史唯物主义、国际职工运动史、社会学和俄语等。还学习了一些马列主义基本著作，如共产党宣言、青年团的任务等。瞿秋白担任过中国班的翻译兼助教，主讲过社会学课程。课余时间，大家除了晚上站岗、星期六或星期天义务劳动外，不少学员还进行了翻译马列著作、撰写论文、写诗等活动。把这些成果寄回国内，从而扩大了马列主义在中国的传播。

1922 年 11 月到 12 月，陈独秀率领的中国共产党代表团到莫斯科，出席共产国际第四次代表大会。在此期间，陈独秀、张太雷等到东方大学看望了中国班的学员。他们对东方大学的教学和中国学员的学习都很满意。同时，陈独秀得悉中共旅欧支部的许多同志的学习和生活遇到了较多困难，于是便决定分批抽调同志到莫斯科东方大学学习。在征得共产国际和苏联政府同意后，陈独秀便在莫斯科写信给巴黎中共旅欧支部。中国旅欧支部接到陈独秀的指示，随即决定分批派旅欧同志赴莫斯科东方大学学习。

1925 年，共产国际决定在莫斯科成立一所专门培养中国干部的大学，这所大学为了纪念孙中山先生命名为中山大学。中山大学既招收共产党员和共青团员，又招收国民党员。第一批学生有 300 多人。中山大学成立后，东方大学中国班继续招生。

1927 年 7 月中国的第一次大革命失败后，共产国际和中国共产党为了能在短期内培养出一批军事干部，以便更好地进行武装革命斗争，于是在全国各地挑选了六七百人赴莫斯科东方大学的军事速成班学习。这六七百人先后于同年 10 月到达莫斯科。预定六个月毕业。并从中选拨出数十人，进东方大学二年制的中国班。1928 年夏，东方大学的军事速成班结束后，大部分学员回国，一部分进中山大学和苏联正规军事学校继续学习。东方大学中国班（二年制）的学员，当年秋并入中山大学，合并后，中山大学改名为中国劳动者共产主义大学。此后整个 30 年代，苏联通过留学的方式为中共培训干部，尤其是掌握现代军事理论和指挥技能的军事人才，相当一部分留苏学员日后成长为我军高级将领，如刘伯承、林彪、滕代远、许光达、刘亚楼、李天佑、杨至成等人。除此之外，一批优秀的党政干部也在这一时期留学苏联，如李兆麟、魏拯民、陈云、蔡畅、孔原、陈郁、贺诚等，对中共的干部队伍建设起到推动作用。

五　马克思主义中国化规律客观存在的认识

如前所述，从时空上看，马克思主义在中国传入和传播的"点"是多发的。一是通过对马克思、恩格斯、列宁原著的翻译，使中国人知晓马克思主义；二是中国留日学生接受马克思主义，从日本间接传入中国；三是中国旅欧勤工俭学生接受马克思主义，从法国、德国等间接传入中国；四是中国留苏学生接受马克思主义，从苏联间接传入中国。无论是从哪个"点"上在中国传入和传播开来，其本质的联系或者说本质之间的稳定联系，所表现出来的共同点有四个方面：首先是它的"科学性"和"真理性"，不仅得到传入者和传播者的认同，而且也得到受众者的认同，使中国人耳目一新；其次是它的"实践性"即理论在实践中取得的成就和业绩，得到传入者和传播者的称赞，使之心向往之；再次是它的"阶级性"即其主张、目标和受众者特别是工人阶级的渴望和需求相吻合，在根本利益上一致，所谓一拍即合；最后是它的"革命性"受到反动阶级的憎恨和阻挠，越是加以扼杀和诋毁，越是得到反弹，传播反而越是广泛和深入。纵观马克思主义在中国的传入和传播，基本如此。这些所谓呈现出来的共同的特点，都具有本质之间的联系，具有规律的性质。由此分析，马克思主义在中国的传入和传播，有其内在的规律。马克思主义中国化的规律是客观存在。

考察马克思主义中国化规律的客观存在，我们还可以从新民主主义革命和社会主义革命建设两个时期，中国共产党对马克思主义中国化的认识来说明。

新民主主义革命时期，中国共产党的六届六中全会，是马克思主义中国化历程中的重要节点，具有里程碑的意义。1938 年 10 月 14 日在延安召开的中共六届六中全会上，毛泽东正式提出并阐述了马克思主义中国化。毛泽东在报告《论新阶段》的一部分，题目是"中国共产党在民族战争中的地位"中指出："马克思主义必须和我国的具体特点相结合并通过一定的民族形式才能实现。"他还说："离开中国特点来谈马克思主义，只是抽象的空洞的马克思主义。因此，使马克思主义在中国具体化，使之在其每一表现中带着必须有的中国的特性……按照中国的特点去应用它，成为亟待了解并亟须解决的问题。"

在六届六中全会报告中，毛泽东根据抗日战争的新形势，分析了中国社会的特点，指出在半殖民地半封建的中国，革命不是先占城市后取乡村，而是走相反的道路。中国的特点是：不是一个独立的民主的国家，而是一个半殖民地的半封建的国家；在内部没有民主制度，而受封建制度压迫；在外部没有民族独立，而受帝国主义压迫。因此，无议会可以利用，无组织工人举行罢工的合法权利。至此，以毛泽东为代表的中国共产党人，经过对中国革命正反两方面经验教训的不断总结，对中国社会的现状和历史、对中国革命的特点和规律有了更为深刻和完整的认识，基本上明确了什么是新民主主义革命和怎样进行新民主主义革命的一系列根本问题。很明显，毛泽东关于什么是新民主主义革命和怎样进行新民主主义革命的论述，就是马克思主义的"民族化"、"具体化"，就是马克思主义中国化规律性的认识。

　　社会主义革命和建设时期，特别是改革开放以来，邓小平也阐述了马克思主义中国化的规律问题。这就是回答和解决了马克思主义与什么是社会主义，怎样建设社会主义的关系问题。

　　邓小平在1984年6月30日会见日本民间人士时说："思想路线是什么？就是坚持马克思主义，坚持把马克思主义同中国实际相结合，也就是坚持毛泽东同志说的实事求是，坚持毛泽东同志的基本思想。坚持马克思主义对中国十分重要，坚持社会主义对中国也十分重要。中国自鸦片战争以来的一个多世纪内，处于被侵略、受屈辱的状态，是中国人民接受了马克思主义，并且坚持走从新民主主义到社会主义的道路，才使中国的革命取得了胜利。"①

　　邓小平还指出："中国共产党人坚持马克思主义，坚持把马克思主义同中国实际结合起来的毛泽东思想，走自己的道路，也就是农村包围城市的道路，把中国革命搞成功了。如果我们不是马克思主义者，没有对马克思主义的充分信仰，或者不是把马克思主义同中国自己的实际相结合，走自己的道路，中国革命就搞不成功，中国现在还会是四分五裂，没有独立，也没有统一。对马克思主义的信仰，是中国革命胜利的一种精神动力。建国以后，我们从旧中国接受下来的是一个烂摊子，工业几乎等于零，粮食也不够吃，通货恶性膨胀，经济十分混乱。我们解决吃饭问题，就业问题，稳定物价和财经统一问题，国民经济很快得到恢复，在这个基础上进行了大规模经济建设。靠的是什么？靠的是马克思主义，是社会主义。人们说，你们搞什么社会主义！我们说，中国搞资本主义不行，必须搞社会主义。如果不搞社会主义，而走资本主义道路，中国的混乱状态就不能结束，贫困落后的状态就不能改变。所以，我们多次重申，要坚持马克思主义，坚持走社会主义道路。但是，马克思主义必须是同中国实际相结合的马克思主义，社会主义必须是切合中国实际的有中国特色的社会主义。"②

　　什么叫社会主义，什么叫马克思主义？邓小平回答说："我们过去对这个问题的认识不是完全清醒的。马克思主义最注重发展生产力。我们讲社会主义是共产主义的初级阶段，共产主义的高级阶段要实行各尽所能、

————————

　　① 《邓小平文选》第3卷，人民出版社1993年版，第62页。

　　② 同上书，第62—63页。

按需分配，这就要求社会生产力高度发展，社会物质财富极大丰富。所以社会主义阶段的最根本任务就是发展生产力，社会主义的优越性归根到底要体现在它的生产力比资本主义发展得更快一些、更高一些，并且在发展生产力的基础上不断改善人民的物质文化生活。如果说我们建国以后有缺点，那就是对发展生产力有某种忽略。社会主义要消灭贫穷。贫穷不是社会主义，更不是共产主义。"①

邓小平的这些论述，也是中国共产党人对马克思主义中国化规律客观存在的认识。

六　马克思主义中国化"化"的规律性

如上所述，我们阐述了马克思主义传入中国的特点，试图总结其中的规律性，找出同一类现象的本质关系或本质之间的稳定联系。在此基础上再看马克思主义中国化"化"的规律性是什么，导致"化"出来的成果是什么，其中有什么规律可循。

从宏观上的来看，马克思主义在"化"的过程中，一直存在着教条主义的马克思主义与"民族化、具体化"的马克思主义的斗争。前者是假的马克思主义，后者是真的马克思主义。教条主义只会片面地引用马克思、恩格斯、列宁、斯大林的个别词句，而不会运用他们的立场、观点和方法，来具体地研究中国的现状和中国的历史，具体地分析中国革命问题和解决中国革命问题。只知道照搬照抄马克思主义经典著作中的具体论述和俄国革命的具体经验，导致严重脱离中国实际，给革命事业带来巨大损失。除了教条主义，还有经验主义、"左"倾机会主义、"左"倾冒险主义和右倾机会主义、右倾投降主义，等等。它们有时表现为思想路线、组织路线或政治路线，极大地干扰和影响了马克思主义中国化的实践。以陈独秀为代表的和以王明为代表的教条主义，在政治上或表现为右倾机会主义，或表现为"左"倾机会主义，表现形式虽然不同，但都几乎葬送了中国革命。

在马克思主义中国化"化"的过程中，中国实现了三个伟大转变——从半殖民地半封建社会向新民主主义的转变、从新民主主义向社会

---

① 《邓小平文选》第3卷，人民出版社1993年版，第63—64页。

主义的转变、从社会主义向建设有中国特色社会主义的转变。① 前两个转变是在毛泽东思想指导下完成的，后一个转变是在中国特色社会主义理论体系的指导下进行的。三个转变表明中国的革命和建设是坚持把马克思主义和中国的具体实际相结合，依据本国国情，走出了自己的路。

中国与俄国不同的是，中国社会是半殖民地半封建社会，革命的任务是反帝反封建。毛泽东把马克思主义普遍原理和中国具体实际相结合，提出了新民主主义理论，解决了如何走自己的路的问题，这就是不走通过中心城市起义引发革命高涨的欧洲式革命的老路，而是要紧紧依靠农民，建立农村革命根据地，走以农村包围城市、最后夺取城市这样一条独特的革命道路。新中国成立时，中国已不再是半殖民地半封建国家，但还不是社会主义国家，而是处在从新民主主义向社会主义过渡的时期，毛泽东率领全党完成了对农业、手工业和资本主义工商业的社会主义改造，实现了从新民主主义向社会主义的转变。紧接着毛泽东带领全党进行社会主义建设的艰辛探索，提出了一些建设社会主义的新思路。但在实践中毛泽东对资本主义复辟的危险性作了错误的估计，强调以阶级斗争为纲，以致最终酿成"文化大革命"这场灾难，给国家和人民带来严重危害，使马克思主义的中国化遭受挫折。随着"四人帮"的被粉碎，党的十一届三中全会的胜利召开，邓小平带领全党开辟了建设有中国特色社会主义的新道路，实现了从社会主义向中国特色社会主义的转变。② 以江泽民、胡锦涛、习近平为代表的中国共产党人，沿着这条道路不断扩展，取得了邓小平理论、"三个代表"重要思想、科学发展观、中国梦等中国化马克思主义的最新成果。在中国特色社会主义理论体系的指导下，中国特色社会主义道路越走越宽广。

这也就是说，马克思主义中国化"化"的结果，是走出了自己的道路，形成了毛泽东思想和中国特色社会主义理论体系的伟大成果——中国化的马克思主义。这是从宏观上对马克思主义中国化规律性的认识，还需要从微观具体的规律认识上来把握。

---

① 参见邢贲思《马克思主义中国化的光辉历史》，《人民日报》2001 年 6 月 20 日。
② 同上。

第三节　马克思主义中国化的"结合律"、"正反律"、"创新律"

那么，马克思主义中国化的规律性具体是什么呢？我们认为，可以初步概括"结合律"、"正反律"、"创新律"。

所谓"结合律"、"正反律"、"创新律"，只是一个简单概括。下面我们依次阐述之。

一　"结合律"

"结合律"是一个简明的称谓。其完整的表述是：**马克思主义必须与中国革命、建设的实际相结合，只有始终坚持真正的"相结合"，中国革命和建设才能取得胜利和成功，这是马克思主义中国化的"铁律"之一。**

我们之所以把"结合律"成为马克思主义中国化的"铁律"，可以从两个方面进行论证。

首先，中国共产党的领导人从毛泽东到邓小平，凡是在阐述学习和坚持马克思主义时，都无一例外地提出二者必须"相结合"。这里列举数例：

1930 年 5 月，毛泽东在《反对本本主义》中指出："马克思主义的'本本'是要学习的，但是必须同我国的实际情况相结合。我们需要'本本'，但是一定要纠正脱离实际情况的本本主义。"[①] 1940 年 1 月，毛泽东在《新民主主义论》中指出："中国共产主义者对于马克思主义在中国的应用也是这样，必须将马克思主义的普遍真理和中国革命的具体实践完全地恰当地统一起来，就是说，和民族的特点相结合，经过一定的民族形式，才有用处，决不能主观地公式地应用它。公式的马克思主义者，只是对于马克思主义和中国革命开玩笑，在中国革命队伍中是没有他们的位置的。"[②] 1941 年 5 月 19 日，毛泽东在《改造我们的学习》中指出："中国共产党的二十年，就是马克思列宁主义的普遍真理和中国革命的具体实践日益结合的二十年。……灾难深重的中华民族，一百年来，其优秀人物奋

---

① 《毛泽东选集》第 1 卷，人民出版社 1991 年版，第 111—112 页。
② 《毛泽东选集》第 2 卷，人民出版社 1991 年版，第 707 页。

斗牺牲，前仆后继，摸索救国救民的真理，是可歌可泣的。但是直到第一次世界大战和俄国十月革命之后，才找到马克思列宁主义这个最好的真理，作为解放我们民族的最好的武器，而中国共产党则是拿起这个武器的倡导者、宣传者和组织者。马克思列宁主义的普遍真理一经和中国革命的具体实践相结合，就使中国革命的面目为之一新。"① 毛泽东还指出："就是要有目的地去研究马克思列宁主义的理论，要使马克思列宁主义的理论和中国革命的实际运动结合起来，是为着解决中国革命的理论问题和策略问题而去从它找立场，找观点，找方法的。这种态度，就是有的放矢的态度。'的'就是中国革命，'矢'就是马克思列宁主义。"②

毛泽东上述类似关于马克思主义理论和中国实践相统一的立场和观点，在毛泽东的著作中可以说不胜枚举，比比皆是。而在《邓小平文选》3 卷本中，凡是在谈论建设有中国特色社会主义时，也往往是在坚持马克思主义普遍真理和中国具体实际相结合的前提下，进行阐述。这就说明二者之间是相辅相成、互为统一的。

其次，马克思主义在中国的实践，本质的表现是理论和实践的统一，是用马克思主义之"矢"去射中国实际之"的"，不只是形式的"结合"，而是"本质"的联系。也就是说，二者之间的"结合"不是形式的，而是本质的。当我们考察中国革命和建设那些成功的案例时，无一都是"结合"得好的。反之，"结合"得不好，就必然失误并走向失败。成功的案例数不胜数，失败的案例也有不少。限于篇幅，这里不再展开阐述。

马克思主义中国化的"结合律"，看似普通和简单，但确是不可逆转和违背的"铁律"，这应该是不争的事实。顺便指出的是，"结合律"符合唯物辩证法思想。2008 年 12 月，胡锦涛在纪念党的十一届三中全会召开 30 周年大会上的重要讲话中，深刻总结了改革开放 30 年的宝贵经验，把它高度概括为"十个结合"，思想深刻，内涵丰富。2007 年党的十七大报告，首次用"结合"作为关键词来概括中国特色社会主义的基本经验。报告把近 30 年来改革开放进行现代化建设、巩固和发展社会主义的宝贵经验，提炼成"十个结合"。这就是：把坚持马克思主义基本原理同推进

---

① 《毛泽东选集》第 3 卷，人民出版社 1991 年版，第 795—796 页。

② 同上书，第 801 页。

马克思主义中国化结合起来，把坚持四项基本原则同坚持改革开放结合起来，把尊重人民首创精神同加强和改善党的领导结合起来，把坚持社会主义基本制度同发展市场经济结合起来，把推动经济基础变革同推动上层建筑改革结合起来，把发展社会生产力同提高全民族文明素质结合起来，把提高效率同促进社会公平结合起来，把坚持独立自主同参与经济全球化结合起来，把促进改革发展同保持社会稳定结合起来，把推进中国特色社会主义伟大事业同推进党的建设新的伟大工程结合起来。十七大报告强调，改革开放以来我们取得一切成绩和进步的根本原因，归结起来就是：开辟了中国特色社会主义道路，形成了中国特色社会主义理论体系。胡锦涛在纪念党的十一届三中全会召开 30 周年大会上的重要讲话中，更全面地阐述了"十个结合"，应该说，这些虽然是在经验的层面上总结出来的，经验还不都是规律，但是都具有对马克思主义中国化具体规律性认识和诠释的性质。

可以看出，"十个结合"不是一般的经验，它们是从范畴体系的层面上作出的总结。辩证唯物主义认为，范畴和规律具有不可分的联系。范畴反映着事物的本质属性和普遍联系，是自然、社会和思维发展过程最本质、最普遍联系的反映；而规律具有普遍性的形式，是客观事物发展过程中的本质联系。二者在普遍性的本质联系上是一致的。所不同的是，范畴和规律反映客观事物本质属性的角度不同。范畴反映客观事物各个不同的方面、不同阶段的本质普遍联系，而规律反映客观事物总体的、全过程的、最普遍的本质联系。

二　"正反律"

"正反律"是一个简明的称谓。其完整的表述是：**马克思主义中国化，始终伴随着正反两方面的历史经验，只有始终坚持实事求是地总结"正反"两方面的历史经验，克服形而上学，反对一种倾向掩盖另一种倾向，防止从一个极端走向另一个极端，中国革命和建设才能走入正轨，才能取得胜利和成功，这也是马克思主义中国化的"铁律"之一。**

"正反律"是对历史经验的概括，所谓"正反"，"正"是成功地经验，"反"是失败的教训。"正"是对"正确"、"好"、"优"、"成功"、"革命"、"前进"、"正面"的抽象；"反"是对"错误"、"坏"、"劣"、"失败"、"反动"、"倒退"、"反面"的抽象。翻开中国革命和建设的史册，无论是正面的经验，还是反面的教训，或者说是正反两方面的经验，都鲜活地呈现在党的历史当中，都是党的一部信史，都是党的宝贵财富。

应该指出，在正反两方面的历史经验中，蕴藏着规律，马克思主义中国化的规律就在其中。

总结历史上正反两方面的经验，对于认识和把握规律非常重要，规律存在于历史的发展过程之中。1959 年 12 月至 1960 年 2 月，毛泽东在《读苏联〈政治经济学教科书〉的谈话》说："规律是在事物的运动中反复出现的东西，不是偶然出现的东西。规律既然反复出现，因此就能够被认识。[1]"还说："规律自身不能说明自身。规律存在于历史发展的过程之中。应当从历史发展过程的分析中来发现和证明规律。不从历史发展过程的分析下手，规律是说不清楚的。"[2] 1962 年 1 月，毛泽东在扩大的中央工作会议上，总结了党从建立到抗日战争时期，中间有北伐战争和十年土地革命战争，经过了两次胜利，两次失败。北伐战争胜利了，但是到 1927 年，革命遭到了失败。土地革命战争曾经取得了很大的胜利，红军发展到 30 万人，后来又遭到挫折，经过长征，这 30 万人缩小到 2 万多人。毛泽东指出："情形正是这样。在民主革命时期，经过胜利、失败、再胜利、再失败，两次比较，我们才认识了中国这个客观世界。在抗日战争前夜和抗日战争时期，我写了一些论文，例如《中国革命战争的战略问题》、《论持久战》、《新民主主义论》、《〈共产党人〉发刊词》，替中央起草过一些关于政策、策略的文件，都是革命经验的总结。那些论文和文件，只有在那个时候才能产生，在以前不可能，因为没有经过大风大浪，没有两次胜利和两次失败的比较，没有充分的经验，还不能充分认识中国革命的规律。"[3] 他还说："……有了正、反两方面的经验，才有这样的可能。……这样，我们就可以更加妥善地进行社会主义革命和社会主义建设。在总路线的指导下，制定一整套的具体的方针、政策和办法，必须通过从群众中来的方法，通过作系统的周密的调查研究的方法，对工作中的成功经验和失败经验，作历史的考察，才能找出客观事物所固有的而不是主观臆造的规律，才能制定适合情况的各种条例。这件事情很重要，请同

---

① 《毛泽东文集》第 8 卷，人民出版社 1999 年版，第 105 页。

② 同上书，第 106 页。

③ 同上书，第 299 页。

志们注意到这点。"①

上述毛泽东关于从历史上的正反两方面经验认识规律的论述，可以看出规律是在正反两方面经验的升华和深化，科学地阐明了规律和正反两方面经验的关系。我们在马克思主义中国化的历史进程中，也是要通过总结正反两方面的经验，进一步认识马克思主义中国化的规律性。

在马克思主义中国化的历史进程中，中国共产党的正反两方面的经验是非常丰富的。成功的经验我们党有很多很多，这里不再列举和阐述；而主要阐述几个反面的经验和教训，简要阐述"大革命的失败及其经验教训"、"陈独秀右倾机会主义"、"瞿秋白左倾盲动主义"、"李立三左倾冒险主义"、"王明左倾教条主义"。

"大革命的失败及其经验教训"。第一次国内革命战争，又称"大革命"，是 1924 年至 1927 年中国人民在中国共产党和中国国民党合作领导下进行的反帝反封建的革命斗争。"大革命是一场以工农民众为主体的，包括民族资产阶级和上层小资产阶级在前期都曾积极参加的人民革命运动。它以与辛亥革命完全不同的形式和规模，在中国辽阔的大地上掀起了翻天覆地的狂飙，沉重打击了帝国主义在华势力，基本推翻了北洋军阀的反动统治，使民主革命思想在全国范围内得到空前的传播，产生了巨大革命影响。"② 大革命教育和锻炼了各革命阶级；充分显示了中国共产党的先进性；空前地提高了中国共产党在全国人民中的政治威望和壮大了共产党及其领导的革命力量；对于殖民地半殖民地人民来说，是继俄国十月革命之后发生的具有世界意义的重大事件。

这个时期，中国共产党还是一个幼年的党，来不及也不可能从容地做好各种准备，便匆忙地投入大革命的洪流。当时的党富有蓬勃的革命朝气，但缺乏足够的理论准备和实践经验。正如毛泽东后来所指出的："这时的党终究还是幼年的党，是在统一战线、武装斗争和党的建设三个基本问题上都没有经验的党，是对于中国的历史状况和社会状况、中国革命的特点、中国革命的规律都懂得不多的党，是对于马克思列宁主义的理论和中国革命的实践还没有完整的、统一的了解的党。"③ 在大革命后期，作

---

① 《毛泽东文集》第 8 卷，人民出版社 1999 年版，第 305 页。

② 中共中央党史研究室：《中国共产党历史》第一卷（1921—1949）上册，中共党史出版社 2002 年版，第 220 页。

③ 《毛泽东选集》第 2 卷，人民出版社 1991 年版，第 610 页。

为革命中坚的中国共产党的领导机关犯了以陈独秀为代表的右倾机会主义错误，不懂得掌握政权和武装的重要性，不善于处理同国民党的关系，企图以妥协让步和束缚工农运动等消极措施拉住即将叛变的同盟者。结果，"自愿地放弃对于农民群众、城市小资产阶级和中等资产阶级的领导权，尤其是放弃对于武装力量的领导权"① 使党在大革命的危急时刻完全处于被动地位。

"**陈独秀右倾机会主义**"。陈独秀的右倾机会主义，主要表现为在第一次国内革命战争时期，他当时作为党的领导人——中共中央总书记，放弃了党作为革命带头人和领导者的地位，而将革命领导者的地位主动交于国民党，导致了蒋介石上台后利用军权大肆杀害共产党人。

陈独秀在实际工作中推行机会主义，其主要特征是：在统一战线中放弃无产阶级的领导权，放弃无产阶级的可靠同盟军农民，放弃对武装力量的领导权，甘心做资产阶级的尾巴。其主要根源在于对中国社会各阶级状况的错误分析和由此而产生的错误思想观念。1923 年，陈独秀发表了《资产阶级的革命与社会各阶级》、《中国国民革命与社会各阶级》等文，认为"农民居处散漫势力不易集中，文化低生活欲望简单易于趋向保守，中国土地广大易于迁徙被难苟安"，故一般"难以加入革命"。无产阶级则"因为殖民地半殖民地产业还未发达，连资产阶级都很幼稚，工人阶级在客观上更是幼稚了"，故"工人阶级在国民革命中固然是重要分子"，却不是"独立的革命势力"。资产阶级虽然是与工人、农民"一体幼稚"，然而资产阶级的力量比农民集中，比工人雄厚。"国民革命若轻视了资产阶级，是一个很大错误观念"，"便失去了阶级意义和社会基础"。基于上述分析，陈独秀对中国革命得出了这样的结论："统帅革命的资产阶级，联合革命的无产阶级，实行资产阶级民主革命"，结果"自然是资产阶级握得政权"，革命的前途只能是资本主义的。至于社会主义革命，只有待资本主义有了充分发展，无产阶级的队伍壮大之后才能进行，形成民主革命和社会主义革命相分离的"二次革命论"。在这种思想观点支配之下，面对国民党右派的进攻，采取了一次次妥协退让投降的做法。1926 年，在"中山舰事件"、"整理党务案"中，妥协退让；1927 年，适应国民党右派反对农民运动的要求，阻挠和压制农民运动，反对武装工农。就在蒋

---

① 《毛泽东选集》第 4 卷，人民出版社 1991 年版，第 1257—1258 页。

介石背叛革命后的 1927 年 6 月，还在党内通过所谓《关于国共合作关系的决议》中规定，工农等民众团体均受国民党领导和监督，工农武装均应服从政府的管理和训练。以致汪精卫再次背叛革命时，中国共产党人不能组织有效的抵抗。1927 年党的"八七会议"，总结大革命失败的经验教训，纠正了陈独秀右倾机会主义的错误。

陈独秀右倾机会主义错误出现的原因，是多方面的。从主观上说，陈独秀在由资产阶级民主主义者向马克思主义者转变的过程中，还保留着一些非马克思主义的成分，带有旧知识分子的气味和封建家长制的作风，从而产生了或多或少地轻视人民群众巨大作用的思想，特别是不能从本质上认识年轻的无产阶级的历史作用。从客观上说，受共产国际的影响。共产国际在指导中国革命的问题上，判断错误，指挥失误。

"瞿秋白左倾盲动主义"。大革命失败后，在国民党反动派的屠刀下，白色恐怖笼罩全国，革命力量受到极大的摧残。从 1927 年 4 月到 1928 年上半年，约有 30 多万共产党员和革命群众被杀害，陈延年、赵世炎、恽代英、罗亦农、向警予、彭湃等卓越的革命家都先后慷慨就义。中共党员从 5 万多人减至 1 万人左右。党内蕴藏着的一股对国民党反动派的仇恨情绪，在八七会议精神传达后迅速爆发出来，各地党组织先后发动了武装暴动。由复仇心理和对陈独秀右倾机会主义不满而逐渐滋长生成的革命急性病，助长了"左"倾思想的发展，主持临时中央工作的瞿秋白无法驾驭这种局势，犯了"左"倾盲动错误。

1927 年 11 月 9 日至 10 日，在瞿秋白主持下，召开了中共中央临时政治局扩大会议。这次会议时值两湖农民暴动受挫，叶挺、贺龙军队失败之后。因此，会议主要任务是总结经验教训，制定继续斗争的策略。但是，这次会议在全国革命形势已转入低潮的情况下，在共产国际代表直接指导下，仍坚持认为中国革命是"不断革命"，革命形势是不断高涨，革命方针是进行全国总暴动。扩大会议后，中共中央开始实施全国总暴动的方针，先后部署了广州、上海、武汉、天津、长沙等大城市举行"总罢工"、"总暴动"计划；部署两湖、江苏、浙江等省的"工农总暴动"；先后发动了宜兴、无锡的农民起义，以及上海起义、武汉起义、顺直暴动等，并在某些地区提出过左的政策和口号。这些错误与共产国际全权代表罗明纳兹直接有关，中共中央临时政治局 11 月扩大会议通过的《中国现状与共产党的任务决议案》，就出自罗明纳兹的手笔，他在起草决议案中提出许多"左"倾盲动主义的错误观点。罗明纳兹认为，中国革命是马克思所称的"不间断的革命"，中国革命的进程，必然要从彻底解决民权主义任务而急转直下地进入社会主义的道路，明显地混淆了民主革命和社会主义革命的界限，不懂得无产阶级在领导人民大众夺取政权后，还需经过一个政治上、经济上实行新民主主义纲领的过渡时期。广州起义的失败，使瞿秋白等中央领导人有所醒悟，停止了两湖年关总暴动。此后1927年12月，瞿秋白在《武装暴动的问题》一文中，提出了工农武装割据的理论雏形，意识到了盲动的危害，自觉地纠正了"左"倾盲动主义。

"李立三左倾冒险主义"。1928年党的六大以后，由于贯彻了大会的正确路线，各地党组织在领导农民的斗争中，逐步形成了开展游击战争、土地革命和建设农村革命根据地等一整套办法，使红军和农村革命根据地不断巩固和扩大，在全国范围内出现革命走向复兴的局面。随着局势的好转，共产党内"左"的急性病又逐渐发展起来。

1930年6月，李立三主持召开的中共中央政治局会议，通过了《新的革命高潮与一省或几省的首先胜利》的决议案，以李立三为代表的"左"倾冒险主义错误在党中央占据了统治地位。主要表现是：第一，对形势作了根本错误的估计，认为中国革命也好，世界革命也好，都到了大决战的前夜。第二，主张在实际工作中已不再需要逐步积累和准备革命的力量，因为群众已经不要小干、只要大干，也就是只要武装暴动，而且是全国性的武装暴动了。第三，坚持"城市中心论"的错误观点，反对以农村包围城市，以根据地推动全国革命高潮的思想。第四，再一次混淆民主革命和社会主义革命的界限，认为一省或数省首先胜利，就是向社会主义革命转变的开始，企图在反对帝国主义和封建主义的同时，反对资产阶级。基于这些错误认识，李立三提出了组织全国中心城市武装起义的口号，并决定将党、团、工会的各级领导机关合并为武装起义的各级行动委员会，命令红军进攻武汉、长沙等中心城市。

李立三的"左"倾错误在党内统治的时间虽然只有3个多月，但使刚刚发展起来的革命力量遭受了重大损失。国民党统治区内，许多地方的党组织因为急于组织暴动而把原来的有限力量暴露出来，先后有11个省委机关遭受破坏，武汉、南京等城市的党组织几乎全部瓦解。红军在进攻大城市时也遭到很大损失，先后丢失了洪湖及右江等革命根据地。1930年9月，中共中央召开了六届三中全会。会议纠正了李立三对中国革命形势的左的估计，停止了组织城市暴动和红军进攻大城市的冒险计划，恢复了党、团、工会的独立组织。会上，李立三作了自我批评，承认了错误，接着便离开中央的领导岗位。

"**王明左倾教条主义**"。从 1931 年 1 月至 1935 年 1 月，以王明为代表的"左"倾教条主义在党中央领导机关内占据领导地位长达 4 年。这次"左"倾错误在党内统治的时间最长，给党带来的危害也最大，它使中国革命几乎陷于绝境。

1930 年 10 月，共产国际给中共中央来信，提出李立三的路线就是反国际的政治路线。王明立刻猛烈攻击三中全会后的党中央，要求彻底改造党的领导。认为立三路线是在"左"的词句下掩盖着右的实质，宣称党内目前的主要危险是"右倾"。1931 年 1 月，中国共产党在上海召开六届四中全会，王明等"左"倾冒险主义者在共产国际代表米夫的支持下，以批判三中全会的所谓对于"立三路线"的"调和主义"为宗旨，强调反对"党内主要危险"的"右倾"，决定"改造充实各级领导机关"。由于得到米夫支持，原来不是中央委员、缺乏实际斗争经验的王明，不仅被补选为中央委员，而且成为政治局委员，使以王明为代表的"左"倾冒险主义在党中央领导机关内取得了统治地位。

王明"左"倾教条主义混淆民主革命与社会主义革命的界限，企图一举夺取社会主义革命的胜利；否认中间力量的存在，认为国民党各派和中间派都是"最危险的敌人"，要一切斗争，整个地反对；推行"城市中心论"，要求红军去占领城市，反对毛泽东的在农村积蓄力量，以农村包围城市，最后夺取全国胜利的正确道路；他们打着"反右倾"的旗号，实行宗派主义，对不同意他们错误主张的同志进行残酷斗争，无情打击。在上述错误主张指导下，国民党统治区内党的工作出现了一片混乱，由于"左"倾教条主义和关门主义的主观蛮干，使党在组织上和工作上都受到严重损失。至 1935 年，国民党统治区内的党组织除少数地方外都已破坏殆尽。在中央苏区，排斥毛泽东对中央根据地党和红军的正确领导，推行"左"倾冒险主义方针。在第五次反"围剿"中，放弃积极防御的方针，反对"诱敌深入"，实行进攻中的冒险主义，主张"御敌于国门之外"，去攻打敌人的坚固阵地。失败后，又转而实行防御中的保守主义，结果导致了第五次反"围剿"的失败，中央红军受到了极大损失，不得不开始了战略性的大转移（即长征）。1935 年 1 月，中国共产党在贵州遵义召开了中央政治局扩大会议，结束了王明"左"倾教条主义在党中央的统治，确立了以毛泽东为代表的正确领导。

综上所述，我们列举了几个反面经验的例子。当然，对这些反面经验也要具体问题具体分析，需要区分主观和客观原因、主要责任和非主要责任等，不能一概而论。

这些反面经验揭示了一个最简单、最朴实、最普遍的道理，这就是上述所有错误产生的重要原因，都是脱离了实情错误地判断了形势，对马克思主义采取了教条主义，没有把马克思主义的普遍原理与中国革命的实际真正结合起来。对这些反面经验和教训纠正的结果，使我们党回到了"正"的方面，制订并执行了符合中国革命实际的战略和策略，从而使党摆脱了危机，重新取得斗争的胜利。一次又一次的失败和胜利，积累了党对中国革命规律的认识。对此，胡锦涛曾指出："在历史上的一些时期，我们曾经犯过错误甚至遇到严重挫折，根本原因就在于当时的指导思想脱离了中国实际。我们党能够依靠自己和人民的力量纠正错误，在挫折中奋起，继续胜利前进，根本原因就在于重新恢复和坚持贯彻了实事求是。"①这一正和一反，或者说一反和一正，既表明了中国革命的曲折性，也表明了马克思主义中国化的曲折性，其中还蕴藏着马克思主义中国化的规律性。换言之，有比较才有鉴别，马克思主义中国化，是在与右倾机会主义、"左"倾盲动主义、"左"倾冒险主义、"左"倾教条主义等各种错误的曲折斗争中，"化"出来中国化的马克思主义。

因此，我们有理由认为，"正反律"是中国共产党对正反两方面经验的抽象，是对马克思主义中国化规律性的抽象。

从马克思主义的"正"，到非马克思主义的"反"，再回到马克思主义的"正"，这里面包含着辩证法，表现着"正、反、合"的辩证发展过程。我们知道，在黑格尔那里，辩证法是由正题、反题与合题组成的。所谓"正题"、"反题"、"合题"，其实是绝对精神在不同阶段的表现形式。正题必然地派生出它的对立面——反题，并且和反题构成"对立"，最终二者都被扬弃而达到"统一"的合题。所以，辩证法就是绝对精神不断流动、展开的一个历史过程，它是动态的。任何事物，都是在"正——反——合"的辩证发展的过程中存在。黑格尔的唯心主义辩证法有三大

---

① 胡锦涛在庆祝中国共产党成立 90 周年大会上的讲话。

规律：质量互变、对立统一和否定之否定。其中，对立统一思想是黑格尔辩证法中最重要和最有价值的部分。恩格斯曾经这样高度评价黑格尔："近代德国哲学产生了，而且在黑格尔身上达到了顶峰。它的最大的功绩，就是恢复了辩证法这一最高的思维形式。"马克思主义中国化的"正反律"，从辩证法的角度看，与黑格尔的"正反合"是一致的，其中也蕴含着对质量互变、对立统一和否定之否定的认识。

马克思主义中国化的"正反律"，与党的思想路线息息相关。邓小平曾指出，思想路线是什么？就是坚持马克思主义，坚持把马克思主义同中国实际相结合，也就是坚持毛泽东同志说的实事求是，坚持毛泽东同志的基本思想。邓小平提出了"解放思想、实事求是"，开启了全党总结历史经验教训、拨乱反正、完整准确把握毛泽东思想体系的、实行改革开放的航程。这里需要指出，对"文化大革命"的"拨乱反正"，也具有"正反律"的特性，是对"正反律"的另一种诠释。

马克思主义中国化的"正反律"，还是对中国共产党形成和不断完善自我纠错制度的反映。中国共产党不仅是善于总结历史经验的政党，还是敢于坚持真理、善于认识错误和纠正错误、善于自我批评的马克思主义政党。这是中国共产党与世界上其他资产阶级政党的重要区别之一。对待党在历史上发生的错误，我们党坚决反对遮掩和避重就轻，从而是公开自己的错误，纠正自己的错误，运用批评和自我批评的武器，总结经验教训。通过批评和自我批评，我们党形成并不断完善了自我纠错制度。往往在历史的转折关头，纠错制度起到了至关重要的作用。

例如遵义会议和十一届三中全会，比较充分地彰显了党的纠错制度的优越性。1935 年 1 月 15 日至 17 日，中共中央政治局在贵州遵义召开的扩大会议，是在红军第五次反"围剿"失败和长征初期严重受挫的情况下，为了纠正王明"左"倾领导在军事指挥上的错误，挽救红军和中国革命的危机而召开的。会议全力纠正了博古等人在军事上和组织上的"左"倾错误；肯定了毛泽东的正确军事主张，选举毛泽东为中央政治局常委，取消博古、李德的军事最高指挥权。遵义会议结束了王明"左"倾错误在中央的统治，在事实上确立了以毛泽东为核心的新的中央正确领导。这是中国共产党运用马克思主义原理解决自己的路线、方针的政策，妥善处理了党内长期存在的分歧和矛盾，是中国共产党走向成熟的标志。这次会议在及其危急的情况下，挽救了党，挽救了红军，挽救了革命，成为党的历史上一个生死攸关的转折点。十一届三中全会是在党和国家面临向何处去的重大历史关头召开的。粉碎"四人帮"之后，广大干部群众强烈要求纠正"文化大革命"的错误，彻底扭转十年内乱造成的严重局势，使党和国家从危难中重新奋起。在邓小平领导下和其他老一辈革命家支持下，全会认真纠正"文化大革命"中及其以前的"左"倾错误，坚决批判了"两个凡是"的错误方针，充分肯定了必须完整、准确地掌握毛泽东思想的科学体系，高度评价了关于真理标准问题的讨论，确定了解放思想、开动脑筋、实事求是、团结一致向前看的指导方针，果断停止使用"以阶级斗争为纲"的口号，作出了把党和国家工作中心转移到经济建设上来、实行改革开放的历史性决策。

这里顺便提一下马克思主义中国化中的"左"和右的问题。这也是另一视角对"正反律"的认识。1992 年春天邓小平在南方谈话中，也曾谈论过"左"与右的问题。他说："现在，有右的东西影响我们，也有'左'的东西影响我们，但根深蒂固的还是'左'的东西。有些理论家、政治家，拿大帽子吓唬人的，不是右，而是'左'。'左'带有革命的色彩，好像越'左'越革命，'左'的东西在我们党的历史上可怕呀！一个好好的东西，一下子被他搞掉了。右可以葬送社会主义，'左'也可以葬送社会主义。中国要警惕右，但主要是防止'左'。……我们必须保持清醒的头脑，这样就不会犯大错误，出现问题也容易纠正和改正。"①

总之，"正反律"在马克思主义中国化的实践中，是客观存在的，确实在本质联系上反映了马克思主义中国化的历程。

三 "创新律"

"创新律"是一个简明的称谓。其完整的表述是：**马克思主义中国化，只有始终坚持理论创新，才能产生中国化马克思主义的伟大成果，唯有"创新"，才能使中国化马克思主义永葆青春活力，这还是马克思主义中国化的"铁律"之一。**

在马克思主义中国化的历程中，毛泽东思想、邓小平理论、"三个代表"重要思想、科学发展观，都是马克思主义中国化的伟大成果，是中国化的马克思主义；是对马克思主义的理论创新；以毛泽东、邓小平、江

---

① 《邓小平文选》第 3 卷，人民出版社 1993 年版，第 375 页。

泽民、胡锦涛为首的中国共产党人，是提出把马克思主义和中国革命建设实际相结合并进行理论创新的典型代表。

毛泽东的理论创新与毛泽东思想。

毛泽东作为中国共产党第一代中央领导集体的核心，不仅强调把马克思主义的普遍原理和中国的实际相结合，而且特别强调在实践中进行理论创新。毛泽东是中共党人主张创新马克思主义并付诸实践的典型代表。

首先，毛泽东在自己的著述中，始终强调理论创新。

1930 年 5 月，毛泽东在《反对本本主义》中，就批评了一些人固守书本和党的代表大会通过的各项议案，以为只要遵守"既定办法"就无往而不胜的错误，指出：这"完全不是共产党人从斗争中创造新局面的思想路线，完全是一种保守路线。这种保守路线如不根本丢掉，将会给革命造成很大损失，也会害了这些同志自己。"[1] 毛泽东这一论述，就是主张根据新的情况进行创新。1942 年 2 月，毛泽东在《整顿党的作风》中批评一些同志将马列主义书本上的某些词句当作包治百病的灵丹妙药，指出"马克思、恩格斯、列宁、斯大林曾反复讲，我们的学说不是教条而是行动的指南，这些人偏偏忘记这句最重要最重要的话"。"中国共产党人只有在他们善于应用马克思列宁主义的立场、观点和方法，善于应用列宁斯大林关于中国革命的学说，进一步从中国的历史实际和革命实际的认真研究中，在各方面作出合乎中国需要的理论性创造，才叫做理论和实际相联系。"[2] 1942 年 3 月，毛泽东在《如何研究中共党史》中论述了理论结合实际和理论创新的必要性，他说："我们要把马、恩、列、斯的方法用到中国来，在中国创造出一些新的东西。只有一般的理论，不用于中国的实际，打不得敌人。但如果把理论用到实际上去，用马克思主义的立场、方法来解决中国问题，创造些新的东西，这样就用得了。"[3] 1959 年 12 月至 1960 年 2 月，毛泽东在读苏联《政治经济学（教科书）》时说："马克思这些老祖宗的书，必须读，他们的基本原理必须遵守，这是第一。但是任何国家的共产党，任何国家的思想界，都要创造新的理论，写出新的著作，产生自己的理论家，来为当前的政治服务，单靠老东西是不

---

① 《毛泽东选集》第 1 卷，人民出版社 1991 年版，第 116 页。
② 《毛泽东选集》第 3 卷，人民出版社 1991 年版，第 820 页。
③ 《毛泽东文集》第 2 卷，人民出版社 1993 年版，第 408 页。

行的。"①

毛泽东关于理论创新的阐述，表明了他是一个真正的马克思主义者。他反对本本主义、教条主义，以无产阶级革命家和理论家的巨大勇气，提出马克思主义要在实践中进行合乎本国实际的理论创新，这就决定了毛泽东本人注定会成为创造性的马克思主义理论家，他的思想理论成果，就是马克思主义的理论创新。毛泽东对马克思主义的理论创新，主要表现在：毛泽东创造性地运用马克思主义基本原理，深刻分析中国社会形态和阶级状况，经过艰苦的实践和探索，明确了中国革命的性质、对象、任务和动力，提出通过新民主主义革命走向社会主义的两步走的战略，制订了新民主主义革命的总路线，开辟了以农村包围城市、最后夺取全国胜利的革命道路。新中国成立以后，毛泽东不失时机地提出了过渡时期总路线，创造性地完成了由新民主主义革命向社会主义革命的转变，使中国这个占世界人口四分之一的东方大国进入了社会主义社会，实现了中国历史上最深刻、最伟大的社会变革。社会主义改造基本完成以后，毛泽东带领全党全国人民对适合中国国情的社会主义道路进行了艰苦探索，并取得了重要的理论成果，为中国特色社会主义建设奠定了制度基础。

毛泽东思想是马克思主义理论与中国革命实践相统一的思想，是发展着与完善着的中国化的马克思主义，是中国人民完整的革命建国理论。"这些理论，表现在毛泽东同志的各种著作以及党的许多文献上。这就是毛泽东同志关于现代世界情况及中国国情的分析，关于新民主主义的理论与政策，关于解放农民的理论与政策，关于革命统一战线的理论与政策，关于革命战争的理论与政策，关于革命根据地的理论与政策，关于建设新民主主义共和国的理论与政策，关于建设党的理论与政策，关于文化的理论与政策等。这些理论与政策，完全是马克思主义的，又完全是中国的。这是中国民族智慧的最高表现和理论上的最高概括。"②

邓小平的理论创新与邓小平理论。

邓小平始终强调要坚持理论创新。"马克思主义必须发展。我们不把马克思主义当作教条，而是把马克思主义同中国的具体实践相结合，提出

① 《毛泽东文集》第 8 卷，人民出版社 1999 年版，第 109 页。

② 《刘少奇选集》上卷，人民出版社 1981 年版，第 335 页。

自己的方针，所以才能取得胜利。"① 也就是说，发展马克思主义是马克思主义的内在属性，能否发展马克思主义是能否坚持马克思主义的标准。具体到中国，要坚持马克思主义，就要将马克思主义与中国实践相结合，走中国自己的道路，建设有中国特色的社会主义。邓小平明确指出："我们坚信马克思主义，但马克思主义必须与中国实际相结合。只有结合中国实际的马克思主义，才是我们所需要的真正的马克思主义。"②

　　1992 年，邓小平在南方谈话中进一步指出："学马列要精，要管用的。"邓小平这里所说的"精"有两方面的含义。一是从学习的内容上讲，要学马列的精髓，马列的精髓就是马列主义根本的立场、观点、方法。邓小平认为马列主义的精髓就是实事求是。二是从学习的方法上讲，学习马列主义一定要活学活用，将马列主义与中国实际结合起来，而不能够犯教条主义的错误。邓小平所说的"管用"，实际上就是强调学习马列主义最终的目的，也可以说是检验学习效果的标准。所谓"管用"就是说学习马列主义最终要能够解决中国的实际问题。可见，邓小平强调学习马克思主义并不是为学习而学习，而必须是有助于解决实际问题，推动中国特色社会主义事业的前进。

　　党的十一届三中全会，标志着邓小平同志成为党的第二代中央领导集体的核心。邓小平同志同中央领导集体一起，顺应时代要求和人民愿望，指导我们党系统总结新中国成立以来的历史经验，解决了科学评价毛泽东同志的历史地位和毛泽东思想的科学体系、根据新的实际和发展要求确立中国社会主义现代化建设的正确道路这样两个相互联系的重大历史课题，根本否定了"文化大革命"的错误实践和理论，为我们党和国家的发展确定了正确方向。邓小平同志响亮地提出了走自己的路、建设有中国特色的社会主义的伟大号召，领导我们党在新中国成立以来革命和建设实践的基础上，成功地走出了一条建设中国特色社会主义的新道路。他强调必须坚持以经济建设为中心，坚持四项基本原则，坚持改革开放，领导我们党制定了党在社会主义初级阶段的基本路线。他指导我们党正确认识我国所处的发展阶段和根本任务，制定现代化建设"三步走"发展战略，有步骤地展开各方面体制改革，勇敢地打开对外开放的大门，推动经济、政

---

① 《邓小平文选》第 3 卷，人民出版社 1993 年版，第 191 页。
② 同上书，第 213 页。

治、文化全面发展，推动国防和军队现代化建设。他紧密联系推进改革开放和现代化建设的实际，联系贯彻党的基本路线的要求，强调加强党的领导必须改善党的领导，必须聚精会神抓党的建设，引领党和国家走在时代潮流的前面，使我国社会主义事业和党的建设充满新的生机和活力。

邓小平同志解放思想、实事求是，始终坚持一切从实际出发，以巨大的政治勇气和理论勇气，不断开拓马克思主义和中国特色社会主义事业发展的新境界。解放思想、实事求是，是邓小平同志科学世界观最鲜明的特征。邓小平同志对马克思主义和社会主义事业有着坚定的信念，始终不渝地遵循马克思主义的科学真理。他说："对马克思主义的信仰，是中国革命胜利的一种精神动力。""我坚信，世界上赞成马克思主义的人会多起来的，因为马克思主义是科学。它运用历史唯物主义揭示了人类社会发展的规律。"同时，他谆谆告诫我们："世界形势日新月异，特别是现代科学技术发展很快。现在的一年抵得上过去古老社会几十年、上百年甚至更长的时间。不以新的思想、观点去继承、发展马克思主义，不是真正的马克思主义者。""一个党，一个国家，一个民族，如果一切从本本出发，思想僵化，迷信盛行，那它就不能前进，它的生机就停止了，就要亡党亡国。"邓小平同志称自己是"实事求是派"，强调实践是检验真理的唯一标准。他最尊重实践，善于把握时代发展的脉搏，善于从新的实践和新的条件中总结新经验、提出新观点、拓展新视野、开辟新道路。邓小平同志以其深厚的马克思主义理论修养和高瞻远瞩的政治远见，抓住什么是社会主义、怎样建设社会主义这个根本问题，深刻揭示了社会主义的本质，第一次比较系统地初步回答了在中国这样经济文化比较落后的国家如何建设社会主义、如何巩固和发展社会主义的一系列基本问题，实现了马克思主义与中国实际相结合的又一次历史性飞跃，提出了许多对党和人民事业发展具有开创意义的思想，创立了邓小平理论。他提出：我国还处在社会主义初级阶段，巩固和发展社会主义制度需要我们几代人、十几代人，甚至几十代人坚持不懈地努力奋斗；社会主义的本质是解放生产力，发展生产力，消灭剥削，消除两极分化，最终达到共同富裕；发展才是硬道理，必须抓住时机，发展自己；科学技术是第一生产力，必须尊重知识、尊重人才；在农村实行联产承包责任制；允许一部分地区、一部分人先富裕起来，先发展起来的地区带动和帮助后发展的地区；计划和市场都是经济手段，计划多一点还是市场多一点，不是社会主义与资本主义的本质区别；

没有民主就没有社会主义，就没有社会主义现代化，必须使民主制度化、法律化；必须推进党和国家领导制度的改革，废除干部领导职务终身制；统一战线是一个重要法宝，要团结一切可以团结的力量，为把我国建设成为现代化的社会主义强国、为完成祖国统一大业而共同奋斗；用"一国两制"的科学构想解决台湾问题和香港问题、澳门问题，等等。邓小平同志提出的这些创造性的思想观点和方针政策，为我们不断开创党和人民事业发展的新局面提供了有力的理论指导。

江泽民的理论创新与"三个代表"重要思想。

在马克思主义中国化的历程中，江泽民是重点强调和集中阐述理论创新最多的领导人之一。江泽民特别强调，创新是一个民族进步的灵魂，是一个国家兴旺发达的不竭动力，也是一个政党永葆生机的源泉。世界在变化，我国改革开放和现代化建设在前进，人民群众的伟大实践在发展，迫切要求我们党以马克思主义的理论勇气，总结实践的新经验，借鉴当代人类文明的有益成果，在理论上不断扩展新视野，作出新概括。只有这样，党的思想理论才能引导和鼓舞全党和全国人民把中国特色社会主义事业不断推向前进。实践基础上的理论创新是社会发展和变革的先导。通过理论创新推动制度创新、科技创新、文化创新以及其他各方面的创新，不断在实践中探索前进，永不自满，永不懈怠，这是我们要长期坚持的治党治国之道。他认为坚持邓小平理论，必须在实践中继续丰富和创造性地发展这个理论，这是党中央领导集体和全党同志的庄严历史责任。他还说，搞社会主义现代化，发展社会主义市场经济，没有现成的经验和模式，必须在实践中探索和创造。要使实事求是、探索求知、崇尚真理、勇于创新的精神，在全党全社会大大发扬起来，推动党和国家的各项工作创造性地向前发展。事实也正是如此，党的十三届四中全会以来，我们党在实践上的每一个重大发展，在理论上的每一个重大突破，在工作上的每一个重大进步，都是江泽民领导全党坚持马克思主义的理论创新，坚持解放思想、实事求是、与时俱进取得的重大成果。

1992 年 10 月，江泽民在党的十四届一中全会上指出："过去有许多做法和经验已经不适用了，要根据新的实践要求，重新学习，不断创新，与时俱进。"2001 年 9 月，江泽民在国防大学座谈会上指出："无论从国际还是从国内看，我们都面临着许多新情况新问题，必须从理论上和实践上作出回答并加以解决。我们必须与时俱进，继续丰富和发展马克思主义。如果因循守旧，停滞不前，我们就会落伍，我们党就有丧失先进性和领导资格的危险。理论创新，这是马克思主义唯物辩证法的根本要求。要使党和国家的发展不停顿，首先理论上不能停顿，否则，一切新的发展都谈不上。"他还说："进行理论创新，必须坚持两个基本要求，一是必须坚持马克思主义的立场、观点和方法，坚持马克思主义的基本原理。这一点，要坚定不移，不能含糊。二是一定要贯彻解放思想、实事求是的思想路线，坚持勇于追求真理和探索真理的革命精神。这一点，也要坚定不移，不能含糊。这两个'坚定不移、不能含糊'，始终是检验我们是不是真正的马克思主义者的试金石。"

"三个代表"重要思想，是中国化的马克思主义。

"三个代表"重要思想，是以江泽民为主要代表的当代中国共产党人，高举毛泽东思想、邓小平理论伟大旗帜，坚持以发展着的马克思主义指导发展着的实践，准确把握时代特征，科学判断党所处的历史方位，紧紧围绕建设中国特色社会主义这个主题，集中全党智慧，总结实践经验，以马克思主义的巨大理论勇气进行理论创新的结果。

"三个代表"重要思想，突出强调我们党始终代表中国先进生产力的发展要求、代表中国先进文化的前进方向、代表中国最广大人民的根本利益，遵循了人类历史发展进步的普遍规律，顺应了时代发展的潮流和我国社会发展进步的要求，反映了全国各族人民的利益和愿望，抓住了新形势下提高党的执政能力、巩固党的执政地位、完成党的执政使命的根本。"三个代表"重要思想涵盖了社会主义经济建设、政治建设、文化建设、社会建设和党的建设以及国防和军队现代化建设、祖国统一、国际战略和外交工作等各个领域，涉及改革发展稳定、内政外交国防、治党治国治军等各个方面，是一个完整的科学的思想体系。

"三个代表"重要思想最鲜明的特点和最突出的贡献，在于用一系列紧密联系、相互贯通的新思想、新观点、新论断，进一步回答了什么是社会主义、怎样建设社会主义的问题，创造性地回答了在长期执政的历史条件下建设什么样的党、怎样建设党的问题，深化了我们对新的时代条件下推进中国特色社会主义事业和加强党的建设的规律的认识。

胡锦涛的理论创新与科学发展观。

胡锦涛说，实践发展永无止境，认识真理永无止境，理论创新永无止境。党和人民的实践是不断前进的，指导这种实践的理论也要不断前进。

中国特色社会主义道路必将在党和人民的创造性实践中不断拓展，中国特色社会主义制度必将在深化改革、扩大开放中不断完善。这一过程必将为理论创新开辟广阔前景。在新的历史条件下坚持马克思主义，关键是要及时回答实践提出的新课题，为实践提供科学指导。我们要准确把握世界发展大势，准确把握社会主义初级阶段基本国情，深入研究我国发展的阶段性特征，及时总结党领导人民创造的新鲜经验，重点抓住经济社会发展重大问题，作出新的理论概括，永葆科学理论的旺盛生命力。

他还说，理论创新每前进一步，理论武装就跟进一步，这是我们党加强自身建设的一条重要经验。我们必须按照建设马克思主义学习型政党的要求，抓紧学习人类社会创造的一切科学的新思想新知识。全体党员、干部都要把学习作为一种精神追求，深入学习和掌握马克思列宁主义、毛泽东思想，深入学习和掌握中国特色社会主义理论体系，牢固树立辩证唯物主义和历史唯物主义世界观和方法论，真正做到学以立德、学以增智、学以创业。

他指出，实践永无止境，创新永无止境。全党同志要倍加珍惜、长期坚持和不断发展党历经艰辛开创的中国特色社会主义道路和中国特色社会主义理论体系，坚持解放思想、实事求是、与时俱进，勇于变革、勇于创新，永不僵化、永不停滞，不为任何风险所惧，不被任何干扰所惑，使中国特色社会主义道路越走越宽广，让当代中国马克思主义放射出更加灿烂的真理光芒。

科学发展观，是立足社会主义初级阶段基本国情，总结我国发展实践，借鉴国外发展经验，适应新的发展要求提出来的。科学发展观，是对党的三代中央领导集体关于发展的重要思想的继承和发展，是马克思主义关于发展的世界观和方法论的集中体现，是同马克思列宁主义、毛泽东思想、邓小平理论和"三个代表"重要思想既一脉相承又与时俱进的科学理论，是我国经济社会发展的重要指导方针，是发展中国特色社会主义必须坚持和贯彻的重大战略思想。科学发展观，第一要义是发展，核心是以人为本，基本要求是全面协调可持续，根本方法是统筹兼顾。因此，必须坚持把发展作为党执政兴国的第一要务；必须坚持以人为本；必须坚持全面协调可持续发展；必须坚持统筹兼顾。科学发展和社会和谐是内在统一的。没有科学发展就没有社会和谐，没有社会和谐也难以实现科学发展。构建社会主义和谐社会是贯穿中国特色社会主义事业全过程的长期历史任务，是在发展的基础上正确处理各种社会矛盾的历史过程和社会结果。

综上所述，我们党在领导中国革命、建设、改革的长期实践中，把马克思列宁主义基本原理同中国具体实际和时代特征相结合，不断推进马克思主义中国化，实现了两次历史性飞跃。第一次飞跃发生在新民主主义革命时期，中国共产党人经过反复探索，在总结成功和失败经验的基础上，找到了农村包围城市、最后夺取全国胜利的有中国特色的革命道路，并在革命胜利后积极探索适合我国国情的社会主义建设道路，形成了被实践证明了的关于中国革命和建设的正确的理论原则和经验总结——毛泽东思想。第二次飞跃发生在党的十一届三中全会以后，中国共产党人在总结我国经验和研究国际形势的基础上，开辟了中国特色社会主义道路，形成了被实践证明了的关于在中国建设、巩固和发展社会主义的正确的理论原则和经验总结，这就是中国特色社会主义理论体系。这一体系科学回答了什么是社会主义、怎样建设社会主义，建设什么样的党、怎样建设党，实现什么样的发展、怎样发展三大基本问题，中国特色社会主义理论体系紧紧围绕探索和回答这三大基本问题展开，从实践到理论进行了卓有成效的创造，用一系列紧密联系、相互贯通的新思想、新观点、新论断，深化和丰富了对共产党执政规律、社会主义建设规律、人类社会发展规律的认识。

如上所述，以毛泽东为主要代表的中国共产党人在当时构建的和后来继续丰富的新民主主义理论，精辟地论述了"什么是新民主主义革命，怎样进行新民主主义革命"的问题。这个理论系统地阐述了新民主主义革命的对象、任务、领导权、动力、前途、发展阶段、总路线，以及新民主主义的经济、政治、文化的基本纲领和政策等诸多重大问题，为最终实现马克思主义中国化的第一次历史性飞跃作了最重要的理论建构。以邓小平为核心的党的第二代中央领导集体，坚持解放思想、实事求是，科学评价毛泽东同志和毛泽东思想，彻底否定"以阶级斗争为纲"的错误理论和实践，带领全党全国各族人民开启了全面改革开放的伟大历史进程，第一次提出了"建设有中国特色的社会主义"的重大命题，创立了邓小平理论。邓小平理论是中国特色社会主义理论体系的开创之作，是最基础的重要组成部分。以江泽民同志为核心的党的第三代中央领导集体，坚持改革开放、与时俱进，带领全党全国各族人民经受住国内外政治风波和经济风险等种种严峻考验，在深刻认识和准确把握世情、国情、党情发展变化的基础上，创立了"三个代表"重要思想。"三个代表"重要思想是中国特色社会主义理论体系承上启下的极为重要的组成部分。以胡锦涛同志为总书记的党中央，坚持以邓小平理论和"三个代表"重要思想为指导，顺应国内外形势发展变化，发扬求真务实、开拓进取精神，继续推进理论创新和实践创新，提出了科学发展观等重大战略思想。科学发展观等重大战略思想是中国特色社会主义理论体系的重要创新成果。

第四节　"结合律"、"正反律"、"创新律"的关系及规律性认识

上一节我们阐述了马克思主义中国化的三个规律："结合律"、"反正律"、"创新律"。这三个规律只是初步的认识，而且已经申明这只是最简单地概括，或者是最抽象的概括。其实，它们都有完整的表述。

如前所述：**马克思主义必须与中国革命、建设的实际相结合，只有始终坚持真正的"相结合"，中国革命和建设才能取得胜利和成功，这是马克思主义中国化的"铁律"。马克思主义中国化，始终伴随着正反两方面的历史经验，只有始终坚持实事求是地总结"正反"两方面的历史经验，克服形而上学，反对一种倾向掩盖另一种倾向，防止从一个极端走向另一个极端，中国革命和建设才能走入正轨，才能取得胜利和成功，这也是马克思主义中国化的"铁律"。马克思主义中国化，只有始终坚持理论创新，才能产生中国化马克思主义的伟大成果，唯有"创新"，才能使中国化马克思主义永葆青春活力，这还是马克思主义中国化的"铁律"。**

那么，这三个规律的逻辑是什么？如何认识这三个规律？根据什么断定这三个规律是马克思主义中国化历程中的客观存在？它们与理论形态的关系如何？还有哪些规律性的认识？本节从辩证思维的视角重点讨论如下几个问题。

一　"结合律"、"正反律"、"创新律"的逻辑与历史统一性原则

"结合律"、"正反律"、"创新律"的逻辑是什么？或者说，发现和认识这些规律的逻辑方法是什么？讨论这个问题，离不开辩证思维的逻辑与历史统一性原则和方法。

前文曾阐述，"规律存在于历史发展的过程，不从历史发展过程的**分析**下手，规律是说不清楚的。"这是毛泽东在读苏联政治经济学教科书时

讲过的话，通俗易懂。这通俗的话语里，内含着辩证思维中的逻辑与历史相统一的原则和方法。毛泽东这里的**分析**是指什么？其实就是逻辑方法。恩格斯曾论证过这个问题，他说："逻辑的方式是唯一适用的方式。但是，实际上这种方式无非是历史的方式，不过摆脱了历史的形式以及起扰乱作用的偶然性而已。"恩格斯在这里肯定了逻辑和历史的一致性。紧接着他说："历史从哪里开始，思想进程也应当从哪里开始，而思想进程的进一步发展不过是历史过程在抽象的、理论上前后一贯的形式上的反映；这种反映是经过修正的，然而是按照现实的历史过程本身的规律修正的，这时，每个要素可以在它完全成熟而具有典型性的发展点上加以考察。"在这里，恩格斯确立了逻辑与历史相统一的原则和方法，指出马克思政治经济学的逻辑就是从历史上和实际摆在人们面前的最初和最简单的关系即商品开始的，"而马克思第一次揭示出它对整个经济学的意义"。

在马克思主义中国化的进程中，"结合律""正反律""创新律"是客观存在的。对这三个规律的认识和总结，是逻辑与历史一致的原则和方法运用的结果。也就是说，三个规律是辩证思维的逻辑与历史相一致原则和方法的产物。为什么这样说呢？

我们看到，有关马克思主义中国化的语言文字，最初始的就是"结合"，频率最多的也是"结合"，最基础的还是"结合"，这些都是不争的事实。没有这个"结合"，马克思主义中国化无从谈起。没有这个最初始的、最基础的"结合"，马克思主义中国化是"化"不下去的。不仅在语言文字上是这样，在实践中更是如此，在马克思主义中国化的历史中，就是这么走过来的。我们可以说，一部马克思主义中国化史，就是马克思主义与中国革命和建设实际的结合史。当然，这种结合是真正意义上的结合，不是表面上的结合，而是本质之间的关系的结合。这样的结合史，也可以被视为马克思主义和中国革命建设实际的关系史。

用逻辑与历史相一致原则和方法来认识并诠释"结合律"，启示人们科学地认识并解读马克思主义为什么必须与中国革命建设实际相结合，离开这种结合就不是马克思主义中国化，而且必须是本质关系的结合。这样，可以提升人们认识"结合律"的严肃性，而不是随意性，从而在实践中自觉地遵循它。

从社会历史文化发展的视角解读"结合律"，可以思考中国本土优秀的传统文化与世界先进的外来文化是怎样"结合"的？可以在对立统一规律的层面上，分析"结合"的特点。因此，"结合律"所具有的对立统一规律的特性，也是我们在认识"结合律"时应注意到的。

"正反律"中的"正反两方面经验"这一指向，在马克思主义中国化的历程中，出现的频率虽然不如"结合律"那么多，但一直伴随着马克思主义中国化的全过程。在这个全过程中，它不是表象或偶然地出现，而是反复出现，特别是在重大历史转折关头，这种一正一反，或者一反一正。必然表现出来，甚至成为重大历史事件，从思想上产生深远的影响。

问题在于，"正反律"是不是人们主观上臆想出来的？它是不是客观的存在？这个问题决定它能否站得住，能否立起来。人们往往会把"正反两方面经验"看作是主观总结出来的，或许认为正和反本身就存在者不同的立场和认识问题。其实，如果从历史的表象背后进行考察，一正一反或一反一正，是人类辩证思维规律中的"常态"甚至是"模式"。在古希腊哲学家那里，就已经注意并思考这个问题了。亚里士多德比较深入地思考过它，黑格尔则是集大成者。在马克思主义的辩证逻辑中，它更是题中应有之义。

"正反律"提出的意义在于，把这种人们习以为常的、大量出现的正反现象，一旦在规律的层面上加以考察，就会发现它是一种内在的、固有的、普遍存在的逻辑，它们在对立统一之中不断重新组合又不断解体，形成更新的组合。从微观上看某一个历史事件是如此，在宏观上看整个历史的发展，也是如此。具体到马克思主义中国化的历程中，无不如此。

正反两方面的经验，特别是历史经验，对于一个民族、一个国家乃至全人类的生存和发展，非常重要。这也就是我们党始终把它们作为党的宝贵财富的重要原因。事实上，社会的进步和历史的前进，就是在一正一反或一反一正中发生的，它们呈螺旋式前进和发展的状态。对此，否定之否定规律早已阐明了其中的道理。因此，把"正反律"与否定之否定规律联系起来认识，也是顺理成章的。从这个角度上看。"正反律"具有否定之否定规律的性质。

"创新律"是对马克思主义中国化的过程和结果的逻辑认知。在马克思主义中国化的历程中，"创新律"出现的频率或许不如"结合律"和"正反律"多。但作为关键词是必不可少的，因为它起着至关重要的作用。没有创新，马克思主义中国化就会失去生机和活力，中国革命和建设就不会需要它，只能束之高阁或者自欺欺人、形式主义盛行、形而上学猖獗。没有创新，马克思主义中国化的结果，就不会产生中国化的马克思主义，马克思主义中国化就会成为无果实之花。同理，不坚持创新，就是有了马克思主义中国化的成果，也会难以为继，就会落后于时代，最终被历史所抛弃。

"创新律"还表现为与中国化马克思主义的因果关系。正是由于有了创新，才使中国化马克思主义成为可能，而且通过创新，使中国化马克思主义的成果成为现实。纵观马克思主义中国化两次历史性飞跃取得的伟大成果，创新所起到的作用功不可没。这也正是中国共产党的领导者如此重视创新的根本原因。

"创新律"作为连接马克思主义中国化和中国化马克思主义之间的桥梁的逻辑反映，在一定意义上是二者之间的中介。创新首先是坚持马克思主义，然后才能发展马克思主义，是在坚持中发展，在发展中创新。

需要指出，马克思主义中国化的"创新律"，不是为了创新而创新。创新不是目的而是手段。但是，创新又不是可以信手拈来的工具，它是理论思维以客观存在为根据的"创造"和"升华"，与"突破"和"飞跃"的功能接近，与它们一道具有世界观和方法论的意义。因此，使用创新这个术语也应该慎重，新的事物不等于创新，只有在质变的意义上才能使用创新。当然，创新绝不是无源之水无本之木，也有承前启后之功能，从逻辑上也有从量变到质变的性质。因此，在一定程度上，"创新律"具有与量变质变规律相近的特点。

从逻辑顺序上，"结合律"、"正反律"、"创新律"的先后排列，符合马克思主义中国化的历程，也体现了逻辑与历史的一致性原则和方法。至于三者之间的具体关系，我们将专文阐述。

二　"结合律"、"正反律"、"创新律"的时空坐标：两次历史性飞跃

应该看到，"结合律"、"正反律"、"创新律"在马克思主义中国化两次历史性飞跃中，都起着主导的、支配的、至关重要的作用。因此，把两次历史性飞跃作为三个规律的时空坐标，就此分析和阐明三个规律的特点，很有必要。

飞跃是一种质态转变为另一种质态的转化形式，是一种决定性的转折。感性认识上升到理性认识的运动，是飞跃；一种理论形态转变为另一

种理论形态的变革，是飞跃；社会形态的更替也是飞跃。恩格斯说："……从一种运动形式转变到另一种运动形式，总是一种飞跃，一种决定性的转折。"① 飞跃的种类多样，自然界、人类社会和人的思维，都会有飞跃。有人类微观和宏观认识的飞跃，有物理运动的飞跃，有社会形态的飞跃。马克思主义中国化的两次历史性飞跃，当属人类思维的理论形态的飞跃。

从时间上看，马克思主义中国化的两次历史性飞跃，从起点——过程——结果，而且还在发展之中，已将近一个世纪。近百年的马克思主义中国化的历史，产生了两次历史性飞跃，不仅证明了马克思主义所具有的强大生命力，而且也证明了两次历史性飞跃的来之不易。

第一次历史性飞跃所经历的时间，如果从1919年五四运动算起，到新民主主义革命的胜利——中华人民共和国成立，前后长达30年；从1949年新中国诞生到1966年"文化大革命"前的社会主义革命和建设，也有17年；总共47年，近半个世纪。如果算上"文化大革命"十年的停顿和徘徊，则时间更长，共57年。第一次历史性飞跃的时间跨度大体如此。第二次历史性飞跃所经历的时间，如果从1978年党的十一届三中全会算起，到党的十八届三中全会，已有35年的时间，这是第二次历史飞跃的时间跨度。显然，从目前来看，第一次历史性飞跃所经历的时间比第二次历史性飞跃的时间长。如果把十年"文化大革命"算在第二次历史飞跃的准备阶段，那么也有近半个世纪。这样，两次飞跃所经历的时间大体相近。

从空间上看，马克思主义中国化的范围都是在中国。所不同的是，第一次历史性飞跃时期，中国共产党还不是执政党，从五十几个人开始，历经艰难困苦和挫折，面对的是满目疮痍百废待举的中国，从局部执政到全国执政，经历了国共合作的北伐战争，土地革命战争，抗日战争和全国解放战争，经受了1927年和1934年等多次最严重失败的痛苦考验，共产党员从30万人减到4万人左右。经过长期武装斗争和各个方面、各种形式斗争的密切配合，终于在1949年取得了革命的胜利。第二次历史性飞跃时期，中国共产党已经是执政党。已经从一个领导人民为夺取全国政权而奋斗的党，成为一个领导人民掌握着全国政权并长期执政的党；已经从一

_____

① 《马克思恩格斯文集》第9卷，人民出版社2009年版，第71页。

个在受到外部封锁的状态下领导国家建设的党，成为在全面改革开放条件下领导国家建设的党。现有 8000 多万党员，面对的是一个欣欣向荣的社会主义中国。从这个角度上看，第一次历史性飞跃难度大，时间长，曲折多，第二次飞跃时间稍短，尽管也有曲折，但比之第一次历史性飞跃要"顺利"得多。从影响上看，第一次飞跃使中国人民真正站起来了，第二次飞跃使中国摆脱了贫困，富裕起来了。两次历史性飞跃都在世界上产生了重大影响，第一次飞跃改变了世界政治格局，第二次飞跃影响了世界经济发展。

在马克思主义中国化的两次历史性飞跃中，"结合律"、"正反律"、"创新律"始终起着决定性和支配性的地位。这方面的事例不胜枚举，前文已有阐述，这里不再赘述。

三 "结合律"、"正反律"、"创新律" 与科学社会主义的理论形态

什么是科学社会主义的理论形态？本书在《导论》中阐述了马克思主义中国化与科学社会主义理论形态、实践形态、制度形态的关系，认为科学社会主义理论形态即科学社会主义学说。马克思、恩格斯的科学社会主义学说，可称为原生理论形态。这一理论形态随着时代主题的变化和世界科技革命的新发现，特别是随着生产方式的变革和无产阶级自身的理论需求，而不断发展和完善。马克思、恩格斯的科学社会主义原理，是对这一原生理论形态的诠释、概括。

事实上，马克思、恩格斯的科学社会主义原生理论形态，经过俄国十月革命，在列宁那里得到了创新，形成了列宁的科学社会主义学说。其创新点在于革命的成功和胜利并不在西方发达资本主义国家里发生，更不是在西方几个发达资本主义国家同时发生；而是在东方落后的、还带有封建农奴制色彩的俄国里发生了。紧接着，十月革命一声炮响，给中国人民送来了马克思主义。中国共产党和毛泽东接受了列宁的科学社会主义理论形态，并在这一理论形态的指导和影响下，进行了新民主主义革命和社会主义革命、建设。毛泽东时期的世界发展和时代主题与列宁、斯大林时期的世界发展和时代主题没有大的区别。尽管中国在社会主义建设初期毛泽东就已经提出了"以苏为鉴"，"走自己的路"，但是在科学社会主义理论形态上，与列宁和斯大林的科学社会主义学说，基本一致，没有大的区别。但是在革命道路上，中国没有选择像俄国那样，由工人阶级在城市举行武

装暴动，最后夺取政权；而是走了农村包围城市的道路，最终也取得了胜利和成功。稍加分析，会看到毛泽东与列宁、斯大林在科学社会主义理论形态上有着惊人的一致性。

但是，在邓小平时期就很不同了。邓小平时期世界发展和时代主题与毛泽东时期相比较发生了变化。帝国主义战争和无产阶级革命是毛泽东时期的时代主题；和平与发展是邓小平时期的时代主题。由于时代主题的不同，科学社会主义的理论形态也发生了变化。由于理论形态和时代主题的变化，科学社会主义的实践形态和制度形态也会发生变化。邓小平的科学社会主义理论形态，是一个崭新的理论形态，是社会主义运动和马克思主义的科学社会主义学说的伟大创举。

与上述问题（相同的理论形态和不同的理论形态）相应，"结合律"、"正反律"、"创新律"和理论形态及时代主题，处于互为影响、互相呼应的互动状态。不同历史时期所赋予的历史任务不同。列宁、斯大林、毛泽东时期，实行计划经济，特别是在战争年代，有其内在的合理性。这一时期的"结合"、"正反"、"创新"都有革命性的特点，创新点多在革命道路的选择上。邓小平以来的改革开放时期，创新点多在社会主义建设道路的选择上，而实行市场经济也与时代主题有着某种必然的联系。对于后者，马克思、恩格斯不可能科学预见，列宁、斯大林也不可能更没有机会亲身参与实践。只有邓小平、江泽民、胡锦涛、习近平为首的中共党人，才有可能历史地走在时代的前列，完成新的历史时期赋予的历史使命。

应该指出，作为中国化的马克思主义——邓小平理论、"三个代表"重要思想、科学发展观，被学术理论界视为三个理论形态，在一般的层次上，没有大的问题。因为"结合律"、"正反律"、"创新率"都在其中起决定性的、支配性的作用。但是，作为科学社会主义的理论形态这个层次上，只有邓小平理论才能被称为是科学社会主义的理论形态；而"三个代表"重要思想和科学发展观，只是对科学社会主义理论形态的补充和诠释，时代的主题没有赋予它们（"三个代表"重要思想、科学发展观）新的、不同于邓小平理论的独特的历史使命。因此，在中国特色社会主义理论体系之中，邓小平理论、"三个代表"重要思想、科学发展观是有层次之分的。从科学社会主义理论形态自身来看，"什么是社会主义、怎样建设社会主义"是中国特色社会主义的主题；"建设一个什么样的党，怎样建设党"是从属于社会主义建设和未来共产主义的，因为共产党的最终目标是建成社会主义和实现共产主义；至于科学发展观，则更是直接属于怎样建设社会主义中的问题，更是对中国特色社会主义建设的补充。这样，就可以科学地阐明邓小平理论对于中国特色社会主义的开创性的意义，邓小平科学社会主义的理论形态，已经写在科学社会主义学说的旗帜上，是世界社会主义运动史上丰碑。

当然，邓小平理论是属于中国特色社会主义理论体系的，但它是开创、主导、决定性和支配性的理论形态。中国特色社会主义理论体系是开放的，随着社会的发展和时代的前进，随着时代主题发生转变，随着新的科学技术革命的成果的应用，马克思主义中国化在新的"结合"、"正反"、"创新"中，还有可能发生新的第三次历史性飞跃，这也是历史的必然。

四　"结合律"、"正反律"、"创新律"三者的辩证统一性

"结合律"、"正反律"、"创新律"三者的辩证统一性，表明了这三个规律之间的关系。这三个规律的关系，也类似于辩证法对立统一、量变质变、否定之否定规律之间的关系。

怎样理解三者之间的辩证统一性？

前文所述，"结合律"、"正反律"、"创新律"的逻辑顺序的排列，说明了逻辑和历史一致性原则在马克思主义中国化历程中的反映。其中既有主观辩证法，也是客观观辩证法；主观辩证法是如此，客观辩证法也是如此，表明了主体和客体的统一。

"结合律"、"正反律"、"创新律"的逻辑顺序表明："结合律"是马克思主义中国化的基础、根据、前提、条件；"正反律"是马克思主义中国化的"表象"、"中介"、"常态"、"行为"；"创新律"是马克思主义中国化的"动力因"、"成果因"、"助产婆"、"关键"。

马克思主义中国化，首要解决的是"结合"，不能"结合"，马克思主义中国化无从谈起。因此，这是基础，也是根据、前提和条件。是谁的基础、根据、前提、条件？定语当然是中国化马克思主义。在"正反"中，一正一反或一反一正，作为马克思主义中国化的表象，是一种常态性的行为，在实践中具有中介的功能，上承"结合"下启"创新"。"创新"是中国化马克思主义成果的"动力因"，"成果因"，创新导致了中国化马克思主义的产生，因而是"助产婆"；在马克思主义中国化的整个历

程中，是"关键"，没有它，中国化马克思主义成果是"虚"的，甚至可能功亏一篑。

为什么在马克思主义中国化的进程中，会产生一正一反或一反一正，这和真正的、本质的"结合"或虚假的、形式的"结合"有关。也就是说，结合得好，一定成功，结合得不好或很坏，一定会失误甚至失败。"结合"得好，成功的经验会得到升华，直接导致"创新"；结合得不好或很坏，会在失误和失败中反思，痛定思痛，从而回到正确的轨道，总结教训，间接导致创新。凡是创新取得的成果，都是"结合律""正反律""创新律"的良性循环；三者缺一不能形成良性循环；缺少了"结合"，成果建立在沙滩上。缺少了"正反"，就没有比较，没有比较就没有鉴别，马克思主义中国化就没有生机、失去活力。缺少了"创新"，成果或者半途而废，或者化为乌有。因而，三者之间，谁也离不开谁。

列宁曾经说过，辩证法、认识论、逻辑学是一致的，三者是辩证的统一。借列宁的科学判断分析"结合律"、"正反律"、"创新律"，也有一致性，三者也是辩证的统一。这是因为，马克思主义中国化的过程中，"结合"必定产生"正反"，"正反"必然导致"创新"；"创新"推进新的"结合"，如此循环往复。没有"结合"，不能产生"正反"，"正反"不能成立。没有了"正反"，"创新"就失去了对象，就会成为空洞的存在。而没有了"创新"，"结合"与"正反"就会失去存在的价值，马克思主义中国化也失去存在的意义。

总之，"结合律"、"正反律"、"创新律"构成了马克思主义中国化规律的一个整体，可以定性为："结合律"是核心；"正反律"是"中介"；"创新律"是关键。这是我们对上述三个规律初步认识的结果。

五　"结合律"、"正反律"、"创新律"与其他规律性的关系

我们认为，研究马克思主义中国化的规律，必须实事求是，就我们目前有限的探索，只能概括为有三个规律，即"结合律"、"正反律"、"创新律"。我们的阐述，当然是初步的。

那么，马克思主义中国化的规律就只有"结合律"、"正反律"、"创新律"吗？还有其他规律吗？这是需要回答的。

所谓实事求是地研究，就是要科学探索，而不能主观地臆造和拼凑。我们反对把规律低俗化，处处都有马克思主义中国化的规律，既不可能也不现实。但规律确是客观存在，不能否定。因而我们反对把规律低俗化、数字化，同时也反对把规律神圣化。

有一些规律性的认识，值得深入探讨。我们从"正反律"即正反两方面的经验来看，有以下几个命题，具有规律性的性质；这些命题多数是在第二次历史性飞跃中，对马克思主义中国化规律性的思考。例如：

马克思主义不能照抄照搬，必须与中国革命和建设的实际相结合。马克思主义不是教条，而是行动的指南，这是中国共产党在革命战争年代就已经认识了的规律和真理。在共产党执政和进行社会主义建设时期，同样如此。实践表明，我们必须走自己的路。邓小平开创的中国特色社会主义建设事业，充分证明了中国共产党人对这一客观规律的深刻认识。

共产党执政以后一定要致力于发展生产力。邓小平指出，"在社会主义国家，一个真正的马克思主义政党在执政以后，一定要致力于发展生产力，并在这个基础上逐步提高人民的生活水平"。对这一规律的认识，是我们党对执政实践的历史经验和教训的总结。

建设社会主义不能急于求成，欲速不达。建设社会主义必须遵循社会主义建设的规律，其中首要的是不能超出特定的历史阶段。我国现在仍然处在社会主义初级阶段，认定这个历史方位，却颇费曲折。我们曾盲目追求一大二公，结果给社会主义建设带来严重损失。事实上，建设社会主义不顾生产力发展的水平，急于求成，已成为社会主义国家的通病。苏联是如此，越南也是如此。这确实是带有规律性的问题。

正确处理人民内部矛盾和敌我矛盾，阶级斗争不能扩大化。无产阶级夺取政权以后，急风暴雨式的阶级斗争已经过去。阶级斗争虽然没有结束，但正确处理两类不同性质的矛盾已成为主要问题。必须正确地处理人民内部矛盾和敌我矛盾。但在实践中，取而代之的往往是阶级斗争扩大化。1957 年的反右斗争是如此，文化大革命则把阶级斗争扩大化推向极致。

贫穷不是社会主义，一定要把生产力搞上去。"文化大革命"结束以后，邓小平拨乱反正，彻底批驳"四人帮"的"宁要社会主义的草，不要资本主义的苗"的谬论，提出贫穷不是社会主义，一定要把生产力搞上去。这是对社会主义本质和建设规律的认识，使社会主义建设走上正轨。

社会主义要通过改革，实现社会主义制度的自我完善。社会主义社会的基本矛盾，依然是生产力和生产关系、经济基础和上层建筑的矛盾。当生产关系不适应生产力发展的要求时，就必须进行改革，改革生产关系、经济体制。这种改革，不是改革社会主义的基本制度，而是社会主义制度的自我完善。这是个规律性的问题，中国处理得比较好。苏联的改革却走上否定社会主义制度的道路，从而使改革失败，苏联解体。

坚决反对资产阶级自由化，坚持党的基本路线一百年不动摇。在社会主义建设中，特别是在改革开放的大环境中，要始终坚持四项基本原则，坚决反对资产阶级自由化，坚持党的基本路线一百年不动摇，已是我党必须把握的铁的规律。

正确处理改革、发展、稳定之间的关系。发展是硬道理，解决中国问题的关键要靠自己的发展。增强国力，改善人民生活要靠发展，巩固和完善社会主义制度，保持稳定的局面离不开发展；顶住霸权主义和强权政治的压力，维护国家主权和独立，从根本上摆脱经济落后状况，从而跻身于世界现代化国家之林，都离不开发展。改革是经济和社会发展的强大动力，是为了进一步解放和发展生产力。稳定是发展和改革的前提，发展和改革必须要有稳定的政治和社会环境。三者关系处理得当，就能总揽全局，保证经济社会的顺利发展；处理不当，就会吃苦头，付出代价。

没有民主就没有社会主义，就没有社会主义现代化。我们所进行的社会主义现代化建设，是一项长期、艰巨的伟大事业，需要发挥全体人民的智慧和力量。只有发扬社会主义民主，才能激发全体人民高昂的劳动热情和首创精神，才能充分发挥他们的智慧和力量，从而使社会主义事业蓬勃发展。社会主义民主，是社会主义事业始终沿着正确方向发展的保证。历史的经验告诉我们，社会主义民主遭到破坏，社会主义事业就会受到挫折，社会主义的发展方向就会发生偏离。要保证社会主义事业始终沿着正确方向发展，就要努力发展社会主义民主。

物质文明和精神文明建设两手抓，两手都要硬。中国共产党六十多年的执政经验，在文化建设上探索出来一条执政规律，就是物质文明和精神文明两手一起抓，两手都要硬。建设中国特色的社会主义，不仅要建设高度的物质文明，而且要建立高度的精神文明，是物质文明建设和精神文明建设共同发展的社会主义。这是社会主义本质理论的必然要求，也是社会主义国家发展的必然要求。

只有科学回答三大基本问题，才能深刻认识三大规律。中国共产党坚持马克思主义的思想路线，不断探索和回答什么是社会主义、怎样建设社会主义，建设什么样的党、怎样建设党，实现什么样的发展、怎样发展这三大基本问题的过程，就是在整体上不断深化和丰富对共产党执政规律、社会主义建设规律、人类社会发展规律认识的过程，就是不断推进马克思主义中国化、坚持并丰富党的基本理论、基本路线、基本纲领、基本经验的过程。中国特色社会主义理论体系的形成，表明我们党对三大规律的认识、把握和运用水平都达到了新的高度，开辟了马克思主义中国化的新境界。

上述规律性认识，只是列举一部分，局限在某一个时期或某一个阶段。完整性、系统性的规律性认识，还需要不断探索、深入思考，永无止境地继续下去。

第八章　中国化马克思主义的理论品格

马克思主义中国化是马克思主义与中国实践相结合的过程，是马克思主义努力符合中国国情的过程，中心词是"中国化"。中国化马克思主义则是结合了中国革命和建设经验的马克思主义的理论总结，是符合中国国情的马克思主义，中心词是"马克思主义"。前者是过程，后者是结果。没有马克思主义中国化就没有中国化马克思主义。中国化马克思主义的产生和发展是马克思主义中国化不断取得成功的标志。不过，相对于马克思主义中国化的实践而言，中国化马克思主义理论并非不加择别、亦步亦趋。马克思主义中国化的过程既有成功也有失误，而中国化马克思主义只是那些被实践证明正确的理论总结。此外还应当看到，中国化马克思主义是马克思主义中国化的结果，但不是终点。事实上，每一次中国化马克思主义的理论更新和相对稳定，都只是下一次马克思主义中国化在逻辑和历史上的起点。只要中国社会主义现代化的实践不断发展，马克思主义适应中国国情的过程就不会结束，中国化马克思主义也就永远处于发展、更新和完善之中。

中国化马克思主义是马克思主义中国化的理论成果，后者在逻辑和历史上都要优先于前者。因此，中国化马克思主义的理论品格必然受到马克思主义中国化的经验和规律的影响，并与之有着千丝万缕的紧密联系。比如：中国革命和建设的胜利要靠中国同志了解中国情况的基本经验和规律，铸就了中国化马克思主义独立自主的理论品格；把握理论精髓、扎根中国实践、注重理论与实践相结合的基本经验和规律，铸就了中国化马克思主义实事求是的理论品格；人民群众创造历史、牢筑群众根基的基本经验和规律，铸就了中国化马克思主义服务人民的理论品格；坚持世界眼光、不断发展创新的基本经验和规律，铸就了中国化马克思主义与时俱进的理论品格。

就此来看，中国化马克思主义至少具有以下四种理论品格：独立自主、实事求是、服务人民、与时俱进。其中，独立自主是有关中国化马克思主义的**存在性**的理论品格，实事求是是有关中国化马克思主义的**科学性**的理论品格，服务人民是有关中国化马克思主义的**道德性**的理论品格，与时俱进是有关中国化马克思主义的**完善性**的理论品格。如果缺乏独立自主的理论品格，中国化马克思主义的产生、存在就会成为问题。而如果中国化马克思主义不存在，那么，其他一切就都谈不上了；如果缺乏实事求是的理论品格，中国化马克思主义就不能成为符合实践需要、解决现实问题的科学理论；如果缺乏服务人民的理论品格，中国化马克思主义就会失去道德上的正义性和对人民群众的感召力；如果缺乏与时俱进的理论品格，中国化马克思主义就不能恰当应对时局变化，通过变通而保持自身的完善与合理。

第一节　中国化马克思主义的品格之一：独立自主

独立自主是中国共产党从实际出发、依靠党和人民力量进行革命、建设、改革的必然结论。不论过去、现在和将来，都将始终把国家和民族发展放在自己力量的基点上，坚持民族自尊心和自信心，坚定不移走自己的路。这是中国化马克思主义最突出的品格。

一　独立自主的基本含义

所谓独立自主，是指主体依靠自己的力量，独立地寻找适合本身情况的发展道路和模式，而非屈从于任何外来的压力，或者机械地照搬他者的经验和模式。就中国革命和建设而言，只有由本国革命政党和人民群众自己寻找、创造和决定的革命道路，才可能符合本国的实际情况，才能正确反映本国革命的客观规律，从而保证本国革命的胜利。当然，探索和决定中国革命的道路，不能离开马克思列宁主义基本原理的指导，也需要借鉴别国的经验，需要争取其他国家革命政党和人民的可能的帮助。但是指导不等于命令，借鉴不等于照搬，支援不等于包办，立足点只能是本国的实际。作为具有普遍指导意义的原则，独立自主大致包括几方面的含义：

第一，立足于本国实际，走自己的道路。一个国家的革命和建设走什么样的道路，关系这个国家革命和建设的成败。而适合本国情况和特点的革命和建设道路，只能由本国人民自己来寻找、创造和决定，不能由别国的政党或领导人来代替。马克思早在谈国际工人协会的实质时就已经指出："协会没有规定政治运动的固定形式；它只要求这些运动朝向一个目标。国际是联合起来的团体的网，它布满整个劳动世界。在世界上的每一地区，我们的任务都从某种特殊的方面体现出来，那里的工人用他们自己的方法去完成这一任务。……用什么方式来达到结局，应当由这个国家的工人阶级自己选择。国际不会就这个问题下达什么命令，甚至未必提出什么建议。"① 恩格斯也指出："国际联合只能存在于国家之间，因而这些国家的存在、它们在内部事务上的自主和独立也就包括在国际主义这一概念本身之中。"② "毫无疑问，美国工人阶级的最终纲领，应该而且一定会基本上同欧洲的整个战斗工人阶级现在所采用的纲领一样，同德美社会主义工人党的纲领一样"，在这方面，这个党必须在运动中起非常重要的作用。"但是要做到这一点，它必须完全脱掉外国服装。它必须成为彻底美国化的党。"③ 列宁同样明确地指出，无产阶级政党"需要独立地探讨马克思的理论，因为它所提供的只是总的指导原理"④，而这些原理的应用具体地说，在不同的国家又是不同的。因此，各国无产阶级政党必须以马克思主义的一般原理为指导，自己认识本国的国情，"根据自己的经验"确定本国革命的道路。

第二，着眼于本国力量，依靠本国人民群众进行革命和建设。一个国家的革命和建设，不但要由本国的党和人民自己选择自己的道路，而且要依靠本国党和人民自己的力量去进行。从历史唯物主义的基本观点出发，中国共产党一贯相信和依靠群众，一贯强调把立足点放在自力更生的基础上，坚持依靠本党和本国人民群众的力量进行革命和建设，因而保证了中国革命和建设的胜利。正如党的十一届六中全会通过的《关于建国以来党的若干历史问题的决议》所指出的，中国革命在各个阶段都曾得到各国革命力量的援助，这是中国人民永远不会忘记的。但是中国革命的胜利，从根本上说是中国共产党坚持独立自主、自力更生的原则，依靠中国各族人民自己的力量，经历千辛万苦，战胜许多艰难险阻才取得的。

① 《马克思恩格斯全集》第17卷，人民出版社1963年版，第683页。
② 《马克思恩格斯全集》第39卷（上），人民出版社1974年版，第84页。
③ 《马克思格斯全集》第21卷，人民出版社1965年版，第390页。
④ 《列宁全集》第4卷，人民出版社1984年版，第161页。

第三，马克思主义理论到中国后，在形式上必须实现民族化。马克思主义理论不是针对某一国的学说，而是一种世界性的具有普遍指导意义的理论，是对世界历史发展规律和趋势的科学把握。但马克思主义产生于欧洲，其著作从文字到语言、从内容到形式都打上了欧洲民族的烙印。马克思主义理论要付诸实践，则只有同各个民族、各个国家或地区的具体实践相结合，才能实现其指导意义，显示出真理的价值。要使具有明显欧洲风格和欧洲气派的马克思主义为中国无产阶级、中国共产党和中国人民所接受和掌握，并自觉运用它来指导中国革命、建设与改革事业，就必须使马克思主义从欧洲的民族形式转化为中华民族的形式，将马克思主义的精髓和基本原理转化为具有中国风格和中国气派、为中国人民所喜闻乐见的理论形态，实现马克思主义世界化与民族化的有机统一。

第四，在处理对外关系时，应当把独立自主作为一项基本国策。我们历来把自己的命运同全世界无产阶级的命运，同全世界人民的正义斗争和人类进步事业联系在一起，主张全世界无产阶级和被压迫民族联合起来共同奋斗；同时，我们又一贯主张：首先要为中国的民族解放和人民幸福，为祖国的独立、统一和富强而全力以赴地进行斗争和建设。也就是说，坚持独立自主，即是坚持国际主义和爱国主义相结合的原则。

独立自主不仅是毛泽东思想的活的灵魂和三大法宝之一，而且已经成为贯穿中国化马克思主义理论的重要精神，是中国化马克思主义形成和存在必须具备的基本理论品格。

二　早期中国共产党人与独立自主

20世纪初期，中国先进知识分子选择了走俄国人的路，表明了用马克思主义理论来解决中国问题这一总体的路向。这当然是一个正确的选择。但是，这并不意味着中国的问题要完全按照苏联的方法来解决。事实证明，在具体的策略与方针上，完全照搬苏联的经验是行不通的。苏联共产党和共产国际曾经给中国革命以巨大帮助，这是不能否认的。但是，他们也有不少脱离中国实际情况或单纯从苏联外交利益出发的错误指示。对于这些，中国共产党人应当采取什么样的态度，是完全服从，还是有选择地服从，是完全依赖于苏联和共产国际的指示，还是独立自主地选择中国革命的具体道路？这些问题在中国共产党内部并不是一下子就解决了的。教条主义照抄照搬的做法在党内长期存在，严重影响了中国革命的进程。

关于社会主义革命的实践形式，无论是马克思还是列宁，都没有提供过除了群众性的总同盟罢工和总暴动以外的任何一种可能。在这方面，斯大林表现出一定的远见，比如他指出：在中国，是武装的革命反对武装的反革命。这是中国革命的特点之一和优点之一。不过，承认中国革命是不同于欧洲社会革命的特殊的武装革命是一回事，在实践中找到适合中国革命的道路则是另外一回事。斯大林虽然有了这样的难能可贵的认识，但也没有因此而改变共产党人应当为实现十月革命方式的群众起义而努力的思想。他在承认中国革命的这种重要特点之后，只是要求共产党人"应当特别注意军队工作"，比如加强政治工作，研究军事，直至逐渐担任某些军事领导职务等。他并没有足够充分地意识到：对于中国共产党来说，未来的革命只能是武装革命。因此，当国民党公开实行分裂之后，共产国际所能够想到的革命方式，也只是群众性的武装起义和武装暴动。而由此出发，人们把中国革命的进度与俄国革命的历史相类比，并且迅速树起俄国式苏维埃革命的旗帜，寄希望于它能够一举达到俄国革命所达到的一切。这种情况清楚地说明，马克思主义的那些现成结论，特别是俄国革命的那些现成经验，在当时共产党人的头脑中确实是根深蒂固的。①

在中国共产党成立后相当长的一段时间里，中国共产党人还不具备独立自主的能力，只能听命于共产国际的指示。之所以如此，一个重要的原因在于：中国共产党人这时还极端缺乏革命的具体实践，因而明显缺少对中国革命本身的发言权。这使得他们只能紧紧依赖马克思主义书本上那些现成的结论和俄国革命所取得的那些现成的经验。甚至就在共产国际已经确定了中国革命的民主主义性质、帮助中国共产党与国民党建立了统一战线之后，中共中央也并不相信在中国可以有与俄国不同的革命道路存在。十分明显：注重意识形态指导意义的共产党人这时还是习惯于从现成的结论和经验出发来认识中国问题。因此，他们批评国民党专注于军队发展和军事革命，认为应该先有强大的革命党，然后才能有革命军队。只有全国工人、农民、士兵联合的大暴动，才可以实现革命的军事行动。国民党应当立即放弃他们所控制的广州政府及其军队，全党动员到民间去。中国共产党人对俄国道路的推崇以及独立自主意识的匮乏由此可见。不过，把马克思主义的现成结论，特别是俄国革命的现成经验机械地套用到中国革命

---

① 杨奎松：《马克思主义中国化的历史进程》，河南人民出版社1994年版，第5页。

当中来，这在中国革命的最初阶段一般来说是不可避免的。①

当然，苏共领导人和共产国际原则上并不反对把马克思主义与中国革命的实际进行某种程度上的具体结合，他们在指导中国革命的过程中也曾努力使马克思主义的方法能够适应中国革命的具体特点。但是问题在于，他们毕竟缺乏深入了解中国国情和中国革命实际需要的条件与可能。为了维护共产国际和苏共的权威地位，他们又坚持以他们自己的经验和看法来评判各国共产党的具体实践。这导致他们事实上充当着某种最高裁判的角色。这种心态使他们不自觉地反对任何一种试图脱离俄国经验来解释马克思主义的可能性。也正因为如此，马克思主义中国化的过程只能由中国人自己来完成。

从 1921 年党的建立到 1927 年大革命失败，处于幼年时期的中国共产党主要是根据共产国际的指示和苏联的经验指导革命，尚不懂得独立自主地探索革命道路的重要性。只有到了土地革命战争时期，随着农村包围城市道路的开辟和理论的形成，独立自主原则才逐渐得以确立。1930 年 5 月，毛泽东在《反对本本主义》一文中，在强调马克思主义必须同中国实际相结合的同时，明确提出了"中国革命斗争的胜利要靠中国同志了解中国情况"这一重要结论，表明这一思想已经初步形成。1935 年遵义会议以后，在第二次历史性转变和抗日战争中，独立自主原则在党的各方面工作中得到充分运用和发展，成为中国共产党人领导革命的一条基本原则。

三　毛泽东与独立自主

在马克思主义中国化的过程中，一方面是马克思主义理论同中国革命和建设的实践相结合，另一方面是马克思主义作为一种文化形式同中国优良传统文化相结合。前一个结合构成了中国化马克思主义的理论内容，后一个结合形成了中国化马克思主义的表述形式。毛泽东在这两个方面都做出了突出的贡献。

以毛泽东为代表的共产党人之所以能够不断地丰富和发展中国化马克思主义的理论内容，关键就在于始终坚持独立自主，紧紧依靠本国人民群众。半殖民地半封建的旧中国，是一个分散落后的自然经济和半自然经济

---

① 杨奎松：《马克思主义中国化的历史进程》，河南人民出版社 1994 年版，第 5 页。

占统治地位，政治、经济和文化的发展极端不平衡的东方大国。这是中国革命和革命胜利后一个相当长时期内一切问题的基本出发点。立足于这个基本出发点，使马克思主义在中国具体化，使之在其每一表现中带着必须有的中国的特性，即按照中国的特点去应用它，这是历史赋予中国共产党人的神圣使命和艰巨任务。大革命失败后，在极端残酷的白色恐怖下，以毛泽东为代表的中国共产党人，率领各次起义后保存下来的革命力量，深入农村，发动和依靠广大农民，开展土地革命和游击战争，建立农村革命根据地，使革命走上重新发展的道路。这个时期，由于国民党反动势力的封锁和"围剿"，中国革命力量同国际革命力量之间的联系实际上被隔断了，就是国内各块革命根据地之间也很少能有直接的互相支援，处境异常困难。但是，中国共产党人没有为革命面临的严重困难所吓倒，他们紧紧依靠自己组织起来的革命力量，依靠千百万革命群众所形成的真正的铜墙铁壁，多次粉碎了敌人的反革命"围剿"，胜利进行了土地革命战争。后来在抗日战争时期，灾难深重的中国人民迫切需要国际上的援助，也确实得到了许多国家和人民的援助，这对于抗日战争的胜利无疑起到了重要的作用。但是，从根本上看，抗日战争的胜利不是靠外援取得的，而主要是靠不愿做奴隶的中国人民的不屈不挠的斗争取得的。当时的国民党统治集团屡战屡败，把抗战胜利的希望寄托于盟国的胜利。而中国共产党所以能在几乎没有外援的情况下渡过了抗战最困难的阶段，巩固和发展了抗日根据地，并坚持抗战到胜利，其根本原因，就是以毛泽东为代表的共产党人相信人民群众的创造力，紧紧依靠群众，依靠自己的努力，自力更生、艰苦奋斗。在解放战争中，中国共产党之所以能够打败美帝国主义支持下的国民党反动派，也主要是靠自己组织的力量，靠广大群众的支持才取得的。

以毛泽东为代表的共产党人之所以能够不断地丰富和发展中国化马克思主义的表现形式，关键也在于始终坚持独立自主，紧紧结合本国文化和历史传统。中国传统文化与马克思主义在许多方面存在相通之处，比如：中国传统文化中存在着朴素的唯物论与辩证法；中国传统文化中的"大同社会"理想与共产主义理想信念有相似之处；在价值取向方面，中国传统文化以群体取向的价值观为其基本要义，突出集体本位，强调个体对群体价值的认同；中国文化传统中的"民本"思想与历史唯物主义的群众观基本一致；等等。任何一种外来的理论倘若未经过与本土思想文化的碰撞与沟通，就很难得到人们思想上的认同。毛泽东等马克思主义者十分注重马克思主义与中国传统文化之间的有机结合，强调以马克思主义的立场和方法对中国传统文化中的概念、范畴和命题赋予全新的内涵，使之创造性地转化并富有鲜明的时代气息。1938 年 10 月，毛泽东在中共六届六中全会上，开始向全党提出"使马克思主义在中国具体化"的任务，突出强调"必须学会把马克思列宁主义的理论应用于中国的具体的环境"，特别是使之具有一定的民族形式的问题。他公开号召："洋八股必须废止，空洞抽象的调头必须少唱，教条主义必须休息，而代之以新鲜活泼的、为中国老百姓所喜闻乐见的中国作风和中国气派。"① 1940 年 1 月在《新民主主义论》一文中，毛泽东进一步明确提出：必须将马克思主义的普遍真理和中国革命的具体实践完全地恰当地统一起来，就是说，和民族的特点相结合，经过一定的民族形式，才有用处，决不能主观地、公式地应用它。当然，新民主主义文化不是"中体西用"的文化，对待中国古代文化应剔除其封建性的糟粕，吸收其民族性的精华，而不能无批判地兼收并蓄。尊重自己的历史，不是颂古非今，不是赞扬任何封建的毒素。在批判地继承传统文化方面，毛泽东为中共党人作出了表率。毛泽东不但熟谙马克思主义理论，对于传统文化和国学经典也有较深的造诣。他的理论著作、讲话中经常引用中国典籍，可谓如数家珍、信手拈来。抗战胜利后，国民党要进攻解放区，怎么办？毛泽东在延安召开党员干部大会，指出方针就三条：第一条是老子讲的不为天下先，就是我们不开第一枪；第二条是《左传》讲的退避三舍，就是他来了我们先让一让，不要怕他打烂了我们的坛坛罐罐；第三条是《礼记》讲的礼尚往来，就是说人不犯我，我不犯人，人若犯我，我必犯人。他不是讲马克思怎么说、恩格斯怎么说、列宁怎么说，而是老子怎么说、《左传》怎么说、《礼记》怎么说。这正是毛泽东的不同寻常之处。中国化马克思主义最后能不能成功，最深厚的东西就是内在的文化基因的连接。从这一点来看，民族性不仅是形式，也是内容本身，必须得到足够的重视。正如毛泽东所说的："从孔夫子到孙中山，我们应当给以总结，承继这一份珍贵的遗产。"②

　　当然，独立自主不代表拒绝一切援助。以毛泽东为代表的共产党人在

---

　① 《毛泽东选集》第 2 卷，人民出版社 1991 年版，第 534 页。

　② 同上。

创立和发展中国化马克思主义的过程中，将团结与斗争、国际援助与独立自主正确地结合起来。中国共产党人懂得，在帝国主义存在的时代，任何国家的真正的人民革命，如果没有国际革命力量在各种不同方式上的援助，要取得胜利是不可能的。因而十分珍惜无产阶级的国际团结，珍惜同各国人民的友谊和合作。爱国主义和国际主义相结合的观点，是中国共产党人处理对外关系的理论基础。只是，中国共产党人深知自己的命运应当由自己掌握的重要性，因而十分珍惜自己长期奋斗得来的独立自主权利。我们爱护自己的民族利益，也尊重别人的民族利益，我们坚持奉行独立自主的对外政策，同我们履行维护和平、促进人类进步的国际义务是一致的。以毛泽东为代表的中国共产党人认为，无论革命和建设，都没有什么固定模式，把自己的观点强加于人，干涉别国党和人民的内部事务，只能使别国的革命或建设遭受挫折和失败，从而损害国际无产阶级和世界人民的整体利益。毛泽东指出："中国这个客观世界，整个地说来，是由中国人认识的，不是在共产国际管中国问题的同志们认识的。共产国际的这些同志就不了解或者说不很了解中国社会，中国民族，中国革命。对于中国这个客观世界，我们自己在很长时间内都认识不清楚，何况外国同志呢？"[①]

在社会主义建设时期，毛泽东的独立自主思想主要体现为以下几个方面：

首先，在社会主义建设的具体模式上也要走自己的路。在社会主义建设初期，毛泽东同样坚持了独立自主的精神，比较早地对苏联模式加以慎重思考。在他看来，社会主义制度在各国的具体发展过程和表现形式不存在千篇一律的格式。毛泽东在《论十大关系》中指出："应当承认，每个民族都有它的长处，不然它为什么能存在？为什么能发展？同时，每个民族也都有它的短处，有人以为社会主义就了不起，一点缺点也没有了。哪有这个事？应当承认，总是有优点和缺点这两点。"基于这样的认识，毛泽东进一步指出："我们的方针是，一切民族、一切国家的长处都要学，政治、经济、科学、技术、文学、艺术的一切真正好的东西都要学。"[②]特别是当苏联的社会主义建设出现失误时，毛泽东一再要求全党要引以为

---

①　《毛泽东文集》第 8 卷，人民出版社 1999 年版，第 299—300 页。

②　《毛泽东文集》第 7 卷，人民出版社 1999 年版，第 41 页。

戒。从 20 世纪 50 年代中期开始，毛泽东就开始探索具有中国特色的社会主义建设道路。当然，毛泽东未能坚持他在民主革命时期科学严谨的思想路线，出现了主观与客观严重脱离的状况，因而没有真正找到适合中国国情的道路，这是令人遗憾的。

其次，在社会主义经济建设过程中坚持自力更生、艰苦奋斗、不拒绝外援但决不依赖外援。人口多、底子薄、生产力水平十分低下，是中国社会主义建设初期所面临的基本国情。在这种情况下，毛泽东也尝试在可能的范围内接受国外的援助。应当承认，苏联在新中国成立后为我们提供了一定数量的人力、财力、物力的支持，特别是向中国派出一批高水平的专家，帮助新中国开展重大项目建设。但是，苏联的帮助并不是无原则、无条件的，他们希望通过这些帮助来换取对中国在意识形态、政治和军事等方面的影响力。在这种情况下，以毛泽东为首的中国共产党人果断地采取了捍卫国家主权和政党自主权的措施，坚定不移地组织国内人民独立开展经济、政治、文化各项工作的建设。在独立自主精神的指导下，新中国自主研发了以原子技术和导弹技术为代表的一大批科技项目，自主建成了相对完整的国民经济体系和工业体系，为改革开放以后中国特色社会主义建设事业的发展奠定了良好的物质基础。

最后，独立自主性的发挥还是社会主义建设时期党实现正确领导的重要环节。毛泽东指出："统一性和独立性是对立的统一，要有统一性，也要有独立性。比如我们现在开会是统一性，散会以后有人散步，有人读书，有人吃饭，就是独立性。如果我们不给每个人散会后的独立性，一直把会无休止地开下去，不是所有的人都要死光吗？个人是这样，工厂和其他生产单位也是这样。各个生产单位都要有一个与统一性相联系的独立性，才会发展得更加活泼。"[①] 他告诉我们，任何事情，任何工作，都既要有统一性，又要有独立性，不能只强调一个方面忽视另一个方面，而应当使二者统一起来，得到兼顾。否则，如果片面强调统一性，不允许有正当的独立性，什么都限制得很死，那就将会失去生机；反之，如果一味闹独立性，根本不要统一性，想怎么办就怎么办，那就将是一片混乱。比如，在统一战线中，各个革命党派和团体，既要有建立在共同利益关系基础上的统一性，又要有保持各自的不损害共同利益的独立性；在处理上、

---

① 《毛泽东文集》第 7 卷，人民出版社 1999 年版，第 29 页。

下级关系时，既要有下级服从上级的集中统一的领导，又要有上级允许下级按照具体情况的独立思考和行动；在处理全局和局部关系上，既要强调服从大局，顾全大局的需要，又要不丢掉局部，兼顾局部的利益；在中央和地方的关系上，既要坚持中央的集中统一领导，又要允许地方有正当的独立性，等等。这一切生动体现了统一性与独立性的辩证关系，说明了独立自主原则是实现党对全局领导的重要环节，是一种正确处理上下级关系的重要方法。学会运用这一科学方法，对于做好各项工作具有重要的指导意义。

四　邓小平与独立自主

在邓小平时代，独立自主精神主要体现在他对社会主义建设模式的构建上。邓小平之所以能够为中国化马克思主义理论的构建做出重大贡献，之所以能够创造出马克思主义发展史上的一个重要理论形态，与其在实践中体现出来的独立自主精神有着密不可分的关系。尽管中国共产党人在毛泽东时代就已经注意到苏联模式存在的弊端，并尝试以我为主进行突破和发展，但是这种突破大多都是微观和局部性质的，没有从根本上解决苏联模式存在的问题。这些问题主要包括：对社会主义所处阶段的界定、对社会主义本质的理解、对经济运行体制的把握、对公有制实现形式的认识，等等。从总体上说，这种囿于苏联模式的改革尝试是不够成功的，其原因仍然要归于中国共产党人对于经典马克思主义的理解存在着教条主义倾向，没有进一步将独立自主的精神贯穿到理论与实践的创新中。

基于此，1982 年 9 月 1 日，在中国共产党第十二次全国代表大会上，邓小平在致开幕词时讲了这样一段话："我们的现代化建设，必须从中国的实际出发。无论是革命还是建设，都要注意学习和借鉴外国经验。但是，照抄照搬别国经验、别国模式，从来不能得到成功。这方面我们有过不少教训。把马克思主义的普遍真理同我国的具体实际结合起来，走自己的道路，建设有中国特色的社会主义，这就是我们总结长期历史经验得出的基本结论。""中国的事情要按照中国的情况来办，要依靠中国人自己的力量来办。独立自主，自力更生，无论过去、现在和将来，都是我们的立足点。"[①] 小平同志的这段话言简意赅、掷地有声，表明了中国共产党

① 《邓小平文选》第 3 卷，人民出版社 1993 年版，第 2—3 页。

坚持独立自主、走自己的路的严正立场。他还指出："中国革命的成功，是毛泽东同志把马克思列宁主义同中国的实际相结合，走自己的路。现在中国搞建设，也要把马克思列宁主义同中国的实际相结合，走自己的路。""这是我们吃了苦头总结出来的经验。"① 1987 年他在会见匈牙利客人时表示：第一，我们都坚持社会主义道路，坚持马克思主义；第二，我们都根据自己的特点，自己国家的情况，走自己的路。我们既不能照搬西方资本主义国家的做法，也不能照搬其他社会主义国家的做法，更不能丢掉我们制度的优越性。

这种对独立自主的立场、原则与精神的坚持，使得邓小平能够创造性地发展马克思主义理论，推进中国化马克思主义的形成。其具体内容表现在以下方面：第一，提出了社会主义初级阶段论，丰富和完善了马克思主义关于社会主义阶段划分的理论；第二，提出了社会主义本质论，深化了人们对落后国家建设社会主义的根本认识；第三，在经济理论上区分了经济制度与经济运行体制两个层面，把计划与市场都界定为经济运行层面的范畴，提出了社会主义可以有市场，资本主义也可以有计划的重要论断，这是对经典马克思主义经济理论的重大突破；第四，提出了一国两制的理论，发展了马克思主义的国家学说，阐明了资本主义与社会主义在一国范围内和平共处的可能性，客观上有助于人们深化对国际范围内社会主义与资本主义之间存在着竞争共处关系的理解。毫无疑问，邓小平在以上方面对于马克思主义的突破性发展，自始至终都贯穿着独立自主的精神。

邓小平的独立自主精神还表现在新的历史条件下中国的对外政策方面。邓小平明确表示："中国人民珍惜同其他国家和人民的友谊和合作，更加珍惜自己经过长期奋斗而得来的独立自主权利。任何外国不要指望中国做他们的附庸，不要指望中国会吞下损害我国利益的苦果。我们坚定不移地实行对外开放政策，在平等互利的基础上积极扩大对外交流。同时，我们保持清醒的头脑，坚决抵制外来腐朽思想的侵蚀，决不允许资产阶级生活方式在我国泛滥。"② 邓小平主张："我们坚持独立自主的和平外交政策，不参加任何集团。同谁都来往，同谁都交朋友，谁搞霸权主义我们就

① 《邓小平文选》第 3 卷，人民出版社 1993 年版，第 94 页。
② 同上书，第 3 页。

反对谁，谁侵略别人我们就反对谁。我们讲公道话，办公道事。"① "中国的对外政策是独立自主的，是真正的不结盟。中国不打美国牌，也不打苏联牌，中国也不允许别人打中国牌。"② 中华人民共和国成立以来，我们以实际行动向全世界表明，中国的一切对外行动都是出自我们独立自主的决定，是从中国人民和世界人民的根本利益出发，根据每个重大问题的是非曲直确定自己的立场。

五　"三个代表"重要思想、科学发展观与独立自主

以江泽民为核心的第三代中央领导集体和以胡锦涛为核心的第四代领导集体，分别提出了"三个代表"重要思想和科学发展观，其中也都贯穿着中国共产党人的独立自主精神。这种独立自主的精神表现在对中国特色社会主义理论的继承和发展上。邓小平理论为中国特色社会主义建设开辟了道路，进行了重要的探索。但不能否认的是，对于邓小平"发展是硬道理"这一科学判断，一部分人在理解上存在偏差与不足，形成了"发展就是一切"的错误认识，忽视了经济与社会、人与自然之间的协调发展；一部分人误解了邓小平关于"先富"与"共富"关系的论述，忽视了人民群众对于社会公正的追求，没有注意到将改革成果惠及大多数人的重要性和必要性。面对以上中国特色社会主义发展过程中出现的问题与情况，当代中国共产党人始终坚持独立自主的精神，勇于探索，不断创新，纠正人们的错误认识，增强理论本身的合理性、科学性，明确强调代表最大多数人民群众的利益这一价值诉求，明确强调要以"以人为本"的科学发展观统领中国特色社会主义建设的全面工作。这都是遵循独立自主的精神、寻求理论创新与实践创新的重要标志。

与马克思主义经典作家的设想有所不同，资本主义在当代西方国家不仅没有呈现出即将消亡的态势，相反，通过自身的调适与修正，它仍然能够维持其制度运行，在物质生产和经营管理领域维持其局部合理性。对于中国特色社会主义建设来说，我们不仅要突破马克思主义理论的某些局限性与不足，汲取共产主义运动中出现的经验与教训，同时，还要进一步学习和借鉴西方发达资本主义国家在现代化建设过程中的合理成分。当然，

---

① 《邓小平文选》第3卷，人民出版社1993年版，第162页。

② 同上书，第57页。

学习西方不是简单地照搬西方，西方发达资本主义国家在处理人与自然、人与人之间关系问题上存在的失误也是严重的。结合本国国情的特殊性，独立自主地思考本国所面对的问题，后发的现代化国家在建设过程中还是有可能避免一些失误与不足。因此，正如江泽民所说："我们这样大的社会主义国家搞现代化建设，必须处理好扩大对外开放和坚持自力更生的关系，把立足点放在依靠自己力量的基础上。要引进先进技术，但必须把引进和开发、创新结合起来，形成自己的优势；要利用国外资金，但同时更要重视自己的积累。这样才能争取时间，加快缩小与发达国家的差距。独立自主不是闭关自守，自力更生不是盲目排外。讲独立自主、自力更生，绝不是要闭关锁国、关起门来搞建设，而是要把对外开放提高到一个新的更高水平。"①

胡锦涛也指出：在我们这样一个人口众多的发展中社会主义大国，任何时候都必须把独立自主、自力更生作为自己发展的根本基点，任何时候都要坚持中国人民自己选择的社会制度和发展道路，始终把国家主权和安全放在第一位，坚决维护国家主权安全和发展利益，坚持中国的事情按照中国的情况来办，依靠中国人民自己的力量来办，坚决反对外部势力干涉我国内部事务。对于一切国际事务，都要从中国人民的根本利益和各国人民的共同利益出发，根据事情本身的是非曲直确定我们的立场和政策，按照冷静观察、沉着应对的方针和相互尊重、求同存异的精神进行处理，不屈从于任何外来压力。同时，我们在坚持和平共处五项原则的基础上同所有国家开展交流合作，积极促进世界多极化、推进国际关系民主化，尊重世界多样性，反对霸权主义和强权政治。我们不断扩大对外开放，把"引进来"和"走出去"紧密结合起来，认真学习借鉴人类社会创造的一切文明成果，坚持趋利避害，形成经济全球化条件下参与国际经济合作和竞争新优势，推动经济全球化朝着均衡、普惠、共赢方向发展，共同呵护人类赖以生存的地球家园，促进人类文明繁荣进步。②

总之，当代中国共产党人以"三个代表"重要思想和科学发展观为指导，坚持独立自主的原则和精神，创造性地提出了关于中国特色社会主义建设道路的新思考，为中国化马克思主义的理论宝库增添了新的要素。

---

① 《江泽民文选》第 1 卷，人民出版社 2006 年版，第 471 页。
② 胡锦涛在纪念改革开放 30 周年大会上的讲话。

六 独立自主的当代价值

在中国化马克思主义理论的形成和发展过程中，始终贯穿着独立自主的精神。坚持独立自主是马克思主义理论的内在要求。在当代中国，坚持独立自主仍然具有重大的意义和价值。具体地说，主要表现在以下几个方面：

第一，就无产阶级政党建设而言，在国内统一战线中，在处理国内各阶级（阶层）、各种社会力量之间的关系时，要坚持无产阶级及其政党的独立自主，坚持无产阶级的领导权。既要建立统一战线，又要在统一战线中保持独立自主。第二，就中国特色社会主义建设而言，要把基点放在自己的力量上，依靠广大人民群众，树立民族自尊心和自信心，发扬自力更生、艰苦奋斗的创业精神。我们这样一个大国要生存、要发展、要强大，主要依靠自己的聪明才智和艰苦奋斗，而不能寄希望于有什么人、有什么国家会发善心来帮助我们实现现代化。第三，就对外关系而言，在国际事务中，在处理各国之间的关系时，要坚持和平共处五项原则，坚持各民族国家的独立自主，决不允许以任何借口损害别国的主权和独立，干涉别国内政。在处理党与党之间、党与国际组织之间的关系时，既要坚持团结合作的精神，又要坚持各国政党的独立自主。第四，就马克思主义与传统文化的关系而言，中国共产党人既要以马克思主义的立场和方法对中国传统文化中的概念、范畴和命题进行创造性转化，赋予其全新的时代内涵，同时也要采取中华民族特有的语言与风格，为马克思主义注入新的血液与活力，使马克思主义具体化、民族化。中国共产党人提出的"实事求是"、"小康社会"、"与时俱进"、"以人为本"与"和谐社会"等概念，就是马克思主义与中国传统文化完美结合的产物。

以上所概括的独立自主的四方面内容在当代中国具有重要意义，是中国化马克思主义不断实现理论发展的思想保证之一。简而言之，可以把独立自主的内容概括为：走自己路，说自己话，靠自己人，办自己事。独立自主是中国化马克思主义的最基本的理论品格。这一思想意识问题的解决，确立了立足自身力量、摆脱他人束缚、以我为主的根本出发点问题。只有在此基础上，才能进一步去探讨如何正确认识中国革命和建设的实际，以及如何真正把马克思主义与中国实际具体结合起来的问题。

第二节　中国化马克思主义的品格之二：实事求是

实事求是，是马克思主义的根本观点，是中国共产党人认识世界、改造世界的根本要求，是我们党的基本思想方法、工作方法、领导方法。不论过去、现在和将来，我们都要坚持一切从实际出发，理论联系实际，在实践中检验真理和发展真理。实事求是中国化马克思主义的根本性品格。

一　实事求是的基本含义

中国化马克思主义是一个完整的理论体系，它的精髓是"实事求是"。中国共产党几代领导集体矢志不移地探索把马克思列宁主义的普遍原理与中国革命的具体实际相结合的道路，其贯穿始终的思想路线就是"实事求是"。1941年5月，毛泽东在《改造我们的学习》中，从党的思想路线的角度，对"实事求是"这一古语作了马克思主义的界定，赋予了它崭新的含义。他指出："实事"就是客观存在着的一切事物，"是"就是客观事物的内部联系，即规律性，"求"就是我们去研究。这一概括言简意赅，通俗易懂，揭示了党的思想路线的本质特征。邓小平指出：马克思、恩格斯创立了辩证唯物主义和历史唯物主义的思想路线，毛泽东同志用中国语言概括为"实事求是"四个大字。实事求是，一切从实际出发，理论联系实际，坚持实践是检验真理的标准，这就是我们党的思想路线。这不仅指明了实事求是是中国化马克思主义思想路线的核心，也概括了实事求是的基本内容：实事求是本身蕴含着从实际出发、理论联系实际、在实践中检验和发展真理等内在因素。

首先，一切从实际出发，是实事求是思想路线的基础和前提。毛泽东指出：我们看问题不要从抽象的定义出发，而要从客观存在的事实出发，从分析这些实事中找出方针、政策、办法来。在新的历史条件下，邓小平强调，我们在每一个时期，处理各种方针政策问题时，一定要从当前的、现实的、已经发生重大变化的实际出发。江泽民把这个思想概括为一个中心、三个着眼于，即坚持以我国改革开放和现代化建设的实际问题、以我们正在做的事情为中心，着眼于马克思主义理论的运用，着眼于对实际问题的理论思考，着眼于新的实践和新的发展。针对当前我国发展所呈现的阶段性特征，胡锦涛指出，我们必须始终保持清醒头脑，立足于社会主义初级阶段这个最大的实际，坚持把它作为推进改革、谋划发展的根本依据。一切从实际出发，就要在任何时间、地点和条件下都要反对本本主义和经验主义，尊重和承认客观事实，做到不唯书、不唯上、只唯实。这是贯彻实事求是思想路线的必需前提。

其次，理论联系实际，是实事求是思想路线的实施途径和方法。做到实事求是，就必须理论和实际相结合，在实践的基础上进行理论概括。毛泽东指出：只有善于应用马克思列宁主义的立场、观点和方法，进一步地从中国的历史实际和革命实际的认真研究中，在各方面作出合乎中国需要的理论性的创造，才叫作理论和实际相联系。邓小平也十分重视理论联系实际，他强调：我们坚信马克思主义，但马克思主义必须与中国实际相结合。只有结合中国实际的马克思主义，才是我们所需要的真正的马克思主义。江泽民把贯彻理论联系实际的原则提到重大政治问题的高度，他认为，只要这个问题解决好了，我们贯彻执行党的路线方针政策就会更加自觉和全面，就能排除各种错误倾向的干扰，避免和减少在工作中出现片面性、绝对化和左右摇摆。胡锦涛在党的十七大进一步指出，马克思主义只有与本国国情相结合、与时代发展同进步、与人民群众共命运，才能焕发出强大的生命力、创造力、感召力。要做到理论联系实际，一要搞清实际，不仅要有对中国实际的感性认识，更要上升到对其本质的理性把握。二要吃透理论，不仅要掌握马克思主义的一般原理，更要注重把握贯穿于马克思主义之中的基本方法。这也是贯彻实事求是的思想路线的必经途径。

最后，在实践中检验和发展真理，是实事求是思想路线的宗旨和目的。要做到实事求是，要达到真理性的认识，就必须把实践作为检验真理的标准。真理内容的客观性和真理形式的主观性决定了真理必须由实践检验，必须在实践中发展。毛泽东指出：判定认识或理论之是否真理，不是依主观上觉得如何而定，而是依客观上社会实践的结果如何而定。真理的标准只能是社会的实践。后来他再次明确指出："社会实践是检验真理的唯一标准。"① 邓小平反复强调，实践是检验真理的唯一标准，实践是检验路线、方针、政策是否正确的唯一标准。江泽民指出，马克思主义理论的一个重要特征是实践性，这一特征赋予了它根据新的实践不断丰富和发

---

① 《建国以来毛泽东文稿》第10册，中央文献出版社1996年版，第414页。

展自己的内在动力，使其在实践的基础上不断丰富和发展。胡锦涛强调，实践永无止境，创新永无止境。中国化马克思主义来自于实践，又指导实践，在实践中发展完善。这也是实事求是思想路线的必然要求。

实事求是是贯穿于中国化马克思主义各个组成部分的根本立场、观点和方法，体现了马克思主义唯物论、辩证法、认识论和历史唯物论的有机统一。马克思主义的辩证唯物论认为，世界是物质的，物质是不依赖于人们的意识的客观实在，物质运动的规律也是独立于人们意识之外的客观实在。观念的东西不外是移入人的头脑并在人的头脑中改造过的物质的东西而已。这就要求人们在认识客观世界时，必须从自然界和社会的实际出发，如实地按照事物的本来面目去把握客观事物的真实情况与规律。一句话，唯物主义的基本要求就是必须实事求是。随着科技的发展，人们认识世界、改造世界的手段会改变和进化，但实事求是作为观察和认识世界的基本态度，作为整个人类实践活动的首要原则，永远不会改变。这是中国化马克思主义的根本出发点。马克思主义的历史唯物论认为，人类社会发展是有规律的，生产力决定生产关系，经济基础决定上层建筑，社会存在决定社会意识，人民群众是推动历史发展的动力。这就要求人们必须如实地按照人类历史的真面目去解释历史，解释社会现象，摒弃神秘史观、英雄史观，牢牢把握物质生活方式在人类历史发展中的决定作用这一观点，充分认识人民群众在历史发展中的决定作用。简言之，历史唯物论的根本要求，就是必须实事求是地按照社会历史的真实面目去理解历史，把握人类社会历史发展的规律。这是中国化马克思主义的必然要求。

当然，由于每代领导人处于不同的历史条件之中，因而对实事求是思想路线的探索各有侧重。大致来看，相对而言，毛泽东强调实际"调查研究"的实事求是，邓小平强调"解放思想"的实事求是，江泽民注重"与时俱进"的实事求是，胡锦涛则突出"求真务实"的实事求是。虽然表述有异，但内涵并无本质区别，体现着中国共产党党人在思想路线上的一脉相承。在革命、建设和改革的不同时期，正是以毛泽东、邓小平、江泽民、胡锦涛为主要代表的中国共产党人坚持以实事求是为核心的思想路线，才有毛泽东思想、邓小平理论、"三个代表"重要思想以及科学发展观等中国化马克思主义的创立和发展。正是由于把握了实事求是这个精髓，一代又一代马克思主义者才能在开创和发展中国社会主义事业的历史进程中，不断解决新课题，形成新认识，开拓新境界。

以胡锦涛为核心的中央领导集体提出弘扬求真务实的精神，这是实事求是的具体体现。求真是指获取真实的情况，把握事物运动的规律，侧重于揭示马克思主义认识世界的使命，体现的是科学性的品格；务实是指从实际出发，干实事，讲求实际效果，侧重于揭示马克思主义改造世界的使命，体现的是实践性的品格。把求真与务实结合起来，也就是把理论与实践结合起来，把认识世界与改造世界结合起来，在实践中努力获取真实情况，把握事物运动的客观规律，使自己的言行符合客观实际，从而获得实际效果。从根本上说，党的实事求是的思想路线，也就是要人们冲破习惯势力和主观偏见的束缚，不唯书、不唯上，求革命和建设规律之真，务革命和建设实践之实。胡锦涛指出，认识规律、把握规律、遵循和运用规律，是坚持求真务实的根本要求。这与实事求是的根本要求是完全一致的。弘扬求真务实精神，大兴求真务实之风，就是为了使我们在推进各项工作时能够更好地把握规律性、增加主动性、减少盲目性、克服片面性。这是辩证唯物主义和历史唯物主义一以贯之的科学精神，是党的实事求是思想路线的具体体现，也是党的优良传统和共产党人应该具备的政治品格。可见，求真务实与实事求是二者在理论内涵上完全一致，完全可以通用。如果说二者略有区别，那么，可能在于求真务实中的"求"和"务"二字表明：相较于实事求是而言，求真务实更偏重强调在实际行动中对这一思想路线的贯彻。

综上所述，从整体和根本上来讲，实事求是、求真务实是中国化马克思主义的精髓，是中国化马克思主义最为核心的理论品格。把握了这个精髓，就把握了分析和解决问题的最基本的世界观和方法论，就把握了中国化马克思主义的整个科学思想体系以及各个理论成果之间的历史联系。

二　实事求是的历史线索

根据马克思主义的基本理论，理论来源于实践的需要，实践是检验真理的唯一标准。"理论在一个国家实现的程度，总是决定于理论满足这个国家的需要的程度。"[1] 马克思主义之所以能够中国化并被中国人民所掌握，首先是由于近代以来中国社会发展的迫切需要，是因为这一科学理论同中国人民争取自身解放和发展的实践发生了联系，同中国社会进步的客

---

[1] 《马克思恩格斯文集》第 1 卷，人民出版社 2009 年版，第 12 页。

观要求紧密地结合在了一起。如果没有客观存在的需要，如果不同中国的实际相结合，那么再好的理论也是不起作用的。既然马克思主义中国化的出发点在于解决中国实际问题，这就必然要求客观地认识和了解社会基本状况，包括中国社会的社会性质、发展阶段、主要矛盾等。不了解中国国情，不能实事求是、求真务实，就找不到马克思主义与中国实际的结合点，就解决不好马克思主义的指导价值体现在哪些方面，马克思主义中国化就不能顺利进行。

近代中国社会最基本的国情是半殖民地半封建社会，这一特殊的国情意味着：中国社会与马克思主义产生的资本主义国家有着根本的区别。在国家主权方面，它既不是独立的主权国家，也不是完全的殖民地，而是受多个帝国主义宰割的半殖民地国家。又由于帝国主义各国在侵略中国问题上的利益冲突，导致了中国统治集团内部的不统一，中国实际上处于四分五裂的割据状态，造成了近代中国经济政治文化发展的极端不平衡，这是近代中国国情的一个突出方面。在经济方面，它既不是以资本主义生产方式为主体，又不是完全的封建主义生产方式，而是以封建主义地方农业经济为主体，兼有微弱的资本主义生产方式和相当数量的个体经济，生产力发展水平极其低下，因而民族资本主义经济始终没有成为中国社会经济的主要形式，这是民族资产阶级软弱性和妥协性的根本原因。在社会矛盾方面，近代中国社会矛盾错综复杂，既有民族矛盾，又有阶级矛盾，同时又伴有统治阶级内部的矛盾。其中最主要的矛盾是帝国主义与中华民族的矛盾，封建主义与人民大众的矛盾。中国社会这种半殖民地半封建的特殊国情，既不同于欧美的资本主义社会，也不同于十月革命时的俄国，这就决定了中国革命决不能教条式地运用马克思主义的基本原理，也决不能照抄照搬苏联的成功经验，而只能是求真务实、实事求是，把马克思主义的普遍原理与中国实际相结合，开创出适合中国国情的具有中国特色的社会主义道路。

毛泽东思想是中国化的马克思主义，是"适合中国情况的科学的指导思想"，是求真务实的理论产物。它是以毛泽东为代表的中国共产党人，在同当时国际共产主义运动中和党内盛行的把马克思主义教条化、把共产国际决议和苏联经验神圣化的错误倾向作斗争，并深刻总结这方面的历史经验的过程中逐渐形成和发展起来的。毛泽东思想的形成，对中国革命的发展，特别是对从大革命失败到土地革命战争兴起这样一个历史性转变的实现，起了巨大的指导作用。在新民主主义革命时期，以毛泽东为代表的中国马克思主义者，批判了教条主义和机会主义等各种错误思想，坚持了马克思主义和中国实际相结合的正确方向。毛泽东指出，形式主义地吸收外国的东西，在中国过去是吃过大亏的。中国共产主义者对于马克思主义在中国的应用也是这样，必须将马克思主义的普遍真理和中国革命的具体实践完全地恰当地统一起来。"公式的马克思主义者，只是对于马克思主义和中国革命开玩笑，在中国革命队伍中是没有他们的位置的"[①]。"只有认清中国社会性质，才能认清中国革命的对象、中国革命的任务、中国革命的动力、中国革命的性质、中国革命的前途和转变。所以，认清中国社会的性质，就是说，认清中国的国情，乃是认清一切革命问题的基本的根据。"[②] 为了能够获得理论上的正确认识，毛泽东非常强调调查研究的重要性，他指出："没有调查，没有发言权"，"你对于那个问题不能解决吗？那末，你就去调查那个问题的现状和它的历史吧！你完完全全调查明白了，你对那个问题就有解决的办法了。一切结论产生于调查情况的末尾，而不是在它的先头。"[③] 毛泽东既是调查研究的倡导者，同时又是调查研究的身体力行者。通过民主革命时期的《湖南农民运动考察报告》、《寻乌调查》等一系列实际调研，毛泽东深入了解中国实际，为中国共产党人树立了调查研究的典范。毛泽东正是从当时中国社会的性质和历史状况出发，在充分认识中国社会半封建半殖民地的性质上，解决了中国革命的目的、对象、任务、道路、动力、领导力量和策略等一系列问题，形成了新民主主义理论，解决了如何走自己的路等一系列根本问题。当然，实践是在不断变化的，因而调查研究不可能一劳永逸，它是一项长期的、需要不断反复进行的工程。

新中国成立以后，毛泽东又从中国的特殊国情出发，适时提出了新民主主义向社会主义过渡的理论，创造性地解决了当时中国社会主义改造的问题。在社会主义建设的最初探索中，面对中国国情极其复杂、人口众多、经济落后的现实，如何将马克思主义理论与中国实际紧密结合，探索符合中国实际的社会主义建设的道路，既没有任何前人的经验可以照搬，

---

① 《毛泽东选集》第2卷，人民出版社1991年版，第707—708页。

② 同上书，第633页。

③ 《毛泽东选集》第1卷，人民出版社1991年版，第109—110页。

也没有任何本本理论可以照抄。在这个艰苦的探索中，既有成功和经验，也有失误和教训。总结起来，成功和胜利一般都是源于坚持了实事求是的思想路线，失误和挫折则往往是背离了实事求是思想路线的结果。进入社会主义社会以后，我们党对社会主义建设规律的探索一开始是比较成功的，无论在经济建设还是在政治、文化等其他方面，都取得了重要的成果。但后来却逐渐偏离了正确方向，发生了严重曲折。其中一个重要原因就在于：毛泽东对基本国情的判断出现了严重失误，特别是在中国社会发展阶段和主要矛盾的认识上。当时，我国的社会主义制度刚刚建立，还没有完全建成。但毛泽东错误估计了形势，主要是：在生产力方面，认为共产主义在中国可以很快实现，并由此提出"大跃进"的总路线，结果是欲速而不达，使社会主义建设遭受严重挫折；在生产关系方面，毛泽东在20世纪50年代末期以后认为，"无产阶级和资产阶级的矛盾，社会主义道路和资本主义道路的矛盾，毫无疑问，这是当前我国社会的主要矛盾"①。由于在实践中越来越强调"两个阶级、两条道路的斗争"，从而导致了"以阶级斗争为纲"，最终导致"文化大革命"的悲剧发生，极大地延误了中国走向现代化的进程。

邓小平理论是在科学总结我国社会主义建设正反两个方面经验的基础上、在实践中逐步形成和发展的，是马克思主义与当代中国实际和时代特征相结合的产物，其精髓同样是实事求是、求真务实。党的十一届三中全会之前的一段时期，党和国家的工作总体上处于徘徊之中。邓小平敏锐地觉察到：拨乱反正必须从思想路线开始。他提出批评"两个凡是"的错误方针，反复强调要解放思想，认真解决过去长期以来形成的思想僵化、半僵化问题。解放思想是实事求是的前提。人们所以要解放思想，是由于头脑中的一些传统观念和思维模式脱离了客观实际，禁锢了思想，束缚了手脚。在这种情况下，不解放思想、更新观念，就不能克服主观与客观的矛盾，就不能做到实事求是。因此，邓小平强调，在一切工作中要真正坚持实事求是，首先必须解放思想，只有思想解放了，才能正确地以马克思列宁主义、毛泽东思想为指导，解决过去遗留的问题和新出现的一系列问题。要坚持实事求是的思想路线，就必须不断地解放思想。他指出："不打破思想僵化，不大大解放干部和群众的思想，四个现代化就没有希

---

① 《毛泽东选集》第5卷，人民出版社1977年版，第475页。

望。……一个党，一个国家，一个民族，如果一切从本本出发，思想僵化，迷信盛行，那它就不能前进，它的生机就停止了，就要亡党亡国。……只有解放思想，坚持实事求是，一切从实际出发，理论联系实际，我们的社会主义现代化建设才能顺利进行。"① 邓小平始终坚持解放思想与实事求是的统一，指出："我们搞四个现代化，不开动脑筋，不解放思想不行。什么叫解放思想？我们讲解放思想，是指在马克思主义指导下打破习惯势力和主观偏见的束缚，研究新情况，解决新问题。"② "解放思想，就是使思想和实际相符合，使主观和客观相符合，就是实事求是。今后，在一切工作中要真正坚持实事求是，就必须继续解放思想。"③ 总之，在新的历史时期，在改革开放和发展社会主义市场经济的条件下，以邓小平为代表的中国共产党人在继续推进马克思主义中国化的进程中，恢复和发展了党的实事求是的思想路线。邓小平关于社会主义初级阶段理论、社会主义本质论、社会主义市场经济理论以及社会主义发展道路、发展目标和步骤等一系列重大理论创新的提出，都是坚持解放思想与实事求是相统一的重大成果。

邓小平关于"不争论，大胆地试，大胆地闯"等观点，也蕴含了十分丰富而深邃的实践精神。邓小平所讲的不争论不是绝对的，而是在面对某种特定境况时所采取的对策。即：由于还没有实践或实践尚未充分展开，因而理论上孰是孰非、谁正确谁错误一时还无法判断清楚，那么，就只有让实践来说话，让实践来消除人们的意见分歧，让实践来统一人们的认识。在现实生活中，这种情况是经常发生的：几种主张各执己见，都说自己是对的，是实事求是的，相持不下。究其原因，常常在于主体自身的价值趋向、认知结构、经验范围等存在差异，在于主体对客体现状与趋势的把握不同。究竟谁把握恰当，实现了主客体的最佳的、具体的、历史的统一，这个问题在纯粹理性范围内是无法解决的。如果耽于理论上的争论，时间就都消耗掉了，什么事情也干不成。通过实践的方式，通过实践的力量来消除理论、认识的对立，在实践中去解决争论的问题，实现人们认识与行动的统一，发现、发展和完善新的理论，开创事业新的局面，这

① 《邓小平文选》第2卷，人民出版社1994年版，第143页。
② 同上书，第279页。
③ 同上书，第364页。

正是邓小平哲学思想中实践开拓精神的体现。改革开放近 30 年多来，我们不断取得理论与实践上的一系列重大的突破、沿着中国特色社会主义道路不断胜利前进，其思维上的根源和支撑正在于此。邓小平总是以极大的热情鼓励和支持实践。他多次讲过：看准了的，就大胆地试，大胆地闯，"没有一点闯的精神，没有一点'冒'的精神，没有一股气呀、劲呀，就走不出一条好路，走不出一条新路，就干不出新的事业。"① 实践可以出真知，行动往往可以给我们带来答案。比如对外开放，在我们这样一个国家搞引进外资，搞出口加工行不行，应该怎么搞？如果单纯依靠理论研究，这些问题恐怕永远都不可能找到答案。只有先干起来，先通过经济特区进行实验。经济特区的实践证明对外开放是可行的，于是对外开放逐渐扩大到全国。需要注意的是：尊重实践并不是说要等待实践，等待群众自发突破；崇尚实干也不是轻视理论的指导，关键是要善于及时总结实践经验，上升为理论进一步指导实践。对的就坚持，不对的赶快改，新问题出来抓紧解决。1992 年初，邓小平在视察南方的谈话中，深刻回答了"什么是社会主义、怎样建设社会主义"等一系列长期困扰人们思想的重大问题，也正是求真务实、实事求是，从中国实际出发的黄钟大吕之声。

20 世纪 90 年代以后，以江泽民为核心的中央领导集体继承了实事求是、求真务实的精神，并在理论和实践层面作出了发展。江泽民在十四大报告中提出"三个不能停留"，即：不能停留在对马克思主义某些原则、某些本的教条式理解上，不能停留在对社会主义的一些不科学的甚至扭曲的认识上，不能停留在超越社会主义初级阶段的不正确的思想上。党的十五大是对社会主义认识的又一次思想大解放，江泽民提出"三个不能从"的要求，指出，在中国，真要建设社会主义，那就只能一切从社会主义初级阶段的实际出发，而不能从主观愿望出发，不能从这样那样的外国模式出发，不能从马克思主义著作中个别论断的教条式理解和附加到马克思主义名义下的某些错误论点出发。在新的历史条件下，江泽民提出了"三个代表"重要思想，进一步回答了"什么是社会主义、怎样建设社会主义"的问题，创造性地回答了"建设什么样的党、怎样建设党"的问题。"三个代表"重要思想进一步肯定了"实事求是"是中国化马克思主义活的灵魂，同时进一步丰富和发展了马克思主义的思想路线。中国共产

① 《邓小平文选》第 3 卷，人民出版社 1993 年版，第 372 页。

党人只有解放思想、实事求是、与时俱进，才能使思想适应发展变化着的新形势，才能始终做到"三个代表"。江泽民多次强调："推进改革和建设需要我们解决的问题不少，好的办法从哪里来？不是从天上掉下来的，也不是我们头脑里固有的，归根到底是来自于人民群众创造历史的丰富多彩实践。"① 在新时期的改革开放过程中，我们的一些重大决策和理论，都是及时总结实践经验提出来，在进一步指导实践的过程中不断发展的。江泽民在全党重申大兴调查研究之风，提出了"没有调查就没有发言权，没有调查就更没有决策权"② 的论断，指出："离开调查研究，就谈不上理论与实际的结合和统一，也就谈不上实事求是。"③ 他要求越是领导职务高的同志，越要亲自下功夫对重大问题进行调查研究，每年至少抽出一两个月的时间，深入基层调查研究，目的就是要及时发现群众新的实践经验，形成新的政策、理论，以更好地指导实践。

进入新世纪，面对国内外各种错综复杂的矛盾以及改革开放的新形势新任务，面对社会主义市场经济条件下执政党建设的新情况，胡锦涛指出："最广大人民改造世界、创造幸福生活的伟大实践是理论创新的动力和源泉，脱离了人民群众的实践，理论创新就会成为无源之水，就不能对人民群众产生感召力，对实践发挥指导作用。"④ 胡锦涛在党的十七大报告中指出，解放思想是发展中国特色社会主义的一大法宝，在新的发展阶段必须继续解放思想。胡锦涛提出并强调，求真务实是党的思想路线的核心内容。求真务实与解放思想、实事求是、与时俱进是辩证统一、不可分割的。求真务实的过程，也就是解放思想、实事求是、与时俱进的过程。坚持求真务实，就是要看到当代世界经济、文化、政治发生的重大变化，看到我国社会主义建设发生的重大变化，看到广大党员干部和人民群众工作、生活条件和社会环境发生的重大变化。只有一切从实际出发来看待和处理事情，敢于突破不合理的条条框框，才能求人民群众的历史地位和作用之真，务发展最广大人民根本利益之实。正是坚持了求真务实，以胡锦涛为总书记的党中央才能够从我国社会主义初级阶段的基本国情出发，遵循社会主义建设规律和社会发展规律，提出了科学发展观、构建社会主义

---

① 江泽民：《论党的建设》，中央文献出版社 2001 年版，第 270—271 页。

② 《江泽民文选》第 1 卷，人民出版社 2006 年版，第 308 页。

③ 同上书，第 305 页。

④ 《十六大以来重要文献选编》上册，中央文献出版社 2005 年版，第 365 页。

和谐社会等一系列体现人民根本利益的重大战略思想和具体决策部署。

从基本国情出发是马克思主义中国化的首要前提。离开这一点，马克思主义中国化就无从谈起。在每一个历史时期，当共产党认清了国情并把握了客观情况的变化，做到实事求是、求真务实，马克思主义在中国的运用就会出现新的飞跃，马克思主义理论就会得到新的发展。相反地，如果对国情的认识出现偏差，背离了实事求是，不能做到求真务实，就会在实践中犯各种错误。

三　反对教条主义

中国共产党自诞生之日起，就把马克思主义写在自己的旗帜上，作为自己的行动指南。但这并不意味着中国革命将从此无往而不胜。马克思主义中国化是一个与各种非马克思主义和反马克思主义的错误思潮作斗争的过程。在如何运用马克思主义普遍原理来解决中国革命实际的问题上，在中国共产党内曾经出现过两种错误倾向：一种是教条主义的倾向，即不是把马克思主义理论当作行动指南，而是当作教条；不是努力学会用马克思主义的立场、观点和方法来观察、思考和解决问题，而是生吞活剥地背诵著作中的某些词句，把它当作包医百病的灵丹妙药。另一种是经验主义倾向，即否认中国革命需要马克思主义基本原理来指导，不懂得没有革命的理论就不会有革命的运动，满足于一得之功、一孔之见。中国革命历史已经证明，这两种错误倾向都是把马克思主义理论和中国革命实际割裂开来，因而都不能引导中国革命取得胜利。从历史上来看，教条主义是马克思主义中国化的最大敌人，它所造成的危害特别严重。教条主义的根本特征是主观和客观相分离，认识和实践相割裂，背离了实事求是、求真务实的思想路线。党内教条主义者往往披着马克思主义的外衣，以马克思主义的理论权威自居，动不动就拿马克思主义的"本本"来吓唬人，具有很大的欺骗性和危害性。因此，在马克思主义中国化过程中，同教条主义作斗争就成为中国共产党人的一项长期而艰巨的任务。当然从另一方面来说，正确的东西总是在同错误的东西相斗争中而发展的，反对教条主义的过程为中共党人推进马克思主义中国化积累了重要经验。

教条主义之所以能在中国革命和建设中起到如此巨大的不良作用，其原因是复杂的。但根本的一点，就在于长期以来，我们并没有真正搞清楚什么是社会主义，怎样建设社会主义的问题。在理论上，马克思、恩格斯曾经对社会主义社会做过初步设想，他们的基本观点大致是：社会主义＝公有制＋计划经济＋按劳分配。马克思在《哥达纲领批判》中说："在一个集体的、以生产资料公有为基础的社会中，生产者不交换自己的产品；用在产品上的劳动，在这里也不表现为这些产品的价值，不表现为这些产品所具有的某种物的属性，因为这时，同资本主义社会相反，个人的劳动不再经过迂回曲折的道路，而是直接作为总劳动的组成部分存在着。"[①]在他们看来，建立在高度发达资本主义基础上的社会主义应该是消灭了商品、货币和市场的社会。这个观点曾经被几代共产党人奉为经典和不可动摇的绝对真理，但在实践中致使许多社会主义国家的经济建设陷入了困境。事实证明：这些理论主张并不完全符合现实社会主义社会发展的情况。列宁最初也是赞成马克思、恩格斯的观点的，明确提出社会主义要求消灭货币的权力、资本的权力，消灭一切生产资料私有制，消灭商品经济，并在新生的社会主义国家里实行战时共产主义政策。但在实践过程中，列宁发现这种理论存在很多问题，与当时的俄国实际情况相去甚远，经过认真反思后才制定了以发展商品经济为特征的新经济政策。但可惜的是，列宁经历的社会主义建设时间太短，没有来得及系统总结正反两方面的经验教训。其后斯大林建立的苏联模式一方面取得了很大成绩，但同时也存在明显的缺陷。这种模式对中国产生了极大影响，中国共产党人在很长时间内都受限于苏联的框框而不能或不敢突破。

　　20 世纪二三十年代，教条主义在中国共产党内盛行一时，并在一定时期内占据了统治地位。教条主义者忽视中国国情，把马克思主义教条化，把共产国际指示和苏联经验神圣化，照抄照搬俄国十月革命的经验，坚持城市中心论，给中国革命造成了巨大损失。在 1935 年遵义会议之前，党内出现过三次严重的"左"倾教条主义，特别是王明"左"倾冒险主义、教条主义错误最为严重，造成了第五次反"围剿"战争的失败，几乎使中国革命陷入绝境。针对党内存在的教条主义错误，毛泽东指出：马克思主义的'本本'是要学习的，但是必须同我国的实际情况相结合。我们需要"本本"，但是一定要纠正脱离实际情况的本本主义。不应当把经典作家的理论当作教条看待，而应当看作行动的指南。不应当只是学习马克思列宁主义的词句，而应当把它当成革命的科学来学习。他主张：

---

① 《马克思恩格斯文集》第 3 卷，人民出版社 2009 年版，第 433—434 页。

"中国革命斗争的胜利要靠中国同志了解中国情况。"① 脱离实际的"洋八股必须废止，空洞抽象的调头必须少唱，教条主义必须休息"②。正是在同教条主义斗争的过程中，形成了马克思主义中国化的第一大理论成果——毛泽东思想。在毛泽东思想的指引下，中国革命和建设取得了一个又一个胜利。毛泽东对社会主义建设规律有过艰辛探索，给我们留下许多经验和成果，但总体上并没有完全突破苏联模式的框架。同时毛泽东在思想认识上也犯了不少错误，在一些重大问题上发生了认识上的偏差。比如：在生产力方面，提出了违背客观经济规律的高指标，急于求成；在生产关系方面，不切实际地强调生产资料的公有化程度，急于求纯；在社会发展阶段方面，不顾中国社会的实际情况，误以为共产主义已不是什么遥远的事，超越了社会发展阶段；在主要矛盾方面，主观臆断阶级斗争是当前我国社会的主要矛盾，把党的主要精力放在了抓阶级斗争上。这些错误一直持续到"文化大革命"。之所以发生这样的错误，不能不说与实事求是、求真务实的思想路线未能得到很好的贯彻有关。

"文化大革命"结束后，严峻的社会现实给中国共产党人提出了一个亟待解决的重大课题：究竟什么是社会主义，怎样建设社会主义？这个课题在马克思主义原有的理论中找不到答案，在国际共产主义运动中也没有成功经验可以借鉴。是固守马克思主义的教条不变，还是用与中国现代化建设实际相结合的马克思主义即当代中国化的马克思主义指导中国的现代化建设？答案肯定是后者。针对"两个凡是"的错误方针，邓小平旗帜鲜明地支持关于真理标准问题的大讨论，并一再强调我们要科学地理解毛泽东思想，不能把毛泽东思想割裂开来，要对毛泽东思想有一个完整的、准确的认识，要善于学习、掌握和运用毛泽东思想来指导我们的各项工作。"一个党，一个国家，一个民族，如果一切从本本出发，思想僵化，迷信盛行，那它就不能前进，它的生机就停止了，就要亡党亡国。"③ 通过批判"两个凡是"，中国共产党又重新确立了实事求是的思想路线，把党和国家的工作重心转移到经济建设上来。正是在同教条主义斗争的过程中，中国共产党人才不断取得马克思主义中国化的理论成果。

---

① 《毛泽东选集》第 1 卷，人民出版社 1991 年版，第 115 页。
② 《毛泽东选集》第 2 卷，人民出版社 1991 年版，第 534 页。
③ 《邓小平文选》第 2 卷，人民出版社 1994 年版，第 143 页。

进入新世纪以后，实践的步伐在加快，进行理论创新的步伐也在加快。但无论情况发生什么样的变化，只要中国共产党人坚持实事求是、求真务实，善于及时总结实践经验，提炼、概括以形成政策、理论指导实践，再在实践中进一步丰富理论，中国化马克思主义就一定能够日益成长完善，中国特色社会主义道路就一定会越走越宽广，中国特色社会主义理论体系也一定会越来越丰富。

第三节　中国化马克思主义的品格之三：服务人民

全心全意为人民服务，是中国共产党的宗旨。中国共产党始终把人民的利益放在第一位，人民的利益高于一切。服务人民，是中国马克思主义的最高目标，也是最重要的品格。

一　服务人民与群众路线

中国化马克思主义不是为理论而理论，而是为了人民的理论。这是由马克思主义以及中国化马克思主义的阶级本质决定的。它从一开始就是要为社会中的绝大多数劳动者的利益而奋斗，为消灭少数贪婪而嗜血的资本和特权而奋斗。人民群众是马克思主义唯物史观的重要范畴，它有量的规定性，指社会中居民的大多数；同时又有质的规定性，指一切对社会历史起着推动作用的人们。人民群众是社会实践的主体，是历史创造的主体。列宁说："一个国家的力量在于群众的觉悟。只有当群众知道一切，能判断一切，并自觉地从事一切的时候，国家才有力量。"① 正是由于深刻地认识到了人民群众的重大作用，所以共产党人才将全心全意为人民服务规定为党的根本宗旨。党来自人民、植根人民，根本宗旨是全心全意为人民服务，党的一切奋斗都是为了人民，一切工作都要依靠人民。人民群众是真正伟大的，群众的创造力是无穷无尽的，只有紧紧依靠人民群众，才是不可战胜的。毛泽东曾说："全心全意为人民服务，一刻也不脱离群众；一切从人民的利益出发，而不是从个人或小集团的利益出发……这些就是我们的出发点。"② "共产党人的一切言论行动，必须以合乎最广大人民群

---

① 《列宁全集》第33卷，人民出版社1985年版，第16页。
② 《毛泽东选集》第3卷，人民出版社1991年版，第1094—1095页。

众的最大利益，为最广大人民群众所拥护为最高标准。"①

　　要实现为人民服务这一宗旨，就要贯彻群众路线。中国共产党的一切事业，都是人民群众的事业。群众路线是党的生命线和根本工作路线，是党取得革命和建设胜利的一大法宝。群众路线要求党要一切为了群众，一切依靠群众，从群众中来，到群众中去。为此，必须树立一切向人民群众负责的观点，使人民获得益处，避免造成人民的损失。必须对人民群众采取严肃的、负责的态度，而不允许采取轻率的、不负责任的态度，力求使党的领导保持正确，如不正确则要迅速改正。同时，向人民负责与向党的领导机关负责是一致的，应当把向人民群众负责与向党的领导机关负责统一起来。共产党人必须以人民利益为标准，发扬自我批评精神，对自己及对领导机关的错误采取自我批评与批评的态度。这是对人民负责的表现，也是对党的领导机关负责的表现。党的群众路线集中体现了马克思主义的唯物史观和认识论，体现了党的性质和宗旨，体现了对群众历史地位和作用的深刻认识。服务人民和群众路线是宗旨与途径的关系。群众路线具有方法论意义，它是党的领导方法和根本工作方法。它和实事求是、独立自主一起，构成中国化马克思主义的灵魂，是中国化马克思主义的重要理论品质。这是中国共产党长期在敌我力量悬殊的环境里进行革命活动的宝贵历史经验的总结。

　　依靠群众必须建立在相信群众、尊重群众的基础上，必须取得群众的自觉与自愿。马克思早就指出，劳动者是自己解放自己。这就是说，人民群众的解放，只有自己起来斗争，自己起来争取才能获得，才能保持与巩固，而不是任何群众之外的人所能恩赐、所能给予的，也不是任何群众之外的人能够代替群众去争取的。任何恩赐的观点、代替群众斗争的观点，都是错误的。如果人民群众还没有某种革命的要求，就去组织群众进行这种革命，企图用包办、代办的方法取消群众的自觉与自愿，那么，这种革命绝不会成功。没有人民群众的真正自觉与真正发动，仅有先锋队的奋斗，人民群众的解放是不可能的。"这里是两条原则：一条是群众的实际上的需要，而不是我们脑子里头幻想出来的需要；一条是群众的自愿，由群众自己下决心，而不是由我们代替群众下决心。"② 共产党人的责任就

---

① 《毛泽东选集》第 3 卷，人民出版社 1991 年版，第 1096 页。
② 同上书，第 1013 页。

是，当着群众还没有自觉时，用一切有效的适当的方法去启发群众的自觉；当着群众已经有了某种必要的自觉以后，才去指导群众的行动，指导群众组织起来，斗争起来；而在群众组织起来、斗争起来以后，再从群众的行动中去启发群众的进一步自觉。这样，一步一步地引导群众去为党提出的基本口号而斗争。这也就是共产党人和一切先进分子在人民群众中所应起的全部作用。

关于正确践行群众路线的基本方法，毛泽东指出："在我党的一切实际工作中，凡属正确的领导，必须是从群众中来，到群众中去。这就是说，将群众的意见（分散的无系统的意见）集中起来（经过研究，化为集中的系统的意见），又到群众中去作宣传解释，化为群众的意见，使群众坚持下去，见之于行动，并在群众行动中考验这些意见是否正确。然后再从群众中集中起来，再到群众中坚持下去。如此无限循环，一次比一次地更正确、更生动、更丰富。这就是马克思主义的认识论。"① 所谓从群众中来，就是把广大群众在长期实践中所积累的经验，把群众提出的要求和愿望，也就是来自群众各方面的分散的无系统的意见集中起来，经过分析和综合，化为领导的集中的系统的意见，形成符合实际情况的工作指示、方针、政策、计划和办法。毛泽东特别强调必须首先向群众学习，然后才能教育群众。先做群众的学生，后做群众的先生。领导者和领导机关只有虚心向人民群众学习，把群众的知识和经验集中起来，化为系统的更高的知识，才能具体地去启发群众的自觉，指导群众的行动，才能实行正确的领导。所谓到群众中去，就是把从群众中集中起来形成的领导的工作指示、方针、政策、计划和方法，再拿回到群众中去，让群众照着去办，化为实际行动，并使之在群众的实践中得到检验、丰富和发展。从群众中来，到群众中去的领导方法和工作方法，是马克思主义认识论基本原理在实际工作中的具体运用和生动体现。从群众中来的过程，也就是"从感性认识而能动地发展为理性认识"的过程；到群众中去的过程，也就是"从理性认识而能动地指导革命实践"的过程。从群众中来，到群众中去的无限循环，也就是实践、认识、再实践、再认识的往复无穷。毛泽东的这些论述，科学地总结了党领导群众的经验，完整地提出和阐明了群众路线的领导方法和工作方法。

---

① 《毛泽东选集》第 3 卷，人民出版社 1991 年版，第 899 页。

　　践行群众路线必须遵循民主集中制的组织原则。所谓党内民主集中制，就是党内在民主基础上的集中和在集中指导下的民主相结合的制度。它是民主的，又是集中的，是民主和集中的辩证统一，而不是离开民主的个人专断和离开集中的极端民主化及无政府状态。它反映了党的领导者和被领导者、党的上级与下级组织、党员个人与党的整体、党的中央和各级组织与党员群众的正确关系，因而也就反映了党内的群众路线。它是党和国家的根本组织原则，也是党的群众路线的组织保证，是坚持群众路线的重要方法。毛泽东指出："没有民主，就不可能正确地总结经验。没有民主，意见不是从群众中来，就不可能制定出好的路线、方针、政策和办法。……工厂没有原料就不可能进行加工，没有数量上充分的和质量上适当的原料，就不可能制造出好的成品来。"① 而广大人民群众的实践活动则是这种加工原料的唯一来源。只有认真实行民主集中制，充分发扬民主，通过从群众中来、到群众中去的方法，对工作中的成功经验和失败教训作历史的考察，广泛听取群众的意见，才能制定出适合客观情况和群众真实需要的方针、政策和办法，从而成功地改造客观世界。

　　2013 年，中共中央开展群众路线教育实践活动，是贯彻群众路线、改进党的作风的具体表现。作风是形象，关系到党员、干部在群众中的威信；作风是力量，关系到党员、干部的创造力、战斗力和凝聚力；作风是保证，关系到党员、干部推动改革发展的成效。开展群众路线教育实践活动，有助于推动解决人民群众反映强烈的贪污腐败、奢靡浪费、形式主义、官僚主义等方面的突出问题，有助于改变工作作风，密切与群众的血肉联系，有助于提高党员干部在新形势下做好群众工作的能力。群众路线教育活动还有助于形成民主决策。凡属正确的决策必然是将群众的意见集中起来、化为系统的意见，再回到群众中去、使之成为群众的行动。"闭门造车"、"一言堂"难以作出科学决策，也难以在群众中得到落实。开展群众路线教育实践活动，要求执政党在谋划工作、制定规划、出台政策的时候，尽可能地扩大听取群众意见建议的范围，发扬民主、集思广益，问政于民、问需于民、问计于民。

---

① 《毛泽东文集》第 8 卷，人民出版社 1999 年版，第 294 页。

二　群众路线的历史发展

1840 年鸦片战争后，中国人民为了救亡图存，进行了前赴后继、不屈不挠的斗争。先后爆发了太平天国革命、洋务运动、戊戌变法、义和团运动和辛亥革命等运动。虽然辛亥革命结束了君主专制制度，但由于没有发动起广大工农大众，特别是没有深入到下层的工农群众中去，未能形成有组织的、持久的群众运动，因而也没有改变中国半殖民地半封建的社会性质。这是中国共产党成立以前的历次中国政治运动之所以失败的重要症结之一。

社会变革的艰巨性要求思想文化的突破。经过新文化运动的启蒙，特别是在五四运动以后，马克思主义在中国获得了广泛的传播，逐渐在思想界占据主导地位，并为中国人民所接受。中国人民最终选择了马克思主义这一思想理论武器，是因为马克思主义反映了包括工人阶级在内的广大人民群众的根本利益，只有在这个先进理论的指导下，中国才能找到出路。当先进的知识分子把马克思主义带到工农大众中并为广大人民群众所接受后，立即形成了冲击旧社会的伟大力量。从国际方面看，俄国十月革命开辟了人类历史的新纪元，给中国革命以深远的影响。特别是列宁领导的苏维埃俄国 1919 年和 1920 年的两次对华宣言，宣布废除帝俄时代同中国订立的不平等条约，放弃在中国拥有的帝国主义特权。这在当时痛感帝国主义压迫的中国人民中引起了极大反响，被赞扬是"自有人类以来空前的美举"，体现了铲除资本主义侵略主义的精神，是自由平等互助的精神，是人道主义的精神，就是要谋人类全体幸福的精神。随着马克思主义传入中国，随着中国共产党的成立，如何代表人民群众利益进行革命斗争成为历史发展的主流。

在党的历史上，比较早的使用群众路线概念的是周恩来和陈毅。井冈山斗争时期，在 1929 年 9 月《中共中央给红四军前委的指示信》（著名的"九月来信"）中，比较明确地提出了群众路线这一概念。毛泽东在根据"九月来信"精神起草的古田会议决议中，也使用了群众路线这一概念。1934 年 1 月，毛泽东提出"群众是真正的铜墙铁壁"的观点，提出"关心群众生活，注意工作方法"的要求，表明：只有一切为了人民群众，全心全意为人民服务，才能取信于民。他要求深刻地注意群众生活的问题，从土地、劳动问题到柴米油盐问题等，一切群众生活上的问题，都应该提到自己的议事日程上。"假如我们对这些问题注意了，解决了，满足了群众的需要，我们就真正成了群众生活的组织者，群众就会真正围绕在我们的周围，热烈地拥护我们。"① 把为群众谋利益、关心群众的痛痒放在首位，而且从群众生活的具体利益抓起，作为动员群众、组织群众、依靠群众的前提和基础、出发点和归宿，这是毛泽东对群众观点、群众路线的理论和实践的一个重大贡献。1943 年 6 月，毛泽东在《关于领导方法的若干问题》这一重要著作中，系统地总结了党在领导方法问题上所积累的丰富经验，把从群众中集中起来又到群众中坚持下去这一基本领导方法提到马克思主义认识论的高度并做出理论概括，科学地阐述了群众路线的领导方法所包含的基本内容及其主要表现形式，分析了这一领导方法的各个环节、步骤及其全过程。在党的七大上，群众路线被正式确定为党的根本的工作路线和组织路线。

在新民主主义革命时期，中国共产党人所进行的北伐战争、土地革命战争、抗日战争以及推翻国民党反动统治的解放战争，为的都是实现民族独立和人民的解放。新中国成立后，人民当家作主，真正成为国家、社会和自己命运的主人，实现、维护和发展人民的利益成为共产党人一切行动的出发点和落脚点。"以中国最广大人民的最大利益为出发点的中国共产党人，相信自己的事业是完全合乎正义的，不惜牺牲自己个人的一切，随时准备拿出自己的生命去殉我们的事业，难道还有什么不适合人民需要的思想、观点、意见、办法，舍不得丢掉的吗？……无数革命先烈为了人民的利益牺牲了他们的生命，使我们每个活着的人想起他们就心里难过，难道我们还有什么个人利益不能牺牲，还有什么错误不能抛弃吗？"② 这正是中国共产党人为人民谋利益的生动写照。

改革开放后，邓小平从广大人民群众的根本利益出发，提出检验社会主义改革成败的一个重要标准即是否有利于人民群众生活水平的提高；提出社会主义的本质是带领广大人民群众走向共同富裕；提出中国经济发展"三步走"战略，而每一步都与人民群众的切身利益息息相关。邓小平反复强调：党只有紧紧地依靠群众，密切地联系群众，随时听取群众的呼声，了解群众的情绪，代表群众的利益，才能形成强大力量，顺利完成自

① 《毛泽东选集》第 1 卷，人民出版社 1991 年版，第 137 页。
② 《毛泽东选集》第 3 卷，人民出版社 1991 年版，第 1096 页。

己的各项任务。邓小平理论深刻表明，只有把人民群众的根本利益作为解放和发展生产力的根本价值标准，作为判断什么是社会主义的根本价值取向，作为选择社会主义道路的根本价值尺度，才能将社会主义真正建立在人民群众高度自觉的基础之上，才能获得持久的活力。在《关于建国以来党的若干历史问题的决议》中，以邓小平为核心的党中央把"毛泽东思想的活的灵魂"概括为"实事求是、群众路线和独立自主"三个基本方面，并将我们党的群众路线概括表述为"一切为了群众，一切依靠群众，从群众中来，到群众中去"。由此可见，邓小平对群众路线予以了高度重视。评价一个理论体系的优劣可以有很多标准，但只有人民才是历史的最高裁判者。十一届三中全会前，邓小平就说："我们太穷了，太落后了，老实说对不起人民。""我们要想一想，我们给人民究竟做了多少事情呢？我们一定要根据现在的有利条件加速发展生产力，使人民的物质生活好一些，使人民的文化生活、精神面貌好一些。"① 后来他反复强调："社会主义现代化建设是我们当前最大的政治，因为它代表着人民的最大的利益、最根本的利益。"② 党制定的一切政策应当把"人民拥护不拥护"、"人民赞成不赞成"、"人民高兴不高兴"、"人民答应不答应"作为根本准则。中国特色社会主义理论体系之所以赢得人民的拥护，成为引导广大人民群众为实现自己的利益而团结奋斗的一面旗帜，根本的原因就是这个理论体系始终以实现人民愿望、满足人民需要、维护人民利益为出发点和落脚点。中国特色社会主义事业显示出蓬勃的活力，根本原因就是真正体现了人民的主体地位，充分调动和发挥了人民群众的积极性、创造性。

党的十三届四中全会以来，以江泽民为核心的党中央提出了"三个代表"重要思想，强调中国共产党要始终代表最广大人民的根本利益。全心全意为人民服务，立党为公，执政为民，是我们党同一切剥削阶级政党的根本区别。2001 年江泽民在庆祝党成立八十周年大会上讲话指出，八十年来我们党进行的一切奋斗，归根到底都是为了最广大人民的利益。在新的历史时期。全党同志必须经得起改革开放和执政的考验，带领人民群众为实现社会主义现代化而勤奋工作。党的一切工作，必须以最广大人

---

① 《邓小平年谱（1975—1997）》（上），中央文献出版社 2004 年版，第 380—381 页。
② 《邓小平文选》第 2 卷，人民出版社 1994 年版，第 163 页。

民的根本利益为最高标准。代表并实现最广大人民的根本利益在不同历史时期有不同的体现。江泽民反复强调，共产党人全部工作的出发点和归宿，都是为人民谋利益，这是我们的立党之本、执政之本。党的理论、路线、纲领、方针、政策和各项工作必须以符合最广大人民的根本利益为最高衡量标准。全心全意为人民谋利益，不能挂在嘴上，不能搞虚功，而是要想群众之所想，急群众之所急，要从群众最关心、最迫切需要解决的实际问题入手开展工作，实实在在地为群众办事，使人民群众不断获得切实的经济、政治、文化利益。所有这些，都是为了不断实现好、维护好和发展好最广大人民的利益，始终保持党同人民群众的血肉联系。"在整个改革开放和现代化建设的过程中，都要努力使工人、农民、知识分子和其他群众共同享受到经济社会发展的成果。"①"三个代表"重要思想体现在党的历史实践之中，统一于党的发展进程之中，反映了我国最广大人民的共同意愿，体现了当今世界和中国发展的时代精神，表明了党在理论的自觉性和实践的主动性方面达到了一个新的高度。

新世纪以来，以胡锦涛为核心的党中央从广大人民群众的根本利益出发，提出了以人为本的科学发展观。科学发展观的核心和本质就是以人为本，关键是统筹协调发展。以人为本就是要坚持全心全意为人民服务，立党为公、执政为民，始终把最广大人民的根本利益作为党和国家工作的根本出发点和落脚点，不断满足人们的多方面需求和实现人的全面发展。既要满足人们的生存需要，又要满足人们安全、享受和发展的需要；既要提高生活水平，又要不断改善生活质量和生活环境，还要特别关注城乡低收入群体和贫困人口的需要，努力实现共同富裕。同时，还要实现人民的经济、政治和文化利益，保证人民依法实行民主选举、民主决策、民主管理和民主监督，尊重和保障人权，保障人民教育、就业、收入、财产等合法权益。胡锦涛指出：马克思主义政党的一切理论和奋斗都应致力于实现最广大人民的根本利益，这是马克思主义最鲜明的政治立场。以胡锦涛为总书记的党中央强调以人为本，关注民生问题，要求情为民所系，利为民所谋，权为民所用；要求做到发展为了人民，发展依靠人民，发展成果由人民共享。这是对党的群众观点、群众路线的继承和发展。

作为党的指导思想的中国化马克思主义的不同表现形态，毛泽东思

---

① 《江泽民文选》第2卷，人民出版社2006年版，第262页。

想、邓小平理论和"三个代表"重要思想以及科学发展观都把为最广大人民谋利益作为出发点和落脚点，体现了中国化马克思主义最为本质的理论品格。

三 人民群众的构成与作用

人民群众是执政党的力量源泉，是社会主义事业成功的根本，是中国特色社会主义的依靠力量。建设中国特色社会主义，是中国共产党所领导的亘古未有的伟大群众性事业。党只有紧紧依靠工人、农民、知识分子，依靠由人民子弟组织起来的人民军队，依靠各族人民的最广泛的爱国统一战线，依靠各族人民的大团结，充分发扬广大人民群众的历史主动精神，才能完成这一伟大事业。

第一，社会主义现代化建设必须依靠工人阶级。工人阶级是社会化大生产的产物，它同先进的生产力和社会化大生产相联系，没有私人占有的生产资料，最富有组织性和纪律性，是最先进、最有前途的阶级。在旧中国，工人阶级尽管人数较少、产生较晚，但由于它是中国社会中最先进、最有前途的阶级，因而能成为中国革命的领导阶级。在生产资料私有制的社会主义改造完成后，我国工人阶级的地位发生了很大变化，由一无所有的雇佣劳动者成为共同占有生产资料的社会主义劳动者，由被剥削被压迫阶级变成为国家领导阶级。在我国社会主义建设时期，工人阶级的自身状况也发生了很大变化。一是工人阶级的数量大大增长，二是工人队伍的文化水平有了很大提高。同时，由多年的改革开放，工人阶级队伍的构成也呈现出新的特点。除了传统的全民所有制和城镇集体所有制企业的职工以外，乡镇企业的职工以及外商投资企业、私营企业的职工也成为工人队伍中的一部分。尽管我国职工队伍的数量、构成等方面发生了新的变化，但工人阶级在国家政治生活和经济建设中的领导地位和主导作用并没有改变。邓小平认为，要全心全意依靠工人阶级，就必须充分照顾到工人阶级的利益，维护工人阶级的国家主人翁地位。国有企业、集体企业以及公有产权占主导地位的企业职工既是国家的主人，也是企业的主人，应使他们充分享有依法行使民主管理、民主监督的权利。邓小平强调指出："我们所有的企业必须毫无例外地实行民主管理，使集中领导和民主管理结合起来。……企业的重大问题要经过职工代表大会或职工大会讨论。企业的领导干部要在大会上听取职工意见，接受职工的批评和监督。"① 这是调动工人群众积极性的重要途径之一。非公有制经济的企业职工，其政治地位依然是国家的主人，是领导阶级中的一部分。广大工人阶级在改革开放和社会主义现代化建设中起了重大作用。党要全心全意地依靠工人阶级，必须切实加强在工人群众中的工作，在广大职工中经常进行工人阶级优良传统的教育，增强他们的主人翁责任感和使命感，引导他们不断提高政治觉悟和科学文化素质，把工人阶级队伍建设成为一支具有共产主义理想和道德，具有现代化科学知识和严格纪律的强大的阶级队伍，更好地发挥工人阶级在社会主义现代化建设中的领导作用。

第二，社会主义现代化建设必须依靠广大农民。农民历来占我国人口的大多数，是工人阶级的天然盟友和可靠的同盟军。中国革命和建设的实践证明，巩固的工农联盟是党的事业取得胜利的前提条件和重要保证。十一届三中全会以来，我国农村发生了历史性的变化。在党的领导下，强烈要求改变贫困落后状态的广大农民，表现了可贵的创业革新精神，充分发挥了自己的主动性、创造性，创造出家庭联产承包责任制这种新的生产经营方式，实现了由自给、半自给的自然经济向商品经济的转变，由单一的农业经济向多种经营的综合型经济的转变。广大农民的生活得到了改善、提高。乡镇企业的出现，小城镇的兴起，多种经营及种植业、养殖业商品率的提高，数以亿计农村劳动力向第二、三产业的转移，引起农民内部结构的变化。农村改革取得的巨大成就，为现代化建设和城市改革奠定了物质基础，提供了宝贵的经验。邓小平高度评价了农民在改革中迸发出来的积极性和创造性。他认为，由于生产经营的自主权完全下放给农民，调动了农民的积极性。他指出："中国人口的百分之八十在农村，如果不解决这百分之八十的人的生活问题，社会就不会是安定的。工业的发展，商业的和其他的经济活动，不能建立在百分之八十的人口贫困的基础之上。"②

第三，社会主义现代化建设必须依靠知识分子。科学技术是第一生产力，经济的发展、社会的进步都离不开科学技术，而科学技术的发展主要是依靠广大的知识分子。我国知识分子作为中国工人阶级中掌握科学文化知识较多的一部分，作为先进生产力的开拓者和教育科学文化工作的基本

---

① 《邓小平文选》第 2 卷，人民出版社 1994 年版，第 137 页。
② 《邓小平文选》第 3 卷，人民出版社 1993 年版，第 117 页。

力量，在改革开放和现代化建设中承担着重大的历史责任，是党领导现代化建设的一支重要的依靠力量。依靠知识分子，推动科技进步，已成为推进社会主义现代化建设事业的关键性因素和不可缺少的前提条件。从这个角度出发，中国共产党中央强调要在全社会形成一种尊重知识、尊重人才的风气，提出打破常规，破格选拔、培养杰出的人才，并把培养出一批具有世界第一流水平的科学技术专家作为科学教育战线的重要任务。为完成这个任务，党和国家努力创造更加有利于知识分子施展聪明才智的良好环境，下决心采取了一系列重大政策和措施，积极改善知识分子的工作、学习和生活条件，对有突出贡献的知识分子给予重奖，并形成了规范化的奖励制度。在政治上对知识分子给予充分信任，同时积极引导，严格要求，使他们承担起自己的历史使命，在建设中国特色社会主义事业中发挥更大的作用。

第四，社会主义现代化建设必须依靠新兴社会阶层。人民群众是一个历史性的概念，其构成随着时代的发展而发生变化，革命的政党和执政的政党要拥有自己强大的阶级和群众基础，就必须反映本阶级和广大人民群众的意志和愿望，把最广大人民群众凝聚和团结在自己的周围。改革开放以来，社会主义市场经济的快速发展带来社会结构的变化，原有的阶层体系逐步被打破，民营企业家、公司白领等新的社会阶层逐步形成，人民内部矛盾呈现复杂多变的状况。新的社会阶层是在党的领导下，在社会主义制度下，在改革开放和社会主义市场经济的实践中形成和发展起来的，他们拥护中国共产党的领导，拥护中国特色社会主义道路；他们与其他人民群众一起，是中国特色社会主义事业的建设者；他们中的大多数通过诚实劳动和合法经营为发展社会主义社会的生产力和其他事业作出了贡献；他们既是中国特色社会主义的建设者、党的改革开放政策的带头实践者，又是党的富民政策的受益者。他们的经济地位决定了他们真诚地希望国家长治久安、稳定发展。在新的历史时期，为充分调动新的社会阶层的积极性和创造性，可以把新的社会阶层中符合党员条件的优秀分子吸收到党内，以增强党在全社会的凝聚力。这是对马克思主义建党学说的新发展。

第五，社会主义现代化建设必须依靠各族人民的团结。新中国成立以后，我国各民族人民经过民主改革和社会主义改造，走上了社会主义道路，并结成了平等、团结、互助的新型民族关系，历史上的民族压迫和民族剥削已被消灭。但是，我国社会主义社会仍将长期存在着民族问题。由于我国还处在社会主义初级阶段，历史上形成和遗留下来的各民族在经济、文化等方面事实上的不平等，还没有也不可能在短期内消除，各族人民在物质文化生活方面还存在着差别。正确处理和解决社会主义时期的民族矛盾，是巩固和加强各民族团结，实现各民族共同繁荣，建设中国特色社会主义的重要条件和保证。毛泽东、邓小平等老一辈革命家一贯非常重视解决民族问题。他们多次强调解决民族问题、做好民族工作的重大意义，并阐明了解决民族问题必须从民族地区实际出发，坚持"实事求是"、"老老实实"的态度，采用调查研究的工作方法，承认各民族的差别，尊重少数民族的特点和传统习惯，坚持各民族一律平等的原则。邓小平认为："解决民族问题，中国采取的不是民族共和国联邦的制度，而是民族区域自治的制度。我们认为这个制度比较好，适合中国的情况。"[1]实践证明，实行民族区域自治，既能保证少数民族在自己的聚居区内实现当家作主的权利，又能维护祖国的统一和增强各民族的团结。在新时期，搞好民族工作，最重要的是要积极创造条件，加快少数民族地区经济的发展。邓小平指出，我们帮助少数民族地区发展的政策是坚定不移的；实行民族区域自治，不把经济搞好，那个自治就是空的；我们对少数民族地区的政策是着眼于使这些地区发展起来。这是一个真正体现民族平等的政策，是引导各民族走向繁荣的政策。其次，要依靠各民族人民的团结，高度重视解决宗教问题，使宗教成为推动建设中国特色社会主义的依靠力量和积极因素。

第六，社会主义现代化建设必须依靠最广泛的爱国统一战线。中国革命和建设的经验证明：在中国共产党领导下，团结一切可以团结的力量，结成广泛的统一战线，是我们战胜困难，夺取胜利的强大武器。在新民主主义革命时期，统一战线是我们克敌制胜的三大法宝之一。我们党正是依靠工人阶级同农民阶级的联盟，联合城市小资产阶级和民族资产阶级，结成了强大的统一战线，战胜了国内外敌人，取得了中国革命的胜利。新中国成立后，我国统一战线在恢复国民经济、巩固人民民主专政、进行社会主义改造和社会主义建设的过程中，继续发挥了重大的作用。尤其是在对资本主义工商业进行的社会主义改造中，我们党把社会主义改造和统一战线相结合，对民族资产阶级实行和平改造和赎买政策，取得了历史性的伟

---

[1]　《邓小平文选》第3卷，人民出版社1993年版，第257页。

大胜利，走出了一条具有中国特色的社会主义改造道路。党的十一届三中全会以后，邓小平坚持和发展了毛泽东关于统一战线的思想，创造性地提出了新时期爱国统一战线的理论。这一理论的主要内容是：以党的基本路线为指导，以社会主义初级阶段的理论为依据，建立以共产党为领导的，以工农联盟为基础的，包括全体社会主义劳动者、拥护社会主义的爱国者和拥护祖国统一的爱国者在内的最广泛的统一战线，为社会主义事业服务。在新的历史时期，这一爱国统一战线涵盖了最大多数的中国人民，其作用得到了人民群众的肯定，并在实践中不断得到加强。

四　中国化马克思主义的大众化

马克思主义是一种以最广大人民群众的根本利益为宗旨的思想文化，同时马克思主义也是一种从西方传来的外来文化。社会主义基本制度建立后，马克思主义上升为国家意识形态。在国家政权的大力宣传下，马克思主义对人民群众产生了很大的影响。但由于中国传统意识形态和文化传统的根深蒂固，也由于违背马克思主义的一些错误做法（比如频繁发动政治运动等），马克思主义在人民心中的地位并没有得到完全的巩固。改革开放后，伴随着中国化马克思主义的发展，中国社会主义建设取得了巨大的成功，马克思主义在人民心中的地位有所巩固和上升。但是，仍不能说广大人民群众已树立起了马克思主义意识或信仰。实事求是地说，虽然当代大学生以及干部职工对马克思主义以及中国化马克思主义的学习不断持续，但人民群众尤其是农民对马克思主义仍然是知之甚少，甚至比对传统儒家思想的了解还少。人民群众学习运用马克思主义以及树立起马克思主义的意识与信仰，实质就是以马克思主义改造根植于人民群众的传统观念意识形态。目前看来，这项工作仍然任重而道远。

马克思主义中国化的过程，一定是中国的人民群众不断掌握马克思主义理论武器的过程。正如毛泽东所说："马克思列宁主义来到中国之所以发生这样大的作用，是因为中国的社会条件有了这种需要，是因为同中国人民革命的实践发生了联系，是因为被中国人民所掌握了。"[1] 人民群众要成为马克思主义中国化的主体，必须能够接触马克思主义并对其有一个基本准确的把握。因此，共产党必须让马克思主义理论通俗化和大众化，

---

[1]　《毛泽东选集》第4卷，人民出版社1991年版，第1515页。

即理论要言简意赅、深入浅出、形象生动，要有为中国老百姓所喜闻乐见的中国作风和中国气派。理论大众化的力量不能低估。蒋介石曾慨叹"一本《大众哲学》冲垮了三民主义的思想防线"。艾思奇的这本哲学专著之所以产生巨大的影响，除了它反映了时代的需要，反映了广大群众最为关心的民族救亡图存问题外，还有一个重要的原因就是它一扫以往哲学著作艰深玄奥的色彩，用日常谈话的体裁、最通俗的笔法融会专门的理论，从而其内容很快为广大人民群众所理解和接受。在我国现实生活中，农民占人口的大多数，他们大都文化水平很低，其中还有不少文盲、半文盲。虽然他们具有丰富的劳动实践经验，但大多数没有什么理论素养，没有时间也没有理论基础来研究深奥的理论。如邓小平所说："长篇的东西是少数搞专业的人读的，群众怎么读？要求都读大本子，那是形式主义的，办不到。"① 因此，马克思主义作为一种深刻的学说，要使广大人民群众完全接受它并化为自己的思维方式和行动指南，需要经历一个长期的过程。这就要求我们党及理论工作者充分考虑到理论宣传、普及的效果和认知的程度，对中国化马克思主义基本原理进行研究和提炼，使之通俗易懂，以老百姓容易接受的、喜闻乐见的形式将马克思主义表达出来。这是马克思主义中国化研究中的一项重要任务。只有如此，中国化马克思主义才能更好地、真正地服务人民。

马克思主义大众化不但应当表现为理论形式的大众化，还应当表现为实践主体的大众化。中国化马克思主义理论不单是在中国共产党的领导下服务于人民群众的理论，中国化马克思主义实践也不单是在中国共产党的领导下服务于人民群众的实践。中国共产党是人民利益的忠实代表者，必须尊重人民群众的首创精神，尊重人民群众的集体智慧。进一步而言，中国化马克思主义应当成为人民自身的理论，成为人民自身的实践。在改革开放新时期，凡是人民群众富有生命力的重大创造，都得到了中央的热情鼓励和大力支持。例如，作为农村改革中出现的家庭联产承包责任制和乡镇企业，就是邓小平及时总结农民的创造而推向全国的。正如邓小平自己所说："农村搞家庭联产承包，这个发明权是农民的。农村改革中的好多东西，都是基层创造出来，我们把它拿来加工提高作为全国的指导。"②

---

① 《邓小平文选》第 3 卷，人民出版社 1993 年版，第 382 页。
② 同上。

此外比如"三个有利于"的判断标准，关于计划与市场关系问题的见解，关于社会主义市场经济体制的构想等，都是由人民群众创造和发明的，无一不凝结着人民群众的集体智慧。邓小平理论推动马克思主义中国化的过程，其实就是尊重人民群众的首创精神和集体智慧，支持人民群众创新的伟大实践过程。由运动人民群众变为人民群众自己起来运动，由党推动社会力量进行改革发展变为人民群众自己起来进行改革发展，是中国化马克思主义服务人民的理论品格的必然体现，真正体现了人民群众的历史主体地位，相比以往时代是一个巨大的历史进步。

第四节　中国化马克思主义的品格之四：与时俱进

与时俱进，既是中国化马克思主义的内在品格，是由马克思主义的实践性所决定的；又是中国化马克思主义的外在品格，与时代同呼吸、共命运，随着时代的发展而发展，始终走在时代的最前列，始终表现为内在品格和外在品格的有机统一。

一　与时俱进的基本含义

任何一种理论的形成，都同它所处的时代息息相关。马克思主义是时代精神的精华，是人类先进思想和优秀文化的结晶。江泽民在庆祝中国共产党成立 80 周年大会上的讲话中指出："马克思主义具有与时俱进的理论品质。"所谓与时俱进，也就是赋予马克思主义以时代性，就是将马克思主义基本原理同时代特征相结合。马克思主义时代化是一个"时代化"与"化时代"的双向互动的过程。马克思主义时代化的过程，即紧密结合时代特征，不断吸收新的时代内容，用时代特征丰富和发展马克思主义，使马克思主义紧跟时代发展步伐，形成富有时代气息的马克思主义；马克思主义化时代的过程，即运用马克思主义的立场、观点、方法研究中国革命、建设、改革过程中的新情况，分析和把握时代的变化，正确判断时代特征，合理解决时代课题。马克思主义与中国具体实际相结合而形成的中国化马克思主义，正是以其现实性体现了马克思主义的时代化、发展性，反映了马克思主义在当代中国的生命价值。坚持与时俱进是马克思主义中国化的内在要求。

从思想史上看，马克思主义正是在把握它那个时代的实质中产生的。

恩格斯说过:"每一个时代的理论思维,包括我们这个时代的理论思维,都是一种历史的产物,它在不同的时代具有完全不同的形式,同时具有完全不同的内容。"① 马克思主义作为时代的产物,它的产生无疑具有它那个时代的烙印。它是适应 19 世纪中期主要发达资本主义国家生产方式发展的要求、在阶级矛盾的尖锐化和阶级斗争的炽热化的基础上创立的,它是适应无产阶级有能够代表自己利益的科学理论的要求而产生的结果。随着以后时代的发展,马克思主义也在不断发展。马克思主义的时代化,首先依据的就是社会实践的变化和需要。一切划时代的体系的真正的内容都是由于产生这些体系的那个时期的需要而形成起来的。正是由于不同时代的人类实践不同,才赋予了时代性以重要意义。马克思主义绝不是离开世界文明发展大道而产生的一种故步自封、僵化不变的学说。唯物史观的基本原理要求其自身要符合每一时代的实践的需要,而且要随着不同时代的实践变化而变化。从产生到现在的 160 多年间,马克思主义不但没有死亡,反而保持了旺盛的生命力,这主要在于马克思主义不仅能够同各国实际相结合,而且能够随着时代的发展与时俱进,不断丰富、完善自己。

二 经典作家的与时俱进

马克思、恩格斯所处的时代,是资本主义制度在西欧和北美全面确立其统治地位,自由资本主义经济大发展并把它的影响扩展到全世界的时代。马克思、恩格斯通过创立科学社会主义学说,深刻揭示资本主义制度必然被社会主义制度代替的社会发展规律,为马克思主义的发展奠定了思想理论基石。与此同时,他们特别声明:自己的理论是发展的理论,而不是必须背得烂熟并机械地加以重复的教条。

马克思恩格斯毕生关注世界历史发展的新情况,根据科学和实践的发展不断补充和完善自己的理论,最先树起了马克思主义与时俱进的旗帜。自《共产党宣言》宣告马克思主义诞生以来,欧洲大陆爆发了一系列民族民主革命,特别是发生了无产阶级第一次掌握政权的巴黎公社革命;近代大工业有了巨大发展,第二次工业革命初显端倪。马克思、恩格斯根据时代新的发展,既运用所创立的理论指导革命运动,并在实践中检验这些理论,同时注意修改某些具体的设想和论断,从而使马克思主义理论不断

① 《马克思恩格斯文集》第 9 卷,人民出版社 2009 年版,第 436 页。

得到丰富和发展。马克思、恩格斯在《共产党宣言》发表 25 年后的德文版序言中，明确指出"《宣言》中所阐述的一般原理整个说来直到现在还是完全正确的"，同时又表示，某些地方可以做一些修改。因为"这些原理的实际运用，正如《宣言》中所说的，随时随地都要以当时的历史条件为转移"，并特别说明"这个纲领现在有些地方已经过时了"，如果可以重写，"许多方面都会有不同写法"①。再如，1848 年欧洲爆发资产阶级革命，马克思和恩格斯以为"伟大的决战已经开始，这个决战将在一个很长的和充满变化的革命时期中进行到底，而结局只能是无产阶级的最终胜利"。但是到了 1895 年，恩格斯则明白无误地指出："历史表明我们也曾经错了，暴露出我们当时的看法只是一个幻想。历史走得更远：它不仅打破了我们当时的错误看法，并且还完全改变了无产阶级进行斗争的条件。1848 年的斗争方法，今天在一切方面都已经过时了"②。对于理论认识的这种变化，恩格斯明确地说："因为很可能我们还差不多处在人类历史的开端，而将来会纠正我们的错误的后代，大概比我们有可能经常以十分轻蔑的态度纠正其认识错误的前代要多得多。"③ 所以，他强调："我们的理论是发展的理论，而不是必须背得烂熟并机械地加以重复的教条。"④"认为人们可以到马克思的著作中去找一些不变的、现成的、永远适用的定义"是一种"误解"。⑤

在马克思恩格斯之后，列宁也为推动马克思主义与时俱进作出了表率，把科学社会主义的伟大设想变为成功实践。19 世纪末 20 世纪初，西方资本主义的发展已从自由竞争阶段进入垄断阶段，世界进入帝国主义和无产阶级革命的新时代。资本主义国家之间的矛盾发展，导致了第一次世界大战爆发。在新的历史条件下，列宁创造性地发展了马克思的国家与革命的学说，揭示了帝国主义和无产阶级革命时代的特征和发展规律，认为社会主义革命可以在一个国家或几个国家首先获得胜利，突破了马克思、恩格斯关于社会主义革命只能同时在几个发达资本主义国家取得胜利的论断，取得了十月革命的胜利。列宁把马克思主义基本原理同俄国的具体实

---

① 《马克思恩格斯文集》第 2 卷，人民出版社 2009 年版，第 5—6 页。
② 《马克思恩格斯文集》第 4 卷，人民出版社 2009 年版，第 538 页。
③ 《马克思恩格斯文集》第 9 卷，人民出版社 2009 年版，第 91 页。
④ 《马克思恩格斯全集》第 36 卷，人民出版社 1975 年版，第 584 页。
⑤ 《马克思恩格斯全集》第 25 卷，人民出版社 1974 年版，第 17 页。

践和时代发展相结合，科学回答了一系列新课题，在无产阶级政党、无产阶级革命、无产阶级专政、民主殖民地问题、帝国主义的历史地位、过渡时期和社会主义建设等问题上提出了许多新观点、新论断，极大地丰富和发展了马克思主义。列宁在领导俄国革命和建设的过程中，深刻地认识到：我们决不应当把马克思的理论看作某种一成不变的和神圣不可侵犯的东西。"马克思主义者必须考虑生动的实际生活，必须考虑现实的确切事实，而不应当抱住昨天的理论不放，因为这种理论和任何理论一样，至多只能指出基本的和一般的东西，只能大体上概括实际生活中的复杂情况。"① 他明确指出：根据书本争论社会主义纲领的时代已经过去，今天只能根据经验来谈论社会主义。② "只有首先分析从一个时代转变到另一个时代的客观条件，才能理解我们面前发生的各种重大历史事件……只有在这个基础上，即首先考虑到各个'时代'的不同的基本特征（而不是个别国家的个别历史事件），我们才能够正确地制定自己的策略。"③ 从这种态度出发，在建立苏维埃俄国之后，列宁领导布尔什维克党和苏维埃政府实现了从"战时共产主义政策"向"新经济政策"的关键性转变，实现了科学社会主义的理论创新。在建设社会主义的问题上，列宁突破了马克思、恩格斯关于社会主义不存在商品生产的认识，果断取消了基于战争环境与过去的认识而实施的战时共产主义政策和余粮征集制，推行适合本国国情的"新经济政策"，从忽视、排斥商品生产转向有计划地利用商品货币的积极作用，并把发展商业视为"必须全力抓住的环节"。列宁对无产阶级解放斗争和社会主义建设的实践经验进行了新的科学概括和总结，对马克思主义作出了全面的、创造性的发展。

马克思主义经典作家对待自己理论的科学态度给我们以深刻启示。马克思主义的创立者对自己的经典著作都能采取如此客观豁达、不断发展的态度，作为后继者，我们更不应该拘泥于他们在特定历史条件下、针对具体情况作出的某些个别论断和具体行动纲领。共产党人必须坚持以马克思主义为指导去开辟前进道路，同时又要在实践中丰富和发展马克思主义，使马克思主义与时俱进。这是马克思主义充满生机活力、具有强大生命力

---

① 《列宁选集》第3卷，人民出版社1995年版，第26—27页。
② 《列宁全集》第34卷，人民出版社1985年版，第466页。
③ 《列宁全集》第26卷，人民出版社1963年版，142、143页。

的重要原因。

三　中国共产党人的与时俱进

马克思主义中国化的过程也是一个与时俱进的历史过程。从中国共产党的历史看，中国特色的革命、建设、改革道路的开辟都是与时俱进的结果。纵观中国特色社会主义理论体系形成发展的过程，在每一个重要历史关头，解放思想都是最有力的武器；每一个重大理论成果的形成都是冲破各种束缚，大胆进行理论创新的结果。

中国化马克思主义的第一个理论成果是毛泽东思想。毛泽东思想产生于 20 世纪 30 年代，这个时代的主题是战争与革命。毛泽东在开创井冈山道路时，就非常注重对时代特点和国际形势的研究。由于中国的新民主主义革命是在世界资本主义进入帝国主义阶段的背景下进行的，因此不可能是孤立的、封闭的革命。正是从这样一个时代背景来思考，毛泽东把中国的革命与世界无产阶级革命、与世界殖民地半殖民地人民反对帝国主义的斗争结合起来，利用世界上的种种矛盾来取得中国革命的外援，以减少革命的外部压力与阻力。他对井冈山等红色根据地之所以能在白色包围中长期存在的分析，与他对中国作为半封建半殖民地之经济政治发展不平衡的分析直接相关。而这种不平衡的分析，又来自他对列宁提出的帝国主义经济发展不平衡规律在中国的杰出运用。总之，马克思主义的"本本"是要学习的，但是必须同时代发展的需要相结合，使马克思主义理论有所创新。只有"创造性的马克思主义"，才能指导中国共产党人找到适合中国需要的"自己的道路"，而非照抄照搬别人的道路。毛泽东说："我们要把马、恩、列、斯的方法用到中国来，在中国创造出一些新的东西。只有一般的理论，不用于中国的实际，打不得敌人。但如果把理论用到实际上去，用马克思主义的立场、方法来解决中国问题，创造些新的东西，这样就用得了。"①

新中国成立后，中国共产党人同样坚持与时俱进，发展了马克思、恩格斯以及列宁关于进入社会主义社会的构想，实现了对农业、手工业、资本主义工商业的社会主义改造，在中国建立了社会主义制度。进入社会主义建设时期以后，毛泽东特别强调要以苏为鉴，走自己的路，并取得了很

---

① 《毛泽东文集》第 2 卷，人民出版社 1993 年版，第 408 页。

大成就。毛泽东向全党提出：马克思这些"老祖宗"的书必须读，他们的基本原理必须遵守，但单靠"老祖宗"是不行的，必须创造新的理论。"马克思活着的时候，不能将后来出现的所有的问题都看到，也就不能在那时把所有的这些问题都加以解决。俄国的问题只能由列宁解决，中国的问题只能由中国人解决。"① "社会主义会有缺点的，将来还要发展到共产主义，共产主义也要分阶段。旧的制度不行了，新的制度就要起来代替。生产力总要向前发展，同生产关系发生矛盾，这就推动着社会不断前进。几千年以后看马克思，就像现在看孔夫子"② 。中国共产党人是这样认识的，也是这样去做的。新中国创建的人民代表大会制度、共产党领导的多党合作与政治协商制度、民族区域自治制度等，实际上都有鲜明的中国特色。后来由于"左"的倾向逐步发展，1957 年后，发生了"大跃进"、人民公社化乃至"文化大革命"这样全局性的错误。但是，这些挫折也警醒和教育了全党全国人民，为我们创新马克思主义理论提供了诸多的历史教训与反思。这种探索实际上是中国特色社会主义理论体系历史逻辑的先导和基础。

　　中国化马克思主义的第二个理论成果是邓小平理论。20 世纪 60—70 年代，正当我们因"文化大革命"而徘徊犹豫的时候，外部世界已发生了翻天覆地的变化。维护和平、谋求发展成为不可逆转的时代潮流，全球经济发展突飞猛进，科技革命一日千里，国际竞争的重点转向经济技术竞争和人才竞争，经济全球化、国际化成为时代的大趋势。中国共产党在变化了的国际国内形势下，在汹涌澎湃的时代潮流中，又一次面临着艰难的选择。如果我们的思想观念不能够随着时代的变化而变化，就无法解决现实中存在的问题。早在 1978 年 9 月，邓小平在本溪、本钢视察时就说："现在就是要好好向世界先进经验学习，不然老是跟在人家后面爬行。你们在国内是比较好的，但是同发达国家比，还是落后的。要到发达国家去看看，应当看看人家是怎样搞的。"③ 在为十一届三中全会定调的中央工作会议上，邓小平指出："只有思想解放了，我们才能正确地以马列主义、毛泽东思想为指导，解决过去遗留的问题，解决新出现的一系列问

　　①《毛泽东文集》第 8 卷，人民出版社 1999 年版，第 5 页。
　　②《毛泽东文集》第 6 卷，人民出版社 1999 年版，第 490 页。
　　③《邓小平年谱（1975—1997）》（上），中央文献出版社 2004 年版，第 373 页。

题，正确地改革同生产力迅速发展不相适应的生产关系和上层建筑"，"思想一僵化，条条框框就多起来了。……思想一僵化，随风倒的现象就多起来了。……思想一僵化，不从实际出发的本本主义也就严重起来了。书上没有的，文件上没有的，领导人没有讲过的，就不敢多说一句话，多做一件事，一切照抄照搬照转"①。邓小平还多次说过："世界在变化，我们的思想和行动也要随之而变。过去把自己封闭起来，自我孤立，这对社会主义有什么好处呢？历史在前进，我们却停滞不前，就落后了。……拿中国来说，五十年代在技术方面与日本差距也不是那么大。但是我们封闭了二十年，没有把国际市场竞争摆在议事日程上，而日本却在这个期间变成了经济大国。"② 马克思主义的基本立场和方法是科学的，是必须坚持的，但是，"绝不能要求马克思为解决他去世之后上百年、几百年所产生的问题提供现成答案。列宁同样也不能承担为他去世以后五十年、一百年所产生的问题提供现成答案的任务。……世界形势日新月异，特别是现代科学技术发展很快。现在的一年抵得上过去古老社会几十年、上百年甚至更长的时间。不以新的思想、观点去继承、发展马克思主义，不是真正的马克思主义者。"③ 正是由于看到了世界大势，看到了我们与先进国家的差距，邓小平迫切希望在世界形势的变化中寻找发展的机遇。直到晚年，他仍念念不忘抓住难得的机遇加快发展："现在世界发生大转折，就是个机遇。人们都在说'亚洲太平洋世纪'，我们站的是什么位置？……我们不抓住机会使经济上一个台阶，别人会跳得比我们快得多，我们就落在后面了。要研究一下，我总觉得有这么一个问题。机会难得呀！"④

　　邓小平理论的时代课题，是回答什么是社会主义、怎样建设社会主义的问题。这决定了邓小平理论必然要集中精力于国家经济建设，即如何集中力量发展生产力。以 1978 年党的十一届三中全会为标志，党和国家实现伟大历史转折，进入改革开放和社会主义现代化建设的新时期。以邓小平为主要代表的中国共产党人与时俱进，深刻总结正反两方面的历史经验，制定了社会主义初级阶段的基本路线，把工作中心转移到经济建设上来，实行改革开放，并在实践中形成了一整套新的路线、方针和政策。邓

---

① 《邓小平文选》第 2 卷，人民出版社 1994 年版，第 141—142 页。
② 《邓小平文选》第 3 卷，人民出版社 1993 年版，第 274 页。
③ 同上书，第 291—292 页。
④ 同上书，第 369 页。

小平提出了一系列重大理论创新，比如"一个中心，两个基本点"的基本路线，建设小康社会的目标，"建设有中国特色的社会主义"的历史命题，计划经济和市场经济相结合的手段，"科学技术是第一生产力"的论断，"一国两制"的方针，等等。他还打破阻力和陈规，支持农村经济体制改革，倡导创办经济特区。1992 年邓小平发表南方谈话，对中国特色社会主义理论多有创新，比如提出：判断姓"资"还是姓"社"的标准，应该主要看"是否有利于发展社会主义社会的生产力，是否有利于增强社会主义国家的综合国力，是否有利于提高人民的生活水平"；"计划多一点还是市场多一点，不是社会主义与资本主义的本质区别。计划经济不等于社会主义，资本主义也有计划；市场经济不等于资本主义，社会主义也有市场。计划和市场都是经济手段。"① 这些重要论断都是马克思主义教科书中没有的，在马克思主义发展史上、在世界社会主义运动史都是第一次，是说出了老祖宗没有说过的新话，闯出了人类历史上从未走过的一条新路。在邓小平南方谈话精神的鼓舞和新的思想解放浪潮的推动下，党的十四大跨越了市场取向改革的障碍，确立了社会主义市场经济体制改革的目标，概括了建设有中国特色社会主义理论的科学体系。1997 年，党的十五大明确将邓小平理论作为党的指导思想写进了党章。可以说，没有中国共产党人的与时俱进，就没有改革开放的伟大实践，就没有中国特色社会主义理论的形成。

随着 20 世纪末苏联解体、东欧剧变，世界社会主义受到严重挫折。面对国际、国内形势的变化，如何增强党的拒腐防变和抵御风险的能力，如何提高党的执政水平和领导能力，关系到中国社会主义建设的兴衰成败。党的十三届四中全会后，以江泽民为主要代表的中国共产党人与时俱进，依据新的实践确立了党的基本纲领，开创了全面改革开放新局面，推进了党的建设新的伟大工程，在复杂严峻的国内外形势下捍卫了中国特色社会主义，成功地把中国特色社会主义推向 21 世纪。江泽民强调："建设有中国特色的社会主义，是不断向前发展的伟大事业。邓小平同志为我们指明了前进的方向，奠定了发展的基础，但是今后的路具体怎么走，要靠我们自己在邓小平理论指引下，在实践中不断探索，不断开拓，总结新的经验，形成新的认识。只有这样去做，才能创造性地继承邓小平同志开

---

① 《邓小平文选》第 3 卷，人民出版社 1993 年版，第 372—373 页。

创的建设有中国特色社会主义事业，也才能创造性地发展邓小平理论。"①
"马克思主义是在深刻总结历史运动规律的基础上形成的，其基本原理是
放之四海而皆准的。随着时代的发展和历史条件的变化，一些具体论述可
能会过时，不再适用，但世界历史的发展轨迹并没有超出马克思主义所揭
示的基本规律。马克思主义不是静止的、封闭的教条，而是在实践中接受
检验、不断发展的理论体系。马克思主义的强大生命力就在这里。"② 时
代在不断发展，我们的思想认识也应不断前进，应勇于和善于根据实践的
要求进行创新。江泽民强调：创新是一个民族的灵魂，是一个国家兴旺发
达的不竭动力，也是一个政党永葆生机的源泉。在新的时代和历史条件
下，应当自觉地把思想认识从那些不合时宜的观念、做法和体制中解放出
来，从对马克思主义的错误的和教条式的理解中解放出来，从主观主义和
形而上学的桎梏中解放出来。坚持科学态度，大胆进行探索，只有这样，
才能创造性地继承邓小平开创的中国特色社会主义道路，也才能创造性地
发展邓小平理论、发展中国化的马克思主义。"如果不顾历史条件和现实
情况的变化，拘泥于马克思主义经典作家在特定历史条件下、针对具体情
况作出的某些个别论断和具体行动纲领，我们就会因为思想脱离实际而不
能顺利前进，甚至发生失误。这就是我们为什么必须始终反对以教条主义
的态度对待马克思主义理论的道理所在。"③ 如果把马克思主义变成了一
成不变和干巴巴的教条，变成了简单的说教，脱离了时代的要求，那就不
会有说服力，也就会丧失生命力。中国共产党人的历史责任，就是要带头
解放思想，勇于进行理论探索和创新。2001 年 8 月，江泽民再次指出：
"我们对马克思主义的基本原理，任何时候都要坚持，一切否定和放弃马
克思主义的言行都是错误的，都必须坚决反对。但是，坚持马克思主义，
绝不能采取教条主义、本本主义的态度，而应该采取实事求是、与时俱进
的科学态度，坚持一切从发展变化着的实际出发，把马克思主义看作是不
断随着实践的发展而发展的科学。如果不顾历史条件和客观情况的变化，
把马克思主义经典作家讲的所有的话都当成不可更改的教条，那就会损害
乃至窒息马克思主义的生命力。"④

---

① 　江泽民：《深入学习邓小平理论》，《人民日报》1998 年 2 月 19 日。
② 　江泽民在中共中央举办的省部级主要领导干部金融研究班上的讲话，1999 年 1 月 11 日。
③ 　江泽民在庆祝中国共产党成立 80 周年大会上的讲话，2001 年 7 月 1 日。
④ 　《江泽民文选》第 3 卷，人民出版社 2006 年版，第 337 页。

中国共产党人在这种与时俱进、不断解放思想的氛围中，自觉地把思想认识从那些不合时宜的观念、做法和体制中解放出来。以江泽民为核心的党中央创造性地指出：建设中国特色社会主义将是很长的历史过程，而社会主义初级阶段是它的一个初始阶段，社会主义初级阶段本身也要经历若干个具体发展阶段。党的十五大提出公有制的实现形式可以而且应当多样化，一切反映社会化大生产规律的经营方式和组织形式都可以大胆利用，股份制资本主义可以用，社会主义也可以用；非公有制经济是社会主义市场经济的重要组成部分；把按劳分配和按生产要素分配结合起来，允许和鼓励资本、技术等生产要素参与收益分配等崭新的思想，并确立了我国社会主义的基本经济制度，极大地深化了了人们对什么是社会主义、怎样建设社会主义的认识。此外，当今时代发展的一个明显趋势，就是科学技术日新月异，科技在经济发展中的作用越来越大。对此，各国尤其是发达国家都在加紧进行结构性调整。在这样的形势下，江泽民及时提出："我们必须果断地抓紧进行结构调整，否则在激烈的国际竞争中就会处于劣势。对经济结构的问题，认识早、调整快，就主动；见事迟、调整慢，就被动。"① 并据此进一步提出了中国经济发展的新思路：实行经济结构的战略性调整，推动两个根本性转变，保持国民经济持续快速健康发展。针对经济全球化的趋势，江泽民还创造性地提出了"走出去"的发展战略，促成中国加入世界贸易组织，为中国的对外开放赢得了更加广阔的空间。江泽民在理论创新和实践创新的基础上，提出了"三个代表"重要思想。2002 年，党的十六大把"三个代表"重要思想确立为全党的指导思想。"三个代表"重要思想解决了建设一个什么样的党、怎样建设党这个时代课题，是时代精神的体现，是突破常规、与时俱进的创新理论，又一次开辟了马克思主义中国化的新境界。

进入新世纪，以胡锦涛为总书记的党中央站在新的历史起点上，继续解放思想，推进理论创新，提出了科学发展观等重大战略思想。胡锦涛总书记上任不久，即组织中共中央政治局集体学习，学习世界经济形势，学习世界近代主要国家的历史。他深刻地指出：历史一再表明，机遇极为宝贵，稍纵即逝。在历史发展的关键时期，把握住了机遇，落后的国家和民族就有可能实现跨越式发展，成为时代发展的弄潮儿；而丧失了机遇，原

---

① 《江泽民文选》第 3 卷，人民出版社 2006 年版，第 119 页。

本强盛的国家和民族也会不进则退，成为时代发展的落伍者。党的十七大进一步明确了"解放思想是发展中国特色社会主义的一大法宝"，要求全党坚持解放思想、实事求是、与时俱进，勇于变革、勇于创新，永不僵化、永不停滞，强调：中国特色社会主义理论体系是不断发展的开放的理论体系。

纵观马克思主义的发展历程，可以发现这样一个规律，要坚持马克思主义和发挥马克思主义改造世界的强大力量，就必须把它同本国实际和时代特征相结合。适应不断变化了的历史条件和各国不同的情况，是马克思主义保持生命力的内在要求，是丰富和发展马克思主义的基本前提和基本方式。任何期待马克思主义经典作家为他们身后产生的所有问题提供现成答案的想法，都是不切实际的，必须用不断发展的马克思主义来指导不断发展的实践。这一点已经在中国共产党人身上有着鲜明的体现。中国特色社会主义理论体系的创立者们从来不把马克思主义当作教条，而是把解放思想、理论创新当作一种常态，对自己理论创新的成果采取科学的态度，从不固步自封，不为后人设置障碍。正如江泽民所说："实践没有止境，解放思想也没有止境。我们要突破前人，后人也必然要突破我们。这是社会前进的基本规律。"① 正是由于这种代代相传的创新品格，中国化马克思主义理论才能不断发展完善，并在实践中指导中国的现代化建设事业不断取得胜利。

四　发展与坚持

海纳百川，有容乃大。马克思主义作为一种先进的理论，必然也是在吸收人类一切优秀文明成果的基础上发展起来的。比如，马克思在撰写大量著作的过程中，参考了德国古典哲学、英国古典政治经济学、法国空想社会主义以及其他一些资本主义的优秀学术成果，从而开创性地提出了马克思主义的一系列理论表述。如马克思这样的伟人尚且要在人类社会发展的文明成果基础上成长，在日新月异的当今世界，我们更应当胸怀开阔，以包容的心态对待世界上的各种先进文明，秉持拿来主义的态度，将一切有益的东西拿来并为我所用。这既包括西方发达资本主义国家的各种已经被历史证明了的制度设计，也包括中国人自己传承下来的思想文化。闭关

---

① 《江泽民文选》第3卷，人民出版社2006年版，第339页。

锁国、唯我独尊、夜郎自大，无视人类创造的一切优秀的文明成果，排斥国外包括资本主义国家创造的一些优秀的文明成果，都不符合马克思主义的基本观点和根本原则，都不是科学的辩证唯物主义态度。科学是无国界的，是没有阶级性的，那种机械排外式的对待人类创造的一切优秀文明成果的思想理念和形而上学态度，对我们党和国家事业的发展有害而无益，是绝对不可取的。

当今世界，随着新科技革命迅猛发展，资本主义还有相当的生命力。但其内在矛盾仍然存在。因此，其内部各种各样反资本主义的社会主义流派和政党也仍然存在，特别是一些国家的社会党、工党更值得重视。社会党指导思想庞杂，但其中也有正确的成分。民主社会主义把社会主义看成一种道德需要、道德抗议，否认其历史必然性。但是并没有完全否定马克思主义，而是把马克思主义的社会分析方法、把马克思主义对资本主义的批判视为自己的指导思想之一。社会党虽然放弃了社会主义革命的道路，热衷于改良，但这些合法斗争的形式和改良主义的措施有其合理性，不能简单地加以否定。各国社会党虽然不赞同共产主义，但是在捍卫广大工人和人民群众的利益，反对资本主义剥削压迫，向往自由、平等、公正的社会主义，推进世界和平、发展、合作等方面，他们与共产党有共同认识和目标。因此，对于这些左翼政党，为了推进世界社会主义运动，我们应该解放思想，与时俱进，纠正传统极左思想、关门主义与宗派主义，求同存异，争取与之联合行动，形成统一战线，增强资本主义的反对力量，而不能再像历史上那样唯我独马、唯我独革、唯我独社、唯我独尊，做出同室操戈、亲痛仇快的事情。

马克思主义理论要实现与时俱进，必须关注时代正在发生的重大变化，在回应挑战中不断获得新的生命力。当前，一超多强、多极并存的国际格局长期存在；经济全球化浪潮的影响越来越大；科学技术迅猛发展带来了便利和挑战；资源环境问题越来越制约着人类的发展。中国的基本国情与诞生马克思主义的西方社会、与诞生列宁主义的俄国的情况大不相同，现在的中国与五十多年前、二十多年前的中国也大不相同。进入21世纪，中国的改革进入攻坚阶段，以市场经济为启动力量的经济社会转型也正在向广度和深度发展，一些深层的社会矛盾愈加凸显；中国共产党所处的地位和环境，党所肩负的任务，以及党员队伍的状况，都发生了许多重要的变化。面对这些新情况新问题新矛盾新变化，如果我们固步自封、画地为牢，就只能是落后于时代、落后于实践，就会丧失发展的良机，导致政党的衰落、政权的丧失。实践基础上的理论创新是社会发展和变革的先导。在制度创新、科技创新、文化创新等各方面的创新中，理论创新是关键。要使党和国家的事业不停顿，首先理论上的创新不能停顿。只有坚持马克思主义的理论勇气和科学精神，解决不断出现的新问题，总结实践的新经验，借鉴当代人类文明的有益成果，在理论上不断扩展新视野，作出新概括，才能为制度创新、科技创新、文化创新等提供理论根据、价值导向和思想方法，从而促进其他方面的创新。只有自觉地把思想认识从那些不合时宜的观念、做法和体制中解放出来，从对马克思主义的错误的教条式的理解中解放出来，从主观主义和形而上学的桎梏中解放出来，才能在建设中国特色社会主义的伟大实践中把马克思主义不断推向前进。

《吕氏春秋·察今》有言："世易时移，变法宜矣。"时间和空间的变化，不能不影响到条件和环境的变化，从而不能不决定着人们思想和主义的某些内容也要相应地有所改变。没有什么是永远不变的，变化是正常的，不变化是不正常的。时间在变，世界在变，环境和条件都在不断地改变，把自己的思想、主义固定起来、固化起来，不能怀疑，不能修正和创新，其结果只能是在不断变化的大千世界面前失去应变的能力，从而丧失自己的生命力。在战争年代里，面对强大的敌人和险恶的环境，任何一种机械的、僵化的和教条主义的做法，都可能迅速把他们引上绝路。在新的历史条件下，这一过程看上去要缓慢得多。然而，正因为其来得缓慢，正因为其容易使人感觉麻木，当它为害之际，往往危害更甚，以至难以补救。任何一个相信马克思主义的中国人，都有必要了解，马克思主义本身并不是目的。中国共产党人过去之所以选择了马克思主义作为自己的世界观和方法论，那只是因为他们相信只有马克思主义才是他们改造中国与世界的最有效的手段和武器。也正因为他们把它看成是一种改造中国与世界的手段和武器，因而他们敢于根据斗争的实际需要修正它和发展它，而并不把它视为一种教条。[①]"变则通，不变则亡"，这句老话对于今天的中国共产党人同样适用。1981 年，在为英文版《邓小平副主席文集》作序时，邓小平说："如果有一天这些讲话失去了重新阅读的价值，那就证明社会

---

① 杨奎松：《马克思主义中国化的历史进程》，河南人民出版社 1994 年版，前言。

已经飞快地前进了。那有什么不好呢?"①

当然，人们一方面对于马克思主义必须坚持与时俱进的态度，但同时必须反对以与时俱进为借口的极端自由化取向。在思想理论领域持自由化取向的一些人认为，马克思主义只是众多学说流派中的一种，没有必要给予其特殊地位。他们把社会主义初级阶段思想领域客观存在的多样化与指导思想多元化混为一谈，其实质是否定和背离马克思主义，主张中国全盘西化。对这一点，中国共产党人始终保持着清醒的认识。中国特色社会主义理论体系形成和发展的过程，同时也是坚决维护马克思主义的指导地位，坚持马克思主义基本原理不动摇的过程。**这里的关键问题是要弄清楚：中国之所以选择马克思主义、选择社会主义道路，决不仅是或者说主要不是意识形态偏好和选择的问题，而是事关中国如何实现现代化的问题**。邓小平率先提出解放思想，但也正是他在改革开放之初就明确提出了坚持四项基本原则。他强调对外开放，向西方学习，但他反对"资产阶级自由化"却从不含糊，多次强调"老祖宗不能丢"②。在世界社会主义运动遭受严重挫折时，他依然鲜明地指出："不要以为马克思主义就消失了，没用了，失败了。哪有这回事!""我坚信，世界上赞成马克思主义的人会多起来的，因为马克思主义是科学。"③ 江泽民提出了社会主义市场经济的崭新概念后，又进一步提出："一是必须坚持马克思主义的立场、观点、方法，坚持马克思主义的基本原理。这一点要坚定不移，不能含糊。二是一定要贯彻解放思想、实事求是的思想路线，坚持勇于追求真理的革命精神。这一点，也要坚定不移，不能含糊。"④ 他认为，这两个"坚定不移"，两个"不能含糊"，始终是检验我们是不是真正的马克思主义者的试金石。胡锦涛强调："必须始终坚持解放思想、实事求是、与时俱进，继续在新的时代条件下把马克思主义基本原理同中国具体实际相结合，不断推进马克思主义的中国化。"同时又指出："要巩固和发展马克思主义在意识形态领域的指导地位。不断巩固党和人民团结奋斗的共同思想基础。"⑤ "我们说要建设社会主义核心价值体系，马克思主义指导地位

---

① 《邓小平年谱（1975—1997）》（下），中央文献出版社 2004 年版，第 714 页。
② 《邓小平文选》第 3 卷，人民出版社 1993 年版，第 369 页。
③ 同上书，第 382 页。
④ 《江泽民文选》第 3 卷，人民出版社 2006 年版，第 335 页。
⑤ 《十六大以来重要文献选编》上册，中央文献出版社 2005 年版，第 645、651 页。

是最根本的。"① 既与时俱进，又坚定执着，这是中国共产党几代领导集体对待马克思主义的共同态度。这一科学态度贯穿于中国特色社会主义理论体系形成和发展的整个过程。

---

① 《十六大以来重要文献选编》下册，中央文献出版社 2008 年版，第 684—685 页。

结束语　马克思主义中国化的发展趋势

中国共产党建党 90 多年来，始终坚持将马克思主义与中国实际相结合，推进马克思主义中国化、时代化、大众化，成功地指引了中国革命、建设和改革的正确航向，取得了巨大的成就，从根本上改变了中国的面貌和中华民族的命运。社会主义在中国的胜利，就是中国人民唯一历史选择的胜利，就是中国共产党的胜利，就是马克思主义中国化的胜利。

近现代中国发展的历史证明，只有马克思主义才能救中国，只有马克思主义才能发展中国、富强中国。一定要实现马克思主义的中国化。我们要深刻总结马克思主义中国化的历史经验，正确把握和运用马克思主义中国化的规律，更好推进马克思主义中国化。回顾历史，联系现实，展望未来，我们可以预见马克思主义中国化的未来走向。作为马克思主义理论工作者，我们肩负着时代赋予的历史使命。

2012 年 11 月召开的中共十八大，标志着中国改革进入了新的历史起点，中国人民在中国共产党的领导下，全面深化改革，正为十八大提出的"两个一百年"奋斗。实践无止境，理论发展也无止境。马克思主义中国化只有进行时，没有完成时。推进马克思主义中国化是关系党的兴衰和事业成败的重大政治问题。

在实现中华民族伟大复兴的中国梦的征程上，推进马克思主义中国化，要在坚持马克思主义中国化发展的基本经验上，遵循马克思主义中国化的内在规律，一定要以我国改革开放和现代化建设的实际问题、以我们正在做的事情为中心，着眼于马克思主义的运用，着眼于对实际问题的理论思考，着眼于新的实践和新的发展，准确把握马克思主义基本原理精髓，扎根中国特色社会主义伟大实践，牢筑中国人民根基，坚持实践眼光，吸取马克思主义中国化过程的教训，在新的历史条件下，更好地实现把马克思主义普遍原理与中国具体实际相结合，实现马克思主义的与时俱进，推进中国特色社会主义理论体系丰富和发展，为实现中国梦提供理论支撑和精神支柱。

一　巩固马克思主义的指导地位

回顾中国共产党 90 多年的奋斗历程，在马克思主义中国化的历程中，实现了两次历史性飞跃，形成了两大理论成果——毛泽东思想和中国特色社会主义理论体系，取得了新民主主义革命、社会主义建设和改革开放三个方面的伟大成就。这些伟大成就已成为中国共产党的宝贵财富。当然，伟大成就已属于过去，属于历史。马克思主义中国化不会停止前进的脚步，而是要继续创造新的辉煌。

我们认为，马克思主义中国化的发展趋势是：在巩固马克思主义在意识形态领域指导地位的前提下，不丢"老祖宗"，开辟"新境界"，在深度和广度上继续推进。在这种趋势下，机遇和挑战并存，也有亟待解决的重大问题。2013 年 8 月 19 日，习近平总书记在全国宣传思想工作会议上的重要讲话中强调："宣传思想工作就是要巩固马克思主义在意识形态领域的指导地位，巩固全党全国人民团结奋斗的共同思想基础。"这两个巩固，是当前推进马克思主义中国化的首要任务。

（一）增强马克思主义的理论自信

要相信马克思主义不仅占领科学制高点，而且占领道德制高点。历史证明没有马克思主义的指导，就没有新中国的成立和中国特色社会主义道路的成功开辟。马克思主义是关于无产阶级和人类解放的科学，是被 100 多年来世界历史发展进程，特别是我国革命、建设和改革实践反复证明了的科学真理，是我们认识世界、改造世界的强大思想武器。在人类思想史上，没有哪一种学说像马克思主义那样对世界历史进程产生如此巨大的影响，甚至那些不赞同的人也不得不承认，马克思主义是人类文明史上不朽的丰碑。

1. 没有马克思主义的指导，就无法实现中国梦

马克思主义是社会主义意识形态的灵魂，是中国共产党的旗帜。早在中国共产党成立前夕，毛泽东同志就鲜明地主张我们党应是"主义的结合"，他说："主义譬如一面旗子，旗子立起来了，大家才有所指望，才

知所趋赴。"① 正是在马克思主义的指导下，中国共产党才领导中国人民，在精神上由被动转入主动，推翻了帝国主义、封建主义、官僚资本主义的统治，实现了民族独立、人民翻身解放，建立了中华人民共和国；建立了社会主义制度，开辟了在社会主义道路上实现现代化的征程；开辟和发展了中国特色社会主义道路，创造了人类发展史上的"中国奇迹"，离实现伟大民族复兴的"中国梦"的距离越来越近。可以说，没有马克思主义的指导，就没有新中国的成立，就没有中国特色社会主义的开辟和发展，就无法实现中华民族伟大复兴的中国梦。

2. 马克思主义是科学，永远不会过时

在20世纪90年代初，面对苏联东欧剧变，世界社会主义陷入低谷，资产阶级思想家叫嚣历史终结时，中国改革开放的总设计师邓小平同志斩钉截铁地说，马克思主义是打不倒的，因为马克思主义的真理颠扑不破。他自信地说："我坚信，世界上赞成马克思主义的人会多起来的，因为马克思主义是科学。它运用历史唯物主义揭示了人类社会发展的规律。封建社会代替奴隶社会，资本主义代替封建主义，社会主义经历一个长过程发展后必然代替资本主义。这是社会历史发展不可逆转的总趋势，但道路是曲折的。资本主义代替封建主义的几百年间，发生过多少次王朝复辟？所以，从一定意义上说，某种暂时复辟也是难以完全避免的规律性现象。一些国家出现严重曲折，社会主义好像被削弱了，但人民经受锻炼，从中吸收教训，将促使社会主义向着更加健康的方向发展。因此，不要惊慌，不要认为马克思主义就消失了，没用了，失败了。哪有这回事！"②

历史证明了邓小平同志的预言。2008年爆发的世界金融危机，再次证明了马克思主义的生命力。2009年美国《外交政策》双月刊5—6月号发表文章《十足现代的马克思》认为："经济危机再度掀起了人们对卡尔·马克思的兴趣。《资本论》在全球的销量一路飙升（仅德国一个出版商在2008年就售出了上万册，而前一年仅售出百余本）。"文章还认为："马克思远远领先于其所处的时代，预测了近几十年来资本主义成功的全球化。他精确地预见到引发今天全球经济危机的一些致命因素：在由竞争

---

① 《毛泽东早期文稿》，湖南出版社1990年版，第554页。

② 《邓小平文选》第3卷，人民出版社1993年版，第382—383页。

的市场、商品生产和金融投机组成的世界里，他所称的'矛盾'是固有的。"①

（二）坚持马克思主义基本原理

实现马克思主义中国化，不是要丢掉马克思主义的基本原理，而是为了更好地学习和运用马克思列宁主义。所以，毛泽东同志反复强调，马克思列宁主义是"最好的真理"，是"解放我们民族的最好的武器，而中国共产党则是拿起这个武器的倡导者、宣传者和组织者。""要有目的地去研究马克思列宁主义的理论"，坚持马克思列宁主义的立场、观点和方法。他还说：一个共产党员，一个自命为马克思主义的革命者，"必须有马克思列宁主义的知识。但是现在有些同志，却缺少马克思主义的基本观点。"如果背离了马克思主义的基本原理，缺少马克思主义的基本观点，也就丢掉了老祖宗，在这样的前提下去侈谈什么马克思主义中国化，侈谈什么"理论创新"，就必然走到邪路上去。"化"来"化"去，就不是马克思主义的中国化，而是别的什么主义的"中国化"了。就像胡锦涛同志所说的："理论创新必须以坚持马克思主义基本原理为前提，否则就会迷失方向，就会走上歧途。"马克思主义是我们立党立国的根本指导思想，是全国各民族人民团结奋斗的共同理论基础。马克思主义的基本原理任何时候都要坚持，否则我们的事业就会因为没有正确的理论基础和思想灵魂而迷失方向，就会归于失败。

（三）巩固社会主义经济基础

1. 必须巩固和壮大社会主义基本经济制度

经济基础决定上层建筑，这是马克思主义的一个基本原理。因此，巩固马克思主义在意识形态领域的指导地位，必须巩固和壮大马克思主义的经济基础——公有制，必须巩固和壮大社会主义基本经济制度。马克思说过："统治阶级的思想在每一时代都是占统治地位的思想。这就是说，一个阶级是社会上占统治地位的物质力量，同时也是社会支配着精神生产的资料；因此，那些没有精神生产资料的人的思想，一般地是受统治阶级支配的。占统治地位的思想不过是占统治地位的物质关系在观念上的表现，

---

① 转引自《参考消息》2009 年 5 月 24 日第 3 版。

不过是表现为思想的占统治地位的物质关系；因而，这就是那些使某一个阶级成为统治阶级的各种关系的表现，因而这也就是这个阶级的统治的思想。"① "思想根本不能实现什么东西。为了实现思想，就要有使用实践力量的人。"② 一旦马克思主义的经济基础松动，是无法维持其指导地位的。

现在社会上一些人对马克思主义的指导地位产生怀疑的一个重要原因，是对公有制的主体地位产生了怀疑。2012 年，非公有制经济已经占国内生产总值的比重超过 60%，城镇总就业的 80%，占全部税收比重的 73.1%，占全社会固定资产投资比例 61.3%。③ 面对这种状况，刚刚闭幕的党的十八届三中全会，明确指出社会主义基本经济制度是"中国特色社会主义制度的重要支柱，也是社会主义市场经济体制的根基"，"公有制经济和非公有制经济都是社会主义市场经济的重要组成部分，都是我国经济社会发展的重要基础"。必须毫不动摇巩固和发展公有制经济，坚持公有制主体地位，发挥国有经济主导作用，不断增强国有经济活力、控制力、影响力。必须毫不动摇鼓励、支持、引导非公有制经济发展，激发非公有制经济活力和创造力。坚持农村土地集体所有权，依法维护农民土地承包经营权，发展壮大集体经济。党中央的这些主张，有助于我们从经济基础上巩固马克思主义在意识形态的指导地位。全党全国人民一定要落实中央的这一系列重大战略思想。

2. 处理好"老祖宗"与"新境界"的关系

巩固马克思主义在意识形态的指导地位，还要处理好"老祖宗"与"新境界"的关系，防止割裂马列主义、毛泽东思想同中国特色社会主义理论体系的一脉相承又与时俱进的关系。

党的事业要发展，一方面不能丢掉"老祖宗"，一方面又要开拓"新境界"，这样才能既一脉相承，又与时俱进。"老祖宗"不能丢，这是马克思主义的一条原则。因为我们共产党的由来和目标，世界观、历史观、立场、观点、方法，都是源于马克思主义"老祖宗"。丢了"老祖宗"，就会丧失根本，就会亡党、亡国、亡社会主义。要有"新境界"，这也是马克思主义的一条原则。如果不能与时俱进，根据新的形势，解决新问

① 《马克思恩格斯全集》第 3 卷，人民出版社 1960 年版，第 52 页。
② 《马克思恩格斯全集》第 2 卷，人民出版社 1957 年版，第 152 页。
③ 《党的十八届三中全会〈决定〉学习辅导百问》，党建读物出版社、学习出版社 2013 年版，第 28 页。

题，形成新的理论，去发展马克思主义，开拓"新境界"，就会停滞不前，同样会亡党、亡国、亡马克思主义。所以邓小平同志指出，我们搞改革开放，把工作重心放在经济建设上，没有丢马克思，没有丢列宁，也没有丢毛泽东。老祖宗不能丢啊！① 同时，他又指出要说"新话"。所以我们党强调只有改革开放才能发展马克思主义。

马克思列宁主义、毛泽东思想、邓小平理论、"三个代表"重要思想、科学发展观，是一脉相承的科学理论体系。但是在实际生活中，有人有意无意地割裂、扭曲马克思列宁主义、毛泽东思想同邓小平理论、"三个代表"重要思想、科学发展观的关系。特别是一些人在强调推进中国改革开放时，只强调邓小平理论、"三个代表"重要思想、科学发展观的指导，而不提马克思列宁主义、毛泽东思想的指导，人为地制造思想混乱，不利于全面巩固马克思主义的指导地位。所以党的十八届三中全会指出，全面深化改革，必须高举中国特色社会主义伟大旗帜，以马克思列宁主义、毛泽东思想、邓小平理论、"三个代表"重要思想、科学发展观为指导。

（四）坚持马克思主义的阶级性和革命性

列宁曾经指出："这一理论对世界各国社会主义者所具有的不可遏止的吸引力，就在于它把严格的和高度的科学性（它是社会科学的最新成就）同革命性结合起来，并且不仅仅是因为学说的创始人兼有学者和革命家的品质而偶然地结合起来，而是把二者内在地和不可分割地结合在这个理论本身中。"②

1. 马克思主义是科学性与革命性的统一

马克思主义是科学性与革命性相统一的学说，任何阉割掉马克思主义革命性、对马克思主义"非意识形态化"的企图，都是对马克思主义的背离。

西方资本主义世界从来就没有把马克思主义只是当作一种普通的思想。从马克思主义产生一开始，就在整个文明世界中引起全部资产阶级科学（官方科学和自由派科学）极大的仇视和憎恨，把马克思主义看做某种"有害的宗派"。诚如列宁 1913 年在《马克思主义的三个来源

---

① 《邓小平文选》第 3 卷，人民出版社 1993 年版，第 369 页。
② 《列宁选集》第 1 卷，人民出版社 1995 年版，第 82 页。

和三个组成部分》一文中指出的，对资产阶级对马克思主义不能期望有别的态度，因为建筑在阶级斗争上的社会是不可能有"公正"社会科学的。全部官方的和自由派的科学都这样或那样地为雇佣奴隶制辩护，而马克思主义则对这种奴隶制宣布了无情的战争。期望在雇佣奴隶制的社会里有公正的科学，正像期望厂主在应不应该减少资本利润来增加工人工资的问题上会采取公正态度一样，是愚蠢可笑的。科学性和革命性的有机结合不仅是马克思主义的理论品格，也是马克思主义者的应有品质。

2. 防止阉割马克思主义革命性的倾向

马克思主义在今天世界的命运，面临着被纯学术化的危险。就像列宁在《国家与革命》中所指出的，马克思的学说，正如历史上被压迫阶级在解放战争中的革命思想家和领袖的学说常有的遭遇一样。当伟大的革命家在世时，压迫阶级总是不断迫害他们，以最恶毒的敌意、最疯狂的仇恨、最放肆的造谣和诽谤对待他们的学说。在他们逝世以后，便试图把他们变为无害的神像，可以说是把他们偶像化，赋予他们的名字某种荣誉，以便"安慰"和愚弄被压迫阶级，同时却阉割革命学说的内容，磨去它的革命锋芒，把它庸俗化。现在资产阶级和工人运动中的机会主义者在对马克思主义做这种"加工"的事情上正一致起来。他们忘记、抹杀和歪曲这个学说的革命方面、革命灵魂。他们把资产阶级可以接受或者觉得可以接受的东西放在第一位来加以颂扬。

现在我国学术界一些人在把马克思主义学术化的旗号下，消极吸取苏联和改革开放前我国学界把马克思主义研究服务于政治中存在的问题的教训，为了与所谓国际接轨，力图使马克思主义研究"去意识形态化"，消解马克思主义的革命性特征，把马克思主义研究引向脱离实际的"纯学术"倾向，使马克思主义变为一种没有任何战斗性、批判性的知识性学说。他们从这种企图出发，对列宁关于马克思主义本质性的论述提出了质疑。这种理解是背离马克思主义创始人的原意的，也将导致马克思主义生命力的枯竭。因为马克思一直强调，"实际上，而且对实践的唯物主义者即共产主义者来说，全部问题都在于使现存世界革命化，实际地反对并改变现存的事物。"①

---

① 《马克思恩格斯选集》第 1 卷，人民出版社 1995 年版，第 75 页。

当前，就像十月革命爆发前的俄国一样，遍及中国社会各阶层的路标主义精神和脱离革命的思想，渗透到力图把马克思主义的理论与实践纳入"温和谨慎"的轨道的那个思潮中去了。在一些人那里，马克思主义所剩下的已经只是用来掩盖浸透了自由主义精神的关于"等级制度"和"领导权"等等议论的词句了。

在社会生活各方面"重新估计一切价值"，结果就引起了对马克思主义的最抽象和最一般的哲学基本原理的"修正"。

重复那些背得烂熟、但并不理解也没有经过思考的"口号"，而并不理解背后的马克思主义的准则，结果使得空谈盛行，这种空谈实际上完全是非马克思主义的小资产阶级思潮。

在对马克思主义的种种歪曲空前流行的时候，我们的首要任务就是恢复马克思主义的真面目。为此，必须强调学习原著的必要性，虽然这需要花很长的时间，但这是必要的，因为这样才能完整地了解马克思主义创始人的观点以及他们观点的发展，同时也可以清楚地揭示一些人是如何地在歪曲马克思主义。

在马克思主义经典文本解读时，要坚持正确的立场、观点和方法。诚如有的学者指出，"文本解读成为近年来意识形态争论的一个焦点。这期间关于马克思主义文献学、文本学研究的许多争论，本质上不是版本学问题，而是方法论和价值观问题；对于传统马克思主义的颠覆性解读，不是由于新文献、新资料的发现，而是对于传统世界观、方法论的颠覆，是对马克思主义正统性的重新定位；对于马克思主义经典作家的差异性研究，不是马克思和恩格斯、马恩和列宁、马列和中国化马克思主义之间实际上存在多少差异（这种差异无疑是存在的）的问题，而是用一种思想体系（或研究'范式'）取代另一种思想体系，因而就不仅仅是个文本解读的问题，更是一个理论实践的问题。"① 立场和方法决定了文本解读的结果。对于马克思主义者来说，首先是历史唯物主义立场。"马克思是个唯物主义者。他认为思想不是无中生有的，不是知识分子冥思苦想的产物。他说，我们的思想、我们的知识反映着我们生活的社会现实；从这个意义上

---

① 侯惠勤著：《马克思的意识形态批判与当代中国》，中国社会科学出版社 2010 年版，第 56 页。

讲，我们的思想源自于某种特定的意识形态氛围。"①

在今天国内外研究马克思主义经典文本时，要警惕一种解释学的倾向。这种方法强调解释者的主观因素对文本的决定意义，否定文本自身所蕴含的客观价值。按照这种方法，世界上根本不存在马克思主义，存在的只是对马克思主义的不同解释。有多少个理解者，就有多少个"马克思"。美国社会学家赖特·米尔斯在多年前写的《马克思主义者》一书中就说过："正如大多数复杂的思想家一样，马克思并没有得到人们统一的认识。我们根据他在不同发展阶段写出的书籍，小册子，论文和书信对他的著述作出什么样的说明，取决于我们自己的观点，因此，这些说明中的任何一种都不能代表'真正的马克思'。"② 他还说："在马克思死后发展起来的种种对马克思主义的解释中，究竟哪一种最接近他的原意？斯大林是不是马克思的唯一（甚或一个）合法的继承人？是列宁吗？是社会民主党吗？不言而喻，他们谁也不是，至少不完全是。"③

不可否认，解释学的方法对拓展马克思主义研究方法、丰富对马克思主义的认识起到一定作用。但是这种解释论与马克思主义的实践论从根本上讲是南辕北辙。"那些以解释学为据自称的马克思主义，往往不是'龙种'而是'跳蚤'。"④ 这些年来，马克思主义研究中热闹的背后，是莫衷一是，是大众的冷漠。这种研究方法显然不能是推进马克思主义经典文本研读的方向。

3. 准确把握马克思主义的精神实质

"凡是把理论导致神秘主义的神秘东西，都能在人的实践中以及对这个实践的理解中得到合理的解决。"⑤ 解决这个问题的办法，还是要坚持列宁在论述马克思主义时的历史唯物主义方法。"按照马克思所理解的意思来解释、阐明马克思的学说。"⑥ 列宁正是以马克思主义历史唯物主义为指导来准确理解马克思主义文本。

---

① ［美］伊曼努尔·华勒斯坦：《自由主义的终结》，社会科学文献出版社 2002 年版，第 226 页。

② ［美］赖特·米尔斯：《马克思主义者》，商务印书馆 1964 年版，第 39 页。

③ 同上书，第 103 页。

④ 陈先达：《论马克思主义的基本原理及其当代价值》，参见《中国马克思主义研究前沿》（2008 年卷），中国社会科学出版社 2009 年版。

⑤ 《马克思恩格斯选集》第 1 卷，人民出版社 1995 年版，第 60 页。

⑥ ［匈］卢卡奇：《历史与阶级意识》，商务印书馆 1996 年版，第 18 页。

"一切划时代的体系的真正的内容都是由于产生这些体系的那个时期的需要而形成起来的，所有这些体系都是以本国过去的整个发展为基础的，是以阶级关系的历史形式及其政治的、道德的、哲学的以及其他的后果为基础的。"① 马克思主义作为一种思想体系，不仅是一种文本，更是一种实践，是一种运动。它的本质不仅表现在以语言为载体的文本中，而且表现在马克思和恩格斯的全部实践活动中。马克思和恩格斯的著作不是可以任意解读的文本，它是与它们所处的历史条件和时代提出的问题，与他们的全部政治活动、理论活动和无产阶级政治活动不可分立的理论结晶。"马克思主义之所以成为马克思主义，与它的时代的、阶级的和文化的背景存在着因果制约性。如果离开资本主义社会的现实矛盾和时代问题，离开马克思和恩格斯理论产生的思想土壤，离开他们毕生为之奋斗的事业，离开他们的全部政治活动和学术活动，就不可能正确理解马克思主义的本质。当恩格斯说，马克思首先是一个革命者，用各种方法推翻资本主义是他毕生的事业时，就已经从根本上规定了正确理解马克思主义本质的最主要之点。"②

列宁在这方面就为我们树立了一个运用历史唯物主义方法正确理解马克思主义的典范。列宁联系马克思、恩格斯的生平和革命实践阐述马克思主义，把马克思主义放到具体的历史条件下进行研究，完整理解马克思主义体系，准确把握马克思主义的精神实质，这些都值得我们今天学习。

（五）坚持马克思主义的开放性

马克思主义是开放的，也是斗争中发展的。"只有了解人类创造的一切财富以丰富自己的头脑，才能成为共产主义者。"③

随着科技的进步和经济一体化的发展，各国的接触和文化交流会越来越频繁和广泛。这必然会对马克思主义的指导地位构成冲击和影响。

1. 马克思主义要在开放中发展

对此，要防止和抵御外来文化的消极影响，但也不能采取封闭的态度，马克思主义不能在封闭中发展。在科技飞跃发展和国际交往日益密切

---

① 《马克思恩格斯全集》第 3 卷，人民出版社 1960 年版，第 544 页。
② 陈先达：《论马克思主义的基本原理及其当代价值》，参见《中国马克思主义研究前沿》（2008 年卷），中国社会科学出版社 2009 年版。
③ 《列宁选集》第 4 卷，人民出版社 1995 年版，第 284 页。

的情况下，外来文化的影响不可能完全封闭隔绝。历史证明在封闭状态下建立起来的马克思主义缺乏生命力和战斗力。以马克思主义为核心的意识形态从来就不是在封闭状态下产生和发展起来的，而是在同各种非社会主义和反社会主义意识形态的不断交流与交锋中充实自己，发展自己，并最终战胜对手。有一段时间，我国在坚持马克思主义方面，基本上处于对外隔绝的状态。除了与少数社会主义国家有一些思想文化交流外，对西方的思想文化基本上采取一种自我封闭和单纯防御的策略。在意识形态斗争中，对西方的意识形态只有片面的批判，缺乏正面的交锋。在封闭状态下接受"纯而又纯"的社会主义意识形态的青少年，缺乏应有的免疫力。一旦面对外来文化的冲击和影响，就很容易陷入迷茫之中。历史已经证明，人为地进行意识形态领域的封闭，不仅难以防御各种错误意识形态的消极影响，严重制约了意识形态的渗透性和能动性，妨碍了马克思主义的正常发展，影响了马克思主义的战斗力和鉴别力。

马克思主义不能在封闭中维护自己的安全，只能在开放中，在斗争中，广泛吸取一切人类文明成果，充实自己，发展自己，在同一切反社会主义意识形态斗争中，战胜对手，永立不败之地。

马克思主义是开放的，是继承人类遗产基础上发展的，要洋为中用。马克思主义经典作家曾经指出："在每一科学领域中都有一定的材料，这些材料是从以前的各代人的思维中独立形成的，并且在这些世代相继的人们的头脑中经过了自己的独立的发展道路。"①"每一个时代的哲学作为分工的一个特定的领域，都具有由它的先驱传给它而它便由以出发的特定的思想材料作为前提。"②

马克思主义理论的创立和发展，本身就是对前人理论成果批判继承的光辉典范。列宁曾说过："马克思一方面能够承受并进一步发展'18 世纪的精神'，另一方面又能承受并进一步发展 19 世纪初期那些哲学家和历史学家的经济主义和历史主义（以及辩证法）。"马克思主义"绝不是离开世界文明发展大道而产生的固步自封、僵化不变的学说。恰巧相反，马克思的全部天才正在于他直接回答了人类先进思想已经提出的种种问题。他的学说的产生正是哲学、政治经济学和社会主义的最伟大代表的学说的

---

① 《马克思恩格斯选集》第 4 卷，人民出版社 1995 年版，第 727 页。
② 同上书，第 703—704 页。

直接继续"。

2. 要正确处理马克思主义的开放性和排他性的关系

1986 年党的十二届六中全会通过的《中共中央关于加强社会主义精神文明建设若干重要问题的决议》指出，"在新形势下加强精神文明建设，是对全党同志的一个重要考验。如何在以经济建设为中心的前提下，使物质文明建设和精神文明建设相互促进，协调发展，防止和克服一手硬、一手软；如何在深化改革、建立社会主义市场经济的条件下，形成有利于社会主义现代化建设的共同理想、价值观念和道德规范，防止和遏制腐朽思想和丑恶观念的滋长蔓延；如何在扩大对外开放、迎接世界新科技革命的情况下，吸收外国优秀文明成果，弘扬祖国传统文化精华，防止和消除文化垃圾的传播，抵御敌对势力对我'西化'、'分化'的图谋，这是在社会主义现代化进程中必须认真解决的历史性课题。""建立和完善社会主义市场经济体制，必须紧密结合改革和发展的实践，健全社会主义法制，加强精神文明建设，引导人们正确处理竞争和协作、自主和监督、效率和公平，先富和共富、经济效益和社会效益等关系，反对见利忘义、唯利是图，形成把国家和人民利益放在首位而又充分尊重公民个人合法利益的社会主义利益观，形成健康有序的经济和社会的规范。"

实行对外开放以后，涌进国门的既有先进的科学技术、优秀的文化成果、现代的管理方法、可利用的资金、设备、市场，也有消极、落后，甚至反动的糟粕。在这种情况下，要正确处理马克思主义的开放性和排他性的关系。更要强化马克思主义的指导地位。

在开放过程中，要鉴别、要分析，要以我为主导，要吸纳外部好的东西，要创新、发展，同时要对腐朽的东西要抵制、批判、斗争。不能让其冲击、动摇马克思主义的主导地位，更不能让其取而代之。毛泽东说过："我们的方针是，一切民族、一切国家的长处都要学，政治、经济、科学、技术、文学、艺术的一切真正好的东西都要学。但是，必须有分析有批判地学，不能盲目地学，不能一切照抄，机械搬运。他们的短处、缺点，当然不要学。"[①] 邓小平也指出："我们在实行对外开放政策的时候，已经意识到将带进资本主义国家的一些消极影响。西方好的东西，应该借鉴、学习。但开放也会带来一些坏的东西，影响人们的思想，特别是青年

---

① 《毛泽东选集》第 5 卷，人民出版社 1977 年版，第 285 页。

的思想。所以我们同时必须反对资产阶级自由化。"

3. 正确处理中与"洋"的关系

面对外来文化的冲击和影响，应该坚持马克思主义的主导地位，只有正确处理中与"洋"的关系。

坚持马克思主义的开放性，有助于我们吸收国外优秀的文化成果、先进的思想观念，研究新资料，推动我国主流意识形态的发展，提高我国主流意识形态的水平，增强主流意识形态的战斗力。

马克思主义是科学，所以就要求我们用科学的态度对待它，要把经典作家的论断放到当时的历史环境中认识，紧密结合今天的实践来加深领会。努力分清哪些是必须长期坚持的马克思主义基本原理，哪些是需要结合新的实际加以丰富发展的理论判断，哪些是必须破除的对马克思主义错误的、教条式的理解，哪些是必须澄清的附加在马克思主义名义下的观点。

既然我们相信马克思主义是科学，所以就不会因为今天马克思主义在全球所处的地位而感到沮丧，我们坚信马克思主义不会过时，仍然具有强大的生命力，正像邓小平所说的："我坚信，世界上赞成马克思主义的人会多起来的，因为马克思主义是科学。"① 就应该像列宁所说的，向马克思学习，学习马克思坚定的革命信念，学习马克思坚忍不拔的革命精神，学习马克思在革命低潮时的乐观态度！列宁曾经指出，"他们曾经一百次、一千次地宣告唯物主义已被驳倒，可是直到现在，他们还在一百零一次、一千零一次地继续驳斥它。"

二　中国化、时代化、大众化并行推进，突出和彰显大众化

马克思主义中国化的历史经验表明，必须实现马克思主义中国化、时代化、大众化并行推进，不能割裂三者的关系，这是马克思主义的本质要求。马克思主义在中国运用和发展的历史，就是马克思主义中国化、时代化、大众化并进发展的历史。

马克思主义是外来的先进思想，用以指导中国人民的社会实践，就有

---

① 《邓小平文选》第 3 卷，人民出版社 1993 年版，第 382 页。

与中国国情和中国人民的具体实践相结合的问题。只有为中国人民所接受、所消化、所使用，成为中国化的马克思主义，才能起科学指南的作用。因此，马克思主义中国化、时代化、大众化始终是马克思主义在中国运用需要解决的重大课题。

（一）马克思主义中国化、时代化、大众化并行推进

马克思主义的创始人曾经指出，马克思主义的一般原理整个来说直到现在还是完全正确的，但这些原理的实际应用随时随地都要以当时的历史条件为转移。列宁坚持和发展了马克思和恩格斯这个带有根本原则的重要指导思想，在他的著作中多次进行阐发。列宁指出，决不把马克思主义理论看成一成不变的东西，必须把马克思主义基本原理与本国具体实际相结合，善于运用马克思主义的立场观点方法来分析、研究和解决本国社会主义革命和建设中的问题，并在实践中不断发展马克思主义的科学理论。

1. 要在实践中不断发展马克思主义

列宁在 19 世纪末写的一篇文章《我们的纲领》中指出，我们完全以马克思的理论为依据，因为它第一次把社会主义从空想变成科学，给这个科学奠定了巩固的基础，指出了继续发展和详细研究这个科学所应遵循的道路。"我们决不把马克思的理论看做某种一成不变的和神圣不可侵犯的东西；恰恰相反，我们深信：它只是给一种科学奠定了基础，社会党人如果不愿意落后实际生活，就应当在各方面把这门科学推向前进。我们认为，对于俄国社会党人来说，尤其需要独立地探讨马克思的理论，因为它所提供的只是总的指导原理，而这些原理的应用具体地说，在英国不同于法国，在法国不同于德国，在德国又不同于俄国。"①

1906 年 9 月 30 日，列宁在《游击战争》一文中指出，马克思主义者研究问题时，必须对研究对象进行历史的考察，脱离历史的具体环境来谈问题，就是不懂辩证唯物主义的起码常识，就等于完全抛弃马克思主义的立足点。

1911 年，列宁在《我们的取消派》一文中指出，既然马克思主义具有丰富多彩的思想内容，那么在俄国也同在其他国家一样，不同的历史时期时而特别突出马克思主义的这一方面，时而特别突出马克思主义的那一

---

① 《列宁专题文集·论马克思主义》，人民出版社 2009 年版，第 96 页。

方面，那就不足为奇了。但这并不是说在任何时候可以忽视马克思主义的某一方面，而只是说把注意力主要放在这一方面或那一方面，并不取决于主观愿望，而取决于总的历史条件。

1914 年，列宁在《论民族自决权》一文中指出，在分析任何一个社会问题时，马克思主义理论的绝对要求，就是要把问题提到一定的历史范围之内；如果谈到某一国家，那就要估计到在同一历史时代这个国家不同于其他各国的具体特点。

1920 年 6 月 12 日，列宁针对《共产主义》杂志的错误倾向发表的评论中认为，空谈马克思主义，对十分明确的历史情况不作具体分析，不去努力抓住最本质的东西，这是一种不容忽视的缺点和病症。他强调指出：马克思主义的精髓，马克思主义的活的灵魂，就是对具体情况作具体分析。

2. 同步推进马克思主义中国化、时代化、大众化

1930 年，毛泽东同志在《反对本本主义》中就指出：在中国搞马克思主义不能"专门从书本上讨生活"，正确的路线政策策略"决不是少数人坐在房子里能够产生的，它是要在群众的斗争过程中才能产生的"，因此，"马克思主义的'本本'是要学习的，但是必须同我国的实际情况相结合"。可以说这是马克思主义中国化的最早思想表达。1938 年党的六届六中全会上，毛泽东同志明确指出："成为伟大中华民族之一部分而和这个民族血肉相联的共产党员，离开中国特点来谈马克思主义，只是抽象的空洞的马克思主义。因此，使马克思主义在中国具体化，使之在其每一表现中带着必须有的中国的特性，即是说，按照中国的特点去应用它，成为全党亟待了解并亟须解决的问题。"邓小平同志曾经指出："多年来，存在一个对马克思主义、社会主义的理解问题。""马克思主义去世以后一百多年，究竟发生了什么变化，在变化的条件下，如何认识和发展马克思主义，没有搞清楚。绝不能要求马克思为解决它去世之后上百年、几百年所产生的问题提供现成的答案。列宁同样也不能承担他去世以后五十年、一百年所产生的问题提供现成的答案。真正的马克思列宁主义必须根据现在的情况，认识、继承和发展马克思列宁主义。"①

正是坚持马克思主义中国化、时代化、大众化并进发展，所以在中国革命、建设和改革的历程中，中国共产党人坚持马克思主义的立场、观

---

① 《邓小平文选》第 3 卷，人民出版社 1993 年版，第 291 页。

点、方法，在新的思想高度上继承和发展马克思主义，形成了中国化马克思主义，并为广大人民群众所掌握，推动了中国革命、建设和改革取得伟大成就。以毛泽东同志为核心的党的第一代中央领导集体，首先提出马克思主义中国化的重大任务，创立了毛泽东思想，开创了中国特色革命道路，建立了社会主义新中国；以邓小平同志为核心的党的第二代中央领导集体，坚持推进马克思主义中国化，深入总结社会主义建设正反两方面的经验，形成了邓小平理论；以江泽民同志为核心的党的第三代中央领导集体，在不断推进中国特色社会主义伟大事业的过程中继续推进马克思主义中国化，形成了"三个代表"重要思想；党的十六大以来，以胡锦涛同志为总书记的党中央，站在新的历史高度，再次向全党提出了推进马克思主义中国化的新要求，形成和贯彻了科学发展观，有力推进了中国特色社会主义发展进程，实现了马克思主义中国化在认识和实践上的新发展，把我们对中国特色社会主义规律的认识提高到新的水平，开辟了当代中国马克思主义发展新境界。

（二）突出和彰显马克思主义大众化

1. 应该把马克思主义大众化放在突出位置

在未来同时推进马克思主义中国化、时代化、大众化发展过程中，根据我国的具体实际情况，应该把马克思主义大众化放在突出位置。改革开放三十多年来，我们看到，马克思主义中国化、时代化实现了第二次成功飞跃，形成了中国特色社会主义理论体系。虽然中国共产党采取了一系列大众化措施，包括实现中国特色社会主义理论体系进教材、进课堂、进大脑，用中国特色社会主义理论体系武装全党、教育干部，但是效果并很不明显。普通民众对中国特色社会主义理论体系认同度不是很高，不少领导干部并没有真正掌握中国特色社会主义理论体系精髓，对马列主义、毛泽东思想掌握得更是比较缺乏。马克思主义的生命力就在于深深根植于人民中间。

马克思说过："哲学把无产阶级当作自己的物质武器，同样，无产阶级也把哲学当作自己的精神武器。"[①] 在未来一段时间，必须大力推进马克思主义大众化，用马克思主义武装全党、教育人民。

---

① 《马克思恩格斯选集》第 1 卷，人民出版社 1995 年版，第 15 页。

马克思主义的最鲜明的政治立场就是代表最广大人民的根本利益，站在最广大人民的立场。马克思主义第一次科学地阐明了人民群众在历史发展中的作用，认为人民群众是历史的创造者，人民群众的根本利益、意志、愿望体现了社会发展的要求和方向。巩固马克思主义的指导地位，必须让马克思主义深深地扎根于人民群众之中，这样马克思主义才能获得在意识形态领域指导地位的最深厚的社会基础。

2. 学习马克思主义是全党的责任

学习马克思主义是全党的责任。马克思主义信仰，是共产党人的命脉和灵魂。中国共产党从诞生之日起就把马克思主义写在自己的旗帜上，把系统掌握马克思主义基本理论作为自己的"看家本领"。"共产党员有了革命的理论，才能从复杂万分的事情中弄清一个头绪，从不断变化的运动中找出一个方向来，才能把革命的工作做好。不然，就会在复杂的、不断变化的革命环境中，迷失道路，找不到方向，不能独立工作，也不能正确地实现党的任务和决定。"①

3. 党的高级干部要率先学习马克思主义基本理论

党的高级干部要率先学习马克思主义基本理论。党的高级干部学习、掌握马克思主义基本理论，对于巩固马克思主义的指导地位至关重要。苏联解体一个重要原因就是苏共一些高级干部甚至是党的领导人放弃了马克思主义的信仰。1939 年 12 月 10 日，陈云同志在《关于干部队伍建设的几个问题》讲话中指出，"负责的人要带头学，你这样做了，别人也会照样去做。"1987 年 7 月 17 日，他对一位中央负责人说："要把我们的党和国家领导好，最要紧的，是要使领导干部的思想方法搞对头，这就要学习马克思主义哲学。"②

4. 坚持理论联系实际的学风和密切联系群众的作风

推进马克思主义大众化，要坚持理论联系实际的学风和密切联系群众的作风，这是推进马克思主义大众化的根本途径。

学风问题是对待马克思主义的根本态度问题。如果学风不正，把马克思主义变成教条，脱离实际，就会给党的事业带来灾难性的危害。作风问题是学风问题在工作上的具体化。联系实际最根本的就是联系群众实际。

---

① 《陈云文选》第 1 卷，人民出版社 1995 年版，第 187—188 页。
② 《陈云文选》第 3 卷，人民出版社 1995 年版，第 285、360 页。

坚持理论联系实际的学风，就要坚持密切联系群众的作风。全党树立了优良的学风和作风，才能做到实事求是，才能不断推进马克思主义中国化。坚持理论联系实际和密切联系群众，必须坚持实践第一的观点，密切联系不断发展的实践，从实践需求出发，面向实际、面向群众、面向未来，不断总结广大人民群众推动科学发展的新经验、新做法，在回答和解决实际问题中推进理论创新，用创新理论指导新的实践。

毛泽东同志反复强调理论联系实际，指出"理论和实际统一"是马克思主义的一条基本原则。"我们学马克思列宁主义不是为着好看，也不是因为它有什么神秘，只是因为它是领导无产阶级革命事业走向胜利的科学。"毛泽东同志把这个思想归纳为一句现在已经大家都耳熟能详的名言："对于马克思主义的理论，要能够精通它、应用它，精通的目的全在于应用。"他说："马克思列宁主义理论和中国革命实际，怎样互相联系呢？拿一句通俗的话来讲，就是'有的放矢'。'矢'就是箭，'的'就是靶，放箭要对准靶。马克思列宁主义和中国革命的关系，就是箭和靶的关系。有些同志却在那里'无的放矢'，乱放一通，这样的人就容易把革命弄坏。有些同志则仅仅把箭拿在手里搓来搓去，连声赞曰：'好箭！好箭！'却老是不愿意放出去。这样的人就是古董鉴赏家，几乎和革命不发生关系。马克思列宁主义之箭，必须用了去射中国革命之的。这个问题不讲明白，我们党的理论水平永远不会提高，中国革命也永远不会胜利。"

（三）坚持改造客观世界与改造主观世界的统一

推进马克思主义大众化，要坚持改造客观世界同改造主观世界的统一，这是马克思主义大众化的根本目的。马克思主义是改造客观世界的最有力的武器，同时，马克思主义者在改造客观世界的时候，也不断地改造着自己的主观世界。这两个方面，是有机地统一的。只有对马克思主义真信、真学、真懂、真用的人，才能够真正有理论自觉和理论自信。理论自觉就是自觉地学习理论、信仰理论、践行理论。理论自信就是相信马克思主义是科学真理，是能够解决现实生活中的实际问题的，是能够得到群众信任和赞同的。一个双重人格的人，嘴里讲马克思主义，但却言行不一，从不准备在自己身上实行，马克思主义讲起来也是没有底气的，是心虚的，是言不由衷的。我们很难相信，一个极端利己主义者能够成为全心全意为人民服务的公仆，一个享乐主义者能够同群众同甘苦、共命运，一个唯我独尊的官僚主义者能够真正做到"以人为本"。所以，推进马克思主义中国化，不在改造客观世界的同时注意改造自己的主观世界，所谓改造客观世界也只是一句空话。

推进马克思主义大众化，要增强马克思主义的吸引力和凝聚力，不能只是停留在口头上，只是停留在文件上，而必须真正落实到实际工作当中，落实到武装头脑、教育群众的过程当中。使党员干部和广大人民群众正确把握党的基本理论，不忘革命传统，树立时代精神，巩固中国特色社会主义的共同理想。并真正实现从抽象到具体、从学理化到通俗化的转变，让人民群众参与其中自我教育、融入其中自我提高，使马克思主义真正转化为人民群众的自觉追求。

三　强化问题意识，马克思主义中国化面临新的历史课题

学习马克思主义的目的全在于运用。马克思主义中国化的未来发展中，只有直面中国面临的问题，并能够有效解决这些问题，马克思主义的大旗才能在中国大地上永远飘扬，成为中国人民永远信服的思想武器。

（一）强化问题意识，解决实际问题

1. 提高马克思主义中国化解决问题的能力

现在马克思主义中国化面临的一个严重挑战就是问题意识不强，对现实问题的解释力不强，指导力、改造力要强化。这也是在一些普通民众中、少数干部中存在理论无用论市场的重要原因。因此，在未来的马克思主义中国化过程中，必须提高马克思主义中国化解决问题的能力。

在新民主主义革命时期，许多人在国民党白色恐怖的统治下，冒着生命危险，学习马克思主义，信仰马克思主义，是因为正是马克思主义中国化的第一次飞跃的理论成果——毛泽东思想，能够解决中国革命问题，使他们看到了中国的出路。改革开放以来，马克思主义中国化实现了第二次理论飞跃，开辟和发展了中国特色社会主义，取得了改革开放的伟大成就。但同时，我们要看到，一些重大的问题还需要从理论上予以回答，从实践上予以解决。例如，中国如何在全球化的条件下，既要吸纳资本主义合理的成分，又能积极防止西方资本主义的和平演变的图谋？中国如何既

能充分利用市场经济的活力，又能有效发挥社会主义的制度优势克服市场经济的负面，防止两极分化的发生，实现共同富裕？如何看待当前中国公有制与非公有制的关系，如何实现两者的共同发展，如何看待中国私营企业主的阶级属性，如何保证工人阶级在非公有制经济里面的主人翁地位？中国共产党如何实现党的领导、人民民主与依法治国的有机统一？中国共产党如何有效处理脱离群众、日益加剧的腐败的危险，一句话，中国共产党如何跳出历史周期律？等等，这些问题都要中国化的马克思主义去回答。

2. 用发展着的马克思主义指导新的实践

在面对"四个考验"、存在"四个危险"的情况下，中国共产党必须通过学习马克思主义基本理论，坚持在实践中检验真理、发展真理，坚持运用马克思主义立场、观点、方法准确把握当今世界发展大势，准确把握社会主义初级阶段基本国情，准确把握改革发展实际，及时总结党领导人民创造的新鲜经验，不断作出新的理论概括，用发展着的马克思主义指导新的实践。

马克思主义的生命力就在于"马克思主义具有与时俱进的理论品质"①。马克思恩格斯对自己创立的理论，一再强调："我们的理论是发展着的理论，而不是必须背得烂熟并机械地加以重复的教条。"② 列宁明确指出："我们决不把马克思的理论看作某种一成不变的和神圣不可侵犯的东西；恰恰相反，我们深信：它只是给一种科学奠定了基础，社会党人如果不愿落后于实际生活，就应当在各方面把这门科学向前推进。"③

（二）提出新的课题，作出新的科学回答

1. 必须坚持解放思想

必须根据时代、实践和科学的发展而不断推进马克思主义中国化，要以中国问题、以我们正在做的事情为中心，着眼于马克思主义理论的运用，着眼于对实际问题的理论思考，着眼于新的实践和新的发展。

必须坚持解放思想，自觉地把思想认识从那些不合时宜的观念、做法

---

① 江泽民：《在庆祝中国共产党成立八十周年大会上的讲话》（2001年7月1日），人民出版社2001年7月单行本，第26—27页。

② 《马克思恩格斯选集》第4卷，人民出版社1995年版，第681页。

③ 《列宁选集》第1卷，人民出版社1995年版，第274页。

和体制中解放出来，从对马克思主义的错误的和教条式的理解中解放出来，从主观主义和形而上学的桎梏中解放出来，推进马克思主义发展。

2. 发展中国特色社会主义理论体系

坚持中国特色社会主义理论体系，在实践中继续丰富和发展这个理论，是党中央领导集体和全体共产党人的庄严历史责任。

中国特色社会主义理论体系，集中体现了当今世界和当代中国的发展变化对党和国家工作的新要求，集中体现了全党全国各族人民的意志，集中体现了当代中国马克思主义的实践特色、民族特色、时代特色，是我们党励精图治、开拓进取、探索真理、把握规律的结果。

中国特色社会主义理论体系之所以完全正确、之所以能够引领中国不断发展进步，关键在于它既破除了对马克思主义的教条式理解，又抵制了抛弃社会主义基本制度的错误主张；既坚持了科学社会主义的基本原则，又具有鲜明的时代特征和中国特色；既继承了马克思主义老祖宗，又开拓了马克思主义新境界。在当代中国，坚持马克思列宁主义、毛泽东思想，就必须坚持中国特色社会主义理论体系；坚持中国特色社会主义理论体系，就是真正坚持马克思列宁主义、毛泽东思想。

中国特色社会主义理论体系是开放的，它将继续在回答和解决"什么是马克思主义，如何对待马克思主义"、"什么是社会主义，怎样建设社会主义"、"建设什么样的党，怎样建设党"、"实现什么样的发展、怎样发展"等重大问题的基础上，进一步回答和解决新出现的重大理论和实践问题。正如习近平总书记在纪念毛泽东诞辰 120 周年座谈会上讲话中指出："今天，坚持和发展中国特色社会主义，全面深化改革，有效应对前进道路上可以预见和难以预见的各种困难与风险，都会提出新的课题，迫切需要我们从理论上作出新的科学回答。我们要及时总结党领导人民创造的新鲜经验，不断开辟马克思主义中国化新境界，让当代中国马克思主义放射出更加灿烂的真理光芒。"

中国改革已经进入了关键期，在全面深化改革中如何坚持社会主义方向，如何巩固公有制主体地位，如何坚持共同富裕原则，如何在市场对资源配置起决定作用中坚持政府的有效宏观调控，如何在开放中防止西方资本主义的西化、分化图谋，等等。这些问题都是马克思主义中国化过程中需要回答的。应该在回答这些重大的理论和实践问题中推进马克思主义中国化。

四　引领社会思潮,践行与普及
社会主义核心价值体系

在未来的马克思主义中国化过程中，马克思主义中国化要引领多样化社会思潮，既要旗帜鲜明地反对反马克思主义思潮，又要善于用马克思主义引领非马克思主义思潮。

马克思主义是在斗争中发展的。一部马克思主义发展史，就是随着时代、实践和科学的发展，吸收人类创造的一切文明成果，在同各种思想理论的相互激荡和斗争中，不断丰富、完善和创新的历史。

（一）善于正确引领多样化社会思潮

1. 马克思主义需要捍卫

毛泽东同志指出：正确的东西总是在同假的、恶的、丑的东西相比较而存在，相斗争而发展的。

邓小平同志反复强调：要继续批判和反对封建主义在党内外思想政治方面的种种残余影响，并继续制定和完善各种符合于社会主义原则的制度和法律来消除这些影响。同时，要批判和反对崇拜资本主义、主张资产阶级自由化的倾向，批判和反对资产阶级损人利己、唯利是图、"一切向钱看"的腐朽思想，批判和反对无政府主义、极端个人主义。……否则我们就不可能建设社会主义，就会被种种资本主义势力所侵蚀腐化。

江泽民同志明确指出：意识形态领域，社会主义思想不去占领，资本主义思想就必然去占领。……对于这些年来极少数人所散布的资产阶级自由化观点，比如所谓政治多元化、经济私有化、中产阶级论、全盘西化论、马列主义过时论等。……要写出有说服力的高质量的批判文章，以澄清那些反动的错误的观点在人们头脑中造成的思想混乱。马克思主义是在斗争中坚持和发展的。只有克服错误的东西，才有利于树立和发展正确的东西。只有进行这种严肃的科学的批判，才能统一认识、增强团结、稳定大局。

马克思主义作为无产阶级和人类解放的学说，是需要马克思主义者捍卫的。列宁指出，马克思主义者不仅要运用和发展马克思主义，而且要随时进行宣传，保卫马克思主义不被歪曲，并使之继续发展。列宁本人就是

始终坚持宣扬和捍卫马克思主义的典范。1910 年 12 月，当马克思主义运动内部出现极端严重的内部危机时，列宁指出，"对这种危机所引起的问题避而不谈是不行的。企图用空谈来回避这些问题，是最有害的、最无原则的。现在，由于资产阶级的影响遍及马克思主义运动中的各种各样的'同路人'，使马克思主义的理论基础和基本原理受到了来自截然相反的各方面的曲解，因此团结一切意识到危机的深重和克服危机的必要性的马克思主义者来共同捍卫马克思主义的理论基础和基本原理，是再重要不过了的。""因此，弄明白目前必然发生这种瓦解的原因，并且团结起来同这种瓦解进行彻底的斗争，的的确确是马克思主义者的时代任务。"①

2. 要敢于与各种反马克思主义思潮作斗争，要有效引领非马克思主义思潮

当前，世界社会主义运动还处于低谷时期，我国既面临着西方敌对势力"西化"、"分化"的危险，同时社会正经历着深刻的历史变革，伴随着改革开放和社会主义市场经济的纵深发展，社会生活多样、多变的特征日益显现，人们思想活动的独立性、选择性、多变性、差异性不断增强，各种思想观念相互交织、相互影响、相互激荡，社会思想领域存在着反马克思主义和非马克思主义的思潮，巩固马克思主义在意识形态领域的指导地位面临着各种挑战。这就要求我们：

一方面，要敢于与各种反马克思主义思潮作斗争。各级党委，特别是党的各级领导干部和思想理论战线，要"胸怀大局、把握大势、着眼大事，做到因势而谋、应势而动、顺势而为"，在思想理论和意识形态阵地上，要"守土有责、守土负责、守土尽责"，不能作开明绅士，有敢于"亮剑"、善于"亮剑"的本领和胆略，对于事关党和国家命运的政治原则问题，不能退避躲让，要敢于站在思想理论斗争的前沿，勇于坚守马克思主义的思想理论阵地。

另一方面，要善于用马克思主义有效引领和整合各种非马克思主义思潮，在尊重差异中扩大社会认同，在包容多样中形成思想共识。要坚信马克思主义的科学性，提高人民群众运用马克思主义立场、观点、方法分析问题和解决问题的能力，自觉辨别和抵制各种不良思想文化的影响，不能简单地把不符合甚至违背马克思主义的东西统统归于反马克思主义，那样

---

① 《列宁专题文集·论马克思主义》，人民出版社 2009 年版，第 161—162 页。

只会四面树敌、孤立自己。对非马克思主义的思想，既要斗争，也要尊重、包容、借鉴、吸收，团结一切可以团结的力量，打造实现"中国梦"的最广泛的社会基础。

（二）践行和普及社会主义核心价值体系

引领多样化社会思潮，重要的是作为主流意识形态的社会主义核心价值体系，必须真正占据统治地位，而不是徒有虚名。社会主义核心价值体系是我国指导思想、共同理想、民族精神、道德观念的集中体现，是社会主义精神文明建设的基本内容。建设社会主义核心价值体系，形成全民族奋发向上的精神力量、团结和睦的精神纽带，是增强民族凝聚力和国家软实力的客观需要。要用社会主义核心价值体系实现引领，真正深入人心，普及到全体大众，真正成为中国人民共同的思想基础。

在实践中，我们将始终把社会主义核心价值体系建设作为主线，贯穿到国民教育和精神文明建设全过程，践行和普及社会主义核心价值体系。坚持不懈地用马克思主义中国化最新成果武装全党、教育人民，用中国特色社会主义共同理想凝聚力量，用以爱国主义为核心的民族精神和以改革创新为核心的时代精神鼓舞斗志，用社会主义荣辱观引领风尚，巩固全党全国各族人民团结奋斗的共同思想基础。我们将继续积极探索用社会主义核心价值体系引领社会思潮的有效途径，既尊重差异、包容多样，又有力抵制各种错误和腐朽思想的影响。

五　扩大中国化马克思主义国际影响

十八大以后，习总书记多次讲话中要提高国家文化软实力，要努力提高国际话语权，精心构建对外话语体系，增强对外话语的创造力、感召力、公信力。这些指示对今天指导理论"走出去"具有重要指导意义。经过改革开放30多年的发展，中国已经跨越了纯粹的"请进来"的阶段，进入到在"请进来"的同时也要"走出去"的阶段。这里所说的"走出去"，不光包括商品走出去、投资走出去、人员走出去，也包括理论走出去、观念走出去、话语走出去、文化走出去。经济、政治和军事实力固然有助于提升国际地位和影响力，但这种提升并不是无限的，也不是必然成比例的。国家发展到一定程度、一定阶段之后，必然要求有与硬实力相适应的文化软实力来作为补充，共同塑造更具吸引力的国家形象。在这方面理论"走出去"就非常重要。中国奇迹的关键内涵在于开辟和发展了中国特色社会主义。中国特色社会主义理论体系是构建中国话语的最核心内容。随着中国的崛起，世界对中国成功越来越关注。中国搞社会主义，一方面要实现中国国家富强、民族振兴、人民幸福，另一方面也要为人类进步做贡献，推进世界社会主义运动振兴。扩大中国化马克思主义的国际影响，让世界借鉴中国的发展经验，也是中国的世界责任。

未来扩大中国化马克思主义的国际影响，也是马克思主义中国化的重要趋向。世界也有这种需求。2012 年 5 月 21 日，匈牙利国会副主席、"世界之桥"基金会创始人乌伊海伊·伊斯特听完中央文献研究室主任冷溶关于中国特色社会主义理论的介绍后说：您今天的讲话让我受益匪浅，我的确学到了很多东西，像您刚才提到的那些思想和理论，我们在欧洲很少能读到。中国共产党起初只注重自身发展和国内秩序，但中国现在发展越来越强大，不仅仅承担自己发展的任务，也在承担更多的任务，所以对我们这些欧洲的领导来说，理解中国所走的道路是非常重要的。这个例子充分证明了扩大中国化马克思主义不仅必要，也有这个需求。

实践发展永无止境，认识真理永无止境，理论创新永无止境。在未来的征程中，继续推进马克思主义中国化，一定要勇于实践、勇于变革、勇于创新，把握时代发展要求，顺应人民共同愿望，不懈探索、把握和运用马克思主义中国化的规律，在党和人民创造性实践中，奋力开拓中国特色社会主义更为广阔的发展前景。

附录一　马克思主义本土化的国际视野

　　世界社会主义运动表明，马克思主义总是在与各民族国家具体实际相结合的进程中开辟发展道路的，十月革命及其诞生的列宁主义，是马克思主义和民族国家具体实际相结合的第一个成功范例。东欧剧变前的八个社会主义国家以及越南、朝鲜、老挝、古巴等国家都坚持把马克思主义的基本原理和各国具体实际相结合，探索具有本国特色的社会主义道路。苏联、东欧八个社会主义国家、越南、朝鲜、老挝和古巴这些曾经的和现存的共产党执政国家，在社会主义革命、建设和改革的进程中一直在探索把马克思主义的基本原理和各国具体实际相结合，并且先后形成了具有本国特色的马克思主义理论体系。深入研究曾经的和现存的社会主义国家实现马克思主义基本原理和各国具体实际相结合的历史进程、理论成果和经验教训，对于深刻揭示马克思主义中国化的基本经验和规律，推进中国特色社会主义伟大事业具有重要的启示意义。

第一节　马克思主义在苏联东欧的发展及启示

　　历史表明，社会主义国家的革命、建设和改革要想取得胜利，最为关键的就是各国人民在各国共产党的领导下，把马克思主义基本原理和各国具体情况相结合，找到各国自己的革命、建设和改革的道路。俄国十月革命取得了胜利，并且永载世界社会主义运动的史册，最主要的原因是列宁做到了把马克思主义基本原理和俄国革命的具体实际相结合，对俄国革命的形势有着比较准确的把握，找到了一条适合俄国具体国情的革命道路，形成了本国的马克思主义——列宁主义。后来之所以会发生东欧剧变和苏联解体这样的悲剧，最主要的原因就在于没能把马克思主义基本原理和苏联以及东欧社会主义国家的具体实际相结合，也就注定不会找到适合自己国情的社会主义发展道路。在新的历史时期，和平与发展已经成为时代主题，现存的社会主义国家必须认真汲取马克思主义在各民族国家发展过程中的经验教训，认真思考什么是社会主义、如何建设社会主义等重大问题，努力探索适合本国国情的社会主义发展道路。

一 马克思主义在苏联东欧发展的主要历程

20 世纪上半叶，随着俄国十月革命的胜利，世界上诞生了第一个社会主义国家——苏联。十月革命是马克思主义本土化的第一次成功实践，也是马克思主义本土化的光辉典范。在苏联的影响和帮助下，东欧的民主德国、捷克斯洛伐克、波兰、南斯拉夫、罗马尼亚、保加利亚、匈牙利、阿尔巴尼亚八个国家都取得了革命胜利，走上了社会主义道路，马克思主义本土化迅速由一国扩展到多国，得到了巨大发展。

（一）苏联东欧社会主义革命时期（20 世纪初至 20 世纪 40 年代末）

苏联，全称是苏维埃社会主义共和国联盟，是存在于 1922 年至 1991 年的联邦制国家，由 15 个平等权利的苏维埃社会主义共和国（加盟共和国）按照自愿联合的原则组成，其政府权力高度集中，奉行世界上第一个完全的社会主义制度及计划经济政策，由苏联共产党一党执政。苏联是当时世界上国土面积最大的国家，占有东欧的大部分，以及几乎整个中亚和北亚。苏联有 100 多个民族，人口为 2.845 亿（1988 年初）。20 世纪初，俄国首先成为帝国主义统治链条中最薄弱的环节。以列宁为代表的俄国马克思主义者，把马克思主义基本原理同俄国工人运动实际结合起来，创建了无产阶级新型政党——布尔什维克党。列宁根据时代特点和俄国革命实际，创造性地提出了帝国主义论和社会主义"一国胜利论"，为俄国无产阶级革命指明了方向。1917 年 3 月 12 日，俄国二月革命爆发，沙皇统治被推翻，布尔什维克党及时推动资产阶级革命向无产阶级革命转变，发动了伟大的俄国十月社会主义革命，从而在世界上建立起了第一个无产阶级专政的社会主义国家，使社会主义由理想变成了现实。十月革命的胜利，是国际共产主义运动历史上取得的伟大成果，这是世界近代历史上发生的重大事件，它开辟了人类历史的新纪元。

十月革命胜利之后，列宁、斯大林领导苏联党和人民艰苦奋斗，探索建设社会主义的道路，先后实行了"战时共产主义"政策和新经济政策，推动了社会主义工业化和农业集体化，逐步建立起了社会主义制度。苏联社会主义建设取得了巨大的成就，社会主义制度的优越性在人类历史上第一次在实践中得到了充分体现，其他社会主义国家也因此而大受鼓舞，国际共产主义运动得到了巨大的发展。

20 世纪 30—40 年代，德、意、日法西斯统治集团在欧洲、亚洲和非洲发动了一系列的侵略战争，导致了第二次世界大战的全面爆发。1941 年 6 月 22 日，德国法西斯向苏联发动突然袭击，苏联社会主义制度面临巨大威胁，以斯大林为首的联共（布）领导苏联人民进行了伟大的卫国战争，最终取得了反法西斯战争的胜利。苏联取得反法西斯战争胜利具有重大的世界历史意义，它证明了社会主义制度的优越性和强大的生命力，同时也为世界反法西斯战争的胜利奠定了基础，极大地鼓舞了亚、非、拉美殖民地半殖民地人民的民族解放运动，给帝国主义殖民体系以沉重打击。

20 世纪 40 年代初，东欧的南斯拉夫、阿尔巴尼亚人民分别在本国共产党的领导下，建立了民族解放军，同德、意法西斯进行了殊死的斗争，配合苏军，解放了本国领土，1945 年 11 月，成立了南斯拉夫联邦人民共和国；1946 年 1 月，成立了阿尔巴尼亚人民共和国。在罗马尼亚、保加利亚和匈牙利，共产党领导人民乘苏军追击歼灭德军进入本土之际，举行了武装起义，推翻了投靠法西斯轴心国的反动政府，1947 年 12 月，成立了罗马尼亚人民共和国；1946 年 9 月，成立了保加利亚人民共和国；1946 年 2 月，成立了匈牙利人民共和国。波兰和捷克斯洛伐克都是在国外建立革命武装，配合苏联军队打回本国，与国内反法西斯力量会合，取得了民族的解放。1943 年 7 月，成立了波兰民族解放委员会，这标志着波兰人民新生政权的诞生。1945 年 4 月，成立了以捷共为领导的捷克斯洛伐克联合政府。德国和其他国家相比情况比较特殊，它是在苏军的占领区，组织革命力量建立了民主政权。1949 年 10 月，成立了德意志民主共和国。

在 20 世纪上半叶，苏联、民主德国、捷克斯洛伐克、波兰、南斯拉夫、罗马尼亚、保加利亚、匈牙利、阿尔巴尼亚九个国家都取得了革命胜利，走上了社会主义道路。这里需要指出的是，东欧各社会主义国家在建立的过程中，普遍受到了苏联的帮助和影响，这也成为后来这些国家照搬苏联社会主义模式的一个重要原因。

（二）苏东社会主义建设的探索（20 世纪 50 年代至 80 年代末）

从 20 世纪 50 年代开始，苏联和东欧社会主义国家都进入了建设社会主义的新时期。在探索社会主义建设的道路上，苏联尝试进行了一些改革，南斯拉夫形成了自治社会主义道路，波兰提出了"走向社会主义的波兰道路"，匈牙利、捷克斯洛伐克、保加利亚和罗马尼亚对计划经济模式进行了改革，民主德国提出"创造性地建设社会主义"。但由于苏东各国没有处理好改革僵化的苏联体制模式与坚持社会主义基本制度的关系，同时由于其他一些失误，导致这些改革和探索最后都没有成功，从而在社会主义建设过程中经历了不同程度的曲折。

1. 苏联的社会主义建设

第二次世界大战之后，苏联在迅速完成战后重建的任务后，开始社会主义建设的新阶段。1952 年，斯大林发表《苏联社会主义经济问题》，总结了苏联社会主义建设的经验，提出了社会主义制度下经济规律的客观性，这是斯大林和联共（布）对马克思主义的重要发展。[①] 斯大林逝世后，赫鲁晓夫针对苏联农业发展缓慢和工业发展缺乏活力等情况，从 1957 年 3 月开始对经济管理体制进行了调整。但在这个过程中忽视了经济运行的规律，不是借助经济手段，而是依靠行政干预的方式管理经济，导致政令反复无常，改革在经过一番曲折以后，又回到了原来的起跑线上。苏共在 1956 年召开的二十大上批判了对斯大林的个人迷信，但由于赫鲁晓夫采取了全盘否定斯大林的做法，导致了苏联党和人民群众的思想混乱和社会动荡，对世界社会主义国家造成了重大冲击，为西方敌对势力攻击社会主义提供了口实，给世界社会主义运动带来了严重的消极后果。1964 年 10 月，勃列日涅夫就任苏共中央第一书记。他对赫鲁晓夫时期的改革进行了总结，认为赫鲁晓夫的改革是不成功的。[②] 因此，他对赫鲁晓夫时期的改革作了调整，在前期实行了一些比较稳健的改革。勃列日涅夫在任 18 年间，苏联经济社会发展一度非常快，苏联成为与美国并驾齐驱的超级大国，苏联的综合国力达到了顶峰。但勃列日涅夫没能抓住机遇，对苏联高度集中的体制进行全面彻底的改革。20 世纪 70 年代中期以后，苏共领导层呈现出了年龄老化和思想僵化的特点，党内保守主义和官僚主义日益严重，苏联的经济社会发展逐渐放缓甚至停滞。

---

① 《国际共产主义运动史》编写组编：《国际共产主义运动史》，人民出版社 2012 年版，第264 页。

② 同上书，第 266 页。

2. 南斯拉夫自治社会主义道路

南斯拉夫，存在于 1945—1990 年，是欧洲唯一没有加入华沙公约的社会主义国家，也是东欧国家里比较富有的一个国家。第二次世界大战结束以后，南斯拉夫联邦共和国效仿苏联，建立起了社会主义制度。但南斯拉夫共产主义者联盟很快发现，苏联模式不适合南斯拉夫的国情。南斯拉夫开始在工人自治和社会自治的基础上探索社会主义建设的"南斯拉夫道路"。但苏联以领导党自居，要求南斯拉夫按照苏联模式进行社会主义建设，反对南斯拉夫走自己的路。苏联和南斯拉夫两国之间的矛盾由此而不断加深，最终导致苏南冲突的爆发。1948 年 3 月，苏联不仅单方面撤走了在南斯拉夫的全部苏联专家，还使欧洲九国共产党和工人党情报局通过决议开除了南斯拉夫。这一方面造成了社会主义运动的分裂和社会主义阵营的削弱，另一方面也在客观上促使南斯拉夫摆脱了对苏联的依赖，独立探索符合本国国情的社会主义建设道路。南斯拉夫提出了"工人自治"的思想，决定走自治社会主义道路。南斯拉夫的自治社会主义大致经历了三个发展阶段：工人自治阶段（1950—1963 年）、社会自治阶段（1964—1971 年）、联合劳动阶段（1971 年以后）[①]。从 1945 年南斯拉夫联邦人民共和国成立，到 1989 年解体，为了改变高度集中的经济管理模式，更好地发挥市场的作用，南斯拉夫进行了 60 余次的改革。在改革的推动下，南斯拉夫在 20 世纪 70 年代下半期成为中等发展水平的工农业国家，同时也是战后经济增长率最高的国家之一。从马克思主义在南斯拉夫的发展历程来看，自治社会主义是南斯拉夫对社会主义道路的有益探索，它打破了社会主义只有一种苏联模式的观念，使南斯拉夫获得了长足的发展。但由于南斯拉夫没能建立起行之有效的宏观调控机制，致使经济运行中存在的问题越来越多。20 世纪 80 年代中后期，在国内外大环境的影响下，南斯拉夫自治道路的探索遭受了挫折，南斯拉夫联邦最后解体。

3. "通向社会主义的波兰道路"

波兰人民共和国，简称波兰，存在于 1944—1989 年，位于欧洲中部，国土面积为 31.2683 万平方公里，总人口 3790 万人（1989 年），首都是华沙，曾经是东欧工业和畜牧业比较发达的国家之一。1944 年 7 月 21

---

① 《国际共产主义运动史》编写组：《国际共产主义运动史》，人民出版社 2012 年版，第 269—270 页。

日，波兰宣布成立，当时的国名是波兰共和国，1952 年 7 月 22 日正式定国名为波兰人民共和国。1945 年 12 月，波兰工人党召开第一次代表大会，制定了恢复和发展国民经济的三年计划，提出了"通向社会主义的波兰道路"。1947 年，国民经济恢复任务基本完成。1948 年 12 月，波兰工人党和社会党合并为波兰统一工人党，贝鲁特当选为中央委员会主席。波兰统一工人党提出了工业化和农业改造的任务，按照苏联模式在波兰建立起了高度集中的体制。在苏联和欧洲九国共产党和工人党情报局的压力之下，主张走社会主义波兰道路的领导人哥穆尔卡受到打击。体制的僵化导致了波兰经济发展活力日减，人民生活水平提高缓慢，加剧了波兰社会的矛盾，1956 年 6 月 28 日，波兰西部城市爆发 10 多万人参加的示威游行，最后演变为骚乱和流血事件，这就是波兹南事件。这是波兰二战后发生的第一次危机。这次危机迫使波兰统一工人党作出了改革的决定。1956年 10 月，哥穆尔卡在波兰统一工人党二届八中全会上当选为党中央第一书记。他重新提出了"波兰道路"，主张建立工人委员会，扩大议会权力，发展多种形式的农民自治经济。他的改革遭到了国内保守势力和苏联的非难。20 世纪 60 年代后期，波兰不得不放弃改革，重新恢复了优先发展重工业和高度集中的发展模式，经济形势逐渐恶化，人民生活长期得不到改善。1970 年 12 月，波兰发生了全国性的骚乱，再次发生流血悲剧。这成为波兰的第二次危机。哥穆尔卡被迫辞职。1970 年 12 月 20 日，盖莱克就任党中央第一书记。他不顾国家的实际，提出了高速发展战略，由于这个战略脱离了波兰的生产力发展水平，波兰很快便陷入了经济危机之中。1978 年，瓦文萨建立了自由工会组织，随后演变为波兰自治团结工会。1981 年 12 月，团结工会召开秘密会议，企图趁机夺取全国政权，政府不得不实行军事管制。这是波兰的第三次危机，这次危机规模最大、时间最长。1981 年 10 月，雅鲁泽尔斯基接任波兰党中央第一书记，为了缓解危机，他推行了经济和政治改革，并且取得了一定的成效，但改革没有从根本上解决波兰的经济和社会发展问题。

4. 匈牙利式社会主义道路

匈牙利人民共和国简称匈牙利，存在于 1949—1989 年，国土面积约为 9.3030 万平方公里，首都为布达佩斯，人口为 1057.8 万（1989 年），主要民族为马扎尔族（即匈牙利族），约占 98%。匈牙利从 1947 年开始实施恢复国民经济的三年计划，到 1949 年胜利完成。随后，匈牙利开始实施国民经济的第一个五年计划，国民经济得到了较大发展。随着实践的发展，匈牙利照搬苏联模式的做法逐渐显露出了弊端，权力高度集中，经济结构失调，制约了人民生活水平的提高。针对这些弊端，时任匈牙利部长会议主席的纳吉·伊姆雷提出了走匈牙利式社会主义道路的设想，进行了大胆的改革尝试，实施了过渡时期的"新方针"。[①] "新方针"在改革苏联模式弊端、探索匈牙利社会主义道路方面无疑是一个很大的进步，但由于国内的反对和苏联的压力，到1954年年底被搁置了。1955年4月，纳吉下台，匈牙利的社会主义发展重新回到了以前的老路上。1956年10月23日，布达佩斯10万多人爆发了示威游行，随着局势的恶化，演变为骚乱事件。11月初，由于匈牙利党组织已经瘫痪，卡达尔·亚诺什等党的领导人决定重建党的组织，把匈牙利劳动人民党改名为匈牙利社会主义工人党。11月4日，以卡达尔为总理的匈牙利工农革命政府成立。在新政府的要求之下，苏联出兵匈牙利，骚乱逐渐平息。国内局势稳定以后，卡达尔开始"静悄悄的改革"，在政治上实施广泛的"联盟政策"以扩大爱国人民阵线的作用，在经济上推行"计划与市场相结合"的经济体制改革。1968年1月1日起，匈牙利开始进行经济体制的全面改革，正是这次改革造就了1968—1973年匈牙利发展的黄金时期。1973年以后，匈牙利的经济陷入了严重的困境，改革一度停滞。20世纪80年代，匈牙利改革进程缓慢，人民生活水平下降明显。匈牙利对社会主义建设道路的探索，为东欧其他国家的改革提供了有益的经验。匈牙利的改革虽历经坎坷，但最终没有成功，没能完全突破苏联模式的束缚。

5. 保加利亚的"新经济体制"改革

保加利亚的全称是保加利亚共和国，存在于1946—1989年，是欧洲东南部巴尔干半岛上的一个国家，国土面积11.0910万平方公里，人口为797.4万。1948年12月，保加利亚共产党五大制定了社会主义建设的总路线，提出要实现国家的工业化和农业的社会主义改造。1949—1965年，保加利亚总共实行了四个五年计划，取得了显著成效。保加利亚在建国初期由于受到苏联的影响，在经济上实行集中管理，这对于恢复保加利亚的国民经济曾经发挥过积极作用，但集中管理的弊端在此后的发展过程中逐

---

① 《国际共产主义运动史》编写组编：《国际共产主义运动史》，人民出版社2012年版，第274页。

渐暴露，严重影响了企业的发展。从 1959 年开始，保加利亚开始对高度集中的管理体制进行改革。1966 年开始，保加利亚开始在工业、运输等部门推行"国民经济领导新体制"。1969 年 1 月，在全国一切经济部门和一切经济活动中推行"新体制"。在反复实践和总结经验的基础上，从 1978 年开始较全面地推行新经济体制。1981 年年底，保加利亚制定了统一的经济管理法规《经济机制章程》。从 1982 年 1 月 1 日起，在全国经济社会的一切领域中普遍实行"新经济体制"。保加利亚的改革对于缓减高度集中管理所带来的矛盾发挥了一定的作用，对于经济社会发展具有促进作用。从 20 世纪 80 年代中期起，保加利亚对于社会主义的认识更加深入，决定加大改革的力度。但在国际国内因素的影响之下，保加利亚的政治经济形势趋于恶化。

6. 罗马尼亚的全面改革

罗马尼亚全称是罗马尼亚人民共和国（1965 年改为罗马尼亚社会主义共和国），存在于 1947—1989 年。1948 年，罗马尼亚制定了工业国有化和农业社会主义改造的方针。20 世纪 50 年代初，企业国有化和农业集体化的目标逐步得以实现，集中管理的计划经济体制和优先发展重工业的方针得以确立。1953 年，罗马尼亚意识到了照搬苏联模式的弊端，开始放松了对经济领域的控制，更多地强调集体领导的作用，更多地关注人民的生活问题。1965 年，齐奥塞斯库就任罗马尼亚工人党第一书记，改变了完全依附于苏联的对外政策，强调独立自主。1965 年 7 月，罗马尼亚工人党改名为罗马尼亚共产党，宣布罗马尼亚已经进入全面发展的社会主义社会的新阶段。8 月，罗马尼亚人民共和国改为罗马尼亚社会主义共和国。1967 年 12 月，罗马尼亚颁布《改进国民经济管理和计划的法令》，揭开了第一次改革、同时也是全面改革的序幕。[①] 全面改革的内容包括改革计划体制、设立企业民主管理机构、成立工业中心、扩大地方与企业的权限、改革信贷体制、设立国营农业企业等方面。改革使经济管理方式更加灵活，对实践发展产生了一定的效果，但没有从根本上动摇高度集中的体制。1970—1980 年，罗马尼亚实施了两个五年计划，强调优先发展重工业，实行高积累和高速度的方针。这种优先发展重工业的战略，在促进

---

① 《国际共产主义运动史》编写组编：《国际共产主义运动史》，人民出版社 2012 年版，第 279 页。

经济繁荣的同时，也引起了经济结构的失调，最终影响了经济的快速发展。齐奥塞斯库在执政后期，拒绝实行改革，致使社会中存在的弊端始终没有得到解决。20 世纪 80 年代中期以后，罗马尼亚出现了严重的经济困难，社会矛盾日益尖锐。

7. 捷克斯洛伐克的全面经济体制改革

捷克斯洛伐克的全称是捷克斯洛伐克共和国（1960 年更名捷克斯洛伐克社会主义共和国），存在于 1945—1992 年，位于欧洲中部，面积12.79 万平方公里，人口 1563.8 万（1989 年）。1948 年 5 月，捷克斯洛伐克在苏联共产党的领导下，取得了对国家的领导权。1949 年，捷克斯洛伐克开始执行第一个五年计划。第一个五年计划进展比较顺利，捷克斯洛伐克工业发展迅速。但由于捷克斯洛伐克在建国初期照搬苏联模式，从而导致权力的高度集中和经济结构的失调，人民群众的生活改善比较缓慢，不满情绪不断上升。1954 年，捷共十大对经济管理体制进行了批评。1956 年，捷共决定简化国民经济管理体制、下放中央权力。1958 年 2 月，捷共决定进行国民经济管理体制改革。改革实施之后，劳动生产率和国民收入都有提高。但由于捷共的改革没有动摇高度集中的经济管理体制，同时还认为国家已经是发达的社会主义社会，正在向共产主义社会过渡，由此提出了一些不符合国情的高指标，造成了新的经济困难。20 世纪 60 年代初，捷共决定放弃改革，恢复中央集权的管理体制。1968 年 1 月，杜布切克当选为党中央第一书记。他提出了著名的"行动纲领"，决定全面开展政治和经济体制改革，这场改革运动被西方国家称为"布拉格之春"。这次改革主要包括改革党的领导体制、国家的政治体制和旧的经济体制，执行独立的外交政策。由于改革超出了苏联容忍的底线，苏联最终采取了出兵武力干预的行动，"布拉格之春"夭折，捷克斯洛伐克的全面经济体制改革随之告终，捷克斯洛伐克又回到了苏联模式上。1986 年 3月，捷共十七大提出要继续进行经济和政治体制改革，但由于领导层存在分歧等多重因素，改革效果并不明显。

8. 民主德国创造性地建设社会主义

德意志民主共和国，俗称民主德国或东德，位于欧洲中部，首都是柏林（东柏林），人口为 1667.4 万（1988 年），主要为德意志族，占 99%。在冷战时期，民主德国在经济、文化、体育等方面处于社会主义阵营的领先地位。冷战时期著名的标志性建筑——"柏林墙"就在民主德国境内。

1950 年 7 月下旬，德国统一社会党召开党的三大，决定实行第一个五年计划，优先发展重工业，从而确立了高度集中的计划管理体制。1956 年开始，民主德国对如何从本国实际出发建设社会主义进行了讨论，并进行了实践，如对工业管理体制进行改组等。20 世纪 50 年代，民主德国的社会主义建设虽然有曲折，但成就很大。20 世纪 60 年代，民主德国经济发展放慢，社会不安定因素增长。1963 年 1 月，提出要根据本国实际情况，进行包括工业、价格等在内的经济改革。这次改革促进了经济发展，提高了人民生活水平。1971 年，民主德国提出要根据本国的具体条件，创造性地建设社会主义。20 世纪 70 年代后半期，民主德国提高了对教育和科研的投入，经济实现了稳步增长。20 世纪 80 年代，民主德国继续推动管理体制改革，不断提高企业的自主权，以及企业的经济效益和产品质量。

9. 阿尔巴尼亚的社会主义建设

阿尔巴尼亚的全称是阿尔巴尼亚人民共和国（1976 年改称为阿尔巴尼亚社会主义人民共和国）。1944 年到 1985 年，恩维尔·霍查一直担任阿尔巴尼亚党政军的最高领导人，长达 42 年之久。在他的领导下，阿尔巴尼亚实行高度集中的政治经济体制，反对进行改革，坚持阶级斗争的观点。1948 年，阿尔巴尼亚劳动党一大通过了国民经济的两年计划，决定改造和发展工农业和运输业。1952 年，阿尔巴尼亚劳动党二大通过了"一五"计划。"一五"计划完成以后，阿尔巴尼亚基本上形成了高度集中的经济管理体制。经过几个五年计划的发展，到 1980 年底，阿尔巴尼亚的经济有所发展，但落后状况没有明显改善。1985 年，阿利雅当选为阿劳动党第一书记，在政治和经济方面进行了一些改革，但阿尔巴尼亚没有发生实质性的变化。

从 20 世纪 50 年代开始，苏联和东欧社会主义国家都进入了建设社会主义的新时期。它们的社会主义建设取得了巨大的成就，综合国力迅速增强，人民群众生活水平不断提高，社会主义在世界上的影响不断扩大。面对社会主义的成就和胜利，苏联和东欧社会主义国家领导层的思想却在逐渐地僵化，他们没有真正认识到社会主义社会是一个需要不断推进和不断改革的社会，把苏联的社会主义模式特别是以高度集中的计划经济为特征的经济模式作为社会主义唯一可能、一成不变的模式，否定不同国家发展社会主义的道路应当是不同的。虽然一些社会主义国家在实践中逐步认识到了进行改革的必要性，但是由于它们没有处理好改革僵化的体制模式与坚持社会主义基本制度的关系，加上其他一些工作上的失误，一些国家在社会主义建设过程中经历了不同程度的曲折。

在建设社会主义的新时期，苏东九个社会主义国家在实践中对于什么是社会主义、怎样建设社会主义的问题并没有完全搞清楚，因而在工作中出现了一些失误，其中包括一些非常严重的失误。第一，在指导思想上出现了失误。许多国家的领导人在指导思想上发生了"左"倾错误，在政治建设上搞阶级斗争扩大化，伤害了许多干部和群众，破坏了社会主义民主和法制；在经济建设上急于求成、急于过渡，追求高速度、高指标、高积累，在生产关系上盲目求纯，导致了超越阶段；在文化建设上轻视知识和知识分子，对知识分子予以打击和排斥；等等。第二，在体制上出现了失误。东欧社会主义国家大都照搬了苏联社会主义模式，即高度集中的计划经济体制和高度集权的政治体制。这种体制适应于社会主义工业化初期粗放式的经济发展，随着时代的发展，它已日益丧失生机和活力，阻碍了社会生产力的发展。与此同时，这种体制还导致权力过分集中，个人迷信和专断盛行，官僚主义严重。可以说，社会主义国家中出现的许多失误，都和这种僵化的体制有着直接的联系。第三，在发展中战略上出现了失误。许多国家在经济发展战略上重视重工业、轻视轻工业和农业，从而导致国民经济比例失调，制约了社会生产力的发展和人民生活水平的提高。在这种发展战略的指导下，苏联军事力量空前膨胀，成了军事超级大国，但国民经济畸形发展，综合国力和人民生活水平下降，苏联社会主义由此在同美国的竞争中败下阵来。第四，在处理社会主义国家间关系上出现了失误。长期以来，苏联领导人在社会主义国家关系上推行大国沙文主义，利用欧洲九国共产党和工人党情报局粗暴干涉南斯拉夫和其他国家的内政，把南斯拉夫开除出了共产党和工人党情报局。利用"华沙条约"、"经互会"组织全面控制东欧国家的经济、政治和军事，直至出兵占领捷克斯洛伐克，强迫别的国家为苏联的利益服务。苏联还企图控制中国，把中苏两党之间的争论扩大到国家关系上，从政治、经济和军事上对中国施加压力。这些失误严重地干扰了社会主义国家的发展。

苏东各国共产党人在探索具有本国特色的社会主义建设道路上，曾经做出过许多尝试。苏联在不同阶段也尝试进行了一些改革，东欧社会主义国家形成了南斯拉夫自治社会主义，波兰、匈牙利、捷克斯洛伐克对计划经济模式进行了改革等，但这些改革始终没有从根本上去除原有体制的弊端，再加上西方资本主义国家对社会主义国家推行的"和平演变"战略等国际国内各种因素的影响，一些改革受到了严重的干扰，大多数都没有达到预期的目的，有的甚至偏离了社会主义的方向，最后都没有成功，但却引发了危机和混乱。

（三）苏东剧变（20 世纪 80 年代末）

1989 年以来，东欧社会主义国家政局动荡，变化剧烈，游行罢工不断，领导集团频繁更迭。许多国家执政党的领导人屈服于西方国家和国内反对派的压力，对反对派妥协退让，甚至放弃社会主义原则，承认反对派的合法地位，和反对派召开"圆桌会议"，等等。这些国家的反对派乘机扩大势力，制造动乱向执政党施压、夺权，最终导致政权更迭。

1990 年 1 月 27 日，波兰统一工人党召开十一大，宣布党终止活动。执政 45 年、拥有近 300 万党员的大党就这样结束了政治生命。1990 年 12 月，社会主义波兰消失。波兰剧变是苏东剧变的序幕，产生了巨大的影响。

1989 年 10 月，匈牙利社会主义工人党召开十四大，决定把党改名为匈牙利社会党，放弃马克思主义的指导原则，把民主社会主义作为党的奋斗目标。1990 年 3 月，匈牙利的国家政权完全落到了反对派的手中，社会主义匈牙利消失。

1989 年 12 月 20 日至 21 日，捷共召开非常代表大会，通过了实现民主社会主义的行动纲领，党的性质已经改变。11 月 29 日，修改后的宪法取消了捷共的领导地位。12 月 29 日，反对派领导人当选为共和国总统。1990 年，社会主义捷克斯洛伐克消失。

1989 年 12 月，德国统一社会党先后把名称改为"德国统一社会党—民主社会主义党"和"民主社会主义党"。1990 年 5 月，民主社会主义党沦为在野党。10 月 3 日，民主德国正式并入联邦德国，社会主义民主德国消失。

1989 年 12 月，保共中央主动建议议会讨论修改宪法，取消保共的领导地位，并建议进行自由选举。1990 年 2 月，保共十四大主张实行多党制、议会民主和民主社会主义。4 月 3 日，保共更名为保加利亚社会党。之后，反对派完全夺取了政权。11 月，社会主义保加利亚消失。

1989 年 12 月，执政 25 年的齐奥塞斯库政府被推翻，齐奥塞斯库夫妇被处决。12 月 23 日，罗马尼亚临时政府"罗马尼亚救国阵线委员会"

接管政权，宣布实行多党制、三权分立和自由选举，罗马尼亚社会主义共和国改名为罗马尼亚共和国，社会主义罗马尼亚消失。

1989 年 10 月，南共联盟召开中央全会，决定实行多党制。1990 年 1 月，南共联盟第十四次非常代表大会召开，决定终止南共联盟中央委员会的活动。南斯拉夫社会主义联邦共和国分裂为五个独立国家，社会主义南斯拉夫消失。

1990 年 11 月，阿尔巴尼亚劳动党召开中央全会，提出放弃领导权，承认政治多元化，反对派政治力量迅速发展起来。1991 年 6 月，阿尔巴尼亚劳动党更名为社会党，不再以马克思列宁主义作为指导，把民主社会主义换成了党的奋斗目标，社会主义阿尔巴尼亚消失。

在苏联，1985 年戈尔巴乔夫上台后不久，便提出了"加速社会经济发展的战略"，但由于种种原因，这一战略效果甚微，苏联经济恶化的状况并没有得到好转。1988 年 6 月，戈尔巴乔夫提出了"公开性、民主化、社会主义多元化"，强调要"根本改革"苏联的政治制度，建立"人道的、民主的社会主义"。此后，他又提出实行政治多元化和多党制。正是由于苏联的改革改变了社会主义方向，导致苏共党内发生了分裂，党内外派别林立，国内局势混乱，经济社会危机日益严重，民族分立倾向加剧。1991 年苏联发生"8·19"事件，副总统亚纳耶夫等 8 人组成"国家紧急状态委员会"，宣布接管国家权力，试图"使国家和社会尽快摆脱危机"，但不到三天便告失败。不久，苏共自行解散，联盟瓦解，一个有着 74 年历史的社会主义国家苏联就这样解体了。

二　马克思主义在苏东发展的教训启示

马克思主义在苏东发展的历史证明，"一条道路、一个中心、一种模式"是行不通的，社会主义国家的革命和建设主要依靠本国的党和人民把马克思主义基本原理与本国具体实际相结合。社会主义国家曾饱尝苏联僵化模式的苦果，盲目照搬一种模式，不仅导致经济发展停滞不前，而且造成了亡党亡国。苏东剧变，给我们以极其深刻的教训。

（一）不能放弃马克思主义和社会主义

苏东剧变的教训非常之多，最主要的就是放弃了马克思主义。戈尔巴乔夫提出所谓"人道的、民主的社会主义"，目的就在于抛弃马克思主义。1988 年 6 月，在苏共十九大上，戈尔巴乔夫提出"公开性"、"民主化"和"多元化"，鼓吹摈弃"意识形态限制"，反对"精神垄断"。他在一些报告和讲话中，极力规避、甚至歪曲列宁主义。此后，他明确提出把建立"人道的、民主的社会主义"作为党的指导思想和追求目标，鼓吹"全人类的利益高于阶级利益"，宣扬"人道主义和全人类价值"，反对马克思主义的阶级斗争和无产阶级专政。戈尔巴乔夫和苏联共产党放弃马克思列宁主义的旗帜，也就放弃了对各种非马克思主义思潮的限制和斗争，使苏共自动解除了思想武装，也使广大党员干部和群众丧失了识别能力，造成了巨大的思想混乱，苏共和苏联的理论基础一旦坍塌，必然导致苏联的解体。在戈尔巴乔夫和苏共的纵容和施压之下，东欧其他八个社会主义国家的共产党或工人党都先后宣布放弃马克思主义，开始实行民主社会主义，全盘接受西方资产阶级政治理念。

苏东在社会主义建设中，存在一些比较严重的弊端和问题，但这些弊端和问题并不意味着不可克服或者必然失败，完全可以在坚持马克思主义和社会主义制度的前提下，通过深化改革逐步加以解决。以戈尔巴乔夫为代表的苏共和东欧社会主义国家的一些领导者，实行了一条放弃社会主义的错误的改革路线，最终葬送了这些国家的社会主义制度。苏东剧变不是马克思主义的失败，也不是社会主义制度的失败，而是苏共蜕化变质，放弃了马克思主义、放弃了社会主义道路的结果。

苏东剧变的教训说明，社会主义国家不能放弃马克思主义和社会主义。马克思主义是无产阶级解放自身和全人类的根本思想武器，是社会主义事业的理论基础，放弃了马克思主义的指导，就否定了科学社会主义的基本原则，必然会背离社会主义方向，使党和国家走向失败的歧途。社会主义国家要始终不渝地把马克思主义作为行动的指南，而不是僵化的教条，要在实践中不断丰富和发展马克思主义，从而保证社会主义从胜利走向胜利。

（二）不能僵化地照搬社会主义建设模式

十月革命之后，苏维埃政权对如何建设社会主义作了艰辛的探索，逐渐形成了苏联社会主义建设模式。苏联社会主义建设模式在历史上曾经发挥过重要作用，使苏联在短时期内高速度地完成了社会主义工业化建设，为苏联打破帝国主义的包围和取得反法西斯战争的胜利奠定了物质基础。二战之后，多数东欧社会主义国家都参照实行苏联的社会主义建设模式。但是，由于这些国家在学习苏联模式的过程中，背离了马克思主义关于理论和实践相结合，从各国具体实际和基本国情出发建设社会主义的基本原则，而是照搬照抄苏联模式，这就导致苏联社会主义建设中出现的一些弊端不仅没有被克服，在有些方面甚至被放大。20 世纪 70 年代中后期，苏东国家大都经济发展日趋缓慢，官僚主义滋生膨胀，腐败现象日益严重，社会问题越来越多。

苏东剧变的教训说明，社会主义建设的道路是多种多样的，任何一种道路都是在特定的国情下产生的，不可能一成不变，而必须随着时代的发展通过改革不断完善。在改革过程中，必须把马克思主义基本原理同本国国情相结合，在坚持社会主义制度的前提下，探索适合本国国情的社会主义建设道路。

（三）不能长期忽视提高人民的生活水平

20 世纪 70 年代，苏联为了与美国争霸，没有考虑国民经济的平衡发展，片面大力发展重工业和军事工业，导致经济结构单一，人民生活水平提高缓慢。70 年代中期以后，由于不按客观经济规律办事，高速发展重工业带来的负面效应日益显现，苏东各国经济发展速度开始减缓。进入80 年代，苏东各国经济状况更是每况愈下，人民生活水平明显下降，与西方资本主义国家的差距进一步拉大。经济状况的恶化，导致了人民生活水平的下降和社会不满情绪的增长，在国内外敌对势力的挑唆下，苏东各国社会危机日益加剧。

苏东剧变的教训说明，社会主义国家必须大力发展生产力，不断提高人民的物质和文化生活水平，不断巩固社会主义建设的物质和社会基础。唯有如此，社会主义制度的优越性才能充分显示，人民群众对社会主义的信念才能不断坚定。

（四）不能放弃共产党的领导

苏东剧变同这些国家的共产党和工人党自动放弃领导地位密不可分。戈尔巴乔夫在执政初期还表示要坚持党的领导。1987 年以后，戈尔巴乔夫把阻碍改革的原因归结于党内，把改革的矛头指向苏共，直到最后否定共产党的领导地位。1988 年，苏共十九大上戈尔巴乔夫提出要进行政治体制改革，实行政治多元化，建立多党制。此后，戈尔巴乔夫又提出"苏联共产党并不想享有垄断权"，删除了宪法中关于共产党领导地位的决定，宣称苏共是"有意识地放弃了自己几十年对政权的垄断"。苏共的领导地位被取消之后，出现了退党风潮，党的力量被极大地削弱，许多反共政党和组织纷纷成立，大肆攻击苏共和社会主义制度，最终引发了全面的社会危机。

东欧一些国家的执政党，也是由于放弃了共产党的领导地位，导致在与反对派的较量中丧失了政权。波兰统一工人党由于放弃了领导地位才导致了团结工会的上台，匈牙利工人党在宪法修正案中取消了马克思主义政党的领导地位之后政权落入了反对派手中，捷克斯洛伐克取消了共产党的领导地位之后在议会选举中失败，保加利亚在取消共产党的领导地位之后不久就失去了政权，阿尔巴尼亚放弃了党的领导权之后在议会选举中沦为在野党。

苏东剧变的教训说明，共产党始终是社会主义国家革命、建设和改革事业的领导核心，坚持共产党的领导，是社会主义国家之福，革命、建设和改革事业将不断取得胜利；放弃共产党的领导，是社会主义国家之祸，社会主义事业必然失败。

第二节　马克思主义在越南的发展及启示

十月革命后，越南的先进分子在中国和法国共产主义运动的影响下接受了马克思主义。越南共产党成立以后，坚持把马克思主义基本原理与越南革命的具体情况相结合，带领越南人民经过艰苦卓绝的斗争，彻底实现了越南的民族解放和祖国统一大业。在总结社会主义革命和建设经验教训的基础上，越共带领越南人民实行革新开放事业，大力开展工业化和现代化建设，逐步向社会主义过渡，取得了令世人瞩目的成就。

一　越南的特殊国情

越南的特殊国情，是越南共产党在实践中领导越南人民探索社会主义革命和建设道路的起点，也是越南共产党提出建设"符合越南条件和特点的社会主义"这一理论的根本依据。

越南的全称是越南社会主义共和国，位于中南半岛（旧称印度支那半岛）的东部，北部与中国接壤，西部与老挝、柬埔寨交界，东部和南部面临南海，全国的海岸线长 3260 多公里，因其是连接亚洲大陆与东南亚各岛国的跳板，在国际上又被称为"东南亚的门户"，地理上具有非常重要的战略位置。越南地形狭长，南北长 1600 公里，东西最窄处为 50 公里，国土面积约 32.9 万平方公里，人口约为 9000 万（2013 年）。越南 1884 年沦为法国的殖民地，1940 年 9 月被日本占领。1930 年 2 月 3 日，胡志明在中国香港九龙成立越南共产党。1945 年 8 月，在以胡志明为首的越南共产党的领导下，越南人民取得了"八月革命"的胜利，随即宣布成立越南民主共和国。但在 1946 年 12 月，法国殖民者再度占领了越南。越南共产党再次领导越南人民进行了英勇的抗法战争，历时 9 年，终于在 1954 年取得胜利。根据《日内瓦协议》的规定，越南以北纬 17 度为界实行南北分治。越南南方在美国的支持下，组成南越政权，实行的是资本主义制度；越南北方在苏联和中国的支持帮助下，建设社会主义。1964 年，美国对越南发动了侵略战争。经过长达 11 年的浴血奋战，越南人民最终在 1975 年取得了抗美战争的胜利，实现了越南的统一。1976 年，成立越南社会主义共和国。

（一）近代越南是一个殖民地半封建国家，经济非常落后

越南统一以前是一个落后的农业国，小生产占绝对优势，农业人口占到了总人口的 90% 以上。特别是在法国的殖民统治之下，越南的经济非常落后，几乎没有什么工业。与此同时，法国殖民者对越南实行的是奴化教育和愚民政策，致使文盲占到全国人口的 95%。20 世纪 80 年代中期，联合国把越南列为世界上最贫穷的 20 个国家之一，越南经济落后状况由此可见一斑。1991 年，越南共产党七大在《社会主义过渡时期建设纲领》中明确指出，越南是从殖民地半封建、经济上以小生产为主、没有经过发达资本主义阶段的这样一个社会直接过渡到社会主义的，经历了几十年的战争，遗留的战争后果很严重，殖民主义和封建主义的残余仍然很多。就是在这样的基础和起点上，越南走上了社会主义道路，开始探索有自己特色的社会主义发展道路。

（二）二战后越南因三次战争经济损失惨重，国际环境非常恶劣

二战以后，越南因所处的地理位置特殊而成为东西方"冷战"在亚洲的阵地。以美国为首的资本主义阵营和以苏联为首的社会主义阵营在这里展开了长期的争夺。1945 年建国后的三十多年间，越南基本上一直处于绵延不断的战争状态。"第一次印度支那战争"是指 1945 年至 1954 年的抗法战争，历时 10 年。这次战争使越南经济遭受了重大损失，绝大部分城市、铁路、公路和桥梁严重被毁，几乎所有的水利设施都被破坏，最严重的后果是导致越南一分为二，出现了二十多年的分裂状态。"第二次

印度支那战争"是指 1964 年至 1975 年的抗美救国战争，历时 11 年。战争中美国在越南展开了一场无所不用其极的大屠杀，使"1/3 的越南人逃离了他们的村庄，90 万孩子成为孤儿，50 万人变成残废"①，也使越南经济遭到空前的破坏。1975 年战争结束以后，美国对越南实行了长达 20 年的贸易禁运。"第三次印度支那战争"是指 1978 年至 1988 年越南入侵柬埔寨，历时 11 年。1975 年，越南统一。时隔三年之后，在 1978 年的 12 月，越南便出动了 20 万军队入侵柬埔寨。侵略柬埔寨历时 10 年之久，直到 1988 年年底，越南才宣布从柬埔寨撤军。入侵柬埔寨，除给柬埔寨人民带来了巨大的痛苦和灾难，越南自身也付出了巨大的代价，特别是越南面临的国际环境急剧恶化，世界许多国家对越南进行经济制裁，越南的经济真可谓是雪上加霜。越南在战争不断、国际环境恶化的条件下建设社会主义，注定会面临诸多的坎坷与曲折。

（三）越南的北方和南方实行不同的社会制度，国内形势异常复杂

1954 年越南抗法战争胜利后，被人为地分裂为南北两部分，在此后长达二十多年的时间里，北方和南方实行的是不同的社会制度。北方由越南劳动党领导，得到了苏联和中国等国的大力支持，走的是社会主义道路。南方则先是在法国、后是在美国的控制下，走上了资本主义的发展道路。这种特殊的国情，使得北方社会主义建设随时面临着南方的破坏和战争，"一边建设，一边打仗"、"战时经济"和"战时体制"等，成为北方社会主义建设的主要内容。北方和南方因社会制度的不同，在经济、政治和文化等方面表现出了较大的差异。总体而言，南方经济比北方发达；南方受西方文化和价值观念的影响比较大，北方受东方文化的影响比较大，在思想和价值观念上坚持马克思主义为指导。特殊的国情增加了越南建设社会主义的难度。当 1975 年越南全国统一后，越南共产党面临着更加复杂的国内形势：既要在北方搞社会主义建设，又要在南方搞社会主义改造，这种复杂的国内环境也成为后来出现某些失误的重要原因。

（四）改革前越南是一个典型的受援国，受外来因素影响比较大

越南特殊的地缘政治，使它成为大国争夺的焦点和施加影响的对象。1954 年越南被分为两部分，以美国为首的资本主义阵营和以苏联为首的社会主义阵营，这两大阵营都从各自利益的角度出发，对各自支持的南方

---

① 刘建飞：《美国与反共主义》，中国社会科学出版社 2001 年版，第 144 页。

和北方给予了大量援助。特别值得一提的是，中国一直是越南的最大援助国。越南长期以来一直受到苏联、中国和东欧等社会主义国家的援助，客观上会使其在选择社会主义道路时受这些援助国的影响，主观上则会产生一些模仿和照搬这些援助国的思想。

（五）越南民族众多，民族情况较为复杂

在现存社会主义国家中，越南是除中国以外民族最多的国家，全国共有 54 个民族。越（京）族人口约占全国总人口的 90%，是越南的主要民族，其他 53 个民族约占总人口的 10%。越南的民族问题重要、复杂。除了各民族的语系、宗教信仰、文化传统和生活习俗不同以外，越南各民族杂居情况比较普遍，民族感情和民族心理非常敏感，容易产生民族矛盾。与此同时，各民族从社会发展的不同阶段进入社会主义，经济文化发展水平很不平衡。复杂的民族情况必然会在一定程度上影响和制约越南的社会主义建设。

（六）越南是东西方文化的交汇点，文化上具有融合性强、创造力弱等特点

越南独特的地理位置，为外来文化的传入和融合提供了必要的条件。越南是中南半岛的门户，从而成为东西方文化交流的桥梁。越南人很容易接受外来文化，同时把它们和本民族文化相结合。越南的文化传统属东方文化范畴，同时又受到西方文明的影响，民主、法制、开放意识比较强。古代越南从属于中国封建王朝，从近代开始又先后遭受法国、日本、美国等殖民者的残酷压迫和剥削，大大压抑了越南人的个性。这造成了越南文化缺乏创造力，对外来文化结合本国特点进行创新比较少。越南文化的民族意识强。越南一直以来受到外来势力的剥削和压迫，越南人非常渴望国家强大起来，民族意识和民族精神是越南文化的支柱。越南文化的特点，对越南的革新开放既有有利的一面，也又不利的一面。

二　马克思主义在越南发展的历史进程

从 1930 年成立至今，越南共产党已经走过了 80 多年的光辉岁月。在此期间，越共带领越南人民进行了艰苦卓绝的斗争，取得了辉煌的成就。1945 年，越南取得了革命胜利，结束了殖民主义和封建统治，成立了越南民主共和国。1975 年，越南又赢得了反对美国侵略的胜利，彻底实现了越南的民族解放和祖国统一大业。1986 年至今，越共又开始带领越南

人民实行革新开放事业，大力开展工业化和现代化建设，逐步向社会主义过渡，取得了令世人瞩目的成就。

（一）民族民主革命时期（1917—1954 年）

近代以来，在法国帝国主义者的侵略和统治之下，越南逐渐变成一个殖民地和半封建国家。法国殖民者侵略越南的目的，是试图把越南变为法国推销商品的市场和生产原料的供应地，剥削越南人民。法国殖民者一方面借助和利用越南封建制度来镇压和剥削越南人民，另一方面又不断地在越南、柬埔寨、老挝等国之间制造矛盾，同时还在越南国内人口众多的民族和少数民族之间制造纠纷。以阮氏皇朝为代表的封建地主阶级投降了法国殖民者，与殖民者一起残酷镇压越南人民的反抗斗争。越南民族与法国帝国主义之间的矛盾、越南人民与封建统治阶级之间的矛盾，成为近代越南社会的主要矛盾，这也就决定了越南民族革命和民主革命的复杂性和艰巨性。而这恰恰是马克思主义在越南传播的最基本的社会历史条件。

越南工人阶级的成长和觉醒，为马克思列宁主义在越南的传播和发展奠定了阶级基础。越南工人阶级因法国帝国主义的殖民统治而诞生。第一次世界大战以后，越南的工人阶级迅速发展起来，很快就成为重要的政治力量。越南的工人阶级深受帝国主义、封建势力和资产阶级的压迫和剥削，具有革命性最强以及与农民保持着血肉联系等独特优势，领导越南革命的重任历史地落在他们身上。

在长期的反对封建主义和法国殖民者的斗争中，越南人民越来越感觉到原有的理论已难以适应革命斗争的需要，不可能指引越南取得民族独立和阶级解放的胜利。越南革命需要一种科学的思想作为工人阶级自己的理论武器。

十月革命以后，马克思列宁主义通过法国和中国传到了越南。胡志明对马克思主义在越南的早期传播做出了杰出贡献。胡志明（1890—1969年），原名阮必成，早年曾做过教师。1917 年到法国后，加入了法国社会党。在爱国主义的指引下，胡志明开始信仰列宁主义，认识到只有社会主义和共产主义才能把全世界被压迫人民彻底解放出来。1920 年 12 月，法国社会党分裂后，他加入了法国共产党，成为越南的第一个共产主义者。此后，他在报刊上发表了许多文章，在控诉法国殖民主义罪行的同时，运用马克思主义的观点来分析殖民地革命的问题，极大地鼓舞了越南国内的革命运动，使许多越南先进分子开始探求马克思主义。1924 年年底，他来到中国，成立了"越南青年革命同志会"，创办了《青年报》，培养了越南第一批共产主义者，为越南成立无产阶级政党作了充分准备。

在中国共产党和法国共产党的直接帮助下，马克思主义传到了越南，逐渐被越南的工人阶级所接受，成为越南人民反对帝国主义和封建主义、争取民族独立和解放的革命斗争的锐利武器。从 1924 年以后，越南的民族斗争和阶级斗争日益激烈。1928 年至 1929 年间，越南工人运动迅速发展，农民和城市小资产阶级的运动也蓬勃高涨，工人运动、农民运动和城市小资产阶级运动的紧密结合，汇成了全国性的民族民主革命潮流。

1930 年 2 月 3 日，胡志明在中国香港九龙成立越南共产党。越南共产党的政纲指明了越南革命的正确路线：进行包括土地革命在内的资产阶级民主革命，推翻帝国主义和封建王朝，争取越南完全独立，实现社会主义和共产主义。

越南共产党的成立标志着越南革命进入了一个新的时代。1930 年 10 月，越共中央第一次会议决定越南共产党改名为印度支那共产党，同时通过了政治论纲。论纲提出，越南革命必须经过如下两个阶段：第一个阶段，在越南工人阶级的领导下进行资产阶级民主革命，打倒帝国主义和封建主义，实现民族独立和耕者有其田；第二个阶段，不经过资本主义的发展阶段而直接进入社会主义。越共认为，确保革命胜利的根本条件则是共产党：它以马克思列宁主义为思想基础，有正确的政治路线，实现民主集中制组织原则，有严格的纪律，与人民群众保持密切联系，在革命斗争中不断发展壮大。

越南共产党成立之后，发动和领导了强大的工人罢工、农民示威游行、学生集会和罢课等革命运动。1930—1931 年，全国总计发生 129 次罢工和 535 次农民示威游行，革命高潮是义安、河静两省的苏维埃运动。在第二次世界大战期间，越南党根据革命形势的发展变化，及时调整了斗争策略。1940 年 11 月，越南党中央召开第七次会议，提出当前的任务是领导印度支那人民准备武装起义，夺取政权。1941 年初，胡志明回到了越南，领导革命根据地进行抗日反法武装斗争。1941 年 5 月，党中央召开第八次会议，决定建立各个革命根据地，建立和发展各种武装力量，准备武装起义，夺取全国政权。1945 年，在印度支那共产党的领导下，越南人民打败了日本侵略者和法国帝国主义，推翻了封建王朝，取得八月革命胜利，建立了东南亚第一个工农国家——越南民主共和国。1951 年 2

月，印度支那共产党改名为越南劳动党后，党的中央委员会主席一直由胡志明担任。1976 年 12 月，越南劳动党第四次会议决定改名为越南共产党。

1945 年，越南民主共和国成立之后，开始建立人民民主制度。但法国殖民统治者并不甘心失去它在越南和印度支那的殖民统治地位。1946 年，法国再度占领了越南。在以胡志明为首的越南共产党的领导下，越南人民进行了英勇的抗法斗争，在中国等国际共产主义的大力援助下，在 1954 年取得了奠边府大捷，获得了抗法战争的最后胜利。抗法战争胜利后，越南被人为地分裂为南北两部分，在此后长达二十多年的时间里，北方和南方实行的是不同的政治制度。北方是在以胡志明为首的越南劳动党的领导下，在苏联和中国等国的支持下，进行社会主义建设。南方则先是在法国、后是在美国的控制下，走上资本主义的发展道路。

（二）按苏联模式建设社会主义时期（1955—1986 年）

从 1955 年开始，越南进入社会主义建设时期。1955 年抗法战争结束后，越南利用 3 年时间进行经济恢复和土地改革，1957 年年底完成了人民民主革命的任务。越南按照苏联模式，并且参照中国的做法，在北方全面开展了对农业、手工业和资本主义工商业的社会主义改造。越南的社会主义改造取得了巨大成就，社会主义、半社会主义经济成分在国家经济构成中占据了主体。

1960 年 9 月，越共三大在提出北方社会主义过渡时期的总路线的同时，确定了在北方进行社会主义革命和把南方从美帝国主义及其走狗的统治下解放出来，实现国家的统一，完成民族革命和人民民主革命的战略方针。大会制定了第一个五年计划，提出要逐步实现社会主义工业化，初步建立社会主义的物质基础和技术基础，同时完成社会主义改造。如此一来，优先发展重工业就成为越南经济建设最重要的任务。

1964 年，美国向越南北方发动了侵略战争，社会主义建设转入了战时经济轨道。保卫生产，发展生产，随时准备战斗并夺取战争胜利，成为越南劳动党在这一时期的方针。1955 年至 1976 年这个阶段的社会主义改造和建设，带有明显的战时特征和苏联模式的特点。

1976 年，越共召开第四次全国代表大会，制定了新阶段社会主义革命的总路线和建设路线，绘制了越南社会主义建设和发展的蓝图。这次大会提出，要用 20 年的时间基本完成国家经济从小生产走上社会主义大生产的过程。为了实现这个目标，越南采取了一系列脱离实际、急躁冒进的政策和措施。不顾南方和北方的差距，按照北方的模式对南方强行进行社会主义改造。北方则继续完善社会主义生产关系，依据"一大二公"原则对所有制结构进行所谓的"升级"。从而使苏联社会主义模式在越南全国得到确立和强化。

苏联式的高度集中的社会主义体制的弊端逐渐暴露，越南党的某些脱离实际的政策和措施，对南方社会主义改造的失误，对柬埔寨的入侵，所有这些因素的叠加，使越南在开展社会主义建设之后不久，便陷入了严重的经济和社会危机。危机主要表现在粮食严重不足、商品奇缺、通货膨胀率居高不下、人民生活大幅下降、外贸逆差剧增、财政赤字扩大等。1975年，越南抗美战争结束，但由于越南在对内对外政策上出现了失误，没有及时抓住机遇恢复经济和改善人民生活，致使国内经济走到了崩溃的边缘，在国际上的处境也是空前的孤立。面对如此严重的危机，从1979年下半年开始，越南共产党被迫调整原有的某些政策，并出台一些新的政策，尝试寻找越南社会主义建设的出路。

（三）革新开放时期（1986年至今）

1986年12月，越共召开了六大，认真总结了越南社会主义建设的经验和教训，公开承认越南党和国家犯了许多严重的错误。认为越南的社会主义仍处在"过渡时期的初期阶段"。明确提出这次大会应当成为党在思维、作风、组织和干部工作中改革的标志，应在更新思维的基础上深入调整生产结构，改革经济管理体制，废除官僚集中统包统管制，建立起符合客观规律和经济发展水平的新体制。越共六大在越南社会主义建设史上是一个重要的转折点，开始了越南社会主义发展模式转换的历史进程。越共前总书记阮文灵曾说，从六大以后，越南在经济、社会、外交等方面的路线和政策都发生了方向性的转变。[①]

1991年6月，越共七大制定了以经济建设为中心、坚持五项基本原则、坚持革新开放的基本路线，首次把"胡志明思想"写入党的文件，提出要把马克思主义与越南的基本国情结合起来，大力发展"由国家管理、按市场机制运行的多种成分的商品经济"。1995年，越共明确提出要走适合本国特点的社会主义道路。

---

① 罗荣渠：《东亚现代化：新模式与新经验》，北京大学出版社1997年版，第220页。

2001 年 4 月，越共九大提出要建设"社会主义定向的市场经济"，并将其确定为向社会主义过渡时期总的经济模式；提出了"民富国强、社会公平、民主文明"的奋斗目标；首次对胡志明思想作了系统的阐述，这些创新思想标志着越共对社会主义的认识在进一步深化。

2006 年 4 月，越共十大召开。大会认为，20 年的革新事业取得了具有历史意义的成就，越南摆脱了经济危机，经济实现了快速发展，人民生活得到明显改善，政治社会保持稳定局面，在国际上的地位也不断提高。大会总结了革新实践的基本经验，明确提出到 2020 年使越南成为"朝现代化目标前进的工业化国家"。

2011 年 1 月，越共十一大召开，总结了越共 80 多年来的革命和革新经验，这对于今后越南的国家建设和保卫事业具有巨大的定向和指导价值。

从越共六大到越共十一大，随着革新开放实践的不断深入，越共对符合越南条件和特点的社会主义大胆进行探索，不论是在实践中，还是在理论上，对越南究竟走什么样的社会主义发展道路的认识都日益深化和清晰，这种探索的结果是从原来的苏联式社会主义体制向"社会主义定向的市场经济"转换，具有越南特色的社会主义正在形成。

三　马克思主义在越南发展的理论成果

越南共产党自成立之日起，就把马克思列宁主义作为自己的指导思想，把实现共产主义理想社会作为自己的奋斗目标。越南共产党的历次代表大会都强调，马克思列宁主义是党的思想基础和行动指南。越共认为，马列主义不仅是党的指导思想，同时也是社会主义建设的指导思想。2001年 4 月召开的越共九大强调，马列主义是一种完备和严谨的学说，它给人们提供了完整的世界观。

越共认为，马克思主义诞生以来，世界发生了巨大变化，各国共产党正面临着前所未有的新问题，比任何时候都更要坚持马克思列宁主义的立场、观点、方法，灵活地运用和发展马克思列宁主义。越共提出，必须搞清楚马克思主义理论的永恒部分和基本价值是什么，仍然符合实际的和正确的马克思主义原理是什么，符合马克思、恩格斯、列宁的时代条件但已不符合现时条件的马克思主义论点是什么，不正确的马克思主义论点和判断是什么，要保卫和坚持的是马克思主义学说中正确的，而不是已经不再符合实际情况的理论。越共提出，在革新开放中要发展和运用列宁主义，因为列宁主义对越南的社会主义建设更加具有直接的指导意义。越共还提出，改革和革新绝不是以不同于马克思主义的另一种学说来改变社会主义的目标，改变马克思列宁主义。

越共提出了"胡志明思想"。1991 年 6 月召开的越共七大，首次把"胡志明思想"写入党的报告中。越共认为，胡志明思想是创造性地运用马克思列宁主义的成果，是越南共产党和越南人民的宝贵精神财富，胡志明思想的提法符合越南的实际，符合越共和越南人民的感情与愿望。2001年，越共九大全面系统地阐述了胡志明思想，指出胡志明思想包括民族解放和人类解放的思想、人民当家作主的思想、发展经济和文化的思想、坚持革命道德的思想、培养革命接班人的思想、建设廉洁强大的党的思想，等等。九大向世界宣布：越共和越南人民决心沿着以马克思列宁主义和胡志明思想为基础的社会主义道路建设越南。

2011 年，越共十一大再次强调要坚持马克思列宁主义和胡志明思想的主导地位，并把它作为越共党员和越南人民的一项重要的、长期的任务。

关于对社会主义本质的认识，越南认为，过去对社会主义的理解有错误，在革新开放的条件下，必须重新认识社会主义，而不能受条条框框的束缚，仍旧停留在过去对社会主义的理解上。社会主义本质上应该比资本主义更加富裕、也更加公平，建设富裕而公平的社会主义越南，既是越共和越南人民奋斗的目标，也是越南革新开放所要实现的目标。为此，1991年越共七大提出了"民富国强"的社会主义目标，1996 年越共八大提出了"民富国强、社会公平、文明"的社会主义目标，2001 年越共九大提出了"民富国强、社会公平、民主、文明"的社会主义目标。

越共认为，越南必须探索符合本国国情的社会主义发展道路。1986年革新开放以来，越共提出，世界上不存在唯一的社会主义模式，各国在解决具体问题时，不可能找到一个唯一的模式，同时也不应为所有国家规定一种僵化的社会主义模式，社会主义的具体模式有待各个国家和民族的实践探索。"符合越南条件和特点的社会主义"具有"六个特征"，同时还有"七个方向"。"六个特征"是指：第一，劳动人民当家作主；第二，在现代生产力和主要生产资料公有制基础上高度发达的经济；第三，有浓厚的民族特色，先进的文化；第四，人人得到解放，按能力工作，按劳分配，过着富裕自由、幸福的生活；第五，国内各民族平等、团结、互相帮助、共同进步；第六，对世界各国有着友谊、合作关系。① "七个方向"是指：第一，建立由民、为民的国家机构；第二，发展生产力，实现国家工业化和现代化；第三，逐步设立从低级到高级、多种所有制形式的社会主义关系，建立社会主义定向的市场经济，使国家经济成为主导角色，实现社会的进步和公平；第四，使马克思列宁主义的世界观和胡志明的思想道德在社会的精神生活中占主导位置；第五，在国内实行民族大团结政策，在国际关系中实行多样化、多方化政策，使越南成为一切国家的朋友；第六，提高警惕，保卫祖国，保卫革命的成果；第七，为党的纯洁和坚强，为完成新的政治任务而奋斗。

关于发展阶段，越共认为，从资本主义到社会主义必须经过一段过渡时期，由于越南是从小生产起步，跨越了资本主义发展阶段而直接走上了社会主义，越南的过渡期将是长期而复杂的。越南现在仍然处于社会主义过渡时期，具体而言，就是正在由过渡时期的初期阶段向工业化和现代化阶段转变，② 党制定一切方针政策，都必须从这个国情出发，而不能脱离实际、超越阶段。在过渡时期，发展生产力是越南最重要的任务。

关于社会发展的动力，越共认为，革新开放关系到越南的生死存亡，是越南的必由之路。随着越南社会主义建设的全面展开，革新开放已经成为越南发展的强大动力，同时也已成为当今越南社会的发展理念。革新并非改变社会主义的目标，而是为了更加正确地认识什么是社会主义、怎样建设社会主义。因此，革新必须坚持社会主义方向，坚持党的领导，坚持以经济建设为重心，以党的建设为关键。

关于经济体制改革，越南认为，作为一种公认的经济体制，市场经济既可以在资本主义制度下运作，也可以在社会主义制度下发挥其促进经济发展的作用。越南进行经济体制改革的目标是建立"社会主义定向的市场经济"体制。"社会主义定向的市场经济"具有如下一些特点：第一，它是一种体现商品经济发展共同规律的具体的经济组织形式，带有越南走向社会主义方向的特征，是越南在向社会主义过渡时期的总体经济模型。

---

① 转引自李慎明主编《社会主义：理论与实践》，社会科学文献出版社 2001 年版，第 52 页。

② 崔桂田：《越共把马克思主义与本国国情相结合的探索》，《当代世界社会主义问题探索》2002 年第 1 期。

第二，它包含共产党领导、国家管理、社会主义方向和市场运行四个因素，正因为社会主义的因素在其中发挥着"开拓、引导、定向"的作用，因此，"社会主义定向的市场经济"是与资本主义市场经济具有本质区别的市场经济。第三，它是在生产力不发达和经济发展不平衡的基础上建立的，是一种低水平、不完全、正在发展中、与中国的市场经济有很大差别的市场经济。越南对外经济开放的主要特点是从多个方面入手，把本国经济"融入全球化"。

关于政治体制改革，越南认为，要坚持社会主义的根本政治制度，实行共产党的领导、国家管理、人民当家作主的人民代表大会制度，推进行政机构改革，转变政府行政职能，加强民主法制建设，反对多党制和政治多元化，加强党的建设，努力建成"有效力、有效果、有管理能力的社会主义法权国家"。

关于时代特征，越共认为，当今世界仍然处于以伟大的俄国十月革命为开端的从资本主义向社会主义过渡的时代，世界社会主义暂时陷入低潮，只是使从资本主义向社会主义的过渡延长，但不会倒转时代发展的趋势、改变时代的本质。

对于经济全球化，越南认为这是大趋势，经济应"融入"全球化，但是意识形态不"融入"。从历史发展的趋势看，资本主义最终必然会被社会主义所代替，越南走社会主义道路是唯一的选择，也是历史的必然。苏东剧变给越南留下许多经验教训，最关键的要吸取苏东剧变的教训，探索符合客观规律和越南国情的社会主义发展道路，坚持五项基本原则，搞好越南的革新开放。

四　马克思主义在越南发展的经验启示

马克思主义在越南发展的历史证明，不顾国情实际盲目照搬苏联模式的错误做法，只能给社会主义建设造成巨大的失误，只有从本国实际出发去寻找革命、建设和改革的道路，才能取得胜利。革新（改革）事关社会主义国家的生死存亡，必须根据本国国情提出正确革新（改革）思路，大力发展社会生产力，不断提高人民群众的物质和文化生活水平，充分调动人民群众建设社会主义的积极性、主动性和创造性。党的建设关系到社会主义政党和国家的生死存亡，必须坚持和加强党的领导，大胆革新（改革）党的自身体制和领导方式。

（一）坚持马列主义和胡志明思想，坚持社会主义

20 世纪 90 年代初，苏联东欧发生剧变以后，当时世界上反社会主义的逆流可谓甚嚣尘上，而越南则以巨大的勇气顶住了国内外的压力。越南在其宪法中规定，必须坚持共产党对国家政权和全社会的领导。越共明确提出，革新必须坚持五项基本原则，即坚持社会主义目标和思想、马列主义、无产阶级专政和党的领导、有集中的社会主义民主、爱国主义与无产阶级国际主义相结合以及民族力量与时代力量相结合，最终目标是成功实现社会主义和共产主义。越南始终坚持不丢马克思主义老祖宗，不动摇社会主义的方向，为形成具有越南特色的社会主义奠定了前提条件。

（二）从实际出发，探索适合本国国情的发展道路

从 1955 年至 1986 年这三十多年的时间里，越南一直按照苏联模式进行社会主义建设。为了实现在 20 年内基本完成国家经济从小生产走上社会主义大生产的目标，越南制定并采取了一系列诸如用北方模式强行对南方进行社会主义改造等脱离实际和急躁冒进的政策，致使越南在开展社会主义建设之后不久便陷入了严重的经济和社会危机，当时越南的国内经济濒临崩溃，其国际处境空前孤立。直到 1986 年，越共六大开始革新开放，把"社会主义定向的市场经济"确立为越南的基本经济体制，提出把越南建设成为"民富国强、社会公平、民主、文明的社会主义现代化国家"，才成功地找到了一条符合越南国情的发展道路。发展道路的正确，保证了越南 27 年来经济社会的顺利和快速发展。马克思主义在越南的发展历程表明，革新（改革）事关社会主义国家的生死存亡，是建设社会主义的必然趋势，社会主义国家必须根据本国国情提出正确改革思路，按自身的发展规律来建设社会主义。

（三）坚持从人民的利益出发，发挥人民群众的主动性和创造性

越共认为，人民是国家的主人，是越南社会主义事业兴衰成败的决定性因素，探索社会主义道路必须依靠人民，发挥人民的积极性、主动性和创造性。建设一个来自人民、属于人民、为了人民的社会主义国家，确保民族独立和人民幸福，已成为越共的共识。而苏东剧变更使越共认识到，社会主义要超越资本主义，就必须大力发展生产力，提升国家的综合国力，提高人民群众的物质和文化生活水平。正是基于以上认识，越共七大把实现人民解放和当家作主、各尽所能、按劳享受、生活温饱、自由幸福和个人有条件全面发展等，作为越南社会主义的重要特征。马克思主义越

南化的历程表明，社会主义事业来自人民、属于人民、为了人民，必须把人民作为社会主义事业的主体，坚持从人民的利益出发，积极维护人民的各方面利益，充分调动人民群众建设社会主义的积极性、主动性和创造性。

（四）以大力挖掘"内力"为主，同时积极争取外援

越南是一个典型的受援国，长期以来一直受到苏联、中国和东欧等社会主义国家的援助，这就使得越南在选择发展道路时极易受到援助国的影响，从而模仿和照搬援助国的模式。实际上，革新以前越南一直就是按照苏联模式进行社会主义建设。这种不顾国情实际盲目照搬苏联模式的错误做法，给越南社会主义建设造成了巨大的失误。六大以来，越共认真总结了以往的经验教训，认识到搞社会主义建设不能完全依赖于别的国家，必须紧紧结合本国的实际，在独立自主探索的同时，积极争取别国的援助。为此，越南坚持"独立自主、开放、国际关系多方化和多样化"的对外政策，既高度重视发挥内部力量，又积极地争取外部的一切力量。越共九大指出，从越南社会的实践和生活出发进行革新，参考世界上的好经验，但绝不照搬任何现有的模式，这是越南革新取得成功的一条重要经验。众所周知，越南非常重视研究和学习中国的发展经验，并在革新实践中参照实施。从当初主要依赖苏联到革新开放以后主动学习中国，越南在独立探索本国发展道路的历史进程中实现了一个大的转折。当然，越南也重视发展与西方各大国的关系，大力引进西方的资金、技术，积极开展贸易、投资和科技交流活动。马克思主义在越南发展的历程表明，只有从本国实际出发去寻找革命和建设的道路，把基本立足点放在本国力量的基础上，把争取外援作为辅助性手段，才能取得革命、建设和改革事业的胜利。

（五）加强党的建设，提高党的领导能力和战斗力

越南共产党是越南革命、建设和革新开放事业的领导者，从1930年成立至今，已经发展成为拥有350多万名党员的越南最强大的政治力量。越共认真分析了苏东国家共产党垮台的教训，认为主要原因是它们放松了党的领导，否定了马列主义和党的民主集中制原则，脱离了人民群众。所以，越共强调：革新开放必须坚持党的领导，加强党的建设，提高党的领导能力和战斗力。特别是在革新开放后，越南在经济持续高速发展的同时，党内腐败现象越来越严重，党的建设已经关系到越南共产党和越南社会主义制度的生死存亡，成为越南革新事业能否胜利的决定因素。越共要

想领导好革新事业，就必须坚持和加强党的领导，大胆革新党的自身体制和领导方式。从 1986 年的六大到 2001 年的九大，越共曾多次强调坚持和改善党的领导的重要性。如 1991 年召开的越共七大就认为，党的领导是越南革命胜利的决定因素，越南建设社会主义不能没有共产党的领导，这是党成立 60 多年来的重要历史经验之一。越共还采取了一系列完善党的领导体制的具体措施，如反对实行多党制或两党制、清除自由化分子出党、抵制西方"和平演变"、修改宪法以确立党的领导地位、完善民主集中制、调整党政关系、开展整党运动，等等，巩固了党的领导地位，增强了党的执政能力。越南的经验证明，在社会主义国家，治国必先治党，治党必须坚强有力，治国方能正确有效。

第三节　马克思主义在朝鲜的发展及启示

第二次世界大战以后，随着反法西斯战争的胜利，朝鲜取得了民主革命的胜利，实现了国家独立，走上了社会主义发展道路，开始了社会主义建设，取得了重要成就。苏东剧变之后，朝鲜始终坚持社会主义制度，保持了共产党的执政地位。在新的历史时期，朝鲜根据时代变化和本国国情，努力探索具有本国特色的社会主义发展道路。

一　朝鲜的特殊国情

朝鲜全称朝鲜民主主义人民共和国，地处朝鲜半岛的北半部，国土面积约为 12 万平方公里，人口约为 2405 万（2008 年）。朝鲜 1910 年沦陷为日本帝国主义的殖民地。从 20 世纪 30 年代起，以金日成为首的朝鲜共产主义者坚持了 15 年的抗日武装斗争，1945 年 10 月成立"朝鲜共产党北朝鲜组织委员会"，1946 年建立中央政府即北朝鲜临时人民委员会。1948 年 9 月 9 日，建立朝鲜民主主义人民共和国。1950 年到 1953 年是"朝鲜战争"时期。1953 年至 1956 年，朝鲜进行经济恢复和社会主义改造，确立了社会主义制度。从 1957 年开始，朝鲜开始进入社会主义建设新的历史时期。

（一）革命前的朝鲜经济发展不平衡

从 1910 年被日本占领，到 1945 年全国解放，朝鲜经济属于殖民地半封建经济，完全被日本所控制，朝鲜经济从属于日本经济和政治的需要。

朝鲜的工业结构具有殖民地的典型特征，重工业在整个工业中的比重随着日本发动太平洋战争和侵华战争而显著增加，但重工业内部的结构非常畸形，机械工业非常落后。经济发展呈现"北重南轻"和"北工南农"的特点。所谓"北重南轻"、"北工南农"，是指朝鲜北部重工业强，而朝鲜南部轻工业相对发达，适宜农作物生长，是朝鲜半岛的主要产粮区。日本在投降以前还破坏了朝鲜许多企业、煤矿和矿山等。朝鲜的这种经济发展状况，严重地影响了战后的社会主义建设。朝鲜之所以缺粮、缺少轻工业产品，之所以要建立"自立的民族经济"、走优先发展重工业的工业化道路，都可以从这里找到答案。

（二）国土南北分裂是朝鲜国情的最大特点

第二次世界大战结束以后，朝鲜从日本殖民统治下获得解放。但与此同时，美国和苏联的军队在"国际托管"的名义下进驻朝鲜，以北纬38度线为界，美国驻在朝鲜半岛的南部，苏联驻扎在朝鲜半岛的北部。朝鲜民族分裂为南北两部分，朝鲜北方成立了朝鲜民主主义人民共和国，实行的是社会主义；朝鲜南方成立了大韩民国，实行的是资本主义。北南双方敌视、对峙至今。南北分裂这一现实国情给朝鲜带来了许多不利影响：解决人民的吃饭问题是朝鲜最头疼的事情；国防建设被摆到了首位，既增加了军费负担，也影响经济建设；为了实现经济上的自立，朝鲜在强化重工业的同时，还实行高速度和大会战；朝鲜与韩国、美国关系的恶化，致使朝鲜面临的国际环境异常恶劣。

二　马克思主义在朝鲜发展的历史进程

朝鲜是一个具有悠久历史和文化传统的国家。1910年被日本帝国主义占领。朝鲜的先进分子在进行反对日本帝国主义侵略的斗争中，苦苦探索革命理论；在俄国十月革命的影响下，最终找到马克思主义，并成立了朝鲜共产党。朝鲜共产党人积极传播和学习马克思主义，认真研究朝鲜国情和社会发展规律，努力寻找在殖民地半封建社会基础上进行革命的途径和方法，在与事大主义和赶时髦的马克思主义进行坚决斗争的基础上，逐渐形成了具有鲜明朝鲜特色的主体思想。在主体思想的指引下，朝鲜党带领人民浴血奋战，于1945年取得反对日本帝国主义侵略的胜利。经过几十年的探索和发展，朝鲜在完成社会主义改造的基础上，最终确立了社会主义制度，并逐渐形成了符合本国国情的社会主义发展模式。

（一）反帝反封建的民族民主革命时期（1910—1945 年）

19 世纪末至 20 世纪初，在日本帝国主义的野蛮统治之下，朝鲜人民过着悲惨的生活。在俄国十月革命的影响下，在 1919 年"三·一起义"之后，马克思列宁主义在朝鲜迅速传播开来。"三·一起义"是一次全民性反日起义，给日本帝国主义者以沉重打击。但也暴露了资产阶级民族主义的局限性，起义的失败使朝鲜人民认识到，资产阶级民族主义靠不住。在这种情况下，工人阶级积极地登上了政治舞台，马克思列宁主义学习小组在各地组建起来。1925 年 4 月，在共产国际的直接帮助下，朝鲜共产党成立了，并在一年之后加入了共产国际。此后，朝鲜的工农运动得到了迅速发展。但是，由于日本帝国主义的残酷镇压和朝鲜共产党内部的派别斗争，1928 年朝鲜共产党解散。

与此同时，金日成等人则在另一条战线积极活动。金日成，1912 年 4 月出生于朝鲜平安南道大同郡，受家庭爱国主义影响，早年走向革命道路。1925 年，金日成来到中国东北，开始深入研究马克思列宁主义，确立了共产主义的坚定信念。1926 年 10 月，他组建了"打倒帝国主义同盟"，这被喻为是朝鲜"第一次诞生了真正的共产主义革命组织"，是朝鲜出现新一代共产主义者和革命开始了新起点的历史性标志。1927 年 1月，金日成来到中国吉林，积极从事革命活动。8 月，把"打倒帝国主义同盟"改组为"反帝青年同盟"。随后，又以其骨干组织了"朝鲜共产主义青年同盟"。金日成在认真总结朝鲜革命实践经验的基础上，逐渐认识到人民群众才是革命的主人，为了推进革命，就必须深入群众，把他们发动起来；自己国家的革命要由自己负责，自主地加以推进。这一思想在革命的过程中逐步得到发展和成熟，最终形成完整的主体思想体系。1930年 6 月至 7 月，共产主义青年同盟和反帝青年同盟领导干部在卡伦召开重要会议，提出要打倒日本帝国主义，实现朝鲜的独立。会后，抗日武装斗争的准备工作全面展开。7 月，组建了朝鲜革命军，这是朝鲜第一支马克思列宁主义的武装组织。

1931 年 9 月，日本帝国主义发动对中国的侵略之后，朝鲜开始建立反日人民游击队。从此，武装斗争成为朝鲜反日民族解放运动的主流。1932 年 4 月起，朝鲜人民在金日成领导下开展抗日游击武装斗争，活跃于中朝边界地区，与中国东北抗日武装并肩战斗，为朝鲜的民族独立和解放做出了重要贡献。1933 年到 1934 年冬，朝鲜成功打退了敌人对游击根据地的"讨伐",把反日人民游击队改编为朝鲜人民革命军。1936 年 5 月,组建了祖国光复会,从而使建党的准备工作得到更加有效的推进。1945 年 8 月 15 日,朝鲜人民军配合苏军,解放了北纬 38 度线以北的领土,结束了日本在朝鲜的殖民统治。

1945 年 10 月,朝鲜共产党成立。1946 年 2 月,成立了北朝鲜临时人民委员会,金日成被推举为委员长。北朝鲜临时人民委员会成立之后,立即着手实行民主改革。通过改革和改造,胜利完成了反帝反封建的民族民主革命任务,为朝鲜向社会主义过渡奠定了坚实的基础。

(二) 建设社会主义基础时期 (1946—1960 年)

朝鲜战争结束以后,朝鲜劳动党制定了战后恢复和发展国民经济的总路线:"我们要按照保证优先恢复和发展重工业,同时发展轻工业的方向进行战后的经济建设。"① 朝鲜开始恢复和重建被战争破坏的国民经济,对农业的社会主义改造也同步进行。1955 年,全国开展了农业合作化运动。1955 年 4 月,朝鲜劳动党提出了社会主义基础建设的设想:"在向社会主义过渡的过渡时期的现阶段,摆在我党面前的基本任务,是进一步加强工农联盟,同时依靠在恢复和发展战后国民经济的斗争中所取得的成就,来建设社会主义的基础","必须在国民经济的一切领域,对小商品经济形态和资本主义经济形态进行社会主义改造,以进一步扩大和加强社会主义经济形态的统治地位;必须进一步发展生产力,以奠定社会主义的物质技术基础。"② 1956 年 12 月,朝鲜劳动党召开中央全会,提出要走自立民族经济道路,加速社会主义经济建设,掀起革命的大高潮。为此,从 1957 年开始,朝鲜开展了"千里马运动",在各行各业都要求高速度和大会战。这种高速度发展运动的典型代表,在农业上有"青山里精神和青山里方法",在工业上有"千里马作业班运动",等等。1958 年,朝鲜完成了社会主义改造,社会主义制度最终确立。

(三) 朝鲜式社会主义形成发展时期 (1961—1991 年)

1961 年 9 月,朝鲜劳动党四大宣布,朝鲜已进入全面建设社会主义时期,这个时期的中心任务是加速社会主义建设,最终把朝鲜建设成为社

---

① 朝鲜劳动党中央委员会党史研究所:《朝鲜劳动党简史》,人民出版社 1986 年版,第 376 页。

② 同上书,第 385 页。

会主义工业国。1970 年 11 月，朝鲜劳动党五大宣布，朝鲜实现了"社会主义工业化"，进一步巩固和发展朝鲜的社会主义制度，争取早日实现社会主义的完全胜利，已成为摆在全党面前的迫切任务。1980 年 10 月，朝鲜劳动党六大规划了朝鲜社会主义建设的蓝图和经济建设的十大目标。在此期间，先后实施了 1961 年至 1967 年计划、1978 年至 1984 年计划、1987 年至 1993 年计划这三个国民经济七年计划，对适合朝鲜国情的社会主义发展模式进行了长期探索。在经济上，建立了工业管理的大安工作体系、农业管理的农业领导体系和计划工作体系。在政治上，加强党的领导和无产阶级专政。在思想方面，除了把"主体思想"确立为党的唯一指导思想，并分别于 1970 年和 1972 年写入新的党章和新的宪法之外，还在农村广泛开展了思想、技术和文化三大革命。经过 1961 年至 1991 年的探索和发展，朝鲜逐步形成了具有自己特点的社会主义发展模式。

（四）冷战后的政策调整和改革起步时期（1991 年至今）

20 世纪 90 年代，由于苏东剧变的冲击、国内经济状况的不断恶化和核试验引起的国际风波三个原因，朝鲜面临的环境和形势非常严峻。在这种背景下，朝鲜在坚持朝鲜式社会主义的前提下，调整了原有的部分政策，实行了若干新的措施，从而拉开了改革的帷幕。如在 1991 年 12 月，朝鲜政府宣布开放罗津—先锋为自由经济贸易区；1992 年把"无产阶级专政"改为了"人民民主专政"；等等。1994 年 7 月，朝鲜劳动党总书记、国家主席金日成逝世。1997 年 10 月，金正日继任朝鲜最高领导人。1998 年 8 月，朝鲜提出建设"主体的社会主义强盛大国"，并分阶段地确定了不同时期的战略目标。进入 21 世纪以来，朝鲜进行了调整物价和工资的经济改革，实行了更加自由的对外经济开放，社会主义改革的进程已经启动。在对外关系方面，朝鲜调整了外交政策，积极致力于南北关系的改善。经过几十年的探索和发展，朝鲜逐渐形成了符合本国国情的社会主义发展模式——朝鲜式社会主义。

三　马克思主义在朝鲜发展的理论成果

关于马克思主义指导思想，1945 年 10 月，在北朝鲜共产党中央组织委员会成立大会上，金日成指出，"共产党必须按照马克思列宁主义这个唯一的指导思想来组织，并以它为指导"，"只有全党用马克思列宁主义这个惟一的指导思想武装起来，并以此为指导，党才能实现钢铁般的统一团结，才能冲破任何风浪，出色地完成自己的使命。"① 此后，金日成一直强调，必须坚持以马克思列宁主义作为指导，否则就不能正确地分析和理解朝鲜的历史和现实。1970年，朝鲜劳动党五大同时把马克思列宁主义和"主体思想"作为党的指导思想。从1980年朝鲜劳动党六大之后，朝鲜强调党是"主体型的马克思列宁主义革命政党"，在指导思想上只提"主体思想"。朝鲜劳动党强调，要坚持和创造性地发展马克思列宁主义。但在朝鲜劳动党看来，以唯物史观为基础的马克思列宁主义具有"历史局限性"，必须根据新的时代需要创新马克思列宁主义。在金正日看来，"主体哲学及其哲学课题和原理是同先行哲学有根本区别的独创性哲学。"②

关于马克思主义民族化理论体系，朝鲜劳动党提出了"主体思想"，在1970年召开的朝鲜劳动党五大上第一次把"主体思想"正式写入党的文件，此后又相继写入新党章和新宪法之中。金日成把"主体思想"概括为四句话："在贯彻主体思想方面重要的问题是贯彻思想上树立主体、政治上自主、经济上自立、国防上自卫的原则。"③ 1980年朝鲜劳动党六大召开，规定"主体思想"为唯一的指导方针。从此以后，朝鲜只把"主体思想"作为党的指导思想。

关于社会主义本质，金正日提出要对社会主义进行新的认识，"要对过去其他国家的旧模式和一贯做法进行全面检讨"④，不能被现有的观念所束缚，该抛弃的就要大胆地抛弃。朝鲜把集体主义、主体化的社会主义思想作为了社会主义的本质特征。建设社会主义的最终目的，是保证全体人民都过上富裕文明的生活。建设社会主义和共产主义，最重要的是把人改造成为共产主义新人。只有把社会的全体成员都造就成为主体型的共产主义新人，才能完全实现共产主义。

关于发展模式，朝鲜提出建设"朝鲜式社会主义"。1991年，金正日指出："我们是在落后的殖民地半封建社会开始革命的，是在国家被分裂

---

① ［朝］金日成：《在朝鲜劳动党历次代表大会上的报告》，人民出版社1979年版，第7—8页。

② 肖枫主编：《社会主义向何处去——冷战后世界社会主义运动大扫描》（上卷），当代世界出版社1999年版，第87页。

③ 沈仪琳编：《朝鲜主体思想资料选译》，人民出版社1983年版，第34页。

④ 陈峰君：《朝鲜经济和战略变化》，《亚洲论坛》2001年第4期。

为北南两部分，一切都遭到了战争破坏的艰苦情况下进行了社会主义建设的。符合我国这一实际的处方，任何地方都没有。尤其是建立了社会主义制度以后，用既成理论是无法开拓全新的社会主义建设道路的。这就要求我们用自己的头脑去思考并根据我们的实际去解决革命和建设中提出的一切问题。"① 金正日认为："以人民群众为中心的我们朝鲜式社会主义，是最彻底地体现了工人阶级的志向和要求的社会主义"。②

关于社会发展阶段，朝鲜劳动党把社会主义社会分为两个发展阶段：第一个阶段是"不完全的社会主义"，这个阶段意味着社会主义建设还没有完成；第二个阶段是"完全胜利的社会主义"，这个阶段意味着共产主义低级阶段已经完全实现。朝鲜目前正处于争取社会主义完全胜利的阶段。

关于社会主义的根本任务，朝鲜特别强调实现全社会的主体思想化。在朝鲜，经济建设从属于用主体思想对人的思想改造和"先军政治"。

关于社会发展动力，朝鲜劳动党在理论上反对"改革"和"开放"的提法。朝鲜认为，"改革开放"实际上是美国的一个阴谋，目的是要朝鲜放弃社会主义制度，改变朝鲜的政治和经济体制，③ "改革开放"对朝鲜而言是死亡之路。随着实践的发展，朝鲜被迫进行某些改革和调整，但他们使用的是"改变"和"改善"等词语，和中国的改革在实质上是一样的。与其他社会主义国家相比，朝鲜并没有把改革作为社会主义发展的动力之源和必由之路，而是强调必须从思想中去寻找社会发展的动力。朝鲜劳动党强调在改革中要坚持"四大第一主义"：高度发扬领袖第一主义、高举思想第一主义、彻底体现军队第一主义、繁荣和发展制度第一主义。

关于经济体制改革，朝鲜认为社会主义经济是计划经济，因此仍然实行的是计划经济体制。朝鲜目前已逐步认识到改革计划经济体制的必要性，从现实情况来看，朝鲜的市场经济气息越来越浓。朝鲜对外经济开放的主要措施，是发展经济特区，吸引外资。

关于政治体制改革，朝鲜劳动党强调，社会主义民主是真正的民主，

① ［朝］金正日：《以人民群众为中心的我们朝鲜式社会主义是战无不胜的》，［朝］外文出版社1991年版，第12—13页。

② 同上书，第3—4页。

③ 陈龙山：《朝鲜经济报告》，《东北亚研究》2004年第3期。

要全面发扬社会主义民主，完善人民会议代表制度，加强社会主义守法生活，加强党的建设和党的活动，从组织和思想上进一步巩固党。

关于时代特征，朝鲜劳动党认为，现时代是自主地和创造性地开拓自己命运的自主时代，维护自主性的世界进步人民同反对自主性的国际反动派之间的对立和斗争，是时代潮流的基本内容。粉碎帝国主义和国际反动派的阴谋活动，实现全世界的自主化，是当今世界人民共同的斗争任务。

关于经济全球化，朝鲜劳动党认为，"全球化"是帝国主义的战略和阴谋，其目的在于把全世界变为西方式的"自由世界"，奴役和同化所有其他民族。当今世界，资本主义的基本矛盾并没有得到解决，帝国主义的侵略本性也没有改变。

四 马克思主义在朝鲜发展的经验启示

马克思主义在朝鲜发展的历史证明，社会主义国家不能亦步亦趋地沿着别国所走的道路走，这种脱离本国国情照搬别国经验的做法，只能严重阻碍革命和建设事业的发展。必须把马克思主义基本原理同本国革命和建设实际相结合，创立本土化的马克思主义理论体系，寻找符合本国国情的道路，在坚持独立自主、依靠本国人民力量的基础上，努力建设具有本国特色的社会主义。

（一）坚持主体思想为指导

朝鲜坚持把以人民群众为中心的主体思想作为党的唯一指导思想。按照朝鲜劳动党的要求，各项行动和所有领域都必须以主体思想为指导，坚持自主性立场和创造性立场，加强思想意识的作用。主体思想的提出具有极强的针对性。20世纪20年代，朝鲜的一些民族主义者和赶时髦的马克思主义者在开展民主革命时，既不是深入发动人民群众革命，使人民群众团结起来，也不是依靠自己的力量来进行革命，而是希望依赖外来势力的支持以实现国家独立，这种严重脱离朝鲜国情照搬别国经验的做法严重阻碍了朝鲜革命的发展。20世纪30年代，以金日成为首的朝鲜共产主义者把马克思主义基本原理同朝鲜革命实际相结合，创立了主体思想。在社会主义建设时期，朝鲜劳动党始终强调，只有坚持主体思想为指导，才能胜利地推进社会主义事业。20世纪90年代初，在苏联东欧发生剧变以后，朝鲜提出了"四个第一主义"，即领袖第一主义、思想第一主义、军队第一主义、体制第一主义，强调要坚持"主体思想"，更加坚定地沿着"主体社会主义"道路前进。朝鲜始终坚持主体思想在国家意识形态中的绝对权威地位，不放弃社会主义，为形成"朝鲜式社会主义"奠定了坚实的理论基础。

（二）坚持走符合本国国情的社会主义道路

金日成曾经提出："不能亦步亦趋地沿着别国所走的道路走，我们必须按照朝鲜的方式来进行建国事业。对于朝鲜人……我们不应该穿不合身的外国衣服，而要做适合于我们的朝鲜的衣服来穿。"① 抗日战争胜利后，围绕朝鲜走什么道路的问题，出现了形形色色的错误倾向。右翼势力主张建立资产阶级共和国，反动势力甚至妄图复辟封建制度，左倾势力则主张实现社会主义。面对争论，金日成明确指出，我们既不能提出落后于历史发展阶段的要求，也不能提出超越于历史发展阶段的要求，必须寻找一条适合朝鲜实际的道路，朝鲜应走的道路是进步的民主主义道路。这条道路和欧美的"民主主义"是根本不同的，同时也不是在仿效社会主义国家的民主主义。如果把欧美国家的"民主主义"和社会主义国家的社会主义原封不动地搬到朝鲜，那是一个大错误。苏东剧变之后，朝鲜"处于国内外形势最为复杂和尖锐的时期"，"给朝鲜革命和建设造成了严重影响"。朝鲜强调要以主体思想为指导，建设"朝鲜式社会主义"。1998 年，朝鲜正式提出"先军政治"口号，认为只有坚持"先军政治"的路线，走自己的社会主义道路，建设"强盛大国"，才能保证国家的安全和稳定。进入 21 世纪以来，朝鲜为加快经济发展和改善人民生活采取了一些新的政策，为探寻符合本国国情的社会主义建设道路作出了新的努力。

（三）坚持独立自主的原则

在建党过程中，金日成要求根据朝鲜实际情况进行建党准备工作。金日成严厉地批评了那种不靠自己的力量去为建党而斗争，却认为要由共产国际来帮助组建，或者需要首先得到共产国际的承认和批准才能建党的事大主义倾向。他指出，马克思建立共产党没有得到谁的批准和谁的承认，问题不在于有没有共产国际的批准，而在于朝鲜共产主义者要当家作主去正确地建立党，并领导好革命。这样做了，共产国际自然就会承认。金日成要求克服事大主义和教条主义，树立主体思想，要自主地根据朝鲜实际

---

① 《金日成著作集》第 2 卷，朝鲜外文出版社 1980 年版，第 33—34 页。

情况创造性地进行建党准备工作。第二次世界大战爆发后，许多国家的共产主义运动和革命力量遭到法西斯的残酷镇压，形形色色的机会主义者明目张胆地同法西斯同流合污。面对这种状况，金日成于 1937 年 11 月发表《朝鲜共产主义者的任务》，强调朝鲜共产主义者必须坚持独立自主的原则，相信本国人民的力量，把革命坚决进行到底。

第四节　马克思主义在老挝的发展及启示

第二次世界大战结束以后，老挝实现了民族独立，逐渐走上了社会主义道路。苏东剧变后，老挝没有放弃社会主义，继续把马克思主义基本原理同本国的具体实际相结合，探索社会主义发展的新路。革新开放以来，老挝的社会主义事业向更加健康的方向发展。

一　老挝的特殊国情

老挝的全称是老挝人民民主共和国，地处亚洲印度支那半岛北部，是东南亚国家中唯一的内陆国家，国土面积约 23 万平方公里，人口约 670万（2010 年）。老挝在 1893 年沦为法国的殖民地，1940 年被日本占领。老挝于 1945 年 10 月趁日本投降获得了独立。但 1946 年 3 月，再次被法国占领。在老挝人民革命党的领导下，老挝人民经过长期的艰苦斗争，终于在 1954 年迫使法国承认老挝独立。1975 年，老挝人民革命党领导老挝人民开展了夺权斗争，建立了各级革命政权，废除了君主制，成立了老挝人民民主共和国，逐渐向社会主义过渡。

老挝人民革命党作为无产阶级执政党，始终坚持社会主义。老挝人民民主革命的任务至今仍未完成，目前仍处于为向社会主义过渡创造条件时期，被人们称之为"半个社会主义国家"，因此，老挝建设社会主义所面临的国情与其他国家大不相同。

（一）近代的老挝经济基础非常落后

老挝是一个多山、资源丰富同时又比较闭塞和落后的国家。历史上长期遭受封建剥削制度的残酷统治和法国、日本等外国殖民者的野蛮入侵与掠夺，使得老挝成为世界上最为贫穷和落后的国家之一。这主要表现在如下几个方面：一是老挝是一个贫穷落后的农业国，农业在国民经济中占据着主导地位，产业结构极为不合理。农民占老挝全国人口的 80% 以上，农业耕种普遍采用刀耕火种的方式，极为原始落后。二是老挝工业非常落后，基本没有什么工厂，工业水平低。三是老挝是世界上唯一没有铁路的国家。国小、人少、经济落后是老挝最大的国情，至今仍处于"最不发达国家"的行列之中。

（二）老挝经济发展严重依靠外援

在近现代，老挝的经济发展体现出了较强的"三靠"特点：即维持国家财政靠外援，进行基本建设靠外资，供应国内市场靠外国商品。老挝作为一个极为贫穷落后的农业国，工业非常落后，资金严重匮乏，经济建设不得不依靠国外的援助和贷款。老挝还是一个非工业化国家，国内市场所需要的各种商品（包括消费品），都不得不依赖从外国进口，这就造成了老挝市场上有90%以上的商品都来自于外国。对于老挝而言，经济发展严重靠外援的状况在短期内是难以完全扭转的，这也表明老挝建设社会主义与其他社会主义国家不是站在同一条起跑线上的，老挝为向社会主义过渡准备物质技术条件的任务相当之艰巨。

（三）老挝发展受泰国和越南影响较大

老挝是一个没有出海口的内陆国家，在地理上紧邻泰国、越南和中国。老挝同越南、泰国有着特殊的关系，在经济上同泰国的关系最为密切，在政治上受越南的影响最大。老挝与泰国是一江之隔的邻国，两国的边界线长1730公里，不论是语言文字还是风俗习惯都很相似。在进出口货物方面，老挝经过泰国进出口是最为便捷的，可以节约大量的运费。也正因如此，近现代以来，老挝的经济对泰国形成了很强的依赖性，特别是两国的经贸关系非常密切，一个很明显的例子就是泰国的货币在老挝全国都可以流通。此外，泰国还是老挝建国后向其投资最多的国家。老挝对泰国经济上的依赖，对老挝建国后经济社会的发展起到了非常大的作用。不过，老挝的这种依赖型经济是非常脆弱的，特别容易受到经济危机的冲击。1997年首先从泰国爆发的东南亚经济危机，就使老挝的经济受到了很大的冲击。泰国是老挝最大的贸易伙伴和投资者，在老挝的投资项目近300项，投资额近20亿美元，泰国的商品在老挝市场上的占有量超过了70%。因此，肇始于泰国的经济危机迅速对老挝产生了影响。经济危机爆发以后，老挝在提出自力更生克服困难的同时，也强调要千方百计扩大外来合作，积极争取外援。为了加强对金融的管理和监控，还制定了相关的政策措施。1996年3月老挝人民党"六大"制定了老挝2020年远景规划，强调要发扬爱国主义和独立自主精神，坚持全面改革，扩大对外开放，到 2020 年使农业和工业初步实现现代化，社会经济初步繁荣，甩掉不发达国家帽子。①

在政治上，老挝和越南的关系非常紧密，其对马克思主义的追求和对社会主义发展道路的探索受越南影响较大。从历史上看，老挝和越南同属印度支那半岛国家，都先后遭受过法国、日本和美国的残酷殖民统治与野蛮侵略，它们有着相同的历史命运。正因如此，老挝和越南在争取民族独立的斗争中既相互鼓励，又相互支援。特别值得一提的是，在 1955 年以前，老挝人民的革命斗争一直是由胡志明组建的印度支那共产党来领导的。在越南共产党的帮助之下，老挝在 1955 年成立了自己的革命政党，名称定为"老挝人民党"，1972 年又把名称改为"老挝人民革命党"，1975 年老挝人民革命党执政。正是由于老挝人民革命党和越南共产党之间存在着这种历史形成的特殊的党际关系，使得老挝和越南两国之间的政治关系非常的密切，这是一种被双方形容为"一种特别的、完全的、一贯性的和罕见的关系"。对于老挝和越南双方而言，都必须"教育现在的一代及世世代代的子孙都要尊敬和保卫这种特殊的越老关系"。老挝和越南之间所具有的这种特殊的政治关系确实给老挝的革命和建设事业以巨大支持和帮助，但也在一定程度上给老挝的革命和建设事业带来了消极影响。

（四）老挝资源丰富但民众进取精神不足

老挝拥有丰富的自然资源，它不仅拥有湄公河流域肥沃的土壤，而且水力资源、森林资源、矿产资源和旅游资源也都非常丰富。特别需要指出的是，老挝是东南亚水电资源最丰富的国家，其水能储量达 3000 多万千瓦，开发条件十分优越。② 老挝全国森林覆盖面积达 50%，被称为"森林王国"。③ 老挝佛教寺庙遍布全国，旅游开放前景非常广阔。独特的自然资源优势和特殊的历史文化魅力，使老挝拥有极大的发展潜力，被人们普遍认为是东南亚一块未被开发的处女地。民众进取精神的不足对老挝经济社会的发展也具有一定的影响和制约作用。主要表现为：受小农经济的影

---

① 马树洪：《东南亚金融危机对老挝经济的影响及其走势》，《东南亚》1998 年第 2 期。
② 同上。
③ 张良民：《老挝经济发展的利弊》，《东南亚研究》1996 年第 4 期。

响，老挝民众的商品经济观念相对淡薄、思想较为保守、容易满足；受长期殖民经历的影响，在对外交往过程中常常表现出怕吃亏的心理；受长期依赖外援的影响，"等、靠、要"思想严重，缺乏自力更生的进取精神。这些观念在一定程度上会制约老挝经济社会发展的速度，减缓老挝向社会主义过渡的步伐。

二　马克思主义在老挝发展的历史进程

近代以来，老挝先后遭受法国、日本和美国殖民主义的统治，老挝人民一直为实现老挝的解放事业而斗争。在老挝人民党的领导下，老挝取得了民族民主革命的胜利，建立了老挝人民民主共和国。老挝在社会主义改造过程中，由于急于向社会主义过渡，导致经济社会陷入了困境，迫使老挝人民革命党对其政策进行了反思和调整。从 1986 年开始，老挝对本国国情和社会主义有了新的认识，纠正了过去急躁冒进的做法，开始实行革新开放，老挝对社会主义的探索进入了一个新的阶段。

（一）民族民主革命时期（1910—1975 年）

老挝建于公元 749 年，近代以来长期遭受外国殖民主义的统治，1893 年，法国开始在老挝建立起殖民统治。1940 年以后，日本代替法国控制了老挝，老挝开展了抗日斗争。1945 年 8 月 15 日，日本无条件投降，印度支那出现了统治的真空，以越南胡志明为首的印度支那共产党趁机发动了武装起义，建立自己的政权。越南革命形势的变化，极大地影响了老挝。一批知识分子和部分王室成员组成了统一战线性质的"伊沙拉"①，在老挝国内开展了夺权斗争，为老挝的独立做准备。1945 年 8 月 23 日，老挝人民在"伊沙拉"的领导下举行了武装起义，夺取政权。10 月 12 日，领导起义的国民委员会宣布老挝为统一的君主立宪制国家，依照临时宪法成立了伊沙拉政府。11 月 24 日，老挝国王遭到逮捕，伊沙拉政府控制了老挝。1946 年 5 月，法国卷土重来，再次统治了老挝，原来的国王复位，王国改名为老挝王国。1949 年法国和老挝签订了《法—老条约协定》，法国正式承认老挝是法兰西联邦内的独立国家。法老协定签订以后，伊沙拉政府宣告解体。以凯山·丰威汉、苏发努冯等为代表的左翼力

---

①　也叫"自由老挝"、"寮国自由民族统一战线"、"自由老挝阵线"。1956 年改名为老挝爱国阵线。1979 年改为老挝建国阵线。

量继续拿起武器，在老挝北部建立起了自己的根据地，重建老挝"伊沙拉"阵线，组成了抗战政府，建立了由印度支那共产党老挝支部负责人凯山·丰威汉指挥的武装部队"巴特寮"，制定了明确的抗战政策。此后，老挝出现了老挝王国和寮国抗战政府这两个政府并存的局面。1954年7月，法国在老挝的统治结束。不久，美国取代法国，开始对老挝进行侵略和干涉。

1955年3月22日，老挝人民党第一次全国代表大会举行，正式宣布成立"老挝人民党"，凯山·丰威汉当选为党的总书记。党章提出要团结民众和各不同民族，为祖国的解放事业而斗争，使老挝实现和平、独立、民主和统一。1957年11月，老挝第一届联合政府宣告成立，巴特寮编入王国政府军队。老挝表面上实现了统一。1975年5月，老挝人民建立了各级革命政权。12月，废除了君主制，成立了老挝人民民主共和国，老挝人民革命党公开执政。

（二）社会主义改造时期（1975—1979年）

老挝人民革命党认为，在民族民主革命完成之后，老挝面临的主要任务是彻底改造和消灭资产阶级。1976年，老挝开始进行社会主义改造。老挝对商业实行统购统销政策，禁止私商收购、贩运和销售农副产品以及其他产品，禁止农民在市场上出售包括粮食在内的农产品，严格限制私商的经营活动和范围，制定和实施这些措施的主要目的就是打击资本主义势力，建设社会主义经济体制。1977年2月，老挝人民革命党宣布，老挝已经进入了向社会主义过渡的新阶段。1978年5月，老挝在全国开展了农业合作化运动，要求农业合作化运动必须在1980年基本完成，其标准就是要有70%至80%的农民加入农业合作社。为了完成这个限期任务，原计划分四步走进行合作化改造，在各地执行过程中变成了强迫或变相强迫农民加入农业合作社。在社会主义改造时期，老挝在向社会主义迈进的过程中，脱离了本国国情，急于向社会主义过渡，导致整个社会经济陷入了困境。

（三）政策调整时期（1979—1986年）

激进的社会主义改造使老挝经济陷入了困境，迫使老挝人民革命党对其政策进行反思，正是在反思过程中，老挝人民革命党对本国的特殊国情以及社会主义有了初步的认识，对其政策进行了调整。把原定在1980年基本完成农业合作化的计划推迟到了1985年，在部分农业合作社进行承包试点，在国营企业进行改革试点，对货币、价格和工资等进行了调整。应该说，虽然老挝认识到了社会主义改造的急躁冒进，调整放宽了一些政策，但在政策调整后，高度集中、官僚主义的管理体制仍然在老挝占据主导地位，并未从根本上改变旧的模式，对于社会主义如何发展，老挝的总体思路并未改变。1982 年，老挝人民革命党召开的三大对其国情有了初步认识，认为老挝的经济是具有自然性质的小生产，老挝向社会主义过渡的起点太低。但令人遗憾的是，三大所确立的过渡时期总路线仍然强调过渡时期的中心任务是把小生产引向社会主义大生产，建立和巩固社会主义生产关系。

（四）革新开放时期（1986 年至今）

1986 年，老挝人民革命党四大纠正了过去急躁冒进的做法，强调目前还处在向社会主义过渡的初期阶段。四大的召开，标志着老挝对社会主义的探索进入了一个新的阶段。1989 年 1 月，老挝召开四届七中全会，对本国国情进行了重新的、客观的认识，对社会主义理论的认识也有了重大变化，提出老挝处于为逐步进入社会主义创造必要条件的历史阶段。1991 年 3 月，老挝五大把"无产阶级专政"、"建设社会主义国家"的口号分别改为了"人民民主体制"、"建设繁荣昌盛的国家"。1993 年 2 月，老挝人民革命党五届六中全会指出，老挝有自己的特点，有地理、经济、社会、历史等条件造成的种种困难，"不能无选择地抄袭某一国家的模式"。① 1996 年，老挝人民革命党六大确立了党的基本路线，总结了 10 年革新的经验，强调继续推进有原则的全面革新事业。2001 年 3 月，老挝人民革命党七大召开，对老挝社会主义有了更进一步的认识，提出了老挝经济与社会发展的战略目标、总任务和总方针，为老挝探索社会主义发展道路指明了前进方向。

三　马克思主义在老挝发展的理论成果

关于马克思列宁主义的指导地位，老挝人民革命党始终强调，要忠于马克思列宁主义，坚持马克思列宁主义为指导。1955 年 3 月，老挝人民革命党成立之时就明确宣布：老挝人民党是马克思列宁主义政党。在此后的岁月里，老挝人民革命党始终坚持马克思列宁主义，把马克思列宁主义

---

① 中共中央对外联络部编：《各国共产党总览》，当代世界出版社 2000 年版，第 78 页。

作为党的思想基础，不断结合老挝的实际情况，吸收和运用人类文明的成果和世界各国的经验，丰富和发展马克思列宁主义的理论宝库。老挝人民革命党强调，要增强主动性和创造性，深入研究马克思列宁主义理论，联系新的条件和实际，运用马克思列宁主义的基本原理来解决老挝社会主义建设中的具体问题。需要指出的是，老挝目前还没有提出老挝化的马克思主义。

关于社会主义本质，老挝强调，过去对社会主义的认识犯了理想主义的错误，主要表现为过分急躁冒进，没有从老挝国家的具体实际出发。这一点在社会主义改造过程中体现得非常明显，当时没有把社会主义改造和社会主义建设结合起来进行，想在短时间内就消灭非社会主义的经济成分。老挝人民革命党强调，在新的历史时期，要深入系统地研究和认识社会主义，避免再走历史上走过的弯路。因为老挝目前处于向社会主义过渡准备条件的阶段，所以对社会主义的本质还没有进行深入的研究和系统的阐述。

关于发展道路，老挝人民革命党强调，特殊国情决定了老挝不能无选择地抄袭其他国家的模式，只有创造性地运用马克思列宁主义的基本原理，才能制定出符合老挝实际的正确路线，才不会陷入教条主义的泥潭之中。

关于社会发展阶段，老挝认为目前还处于向社会主义过渡的准备阶段，也就是为老挝逐步进入社会主义创造条件的历史阶段。党在这个阶段的基本路线是"以老挝人民革命党为核心，继续建设和发展人民民主制度，为逐步进入社会主义创造基本条件。"① 老挝把大力发展生产力作为国家最重要的任务，努力改变目前经济社会落后的状况。

关于社会发展动力，老挝人民革命党指出，改革是老挝的客观需要，是老挝改变落后状况和走向社会主义的唯一出路，必须通过革新使老挝经济实现工业化。老挝人民革命党强调要坚持"有原则的全面革新"的路线。"有原则"主要是指不能放弃社会主义，使老挝走上邪路。"全面"是指进行全方位的革新开放，使整个社会都通过革新为向社会主义过渡创造条件。

关于经济体制改革，老挝提出要建立"国家管理下的市场经济"。老

① 郑国材：《老挝人民革命党六大纪实》，《当代世界》1996 年第 6 期。

挝人民革命党认为，建立具有政府宏观调控的市场经济体制，可以推动老挝商品经济快速发展。老挝要实现由自然和半自然经济向市场经济过渡，就必须建立由老挝人民革命党领导的、国家管理的市场经济体制。老挝的市场体系目前还不够健全，要不断完善政府宏观调控下的市场机制，实现到 2020 年建立起国家管理的市场经济体系的目标。老挝对外经济开放的最大特点，是引进外资改造国有经济。

关于政治体制改革，老挝提出，要坚持社会主义根本政治制度，把发扬民主作为全面革新的动力和目标，不断提高国会的地位和作用，国家政权以宪法和法律治理国家，转变政府职能，加强对市场经济的宏观管理，建设各个方面都十分坚强稳健的党。

关于时代特征，老挝认为，当今时代的本质并未发生改变，仍然处在由资本主义向社会主义过渡的时代，要警惕并坚决回击敌对势力针对老挝所实施的"和平演变"战略。经济全球化是大势所趋，老挝要抓住良机发展自己。资本主义的本质没有发生改变，社会主义取代资本主义将是长期而曲折的历史过程。在对外开放的过程中，老挝要坚持自己的原则，继续向社会主义迈进。

四　马克思主义在老挝发展的经验启示

马克思主义在老挝发展的历史证明，经济和社会发展都相对落后的国家在走向社会主义的过程中，不能毫无选择地照搬某一国家的模式，否则必然会给社会主义革命和建设带来巨大损失。改革开放是发展社会主义和提高人民生活水平的必然选择，只有实行改革开放，才能走出不发达国家的行列、改变落后的生活方式，为进入社会主义奠定坚实的物质基础。党的领导是社会主义国家稳步迈向既定目标的决定因素，必须加强党的建设和党的团结，巩固和提升党的执政地位。

（一）坚持马克思列宁主义，坚定社会主义信念

苏东剧变以后，世界社会主义运动进入了低潮，作为社会主义国家的老挝受到了巨大冲击。老挝强调，苏东剧变只能表明苏联社会主义模式失败了，但社会主义仍然具有强大的生命力，老挝走社会主义道路的信念丝毫不会动摇。东欧剧变之后不久，老挝人民革命党即在四届八中全会上提出革新开放必须坚持社会主义、马克思列宁主义、党的领导、民主集中制、人民民主专政、爱国主义和国际主义相结合这"六项基本原则"。

（二）从实际出发，走具有本国特色的社会主义道路

像其他所有社会主义国家那样，老挝在建国初期也全面照搬了苏联模式，着重强调生产关系的变革。由于老挝制定的直接向社会主义过渡的政策严重脱离了本国国情，致使私营工商业主和农民的利益严重受损，并且遭到了他们的反对，使老挝的经济陷入了困境。直到20世纪80年代中期，老挝仍然是世界上最不发达的国家。1986年11月，老挝人民革命党四大总结了照搬苏联模式的教训，强调老挝经济总体而言还是自然性质的、自给自足的小农经济，老挝搞革命和建设不能毫无选择地抄袭某一国家的模式，而必须把马克思主义基本原理同本国国情相结合，走具有本国特色的社会主义道路。革新开放以来，老挝对自身所处的社会发展阶段进行了重新的认识，认为老挝目前仍然处在向社会主义过渡作准备的阶段，提出建设具有老挝特色的"过渡时期"的社会主义，为向社会主义过渡创造条件。

（三）坚持革新开放，不断提高人民生活水平

脱离了老挝实际的社会主义过渡政策给老挝造成了严重的后果，促使老挝人民革命党进行了深刻的反省，认识到原有高度集中的经济管理体制存在着官僚主义和忽视经济效益等诸多弊端，对部分政策进行调整，提高人民的生活水平，已经成为老挝的燃眉之急。1986年11月，老挝明确提出了革新开放的战略方针。老挝认为，革新开放是新时期发展社会主义、提高人民生活水平的必然选择，老挝要以解除人民贫困为首要任务，通过革新开放"领导国家走出不发达国家的行列"，"改变落后的生活方式"。① 革新开放政策的实行，使老挝的总产值、国民收入、农业产值和工业产值等都有了成倍的增长，极大地促进了老挝的经济发展，成为世界上少数几个实现经济增长的最落后的发展中国家之一。老挝进行"全面革新"后，经济虽然有了较大的发展，但仍然属于世界最不发达国家的行列，摆脱贫困仍是摆在老挝党面前的紧迫任务。2001年3月，老挝人民革命党召开七大，提出了到2020年国家长远发展战略目标，规定到2020年老挝将摆脱贫穷，人民生活水平增长3倍，为进入社会主义奠定坚实的物质基础。

---

① 许梅：《柬埔寨、老挝政治经济发展现状》，《东南亚研究》2002年第1期。

（四）坚持独立自主，积极争取外援

老挝是一个资源丰富，但受长期依赖外援的国家，民众的"等、靠、要"思想严重，缺乏自力更生的进取精神。老挝在经济发展上体现为"三靠"：即维持国家财政靠外援，进行基本建设靠外资，供应国内市场靠外国商品。老挝在经济上对泰国形成了很强的依赖性，这对老挝建国后经济社会的发展起到了非常大的作用。不过，老挝的这种依赖型经济是非常脆弱的，特别容易受到经济危机的冲击。1997 年首先从泰国爆发的东南亚经济危机，就使老挝的经济受到了很大的冲击。由于泰币（泰铢）在老挝全国都可以流通，因此受泰铢贬值的牵动，老币（基普）大幅度贬值；受老币贬值的影响，老挝的市场日渐萧条，许多商店倒闭，而泰国商品的大量涌入又使得老挝厂商雪上加霜；泰国公司在老挝兴建或拟建的工程项目大量停工或延期；外商投资下降；出口减少。① 经济危机爆发以后，老挝在提出自力更生克服困难的同时，也强调要千方百计扩大外来合作，积极争取外援。为了加强对金融的管理和监控，还制定了相关的政策措施。正是鉴于历史的经验和教训，2001 年老挝人民革命党七大强调，既要发扬独立自主的精神，也要积极争取国外的援助。

（五）党的领导是一切胜利的决定因素

革新开放以来，老挝经历了苏东剧变和金融危机对社会主义革新开放事业的冲击，但在老挝人民革命党的坚强领导下，社会安定，经济持续、稳步发展，社会主义建设取得了成就。老挝认为，老挝人民革命党对全社会的领导，是国家稳步迈向既定目标的决定因素，必须注重党的建设问题。要始终坚持以马列主义为指导，不断增强党的领导核心作用，从政治思想、组织机构、领导方法、监督管理和干部建设等五个方面加强党建工作。老挝党的七大把加强党的建设视为一条重要经验，作为今后工作的指导方针。老挝人民革命党强调，要加强党的建设和党的团结，坚持民主集中制，反对个人自由主义、多党制、官僚主义和消极现象，加强党的干部队伍建设，进一步巩固和提升党的执政地位。

---

① 马树洪：《东南亚金融危机对老挝经济的影响及其走势》，《东南亚》1998 年第 2 期。

第五节　马克思主义在古巴的发展及启示

古巴是世界上现存的亚洲以外唯一的社会主义国家，马克思主义在古巴的发展历程、理论成果及其宝贵经验，对于探索马克思主义中国化的基本经验和规律具有重要的启示意义。

一　古巴的特殊国情

古巴，全称为古巴共和国，地处加勒比海西北部，是一个由 1600 个岛屿组成的西印度群岛中最大的岛国。古巴全国国土面积约为 11 万平方公里，人口 1124 万人（2012 年），66% 为白人，其余为混血种人和黑人。1959 年之前，古巴是一个殖民地半殖民地国家。1513 年，被西班牙占领沦为了殖民地。1902 年以后，被美国占领成为美国的附庸国。1903 年，美国强租了古巴两处海军基地，至今仍占着关塔那摩基地。直到 1959 年，古巴才在卡斯特罗的领导下取得了革命的胜利，实现了国家的真正独立。1961 年，古巴宣布自己是社会主义国家，开始走上了社会主义发展道路。独立以后的 50 多年里，古巴一直遭到美国的封锁和扼杀，面临的外部环境异常恶劣，这是古巴国情的最大特点。

（一）古巴革命前是美国的附庸

1899 年，美国对近在咫尺且垂涎已久的古巴实行了军事占领和管制，通过强迫手段，实现了对古巴的控制。在扶植自己的傀儡成为古巴总统之后，美国在 1902 年承认古巴独立，并从古巴撤出了军队。从此以后，古巴实际上被美国所控制，成为美国的附庸国。美国逐渐控制了古巴的经济命脉，把其作为美国的甘蔗种植基地和蔗糖供应地。美国不仅控制了古巴规模最大的糖厂，还垄断了古巴的蔗糖生产基地，这就使得古巴单一性的"种植"甘蔗经济严重地依赖于国际市场，特别是美国市场。古巴每年生产蔗糖的 95% 以上用于出口，60% 输往美国。[①] 除此以外，其他行业中美国资产所占的比例也非常之高，古巴经济逐渐沦为美国的附庸。

（二）古巴革命后由于美国的封锁而处境艰难

古巴革命胜利五十多年来，美国从经济、政治、军事和外交等领域对

---

① 韩洪文：《论古巴革命胜利初期的古美关系》，《历史教学问题》1998 年第 4 期。

古巴展开了攻势，一直想消灭古巴的社会主义。美国曾先后数次唆使美洲国家集体对古巴进行"集体干涉"。美国还分别在1960年5月、7月和10月，对古巴采取了停止一切经济援助、取消古巴对美国的出口食糖份额、实行除食品和药品之外的经济禁运这三项措施。到1961年1月3日，美国干脆宣布与古巴断交。1962年古巴导弹危机爆发以后，美国武装封锁了古巴，对古巴实行了全面贸易禁运。此后，从1963年至1973年这十年时间里，美国对古巴实行全面的经济封锁和外交孤立。期间，美国对古巴采取了禁止向古巴销售药品和食品、胁迫美洲国家对古巴"集体制裁"、煽动古巴人逃离古巴等措施。美国还分别在1985年和1990年建立了"马蒂电台"和"马蒂电视台"，对古巴进行思想渗透和颠覆性宣传。特别是苏东剧变以后，美国加强了对古巴的经济制裁。美国对古巴的封锁，给古巴社会造成了严重的损害，造成了古巴在国际社会当中的孤立，形成了古巴对前苏东社会主义国家在经济方面的过分依赖，迫使古巴花费大量精力加强国防建设以防止美国的入侵，这些消极因素严重影响和制约着古巴的社会主义建设。

（三）古巴人民反叛精神和独立意识强烈

古巴的历史，是一部争取和保持国家主权和民族独立的历史。1492年，哥伦布发现了古巴；1902年，古巴从西班牙殖民统治下独立；还是在1902年，美国控制了古巴。1959年，古巴革命胜利。在这漫长的追求民族独立的岁月里，古巴人民进行了不屈不挠的斗争，发动了一次又一次的独立战争，比较有代表性的战争有：1895年由古巴著名诗人和民族主义革命家何塞·马蒂①领导的反抗西班牙殖民统治和争取古巴自由的革命运动，1953年至1959年卡斯特罗领导的反对亲美独裁政权的革命。这些反对外来侵略的斗争，极大地培养了古巴人民的反叛精神和独立精神，形成了古巴不畏强暴的民族性格。其中，何塞·马蒂领导的革命运动对古巴人民独立意识和民族精神的形成产生了非常重大的影响。这次革命运动奠定了1902年古巴独立的基础，也使何塞·马蒂成为古巴人民心目中最崇拜的英雄。追求国家主权和民族独立，已经成为古巴人民的共同心理。这

---

① 马蒂（1853—1895），全名何塞·胡利安·马蒂，古巴独立运动领袖，民族英雄，诗人。1892年创建古巴革命党，被选为党代表（主席）。1895年发动和领导了古巴独立战争，在与西班牙军队的战斗中阵亡。

也恰恰成为古巴在革命胜利后长期遭受美国封锁而始终能够坚持和建设社会主义的精神动力和原因。

二 马克思主义在古巴发展的历史进程

马克思主义在古巴的发展历程，大致可以分为五个阶段。从 1944 年到 1959 年，菲德尔·卡斯特罗等领导古巴人民开展游击斗争，反抗亲美的巴蒂斯塔独裁统治，最终取得了古巴革命的胜利，这是古巴民主革命时期。从 1959 年到 1963 年，古巴革命胜利之后，选择了社会主义发展道路，建立了古巴共产党，完成了社会主义改造，进入了社会主义建设新阶段，这是从民主革命向社会主义革命的转变时期。从 1964 年到 1970 年，是探索古巴式的社会主义发展道路的历史时期。从 1971 年到 1989 年，古巴进入全面建设社会主义时期，这个阶段最大的特点是照搬苏联模式。从 1990 年到现在，古巴实行改革开放，进入了建设"有古巴特色的社会主义"时期。

（一）民主革命时期（1944—1959 年）

第二次世界大战以后，资产阶级政党古巴革命党掌握了古巴的政权。1952 年 3 月，巴蒂斯塔通过发动军事政变上台，实行亲美的独裁统治，古巴人民在全国各地举行示威活动。1953 年 7 月，菲德尔·卡斯特罗带领青年攻打蒙卡达兵营失败后被捕入狱。1955 年 5 月，卡斯特罗获释后便组建了革命组织"七·二六"运动。1956 年 12 月，卡斯特罗率领部分革命者在马埃斯特腊山开展游击斗争。1957 年 3 月，安东尼奥·埃切维里亚组建了"三·一三"革命指导委员会开展游击斗争。1958 年，古巴人民社会党也组织了游击队。此后不久，这三支队伍汇合在了一起。1959 年 1 月 1 日，起义军攻入首都哈瓦那，古巴革命取得胜利。

（二）从民主革命向社会主义革命的转变（1959—1963 年）

1959 年古巴革命胜利之后，究竟选择什么样的发展道路，成为世人非常关心的问题。这是因为，古巴的革命是由小资产阶级领导的资产阶级民主革命，而不是由共产党领导的革命。随着古巴革命的深入，以及古美关系的逐渐恶化，古巴选择了社会主义的发展道路。1961 年 5 月，古巴宣布，古巴革命是社会主义革命，古巴是社会主义国家。与此同时，古巴开展了反对帝国主义的斗争，积极发展同社会主义国家之间的关系，合并革命组织开始建党，进行了第二次土地革命，普及初等教育。7 月，古巴成立了古巴革命统一组织，1962 年改称古巴社会主义革命统一党，1965年又改名为古巴共产党。1963 年年底，古巴社会主义改造基本结束，古巴进入了社会主义建设新阶段。

（三）探索古巴式的社会主义发展道路（1964—1970 年）

1964 年开始，古巴进入了探索社会主义建设道路的新的历史时期。关于古巴究竟要坚持什么样的社会主义经济建设道路和体制，古巴领导层曾经进行了激烈的辩论。辩论的结果是古巴实行了一种冒险和理想主义的经济模式，而这种模式是和其他社会主义国家不同的。1968 年 3 月，古巴错误地发动了"革命攻势"，采取了接管小商小贩、扩大免费社会服务、取消贷款利息和农业税收、取消工资级别等超越现实国情的措施，制定了不切实际的经济计划指标。由于这种探索脱离了古巴的实际，不光计划指标没有实现，还造成了国民经济形势的恶化。

（四）全面建设社会主义（1971—1989 年）

这个阶段最大的特点是照搬苏联模式。1968 年古巴发动的"革命攻势"给经济造成了严重的困难，其制定的 1970 年生产 1000 万吨蔗糖的计划也没能实现，古巴不得不总结过去的经验教训，并从 1971 年开始对"革命攻势"时期的政策进行调整，寻找新的经济管理体制，从探索自己的道路转向了全面照搬苏联模式。1980 年，古巴按照苏联模式建立了"古巴式"的"经济领导和计划体制"，这也在实际上确立了对苏东社会主义国家在经济上的极度依赖。1980 年 12 月，古共二大制定了到 2000 年的远景规划，提出经济和社会发展的根本目标是建设社会主义的技术物质基础。1986 年 2 月，古共三大认为，古巴的经济领导和计划体制存在许多问题，最主要的是前期照搬了其他国家的经验，并不适合本国国情，必须发展和完善古巴的经济领导和计划体制。大会强调党的中心任务是发展经济，加速古巴的工业化进程。古共三大以后，古巴在全国范围内开展了"纠偏运动"，主要措施包括改组领导班子、实施紧缩的经济政策、取消农村自由市场、限制企业自主权、强调精神鼓励反对物质刺激、批判"非社会主义思想"。"纠偏运动"的开展，使刚刚起步的古巴改革开放陷入了困境。导致的一个直接后果就是，1988 年古巴的城市食品供应普遍出现紧张。

（五）社会主义"特殊时期"的改革开放（1990 年至今）

这个时期最大的特点是古巴在危机中全力坚守社会主义阵地，在改革开放中建设"有古巴特色的社会主义"。20 世纪 90 年代，由于苏东剧变，再加上美国加强了对古巴的制裁和封锁，古巴陷入了空前的危机之中。1990 年 9 月，古巴被迫宣布进入"和平时期的特殊阶段"，开始对其路线方针政策进行调整，提出建设"有古巴特色的社会主义"。1991 年 10 月，古共四大把马蒂思想确立为党的指导思想，提出了改革开放的初步构想，确定了对外开放的基本国策。1993 年 7 月 26 日，卡斯特罗宣布了持有美元合法化等重大改革措施，这标志着古巴进入了改革开放新阶段。1995年，卡斯特罗提出要进行稳步的改革，建设有古巴特色的社会主义。1997年 10 月，古共五大重申，捍卫社会主义制度是在美国的压制下谋求生存的唯一方式，要继续根据本国国情稳步进行改革开放。2011 年 4 月，古共六大强调要推动经济模式的现代化，继续巩固社会主义制度。经过 20多年的改革开放，古巴逐渐找到了一条适合本国国情的社会主义发展道路。

三　马克思主义在古巴发展的理论成果

关于马克思列宁主义指导思想，古巴共产党一直强调，古共是以马克思列宁主义为指导的马克思主义政党。1991 年古共四大以后，古共在继续强调坚持马克思列宁主义为党的指导思想的同时，把马蒂思想确立为党的指导思想，强调古共是由马蒂思想和马克思列宁主义武装起来的古巴唯一的全民族政党。马蒂思想的主要精神，是古巴要不惜一切代价争取和捍卫民族独立，并在这一基础上建立劳动人民的共和国，为所有人谋福利。① 古巴共产党强调，要把马克思列宁主义和古巴的实际结合起来，不断丰富和发展马克思列宁主义。卡斯特罗指出："马克思列宁主义这门科学，说到底，是在各国人民建设社会主义的实践中极大地丰富起来的。"②

关于社会主义的本质，古巴认为，社会主义的本质是国家独立和为民造福，社会主义对古巴而言意味着独立和反美。

关于社会主义发展道路，古巴提出要建设"有古巴特色的社会主义"。在建设社会主义的初期，古巴就提出要寻找适合本国国情的发展道

---

① 朱佳木：《古巴的社会主义政权为什么能够长期存在——访问古巴后的思考》，《马克思主义研究》2007 年第 11 期。

② ［古］卡斯特罗：《在古巴共产党第一、二、三次全国代表大会上的中心报告》，人民出版社 1990 年版，第 87 页。

路。卡斯特罗指出："建设社会主义的确是一条人家已经走过的道路。但是，这并不是说各国的条件都完全一样、各国所建设的社会主义都要一样、应该丝毫不差地抄袭人家已经使用过的方式。……每一个国家都有它的特点，正因为如此，每一个国家应该使自己的纲领、方法和策略适合本国的特点，这也是我们应该做的事。"① 20 世纪 90 年代苏东剧变之后，古巴明确提出要建设"有古巴特色的社会主义"。

关于社会发展阶段，古巴认为正处于全面建设社会主义的阶段。在现阶段，经济建设具有头等重要的意义，党的主要任务是全面恢复和发展经济。需要指出的是，古巴目前还没有把经济建设上升到社会主义本质的高度来对待。

关于社会发展动力，古巴认为，要避免使用"改革"这个词汇，因为"改革"一词涉及社会主义本质的改变，容易给人形成背离社会主义原则的印象。对古巴而言，改革是一种被迫的选择，不是为了深化社会主义，而是为了拯救社会主义，使古巴渡过难关。由此可见，古巴对改革的认识还停留在感性认识的阶段，还没有形成系统的改革理论和思路。

关于经济体制改革，古巴强调实行计划经济，不搞市场经济，市场经济是资本主义的，但可以运用某些市场形式。在对外经济开放方面，古巴实行的是"有条件的对外开放"政策，在引进外资时必须满足三个前提条件：对古巴经济发展有利、资金技术市场三者缺一不可、不许进入国防和教育等领域。

关于政治体制改革，古巴认为，社会主义民主是最先进的民主，必须努力加强社会主义民主，不断完善全国人民政权代表大会制度，调动人民群众参与基层民主建设的积极性，严格遵守法律应该成为行为准则。党的领导是关键，要坚持和严格遵守民主集中制原则，不惜代价根除腐败，把古巴共产党建设成为一个坚强的党。

关于时代特征，古巴认为，当今时代仍是社会主义和资本主义、无产阶级和资产阶级斗争的时代，无产阶级革命即将爆发，资本主义即将灭亡。②

关于全球化，古巴认为，全球化是不可避免又不可逾越的历史阶段。

---

① 徐世澄：《卡斯特罗与古巴的社会主义实践》，《拉丁美洲研究》1996 年第 4 期。
② 崔桂田：《当代社会主义发展模式比较研究》，山东人民出版社 2005 年版，第 117 页。

由唯一超级大国美国所主导的全球化是新自由主义的全球化，非但不能拯救世界，相反正在摧毁世界，必须要用社会主义和共产主义的全球化来代替新自由主义的全球化。①

四 马克思主义在古巴发展的经验启示

马克思主义在古巴发展的历史证明，每一个国家都有其特殊的国情，绝不能照搬别国模式，必须选择适合本国国情的道路，建设具有本国特色的社会主义。改革开放的最终目的是完善而不是摧毁社会主义制度，因此不能放弃马列主义和社会主义。正是改革开放，使社会主义国家逐渐摆脱了苏联模式的束缚，走上了适合本国国情的社会主义发展道路，使世界社会主义充满了活力。党能赢得人民群众的信任，是共产党和社会主义国家得以长期存在的关键原因。

（一）坚持马克思列宁主义，坚持社会主义

古巴共产党认为，社会主义对古巴而言意味着独立和反美，没有社会主义就没有古巴，古巴今天的一切都归功于革命和社会主义。苏东之所以发生了剧变，是由于它们背离了马列主义，放弃了社会主义。古巴改革开放是为了完善而不是摧毁社会主义制度。古巴提出了"三不放弃"：即不放弃革命原则、人民政权和为民造福的目标。1989 年，卡斯特罗号召古巴人民"誓死捍卫社会主义，誓死捍卫马列主义"。迄今为止，古巴红旗的颜色没有改变，思想意识没有改变，革命原则也没有改变。

（二）从实际出发建设有本国特色的社会主义

古巴具有区别于与其他社会主义国家的特殊国情，这就决定了古巴绝对不能照搬别国模式，而必须建设有古巴特色的社会主义。古巴目前处于建设社会主义的"特殊历史时期"，因此提出要建设"特殊历史时期"的社会主义。他们认为古巴制定政策必须从以下两个最大的实际出发：从1959 年古巴革命胜利后美国一直在对古巴实行经济封锁，古巴的国民经济基础薄弱，承受改革的能力有限。现实国情决定了古巴只能选择一条以谨慎和稳妥改革为动力的建设社会主义的道路。选择谨慎、稳妥的改革开放道路，使古巴渡过了经济危机，保住了社会主义政权，古巴在建设

---

① ［古］卡斯特罗：《全球化与现代资本主义》，社会科学文献出版社 2000 年版，第306—327 页。

"特殊历史时期"的社会主义的道路上已经取得了初步的成就。

（三）适应时代要求实行改革开放，完善社会主义

古巴改革开放采取了稳中求进的策略，既对体制大胆进行突破，又十分注意减少社会代价，以免因贫富差距过大而影响社会稳定。古巴虽然提出要利用市场，但仍坚持计划经济。古巴在发展多种经济成分的同时，严格控制外资和私营经济的发展。特殊的国情决定了古巴必须实行稳步的改革开放，它使古巴在异常艰难的条件下既渡过了经济危机，又保住了共产党政权。因为古巴面临严峻的外部环境，所以它在体制上体现出了比较鲜明的传统社会主义色彩。不管怎样，古巴已经迈出了重要一步——改革开放，正是这一步，使古巴逐渐摆脱了苏联模式的束缚，走上了一条适合本国国情的社会主义发展道路，使古巴的社会主义充满了活力。

（四）坚定不移地维护人民群众的根本利益

在社会主义国家中，古巴始终坚持全民免费医疗和免费教育的政策，对人民群众日常生活必需品如食品、水电气和住房等给予补贴。古巴的失业率比较低，社会贫富差距也不大，人均预期寿命和儿童入学率等人文指数也都排在世界前列，这种情况和许多走资本主义道路的拉美国家恰好形成了鲜明对照。古巴共产党注意自身形象，通过实行民主政治和加强党的建设等措施，不断增强党对人民群众的吸引力和凝聚力。由于古巴拥有比较健全的社会保障体系，党员干部坚持廉洁从政，这就使党赢得了人民群众的信任，他们真心拥护古巴共产党和社会主义政权，这实际上也是古巴能够在内忧外患的情况下得以长期生存的关键原因，也是最值得现存的其他社会主义国家学习和借鉴的地方。共产党是依靠人民支持才夺取政权的，一个政权如果想长期存在，就必须始终和广大人民群众站在一起，始终和人民群众生活在一起，始终代表最广大人民群众的根本利益，从而始终得到人民群众的拥护。

越南、朝鲜、老挝、古巴这四个社会主义国家在建设具有本国特色社会主义的道路上，不断拓展马克思主义与本国具体实际相结合的道路，我们从中看到的是马克思主义的真理性和世界社会主义复兴的希望。

第六节　马克思主义本土化的共性分析

苏东九国以及越南、朝鲜、老挝和古巴这些曾经的和现存的共产党执

政国家，在社会主义革命、建设和改革进程中，一直在探索把马克思主义的基本原理和各国具体实际相结合，形成符合本国国情的革命、建设和改革道路。梳理这些国家在具体国情以及马克思主义本土化的历史进程、理论成果和经验启示等方面的共同特点，对于总结马克思主义中国化的基本经验和规律具有重要的启示意义。

一 社会主义国家的国情特点

社会主义国家虽然各有其特殊国情，但通过比较可以发现，它们在国情方面具有一些共同特点：进行社会主义革命、走上社会主义道路的国家，大多经济文化发展比较落后，在历史上都曾遭受过一国或者数国的殖民统治，在经济、政治和外交等方面受外来因素影响比较大，都有先进的无产阶级政党和杰出的人民领袖来领导革命和建设事业。

（一）经济文化比较落后

十月革命前，俄国是一个经济文化都比较落后的国家，处于帝国主义统治链条中最薄弱的环节。越南在统一以前是一个落后的农业国，农业人口占到了总人口的90%以上，几乎没有什么工业，文盲占到全国人口的95%。越南从殖民地半封建、经济上以小生产为主、没有经过发达资本主义阶段直接过渡到社会主义，殖民主义和封建主义残余仍然很多。直到20世纪80年代中期，越南还曾经是世界上最贫穷的20个国家之一，经济文化落后的状况由此可见一斑。朝鲜在解放以前经济上属于殖民地半封建经济，完全被日本所控制，从属于日本经济和政治的需要。朝鲜经济发展不平衡，呈现"北重南轻"和"北工南农"的特点，这种经济发展状况严重地影响了战后朝鲜的社会主义建设。老挝在历史上长期遭受封建残酷统治和外国殖民侵略，是世界上最为贫穷和落后的国家之一。老挝最大的国情是国小、人少、经济落后，至今仍处于"最不发达国家"的行列。

（二）历史上遭受殖民统治

越南在1884年沦为法国的殖民地，1940年又被日本占领。1946年法国殖民者再度占领了越南，直到1954年越南才最终取得抗法战争的胜利。抗法战争使越南经济遭受了重大损失，最严重的后果是导致越南一分为二，出现了二十多年的分裂状态。朝鲜1910年沦陷为日本帝国主义的殖民地。在日本帝国主义的野蛮统治之下，朝鲜人民过着悲惨的生活。直到1945年，朝鲜才取得反对日本帝国主义侵略的胜利。老挝在1893年沦为法国的殖民地，1940 年被日本占领。1945 年老挝趁日本投降获得了独立，但 1946 年再次被法国占领。老挝人民经过长期的艰苦斗争，终于在 1954 年迫使法国承认老挝独立。古巴在 1959 年之前是一个殖民地半殖民地国家，1513 年被西班牙占领沦为了殖民地，1902 年以后被美国占领成为美国的附庸国，直到 1959 年古巴才实现了国家的真正独立。

（三）受外来因素影响较大

20 世纪上半叶，东欧八个社会主义国家都取得了革命胜利，走上了社会主义道路，它们在建立的过程中，普遍受到了苏联的帮助和影响，这也成为后来他们照搬苏联社会主义模式的一个重要原因。1954 年越南抗法战争胜利后，被人为地分裂为南北两部分，北方和南方实行的是不同的社会制度。以美国为首的资本主义阵营和以苏联为首的社会主义阵营，从各自利益的角度出发，对各自支持的南方和北方给予了大量援助。1975 年越南统一以后，一直受到苏联、中国和东欧等社会主义国家的援助，主观和客观上都会使其在选择社会主义道路时受这些援助国的影响。第二次世界大战结束以后，朝鲜从日本殖民统治下获得解放。但与此同时，美国和苏联的军队在"国际托管"的名义下进驻朝鲜，以北纬 38 度线为界，美国驻在朝鲜半岛的南部，苏联驻扎在朝鲜半岛的北部。朝鲜分裂为北南两部分，北方成立了朝鲜民主主义人民共和国，实行的是社会主义制度；南方成立了大韩民国，实行的是资本主义制度。北南双方敌视、对峙至今。近现代以来，老挝经济对泰国具有很强的依赖性，这种依赖型经济非常脆弱，特别容易受到经济危机的冲击。老挝和越南之间具有特殊的政治关系，这给老挝革命和建设事业以巨大支持和帮助，但也在一定程度上带来了消极影响。1902 年以后，古巴被美国占领成为附庸国，美国控制了古巴的经济命脉，把古巴作为美国的甘蔗种植基地和蔗糖供应地。1959 年古巴独立以后，一直遭到美国的封锁和扼杀，给古巴社会造成了严重的损害，造成了古巴在国际社会当中的孤立，形成了古巴对前苏东社会主义国家在经济方面的过分依赖。

（四）有先进的政党和杰出的领袖

20 世纪初，以列宁为代表的俄国马克思主义者，创建了无产阶级新型政党——布尔什维克党，发动了伟大的俄国十月社会主义革命，建立起了世界上第一个无产阶级专政的社会主义国家，使社会主义由理想变成了现实。十月革命胜利之后，列宁、斯大林领导苏联党和人民艰苦奋斗，探索建设社会主义的道路，取得了巨大的成就，极大地鼓舞了其他社会主义国家，国际共产主义运动得到了巨大的发展。在 20 世纪上半叶，东欧各社会主义国家都在本国无产阶级政党的领导下，取得了革命胜利，走上了社会主义道路。东欧各国杰出的无产阶级政党领袖有南斯拉夫的铁托、波兰的哥穆尔卡和捷克斯洛伐克的杜布切克等。越南在以胡志明为首的越南共产党的领导下，经过艰苦卓绝的斗争，彻底实现了民族解放和祖国统一大业。在总结社会主义革命和建设经验教训的基础上，越共又带领越南人民实行了革新开放的伟大事业，开始建设具有越南特色的社会主义。朝鲜在以金日成为首的朝鲜共产党的领导下，取得了民主革命的胜利，实现了国家独立，走上了社会主义发展道路，开始了社会主义建设，取得了重要成就。老挝在老挝人民革命党的领导下，经过长期的艰苦斗争，实现了国家独立，废除了君主制，成立了人民民主共和国，逐渐向社会主义过渡。古巴人民在以菲德尔·卡斯特罗为首的古巴共产党的领导下，积极开展反抗亲美的巴蒂斯塔独裁统治的斗争，取得了古巴革命的胜利，选择了社会主义发展道路，完成了社会主义改造，致力于建设有古巴特色的社会主义。

二 社会主义国家的发展历程

社会主义国家在马克思主义本土化的历史进程中，大多经历了反对帝国主义和反对封建主义的民族民主革命，然后走上了社会主义道路。它们大多通过社会主义改造、社会主义建设和社会主义改革开放这三个历史时期的探索，逐渐形成了具有本国特色的社会主义发展道路。

（一）经历反帝反封建的民族民主革命

十月革命的胜利，诞生了人类历史上第一个社会主义国家苏联，从而开辟了人类历史的新纪元。第二次世界大战全面爆发以后，以斯大林为首的联共（布）领导苏联人民进行了伟大的卫国战争，最终取得了反法西斯战争的胜利，给帝国主义殖民体系以沉重打击。20 世纪 40 年代，在苏联的影响下，民主德国、捷克斯洛伐克、波兰、南斯拉夫、罗马尼亚、保加利亚、匈牙利、阿尔巴尼亚这八个国家，在本国共产党的领导下，都取得了民族民主革命的胜利，走上了社会主义道路。近代的越南是一个殖民地和半封建国家。从 1917 年到 1954 年，越南进行了反对帝国主义和封建主义的民族民主革命。在以胡志明为首的越南共产党的领导下，越南人民于 1945 年打败了日本侵略者和法国帝国主义，推翻了封建王朝，取得八月革命胜利，建立了东南亚第一个工农国家——越南民主共和国。1946年，法国再度占领了越南。直到 1954 年，越南才获得了抗法战争的最后胜利。1910 年，朝鲜沦陷为日本帝国主义的殖民地，朝鲜人民为了民族的独立和解放开展了抗日武装斗争。1945 年，朝鲜人民军解放了北纬 38 度线以北的领土，结束了日本在朝鲜的殖民统治。北朝鲜临时人民委员会成立之后，朝鲜胜利完成了反帝反封建的民族民主革命任务。近代以来，老挝先后成为法国、日本和美国的殖民地，老挝人民一直为实现民族解放事业而斗争，努力使国家实现和平、独立、民主和统一。在老挝人民党的领导下，老挝人民取得了民族民主革命的胜利，建立了老挝人民民主共和国。古巴的历史，是一部争取和保持国家主权和民族独立的历史。1513年，古巴被西班牙占领沦为了殖民地。1902 年以后，被美国占领成为了美国的附庸国。从 1944 年到 1959 年，菲德尔·卡斯特罗等领导古巴人民开展游击斗争，反抗亲美的巴蒂斯塔独裁统治，最终取得了古巴革命的胜利。

（二）开展社会主义改造

十月革命胜利之后，苏联先后实行了"战时共产主义"政策和新经济政策，推动了社会主义工业化和农业集体化，逐步建立起了社会主义制度。东欧社会主义国家为了恢复战后国民经济的增长，制定了工业国有化和农业社会主义改造的方针，确立了社会主义制度。1957 年，越南按照苏联模式在北方全面开展了对农业、手工业和资本主义工商业的社会主义改造，取得了巨大成就，社会主义、半社会主义经济成分在国家经济构成中占据了主体。1976 年，越南不顾南方和北方的差距，按照北方的模式对南方强行进行社会主义改造，最终导致社会主义改造出现了失误。朝鲜战争结束以后，朝鲜开始恢复和重建被战争破坏的国民经济，对农业的社会主义改造也同步进行。朝鲜认为，必须在国民经济的一切领域，对小商品经济形态和资本主义经济形态进行社会主义改造，从而扩大和加强社会主义经济形态的统治地位，奠定社会主义的物质技术基础。老挝人民革命党认为，在民族民主革命完成之后，老挝面临的主要任务是彻底改造和消灭资产阶级。1976 年，老挝开始进行社会主义改造，但由于脱离了本国国情，急于向社会主义过渡，导致整个社会经济陷入了困境。1959 年革命胜利之后，古巴选择了社会主义发展道路，开始进行社会主义改造。

1963 年年底，古巴社会主义改造基本结束，进入了社会主义建设新阶段。

（三）进行社会主义建设

东欧各社会主义国家在建立的过程中，普遍受到了苏联的帮助和影响，因此照搬了苏联社会主义建设模式，大都经历了不同程度的曲折。1955 年，越南进入了按照苏联模式建设社会主义时期。随着苏联模式弊端的逐渐暴露，越南党的某些脱离实际的政策和措施，对南方社会主义改造的失误，对柬埔寨的入侵，所有这些因素的叠加，使越南在开展社会主义建设之后不久，便陷入了严重的经济和社会危机。越南被迫调整原有的某些政策，开始寻找社会主义建设新的出路。1956 年，朝鲜劳动党提出要走自立民族经济道路，加速社会主义经济建设，掀起革命的大高潮。1957 年，朝鲜开展了"千里马运动"，在各行各业都要求高速度和大会战。1961 年，朝鲜宣布已进入全面建设社会主义时期，要加速社会主义建设，最终把朝鲜建设成为社会主义工业国。1979 年，激进的社会主义改造使老挝经济陷入了困境，迫使老挝人民革命党对其政策进行反思和调整，但高度集中、官僚主义的苏联社会主义模式仍然在老挝占据主导地位，对于社会主义如何发展，老挝的总体思路并未改变。1964 年开始，古巴进入了探索社会主义建设道路的新的历史时期，实行一种不同于其他社会主义国家的冒险和理想主义的经济模式。古巴错误发动的"革命攻势"，造成了国民经济形势的恶化，不得不对政策进行调整。结果是从探索古巴自己的道路转向了全面照搬苏联模式，实际上确立了对苏东社会主义国家在经济上的极度依赖。古共在认识到照搬苏联模式的危害之后，又在全国范围内开展了"纠偏运动"，结果却使古巴的社会主义建设陷入了困境。

（四）实行社会主义改革开放

在探索社会主义建设的道路上，苏联尝试进行了一些改革，南斯拉夫形成了自治社会主义道路，波兰提出了"走向社会主义的波兰道路"，匈牙利、捷克斯洛伐克、保加利亚和罗马尼亚对计划经济模式进行了改革，民主德国提出"创造性地建设社会主义"，等等。但这些改革始终没有从根本上去除原有体制的弊端，最后都没有成功，相反却引发了危机和混乱。1986 年，越南进入了社会主义革新开放时期。随着革新开放实践的不断深入，越共对符合越南条件和特点的社会主义大胆进行探索，原来的苏联式社会主义体制正在向"社会主义定向的市场经济"转换，具有越南特色的社会主义正在形成。20 世纪 90 年代以来，受国内外多种因素的影响，朝鲜面临的环境和形势非常严峻。朝鲜在坚持朝鲜式社会主义的前提下，调整了原有的部分政策，拉开了改革的帷幕。进入 21 世纪以来，朝鲜进行了调整物价和工资的经济改革，实行了更加自由的对外经济开放。从 1986 年开始，老挝纠正了过去急躁冒进的做法，提出老挝还处在向社会主义过渡的初期阶段，不能无选择地抄袭苏联模式，必须推进有原则的全面革新开放，这为老挝探索社会主义发展道路指明了前进方向。20 世纪 90 年代，古巴陷入了空前的危机之中，宣布进入"和平时期的特殊阶段"，对其路线方针政策进行了调整，开始实行改革开放。

三　社会主义国家的理论成果

关于指导思想。中国以外的四个社会主义国家中，越南、老挝和古巴都坚持马克思列宁主义作为指导思想。越南共产党坚持马克思列宁主义和胡志明思想的主导地位。老挝人民革命党始终强调要忠于马克思列宁主义，坚持马克思列宁主义为指导。老挝目前还没有提出老挝化的马克思主义。古巴共产党坚持以马蒂思想和马克思列宁主义为指导。1980 年朝鲜劳动党六大之后，朝鲜强调党是"主体型的马克思列宁主义革命政党"，指导思想上只提"主体思想"。

关于对社会主义本质。越南、古巴和朝鲜都对社会主义本质作了深入的思考。越南认为，社会主义本质上应该比资本主义更加富裕、也更加公平，建设富裕而公平的社会主义越南，既是越共和越南人民奋斗的目标，也是越南革新开放所要实现的目标。古巴认为，社会主义的本质是国家独立和为民造福。朝鲜把集体主义、主体化的社会主义思想作为了社会主义的本质特征。老挝目前对社会主义的本质还没有进行深入的研究和系统的阐述。

关于社会主义发展模式。越南、朝鲜和古巴都提出要建设具有本国特色的社会主义。越南提出建设"符合越南条件和特点的社会主义"。朝鲜提出建设"朝鲜式社会主义"。古巴提出建设"有古巴特色的社会主义"。老挝人民革命党强调，特殊国情决定了老挝不能无选择地抄袭其他国家的模式，只有创造性地运用马克思列宁主义的基本原理，才能制定出符合老挝实际的正确路线，才不会陷入教条主义的泥潭之中。

关于发展阶段。越南、朝鲜、老挝和古巴都对各自所处的社会发展阶段作出了判断。越南提出现在仍然处于从资本主义到社会主义的过渡时期。朝鲜提出目前正处于争取社会主义完全胜利的阶段。老挝提出处于为逐步进入社会主义创造条件的历史阶段。古巴认为正处于全面建设社会主义的阶段。

关于社会发展动力。越南和老挝都认为革新开放是社会主义发展的强大动力和必由之路。越共认为，革新开放已经成为越南发展的强大动力。老挝认为改革是客观需要，是改变落后状况和走向社会主义的唯一出路。朝鲜强调必须从思想中去寻找社会发展的动力，在理论上反对"改革"和"开放"的提法，他们使用的是"改变"和"改善"等词语。古巴对改革的认识还停留在感性认识的阶段，还没有形成系统的改革理论和思路。

关于经济体制改革。越南和老挝提出建立市场经济，朝鲜和古巴仍然实行计划经济。越南提出建立"社会主义定向的市场经济"体制。老挝提出建立"国家管理下的市场经济"。朝鲜认为社会主义经济是计划经济，因此仍然实行的是计划经济体制。古巴强调实行计划经济，不搞市场经济，市场经济是资本主义的，但可以运用某些市场形式。

关于政治体制改革。越南提出坚持社会主义的根本政治制度，努力建成"有效力、有效果、有管理能力的社会主义法权国家"。朝鲜强调，社会主义民主是真正的民主，要全面发扬社会主义民主，完善人民会议代表制度，加强社会主义守法生活，加强党的建设和党的活动，从组织和思想上进一步巩固党。老挝提出，坚持社会主义根本政治制度，把发扬民主作为全面革新的动力和目标，不断提高国会的地位和作用，以宪法和法律治理国家，转变政府职能，加强对市场经济的宏观管理，建设坚强稳健的党。古巴认为，社会主义民主是最先进的民主，必须努力加强社会主义民主，不断完善全国人民政权代表大会制度，调动人民群众参与基层民主建设的积极性，严格遵守法律应该成为行为准则，加强党的建设。

关于时代特征。越南、老挝和古巴都认为当今时代仍然处于由资本主义向社会主义过渡的时代。越共认为，当今世界仍然处于以伟大的俄国十月革命为开端的从资本主义向社会主义过渡的时代，世界社会主义暂时陷入低潮，只是使从资本主义向社会主义的过渡延长，但不会倒转时代发展的趋势、改变时代的本质。老挝认为，当今时代仍然处在由资本主义向社会主义过渡的时代。古巴认为，当今时代仍是社会主义和资本主义、无产阶级和资产阶级斗争的时代。朝鲜劳动党则认为，现时代是自主地和创造性地开拓自己命运的自主时代，维护自主性的世界进步人民同反对自主性的国际反动派之间的对立和斗争，是时代潮流的基本内容。

关于经济全球化。越南、老挝和古巴都认为经济全球化是大势所趋，要抓住机会发展自己。越南认为这是大趋势，经济应"融入"全球化，但是意识形态不"融入"。老挝认为经济全球化是大势所趋，老挝要抓住良机发展自己。古巴认为，全球化是不可避免又不可逾越的历史阶段。只有朝鲜认为"全球化"是帝国主义的战略和阴谋，其目的在于把全世界变为西方式的"自由世界"，奴役和同化所有其他民族。

四　社会主义国家的经验启示

马克思主义本土化的历史证明，社会主义国家不能放弃马克思主义，放弃了马克思主义的指导，就否定了科学社会主义的基本原则，必然会背离社会主义方向，使党和国家走向失败的歧途。社会主义国家不能照搬他国模式，否则必然会给社会主义建设带来巨大损失。改革开放是社会主义国家摆脱苏联模式束缚、走适合本国国情的社会主义发展道路、使社会主义充满活力的必然选择。只有不断提高人民的生活水平，社会主义制度的优越性才能充分显示，人民群众对社会主义的信念才能不断坚定，人民群众才会真心拥护共产党和社会主义政权。党的领导是社会主义事业取得胜利的根本保证，必须坚持党的领导，加强党的建设，巩固和提升党的执政地位。

（一）坚持马克思列宁主义以夯实理论基础

苏共放弃马克思列宁主义的旗帜之后，实际上也就放弃了对各种非马克思主义思潮的限制和斗争，使苏共自动解除了思想武装，也使广大党员干部和群众丧失了识别能力，造成了巨大的思想混乱，苏共和苏联的理论基础一旦坍塌，必然导致苏联的解体。在戈尔巴乔夫和苏共的纵容和施压之下，东欧社会主义国家的共产党或工人党都先后宣布放弃马克思主义，开始实行民主社会主义，最终使国家走向了失败的歧途。苏东剧变给我们的最大教训，就是社会主义国家不能放弃马克思主义和社会主义。20世纪90年代以来，越南以巨大的勇气顶住了国内外的压力，始终坚持不丢马克思主义老祖宗，不动摇社会主义的方向，为形成具有越南特色的社会主义奠定了前提条件。老挝提出革新开放必须坚持社会主义、马克思列宁主义、党的领导、民主集中制、人民民主专政、爱国主义和国际主义相结合这"六项基本原则"。古巴认为，没有社会主义就没有古巴，古巴今天的一切都归功于革命和社会主义。卡斯特罗号召古巴人民"誓死捍卫社会主义，誓死捍卫马列主义"。

（二）实行改革开放以摆脱苏联模式束缚

东欧社会主义国家大都照搬了苏联社会主义模式，即高度集中的计划经济体制和高度集权的政治体制，在社会主义建设中出现的许多失误，都和这种僵化的体制有着直接的联系。虽然他们也都尝试进行了一些改革，但由于始终没有从根本上去除原有体制的弊端，最后都没有成功。越南在社会主义建设中照搬了苏联模式，采取了一系列脱离实际和急躁冒进的政策，导致陷入了严重的经济和社会危机，直到实行革新开放，越南才成功地找到了一条符合越南国情的发展道路。朝鲜强调要以主体思想为指导，走自己的社会主义道路，建设"朝鲜式社会主义"。老挝在建国初期也走了弯路，全面照搬了苏联模式，致使国家经济陷入了困境。老挝在总结照搬苏联模式教训的基础上，对自身所处的社会发展阶段进行了重新认识，提出了建设具有老挝特色的"过渡时期"的社会主义。为了在异常艰难的条件下既能渡过经济危机，又能保住社会主义政权，古巴实行了稳步的改革开放，从而逐渐摆脱了苏联模式的束缚，走上了一条适合本国国情的社会主义发展道路，使古巴社会主义充满了活力。

（三）提高人民生活水平以坚定社会主义信念

在社会主义建设过程中，苏东各国高速发展重工业带来的负面效应日益显现，经济状况每况愈下，导致了人民生活水平的下降和社会不满情绪的增长，在国内外敌对势力的挑唆下，社会危机日益加剧。苏东剧变的教训说明，只有不断提高人民生活水平，社会主义制度的优越性才能充分显示，人民群众对社会主义的信念才能不断坚定。越共认为，社会主义要超越资本主义，就必须大力发展生产力，提升国家的综合国力，提高人民群众的物质和文化生活水平。老挝认为，革新开放是新时期发展社会主义、提高人民生活水平的必然选择，老挝要以解除人民贫困为首要任务，通过革新开放"领导国家走出不发达国家的行列"。古巴始终坚持全民免费医疗和免费教育的政策，对人民群众日常生活必需品如食品、水电气和住房等给予补贴，失业率比较低，社会贫富差距也不大，人均预期寿命和儿童入学率等人文指数也都排在世界前列，由于社会保障体系比较健全，加上党员干部坚持廉洁从政，人民群众真心拥护古巴共产党和社会主义政权。

（四）坚持党的领导以确保社会主义事业的胜利

苏东剧变同自动放弃党的领导地位密不可分。苏共领导地位取消之后，出现了退党风潮，党的力量被极大地削弱，最终引发了全面的社会危机，导致了苏联的解体。波兰、匈牙利、捷克斯洛伐克、保加利亚和阿尔巴尼亚，都是由于放弃了共产党或工人党的领导地位，导致在与反对派的较量中丧失了政权。越南认为，党的领导是越南革命胜利的决定因素，越南建设社会主义不能没有党的领导，这是越南共产党成立以来的重要历史经验之一。越南实行革新开放必须坚持党的领导，加强党的建设，提高党的领导能力和战斗力。老挝认为，老挝人民革命党对全社会的领导，是国家稳步迈向既定目标的决定因素，必须注重党的建设问题，不断增强党的领导核心作用。古巴认为，党的领导是关键，要坚持和严格遵守民主集中制原则，不惜代价根除腐败，把古巴共产党建设成为一个坚强的党。

附录二　马克思主义中国化部分
典型案例解析

本部分以"马克思主义中国化部分典型案例解析"为主题，叙述了具有典型意义的十多个案例，旨在以这些案例来支撑和说明马克思主义中国化的基本经验及规律性。对这些处在不同历史阶段和不同历史条件的案例的解析，将有助于学界和读者开阔思路和拓展视野，进一步思考马克思主义中国化的基本经验和规律性。当然，还有一些典型案例没有收录进来，本部分所作的解析还只是初步的"尝试"，有待于在比较研究之后，拓展案例并精益求精。

第一节　李大钊与马克思主义中国化

20 世纪初期是中国社会急剧变动的时期。俄国十月革命胜利的消息传入中国后，引起了以李大钊为代表的中国知识分子的浓厚兴趣。李大钊指出："自俄国革命以来，'马克思主义'几有风靡世界的势子，德、奥、匈诸国的社会革命相继而起，也都是奉'马克思主义'为正宗。"[①] 他们介绍俄国十月革命，学习、宣传马克思主义，"与劳工为伍"，开始转变为马克思主义者。这一时期，李大钊对马克思主义中国化进行了理论上的探索，并开始在实践中予以初步运用和发展。可以说，李大钊是倡导马克思主义中国化的第一人，是马克思主义中国化的先驱。

一　马克思主义为何需要中国化

从一开始研究马克思主义，李大钊就秉持理论联系实际的科学态度，

---

① 《李大钊全集》第 3 卷，人民出版社 2006 年版，第 15 页。

强调马克思主义必须与中国革命实际相结合，为马克思主义中国化提供了基本路径和方法论原则。

1919 年 8 月，李大钊在与胡适关于"问题与主义"的论战中指出：任何主义的运用都必须符合客观实际的要求。主义并非只是空谈，研究问题和谈论主义两者是交相为用、并行不悖的。"现代的社会，主义包含着许多把他的精神变作实际的形式使合于现在需要的企图"。"大凡一个主义，都有理想和实用两面。……把这个理想适应到实际的政治上去，那就因时、因所、因事的性质情形，有些不同。社会主义亦复如是……我们只要把这个那个的主义，拿来作工具，用以为实际的运动，他会因时、因所、因事的性质情形生一种适应环境的变化。"他清醒地认识到："在别的资本主义盛行的国家，他们可以用社会主义作工具去打倒资本阶级。在我们这不事生产的官僚强盗横行的国家，我们也可以用他作工具，去驱除这一班不劳而生的官僚强盗。"因此，"一个社会主义者，为使他的主义在世界上发生一些影响，必须要研究怎么可以把他的理想尽量应用于环绕着他的实境"①。

随着李大钊转变成一个真正的马克思主义者，他更加意识到"马氏的学说，实在是一个时代的产物"，是半个世纪以前马克思、恩格斯基于欧洲自由资本主义的研究而得出的认识，"不可拿这一个时代一种环境造成的学说，去解释一切历史，或者就那样整个拿来，应用于我们生存的社会"。我们批评或采用一个人的学说时，不要忘了"他的时代环境和我们的时代环境"② 的差别。1923 年，李大钊在《社会主义与社会运动》中进一步指出，社会主义"因各地、各时之情形不同，务求其适合者行之，遂发生共性与特性结合的一种新制度（共性是普遍者，特性是随时随地不同者），故中国将来发生之时，必与英、德、俄……有异"③。我们"应该细细的研考马克思的唯物史观，怎样应用于中国今日的政治经济情形"，以及"怎样去作民族独立的运动，把中国从列强压迫之下救济出来"④。1923 年 10 月在接受日本记者采访时，又指出"俄国与中国的国情

---

① 《李大钊全集》第 3 卷，人民出版社 2006 年版，第 3 页。
② 同上书，第 35—36 页。
③ 《李大钊全集》第 4 卷了，人民出版社 2006 年版，第 197 页。
④ 同上书，第 397 页。

完全不同……我国的改造唯有靠我们自身的力量来完成"①。

在李大钊看来，马克思主义之所以需要中国化，不仅因为马克思主义不经改造无法用于中国实际，而且马克思主义本身也似乎存在一些不严密之处：其一，"唯物史观与阶级竞争说的矛盾冲突，算是一个最重要的点。盖马氏一方既确认历史——马氏主张无变化既无历史——的原动为生产力；一方又说从来的历史都是阶级竞争的历史，就是说阶级竞争是历史的终极法则，造成历史的就是阶级竞争"。李大钊认为，对于这个明显的矛盾，马克思虽有自圆其说的说法，也就是把阶级的活动归在经济行程自然的变化以内，但"终觉有些牵强矛盾的地方"②。其二，马克思的阶级斗争学说与人类注重伦理道德的特性存在矛盾。"他的学说全把伦理的观念抹煞一切，他那阶级竞争说尤足以使人头痛"。好在，"近来哲学上有一种新理想主义出现，可以修正马氏的唯物论，而救其偏蔽。各国社会主义者，也都有注重于伦理的运动、人道的运动的倾向，这也未必不是社会改造的曙光，人类真正历史的前兆"。"当这过渡时代，伦理的感化，人道的运动，应该倍加努力，以图划除人类在前史中所受的恶习染，所养的恶性质，不可单靠物质的变更。这是马氏学说应加救正的地方"③。其三，社会生产实际与劳动价值论有矛盾之处。"物品的实际价格既为竞争所支配，那劳工价值论就有根本动摇的危险。"而劳动价值论是马克思主义的基础，基础一有动摇，学说全体为之震撼。"这究不能不算是马克思主义的一大遗憾。"④ 李大钊的这些认识，一方面是由于他刚刚接触和研究马克思主义，对马克思主义的思想体系还缺乏整体和深入把握而产生的误解；但另一方面也说明，李大钊认为马克思主义并非是真理的顶点，并非神圣不可修正，而是可以在实践中丰富和发展的。

这种不唯书、不唯上，坚持把马克思主义与中国革命实际相结合的精神是十分可贵的。马克思主义主要是根据西欧的政治经济情况形成的学说，它被运用到半殖民地半封建的中国时，许多结论必然与中国革命实践产生矛盾和冲突。面对这些矛盾和冲突，李大钊认为有必要根据中国的革命实际"改造"、丰富和发展马克思主义。虽然李大钊并未明确提出马克

① 《李大钊全集》第4卷，人民出版社2006年版，第346页。
② 《李大钊全集》第3卷，人民出版社2006年版，第30—31页。
③ 同上书，第34—35页。
④ 同上书，第45页。

思主义中国化的概念，但在其表述中已经完全蕴含了这一观念的基本
精神。

在李大钊研究马克思主义并将之中国化的过程中，中国文化"执两
用中"、"和而不同"的中庸思维方式潜移默化地发挥了重要影响。在对
中西文化进行比较分析的基础上，李大钊主张融合中西文化，创造中国新
文化。他指出，东西文明互争雄长，实为世界进步之二大机轴，正如车之
两轮，鸟之双翼，缺一不可。这两大精神各有优缺，应当"时时调和、
时时融会"。东洋文明既衰颓于静止之中，而西洋文明又疲命于物质之
下。由此，李大钊期望有"第三新文明"的崛起来挽救东西文明所濒临
的绝境。而"俄罗斯之文明，诚足以当媒介东西之任"①。通过俄罗斯文
明发挥作用，有助于促成东西方文明的自身觉醒与相互调和。可见，李大
钊主张走俄国人的路，传播马克思主义，其固有的思想基础正是中国文化
中的中庸观念。这一思维认识方法比那些由于救国心切而在文化问题上非
此即彼、绝不相容的形而上学方法要高明得多。

二　对马克思主义基本理论的发展

李大钊对马克思主义的思想体系进行了整体性的概括，并将其分为三
个部分：一是关于过去的理论，就是历史观；二是关于现在的理论，就是
他的经济论；三是关于将来的理论，也就是社会主义理论。在此基础上，
李大钊对马克思主义理论体系的一些基本论述进行了补充和发挥。

（一）经济因素与历史动力

五四时期，唯物史观在中国得到初步传播。此时，还有不少人将其理
解为庸俗的"经济决定论"。当时中国思想界的代表人物之一胡适就曾
说："若不相信思想知识言论教育也可以'变动社会，解释历史，支配人
生观'，那么他尽可能袖着手坐待经济组织的变更就完了，又何必辛辛苦
苦努力做宣传的事业，谋思想的革命呢？"② 梁启超也说："唯物史观的人
们呵！机械人生观的人们呵！若使你们所说是真理，那么，我只好睡倒
罢，请你也跟我一齐睡倒罢！'遗传的八字'、'环境的流年'，早已经安

---

① 《李大钊全集》第 2 卷，人民出版社 2006 年版，第 214 页。
② 张君劢、丁文江等著：《科学与人生观》，山东人民出版社 1997 年版，第 27—28 页。

排定了，你和我跳来跳去，'干吗？'"① 面对挑战，李大钊紧密联系中国的历史和现实，对唯物史观进行了辩证的阐释，为马克思主义的中国化奠定了基础。

李大钊认为，总的来看，"人的生存，全靠他维持自己的能力，所以经济的生活，是一切生活的根本条件"，"在社会构造内限制社会阶级和社会生活各种表现的变化，最后的原因，实是经济的"②。但不能把唯物史观等同于经济决定论，否则就有倾于定命论、宿命论之嫌。"有些人误解了唯物史观，以为社会的进步只靠物质上自然的变动，勿须人类的活动，而坐待新境遇的到来。因而一般批评唯物史观的人，亦有以此为口实，便说这种定命的（听命由天）的人生观，是唯物史观给下的恶影响。这都是大错特错，唯物史观及于人生的影响乃适居其反"③。李大钊意识到，历史发展的因素还包括非经济的要件如法律、宗教、民族、地理等，尽管由于它们自身的变化很小，但"多少也能与人类社会的行程以影响"④。由此可见，李大钊实际上已经注意到历史是由多种因素造成的，经济因素并非在所有时候和所有场合都是影响历史进程的唯一决定性因素，不能将它的作用绝对化，"历史是多元的，不是简单的"⑤。这里所谓的"多元"，显示出李大钊对于历史进程动力的复杂性已经有了初步的认识。

（二）阶级斗争与友爱互助

李大钊对马克思的历史论——社会组织进化论、经济论——资本主义的经济论、政策论——社会主义运动论作了系统的介绍，认为它们是一个有机的系统组织，有不可分的关系，"而阶级竞争说恰如一条金线，把这三大原理从根本上联络起来"⑥。李大钊指出，如果只相信经济的变动的必然性而对阶级斗争"不注意，丝毫不去用这个学理作工具，为工人联合的实际行动，那经济的革命，恐怕永远不能实现，就能实现，也不知迟了多少时期"⑦。关于实际运动的手段，李大钊以俄国十月革命为例，强

---

① 《梁启超全集》第 14 卷，北京出版社 1999 年版，第 4277 页。
② 《李大钊全集》第 3 卷，人民出版社 2006 年版，第 217 页。
③ 同上书，第 221 页。
④ 《李大钊全集》第 4 卷，人民出版社 2006 年版，第 339 页。
⑤ 同上书，第 419 页。
⑥ 《李大钊全集》第 3 卷，人民出版社 2006 年版，第 19 页。
⑦ 同上书，第 6—7 页。

调除了诉诸最后的阶级竞争，没有第二个更好的方法来实现社会主义的理想目标。

同时，李大钊主张用互助论补充阶级斗争理论。他认为，互助相爱不仅是一切社会主义的基础，而且是人类奋斗的最后目标。"一切形式的社会主义的根萌，都纯粹是伦理的。协合与友谊，就是人类社会生活的普遍法则"，马克思主义的阶级斗争学说"不过是把他的经济史观应用于人类历史的前史一段，不是通用于人类历史的全体"。这最后的阶级竞争"是阶级社会自灭的途辙，必须经过的，必不能避免的"，"这最后的阶级竞争，是改造社会组织的手段。这互助的原理，是改造人类精神的信条"①。因此，阶级竞争与友爱互助并非矛盾。李大钊主张"以人道主义改造人类精神，同时以社会主义改造经济组织。不改造经济组织，单求改造人类精神，必致没有效果。不改造人类精神，单等改造经济组织，也怕不能成功。我们主张物心两面的改造，灵肉一致的改造"②。李大钊用伦理道德观念补充马克思的阶级斗争学说，符合长期受伦理文化影响的中国人的思维特点，有助于克服人们对于马克思主义的认识障碍，帮助人们在思想上接受和信仰马克思主义。

李大钊认为未来的社会主义社会并不完全取消竞争，只不过那时的竞争与资本主义的阶级竞争完全不同。"盖社会由竞争而进步，良好的竞争，是愉快而有味，无不可以行之。至于资本主义的竞争，使人类入于悲惨之境，此种竞争，自不可以。今社会主义毫无竞争，岂不令人枯死么？不知社会主义亦有相当的竞争，不过禁绝使社会上起极大之竞争，如现今的竞争使人犯罪等，故认社会主义为无竞争者误矣。"③

（三）社会主义与个人自由

李大钊提出，未来的社会主义要处理好社会秩序与个人自由的关系。那种认为社会主义实行后，国家和社会权利逐渐增加，个人自由易受其干涉和束缚的看法，是对社会主义的误解。在李大钊看来，尊重人的个性、关注个性发展，是社会主义的重要内容。"个人与社会，不是不能相容的二个事实……离于个人，无所谓社会；离于社会，亦无所谓个人。故个人

---

① 《李大钊全集》第 2 卷，人民出版社 2006 年版，第 354—356 页。
② 《李大钊全集》第 3 卷，人民出版社 2006 年版，第 35 页。
③ 《李大钊全集》第 4 卷，人民出版社 2006 年版，第 196 页。

与社会并不冲突，而个人主义与社会主义亦决非矛盾。……真正合理的个人主义，没有不顾社会秩序的；真正合理的社会主义，没有不顾个人自由的。"① 就实现人的自由和个性发展这一目的而言，社会主义和民主是共通的。凡是"社会上不平等不自由的现象，都为德漠克拉西所反对，亦为社会主义所反对"。"真正的德谟克拉西，其目的在废除统治与屈服的关系，在打破擅用他人一如器物的制度。而社会主义的目的，亦是这样。"② 可见，在李大钊的心目中，个人自由和社会秩序是相辅相成的两个方面。未来的社会主义既要安定有序团结统一，同时也要民主法治个性自由。在这样的社会制度下，每一个人都能够实现最大可能的发展。

（四）社会主义与共同富裕

在将马克思主义引入中国的过程中，李大钊始终坚持社会主义发展生产和共同富裕的根本目标。中国之所以要实行社会主义，其目的是要迅速发展生产力，实现中国经济上的自决、自主、自立。李大钊指出："中国实业之振兴，必在社会主义之实行。"③ 社会主义应当"依极经济的组织与方法，把资本、劳力与天然均成经济化，利用自然力开发富源，俾利国用。……在这种经济组织之下，无论工农生产事业均渐扩大，生产自然增加"④。同时，李大钊还提出："社会主义是要富的，不是要穷的，是整理生产的，不是破坏生产的"，社会主义是"使生产品为有计划的增值，为极公平的分配"，"能够使我们人人都能安逸享福，过那一种很好的精神和物质的生活"⑤。如李大钊这样以满足人们物质和精神生活需要作为社会主义的根本目标和依据，就不容易在具体制度层面产生僵化的社会主义教条。

三 对新民主主义革命道路的探索

除了对马克思主义进行理论上的研究、介绍和改造之外，李大钊还运用马克思主义的基本立场和方法，对中国革命的一些基本问题进行了有益的探索，如建立无产阶级政党、坚持无产阶级领导权、建立革命联合战

---

① 《李大钊全集》第3卷，人民出版社2006年版，第253页。
② 《李大钊全集》第4卷，人民出版社2006年版，第4—6页。
③ 《李大钊全集》第3卷，人民出版社2006年版，第273页。
④ 《李大钊全集》第4卷，人民出版社2006年版，第136页。
⑤ 同上书，第354页。

线、开展马克思主义的通俗宣传等。

（1）李大钊积极参与中国共产党的创建工作，为马克思主义进一步中国化奠定了组织基础。关于群众解放运动同无产阶级政党领导的关系，李大钊认为它们之间是互为因果的，"团体的训练愈发达，民众的运用愈有力；亦惟民众的运动愈发达，团体的训练才愈高明"，这两件事"是相待为用，相随俱进的"。这个团体应当是"平民的劳动家的政党，即是社会主义团体"。李大钊号召中国的共产主义者赶快"成立一个强固精密的组织"，这样，"中国彻底的大改革"就能有所附托了。① 1920 年 3 月，李大钊在北京发起成立马克思学说研究会，培养了中国第一批共产党员。1920 年 10 月，李大钊在北京发起成立共产主义小组。1921 年 7 月，中国共产党第一次全国代表大会召开。中国共产党的成立是马列主义同中国工人运动相结合的结果，是马克思主义中国化的产物。李大钊在推动这一历史进程方面发挥了重要作用。

（2）李大钊是最早提出无产阶级领导权的中国共产党人之一。鉴于不可阻挡的世界革命潮流以及人民群众创造历史的伟大力量，李大钊指出，中国革命决不能再走一般的资产阶级民主革命的道路，而要走"无产阶级的平民政治"的道路。经过第一次工人运动高潮以及 1923 年"二·七"惨案，李大钊对无产阶级在民主革命中的性质和作用有了更为深刻的认识："现在中国是在资本帝国主义压迫之下，试看全国的资产阶级、小资产阶级、知识阶级谁能反抗？只有无产阶级。在国民革命中当先锋的亦只有无产阶级。"② 1924 年 9 月，李大钊在苏联"不许干涉中国协会"组织的群众大会上提出："只有无产阶级才能当革命的领导者"③。他的这些认识，对中国共产党人最终提出并解决无产阶级领导权问题，发挥了重要作用。

（3）李大钊强调农民在中国革命中的地位和作用，体现了无产阶级领导农民同盟军的思想。中国社会与西欧发达资本主义国家不同，其基础和主体是广大的农民，革命的主力军不是无产阶级而是农民阶级。因此，在中国革命实践中，必须结合中国实际，突破马克思主义关于农民落后的

---

① 《李大钊全集》第 3 卷，人民出版社 2006 年版，第 270—271 页。
② 《李大钊全集》第 4 卷，人民出版社 2006 年版，第 394 页。
③ 《李大钊全集》第 5 卷，人民出版社 2006 年版，第 14 页。

结论，对农民问题给予足够的重视。李大钊指出："我们中国是一个农国，大多数的劳工阶级就是那些农民。他们若是不解放，就是我们国民全体不解放；他们的苦痛，就是我们国民全体的苦痛；他们的愚暗，就是我们国民全体的愚暗；他们生活的利病，就是我们政治全体的利病。"① 他运用大量资料对中国农民运动的历史及农民的现状进行分析，并提出在经济落后的半殖民地的中国，农民运动将会形成一个伟大的势力。"中国的浩大的农民群众，如果能够组织起来，参加国民革命，中国国民革命的成功就不远了。"②

（4）李大钊将中国民族解放的任务与马克思主义的国际主义立场有机结合在一起。一方面，李大钊以国际主义来扩充自己原有的民族视野，他的目标不再局限于改造中国，而是要在全世界实现社会主义，即"劳工阶级要联合他们全世界的同胞，作一个合理的生产者的结合，去打破国界，打倒全世界资本的阶级"③。号召青少年们"不要受腐败家庭的束缚，不要受狭隘爱国心的拘牵"，"我们应该承认爱人的运动比爱国的运动更重"④，抛弃狭隘的民族主义。另一方面，又主张以中国的民族解放任务来充实马克思主义的国际主义，认为："人种在世界上也成为阶级的问题，于是世界上就形成了相对的阶级。人种的斗争于将来必定发生，这是可预为断定的。而且这斗争或许为白色人种与有色人种的战争而与'阶级斗争'并行"⑤。由此，李大钊号召国人"要猛力勇进，要在未来民族舞台施展我们的民族特性，要再在我们的民族史以及世界史上表扬显着我们的民族精神！"⑥ 李大钊关于中国无产阶级民族革命的论述，统一了国际主义与爱国主义的关系，丰富和发展了马克思主义民族革命理论。

（5）为使文化素质普遍较低的人民群众理解和掌握马克思主义，李大钊花费极大精力倡导和尝试马克思主义宣传的通俗化。"知识阶级的意义，就是一部分忠于民众作民众运动的先驱者。"⑦ 为了唤起广大农民的革命意识，实现马克思主义与工农运动相结合的新局面，李大钊主张知识

① 《李大钊全集》第 2 卷，人民出版社 2006 年版，第 304—305 页。
② 《李大钊全集》第 5 卷，人民出版社 2006 年版，第 85 页。
③ 《李大钊全集》第 2 卷，人民出版社 2006 年版，第 267—268 页。
④ 《李大钊全集》第 3 卷，人民出版社 2006 年版，第 13 页。
⑤ 《李大钊全集》第 4 卷，人民出版社 2006 年版，第 450 页。
⑥ 同上书，第 450—453 页。
⑦ 《李大钊全集》第 3 卷，人民出版社 2006 年版，第 174 页。

阶级必须与劳工阶级打成一片。他号召中国青年向俄国的文人志士学习，到农村去"宣传人道主义、社会主义的道理"①，帮助一般农民改善他们的组织，反抗他们所受的压迫，提高乡间民众的文化水准，特别是要作种种普通常识及国民革命教育的宣传。"为使此项工作多生效果，图画及其他浅近歌辞读物，均须预备；并须要联合乡村中的蒙学教师，利用乡间学校，开办农民补习班。"② 李大钊较早地认识到马克思主义理论通俗化的重要性，并提倡利用讲演、报告等形式进行宣传。这种通俗化的过程实际上是马克思主义适应中国人民的文化需求，在语言文字表述方面被改造的过程，也是马克思主义中国化的重要内容之一。

李大钊坚持马克思主义的基本立场和方法，对马克思主义理论与中国实践的结合进行了初步探索，为马克思主义中国化创立了一个良好的开端，并初步塑造了中国化马克思主义的基本特征和理论倾向。中国共产党对李大钊在马克思主义中国化方面的贡献一直给予充分肯定。在李大钊诞辰 100 周年纪念大会上，江泽民号召全党认真学习和切实贯彻由李大钊同志初步提示，其后由毛泽东同志、邓小平同志和许多老一辈革命家系统而深刻地加以阐明和完善的理论与实际相结合的原则。在李大钊诞辰 110 周年纪念大会上，胡锦涛指出：我们应当像李大钊那样，不把马克思主义当成抽象的学理和不变的教条，而是注重将理论应用于中国的实际之中。在李大钊诞辰 120 周年纪念大会上，习近平强调：李大钊同志注重理论联系实际，紧跟时代潮流，当之无愧地成为把马克思主义运用于中国实际的先驱。

第二节　陈独秀与马克思主义中国化

陈独秀，中国共产党创始人和早期领导人之一。1942 年 3 月 30 日，毛泽东在中共中央学习组作《如何研究中共党史》讲话时说："陈独秀是五四运动的总司令。现在还不是我们宣传陈独秀历史的时候，将来我们修中国历史要讲一讲他的功劳。"③ 新中国成立后，毛泽东视察安庆时说：

---

① 《李大钊全集》第 2 卷，人民出版社 2006 年版，第 304 页。
② 《李大钊全集》第 5 卷，人民出版社 2006 年版，第 85 页。
③ 《毛泽东文集》第 2 卷，人民出版社 1993 年版，第 403 页。

"陈独秀早期对传播马列主义是有贡献的,后期犯了错误,类似俄国的普列汉诺夫。"在大革命后期,他的右倾思想发展成为右倾机会主义,放弃对农民、城市小资产阶级和中等资产阶级的领导权,尤其是放弃对武装力量的领导权,对国民党右派的进攻采取妥协的政策。1927 年中国大革命遭到失败,除了来自共产国际指导上的原因,他的右倾错误也是重要的原因。

一 中国革命的道路与前途

理论联系实际,一切从实际出发是马克思主义的基本要求。要领导中国革命,就必须把马克思主义理论与中国革命实际相结合,首先认清革命的性质,确定革命的前途和任务。1925 年以后,陈独秀逐渐形成了他对中国民主革命前途的理论认识。

在政治方面,建立工农阶级领导的包括各被压迫剥削阶级在内的民主专政。在 1926 年 7 月的中共中央扩大会议上,陈独秀指出:"中国民族革命的前途,我们可以看见有两条路:一是由工农阶级领导小资产阶级,推动民族资产阶级,以革命手段达到民族的资本主义之建设;二是由买办性的资产阶级拿住小资产阶级,并结合买办阶级,与帝国主义妥协,扑灭革命运动,实现道威士的资本主义之侵略。"① 很显然,陈独秀所要争取的乃是第一条路,使工农阶级取得革命运动的领导地位。在 1927 年的一封公开信中,陈独秀作了进一步说明:由于殖民地半殖民地处于国际资本主义的政治经济统治之下,这些地方的资产阶级大都具有买办性质而不能始终忠于革命。如果由他们代替军阀统治国家,仍旧是"变相的帝国主义之统治"。只有"工农及其他被压迫剥削阶级统治的国家,才能够真正脱离帝国主义之统治,才能够力图非资本主义的经济建设,才能够不一定经过再度革命方式而行向社会主义社会"②。陈独秀从中国社会经济状况和阶级力量分析出发,认为在国民革命后应建立这样一个"革命的民主的民众政权"。这完全不同于二次革命论者所承认的资产阶级专政,但也不是无产阶级专政,而是同 1949 年新中国政权的性质——无产阶级领导的各革命阶级的联合专政——极为相似。如陈独秀认为:在国民革命时期不

---

① 《中共中央文件选集》第 2 卷,中共中央党校出版社 1989 年版,第 170 页。
② 《陈独秀著作选》第 2 卷,上海人民出版社 1993 年版,第 1237—1238 页。

会是完全由共产党人取得政权，"即国民革命成功后之建设时期，也必然是革命的民主的民众政权，而不是无产阶级专政"①。而如果这样一个工农及其他被压迫剥削阶级统治的"民主独裁的革命国家"能够建立，能够由国家资本主义过渡到社会主义社会，"那便自然没有一定必须经过无产阶级专政的必要了"，因为无产阶级革命与专政也不过是实现社会主义理想社会的"方法"而非"目的"②。从新中国成立后的政权性质和向社会主义和平过渡而未经过无产阶级暴力革命的历史来看，陈独秀的这一设想是很有预见性的。

在经济方面，实行以国家资本主义为主，多种经济成分并存的经济制度。鉴于经济基础的决定作用及其不可跳跃性，陈独秀认识到在中国国民革命胜利后必不可少一个"资本主义"的发展过程。"我们不是乌托邦的社会主义者，决不幻想不经过资本主义，而可以由半封建的社会一跳便到社会主义的社会。"③ 在国民革命成功之后，应该实行以国家资本主义为主，包括家庭手工业与农业小生产制、私人资本主义大生产制在内的经济制度。"我们以为中国国民革命成功后的经济建设，在主观上在客观上都不必采用私人资本主义为全社会主要的生产制度，而可以采用国家资本主义以过渡到非资本主义的国家工业，即是行向社会主义的社会。"④ 陈独秀指出：在国民革命胜利后，在革命的民主的民众政权之下，"那时中国的资本主义，已经过国民革命的洗礼，已经是民族的民主的资本主义，他的发展影响到全民族的经济生活"⑤，已经完全不同于传统的含义。国家资本主义在经济上的性质如何，"乃依政治上的构造而定，即是依所谓国家资本主义之国家的构造如何而定。……在资产阶级的国家而采用国家资本主义，则不过是私人资本更集中高度发展之一种形式；只有在工农及其他被压迫剥削阶级革命的国家而采用国家资本主义，才能够由此过渡到非资本主义的社会主义的经济建设"⑥。很清楚，陈独秀是把资本主义作为一个经济范畴，作为经济发展的方法来使用的。在工农及其他革命阶级联

---

① 《陈独秀著作选》第2卷，上海人民出版社1993年版，第1238页。
② 同上书，第1239页。
③ 同上书，第1109页。
④ 同上书，第1238页。
⑤ 同上书，第1109页。
⑥ 同上书，第1238页。

合专政的保障下，资本主义作为发展经济的手段，是可以为我所用的，它的目的和前途是社会主义。

二 无产阶级政党建设

政党政治是现代政治发展的一般规律。要领导中国革命和建设，就必须建立无产阶级政党，以坚强的组织形式推动马克思主义理论与工人运动相结合。陈独秀在发动和组织工人以及宣传马克思主义的过程中，积极推动组建革命政党。他认为，实行无产阶级革命与专政，无产阶级非有强大的组织力和战斗力不可，要造成这样强大的组织力和战斗力，都非有一个强大的共产党做无产阶级的先锋队与指导者不可。

马克思恩格斯指出：工人阶级政党必须按照民主的原则建立组织。国民革命后，陈独秀在切身经历基础上，对党内民主的缺失问题进行了论述。他认为：（1）民主缺失会阻碍党的发展。如果由省委到支部一概是委派制，对于不同意见禁止讨论，或者给他戴上一顶帽子来镇压，成了机械的"中央命令传达机关"，就会使党的组织与力量遭到毁坏。（2）民主缺失导致党的腐败。民主是各阶级为求得多数意见一致以发展其整个的阶级力所必需之工具，没有民主的民主集权制只能变成它的反面官僚集权制。在官僚集权制之下，腐败堕落，营私舞弊，粉饰太平，萎靡不振，都是相因而至的必然现象。（3）应当允许党内不同意见辩论。同志间意见不同的争论，是党的进步的现象，绝不是坏现象。争辩之结果，理由最充足的自然会为大众所公认；错误的意见被批驳下去，以后才不至隐藏在党内，遇着机会便要发作。（4）党内民主不应以政治水平为限。中国同志政治水平一般较低，也只有在不同意见的相互争辩中增高起来，绝不能以"程度不够"的理由予以限制。以为必须政治水平增高了才好发表意见，党内民主化依党员政治水平提高而扩大，党员政治水平低便应缩小，恰恰是因果倒置。陈独秀的这些论述虽不够系统化，但其中显现出对马克思恩格斯民主建党原则的继承和发展。

三 对待资本主义的态度

要在生产力水平较为落后的中国进行社会主义革命和建设，就必须以历史唯物主义的科学态度对待资本主义。

对于资本主义，陈独秀主张既要批判又要利用。他认为资本主义无论为功为罪，都是人类社会进化所必经的一个阶段，没有它，小生产的社会便没有发展生产力和生产集中的可能。社会主义对于生产力增高和人类幸福都好过资本主义制，但并非人类主观上故意要先采用较坏的资本主义制，后采用较好的社会主义制，这是由社会发展规律决定的。如果不能断言即刻便可采用社会主义制发展工业，则须毅然采取资本主义的经济生产方式，这样才能迅速增加社会生产力，带来"它所需要的民主政制"，开辟新社会发展的道路。陈独秀是把资本主义作为一个经济发展阶段的概念来使用的。在此含义上，他认为由于苏俄的革命是"政治的成熟，而非经济的成熟"，即使变更了生产资料所有制的性质，在其落后的生产力之上所建立起来的也不会是真正新式的社会主义制度，"也不一定就是走出了资本主义范畴"。苏俄社会仍然存在着贫富悬殊、官僚寄生等现象，还不能说它已走出了"人剥削人的资本主义制"①。这样，无产阶级乃至广大劳动人民的民主权利自然也就难以得到充分保障。

陈独秀认为中国的资本主义将会有自己的特色而不会走欧美循序进化的老路，但中国社会超越不了这一经济发展的阶段。没有资本主义发展所带来的经济成熟，新的社会制度就不能真正确立，民主的实现也就无从谈起。陈独秀批评了那种一听到社会主义便肃然起敬，一听到资本主义便既畏且厌的唯名主义态度，他指出："资本主义是中国经济发展必经的过程，要来的东西让它快点来，不要害怕它。"② 由于中国生产力水平的落后，特别应当注意不能因为反对资本主义，而放松了对比资本主义更为落后、危害更大的封建主义、官僚主义的反对。

四 社会主义与民主

要在缺乏民主传统的中国进行社会主义革命和建设，就必须吸取人类社会发展的进步理念，正确认识社会主义与民主的关系。在对苏联经验教训的反省基础之上，从 1936 年在国民党狱中到 1942 年病逝江津，陈独秀阐述了关于民主和社会主义的见解。

首先，陈独秀探讨了民主与阶级的关系。他从民主主义发展史的角度出发，指出民主是社会进化的一种动力，是每个时代被压迫的大众反抗少

---

① 《陈独秀著作选》第 3 卷，上海人民出版社 1993 年版，第 519 页。
② 同上。

数特权阶层的旗帜。在人类社会政治发展的过程中，民主随之而形成各阶段的内容与形态。"因为近代是资产阶级当权时代，我们便称之为资产阶级的民主制，其实此制不尽为资产阶级所欢迎，而是几千万民众流血斗争了五六百年才实现的。科学，近代民主制，社会主义，乃是近代人类社会三大天才的发展，至可宝贵。"① 可见陈独秀已经认识到：在阶级社会里不会有超阶级的民主存在，但也不能僵化地理解阶级民主，把民主当作某一阶级的专有物。所谓民主的阶级性是指现实中哪个阶级居于国家政权的统治地位，从而使现实的民主，为哪一个阶级所拥有，并不是说民主制本身具有某一先天的、固定的阶级性。资产阶级民主的虚伪性表现在资产阶级以民主为幌子掩盖其阶级统治的本质，并非指民主本身是虚伪的。因此，应该把资产阶级的阶级虚伪性同民主内容的真实性区分开来。民主内容本身具有真实性，是现代社会的政治规则，任何阶级都不能鄙视和厌弃它。

更进一步，陈独秀把民主与大众政权、社会主义结合起来。民主的普遍性使他认识到：不能"把民主主义的要求当作仅仅是推翻资产阶级军事独裁统治的手段而不是我们的目的"②，无产阶级在取得政权以后，不应抛弃民主主义而应扩大民主主义，政治上的民主主义与经济上的社会主义是"相成而非相反"的。如果无产阶级政党"因反对资产阶级及资本主义，遂并民主主义而亦反对之，即令各国所谓'无产阶级革命'出现了，而没有民主制做官僚制之消毒素，也……决不能创造什么社会主义"③。陈独秀主张实现大众政权民主化，实行无产阶级民主制并最终走向全民民主。但同时他也认识到：理想中的民主并不会因其主体阶级属性的改变而自动实现，民主自身有其制度化的内容规定。在给西流的信中，陈独秀指出：苏联的经验教训应该使人们反省，"若不从制度上寻出缺点，得到教训……一个史大林倒了，会有无数史大林在俄国及别国产生出来"④。

陈独秀从民主的角度出发，较早地批判了苏联无产阶级专政的缺陷，他未把斯大林统治下的罪恶归结于个人，而是从制度上找原因。他认为大

---

① 《陈独秀著作选》第 3 卷，上海人民出版社 1993 年版，第 555 页。
② 《火花》第 3 卷第 1 期，1936 年 3 月 10 日。
③ 《陈独秀著作选》第 3 卷，上海人民出版社 1993 年版，第 560 页。
④ 同上书，第 554—555 页。

众政权应该吸取借鉴资产阶级民主在制度程序方面的合理部分，才不致使民主成为一些无实际内容的空洞名词，尤其不能因为中国经济落后、历史传统等原因而根本反对民主自由。陈独秀主张实行大众民主，但又认为英法美不彻底的民主也应该保护，因为后者在制度化内容上具有借鉴性。"在一定意义上，我们共产主义者，本是最忠诚最彻底的民主主义者。如果有人拿欧美现行的'伪'民主即形式的民主做标准，来根本鄙弃民主主义和民主政治，这是没有理由的。"①

五　与共产国际的关系

要领导中国进行社会主义革命和建设，就必须在联合世界上一切先进力量的前提下，独立自主地开展工作。在这方面，陈独秀有着深刻的、切身的体会。

陈独秀作为中国共产党最早的中央领导集体的核心，绝大多数时间是在共产国际的指导下工作的。例如国共党内合作就是共产国际指示的结果。陈独秀在这一问题上曾与共产国际发生过争执。1922 年初，马林在上海建议中共加入国民党，即遭到陈独秀的强烈反对。陈独秀为此专门写信给共产国际远东局负责人维经斯基，以共产党与国民党革命宗旨不同等为由，申诉反对共产党加入国民党。但共产国际执委会决定采纳马林的建议。在西湖会议上，马林力言国民党不是一个资产阶级的党，而是各阶级联合的党，无产阶级应该加入去改进这一党以推动革命。以陈独秀为核心的中共中央为尊重国际纪律，最终不得不接受"党内合作"政策，同意加入国民党。

1922 年共产国际四大通过《关于中国共产党同国民党关系问题的决议》，对实现国共合作有指导意义，但其中忽视共产党而重视国民党的倾向十分明显，甚至认为国民党是现时中国唯一重大的民族革命集团。这些思想与国际代表马林和 1923 年 1 月《孙中山和越飞联合宣言》中有关中国革命的基本思想是一致的。中共三大接受了这些观点，认为中国国民党应该是国民革命之中心势力，更应该立在国民革命之领袖地位。共产国际还从人力、物力、财力上全力援助国民党，而对共产党要求给予的援助持消极态度，不敢放手发展共产党和工农武装。从国民党二大到"中山舰

---

① 《陈独秀著作选》第 3 卷，上海人民出版社 1993 年版，第 285 页。

事件"、"整理党务案",中共表现出的右倾与共产国际的指导有直接关系。为了改变被动局面,陈独秀多次提出让共产党人退出国民党,都没能得到支持。纵观大革命的整个过程,中共"右倾"投降主义路线是国共"党内合作"政策的必然。既要加入国民党内,又要保持独立自主,此一点几乎无法操作。出于苏联利益的需要以及对国民党的认识,共产国际反对陈独秀退出国民党的要求,对国民党采取了迁就、退让、依从的态度,在保持中共的独立性、争取对国民革命的领导权、发展共产党的独立武装、进行土地革命等重大问题上,存在右的指导错误,最终导致大革命的失败。

陈独秀虽然数次对共产国际的指导方针提出过异议,但在实践中仍忠实地执行了共产国际的路线。1929 年,陈独秀在《告全党同志书》中历数自己当年五度"未能坚持我的意见",被迫执行共产国际指示的情形。大革命失败后,共产国际将失败的责任推卸给中共,进而又把失败的责任推给了陈独秀一人,陈独秀因此长期背负着"右倾投降主义"的罪名。历史虽可能一时被人为涂抹,但真相不会永久地陷于迷雾中。作为对事实的记录,历史迟早会显露出它的本真面貌。

六　比较与评析

陈独秀的上述观点或许有的正确,有的错误,有的深刻,有的肤浅。正确的、深刻的思想固然具有价值,错误的、肤浅的思想也未必不能给人以启发。总的来说,他对中国革命和建设道路的探索同毛泽东所阐述的新民主主义纲领以至社会主义初级阶段的路线、方针之间存在着前后相承的逻辑关系。

(1) 在新民主主义的政权结构方面:毛泽东指出,中国革命第一阶段是资产阶级民主主义而不可能是无产阶级社会主义,革命的客观要求是为资本主义发展扫清道路。而在新的国际国内环境中,这种革命应由无产阶级来领导。毛泽东明确提出了新民主主义的概念,并明确新民主主义的政治纲领是:推翻帝国主义、封建主义在中国的统治,建立一个无产阶级领导的,以工农联盟为基础的各革命阶级联合专政的共和国。这既不同于欧美式资产阶级专政的共和国,又区别于苏联式无产阶级专政的社会主义共和国。1945 年,毛泽东又在《论联合政府》中指出:"几个民主阶级联盟的新民主主义国家,和无产阶级专政的社会主义国家,是有原则上的不同的。……在整个新民主主义制度期间，不可能、因此就不应该是一个阶级专政和一党独占政府机构的制度。"① 在 1949 年的中共七届二中全会的报告和同年所写的《论人民民主专政》中，毛泽东对新民主主义国家学说进行了更高层次的理论概括，指出：中国革命胜利后的国家政权性质，既不可能是大地主大资产阶级的专政，也不可能是无产阶级一个阶级的专政，而只能是无产阶级领导下几个革命阶级联合专政。这些组成政权的阶级包括工人阶级、农民阶级、城市小资产阶级和民族资产阶级。这是一种过渡性质的政权，却是不可移易的必要形式。这种政权建构同陈独秀在国民革命时期提出的建立工农阶级领导的，包括各被压迫剥削阶级在内的革命的民主专政的设想十分相似。只是陈独秀当时尚未明确区分工人阶级领导与工农联盟以及与其他阶级联盟之间的关系。

（2）在新民主主义的经济模式方面：毛泽东提出，新民主主义社会的经济是介于资本主义和社会主义之间的一种过渡性质的经济，既有社会主义的经济，又有资本主义的经济。民主革命胜利后，资本主义经济在中国社会会有一个相当程度的发展。1945 年中共七大期间，毛泽东比较集中地论述了关于发展资本主义的思想，其根本点就是认为在新民主主义建设时期，"需要资本主义的广大发展"。他在《论联合政府》中说："现在的中国是多了一个外国的帝国主义和一个本国的封建主义，而不是多了一个本国的资本主义，相反地，我们的资本主义是太少了。"② 这同陈独秀把资本主义看作是经济发展必经过程的认识是一致的。

关于新民主主义社会的经济结构，中共中央和毛泽东在中共七届二中全会上提出应以发展国营经济为主体，扶助小生产者，普遍建立合作社经济，组织国家资本主义经济，允许私人资本主义在新民主主义的国计民生范围内发展。对于带有垄断性质的经济，则逐步地收归国有，或在国家监督之下采用国家资本主义的方式经营。在可能的条件下，逐步增加国民经济的社会主义成分，以便稳当地过渡到社会主义。陈独秀虽然没有提出国营经济的概念，但他同样主张发展由工农阶级领导的革命民主政权性质所决定的新式国家资本主义经济，同时发展多种经济成分，逐步过渡到非资本主义的社会主义的经济建设。

---

① 《毛泽东选集》第 3 卷，人民出版社 1991 年版，第 1062 页。

② 同上书，第 1060 页。

（3）在向社会主义过渡方面：经过一系列的社会改革，特别是没收官僚资本、在全国范围内完成土地改革后，毛泽东认为，工人阶级和资产阶级、社会主义和资本主义的矛盾上升为主要矛盾，因而提出了过渡时期的总路线，要求逐步实现国家对资本主义工商业的社会主义改造。以毛泽东为代表的中国共产党人采取了对官僚买办资本实行没收，对民族资产阶级的中小资本实行赎买的政策，通过由低级到高级的国家资本主义的过渡形式，用和平的手段成功地改造了民族资产阶级，创造性地实现了马克思、恩格斯和列宁的赎买设想。毛泽东指出，这种作为过渡形式的国家资本主义已经不是普通的资本主义经济，而是与社会主义相联系的特殊的、新式的资本主义，是为了满足人民和国家的需要而存在的，是一种国家经济同私人资本合作的具有社会主义性质的经济成分。这种过渡在一定程度上印证了陈独秀于国民革命时期提出的在工农领导的革命民主政权之下，可以不通过无产阶级革命与专政的暴力方式，而由国家资本主义过渡到社会主义的设想。

（4）在社会主义民主方面：经过社会主义建设长期艰难的探索和曲折经历后，以邓小平为代表的共产党人逐步开创了一条具有中国特色的社会主义道路，形成了社会主义初级阶段理论。在社会主义民主问题上，邓小平指出："没有民主就没有社会主义，就没有社会主义的现代化。……社会主义愈发展，民主也愈发展。这是确定无疑的。"① 社会主义现代化建设在政治上的主要目标就是要"创造比资本主义国家的民主更高更切实的民主"。邓小平在谈到毛泽东晚年的错误时，并未把原因归咎于个人，而是从制度、体制的高度上进行分析。1980 年他在《党和国家领导制度的改革》的报告中说："我们过去发生的各种错误，固然与某些领导人的思想、作风有关，但是组织制度、工作制度方面的问题更重要。这些方面的制度好可以使坏人无法任意横行，制度不好可以使好人无法充分做好事，甚至会走向反面。……不是说个人没有责任，而是说领导制度、组织制度问题更带有根本性、全局性、稳定性和长期性。"② 这种制度方面的弊端主要表现为官僚主义、过分集权、家长制、干部领导职务终身制等特权现象。其总病根就在于人们长期认为社会主义"必须对经济、政治、

---

① 《邓小平文选》第 2 卷，人民出版社 1994 年版，第 168 页。

② 同上书，第 333 页。

文化、社会都实行中央高度集权"的管理体制。只有对这些弊端进行有
计划、有步骤而又坚决彻底的改革，才能防止过去的问题重新出现。邓小
平还对政治体制改革的目标和评价标准作出了一系列阐述。这些关于社会
主义制度民主化的论述，同陈独秀在 40 年代初针对苏联无产阶级专政的
弊端而形成的认识是基本一致的。只是陈独秀由于时代的局限，还没有能
够把民主的普遍性与中国国情有机结合起来，在如何实现民主问题上倾向
于直接照搬以英美为代表的西方民主制度。

（5）在社会主义初级阶段的经济体制方面：邓小平根据我国整体生
产力水平较低的现实状况，提出必须"吸收和借鉴当今世界各国包括资
本主义发达国家的一切反映现代社会化生产规律的先进经营方式、管理方
法"，并把市场经济与资本主义区分开来，指出："计划经济不等于社会
主义，资本主义也有计划；市场经济不等于资本主义，社会主义也有市
场。计划和市场都是经济手段"，资本主义和社会主义都可以用①。这些
论述解放了人们的思想，有力地推动了中国社会主义市场经济体制的建
立。中共十五大则进一步把"公有制为主体，多种所有制共同发展"作
为我国社会主义初级阶段的基本经济制度。全民、集体所有制经济同个体
经济、私营经济、合作经济、外资经济等共同发展，公有制经济本身也出
现了股份制等许多新的实现形式。可以看出，社会主义初级阶段的经济体
制和经济结构与陈独秀、毛泽东利用资本主义以发展社会主义的经济基
础，实行多种经济成分并存的思想是有相承性的。当然，今天中国的经济
改革理应也早已大大超越了前人的设想，特别是把市场经济的合理内核从
资本主义体系中抽取出来，是对资本主义的一种扬弃。

综上所述，陈独秀在领导中国革命的实践中，提出了许多很有个性和
预见性的见解，在历史和逻辑上为新民主主义理论和社会主义初级阶段的
路线方针作了最初的铺垫，成为马克思主义中国化的先驱之一。

第三节　毛泽东与井冈山革命根据地的建立

秋收起义之后，毛泽东率领起义部队来到井冈山，开辟了第一块农村
革命根据地。从此，中国革命逐步走上了农村包围城市、武装夺取政权的

---

① 《邓小平文选》第 3 卷，人民出版社 1993 年版，第 373 页。

正确道路。通过开辟和建设井冈山革命根据地，中国共产党成功地将马克思列宁主义武装夺取政权的普遍原理与中国革命的具体实践相结合，并将马克思主义国家政权学说在中华大地上初步地付诸实践，成为马克思主义中国化的一个光辉典范。

一 井冈山革命根据地的开辟

1927 年，蒋介石、汪精卫集团相继叛变革命，轰轰烈烈的第一次国内革命战争失败了。面对失败的挫折和惨痛的教训，中共中央于 8 月 7 日在汉口召开紧急会议（八七会议），纠正了以陈独秀为代表的右倾投降倾向，确立了党在新时期的总方针。会议还决定在湘、鄂、赣、粤四省革命基础较好的地方发动农民举行秋收起义。9 月 9 日，毛泽东领导的湘赣边界秋收起义打响。受俄国十月革命道路在武装斗争具体形式方面的影响，起义开始后，集中主要兵力攻打大中城市。在这个过程中，各路起义军连续受挫，革命力量受到严重损失。

毛泽东根据当时的情况，顶住各方面的压力，放弃攻打长沙等大城市的计划，撤往文家市集中，并在这里主持召开了前敌委员会会议，讨论部队进攻方向问题。他在会上分析了当时的形势，认为敌强我弱，革命正处于低潮，敌人力量主要集中在城市中，要攻占中心城市已不可能。因此，要改变原来攻打长沙的计划，转移到敌人统治力量薄弱的农村去，才能保存自己的力量。会议接受了毛泽东的意见，往南撤退。

9 月 29 日，秋收起义的部队到达江西省永新县三湾村，进行了历史上著名的"三湾改编"，建立了新型的官兵关系，确立了党对军队的绝对领导权，实行了民主制度，在政治上、组织上奠定了新型人民军队的基础。

10 月 3 日，毛泽东率领工农革命军到达宁冈县古城。3 日晚上到 5 日，他主持召开了秋收起义前敌委员会扩大会议，总结了秋收起义以来的经验教训，并根据井冈山地区的各种有利条件，着重讨论了建立井冈山革命根据地、进行长期武装割据斗争的问题，这就是著名的古城会议。会上，毛泽东详细分析了在罗霄山脉中段建立根据地的有利条件，同时说服了袁文才的代表，决定在井冈山建立革命根据地。

从三湾改编到古城会议，解决了军队建设和建立根据地的一些重大问题，开始创建第一个农村革命根据地和一支新型的人民军队，点燃了

"工农武装割据"的星星之火。

客观地说，毛泽东在秋收起义后率领部队上井冈山，在当时更多的是在不利形势下的无奈选择。但是，这个选择却充分体现了毛泽东一切从实际出发而不是从上级命令或苏联经验出发的实事求是的思想路线。正是这一历史选择，在客观上构成了探索中国特色革命道路的实践起点。毛泽东通过开辟井冈山革命根据地，探索出了一条工农武装割据的道路，这条道路是把马克思主义暴力革命的理论同中国具体实际相结合的产物，是马克思主义中国化的重大成果。

二 井冈山革命根据地的土地革命和党政军建设

进驻井冈山之后，1927 年 11 月初，毛泽东组织召开了象山庵会议，开始重建和恢复党组织，开展群众武装斗争活动。根据地建设由此拉开序幕。

1928 年 2 月，井冈山革命根据地初具规模，工农武装割据的局面形成。4 月，朱德、陈毅率领南昌起义保留下来的部队和湘南起义的农民起义军到达井冈山，与毛泽东领导的部队会师。1929 年，毛泽东、朱德、陈毅率红四军到达赣南和闽西，先后开辟了赣南和闽西两块根据地，并逐渐形成中央根据地，成为中国革命的领导核心。毛泽东率先创建的农村根据地如星星之火，很快形成了燎原之势，燃遍了中国大地。

在开辟和建设井冈山革命根据地的过程中，毛泽东在党的建设、军队建设、土地革命、政权建设等方面开展了丰富的实践和深入的理论思考，在继续探索中国革命道路的过程中进一步推进马克思主义中国化。

（一）井冈山时期党的建设

在创建红军和农村根据地的过程中建党，在进行武装斗争的过程中建党，这是中国共产党在土地革命时期遇到的新课题。在井冈山的斗争中，毛泽东把马列主义的建党学说同中国共产党的具体实践结合起来，初步探索出了党的建设的正确途径，孕育了毛泽东的建党思想。

一是从思想上建党，提高党的素质。

井冈山革命根据地是一个封闭的自给自足的农村经济环境，这里的党员基本上都是农民，这里的家族观念、地方主义、小生产观念等，都与无产阶级思想格格不入，共产党关于共产主义、阶级斗争等思想往往不能得到党员的觉悟，党的建设相当困难。正因如此，毛泽东高度重视思想建设问题，他提出："我们感觉无产阶级思想领导的问题，是一个非常重要的问题。边界各县的党，几乎完全是农民成分的党，若不给以无产阶级的思想领导，其趋向是会要错误的。"① 在这样的情况下，更加需要加强党的思想建设，用无产阶级思想来改造和纯洁广大党员的思想。毛泽东在井冈山时期所进行的重建党组织、厉行洗党、举办党团训练班等，就是致力于用无产阶级思想来引导广大党员，从而把党真正建成为无产阶级的先锋队组织。井冈山时期党的建设的实践，推动着毛泽东提出了一个马克思主义党的学说史上的新命题，即"思想建党"，从而形成了党的建设理论上的重大理论创新。

二是从组织上加强党的建设，增强党的战斗力。毛泽东在领导井冈山斗争时期，有计划、有步骤地恢复和发展党的组织，还就如何加强党的组织建设提出了新的思路，主要表现在：高度重视红军中党的组织建设，充分肯定了"三湾改编"时的做法，提出了必须在红军中建立党的各级组织，加强红军中党的组织建设；重视党的干部培养，健全党的组织；通过厉行洗党，重新登记党员，纯洁党的组织，清除了投机分子，党员数量虽大为减少，但战斗力却增强了。

三是坚持共产党的正确领导，发挥党组织的作用。坚持共产党对革命工作的领导，充分发挥党组织的作用，这是毛泽东建党思想的核心和灵魂，也是井冈山的优良革命传统。"三湾改编"确立了"党指挥枪"的原则，把党的支部建在连上，班、排设党小组，连以上设党代表，营团建立党委，确立了党对军队的绝对领导。部队到达井冈山后，毛泽东指出，工农武装割据的存在和发展，需要具备五个条件，其中之一就是要"有很好的党"。坚持共产党的正确领导，革命斗争才能不断深入，根据地才能不断巩固和扩大。毛泽东还认为，共产党不仅要坚持对红军的领导，而且必须坚持对政府的领导；另外，又提出了不能图省便，把政权机关搁置一边，党在那里直接做，即不能以党代政、由党组织包办政府工作的主张。②

（二）井冈山时期的人民军队建设

如何把以农民为主要成分的武装建设成为一支新型的人民军队，也是

---

① 《毛泽东选集》第 1 卷，人民出版社 1991 年版，第 77 页。

② 巩解英：《发扬井冈山革命传统　全面加强党的建设》，《中南民族学院学报》（哲学社会科学版）1996 年第 2 期。

井冈山斗争时期摆在中国共产党面前，迫切需要解决的重要问题。毛泽东、朱德提出了一整套建军思想，为人民军队的建立、发展乃至壮大奠定了坚实的理论基础与实践基础，具有里程碑式的意义。

一是确立党对军队的绝对领导。"三湾改编"第一次从组织上和体制上确立了党对军队的绝对领导，奠定了新型的人民军队的基础，是把以农民和旧军人为主要成分的工农革命军建设成为无产阶级领导的新型人民军队的开端。"三湾改编"还确定了"支部建在连上"的制度，在部队中建立党的各级组织。正是由于基层党组织十分有力，使得红军成为钢铁队伍。

二是明确人民军队的性质、宗旨和任务。毛泽东提出，红军建军的目的是"挽救民众疾苦"、"为工农群众打仗"。围绕这个性质和宗旨，红军确定了自身的"三大任务"，即打仗、做群众工作、筹款子。由于红军时时处处、真心实意地为群众谋利益，因而深得民心。

三是注重军队中的民主建设。从井冈山斗争时期开始，创造性地在部队连以上各级成立士兵委员会，有权监督军官，有权参加军队管理，维护部队纪律，监督军队经济开支，做士兵教育与群众工作，真正实行了军队内的政治民主、经济民主和军事民主。毛泽东在《井冈山的斗争》一文中十分精辟地指出："红军的物质生活如此菲薄，战斗如此频繁，仍能维持不敝，除党的作用外，就是靠实行军队内的民主主义。"[①]

四是加强思想政治工作。毛泽东在井冈山斗争时期，系统地提出了红军思想政治工作的原则，包括加强政治教育，用无产阶级思想武装头脑；加强纪律教育，保证一切行动听指挥；领导干部要深入基层，与广大士兵同甘共苦；领导干部要身先士卒，冲锋在前、享受在后。红军中的士兵委员会、政治部、党代表和各级干部都肩负着在军内外开展政治思想教育的重任。

五是强调严明的纪律。针对部队初上井冈山时少数士兵身上存在的一些侵犯群众利益的现象，1927 年 10 月，毛泽东宣布了工农革命军的"三大纪律"；1928 年 2 月，毛泽东又在遂川宣布了工农革命军"六项注意"，4 月，毛泽东在湖南桂东正式颁布了工农革命军"三大纪律、六项注意"；1929 年，毛泽东在赣南宣布"三大纪律、八项注意"。同时，为了督促广

---

① 《毛泽东选集》第 1 卷，人民出版社 1991 年版，第 65 页。

大指战员认真执行群众纪律，工农革命军前委还专门成立了"纪律检查组"，负责检查部队遵守群众纪律的情况。[①]

六是总结斗争经验，初步提出红军的游击战术。1928 年 1 月，毛泽东率领工农革命军占领遂川，毛泽东提出了"敌来我去、敌驻我扰、敌退我追"的游击战争十二字秘诀，初步总结了游击战争的战术。朱毛会师之后，朱德在领导红四军战争的过程中，把自己的军事战术融会到战争实践中，同毛泽东一起发展了红军游击战争的战术原则，形成了"敌进我退，敌驻我扰，敌疲我打，敌退我进"的"十六字诀"。

（三）井冈山时期的土地革命

在井冈山时期，毛泽东领导土地革命的崭新实践，初步把握了土地革命的特点，制定了中国共产党第一部土地法，获得了土地革命的初步经验。

在经过调查研究和试点工作之后，1928 年 5 月，在湘赣边界党的一大上，毛泽东领导党组织制定了"深入割据地区的土地革命"的政策；边界政府成立后，将土地革命列入重要议事日程。此后，土地革命全面展开，成立了由各级土地委员会构成的各级分田领导机构，以乡为单位，没收一切土地重新分配，分配的标准是以人口为单位平均分配。这极大地调动广大农民群众的土地革命积极性，加快了井冈山革命根据地的发展。

在井冈山土地革命实践经验的基础上，毛泽东领导边界政府制定了《井冈山土地法》。这个土地法一方面是毛泽东在井冈山独立探索的结果，同时也吸收了党中央 1928 年 3 月《关于没收土地和建立苏维埃》的 37 号通告以及中央 6 月来信的精神。这个土地法是中国共产党在土地革命时期制定的第一部土地法，尽管还很不完善，但毕竟是毛泽东在革命斗争实践中，独立自主地探索解决土地问题的创新，为后来的兴国土地法以及中华苏维埃共和国时期的土地法的制定提供了初期经验。

（四）井冈山时期的政权建设

农村根据地政权建设是中国共产党根据马克思主义国家政权学说，进行武装夺取政权的具体实践，也是农村包围城市这条道路的具体步骤之一。毛泽东开辟井冈山革命根据地之后，相继建立了各县的苏维埃政府和湘赣边界工农兵政府，形成了工农武装割据的红色政权，这是中国共产党

---

① 李小三：《井冈山斗争与人民军队建设及其启示》，《党史文苑》2009 年第 5 期（下）。

领导的人民政权的早期形态和地方性尝试，开辟了中国红色政权建设的新道路。

1927 年 11 月，茶陵县工农兵政府成立，这是中国共产党创建的第一个根据地政权。从此，揭开了湘赣边界红色政权建设的序幕，又相继成立了遂川、宁冈、新遂边陲政府，以井冈山为依托的罗霄山脉中段工农武装割据局面形成。

1928 年 4 月，朱毛会师之后，井冈山革命根据地进入了鼎盛发展时期，工农兵苏维埃政权建设也蓬勃发展起来。1928 年 5 月底，湘赣边界工农兵政府成立，下辖茶陵、遂川、宁冈、永新、酃县、莲花六个县苏维埃政府和新遂边特区政府，标志着井冈山革命根据地红色政权建设达到了一个新局面。

为保证军队的生存发展，促进边界的经济发展，丰富人民群众的物质生活，根据地还实施了一系列经济建设措施，在保证工农武装割据政权的存在发展的同时，也为日后的红色经济建设积累了基本经验。

毛泽东在领导红色政权建设的过程中，基本上是靠来自调查研究的独立创造和摸索，这种摸索把马克思主义的政权建设理论同中国的具体情况结合起来，创造了在一个政治经济文化落后的国家建设红色政权的初步经验，为日后在中央苏区成立中华苏维埃共和国以及新中国建设积累了经验。

三　井冈山斗争基础上诞生的工农武装割据理论

在井冈山革命根据地斗争实践的基础上，毛泽东展开了深入的理论思考，撰写了《中国的红色政权为什么能够存在》《井冈山的斗争》这两篇光辉著作，[①] 系统论述了红色政权存在的原因和条件，明确提出了工农武装割据的概念和思想，并指出了红色割据政权的发展前途，形成了完整的工农武装割据、建立红色政权的理论。

（一）分析中国革命的性质和任务

毛泽东指出，大革命失败后中国进入到了国民党新军阀统治的时期，中国内部的军阀矛盾和斗争反映了帝国主义各国之间的矛盾和斗争。中国社会矛盾的现状决定了中国革命的性质仍然是资产阶级民主革命。而中国

---

① 　分别载于《毛泽东选集》第 1 卷，人民出版社 1991 年版，第 47—56、57—84 页。

的特殊的社会阶级状况决定了，中国的资产阶级民主革命必须由无产阶级领导。

中国的民主革命的特殊性不仅体现在它的领导者必须是无产阶级，而且体现在它的内容上。推翻帝国主义及其工具军阀的统治完成民族革命，实现土地革命，推翻封建剥削，构成了中国资产阶级民主革命的主要内容。因此，以武装斗争对付军阀统治，进行土地革命打破旧的土地制度，建立新的革命政权，就成为三位一体的革命内涵，而这些恰恰是毛泽东在井冈山进行工农武装割据、建立红色政权的主要内容。

马克思主义最基本的方法论就是矛盾分析方法，毛泽东就是把这种矛盾辩证法运用于中国的社会矛盾分析，显示了他能够把马克思主义的基本观点、基本方法同中国革命的具体实际密切相结合。

（二）论述红色政权何以能够存在

毛泽东指出："一国之内，在四围白色政权的包围中，有一小块或若干小块红色政权的区域长期地存在，这是世界各国从来没有的事。"① 这种红色政权发生和存在的条件是什么呢？毛泽东从中国社会性质、良好的群众基础、中国革命形势发展、正式红军的存在、共产党的正确领导等五个方面，作了全面分析。

其一，中国是一个帝国主义间接统治的经济落后的半殖民地国家。由于中国是一个半封建国家，农村局部地区经济上具有相对独立性，这就给无产阶级提供了在农村发动农民、进行武装斗争、建立红色政权的经济条件；另外，由于帝国主义分裂剥削的政策，这就使得各个帝国主义在中国的工具即不同的军阀之间存在着矛盾和斗争，白色政权之间这种长期的分裂和战争，就给出了一种条件，使一小块或若干块共产党领导的红色区域，能够在四面白色政权包围当中发生和坚持下来。

其二，有良好的群众基础。毛泽东总结当时中国红色政权存在的地方都是在大革命时期工农兵群众曾经大大地起来的地方，这些地方曾经有过很广大的工会和农民协会组织，有过工农阶级反对地主阶级和大资产阶级斗争的经历。在这样的地方，人民和军队都受过民主革命的政治训练。

其三，全国革命形势是向前发展的。毛泽东指出，小地方民众政权之能否长期地存在，则决定于全国革命形势是否向前发展这一个条件。如果

① 《毛泽东选集》第1卷，人民出版社1991年版，第48页。

全国革命形势是向前发展的，小块红色区域的长期存在就不但没有疑义，而且必然地要作为取得全国政权的许多力量中间的一个力量。在当时的条件下，中国革命形势是继续地向前发展的，所以小块红色区域的长期存在就没有疑义，而且这些红色区域将继续发展。

其四，相当力量的正规红军的存在。这是红色政权存在的必要条件。否则，红色政权就不能对付敌人的正规军，就不能真正形成割据局面，更不能造成长期的和日益发展的割据局面。所以，"'工农武装割据'的思想，是共产党和割据地方的工农群众必须充分具备的一个重要的思想"①。

其五，必须有党的正确领导。毛泽东指出，红色政权的长期的存在并且发展，还须有一个要紧的条件，就是共产党组织的有力量和它的政策的不错误。

在《井冈山的斗争》中，毛泽东再次概括性地提出："一国之内，在四围白色政权的包围中间，产生一小块或若干小块的红色政权区域，在目前的世界上只有中国有这种事。我们分析它发生的原因之一，在于中国有买办豪绅阶级间的不断的分裂和战争。只要买办豪绅阶级间的分裂和战争是继续的，则工农武装割据的存在和发展也将是能够继续的。此外，工农武装割据的存在和发展，还需要具备下列的条件：（1）有很好的群众；（2）有很好的党；（3）有相当力量的红军；（4）有便利于作战的地势；（5）有足够给养的经济力。"②

（三）指明工农武装割据的意义和前景

毛泽东明确提出了工农武装割据的概念，阐述了井冈山革命根据地的重要意义。他指出，边界红旗已经打了一年，虽然一方面引起了湘鄂赣三省乃至全国豪绅阶级的痛恨，另一方面却渐渐燃起了附近省份工农士兵群众的希望；边界红旗始终不倒，不但表示了共产党的力量，而且表示了统治阶级的破产，在全国政治上有重大的意义。所以，创造和扩大罗霄山脉中段政权十分必要和十分正确。

在此基础上，毛泽东前瞻性地把红色政权同全国政权的建立联系起来，指出了工农武装割据的发展前途。随着中国革命形势的发展，红色政权必然要"作为取得全国政权的许多力量中的一个力量"，这些红色政权

---

① 《毛泽东选集》第1卷，人民出版社1991年版，第50页。
② 同上书，第57页。

的继续发展，"日渐接近于全国政权的取得。"毛泽东"工农武装割据"思想构成了农村包围城市、武装夺取政权的革命道路理论的有机组成部分。①

四 "井冈山道路"的宝贵启示

在开辟和建设井冈山革命根据地时期，以毛泽东为代表的中国共产党人结合实际情况认真思考中国革命的道路问题，不仅在军队建设、土地革命、政权建设、党的建设等领域提出了一系列既符合马克思主义基本原理又符合中国革命实际的重要思想，进行了丰富的多领域实践，而且形成了比较系统的工农武装割据、建立红色政权的理论，实现了井冈山时期重大理论创新。这为日后提出农村包围城市、武装夺取政权的中国革命道路理论，奠定了重要基础。这是毛泽东在井冈山革命实践中，把马克思主义的基本原理同中国革命具体实践相结合的典范，是毛泽东实现马克思主义中国化的重大步骤。

在开创"井冈山道路"的伟大实践中，毛泽东同当时的"左"倾盲动主义和右倾悲观论调进行了针锋相对的斗争，并撰写了《中国的红色政权为什么能够存在》、《井冈山的斗争》等著作，成为解放思想，实事求是的范文。实事求是成为毛泽东思想活的灵魂。

沿着毛泽东所开辟的"井冈山道路"，中国共产党带领人民进行了土地革命，连续击败了国民党反动派的四次"围剿"。由于王明"左"倾错误，解除了毛泽东的军事领导权，造成了第五次反"围剿"的失利，开始了艰难的长征。以后，在抗日战争和解放战争时期，坚持走"井冈山道路"，使革命根据地不断发展壮大，并以革命根据地为基础，进行持久战，逐渐形成农村包围城市之势，最后，赶走了日本侵略者，推翻了国民党反动派在中国大陆的黑暗统治，建立了人民民主专政的政权。可以说，中国新民主主义革命的胜利就是"井冈山道路"的胜利。② 以井冈山斗争经验为鉴，中国共产党始终根据当代中国实践和时代发展不断推进马克思主义中国化。

---

① 金民卿：《中国化马克思主义的初步形成》，江西高校出版社 2009 年版，第 91—98 页。
② 崔树海：《"井冈山道路"与建设有中国特色的社会主义道路》，《毛泽东思想研究》1996 年第 1 期。

"井冈山道路"的成功开拓带给我们许多宝贵的启示，其中至为关键的有：

第一，必须坚持一切从实际出发，实事求是，不照搬照套别国的经验和模式，敢于冲破教条主义和本本主义的束缚。

俄国十月革命走的是城市暴动然后夺取全国政权的道路，列宁把俄国革命的舞台定在中心城市。处于幼年时期的中国共产党接受了这种理论，并付诸实践，留下了很多血的教训。"八七"会议确定了土地革命和武装反抗国民党反动派的总方针，但并没有总结出中国革命的具体道路。毛泽东认清严峻的形势，秋收起义之后放弃进军长沙的原定计划，引兵井冈山，开始了井冈山的革命斗争，并在斗争中不断进行总结，探索中国革命的新道路。井冈山的斗争明确了中国革命的舞台是在敌人力量相对薄弱的广大农村地区。

第二，中国是一个农业大国，中国的革命不能忽视农民的利益，农民问题始终是中国革命和建设的中心问题。

毛泽东是中国共产党较早关注农民运动的领导人之一。1926 年 9 月，他发表了《国民革命与农民运动》一文，认为"农民问题乃是国民革命的中心问题"。井冈山革命根据地开辟以后，根据地广大的农民群众直接担负着革命战争的任务。毛泽东及其领导的前委和边界党组织深刻地认识到了这一点。他们因时因地制宜，采取灵活多样的方式方法，扫除群众当中的文盲，启发他们的阶级觉悟。通过受教育，广大群众不仅学得了文化知识，更提高了阶级觉悟，因而无论在开展土地革命、配合红军作战、扩大红军队伍或保卫红色政权上，他们都起了很大的作用。中国革命所依靠的主要力量是广大农民阶级。

第三，必须切实加强和改善党的领导，重视党的思想建设，充分发挥党组织的领导。

中国革命的舞台、党的工作重心在农村，中国革命依靠的主要力量是广大农民阶级，在一个无产阶级人数很少，农民和其他小生产者占人口大多数的国家里，如何建设一个具有广大群众性的、马克思主义的无产阶级政党是一项极其艰巨的任务。井冈山时期，毛泽东一方面组织开展了中国共产党发展史上的第一次整党运动——九月"洗党"，另一方面主持水口建党和秋溪建党，逐步提出了着重从思想上建设党的原则。1929 年 12 月古田会议上，毛泽东对着重从思想上建党作了系统而深刻的阐述，确立了中国共产党的马克思主义建党路线，是马克思主义建党理论的重大创新。井冈山斗争时期，还奠定了人民军队建设的重要思想——党指挥枪，保证了党对人民军队的绝对领导，保证了军队中活跃的思想政治工作，从而保证了人民军队的无产阶级性质，从根本上解决了如何在半殖民地半封建的中国，把以农民为主要成分的革命军队建设成为一支无产阶级性质的具有严格纪律的、同人民群众保持血肉联系的新型人民军队的问题。

第四节　李立三与马克思主义中国化

从 1929 年到 1930 年，国际和国内形势发生了一些重要变化。随着北洋军阀的覆灭和东北"易帜"，国民党实现了表面上的全国统一。但是，军阀割据混战的局面并未结束。特别是 1930 年春，国民党新军阀又爆发了空前规模的中原大战。频繁的军阀战争加深了人民的苦难，也削弱了军阀自身的力量，在客观上为革命发展提供了有利条件。经过大革命失败后两年多的艰苦奋斗，中国共产党逐渐从困境中摆脱出来。到 1930 年初，中国革命出现了新的局面：在农村，红军根据地进一步巩固与扩大；在城市，党的组织工作有了一定程度的恢复与发展；在国际上，1929 年资本主义世界爆发了空前的经济危机，一些发达资本主义国家的工人运动有了较大的发展，一部分知识分子向往社会主义的倾向迅速增长。

在这样的历史背景下，共产国际和中国共产党对形势的分析趋于乐观以至盲目乐观。1929 年以后，共产国际向中共中央多次发来含有"左"倾主张的指示。共产国际的主张对中共中央及其领导人，特别是对李立三发生了直接的、决定性的影响，为其"左"倾冒险错误提供了理论依据。

一　过程

1930 年初，周恩来前往莫斯科向共产国际汇报情况，中共中央的工作实际上由李立三主持。2 月 26 日，中央发出第七十号通告，认为全国危机在日益深入，革命新浪潮在日益开展。党"目前总的政治路线"应是汇合各种斗争，"变军阀战争为国内的阶级战争"，以推翻国民党统治，建立苏维埃政权。通告指出：党要执行集中力量积极进攻的策略，各地要组织工人政治罢工、地方暴动和兵变，并集中红军进攻大城市。4—5 月，中共中央、中央军委又做出具体的计划部署。在这个过程中，李立三在

《红旗》、《布尔塞维克》等党的机关刊物上发表多篇文章，提出关于中国革命的一系列"左"倾观点。中原大战爆发后，李立三等认为革命形势已在全国成熟。于是，在6月11日召开的中央政治局会议上，通过由李立三起草的《目前政治任务的决议》（即《新的革命高潮与一省或几省首先胜利》）。至此，李立三"左"倾冒险错误在中共中央取得了统治地位。

决议认为中国经济政治的根本危机，在全国任何一处都是同样继续尖锐化，中国新的革命高潮已经逼近到我们的前面了，并有极大的可能"转变成为全国革命的胜利"。决议还认为中国革命一爆发就有"掀起全世界的大革命"的可能，中国革命将会在最后决战中取得完全胜利。在这种估量的基础上，决议认为当前党已经不需要逐步积聚和准备革命力量，只需要武装暴动，而且是全国性的武装暴动。决议承认在农村中组织红军是必要的，但认为红军的任务"是与主要城市的武装暴动配合，夺取政权，建立全国革命政权"。因此"以农村包围城市，以农村根据地来推动全国革命高潮"，"是一种极错误的观念"。决议虽然承认现阶段的中国革命仍然是以反帝反封建为主要任务的资产阶级民主革命，但又认定"资产阶级已经是反动联盟的一部分"，革命如果在一省与几省首先胜利，就不但要没收帝国主义在华的银行、企业、工厂，"而且要没收中国资产阶级的工厂、企业、银行"；同时，在政治上"必然需要从工农专政进到无产阶级专政"。决议指出："革命胜利的开始，革命政权建立的开始，就是革命转变的开始"；"如果以为革命一定要在全国胜利以后，才能开始革命的转变，这是严重的错误"；革命转变的阶段论，"无疑的是极端危险的右倾观念"①。

李立三等人在上述思想的主导下，制定了以武汉为中心的全国中心城市起义和集中全国红军攻打中心城市的冒险计划。主张"会师武汉"、"饮马长江"，以至夺取全国胜利。8月上中旬，李立三等要求整个党组织实现"军事化"，成立中央总行动委员会，作为领导武装暴动的最高指挥机关；把共产党、共青团和工会等合并为各级行动委员会（简称行委），停止党、团、工会的正常活动；提出发动武汉暴动、南京暴动、上海总同盟罢工、在武汉成立中央苏维埃政府和全国暴动的详细计划；李立三还要求共产国际立即采取进攻的路线，命令苏联红军向东北进攻；蒙古人民共

---

① 《中共中央文件选集》第6册，中共中央党校出版社1989年版，第126—127页。

和国应加入中国苏维埃联邦，西伯利亚十万中国工人迅速武装起来，准备与日本帝国主义作战。至此，李立三"左"倾思想发展到顶点。

李立三的"左"倾主张和激进行动使党的事业遭到严重损失。在国民党统治区，党的许多秘密组织（如满洲、顺直、河南、山东、湖北、广东等十几个省委的机关）先后被破坏，武汉、南京等城市的党组织几乎全部瓦解。许多共产党员、共青团员和革命群众遭到敌人的捕杀。例如，1930 年 6 月至 10 月，中共南京市委和市行委委员有 6 人被捕，3 个区委的干部全部损失，15 个支部全部被破坏，100 多名党员被捕，近百名党员被杀害。在一些农村，由于没有群众基础，少数人发动的军事冒险暴动都失败了。在红军奉命进攻大城市的过程中，农村根据地有的缩小，有的丢失，红军也遭受不同程度的损失。

二 纠错

李立三"左"倾冒险行动的急剧发展，超出共产国际所能允许的范围。共产国际不同意李立三对当前直接革命形势的估计，认为他夸大了革命力量、低估了敌方力量，停止党、团、工会的独立活动等都是错误的。1930 年 7 月 23 日，共产国际通过了《关于中国问题议决案》，虽然很多关于中国革命问题的"左"倾观点并没有根本改变，但改变了原先对中国直接革命形势的错误估计，认为暂时还没有全中国的客观革命形势。"工人运动和农民运动的浪潮还没有汇合起来"，"还不能够保证必需要的力量，去袭击帝国主义和国民党的统治"。议决案强调扩大根据地和红军的重要性，指出要把发展红军和组织苏维埃中央政府作为党的"第一等的任务"。议决案还批评了根据地的一些"左"的政策，如禁止土地买卖、实行集中供给和限制对内贸易等。这些批评基本上是正确的。共产国际执委会致电中共中央，表示"坚决反对在目前条件下在南京、武昌举行暴动以及在上海举行总罢工"①。7—8 月，为贯彻共产国际的决议，周恩来和瞿秋白回国纠正李立三等的错误。

1930 年 9 月 24 日至 28 日，中国共产党在上海召开扩大的六届三中全会。会议由瞿秋白、周恩来主持。六届三中全会通过决议，批评李立三等

---

① 《共产国际、联共（布）与中国革命档案资料丛书》第 9 卷，中央文献出版社 2002 年版，第 225 页。

对帝国主义和国民党反动统治崩溃的形势作了不切实际的估量，对革命形势发展的速度和革命力量的现状作了过高的估量，对不平衡发展的规律观察不清，不重视建立巩固的根据地和扩大红军，忽视对大城市和产业中心区更广大群众的发展与组织。决议指出，"党的组织军事化"的口号和成立各级行动委员会是错误的，应立即恢复党、共青团、工会的组织和日常工作。当前党的主要任务是：巩固、发展苏维埃区域和红军，加强党在白区的工作，组织工人的经济和政治斗争，积极发动农民的各种斗争和国民党军队的哗变，并努力准备武装暴动；白区同苏区的斗争要互相联系，为在苏区最有保障的区域建立苏维埃中央政府而斗争。李立三在会上作了自我批评，承认错误，接着便离开中央领导岗位。

三　评析

李立三的"左"倾冒险错误及其严重后果是历史事实。但如果追根溯源，李立三的"左"倾错误根本上来自于共产国际。必须从本国实际情况出发开展革命，避免照抄照搬他国模式和道路，这应当是从中得出的最为沉痛的教训。

第一，共产国际的"第三时期"理论及其对中国革命形势"左"的估计，是李立三"左"倾冒险主义的根本理论依据。"第三时期"理论是斯大林和共产国际对第一次世界大战后世界形势发展的一个总概括。这一理论把当时的世界形势划分为三个时期。第一时期是1918年至1923年，这是资本主义制度陷于严重危机和无产阶级采取直接革命行动的时期；第二时期是1923年至1928年，这是资本主义制度趋于稳定和无产阶级继续斗争的时期；第三时期即1928年以后，资本主义经济"稳定"结束，资本主义制度总危机尖锐化。国际范围的"阶级大搏斗"的结果，必然要导致资本主义旧时代的结束和社会主义新时代的产生。1929年年初，资本主义世界发生空前严重危机，"第三时期"理论进一步得到共产国际的肯定和发挥，成为共产国际指挥世界革命的理论依据和各国共产党都必须贯彻执行的行动纲领。在这一理论的指导下，共产国际对中国革命的形势做出了过高的估计。1929年7月召开的共产国际执委会第十次全会认为，尽管中国革命遭到失败，但迄今为止，中国在殖民地世界中仍是国际帝国主义各种矛盾最易转化为新的帝国主义大战的地区。1929年10月26日，共产国际执委会在给中共中央的指示信中，对中国革命形势的估量更加

"左"倾。指示信说:"中国已进入了深刻的全国危机的时期",中国共产党应立刻准备群众,使革命"迅速地进到直接革命的形势",即"变军阀战争为阶级的国内战争","推翻地产资产阶级联盟的政权",建立苏维埃政权。①

李立三全盘接受共产国际"第三时期"理论及其对中国革命形势的分析,并作为制定党的战略方针的理论依据。1929 年 12 月,中共中央做出了接受共产国际执委会第十次全会的"精神、路线和一切决议"的决议,认为"右倾的危险仍然是党内最严重的问题",要求"更迅速地开展这一全国革命高潮走向直接革命的形势"。1930 年 1 月,中共中央政治局通过了《接受共产国际 10 月 26 日指示信的决议》。在以斯大林为首的共产国际的支持鼓励下,李立三的劲头越来越大,调子越来越高,冒险色彩越来越浓。

可见,李立三的政策主张来源于共产国际,立三路线与国际路线并无根本不同。这从共产国际对待李立三错误的态度中也可以看出。1930 年 7 月,共产国际拟定了《共产国际执委政治秘书处关于中国问题决议案》(简称七月二十三日决议),不但没有批评立三犯了路线错误,而且还对立三的"左"倾错误进一步作了肯定。在革命形势问题上,认为中国革命运动的新高涨已经成为不可争辩的事实;在革命性质问题上,认为中国革命不但要和封建制度进行残酷的斗争,不仅要将外国资本家的工厂,而且要将中国资产阶级的企业和资本收归国有;在夺取国家政权的道路问题上,并不反对城市武装暴动方针,只是批评李立三群众工作未做好,暴动时机和方法不恰当。② 根据共产国际七月二十三日决议精神召开的中共六届三中全会也认为:李立三和共产国际在路线上"没有什么不同",只是在策略上犯了冒险倾向的错误。共产国际远东局对三中全会给予了肯定,认为政治局和李立三"完全正确地了解了自己的错误",并且也批评了那种认为"党的路线与国际路线是对立"的说法是"谎话"。

综上所述,从立三路线的产生到党的六届三中全会,国际执委及远东局并没有向中国指出李立三犯了路线错误。随着中共"左"倾冒险主义日益严重,特别是共产国际得知中共中央 8 月初会议的内容后,情况发生

---

① 《中共中央文件选集》第 5 册,中共中央党校出版社 1989 年版,第 795—798 页。

② 《中共中央文件选集》第 6 册,中共中央党校出版社 1989 年版,第 568—581 页。

了变化。根据会议记录，李立三认为共产国际"不了解目前革命发展的形势"，说"忠实于共产国际，遵守纪律是一回事，忠实于中国革命又是一回事。等占领武汉以后，再用另一种方式和国际说话"，甚至提出要改变共产国际的路线，需要同共产国际作坚决的斗争。尤其是：李立三的计划会把苏联拖向与日本发生战争的境地。斯大林看了中共的会议记录和远东局的报告后非常生气，认定李立三等不执行国际指示已不是一般的认识和策略问题，而是对共产国际权威的挑战。斯大林授意共产国际致函中共中央（即《共产国际执委给中共中央关于立三路线问题给中共中央的信》，简称《十月来信》），完全改变了此前对立三错误的定性，称李立三的错误是形成了一条同"国际执委的政治路线互相对立"① 的路线。同时，共产国际要李立三到莫斯科向共产国际作检讨。

第二，俄国城市武装起义的经验是李立三"城市中心论"的仿效模版。共产国际把十月革命先城市后农村的具体经验加以模式化，要求中共照搬照套。尽管共产国际有时也要求中国共产党迅速建立起红军，开展游击战争，实行土地革命，但这些在他们看来，仅仅是整个中国"革命潮流中的一个支流"，是城市武装暴动的配合力量。因此，要求中共用城市中心的观点，指导根据地和红军的斗争。李立三在中国革命道路问题上，是完全按照共产国际的思想和俄国革命的模式行事的。李立三把组织城市工人武装暴动和实现无产阶级领导权等同起来，认为如果不在城市里搞武装暴动，那就等于放弃了无产阶级领导权。李立三主持制定的一系列中心城市暴动的冒险计划，都是在"城市中心"的思想指导下的具体表现。

第三，斯大林和共产国际对中国阶级关系的公式化分析为李立三制定民族资产阶级政策奠定了理论基础。大革命失败后，斯大林简单化地把中国革命划分为三个阶段：第一个阶段是无产阶级、农民阶级、小资产阶级和民族资产阶级四个阶级联合的反对帝国主义革命的阶段；第二个阶段是工人阶级、农民阶级、小资产阶级三个阶级联合的"土地革命"的阶段；第三个阶段是无产阶级和农民阶级联合的社会主义革命阶段。斯大林把蒋介石看作民族资产阶级的代表，把汪精卫看作小资产阶级的代表，认为蒋、汪叛变标志着民族资产阶级由革命的动力而转变为革命的对象。斯大林和共产国际对中国阶级关系的分析，李立三全盘照搬，并作为制定阶级

---

① 《中共中央文件选集》第 6 册，中共中央党校出版社 1989 年版，第 645 页。

政策的依据。在政治上，李立三实行关门主义，把民族资产阶级看作同帝国主义、封建势力一样的敌人，主张整个地反对民族资产阶级以至上层小资产阶级；在经济上，李立三认为在民主革命时期，不只是要没收地主的土地，没收帝国主义的银行工厂，而且要没收中国资产阶级的工厂企业银行，剥夺资产阶级的一切生产资料。

第四，联共反布哈林右倾的斗争为李立三的反倾向斗争定下了基调。1928 年前后，联共和共产国际开展了反布哈林右倾机会主义的斗争。1929 年 10 月 26 日，共产国际给中共的指示信强调中共党内的主要危险，是右倾机会主义的心理和倾向，要求中共坚决地开展"反右倾"斗争。李立三把共产国际反"右倾"的指示和口号照抄过来，在党内大反右倾，宣传"左"比右好，宁"左"勿右的论调。在这种思想指导下，中共中央政治局 1930 年 6 月通过的《决议》认为：当前执行中央进攻路线的最大障碍是与这一总路线绝不相容的右倾观念，如果不克服一切右倾的思想，党的路线与策略决不能有充分的执行。李立三把右倾夸大为党内的主要危险，掩盖了当时党内普遍滋长着的"左"的主要倾向，助长了"左"倾机会主义错误的进一步发展。

由上可见，李立三"左"倾冒险主义是在斯大林和共产国际的直接指导下发生的。虽然李立三的具体做法未必与共产国际的指示完全一致，但在基本方面并无原则性的出入。共产国际的最高指示其实只是立三路线的稳健版。国际执委对他们自己推行的"左"倾理论和政策非但不作自我批评，否认对立三中央产生了很坏的影响，反而把错误全部推到立三中央头上，把自己打扮成一贯正确路线的代表。这与共产国际把第一次大革命失败的责任全部推到陈独秀头上一样，是典型的文过饰非，掩盖历史真相。

教训之二，无产阶级革命理应奉马克思主义为圭臬，但又必须从本国实际出发，不可以书本中的理论假设为绝对真理。1929 年年底，随着华尔街股市的大跳水，资本主义世界爆发了规模空前的经济危机。熟谙马克思主义理论的李立三由此看到无产阶级的光明前景是很正常的。但理论毕竟是理论，马克思虽然预言无产阶级将成为资本主义的掘墓人，但同时也指出：在资本主义发挥出他们全部的生产力之前，这个制度是不会灭亡的。如很多人一样，李立三过高估计了前面一个定论，而忽视了后面一个前提，所以他的判断似是而非。资本主义既然能在百年间创造出比人类几千年加起来还多的价值，那么其难道会因为一次看起来可怕的经济危机而覆灭吗？资本主义也处在不断发展变化中。为应对危机，不完善的、初级阶段的资本主义，必然会为高级阶段的、较完善的资本主义所代替。正是由于资本主义的这种自我完善，直到目前，资本主义灭亡的迹象尚未有明显的显示。

以上教训的产生，虽然是由人的主观错误造成的，但也有一定的必然性。对于马克思主义与本国国情的结合，对于革命道路的探索需要一个过程，期间错误代价难免。李立三的错误，是中共尚处于幼年时期、李立三本人年仅三十岁的时候发生的。无论是中国共产党还是李立三本人，都还缺乏领导中国革命斗争的实践经验，都是在黑暗中摸索前进。毛泽东在1962年扩大的中央工作会议上说过："在抗日时期，我们才制定了合乎情况的党的总路线和一整套具体政策。这时候，中国民主革命这个必然王国才被我们认识，我们才有了自由。到这个时候，我们已经干了二十来年的革命。过去那么多年的革命工作，是带着很大的盲目性的。如果有人说，有哪一位同志，比如说中央的任何同志，比如说我自己，对于中国革命的规律，在一开始的时候就完全认识了，那是吹牛，你们切记不要信，没有那回事。过去，特别是开始时期，我们只是一股劲儿要革命，至于怎么革法，革些什么，哪些先革，哪些后革，哪些要到下一阶段才革，在一个相当长的时间内，都没有弄清楚，或者说没有完全弄清楚。"[①] 李立三犯"左"倾冒险主义错误的时候，正是毛泽东所说"我们已经干了二十来年的革命"的前十年。这个时候"是带着很大盲目性的"。毛泽东的这段话对于研究和评论李立三极有参考价值。

李立三的性格一方面勇猛坚定、百折不挠，同时也有些急躁、鲁莽，以至李立三在党内有时被同志们称为"坦克车"。他对于中国革命充满热情，但在一些具体做法上过于想当然。比如让红二军团进攻武汉的时候，他就认为工人兄弟一定会积极响应。但是打仗毕竟性命攸关，无产阶级即便革命意志无比坚定，也不可能赤膊上阵求死。当时中共党员大多年轻气盛，存在着这样那样的激进的想法的也不止李立三一人，这都是可以理解的。思想激进没有关系，但一旦落实为激进的行动就可能造成严重问题。李立三投身革命出生入死，为党的事业做出了巨大的贡献，但也犯了严重的错误，后来经常被当作路线之争的典型教材，各种检讨写了不计其数。

---

① 《毛泽东文集》第 8 卷，人民出版社 1999 年版，第 300 页。

这是李立三个人的悲剧。但同时，对于李立三的错误，应当用历史唯物主义的观点作全面而具体的分析，高度重视其中历史的、社会的原因，切实吸取缺乏自主、不切实际、照抄书本、照搬他国的教训，以资后人借鉴，更好地推进马克思主义中国化的进程。

第五节　左翼文化运动

20 世纪 20 年代末到 30 年代中后期，中国共产党在广大农村革命根据地领导工农革命运动的同时，也在上海、北平、武汉等城市领导了进步文化界的文化活动，掀起了轰轰烈烈的左翼文化运动。"左联"开展的文艺大众化运动和"社联"开展的社会科学大众化运动，从文学艺术、哲学、历史学、经济学等不同领域，对马克思主义大众化进行了成功的探索，极大地推动了马克思主义大众化的实践，涌现出一大批马克思主义理论家，创作了一大批通俗化的马克思主义理论著作，并初步形成了马克思主义大众化的理论，为日后马克思主义大众化的进一步开展提供了资源，积累了经验，奠定了基础，形成了马克思主义大众化历史上光辉的一页。

一　文艺大众化运动与马克思主义文艺观的推广

20 世纪 20 年代末关于文学阶级性的讨论拉开了 30 年代文艺大众化讨论的帷幕。当时以陈西滢、梁实秋等为代表的资产阶级文化人和以鲁迅、瞿秋白等为代表的无产阶级文化人围绕着文学是否有阶级性、文学是否和无产阶级的斗争实践相关、是否和无产阶级大众相关展开了激烈的争论，文艺大众化的讨论由此开始。

1930 年左联的成立推动了文艺大众化的全面展开。在左联成立伊始文艺大众化就成为它的一个主要工作，建立了文艺大众化研究会，后来还出版了"大众文化"刊物。在左联领导下，无产阶级文化人掀起了轰轰烈烈的文艺大众化运动。1932 年 9 月成立了致力于诗歌大众化的中国诗歌会，它号召诗人们"我们要使我们的诗歌成为大众诗词，我们自己也成为大众的一个。"[①] 与此同时，大力从事大众化戏剧运动的左翼戏剧家

---

① 李新等主编：《中国新民主主义革命时期通史》第 2 卷，人民出版社 1962 年版，第 264 页。

联盟成立。这一时期，主张文艺大众化的进步文化人主要从两个方面论述大众化问题：一是主张文艺必须和工农大众的政治经济要求相适应，致力于开展一场争取文化平等、反对文化专制的斗争；二是力图解决革命文化活动中拟想读者和实际读者不一致的状况，使文化真正成为无产阶级大众的文化。

随着抗日战争形势的发展，文艺大众化运动超出了一般的文化争论开始和具体的现实的大众抗日活动紧密结合起来，大众化从一种文化活动上升为抗日救国的政治性活动。1935 年 12 月，北京文化界人士结合抗日状况，提出"站在民众的立场上，为民族的生存而提出救亡的主题"，力争通过文化活动直接介入抗日斗争，促进全国民众的抗日热情。[①] 随之，一大批与民众抗日活动相关的大众化文学刊物相继创办，如"大众"、"大众文化"、"大众生活"等。1936 年，周扬等共产党文艺界人士提出"国防文学"口号，把文艺大众化运动和群众抗日活动直接结合，在国防文学口号的推动下，文艺界演出了许多大众化的戏剧、诗歌，如"打回老家去"、"放下你的鞭子"、"大路歌"、"毕业歌"、"义勇军进行曲"等。

1936 年 9 月，共产党文化界人士掀起新启蒙运动，反对当时国民党实行的以要求人们安分守己、逆来顺受、服从法西斯统治为宗旨的权威主义教育，这种新启蒙运动使得大众化运动进一步推广开来。抗日战争的爆发使文艺大众化讨论进入到更深刻的层面，围绕着文艺服务方向这个核心问题，文化界致力于分析如何实现文学对大众的教育、动员、服务，结合当时中国社会大众的文化素质状况，关于文化在普及和提高大众文化素质中的作用、旧形式的利用、创建民族化大众化的文艺形式等问题成为讨论的热点，因为旧形式和大众非常接近。

30 年代的文艺大众化讨论主要集中在如下几个方面。一是关于创作主体的大众化，为了真正实现文艺大众化，文学家等必须深入到社会大众的生活中去，熟悉他们的日常生活、斗争实践、情感追求、文化意向等。二是文艺作品本身的大众化，提倡文艺作品反映大众的真实生活状况、斗争状况，贴近社会大众并使他们能够在文艺作品中体验、反观自己的生活，而作品的形式则应该是社会大众所喜闻乐见的、通俗易懂的民族化大

---

① 李新等主编：《中国新民主主义革命时期通史》第 2 卷，人民出版社 1962 年版，第 312 页。

众化的。三是读者对象的大众化，也就是说把社会大众作为真实的读者，使作家的拟想读者和实际读者合二为一，使文化的服务对象切实集中到广大人民群众上，为此，作家不仅要创作一定品味的文艺作品，而且必须在普及大众文化知识、提高大众文化素质方面作出自己的贡献。四是语言文字的大众化，即号召广大作家在创作过程中使用大众所能够理解的通俗易懂的语言，而反对生僻的、不适应大众文化理解能力的艰深语言。

二　社会科学大众化运动与马克思主义大众化

1930 年 6 月，中国社会科学界联盟成立，这是在中国共产党领导下的一支有组织的左翼社会科学家队伍。社联成立后，广大的左翼社会科学家出版进步书刊，组织进步社团，举办各种讲座，创办学校和补习班，大力宣传马克思主义理论和社会科学知识，同各种反马克思主义思潮进行坚决的斗争，在推进马克思主义大众化方面作出了杰出贡献。

社联的成员大量翻译出版马克思主义的经典著作。据不完全统计，从 1927 年 8 月到 1937 年 5 月，左翼社会科学家们翻译出版的马克思、恩格斯、列宁、斯大林的著作达 113 种之多。《资本论》、《反杜林论》、《费尔巴哈论》、《家庭、所有制和国家的起源》、《政治经济学批判》、《唯物主义和经验批判主义》、《黑格尔〈逻辑学〉一书摘要》等一批马克思主义的经典著作的中译本都在这个时期出版。与此同时，一批关于马克思主义的高质量的论著也翻译出版，其中包括苏联哲学家西洛可夫的《辩证唯物论教程》、米丁的《新哲学大纲》和《辩证唯物论与历史唯物论》三部著名的马克思主义哲学名著。这些经典著作的出版，对于推动马克思主义传播和普及起到了巨大的推动作用。

在翻译出版马克思主义经典著作、大力传播马克思主义理论的同时，左翼社会科学家还同各种反马克思主义思想进行了阶级斗争。20 世纪 30 年代所发生了唯物辩证法的论战、中国社会性质论战、中国社会史论战等，就是马克思主义理论家同反马克思主义理论家之间的重要争论。唯物辩证法论战以及后来发展出来的新旧哲学论战，主要围绕着唯物辩证法、认识论与本体论的关系、形式逻辑与唯物辩证法的关系、哲学消灭论、物心综合论等问题展开，通过这些争论，叶青等一些反马克思主义理论家的本来面目得到揭露，马克思主义哲学在中国得到了更广泛的传播，扩大了马克思主义哲学的深远影响。中国社会性质和中国社会史论战，围绕着中国原始社会和奴隶制上海的历史根据、亚细亚生产方式、中国封建社会的起始和崩溃、中国商业资本的发展及其历史作用、中国现社会积极层次和社会性质等问题展开，通过这些论战，马克思主义的唯物史观在历史学、经济学领域得到了广泛传播，为中国共产党正在领导的土地革命提供了重要的理论支撑，为科学判断中国社会性质提供重要的理论依据。总之，思想界的这些理论斗争，不仅促进了马克思主义理论在哲学、历史学、文学、经济学等社会科学领域广泛的运用，而且在社会上产生了很大的影响，一些非马克思主义学者转向了马克思主义，广大青年知识分子进一步了解了马克思主义理论，确立了马克思主义信仰。

值得一提的是，社联所开展的社会科学大众化运动，在推进马克思主义大众化方面，发挥了极其重要的作用。中国社会科学家联盟成立之际，就提出了"社会科学大众化"的口号，提出要"研究并介绍马克思主义的理论，使它普及于一般。"在1932年公布的"中国社会科学家联盟北平分盟斗争纲领"中，更加具体地提出了社会科学大众化的任务和对象，要"加强社会科学大众化运动，深入工厂、农村、兵营，使马克思列宁主义深入一般大众"①。

三　左翼文化运动培育了一批杰出的马克思主义理论家

在社会科学大众化方针的引领下，一批马克思主义理论家进行了通俗化宣传马克思主义的探索，开展了卓有成效的马克思主义大众化实践，取得了突出的成绩。瞿秋白、艾思奇、李达、沈志远、吴亮平、张如心、陈唯实、胡绳等是杰出的代表。

瞿秋白（1899—1935）在20世纪30年代，组织领导了上海的左翼文化运动，并广泛地参与了当时正在进行的文艺大众化问题的讨论，出版了《普洛大众文艺的现实问题》、《大众文艺的问题》等著作，对大众化的理论基础、实践本质、领导阶级、服务对象、方法论等问题进行了详细研究，形成了比较系统的文艺大众化思想。他的大众化思想牢固地建立在马克思主义的历史唯物主义基础之上，以马列主义的文化观为其根本指导思想，坚持文化的阶级性和政治性、文化与生活的辩证关系、文化为社会大众服务的观点，反对所谓的文化非政治性、完全中立性的自由主义观点。

① 转引自《马克思主义哲学史》第6卷，北京出版社1989年版，第258页。

在瞿秋白看来，在阶级社会中，没有完全脱离阶级、脱离政治的文化，文化是具有强烈的阶级性和政治性的。在阶级社会中，政治斗争是阶级斗争的重要表现形式，文化作为阶级斗争的重要工具之一，不可能是完全中立的、非政治性的。在文化同社会生活及人民群众的关系上，瞿秋白从唯物史观的角度明确指出，文化来源于生活又高于生活，来源于人民大众的实践又服务于这种实践，反映生活同时也反作用于生活。正是在这个意义上，瞿秋白特别强调文化必须为社会大众服务，为无产阶级的革命实践服务。瞿秋白不是就事论事地仅在文艺范围内讨论大众化问题，而是从无产阶级革命斗争的角度来思考大众化问题。他论述大众化问题的时候，始终围绕着我们党当时的中心工作即无产阶级革命问题来展开，并为这个中心工作服务。因此，他所倡导的大众化不是一般的、简单的文艺运动而是革命的文化大众化，在本质上就是一场文化战线上的革命斗争。一方面，必须坚持无产阶级意识形态，坚决反对各种剥削阶级意识形态；另一方面，必须用马克思主义的科学理论来武装人民群众的头脑。瞿秋白不仅论述了文艺大众化的理论基础、核心内容、领导阶级、发展前途以及服务对象，而且对大众化的方法论作了深入的探讨。瞿秋白的大众化思想是我们党宝贵的理论财富，具有重要的理论价值和长远的指导意义。毛泽东在1950年12月31日对瞿秋白的思想曾做出这样的评价，"瞿秋白同志是肯用脑子想问题的，他是有思想的"；"他在文字中保存下来的思想将永远活着，不会死"[①]。

　　艾思奇（1910—1966）是我国现代著名马克思主义哲学家和教育家，一生为研究、宣传和发展马克思主义哲学，作出了突出的贡献，是马克思主义哲学中国化和大众化的大师。艾思奇原名李生萱，1910年3月2日出生在云南省腾冲县。早年赴日本留学期间，潜心攻读马克思主义经典著作，找到了宇宙人生的真理，世界观发生了根本转变，确立了马克思主义信仰，成为马克思主义者。1931年"九一八"事变后，艾思奇愤然弃学归国。1932年8月，艾思奇从昆明来到上海，开始用"思奇"为笔名发表文章。1933年，经杜国庠和许涤新介绍，加入中国共产党领导的"社会科学家联盟"，并担任该组织的研究部长。1934年，艾思奇经"社联"安排，进入上海《申报》流通图书馆读书指导部工作，以读书问答的形

[①]　摘自《瞿秋白文集》所载的毛泽东手稿影印件。

式，撰写大量的哲学和自然科学的文章，在《申报》的《读书问答》栏目发表，深受广大读者的欢迎。后《读书问答》从《申报》分出，创办《读书生活》，由李公朴先生任主编，艾思奇是该刊的编辑和主要撰稿人，负责写《哲学讲话》、《科学讲话》的内容。艾思奇在上海期间（1932—1937），正是大众化运动在上海开展非常热烈的时期。1930 年 6 月，中国社会科学家联盟成立之际，提出了"社会科学大众化"的口号，提出要"研究并介绍马克思主义的理论，使它普及于一般。"艾思奇在自己的哲学研究和宣传工作中，努力开始马克思主义哲学的通俗化、大众化的工作，这种努力取得了重要的成就。1934 年 11 月至 1935 年 10 月，艾思奇在《读书生活》上发表大量的读书问答式的通俗化哲学文章，这些文章于 1936 年 1 月以《哲学讲话》为名汇集成册出版，1936 年 6 月在出第四版时更名为《大众哲学》。该书从一出版就受到广大读者的热烈欢迎，在新中国成立前就印行了 32 版，成为马克思主义大众化历史上的盛事。除此之外，艾思奇在上海期间，还出版了《新哲学论集》、《思想方法论》、《哲学与生活》等著作。从内容到语言，从形式到体例，艾思奇的《大众哲学》都为马克思主义大众化做了重大的创新。正如李公朴先生在该书第一版的编者序中所说，"这本书是用最通俗的笔法，日常谈话的体裁，溶化专门的理论，使大众的读者不必费很大力气就能够接受。这种写法，在目前出版界还是仅有的贡献。"①《大众哲学》对毛泽东哲学研究有重要的启发，为中国化马克思主义哲学思想的发展做出了特殊贡献。毛泽东对艾思奇的著作十分重视。1936 年 10 月，他致信叶剑英："要买一批通俗的社会科学自然科学及哲学书"，特别要求"要经过选择真正是通俗的而又有价值的"，其中专门提到艾思奇的《大众哲学》。②毛泽东在创作《矛盾论》《实践论》《论持久战》等著作的过程中，一定程度上受到了艾思奇著作的启发。

李达（1890—1966）是中国共产党早期为数不多的杰出的马克思主义理论家之一。大革命失败后，李达辗转来到上海，继续从事马克思主义理论研究和宣传工作。期间，大量翻译马克思主义的著作，讲授马克思主义基本理论，撰写出版马克思主义著作，如《社会之基础知识》、《社会

---

① 《艾思奇全书》第 1 卷，人民出版社 2006 年版，第 589 页。
② 《毛泽东书信选集》，人民出版社 1983 年版，第 80 页。

进化史》、《社会学大纲》、《经济学大纲》等，大力传播马克思主义。其中以《社会学大纲》影响最大。《社会学大纲》于 1935 年 5 月由上海笔耕堂书店出版。此书是"研讨世界社会的一般及特殊发展法则的"，实际上就是一部系统全面阐述马克思主义哲学的专著。此书在先进文化界尤其是在中国共产党内产生了广泛影响。毛泽东在延安认真阅读了这本书，写下了 3 千多字的读书笔记，认为这是中国人自己写出的第一本马克思主义哲学教科书，号召延安的高级干部认真阅读。

沈志远（1902—1965），是我国著名的马克思主义理论家，在哲学、经济学方面都有深厚的造诣和杰出成就。1926 年 12 月受党组织派遣到莫斯科中山大学学习。1931 年 12 月回国后在上海从事左翼文化运动。1936 年 12 月和 1938 年，他翻译了米丁的《辩证法唯物论与历史唯物论》一书的上下册，这部书的翻译出版对于中国人学习马克思主义哲学作出了重要贡献，毛泽东在延安时期就详细阅读和摘录了此书。他还翻译和撰写了 200 万字的马克思主义理论著作，成为卓有建树的马克思主义理论家。1936 年 2 月出版的《现代哲学的基本问题》，是一本阐述辩证唯物主义宇宙观和认识论的通俗读物，是广大青年学习马克思主义哲学的入门读物。

吴亮平（1908—1987），笔名吴黎平，我国著名的马克思主义翻译家、理论家。1925 年由中国共产党派往莫斯科中山大学学习，在中山大学期间就翻译了《社会主义从空想到科学的发展》、《两个策略》、《国家与革命》等重要著作。1929 年回国后从事马克思主义理论宣传工作。1930 年，翻译了《反杜林论》一书，由江南书店出版，这是该书的第一个中文译本。30 年代初期，吴亮平在上海撰写了《辩证唯物论与唯物史观》、《科学社会主义》、《社会主义史》等通俗著作，比较系统地介绍了马克思主义哲学和科学社会主义理论的基本观点，在 30 年代马克思主义大众化运动中作出重要贡献。

张如心（1908—1976），原名恕安，我国著名的马克思主义哲学家。1926 年赴莫斯科中山大学求学，1929 年 6 月回国后在上海从事文化活动，研究和宣传马克思主义理论。1930—1932 年，撰写了《无产阶级底哲学》、《辩证法学说概论》、《苏俄哲学潮流概论》、《哲学概论》四部著作，为马克思主义哲学的传播作出贡献。其中，《无产阶级底哲学》完全采取一种普通叙述的方式，阐述了辩证了唯物论哲学的起源和马克思主义哲学的几个基本问题，是一本短小精悍、通俗易懂的马克思主义哲学普及读物。他后来到延安对毛泽东思想的形成和宣传作出了很大贡献。

陈唯实（1913—1974），原名陈悲吾，当代中国著名的马克思主义哲学家。1934 年到北京自学马克思主义哲学，1935 年到上海，结识了艾思奇等人，投入到马克思主义哲学的宣传活动之中，1936 年 6 月至 1937 年 4 月，很短时间内相继出版了《通俗辩证法讲话》、《通俗唯物论讲话》、《新哲学体系讲话》、《新哲学世界观》四本通俗化的马克思主义哲学著作。《通俗辩证法讲话》通俗、系统地阐述了唯物辩证法的基本规律，简明扼要地阐述了辩证法学说史；《通俗唯物论讲话》从马克思主义哲学应该是通俗的、具体的、战斗的和实践的这个要求出发，简单扼要地阐述了唯物论的发展史，特别是唯物论同唯心论斗争的历史；《新哲学世界观》系统阐述了辩证唯物论的历史发展进程，论证了唯物辩证法是最科学、最有价值的学说，是现代的世界观和指导人们实践的精神武器。

20 世纪 30 年代中期，胡绳在理论界初露锋芒，积极参加马克思主义的研究和传播，尝试进行了马克思主义大众化的探索。1937 年，胡绳在《新学识》杂志连载了 13 封哲学通信，以哲学漫谈的形式，向广大读者介绍和宣传马克思主义哲学的基础知识，成为马克思主义大众化理论史上的重要探索。同一时期，胡绳还在《自修大学》杂志上发表了《科学的物质观与哲学的物质观》、《关于真理的诸问题》等文章，以通俗的方式阐述马克思主义的物质观、真理观等基本观点。

总之，左翼文化运动，不仅推动了马克思主义和无产阶级文化思想深入到广大文艺工作者的头脑当中，成为指导他们进行文艺创作和宣传的指导思想，而且也为马克思主义大众化的开展，创造了社会文化环境，从而成为马克思主义大众化运动的有机组成部分。中国社会科学家联盟所开展的社会科学大众化运动，促进了马克思主义经典著作的翻译出版，推动马克思主义理论家同各种反马克思主义思潮进行理论斗争，扩大了马克思主义在中国社会科学界的影响和运用，在马克思主义通俗化大众化传播方面进行了可贵的探索，产生了一批杰出的马克思主义理论家和通俗化的马克思主义理论著作，为马克思主义大众化事业作出了重大贡献。

第六节　"罗明路线"和对邓、毛、谢、古的错误批判
——教条主义对中国化马克思主义的残酷打击

马克思主义中国化的历程并不是一帆风顺的，前进的道路上充满着坎坷与磨难，真假马克思主义之间的斗争是异常激烈的。在中国共产党还没有独立之前，共产国际总是以看护人的身份凌驾于中国共产党之上，用不符合中国国情的指示，干预中国共产党的独立探索，中国共产党内那些接受国际路线、唯国际是从的教条主义者，总是能够得到共产国际的器重而占据领导地位，而脚踏实地、实事求是、从实际出发的中国化马克思主义者们，因为他们所坚持的思想、所探索的道路，同共产国际、同苏联模式不符合，因此总是遭到批判。中央苏区时期以王明为代表的教条主义的假马克思主义同以毛泽东为代表的中国化的、真马克思主义之间的争论和交锋就是这样。王明、博古等教条主义者以反"罗明路线"的名义，对坚持毛泽东正确思想的罗明以及邓小平、毛泽覃、谢唯俊、古柏等人的斗争，就是这次交锋的重要体现。从这段历史可以清楚地看到，中国共产党的觉醒和成熟是一个非常艰难的过程，马克思主义中国化是一个在同各种错误思想的斗争和交锋中逐步形成、展开的。

一　教条主义对中国化马克思主义残酷打击的逐步升级

1931年1月召开的六届四中全会后，王明"左"倾教条主义思想逐步在全党占据了领导地位。教条主义者机械照搬俄国革命模式特别是共产国际的主张，对坚持把马克思主义基本原理同中国实际相结合的中国化马克思主义者，特别是中国化马克思主义的杰出代表毛泽东，进行了残酷斗争。

1931年8月30日，临时中央给苏区中央局和红军总前委发来指示信，即《中央给苏区中央局并红军总前委的指示信——关于中央苏区存在的问题及今后的中心任务》①，对中央苏区和毛泽东提出严厉批评。指示信从巩固根据地和红军、党与政权关系和群众在政权中的作用、工人运动和反帝斗争、党内和群众中缺乏思想斗争、教育工作等方面，全面批判

---

① 《中共中央文件选集》第7册，中共中央党校出版社1991年版，第355—376页。

和否定了中央苏区的工作。

1931 年 9 月 20 日，临时中央发出了王明离开上海去莫斯科之前起草的《由于红军冲破第三次"围剿"及革命危机逐渐成熟而产生的党的紧急任务》①的决议，把中国化马克思主义的理论创新成果说成是"右倾机会主义"，提出要给予"思想上与组织上的斗争"，要给予"致命的打击"，把毛泽东所探索的正确的思想路线和革命道路，判定为"右倾机会主义"，上升到了路线错误的层次。之后，对毛泽东的批判就越来越升级。

1931 年 11 月 1—5 日，中华苏维埃成立前夕，忠实执行王明"左"倾教条主义的中共中央代表团，在瑞金叶坪召开中央苏区党组织第一次代表大会，这就是给中国共产党和中国革命留下重大创伤的赣南会议。会议对中央苏区的根据地建设、军事问题、土地革命路线等问题展开争论，形成了《政治决议案》、《党的建设问题决议案》、《红军问题决议案》、《苏区工会问题决议案》和《青年团工作决议案》等，对中国化马克思主义理论创新成果进行了系统批判和全面否定。②

赣南会议只是个开端。1932 年 10 月 3 日至 8 日，苏区中央局全体会议在宁都小源召开，史称宁都会议。会议"开展了中央局从未有过的反倾向的斗争"，对毛泽东进行了严厉批判，按照中央精神让毛泽东回后方主持苏维埃工作，周恩来代替毛泽东任红一方面军总政委，毛泽东被完全剥夺了军事领导权。但是，打击并没有就此罢休。

二　反罗明路线，打击毛泽东的正确主张

1933 年 1 月下旬，临时中央转移到中央苏区，直接领导中央苏区工作。从此，中央苏区仅有的一点独立性完全丧失，受到"左"倾教条主义的完全控制。为了推行错误路线，清除和打击以毛泽东为代表的中国化马克思主义，临时中央在进攻路线的旗号下，开展了声势浩大的反罗明路线的斗争。经过反罗明路线，毛泽东的正确理论遭到了全面否定，最终导致了第五次反"围剿"的失败。

罗明何许人也？何以受到临时中央的如此"高看"而成为打击毛泽东

---

① 《中共中央文件选集》第 7 册，中共中央党校出版社 1991 年版，第 401—415 页。

② 这些文件载《中共中央文件选集》第 7 册，中共中央党校出版社 1991 年版，第 455—492 页。

正确路线的靶子？罗明（1909—1987），广东大埔人。1925年加入中国共产党。曾任中共汕头地委书记、闽南特委书记、福建省委书记。1928年去莫斯科出席中共第六次全国代表大会。1931年后任中共闽粤赣特委组织部长、福建省委代理书记，因拥护和贯彻毛泽东关于开展游击战争，集中优势兵力，各个击破敌人的战略方针，1933年被作为"罗明路线"的代表遭到王明"左"倾冒险主义的错误批判。后调到瑞金中央党校工作。新中国成立后，历任南方大学副校长，广东民族学院院长，广东省民族事务委员会主任、省政协副主席、省人大常委会副主任、全国政协常委。

　　罗明同毛泽东有什么渊源呢？宁都会议后，毛泽东到长汀医院治病。当时，正在长汀医院治病的罗明向毛泽东请教如何对付敌人的"围剿"，毛泽东向他详细介绍了三次反"围剿"战争的战略战术情况，并指出不能实行城市中心论，而要巩固和扩大农村革命根据地。罗明完全接受毛泽东的意见，回到福建省委后，就按照毛泽东的指示在闽西开展了轰轰烈烈的游击战争，取得了不小的成绩。但是，临时中央和苏区中央局提出了一系列与根据地实际情况不符合的指示，地方的领导群众对此都有意见。于是，1933年1月21日，作为福建省委代理书记的罗明向福建省委提交了《对工作的几点意见》，就如何巩固和发展闽西根据地、扩大红军以及打破敌人"围剿"等重大问题提出了自己的意见和建议。紧接着，他又根据闽西根据地两个月的斗争实践，写了《关于杭永情形给闽粤赣省委报告》，根据实际情况，提出了正确的提高群众斗争热情的方法对策。他在报告中尖锐批评指出，如果不注意从实际出发制定正确政策，"如果只注意到局部某一地方的转变，不注意很好的配合起来，发展武装斗争，那就请我们最好的领袖毛主席、项主席、周恩来同志、任弼时同志，或者到苏联去请斯大林，或者请列宁复活，一齐到上、下溪，或者到其他受摧残的地方去对群众大演讲三天三夜，加强政治宣传，我想也不能彻底转变群众斗争的情绪！"他号召高级领导人应该倾听群众的呼声，而不应该仅仅按照主观主义的思想在房子里做出指示："同志们，听一听我们群众的呼声呵！在群众这样的痛苦中，在群众的痛苦呼声中来了解自己的主要错误！"①

---

　　①　参见孔永松、林乙天编著《闽赣路千里》，上海人民出版社1982年版，第265—269页；马齐彬等《中央革命根据地史》，人民出版社1986年版，第393—396页。

罗明意见和建议实际上就是毛泽东所主张的工农武装割据、人民战争、游击战争等思想，这与临时中央领导的指导思想是相反的，与所谓的进攻路线是不符合的。罗明所反对的主观主义，脱离群众，简单的政治说教，官僚主义的命令做法，恰恰就是教条主义者的疮疤，这也就成为"左"倾教条主义者打击他的把柄。

因此，为了肃清毛泽东的影响，为了能够推行中央的进攻路线和教条主义，执行"左"倾教条主义的临时中央就拿罗明开刀，在中央苏区开始了旷日持久的所谓反罗明路线的斗争。

1933 年 2 月 8 日，苏区中央局在《苏区中央局关于在粉碎敌人四次"围剿"的决战前面党的紧急任务的决议》① 中，号召"必须开展反对在敌人大举进攻前面表示惊惶失措，退却逃跑的右倾机会主义的斗争，并且使这一斗争深入到群众中去。对于布尔什维克的进攻路线的任何动摇与纯粹的防御路线，应该受到最严重的打击"，开始把矛头对向了罗明。2 月 15 日，苏区中央局作出《关于闽粤赣省委的决定》，指责省委内"处于一种非常严重的状态中。在省委内的一小部分同志中，显然形成了以罗明同志为首的机会主义路线。……这一路线甚至公开走上了取消党，取消革命群众团体的取消主义道路"。文件做出了七条决定，开始对罗明进行批判。2 月 16 日，博古在瑞金作《拥护布尔什维克的进攻路线》的报告②，系统阐述了积极进攻的总路线，对"罗明路线"做了全面批判。报告把罗明的主张明确定为"机会主义的走向取消主义去的逃跑退却的路线"，对闽粤赣省委提出了严厉批评，认为省委存在着"最有害的腐朽的自由主义"，成为"机会主义退却路线的俘虏"，"缺乏拥护党的路线而斗争的布尔什维克的彻底性与坚定性，因此在实际工作中犯着许多极严重的机会主义的错误。"提出要"粉碎自己队伍中的机会主义分子的动摇，把他们隔绝起来"，号召全党投入反罗明路线的伟大斗争中去，"用十倍努力，十倍坚定，十倍积极，勇敢地克服自己队伍中的机会主义。"2 月 20 日，少共苏区中央局做出了《关于开展反罗明路线斗争的决议》。2 月 24 日，福建省委做出了《临时省委对〈中央局关于闽粤赣省委的决定〉的决议》，决定在各级党政机关和共青团组织中猛烈开展反罗明路线的斗争。

---

① 《中共中央文件选集》第 9 册，中共中央党校出版社 1991 年版，第 64—69 页。
② 同上书，第 459—469 页。

2 月 28 日，福建省委在汀州召开临时代表大会，对罗明批斗了三天三夜。之后罗明被调往瑞金接受批判，最后被送到中央党校参加学习改造。很快，刘晓、郭滴人、谭震林、张鼎丞等人的职务被撤销，福建省委领导下的大部分的县委书记、苏维埃政府的各级领导也大都被撤职。

三　打击邓、毛、谢、古，矛头直接指向毛泽东

之后，临时中央又开展反对江西的"罗明路线"，打击执行毛泽东正确路线的邓小平、毛泽覃、谢唯俊和古柏，把矛头直接指向毛泽东。邓小平的情况读者都已经非常熟悉，在介绍案例之前，不妨先介绍一下毛泽覃、古柏、谢唯俊的情况。

毛泽覃，湖南湘潭县韶山冲人，毛泽东三弟。1923 年 10 月加入中国共产党。1927 年 8 月参加南昌起义，后随朱德、陈毅转战闽粤赣湘边。1930 年 1 月任红 6 军（后改称为红 3 军）政治部主任，曾代理军政治委员。同年 10 月任中共吉安县委书记、红军驻吉安办事处主任。1931 年 6 月任中共永（丰）吉（安）泰（和）特委书记兼红军独立 5 师政治委员。1932 年任中共苏区中央局秘书长。其间，与邓小平等人一起，同王明的"左"倾错误进行了坚决斗争。1934 年 10 月中央红军主力长征后，留下坚持游击战争，1935 年 4 月 26 日，在江西瑞金红林山区英勇牺牲，时年 29 岁。

古柏，1925 年 12 月加入中国共产党。1928 年 8 月，任中共寻乌县执行委员会书记。1930 年 5 月，毛泽东、朱德率红四军第二次到寻乌，他协助毛泽东进行了著名的"寻乌调查"。6 月中旬，调红四军前委，任秘书长，后任红一方面军总前委秘书长。1931 年 5 月，担任总前委宣传工作。1933 年，在反"邓毛谢古"的斗争中，他没有放弃原则，同"左"倾错误进行了针锋相对的斗争。红军主力长征后，留中央苏区坚持游击斗争，1935 年 3 月 12 日，在突围中不幸壮烈牺牲。

谢唯俊，湖南耒阳人。1926 年参加中国共产党。1928 年 1 月，参与领导耒阳北乡的肥田暴动。1928 年 3 月随部队进军井冈山。1930 年 10 月，当选为江西省苏维埃政府委员。1931 年秋任中共永兴中心县委书记。由于在工作中坚决贯彻执行毛泽东的正确主张，1933 年 3 月被"左"倾冒险主义者撤销职务。在苏区中央局开展的所谓反"江西罗明路线"的错误斗争中，他和邓小平、毛泽覃、古柏一起被诬为"罗明路线在江西

的创造者"，受到打击。1934 年 10 月参加红军长征。遵义会议后，调往红军总政治部地方工作部担任秘书。1935 年底被任命为中共三边特委书记，后率部队向保安挺进，在激战中英勇牺牲。

邓、毛、谢、古对临时中央的错误路线公开反对，明确提出"大城市上产生了立三路线，我们苏区的山上，却全是马克思主义"①，坚决支持毛泽东正确思想的。在"赣南会议"上，他们曾公开同中央代表团争论，不同意对毛泽东的批评；在军事上主张"诱敌深入"消灭敌人，不赞成把敌军挡在根据地大门外硬拼；在工作上主张对根据地的中心区和边缘区应当有所区别；在土地分配上仍然坚持"抽多补少，抽肥补瘦"的原则。正因为如此，临时中央在批判"罗明路线"的同时，开始了所谓的反对江西"罗明路线"的斗争。

1933 年 3 月 31 日，张闻天亲自主持会寻安三县党积极分子会议，批判邓小平的"退却逃跑错误"，"最坚决地打击了过去以邓小平同志为首的机会主义的领导"。会寻安中心县委通过了《会寻安三县党积极分子会议决议》指出，"会寻安三县过去在以邓小平为首的中心县委的领导下，执行了纯粹防御路线"，"这一路线显然同党的进攻路线丝毫没有相同的地方，这是会寻安的罗明路线"。邓小平随即被撤职。4 月 15 日，张闻天的《罗明路线在江西》② 一文在《斗争》杂志发表，进一步批判了"以邓小平为首的机会主义的领导"，认为"不论从那一方面的工作后来，会寻安党的领导机关过去是执行了一条同党的进攻路线完全相反的退却逃跑的所谓单纯的防御路线。这一路线同福建杭永岩的罗明路线没有什么大的分别。"文章对江西省委做了系统的、严厉的批判，认为江西和福建一样，存在着严重的罗明路线。为此，"江西省委必须最清楚的明确的指出单纯防御路线的内容与实质，指出有些边区所犯的单纯防御路线，即是江西的罗明路线，把这一反对单纯防御的机会主义路线的斗争深入到群众中去，澈（彻）底改造各县，特别是边区各县党的与群众的工作，来执行党的进攻路线，巩固与扩大江西苏区，完成江西革命的首先胜利！"

此后，批判以邓小平、毛泽覃、谢维俊、古柏等为代表的所谓"江

---

①　参见罗迈《为党的路线而斗争》，载《中共中央文件选集》第 9 册，中共中央党校出版社 1991 年版，第 497 页。

②　《中共中央文件选集》第 9 册，中共中央党校出版社 1991 年版，第 474—482 页。

西罗明路线"的运动全面展开。4 月 16 日到 22 日，在临时中央督促下，江西省委召开会议批评所谓的江西罗明路线，对邓、毛、谢、古给以严重打击，指责他们"是罗明路线在江西的创造者，同时是反党的派别和小组织的领袖"。① 接着，把他们分别撤职或下放。5 月 4 日，工农红军学校党团活动积极分子会议作出《关于江西罗明路线的决议》，认为邓、谢、毛、古"几位无节气的小资产阶级出身的同志"，对于四中全会后的新的中央领导表示极端不信任，建议中央局把他们洗刷出布尔塞维克的队伍。5 月 5 日，经临时中央批准，江西省委作出《对邓小平、毛泽覃、古柏、谢维俊四同志二次申明书的决议》，指责他们有一贯的机会主义错误和派别观念，有机会主义政纲，有反党的小组活动，要求他们必须毫无保留地揭发，不允许作任何掩藏，必须解散小组织。5 月 6 日，李维汉（罗迈）发表《为党的路线而斗争——要肃清在江西的罗明路线，粉碎反党的派别和小组织》② 一文，对所谓的江西罗明路线进行全面攻击。③ 认为"江西的罗明路线，是一条反共产国际的路线，是一条与党的进攻路线没有丝毫相同而完全相反的路线。这条路线根本不相信党的力量，不相信群众的力量，因而对于中国苏维埃运动，走上了悲观失望的取消主义的道路"。文章从七个方面提出了一个开展对"江西罗明路线"斗争的纲领，非常严厉地要求邓毛谢古"完全不隐瞒的从政治上组织上向党揭发他们的反党的派别和小组织，并且要求他们立即解散他们根据罗明路线而组织的派别和小组织，否则立即开除出党"。

　　反罗明路线实际上就是反对毛泽东的正确路线。正如李维汉后来所说："反'罗明路线'，无论在福建还是在江西，矛头都是指向毛泽东的正确路线的。"④ 因为毛泽东的崇高威信和历史地位，以及共产国际要求

---

　　①　参见罗迈《为党的路线而斗争》，载《中共中央文件选集》第 9 册，中共中央党校出版社 1991 年版，第 491 页。

　　②　《中共中央文件选集》第 9 册，中共中央党校出版社 1991 年版，第 491—502 页。

　　③　李维汉在后来的回忆中专门提到这篇文章，他说自己当时"错误地认为王明'左'倾路线是正确的，所以我是积极参加了反'江西罗明路线'斗争的。……中央局批准我写了一篇文章：《为党的路线而斗争》，公开批判邓小平、毛泽覃、谢唯俊、古柏，说他们是派别活动。我写这篇文章是完全错误的。江西省委扩大会议反所谓'江西罗明路线'是完全错误的。这是我一生中犯的一个大错误"。李维汉：《回忆与研究》（上），中共党史资料出版社 1986 年版，第 337 页。

　　④　李维汉：《回忆与研究》（上），中共党史资料出版社 1986 年版，第 337 页。

不能过分批判毛泽东的指示，[①] 临时中央无法直接点名批判毛泽东，就对在实际工作中贯彻落实毛泽东正确思想的领导人进行严厉批判，从而最大限度地消除毛泽东的影响。这是临时中央直接出面代表"左"倾教条主义思想路线同以毛泽东为代表的中国化马克思主义之间的激烈斗争。从而把教条主义的马克思主义同中国化马克思主义之间的纷争推向了最高峰，这也是中国共产党觉醒和独立前最严重的斗争，中国化马克思主义暂时以失败而告终，而正是因为教条主义的马克思主义占了上风，最终导致了中国革命的巨大失败。当然，也正是这种曲折和磨难，促使了中国共产党人在痛苦中觉醒，在失败中逐渐独立。

第七节　毛泽东与延安整风运动

1942 年春天开始在全党范围内展开的延安整风运动，是马克思主义中国化进程中的一个非常重要的历史关节点。这次整风运动的任务是：反对主观主义以整顿学风，反对宗派主义以整顿党风，反对党八股以整顿文风。整风运动的重大成果，是在党内外展开了怎样以从实际出发的观点而不是以教条主义的观点来对待马克思列宁主义原理，怎样使马克思列宁主义的基本原理和中国革命的实际相结合，以及怎样对待 20 世纪 30 年代前期党内两条路线斗争中的一些重大问题的大讨论。

推动了马克思主义中国化第一次历史性飞跃的理论成果——毛泽东思想走向成熟。通过延安整风，全党确立了一条实事求是的辩证唯物主义的思想路线，干部在思想上大大地提高一步，党达到了空前的团结并进一步成熟起来。

一　毛泽东发动整风运动的历史背景

中国共产党"为什么要"、"为什么能"和"为什么那时"在全党范围内开展整风运动，是各种历史因素综合作用的结果。这些要从党自身历史背景和当时中国的整个历史背景来说明。

---

① 例如，1933 年 3 月，共产国际执行委员会致电中共中央，要求加强军政领导力量，并提出"对毛泽东必须采取尽量容忍的态度和运用同志式的影响，使他完全有可能在党中央或中央局领导下做负责工作"。见《毛泽东年谱（1893—1949）》上卷，人民出版社、中央文献出版社1993 年版，第 398 页。

从党的历史看，中国共产党在成立以来的 20 年多年中，领导中国革命取得了巨大的胜利，也经历过严重的挫折；既有成功的经验，也有失败的教训。党内不断出现的右倾和"左"倾机会主义错误，从思想根源来说都是主观主义，具体表现为理论与实际相脱离、主观同客观不相符合。犯这些错误的领导干部，对问题的认识和解决问题的方法不是从实际出发，而是从书本出发，或从主观愿望出发，或照搬外国经验。其结果给党带来严重危害，一度几乎葬送中国的革命事业。从遵义会议到六届六中全会，党批判并纠正了王明在土地革命战争后期的"左"倾错误和抗战初期的右倾错误。但由于种种原因，没有来得及在全党范围内对党的历史经验进行系统的总结，特别是没有从思想方法的高度对造成过去党内历次"左"倾和右倾错误的根源进行深刻的总结。党内在指导思想上仍常存在一些分歧，这种分歧在一定时期内，在局部地区或某些方面继续给革命事业带来损失。这是开展延安整风运动深层历史原因，是这次整风运动的根本出发点和根本动机。

从现实需要看，延安整风运动是中国共产党领导中国革命事业继续前进的迫切需要。中国共产党倡导建立抗日民族统一战线，号召全国各族人民"筑成民族统一战线的坚固长城，抵抗日寇的侵掠"。党的威望迅速增长，党的组织很快得到了发展和壮大，党员从 1937 年的 4 万人猛增至 1940 年的 80 万人。增加的新党员大多数出身于农民和小资产阶级的家庭，虽具有高度的参与革命的积极性，但存在着一些非无产阶级思想，必须要在全党范围内进行一次普遍的马克思列宁主义思想教育，以提高全党的马克思列宁主义理论水平。当时抗日战争正处在最困难的阶段。为了实现党内在思想上政治上的统一和行动上的一致，同心同德地战胜困难，夺取抗日战争的最后胜利，需要进行这样一次全党范围的整风。

从思想理论发展逻辑层面看，延安整风运动也是推动马克思主义中国化的需要。1938 年党的六届六中全会提出"使马克思主义在中国具体化"的任务，对端正党的思想路线起了积极作用。为了进一步推进中国共产党的民族化和马克思主义的中国化，毛泽东发动了一场"学习运动"，大力推动全党马克思主义理论学习。1939 年 5 月，他在有一千多人参加的延安在职干部教育动员大会上发表演讲，指出：我们要建设"一个独立的、有战斗力的党"，"就要有大批的有学问的干部做骨干"，这就非学习不可。要在共产党力所能及的地方造成一个热烈的学习大潮，把全党变成一个大学校。会后，中央—些部委组织了学习小组，在延安参加学习的干部达到四千多人。

在国共两党关系紧张后，毛泽东深深感到，一些干部包括一些高级干部，不会运用马列主义的立场与方法来具体地分析和解决中国革命的问题。在1940年12月的两次中央政治局会议上，毛泽东分析打退第二次反共高潮的形势，决定以中央名义发出关于时局与政策若干问题的指示，提出了要总结党的历史上特别是苏维埃运动后期的"左"的政策错误问题。1941年5月，毛泽东在延安干部会议上作《改造我们的学习》的报告，指出："中国共产党的二十年，就是马克思列宁主义的普遍真理和中国革命的具体实践日益结合的二十年"，尖锐地批评那种"不愿作系统的周密的调查和研究，仅仅根据一知半解，根据'想当然'，就在那里发号施令"的"主观主义的作风"，主张将全党的学习方法和学习制度改造一下。

毛泽东发动延安整风运动，还与皖南事变有密切关系。1941年1月发生的皖南事变使新四军遭到惨重损失。毛泽东不仅思考苏维埃运动后期的"左"倾错误，而且对抗战初期的右倾错误有了深切的认识。他认为皖南事变发生的根本原因，是"有同志没有把普遍真理的马列主义与中国革命的具体实际联系起来"，"没有了解中国革命的实际，没有了解经过10年反共的蒋介石"。他并由此加深了对苏维埃后期的"左"倾错误和抗战初期右倾错误的认识，指出："左"和右看似两个极端，实际"两极相通"，都根源于一个思想方法，即不了解中国具体实际或不能揭示中国革命的客观规律的主观主义。1940年12月的政治局会议上，毛泽东在批评苏维埃运动后期的"左"倾错误时就批评了抗战初期的右倾错误。他说，在武汉失守前，国军溃退，我们可以猛烈发展。在日军进攻时和靠近日军的地区，我军可以大发展。这个认识目前只有项英还不懂得，因此军队少，且没有钱花。这就是没有了解夺取政权的重要性。在接到新四军被围遭到惨痛损失的消息后，毛泽东在1941年1月15日的中央政治局会议上总结教训时指出，项英过去的路线是错误的，不执行独立自主政策，没有反摩擦斗争的思想准备。抗战以来一部分领导同志的机会主义，只知片面的联合而不要斗争。有些同志没有把普遍真理的马列主义与中国革命的具体实际联系起来，项英就没有了解中国革命的实际。毛泽东基于对皖南事变的这一认识，从3月开始，连续采取重要措施来解决理论教育如何联系中国社会和革命实际的问题。这实际上是开展整风运动的近因。[①]

二　整风运动的历史过程

在充分酝酿和准备的基础上，延安整风运动于 1942 年春天正式在全党开始，到 1945 年 4 月 20 日六届七中全会通过《关于若干历史问题的决议》结束，按毛泽东的部署，延安时期的全党整风运动大体可划分为三个阶段[②]。

第一个阶段：思想动员（1942 年 2—4 月）。1942 年 2 月上旬，毛泽东先后在中央党校的开学典礼以及中宣部和中央出版局联合召开的宣传工作会议上，做了《整顿学风党风文风》和《反对党八股》的报告，全面系统地提出了反对主观主义以整顿学风、反对宗派主义以整顿党风、反对党八股以整顿文风的任务，阐明了整风的宗旨和方针是"惩前毖后，治病救人"。这两个报告实际上是发动全党整风的动员报告，各单位各地都传达了毛泽东的报告，制定了学习计划和检查工作计划，普遍和充分地向党员、干部做了思想动员。

第二个阶段：整顿三风（1942 年 4 月至 1943 年 10 月）。1942 年 4 月 3 日，中宣部发出《关于在延安讨论中央决定及毛泽东同志整顿三风报告的决定》，进一步对整风运动的目的、要求、方法和步骤做出明确规定，以整顿"三风"为中心内容的全党整风就此开始。1942 年 4 月至 8 月初，运动重点是反对主观主义以整顿学风，这是延安整风的中心内容。毛泽东着重指出，必须把马克思主义的普遍原理与中国革命的具体实际紧密结合起来，把马克思主义中国化。1942 年 8 月至 12 月中旬，重点是反对宗派主义以整顿党风。毛泽那位东认为，宗派主义是主观主义在组织关系上的一种表现，它妨碍了党内的统一和团结，必须加以反对。1942 年 12 月中旬到 1943 年 3 月中旬，重点是反对党八股以整顿文风。毛泽东指出，党八股是主观主义和宗派主义的宣传工具和表现形式，因此必须反对党八股，才能使主观主义和宗派主义无藏身之地，实事求是的、生动活泼的创造精神才能发扬，马克思主义才能得到广泛的传播和发展。1943 年 3 月

---

① 参见《胡乔木会议毛泽东》编写组《胡乔木回忆延安整风运动》，《党的文献》1994 年第 1 期、第 2 期。

② 同上。

中旬至 10 月，是总结学习阶段，各单位就自己的工作和整风学习进行总结。

第三个阶段：总结经验（1943 年 10 月至 1945 年 4 月）。1943 年 10 月，中共中央决定高级干部进一步研究和讨论党的历史问题，延安整风由此转入第三阶段。主要任务是在整顿三风的基础上，对党的历史经验特别是党史上几次大的路线错误进行全面、系统的总结并做出结论。当时，广大干部主要围绕《六大以来》、《六大以前》、《两条路线》等党史文件汇编开展学习和讨论，同时还先后召开了多次座谈会。其间，毛泽东做了《学习和时局》的报告，对党内存在的一些疑惑进行回答。在充分讨论和反复修改的基础上，1945 年 4 月，党的六届七中全会通过了《关于若干历史问题的决议》，系统总结了党在各个时期的经验教训，对党史上的若干重大问题做出结论，并且高度评价了毛泽东对马克思主义中国化的杰出贡献。

延安整风运动，可以说是马克思主义中国化的"催化剂"和中国共产党成熟的"催熟剂"。通过学习和讨论，全党马克思主义理论水平得到普遍提高，端正了思想方法和政治路线，尤其是对党史上的重大路线是非问题有了正确、统一的认识。党在政治上、思想上、组织上达到了空前团结和统一，为夺取抗日战争和中国革命的最终胜利奠定了坚实基础。

三　整风运动与马克思主义中国化

中国共产党发动延安整风的历史原因很多，但是归根到底，最主要的目的就是为了推动马克思主义中国化。毛泽东曾经非常明确地指出："我党近年的整风运动，反对主观主义、宗派主义和党八股这些不好的东西，就正是为了使中国共产党更加民族化。"[①] 此处"民族化"，就是中华民族化，亦即中国化。为此，毛泽东提出了至今仍具有重要现实意义的"深相结合"思想。1943 年 5 月 26 日，在他主持起草、经中共中央政治局通过的《中国共产党中央委员会关于共产国际执委主席团提议解散共产国际的决定》中指出："中国共产党近年来所进行的反主观主义、反宗派主义、反党八股的整风运动，就是要使马克思列宁主义这一革命科学更进一

---

① 《毛泽东文集》第 3 卷，人民出版社 1996 年版，第 22 页。

步地和中国革命实践、中国历史、中国文化深相结合起来。"① 这既是对
延安整风运动目的和意义的总结，也是对马克思主义中国化经验的总
结。

延安整风运动破除了对共产国际指示的迷信，推动了马克思主义中国
化的进程。延安整风前，教条主义在党内有着深厚的思想基础，许多人把
苏共经验和共产国际指示奉为金科玉律予以照搬照抄，甚至不惜牺牲我们
自己的民族利益。通过整风学习，全党来了一次思想大解放，出现了建党
以来最大规模地学习马克思主义的高潮，并把马克思主义与中国革命的具
体实践结合起来，重新认识中国革命的历史问题与现实问题。这样，就使
广大党员和干部逐渐从教条主义的思想禁锢中解放出来，从根本上端正了
对待马克思主义的态度，进一步明确了必须坚持理论联系实际的原则。历
史已经证明，经过延安整风运动，我们党初步确立了实事求是的思想路
线，克服了长期盛行的把马克思主义教条化、把共产国际指示神圣化和绝
对化的错误倾向，扫清了马克思主义中国化的障碍，极大地推动了它的历
史进程。

延安整风运动使毛泽东思想成为全党共识，对实现马克思主义中国化
第一次历史性飞跃发挥了决定性作用。

在延安整风前，尽管毛泽东在中国革命问题上已经提出了许多真知灼
见，形成了马克思主义中国化的第一个理论成果——毛泽东思想。但是由
于教条主义的干扰，其理论地位并没有被人们普遍认可，毛泽东思想也没
有成为全党的指导思想。而正是经过延安整风，毛泽东思想的指导地位才
在七大上得到正式确立。

延安整风运动开创了以整风进行党的思想建设的方法，这是马克思主
义中国化的一个重大理论创新。我们党在历史上曾经开展过多次反对
"左"、右倾错误思想的斗争，但由于方法不妥当，"一方面，没有使干部
在思想上彻底了解当时错误的原因、环境和改正此种错误的详细办法，以
致后来又可能重犯同类性质的错误；另一方面，太看重了个人的责任，未
能团结更多的人共同工作"。鉴于此，毛泽东创造性地提出了通过开展整
风来解决党内思想问题的办法，这是对党的建设学说的创新与发展，是马
克思主义中国化的一个重大理论创新，丰富了马克思主义理论宝库。实践

---

① 《毛泽东文集》第 3 卷，人民出版社 1996 年版，第 23 页。

证明，延安整风的这一方针是完全正确和行之有效的，不仅在当时使全党达到了空前的团结，而且至今仍然具有指导意义。

马克思主义中国化是关系中国革命和建设事业成败的决定性因素。在马克思主义中国化的过程中，延安整风运动具有里程碑的地位。延安整风在全党确立了实事求是的思想路线，把马克思主义与中国革命实际相结合，从而极大地推进了马克思主义中国化的进程，使中国共产党实现了历史性的飞跃，对党的建设和中国革命产生了巨大的、深刻的影响。

四　正确评价延安整风运动

延安整风运动至今已有 70 多年，它对中国共产党革命事业的胜利和中国共产党的发展壮大产生了的深远影响，其历史功绩早已被历史证明，理论界对此也有共识。但也不可否认，近年来一些研究成果中出现了歪曲、抹黑延安整风运动的论调。主要集中在如何看待毛泽东发动整风运动的原因和动机、整风运动中采取的方针和方法、整风运动成果和错误等几个方面。以下分别进行简要辨析。

第一，关于整风运动的原因和动机问题。延安整风运动是一场伟大的马克思主义理论教育运动，不是打击异己的"权力斗争"。如上文所述，毛泽东发动延安整风运动的根本原因和根本动机在于提高全党的马克思主义理论水平，从思想方法上根本杜绝"左"和右错误倾向的对中国革命的干扰和破坏。毛泽东胸怀中国革命大局的。毛泽东与王明之间的分歧和斗争，不是两人之间的权力之争，而是分别代表着正确和错误的两条路线的斗争。路线问题不是枝节问题，不是个人权力问题，而是中国革命和党的建设的根本原则问题。基于这个战略考虑，毛泽东把整风视作"我党的百年大计"①。毛泽东认为整风的首要任务是反对主观主义以整顿学风。学风问题，是我们对待马克思列宁主义的态度问题。主观主义是一种不正派的学风，它是党内各种错误倾向和错误路线的思想基础，曾经给中国革命造成了极大的危害。因而，整风运动的主要任务是扫除教条主义在党内的恶劣影响，特别是从思想上、政治上、组织上、作风上全面、彻底地清除以王明为代表的"左"倾教条主义。在破除主观主义的思想斗争中，

---

① 中共中央文献研究室编：《毛泽东年谱（1893—1949）》（中），中央文献出版社 2002 年版，第 444 页。

我们党大力提倡理论联系实际的优良作风，把全党的思想从教条和迷信的禁锢中解放出来。实事求是是与主观主义相对立的，毛泽东尤其重视党员和干部学习马克思主义哲学，掌握科学的思想方法。整风运动的开展，全党认真研究本国的历史和现状，冲破了长期存在于党内的教条主义的束缚，划清了正确路线与错误路线的是非界限，从根本上端正了对马克思主义的态度，提高了区分真假马克思主义的鉴别能力，从而大大提高了全党的马克思主义理论水平。

事实上，在六届六中全会之前，共产国际已经明确指出：抗战以来，中国共产党的政治路线是正确的，中国党的问题要在毛泽东为首的领导下解决。这是共产国际对毛泽东的领袖地位的认可。毛泽东根本不需要为争夺最高权力而进行"残酷斗争"。那种鼓噪的"整风运动权力斗争论"，是没有任何史实根据的庸俗臆断，或者是别有用心的抹黑。

第二，关于整风运动的方针和方法问题。延安整风运动对待犯错误的同志坚持"惩前毖后、治病救人"的正确方针，而不是"残酷斗争、无情打击"。整风运动的方针是"惩前毖后，治病救人"。这是同"左"倾错误领导所实行的"残酷斗争，无情打击"相反的。整风的方法，是认真阅读整风文件，联系个人的思想、工作、历史以及自己所在地区部门的工作进行检查，开展批评和自我批评，弄清犯错误的环境性质和原因，逐步取得思想认识上的一致，提出努力的方向。在开展批评与自我批评中，特别强调自我批评。

在延安整风运动期间，毛泽东十分注意总结历次党内斗争的历史教训，从维护党的团结以及中国革命事业的需要出发，帮助犯错误的干部认识错误、纠正错误，从而团结他们继续为党工作、争取中国革命的胜利。毛泽东在1941年9月10日召开的中央政治局会议上提出反对主观主义和宗派主义的同时，还提出"打倒两个主义，把人留下来"，"把犯了错误的干部健全地保留下来"。① 怎样才能最大程度地做到对党的革命事业和党的团结有利？他明确指出："思想要弄清，结论要宽大，对党才有利。"② 整风运动，实际上是在党内用整风的形式开展思想斗争，用无产阶级思想克服党内各种非无产阶级思想。

---

① 《毛泽东文集》第2卷，人民出版社1993年版，第375页。
② 《毛泽东文集》第3卷，人民出版社1996年版，第94页。

在整风运动后期，1943 年 9 月上旬至 12 月初，为了总结党的历史经验，中共中央连续召开了三次政治局会议，讨论王明在土地革命战争时期和抗战初期的"左"的和右的错误。许多同志在会上批评了王明的错误，有的同志作了自我批评。会议上，毛泽东强调，检讨王明的错误，要用"历史的方法，从实际出发的方法、自我批评的方法"，"全党要团结"，"要避免历史上错误的斗争方法，要实行惩前毖后，治病救人"①。毛泽东强调整风必须团结犯错误的干部问题。他说："我们只'整'思想，不把人'整死'，是治病救人，做分析工作，不是乱打一顿；对犯错误同志还是要有条件地与他们团结，打破宗派主义来建设一个统一的党。"② 当时王明称病没有参加会议。党对王明进行了耐心细致的思想工作。毛泽东多次去看望他，并派人听取他的意见。周恩来也曾去探望并同他促膝谈心。经过工作，王明当时承认了自己的错误，还写信给党中央，表示完全同意和拥护《关于若干历史问题的决议》。在党的七大上，经过毛泽东做工作，仍选举王明为中央委员。这些足可证明，整风运动中"惩前毖后、治病救人"的方针得到了很好的贯彻。

第三，关于整风运动的成果和错误问题。整风运动成果是主流，是第一位的。在延安整风期间，曾一度出现"抢救失足者运动"的错误。1943 年 4 月 3 日，中共中央发布《关于继续开展整风运动的决定》，要求在整顿党的作风的同时，对全党干部进行一次认真的组织审查。《决定》对敌情作了过分的估计。7 月 15 日，总学习委员会副主任、中共中央社会部部长康生在延安干部会上作了《抢救失足者》的动员报告，掀起了所谓"抢救运动"，大搞"逼、供、信"的过火斗争，在十余天中造成了大批冤假错案。这是在整风运动中不应该发生的错误。由于抗日根据地处于与外界隔绝的状况，对干部历史状况的调查研究十分困难，所花的力气又不多，所以在开展肃反工作中，未能准确地认识敌情，实事求是地从各个单位的具体情况出发，施行区别对待的政策。个别学者对这个客观存在的历史事实无限夸大，甚至认为这是民主革命时期的"文化大革命"。实际上，由于中共中央及时纠正了"抢救失足者运动"的错误，这个错误

① 1943 年 9 月至 12 月中共中央政治局会议记录，转引自中共中央党史研究室著《中国共产党的七十年》，中共党史出版社 1991 年版，第 219 页。

② 《胡乔木回忆毛泽东》，人民出版社 2003 年版，第 285 页。

在延安整风中只是一个支流，不能因此否定整风运动取得的巨大成就。

总之，对延安整风运动的评价必须站在历史唯物主义的立场，辩证地、历史地、客观地加以分析，既要看主流又要看到缺点或不足。事实不客观、方法不正确，就不可能得出正确的结论。

第八节　社会主义三大改造

新中国成立以后，通过对农业、手工业和资本主义工商业的社会主义改造，全行业实现了生产资料公有制，整个国家走上了社会主义道路。三大改造，是在马克思主义指导下，结合中国实际，开辟出的一条中国特色的生产资料私有制改造道路，是实现马克思主义中国化的典型案例。

一　三大改造的理论基础与历史背景

新中国成立之时，国内存在着五种经济成分，即由根据地和解放区发展起来以及没收官僚资本而来的国营经济、旧中国遗留下来的资本主义经济、农民和手工业者组成的个体经济以及合作社经济、国家资本主义经济。其中，个体经济在数量上占整个国民经济的将近90%。[①] 面对这样的现实，一个严峻的问题摆在中国共产党面前：民主革命胜利以后，能不能立即把民主革命转变为社会主义革命？

（一）三大改造的理论基础：马克思主义过渡时期理论

1875年，马克思在《哥达纲领批判》中指出："在资本主义社会和共产主义社会之间，有一个从前者变为后者的革命转变时期。同这个时期相适应的也有一个政治上的过渡时期，这个时期的国家只能是无产阶级的革命专政。"[②] 这也就是说，过渡时期就是从资本主义社会到共产主义社会的"革命转变时期"。同时，马克思主义认为，共产主义将分为两个阶段：它的低级阶段，实现了生产资料的全社会所有制，从而消灭了人对人的剥削，但是消费资料的分配还必须以劳动为尺度，实行等量劳动领取等量产品，即按劳分配的原则；到共产主义的高级阶段，按劳分配将被按需

---

① 薛暮桥：《中国社会主义经济问题研究》，广东经济出版社1998年版，第29页。
② 《马克思恩格斯选集》第3卷，人民出版社1995年版，第314页。

分配所替代，实现"各尽所能、按需分配"的原则。①

列宁根据俄国革命的实际，发展了马克思关于过渡时期的理论，并在《国家与革命》中沿袭了马克思关于共产主义分低级阶段的提法。十月革命以后，列宁多次把从资本主义到共产主义的过渡称为从资本主义到社会主义的过渡。在他们看来，两个提法表达了同样的意思。

结合马克思、列宁的相关著作，可以看出，他们所设想的资本主义到共产主义的过渡，是指从资本主义到社会主义即共产主义第一阶段的过渡，而不是一段时期所流行的观点，即认为过渡时期是从资本主义到共产主义高级阶段的全部发展过程。在他们看来，过渡时期兼有资本主义和社会主义两种社会的特征，包含着不断增长的社会主义因素和不能消亡的资本主义因素的相互斗争。无产阶级在这一历史时期的主要任务就是利用无产阶级专政逐步消灭资本主义因素，不断发展社会主义因素。

（二）历史背景：社会主义经济在与资本主义经济争夺领导权的斗争中取得胜利

由于长期受帝国主义、封建主义、官僚资本主义之害，加之多年战争破坏，中国共产党和中国人民接手的是一个经济上千疮百孔的中国。新中国刚成立的时候，工农业生产远低于新中国成立前的最高水平。农业生产大约下降了 25％，轻工业生产大约下降 30％，重工业大约下降 70％。②同时，全国交通运输能力破坏严重，投机资本和囤积居奇活动活跃。新中国面临着财政支出猛烈增长、入不敷出、币值下跌、物价上涨等严重困难。在经济力量对比方面，社会主义国营经济同资本主义经济相比，在固定资产方面占压倒性优势；但由于许多国营企业处于瘫痪状态，在产值和商品销售方面，还是资本主义经济占优势。社会主义经济与资本主义经济之间存在着有形无形的争夺领导权的斗争。

新中国成立后，首先就要恢复被战争破坏的国民经济和彻底完成民主革命遗留的任务。中国共产党开展了土地制度改革和镇压反革命运动，以完成民主革命的任务；同时，进行抗美援朝，保家卫国。为了实现国家财政经济状况的根本好转，通过统一全国财经，毁灭性地打击投机资本，稳定了市场物价。紧接着，中央人民政府利用时机，按市场需要增发货币，

---

① 《马克思恩格斯选集》第 3 卷，人民出版社 1995 年版，第 304—306 页。
② 薛暮桥：《中国社会主义经济问题研究》，广东经济出版社 1998 年版，第 31 页。

国家通过供销合作社收购粮食、棉花等重要农产品；通过加工订货，掌握大量工业品和大部分批发商业；通过开展城乡物资交流运动，大大促进了工农业生产发展。

经过 3 年恢复时期，国民经济不仅有所恢复而且有所发展；社会主义和资本主义经济力量对比发生巨大变化。到 1952 年，社会主义国营经济和受国家控制的国家资本主义经济在整个工业中占绝对优势，在工业总产值中，国营工业的比重上升到 56%，公私合营和加工订货上升到 26.9%，私营企业自产自销下降到 17.1%；国营商业和供销合作社在批发商业中的比重上升到 63.7%，在零售商业中的比重上升到 42.6%；相当大一部分的私营商业为国营批发商业经销代销，已经纳入国家资本主义的轨道；农业和手工业虽然都还是个体经济，但其原料和消费品的供应，特别是产品的销售绝大部分已经由供销合作社包下来，也在相当大程度上纳入了国家计划的轨道。① 社会主义经济取得国民经济的领导权。这为生产资料私有制的社会主义改造创造了条件。

二 三大改造的过程及成效

我国国民经济的社会主义改造在新中国成立之后就已经开始了。② 到 1952 年，我国财政经济状况根本好转，国民经济恢复阶段已经结束，中共中央明确提出了党在过渡时期的总路线。按照过渡时期总路线，我国在 1953 年开始实行发展国民经济的第一个五年计划，并且加快了对农业、手工业和资本主义工商业的社会主义改造进程。1956 年，三大改造基本完成，标志着我国实现了生产资料公有制，走上了社会主义发展道路。

（一）通过农业合作化道路完成对个体农业的社会主义改造

以毛泽东为代表的第一代中央领导集体认识到，要克服小农经济的弊端，使传统的、落后的农民成为社会主义的新农民，就必须经过农业合作

---

① 薛暮桥：《中国社会主义经济问题研究》，广东经济出版社 1998 年版，第 31—32 页。

② 薛暮桥在谈到我国社会主义改造时指出，我国国民经济的社会主义改造，主要是确立社会主义国营经济的领导地位，在生产资料所有制方面对农业、手工业和资本主义工商业实行社会主义改造。这一过程，从 1949 年开始，到 1956 年基本完成，只用了七八年的时间。（《不要追求纯而又纯的社会主义——薛暮桥同志谈社会主义改造》，《中国党政干部论坛》1999 年第 6 期。）苏星也指出，按照《共同纲领》的规定，对生产资料私有制的社会主义改造，在新中国成立后很快就开始进行了。虽然当时在采取某些步骤时，并未充分意识到这一点。（苏星：《新中国经济史》（修订本），中共中央党校出版社 2007 年版，第 119 页。）

化的道路。土地革命完成以后，中共中央决定"趁热打铁"，立即开展农业互助合作运动。1951 年 9 月，毛泽东倡议召开了第一次互助合作会议。会后起草并发布了中共中央《关于农业生产互助合作的决议（草案）》。在这个决议草案的基础上，全党对农业互助合作运动问题取得了共识。

1952 年 8—9 月，召开了全国第二次互助合作会议，推动了全国农业互助合作运动的发展。1952 年冬，掀起了第一次农业互助合作运动的热潮。①

1953 年下半年，由于过渡时期总路线的正式提出，农业互助合作运动有了更加明确的指导思想。1953 年 12 月 16 日中共中央发布了《关于发展农业生产合作社的决议（草案）》，要求中国共产党领导农民逐步联合起来。其具体道路，就是从临时互助组和常年互助组，到农业生产合作社，然后到实行完全的社会主义的集体农民公有制的更高级的农业生产合作社（也就是集体农庄）。② 农业社会主义改造运动全面展开，农业互助合作运动出现了大发展的势头。③

1954 年 4 月，第二次全国农村工作会议召开，修订了发展农业生产合作社决议的原订计划，提高了目标，并得到中共中央批准。④ 同年 10 月，第四次全国互助合作会议召开。这次会议再次修改了农业生产合作社的发展计划，提高了目标，中共中央再次批准。⑤ 全国农业生产合作社大

---

① 到 1952 年年底，组织起来的农户，老区占 65% 以上，新区占 25% 左右，全国各地成立了 4000 多个农业生产合作社（初级社），创办了几十个高级社（当时称集体农庄）。（数据转引自中共中央文献研究室编：《毛泽东传（1949—1976）》（上），中央文献出版社 2003 年版，第 352 页。）

② 中共中央文献研究室：《建国以来重要文献选编》第 4 册，中央文献出版社 1993 年版，第 662 页。

③ 农业生产合作社由 1953 年冬的 1.4 万个发展到 1954 年春的 9 万多个，增加 5 倍多，超过决议计划数的一倍以上，参加农户达到 170 多万户。（中共中央文献研究室编：《毛泽东传（1949—1976）》（上），中央文献出版社 2003 年版，第 365 页。）

④ 这次会议确定，农业生产合作社 1955 年发展到 30 万个或 35 万个；把原计划 1957 年发展到 80 万个提高到 130 万个或 150 万个，参加合作社的农户由原定占全国总农户的 20% 提高到 35% 左右；合作化的耕地占全国总耕地的 40% 以上；其中，东北和晋、冀、鲁、豫及其他老解放区，合作化程度都达到 50% 以上，并争取在平原及高产量地区、经济作物区和城市郊区取得先一步合作化。在第二个五年计划期中（约在 1960 年前后），在全国基本地区争取实现基本上合作化。（苏星：《新中国经济史》，中共中央党校出版社 2007 年版，第 200 页。）

⑤ 原来提出的 1955 年农业生产合作社发展到 30 万个或 35 万个的计划，被提高到 1955 年春耕以前发展到 60 万个。（苏星：《新中国经济史》，中共中央党校出版社 2007 年版，第 201 页。）

发展，一些地区出现了急躁冒进偏向。

初级农业生产合作社的快速发展，自然而然地使其向高级社过渡提上了议程。1956年春，各地农村争先恐后大力兴办高级社，到12月底，全国高级社总数为54万个，参加农户达10742.2万户，占农户总数的87.7%。① 原先计划十八年完成的目标，提前了11年。② 随着全国农村强制性地将互助组、初级社转为高级社的高潮的到来，我国基本实现农业合作化。高级农业生产合作社成了农村基本的也几乎是唯一的生产组织形式。

（二）通过加工订货、公私合营等国家资本主义形式完成对资本主义工商业改造

新中国成立后，中国共产党通过统一全国财经，稳定物价；通过"三反"、"五反"运动粉碎资产阶级的投机取巧、扰乱市场、偷税漏税等等非法行为，取得国民经济的领导权，使资产阶级愿意接受加工订货这种低级形式的国家资本主义。

1953年，开始执行过渡时期总路线，实行第一个五年计划。其间，兴建了大批现代化的新企业，社会主义国营经济的优越性不断显现，社会主义的经济力量迅速发展。一些机器设备陈旧、经营落后的资本主义企业无法适应竞争要求，举步维艰。国家为了充分利用国民经济迫切需要的企业的生产能力，开始对其投资，进行改建、扩建，实行公私合营。公私合营后，生产发展，资本家盈利增加，更多地私营工厂要求从加工订货发展到公私合营这种高级形式的国家资本主义经济。

在过渡时期总路线指引下，初级形式的国家资本主义已经广泛发展，

① 苏星：《新中国经济史》，中共中央党校出版社2007年版，第216—217页。

② 1953年9月7日，毛泽东同民主党派和工商界部分代表谈话时指出，完成农业的社会主义改造"不是三年五年能办到的，而需要几个五年计划的时间"。（《毛泽东文集》第6卷，人民出版社1999年版，第293页。）12月，在审阅中宣部编写的《为动员一切力量把我国建设成为一个伟大的社会主义国家而斗争——关于党在过渡时期总路线的学习和宣传提纲》时，他又指出，完成过渡时期的任务，"大约需要经过三个五年计划，就是大约十五年的时间（从一九五三年算起，到一九六七年基本上完成，加上经济恢复时期的三年，则为十八年，这十八年中已过去了四年），那时中国就可以基本上建设成为一个伟大的社会主义国家。"（《毛泽东文集》第6卷，人民出版社1999年版，第316—317页。）1955年7月31日，在中共中央召集的省委、市委、自治区党委书记会议上的报告中，毛泽东仍然强调，中共中央"准备以十八年的时间基本上完成"农业合作化的计划，即"从中华人民共和国成立直到第三个五年计划的完成，共有十八年"。（《毛泽东文集》第6卷，人民出版社1999年版，第433—434页。）

加之公私合营已经积累了一定经验。1954 年起，开始有计划地扩展公私合营，许多规模比较大的私营工厂被逐步纳入公私合营范围。国营经济和公私合营经济的发展，使得一些中小私营企业的处境更加困难。它们也开始要求公私合营。1955 年上半年，中国共产党根据中国资本主义工业分散落后、发展不平衡的特点，提出了"统筹兼顾、全面安排"的方针。考虑到其规模小、设备落后，国家不可能对全部的小企业进行改建扩建，就把多个小企业合并起来形成一个大的企业，淘汰废旧设备、补充新设备，并进行整个行业的改组，在全行业内实行公私合营。

在改造资本主义工业的同时，资本主义商业的社会主义改造也在进行。在国家掌握一切重要货源的情况下，通过使私营商业执行经销代销业务的方式向国家资本主义商业转变。

1955 年下半年，随着全国范围的农业合作化高潮的到来，工农联盟更加巩固，城市资本主义经济更加孤立。资本主义工商业的社会主义改造发展到一个新阶段。一些大中城市出现了资本主义工商业全行业公私合营的趋势。上海、天津、北京、广东、山东、浙江、四川、云南、河南、辽宁、陕西、黑龙江等地先后出现了全行业公私合营，迎来了全国范围的全行业公私合营高潮。在 1956 年年底，占私营工业总产值 99.6% 的企业已经完成了所有制改造，主要形式是公私合营；占私营商业资本额 93.3% 的商店已经完成了所有制改造，其中公私合营部分占资本额的 71.5%；与此同时，私营餐饮业、服务业和运输业也基本上完成了社会主义改造。[①] 资本主义所有制的社会主义改造基本完成。

实行全行业公私合营之后，资本家原来占有的生产资料转归国家使用，由国家统一调配；同时国家通过定股、定息等形式以及"包下来"、"量才使用、适当照顾"的原则对资产阶级进行经济和政治上的补偿和安排。[②] 社会主义经济关系取代了资本主义经济关系，资产阶级被改造成为自食其力的劳动者，公私合营企业基本上成为社会主义性质的企业。资本主义工商业的社会主义改造取得决定性胜利。

通过国家资本主义的各种形式逐步地改造资本主义工商业，不仅没有

---

① 苏星：《新中国经济史》，中共中央党校出版社 2007 年版，第 238 页。

② 根据 1957 年的统计，全国拿定息的 71 万在职私方人员和 10 万左右资本家代理人，全部安排了工作。根据几个大城市的情况：60%—65% 安排直接参加生产经营活动；35%—40% 安排为管理人员。（苏星：《新中国经济史》，中共中央党校出版社 2007 年版，第 241 页。）

造成资本主义工商业的停工减产，反而有效地促进了经济发展。从 1949 年到 1956 年的 7 年中，原来的私营资本主义工业产值增加了近 1 倍。[①]

（三）通过合作化完成对个体手工业的社会主义改造

中国共产党七届二中全会《决议》中已经明确了手工业改造的方向，即必须谨慎地、逐步地而又积极地引导它们向着现代化和集体化的方向发展。[②]

1950 年 7 月召开的中华全国合作工作者第一次代表会议讨论的《中华人民共和国合作法（草案）》明确规定，在城乡独立生产的手工业者和家庭手工业者中组织手工业生产合作社。1951 年 6 月召开的全国手工业生产工作会议总结了组织生产合作社的经验，拟定了《手工业生产合作社章程准则（草案）》，推动了手工业生产合作的发展。不过，在 1949 年到 1952 年的国民经济恢复时期，个体手工业的合作化处于重点试办、典型示范阶段，只对关系国计民生的棉织、针织、铁木工具等行业重点试办手工业合作社；对一般行业，则从供销入手，进行供给原材料、收购成品，组织生产合作小组。[③]

1953 年 11 月，中华全国合作社联合总社召开第三次全国手工生产合作会议，总结了新中国成立以来试办手工合作组的经验，明确提出，通过手工业生产小组、手工业供销生产合作社、手工业生产合作社三种形式，使个体手工业经济经过合作化的道路，逐步改造为集体所有制。1954 年 6 月，中共中央发布了《加强手工业工作的领导》这一指示，要求各级人民政府将手工业视为地方工业的一个重要组成部分，迅速设立管理手工业的机构，并帮助手工业合作社逐步建立各级联社。手工业合作化进入快速发展阶段。1954 年底，全国组织起来的手工业生产合作社、供销生产合作社、供销生产小组比 1953 年增加 8 倍多，组织起来的社员增加约 2.7 倍，手工业生产合作组织的总产值约增加 1.1 倍。[④]

农业社会主义改造高潮的到来，带动了资本主义工商业社会主义改造的高潮，也逼迫着手工业社会主义改造加快速度。1955 年 12 月召开的第五次全国手工业生产合作会议要求加快手工业合作化的发展速度，并要求

---

① 薛暮桥：《中国社会主义经济问题研究》，广东经济出版社 1998 年版，第 38 页。
② 《毛泽东选集》第 4 卷，人民出版社 1991 年版，第 1432 页。
③ 苏星：《新中国经济史》，中共中央党校出版社 2007 年版，第 247 页。
④ 同上书，第 248—249 页。

1956 年和 1957 年两年基本上完成手工业合作化。1956 年 1 月，手工业社会主义改造的高潮汇同农业、资本主义工商业社会主义改造的高潮，在全国兴起。1956 年 6 月，除某些边远地区，全国基本实现了手工业合作化。1956 年底，全国共有手工业生产合作社 74000 个，社员占手工业从业人员总数的 73.6%，产值占手工业总产值的 86.2%；总体来看，合作化手工业者人数占手工业者总数的 91.7%，合作化手工业产值占手工业总产值的 92.9%。[①]

在手工业合作化过程中，手工业产品的品种有所减少，质量有所下降，但生产有了较大发展。1956 年，全国手工业总产值 117 亿元，提前完成"一五"计划指标。合作社的公共积累不断增加，达到 4.3 亿元，90% 的社员收入增加，工资水平比 1952 年提高 66%，社员物质文化生活和劳动条件得到改善。[②]

1956 年，我国基本完成生产资料私有制的社会主义改造。尽管在改造过程中存在着时间过短、步子过快、急于过渡等问题，也造成了一些失误，但总的来说，改造是成功的。通过对农业、资本主义工商业、个体手工业的社会主义改造，我国确立了全民所有制的国营经济、接近于国营经济的公私合营经济和集体所有制的合作社经济的统治地位，建立了社会主义的经济制度，并由此进入大规模、全面建设社会主义的新时期。

三　三大改造的启发：原则性与灵活性结合起来

三大改造取得成功的原因是多方面的，但其中最根本的一条就是，新执政的中国共产党坚持将马克思主义的基本原理与中国具体实际相结合，做到原则性与灵活性兼顾，创造出中国特色的社会主义改造道路。具体表现在以下几个方面：

（一）将马克思主义过渡时期理论应用于中国实际，提出中国的过渡时期理论和政策

根据马克思主义的过渡时期理论，在资本主义社会同共产主义社会第一阶段即社会主义社会之间存在着一个过渡时期，这个过渡时期兼具有它所脱胎的资本主义旧社会的痕迹和将来要发展到的新社会的因素。这个过

---

① 苏星：《新中国经济史》，中共中央党校出版社 2007 年版，第 252—253 页。
② 同上书，第 254 页。

渡时期不可避免地存在着衰亡着的资本主义与生长着的社会主义的斗争。无产阶级政党在这个时期的重要任务，就是利用自己掌握的国家政权建立社会主义经济。

中国共产党以马克思主义的过渡时期理论为指导，结合中国当时面临的实际以及长期积累的革命经验，提出了过渡时期的理论、路线、方针和政策。基本上实现国家工业化和对农业、手工业和资本主义工商业的社会主义改造是过渡时期总路线的基本内容。正是在过渡时期总路线的指引下，我国完成了农业、手工业、资本主义工商业的社会主义改造，实现了生产资料公有制，建立起社会主义制度，为全面建设社会主义奠定了基础。

（二）将马克思主义小农改造理论应用于中国实际，开辟出中国特色的农业社会主义改造道路

马克思、恩格斯深刻认识到小农经济的落后性和灭亡的必然性，强调要解放农民就必须消灭农民土地私有制，实行土地的公共占有。在不同场合下，马克思、恩格斯设想过实行土地公共占有的不同形式。同时，他们强调，使生产资料私有制转变为公共占有的方法是多样化的，要根据具体情况确定具体的方法，不能一概而论。列宁、斯大林根据俄国的具体情况，强调小农业国家与大农业国家向社会主义过渡的不同，并创造性地将马克思、恩格斯关于农业社会主义改造的理论运用于苏联的农业社会主义改造道路，通过合作化、集体化的道路，建立起农业集体经济制度。

中国共产党以马克思主义小农改造理论为指导，借鉴苏联的农业合作化经验，结合我国革命根据地农业互助合作的经验和我国具体实际，通过互助组、初级社、高级社等各种形式，使分散的、落后的小农逐步组织起来转变为集体的、协作的社会主义新农民，使农民的个体经济逐步转变为社会主义集体所有制经济，使社会主义制度在农村站稳脚跟。

（三）以马克思主义合作社理论为指导，开辟出中国特色的手工业社会主义改造道路

马克思、恩格斯认为，必须将合作社作为向完全的共产主义过渡的中间环节。[①] 同时，他们强调，如何将合作社转变为更高级的形式，要依实际情况而定，不能一概而论。列宁创造性地发展了马克思的合作社理论。

---

① 《马克思恩格斯选集》第4卷，人民出版社1995年版，第675页。

在列宁看来，合作社"也是国家资本主义的一种形式"①。同时，他强调流通领域的合作社即消费合作社的伟大意义，认为通过消费合作社实现工人对生产的监督是过渡到社会主义的第一步，而工人调节生产是第二步。②

以马克思主义合作社理论为指导，根据我国手工业分散、落后同时又特别依赖于原料供应和产品销售的特点，中国共产党首先通过组织手工业供销合作社使其摆脱对商业资本的依赖，逐步培养手工业者的集体主义思想，然后通过生产合作社、合作工厂等合作经济形式，使个体手工业走上合作化道路，把手工业者的个体所有制逐步改造成为社会主义集体所有制，在城市建立起集体经济制度。

（四）将马克思主义经典作家对资产阶级和平赎买的设想运用于中国实际，开辟出中国特色的资本主义工商业改造道路

马克思、恩格斯、列宁都曾提出过在一定条件下对资产阶级进行和平赎买的设想。恩格斯曾明确指出："假如我们能赎买下这整个匪帮，那对于我们最便宜不过了。"③ 列宁也曾提出："对文明的资本家，对那些肯接受'国家资本主义'，能精明干练地组织真正以产品供应千百万人的大企业而对无产阶级有益的资本家**谋求妥协**或向他们实行赎买。"④ 列宁曾于1918 年和1921 年两次提出和平赎买主张，第一次由于俄国资产阶级勾结帝国主义发动武装叛乱，计划未能实现；国内战争结束后，列宁再次提出这项主张，但是因为资本家怠工和不遵守合同等因素，这一设想仍未实现。

新中国成立后，中国共产党科学地分析和认识民族资本主义的两重作用即有利于国计民生的积极作用和不利于国计民生的消极作用以及民族资产阶级的两面性即剥削工人阶级取得利润的一面和拥护宪法、愿意接受社会主义改造的一面，将马克思主义经典作家关于和平赎买资产阶级的设想运用于中国实践，通过各种形式的国家资本主义将资本主义工商业改造成为社会主义公有制经济。同时，将对所有制的改造与对人的改造相结合，使民族资产阶级从剥削者转变成为自食其力的劳动者。和平赎买资产阶级

---

① 《列宁选集》第 4 卷，人民出版社 1995 年版，第 506 页。
② 《列宁选集》第 3 卷，人民出版社 1995 年版，第 488 页。
③ 《马克思恩格斯选集》第 4 卷，人民出版社 1995 年版，第 503 页。
④ 《列宁选集》第 3 卷，人民出版社 1995 年版，第 530—531 页。

由马克思主义经典作家的设想第一次成为社会现实，体现了原则性与灵活性的完美结合。

通过农业、资本主义工商业和手工业的社会主义改造，以生产资料私有制和剥削为基础的剥削阶级和剥削制度基本上被消灭，以国有经济和集体所有制经济为基础的社会主义经济在国民经济中占据统治地位，社会主义经济制度得以确立。三大改造是中国共产党把马克思主义基本原理同中国社会主义革命的具体实际相结合创造性地开辟出的一条适合中国特点的社会主义改造道路，以新的经验和思想丰富和发展了马克思主义，在马克思主义中国化进程中留下浓墨重彩的一笔，是中国共产党和中国人民的一笔宝贵财富。

第九节 "双百方针"与马克思主义中国化

"百花齐放，百家争鸣"，自20世纪50年代被确立为我国社会主义文化建设的指导方针。"双百"方针反映了文化发展的内在规律，充分发扬学术民主和艺术民主，提倡在学术领域内不同观点和学派的自由讨论，充分地调动了我国广大科学文艺工作者的积极性和创造性，不仅促进了我国的科学文化事业的繁荣发展，而且极大地推动了马克思主义的中国化和大众化。在新的历史时期，"双百"方针依然是中国特色社会主义文化建设的重要指导方针，这既是对文化建设经验的深刻总结，也是实现中国特色社会主义文化大繁荣大发展的客观需要。

一 "双百方针"的提出和完善

"百花齐放，百家争鸣"的方针，作为我国文化建设的重要方针和指导原则，一直被一起提及。其实，"百花齐放"和"百家争鸣"最初被分别提出的。"百花齐放"指艺术上的相互借鉴共同发展，"百家争鸣"则指学术研究的问题上允许不同的观点和看法存在。最终形成"百花齐放、百家争鸣"的文化工作方针，当作党对艺术工作和科学工作的完整方针被提出，也经历了一个从酝酿到发展、提出的完整过程。

（一）酝酿形成

1950年11月至12月召开的全国戏曲工作会议上，发生了京剧和地方戏以哪个为主的争论。1951年3月，毛泽东应梅兰芳之邀，为在4月3

日即将成立的戏曲研究院题写了"百花齐放，推陈出新"。同年 5 月 5 日，政务院发出《关于戏曲改革工作的指示》。"百花齐放"提倡各个戏曲剧中之间在平等、友谊的自由竞赛中相互吸收、相互借鉴，共同发展；"推陈出新"则体现了继承与创新的辩证关系，区分为精华和糟粕两部分，取其精华，去其糟粕。"百花齐放，推陈出新"八字方针的提出，解决了戏曲界的一直争论不休的问题。1956 年 4 月间，浙江省昆苏剧团在北京演出了昆曲《十五贯》。毛泽东观看了两遍，对这出戏赞赏有加，表示《十五贯》应该到处演，戏里的那些形象在现实中也很多。周恩来在看完《十五贯》后说，"你们浙江做了一件好事，一出戏救活了一个剧种。"他认为，《十五贯》的演出复活了昆曲，为"百花齐放，推陈出新"奠定了基础，树立了良好的榜样。自此，"百花齐放，推陈出新"这八字方针，也成为包括戏曲在内的所有文艺工作的指导方针。

　　"百家争鸣"则是针对 1953 年的一场历史研究争论提出的。当时，我国的两位历史学家郭沫若和范文澜在中国奴隶社会和封建社会的问题上，发生了分歧。范文澜认为中国封建社会应该自西周始，而郭沫若主张中国奴隶社会和封建社会的分期标志是在春秋战国时期。毛泽东对此争论非常关注，"一九五三年八月五日，中共中央批准设立中国历史问题研究、中国文字改革研究、中国语文教学研究三个委员会。负责中国历史问题研究会工作的陈伯达向毛泽东请示工作方针，毛泽东讲了四个字，'百家争鸣'。它的直接对象是对史学研究的。"① "陈向这个委员会传达了，第二年创办《历史研究》杂志，也以这个作为办刊的方针。这件事历史学界的党内领导是知道的，但历史学界外，在整个学术界一般还不知道。"② 所以，"百家争鸣"最初是针对历史学研究提出的，后来逐渐扩展到了所有的学术研究领域。

　　1956 年 1 月 20 日，中共中央在北京召开了关于知识分子问题的会议，周恩来代表中共中央作了《关于知识分子问题的报告》（以下简称《报告》）。《报告》指出："我国的知识界的面貌在过去六年来已经发生了根本的变化。"③ 这一根本的变化，就是知识分子的社会地位得到了政

---

① 逄先知、金冲及主编：《毛泽东传（1949—1976）》（下），中央文献出版社 2003 年版，第 211 页。

② 龚育之：《陆定一与"双百"方针》，《纵横》2006 年第 6 期。

③ 《建国以来重要文献选编》第 8 册，中央文献出版社 1993 年版，第 16 页。

治上的肯定。但是光有政治上的肯定，不能打消知识分子的全部疑虑。时任中共中央宣传部长的陆定一在这次会议上，也作了重要发言。他说："在政治问题上，我们不要做'瞎子'，在学术、艺术、技术的发展上，我们不要做'盖子'。学术问题、艺术问题、技术问题，应该放手发动党内外知识分子进行讨论，放手让知识分子发表自己的意见，发挥个人的才能，采取自己的风格，应该容许不同学派的存在和新的学派存在。他们之间可以互相批评，但批评时决不要戴大帽子。"① 陆定一的这次会议发言，为后来"双百"方针的提出作了一些理论上的铺垫。

1956 年 2 月 19 日，中共中央宣传部给中央的报告中说，中山大学党委反映，苏联学者在华参观时，讲了一些有损我党负责同志威信的话，并就此事请示中央，是否就此事告知苏联共产党有关方面。毛泽东批示说："我认为这种自由谈论，无所谓损害威信。因此，不要向尤金谈此事。如果国内对此类学术问题和任何领导人有不同意见，也不应加以禁止，如果企图禁止，那是完全错误的。"② 这是毛泽东对于学术界不同学派可以自由争论的明确表态，而且区分了学术争论和政治分歧，他认为在不同共产党的领导人之间可以存在不同的观点。

据陆定一回忆，"一九五六年二月，在毛泽东同志的居所颐年堂开会，我向中央报告了这些情况和我的意见。就在这次会议上，决定对科学工作采取'百家争鸣'的方针。这样，'百花齐放''百家争鸣'就作为党的一条方针，一起提出来了。"③ 1956 年 4 月 28 日，毛泽东在中共中央政治局扩大会议上提出："艺术问题上的百花齐放，学术问题上的百家争鸣，我看应该成为我们的方针。'百花齐放'是群众中提出来的，人们要我题词，我就写了'百花齐放，推陈出新'。'百家争鸣，'这是两千年以前的事，春秋战国时代，百家争鸣。讲学术，这种学术可以讲，那种学术也可以讲，不要拿一种学术压倒一切。"④ 这是毛泽东第一次在公开场合的讲话中，一起提到"百花齐放，百家争鸣"。

（二）正式提出

1956 年 5 月 2 日，毛泽东在主持召开最高国务会议第七次会议时，

① 龚育之：《陆定一与"双百"方针》，《纵横》2006 年第 6 期。
② 《毛泽东年谱（1949—1976）》第 2 卷，中央文献出版社 2013 年版，第 533 页。
③ 《陆定一文集》（下卷），人民出版社 1992 年版，第 843 页。
④ 《毛泽东年谱（1949—1976）》第 2 卷，中央文献出版社 2013 年版，第 571 页。

发表讲话时再次谈到了关于"百花齐放，百家争鸣"的问题。他说："现在春天来了嘛，一百种花让它开放，不要只让几种花开放，还有几种花不让它开放，这就叫百花齐放。百家争鸣，是说春秋战国时代，有许多学派，诸子百家，大家自由争论。现在我们也需要这个。"① 中共中央赞同毛泽东的意见，同意确定"百花齐放，百家争鸣"为党的科学和文化工作的方针。

5月26日，中共中央宣传部举行报告会，陆定一作了题为"百花齐放，百家争鸣"的讲话，针对"双百"方针作了全面的阐述。陆在讲话说："我们所主张的'百花齐放，百家争鸣'是提倡在文学艺术工作和科学研究工作中有独立思考的自由，有辩论的自由，有创作和批评的自由，有发表自己意见、坚持自己的意见和保留自己意见的自由。"② 陆定一的这次讲话，逐一展开阐述了在自然科学、社会科学和文学艺术各个领域中让各个学派自由争论的方针。陆的这次讲话，为"双百"的完善发展做出了实质性的贡献，也是党中央关于"双百"方针的权威阐释，得到了毛泽东以及党中央的首肯。

同年6月7日，陆定一将此讲话送给毛泽东审阅，他在给毛泽东的信中说："因为有二百个科学家集中在北京起草科学规划。李富春提议向他们讲一次百花齐放、百家争鸣的政策。少奇同志指定我去讲。起草了讲稿，在中宣部讨论了两次，把主要内容向恩来同志汇报，恩来同志提了意见后，又加修改。五月二十六日作了报告，到会约二千人。会上请大家提意见，共收到来信七十封。根据意见，又加修改，就成现在的稿子。现将稿子送上请阅正。同时送上郭老、茅盾、何其芳、袁水拍、胡稼胎（北京大学西语系教授、学佛学的）来信五件。"③ 6月8日，毛泽东审阅了陆定一写的《百花齐放，百家争鸣》一文，并批示道，此件很好，可以发表。在第九页作了一点修改，请加斟酌。④ 6月13日，这篇讲话在《人民日报》发表。9月，党的八大确定了"双百"方针，并写进了政治报告和关于政治报告的决议当中。自此，"百花齐放，百家争鸣"正式作为

①《毛泽东年谱（1949—1976）》第2卷，中央文献出版社2013年版，第575页。

②《建国以来重要文献选编》第8册，中央文献出版社1993年版，第303页。

③ 龚育之：《陆定一双百报告再解读——我所知道的陆定一（之五）》，《学习时报》2006年8月14日。

④《毛泽东年谱（1949—1976）》第2卷，中央文献出版社2013年版，第583页。

我国科学和文化发展的方针成为党的全国代表大会的决策。

（三）完善发展

1957 年 2 月，毛泽东在最高国务会议上作了《关于正确处理人民内部矛盾》的报告。毛泽东在报告中指出："百花齐放，百家争鸣的方针，是促进艺术发展和科学进步的方针，是促进我国的社会主义文化繁荣的方针。艺术上不同的形式和风格可以自由发展，科学上不同的学派可以自由争论。利用行政力量，强行推行一种风格、一种学派、禁止另一种风格、另一种学派，我们认为会有害于艺术和科学的发展。艺术和科学中的是非问题，应该通过艺术界科学界的自由讨论去解决，通过艺术和科学的实践去解决，而不应当采取简单的方法去解决。"① 文中还提出了适用于科学艺术活动的六条政治标准，毛泽东认为这六条政治标准可以看作是"香花还是毒草"的标准。

这时，"双百"方针虽然已经正式提出，党内却有些不理解的情绪存在，而很多知识分子存在疑虑，有思想包袱。同年 3 月，毛泽东在全国宣传工作会议上的讲话中，再次强调："百花齐放，百家争鸣，这是一个基本性的同时也是长期性的方针，不是一个暂时性的方针。""双百"方针的提出，对于我国社会主义科学文化事业的发展有着非同一般的意义，它的提出对于打破苏联形而上学的，教条主义的思想束缚，对于调动知识分子的积极性和创造性都起到了积极的作用。但是，鉴于当时的国际国内环境，"双百"方针的贯彻执行也注定不是一帆风顺的。

二　"双百方针"提出的原因

苏联作为世界第一个社会主义国家，也是其他社会主义国家学习的样板。苏联一直对其他国家的社会主义建设多有干涉，时常表现出一种大国沙文主义的态度，也招致了很多社会主义国家的反感。1953 年 3 月 5 日，斯大林去世。作为世界社会主义运动的领袖，斯大林的溘然长逝，是社会主义阵营的巨大损失。在社会主义阵营当中，一些受苏共压制的社会主义国家领导人的观点开始被关注，各个社会主义国家之间的不同争论也就此展开。这时的中国共产党人，也开始反思苏联社会主义的发展模式，尝试探索适合中国国情的社会主义发展道路。

---

① 《毛泽东文集》第 7 卷，人民出版社 1999 年版，第 229 页。

（一）国际原因：以苏为鉴，破除对苏联的迷信

1956 年 2 月，苏联共产党召开了苏共二十大，在会议的最后一天，赫鲁晓夫作了题为《关于个人崇拜及其后果》的秘密报告。报告不顾及苏共自身的威信，全盘否定了社会主义阵营的偶像——斯大林。这一秘密报告，后来又被美国人弄到手，并且公之于众。这不仅使得苏联以外的社会主义国家陷入了被动，而且引发社会主义阵营里不小的震动。而中国共产党认为，斯大林的功绩也应该三七开，辩证地看待苏联社会主义建设，在肯定苏联社会主义所取得成绩的同时，也要逐渐打破过去对于苏联模式的迷信。什么都学，好的坏的都搬来，其实是种教条主义的态度，这种态度本质上是反马克思主义的。毛泽东认为：“马克思列宁主义实际上有三家争鸣：一家是真正的马克思列宁主义，一家是修正主义，一家是教条主义。教条主义是极端专制派，它肯定一切，不承认社会主义社会内部有矛盾，混淆敌我矛盾和人民内部矛盾，实行无情打击。去年这一年，修正主义泛滥，反对苏联。反对斯大林，否定一切，否定苏联的一切，否定斯大林的一切。否定无产阶级，就是要肯定资产阶级。在我们党内，修正主义和教条主义都有。也就是说，有肯定一切和否定一切这两种片面性。”① 在当时的社会主义阵营中，这两种片面性也都是存在的，而毛泽东认为社会主义国家之间也可以争鸣的，采取求同存异的方针，用事实来说明一切。

当时的苏共领导人赫鲁晓夫就曾公开反对中共“双百”方针的提法，他在回忆录中写道：“毛非常明白我们不赞同他的这个新政策，我们反对让所有那些不同的花都开放。任何一个农民都知道，有些花则应该铲除。有些植物结的果实味道是苦的或者有损人的健康，还有一些植物长起来不受人的控制而且会使它周围的作物的根因得不到养料而干死。”② 针对赫鲁晓夫的批评，毛泽东说：“有些同志认为，只能放香花，不能放毒草。这就有问题了。田里头长着两种东西，一种叫粮食，一种叫杂草。农民需要年年跟田里的杂草作斗争，我们党的作家，艺术家、评论家教授，也需要年年跟思想领域的杂草作斗争。”③ 很明显，毛泽东认为“双百”方针

---

① 《毛泽东年谱（1949—1976）》第 3 卷，中央文献出版社 2013 年版，第 111 页。

② 《最后的遗言——赫鲁晓夫回忆录续集》，上海国际问题研究所译，东方出版社 1988 年版，第 417 页。

③ 《毛泽东年谱（1949—1976）》第 3 卷，中央文献出版社 2013 年版，第 68 页。

对我国的科学文化事业的发展而言是十分必要的，对于"思想领域的杂草"可以与之作斗争，但不应用行政力量去铲除。

1956 年 4 月 18 日，毛泽东对"中宣部讨论对待苏联科学的教条主义态度问题"的报告作了批示，请中宣部讨论一下这个问题，讨论时邀请科学及其他机关的负责同志参加。这一问题是关于如何看待苏联农学家李森科的学说的。当时德国统一社会党中央宣传部部长哈格尔说，"过去教条主义的错误，主要表现在过分强调苏联的先进经验和科学成就。例如，我们宣传苏联农学家李森科的学说一切都好，将德国科学界很有权威的魏尔啸一切都否定了，认为奥地利遗传学家孟德尔的一切都是反动的，而在德国的生物学家，绝大多数是孟德尔派。科学可以有各种学派，我们相信久而久之可以使一些真正研究科学的人走上唯物主义。苏联科学有好的我们应该学习，但不能讲苏联科学界的每句话都认为是神圣的"。① 诸如李森科这样的问题，在当时的中国同样存在。同年 5 月 1 日，周恩来在同中国科学院负责人谈话时说："可以先把两者分开。科学是科学，政治是政治。然后再把它结合起来。比如李森科的学说，首先应该在科学领域内进行研究，看看哪些是对的或不对的。其次，再对李森科否定的那些学说进行研究，看哪些是对的不应该否定，哪些是不对的应该否定。然后，再对中国科学家胡先骕批评李森科的文章进行研究，看看批评对不对，对了多少。如果李森科不对，我们没有理由为李森科辩护。我们就向批评的胡先骕承认错误。对一切科学，都要这样。这样把科学与政治分开了，然后再把科学与政治结合起来。"② 毛泽东和周恩来在"李森科事件"的态度上是一致的，就是尊重科学，而不是用意识形态来判定对错。所以，后来得知胡先骕的批评是正确的，毛泽东表示这样的学术问题是应该自由讨论。

1956 年 6 月 28 日，毛泽东在同罗马尼亚驻华大使谈话时说："我们不要迷信，认为在社会主义国家里一切都是好的。事物都有两面：有好的一面，有坏的一面。在我们的社会里，一定有好的东西，也有坏的东西……过去认为苏联是没有错误的，现在斯大林的问题出来了，许多人就惊讶不止。世界是美丽的，但也不是美丽的，世界上有斗争、有矛盾。希

---

① 《建国以来毛泽东文稿》第 6 册，中央文献出版社 1992 年版，第 74 页。
② 《周恩来年谱（1898—1976）》，中央文献出版社 1997 年版，第 694 页。

望一切都是好的，这是我们的主观，而现实是客观。"① 同年 9 月，毛泽东在同参加党的八大的南斯拉夫共产主义同盟代表团时，亮明了我们党反对大国沙文主义的态度。毛泽东说，"过去是父子档，现在有点兄弟党的味道了，但也还有父子党的残余。这也是可以理解的，残余不是一天就能搞清的。去掉盖子以后，使人可以自由思考，独立思考。……我们社会主义国家必须想些办法。当然，没有集中和统一是不行的，要保持一致。人民意志统一对我们有利，使我们在短期内能实现工业化，能对付帝国主义。但这也有缺点，就在于使人不敢讲话，因此要使人有讲话的机会。我们政治局的同志都在考虑这些问题。"谈话中，毛泽东所讲的"去掉盖子"就是指对斯大林的那些批评的声音打破了苏联的神话，这在一定程度就是一场思想解放。而我们党解决既有统一意志又有严肃活泼的政治局面的办法就是"双百"方针。

在当时的中国社会，很多人依然认为苏联的一切都是好的，在学术领域，乱扣帽子的现象也时常发生，比如说巴甫洛夫是社会主义医学，魏尔啸是资本主义医学，中医是封建医学。1956 年 5 月 28 日，陆定一在一次讲话说，过去我们学习苏联，学习马列主义，是吃过苦头的，这苦头就是教条主义。所以，把马列主义理论和苏联经验分开来学习，苏联的某些经验不一定是好的。对文艺、科学中的问题，我们一定要老老实实，切不可乱扣帽子。凡是老老实实地研究学问的，我们都要给予支持和关心（对坏人当然是另一回事）。② 从中不难看出，"双百"方针的提出是希望可以改变当时对于苏联经验的迷信。因为这时，以毛泽东为核心的第一代中国共产党领导集体开始反思学习苏联经验的问题，逐渐摸索适合中国国情发展的道路，也包括适合我国国情的科学文化发展的方针政策。

（二）国内原因：调动一切积极因素，建设社会主义强国

1956 年 4 月，毛泽东就在《论十大关系》中指出："提出这十个问题，都是围绕着一个基本方针，就是要把国内外一切积极因素调动起来，为社会主义事业服务。"③ 9 月，党的八大顺利召开，毛泽东在开幕词中说，阶级斗争已经不是我国的主要矛盾，我们的主要任务是要把一个落后

---

①《毛泽东文集》第 7 卷，人民出版社 1999 年版，第 69 页。

②《陆定一文集》下卷，人民出版社 1992 年版，第 523—527 页。

③《毛泽东文集》第 7 卷，人民出版社 1999 年版，第 23 页。

的农业国改变成为一个先进的工业化的中国。他在会上号召全党，争取一切可以争取的积极因素，团结一切可以团结的力量，为把我国建设成为一个强大的社会主义国家而奋斗。刘少奇在党的八大的政治报告中说："知识界已经改变了原来的面貌，组成了一支为社会主义服务的队伍。"① 这一表述，延续了周恩来在知识分子问题会议上的对于知识分子的态度，在政治上充分肯定知识分子的地位。此外，报告中明确指出，提出"双百"方针就是为了繁荣我国的科学和艺术，使它们为社会主义建设服务。

1957 年 3 月，《中共中央关于传达全国宣传工作会议的指示》中，这样写道："在阶级斗争已经基本结束的时候，党中央提出了'百花齐放，百家争鸣'的政策。这个政策的目的，是用说服的方法，用自由辩论的方法，而不是用粗暴的方法，向知识分子进行长期的、耐心的、细致的马克思主义的宣传，促进我国的科学文艺在马克思主义的指导下迅速地繁荣起来。"② 同年 4 月，毛泽东在杭州开会说，"八大已做了结论，大规模阶级斗争已经基本结束，提出'百花齐放，百家争鸣'正是时候。"解决人民精神世界的问题，解决思想问题，都属于人民内部的内部，不应该用简单粗暴的方法处理，不能靠行政命令强迫。

新中国成立初期，我国有三次大的文艺批判，第一次是 1951 年对于电影《武训传》的批判，第二次是对于俞平伯关于《红楼梦》的学术研究上的批判；第三次是 1952—1955 年对于胡风集团的批判。这三次批判，使得很多的知识分子背上沉重的思想包袱，顾虑很多。而"双百"方针提出后，也得到了学术界、文艺界的积极回应，在一定程度上调动了知识分子的积极性和创造性。可以说，"双百"方针是在新中国成立初期三次批判知识分子的某种政策调整。后来，由于种种国内外的原因，"双百"方针被中断了。在"双百"方针提出之后的一年多时间里，学术专著出版数量都较之前有了大幅度的增加，学术界独立思考、自由讨论的风气浓厚起来，文学创作上也涌现出了一批创新之作，文艺演出舞台也更加活跃。科学文化艺术领域都出现了一派春天的气象，"双百"方针在这段时间里发挥了重要作用。

---

① 《建国以来重要文献选编》第 9 册，中央文献出版社 1994 年版，第 39 页。
② 《建国以来重要文献选编》第 10 册，中央文献出版社 1994 年版，第 132 页。

三　"双百方针"的贯彻与马克思主义中国化

自 1956 年党提出"双百"方针，它经历了半个多世纪的曲折沉浮。实践证明，"双百"方针，"是吸取我国历史上学术、文化发展的经验，总结新中国成立以来党领导科学文化的经验和教训，也借鉴了外国党领导科学文化的经验教训，所确定的符合科学文化发展的客观规律的方针"。[①]"双百"方针的历史命运，从未脱离过马克思主义中国化的历史视野。虽然受"左"倾思潮的影响，"双百"方针一度被中断。但在新的历史时期，"双百"方针同样受到了资产阶级自由化的干扰。所以，要发展和繁荣社会主义科学文化事业，必须排除"左"和右的干扰，坚持"双百"方针。这是我们党在马克思主义中国化的历史进程中的一条宝贵经验。

（一）"双百方针"的贯彻并非一帆风顺

在"双百"方针提出之后，就在全国范围内产生了广泛的关注和讨论。一些党内的干部担心，"双百"方针会影响马列主义的指导思想地位，引发思想混乱，危及党的权威和社会主义事业。1957 年 1 月 7 日，《人民日报》发表了陈其通等人的《我们对目前文艺工作的几点意见》一文。该文指出，在过去的一年中，为工农兵服务的文艺方向和社会主义现实主义的创作方法，越来越很少有人提倡了。有些人认为国家已进入社会主义建设的新时期，只需要强调"百花齐放，百家争鸣"，为工农兵服务的方向可以不必强调了。百花齐放的方针使我们的文学艺术在过去一年中放出了一些令人喜爱的花朵，但百花中最主要的应该是新的、社会主义现实主义的、在人民新的生活土壤上开出的花朵，自从提出百花齐放以后，有许多人只热衷于开老花，不注意开新花。不注意培植和保护新花的百花齐放是不完全正常的。[②] 毛泽东后来多次批评陈其通等发表的文章，认为他们的思想方法是教条主义，形而上学的。同年 3 月 8 日，毛泽东在讲话中说，陈其通等人的文章是来阻止百花齐放、百家争鸣的，是唯恐天下大乱。4 月 10 日，《人民日报》发表了名为《继续放手，贯彻百花齐放，百家争鸣的方针》的社论。毛泽东对这一时期《人民日报》的工作提出了批评，认为对陈其通等的文章表态晚了。

---

①　石仲泉等主编：《中共八大史》人民出版社 1998 年版，第 107 页。

②　《建国以来毛泽东文稿》第 6 册，中央文献出版社 1992 年版，第 294—295 页。

与此同时，很多知识分子认为"双百"方针"放"得不够，仍然是忧心忡忡，多有顾虑。1957 年 3 月 24 日《人民日报》发表了费孝通的《知识分子的早春天气》。文中一方面坦言"百家争鸣实实在在打中了许多知识分子的心"，表达知识分子对于百家争鸣的态度是欢迎的，也希望百家争鸣的政策可以使知识分子的潜力充分发挥出来；另一方面表达了一些高级知识分子对百家争鸣的态度，是"心里热，嘴上紧"。一些知识分子在经历过之前暴风骤雨的运动之后还是积重难返，尽管"百家争鸣"已经提出，但依旧是早春的天气，乍暖还寒，"草色要看近却无"。

1956 年 9 月，王蒙的短篇小说《组织部里新来的年轻人》发表。这篇短篇小说招致了很多人的围攻。1957 年 2 月 16 日，毛泽东在讨论文艺思想问题的会议上，谈到了对王蒙这一小说的看法，毛泽东认为这篇小说有缺点，对王蒙这样的青年人应该既批评又保护，在保护下批评。对于一些人批评王蒙说他写得不真实，中央附近不该有官僚主义等观点，毛泽东并不认同，他说："任何事情都有两重属性，我们有些同志用片面性来反对片面性，这是形而上学的方法，是教条主义的方法。用教条主义来批评人家的文章，是没有力量的。教条主义不是马列主义。……马列主义不能从真空中间生产起来，只能从敌对斗争中，并从对立面中吸收合理的部分，才能生长和发展。我们的危险就在革命成功了，四方无事，天下太平了。只允许香花，不允许毒草，这种观念是不对的。香花是从同毒草作斗争中出来的。香花与毒草齐放，'落霞与孤鹜齐飞'。斯大林的教条主义不是两点论，而是一点论，我们的同志看事物应该是两点论。……一些事物都有它的产生、发展和灭亡，都有始有终。如果马列主义叫永恒的真理，就不叫马列主义。"① 从这一事例可以看出，"双百"方针在贯彻之初，更多对准的是当时在文化领域中教条主义的批评。毛泽东在多次谈到"双百"方针时，始终很好地坚持了辩证唯物主义的"两点论"，强调"香花与毒草"的斗争性和同一性。在"双百"方针贯彻和执行的过程中，如何正确地鉴别"香花与毒草"却是一个关键性的问题，这方面我们经历了不少曲折。此外，毛泽东多次谈及"双百"方针时，都提及了思想领域的斗争是长期的，意识形态领域的斗争也是长期的，也为后来的"大鸣大放"埋下了伏笔。

---

① 《毛泽东年谱（1949—1976）》第 3 卷，中央文献出版社 2013 年版，第 77 页。

　　1957 年下半年，国际国内都出现了一些复杂的情况。自此，党在指导思想上发生了"左"的偏差，逐渐偏离了正确方向。"双百"方针自反右斗争扩大之后，就遭到了严重的破坏，走向了"大鸣大放"的极端。从 1958 年"大跃进"运动开始，到"文化大革命"之前的这段时间里，当党内的极"左"错误得到纠正时，"双百"方针的贯彻就会有所起色。而这些"起色"又很快被"以阶级斗争为纲"的思想路线所压倒。在十年的"文化大革命"中，"双百"方针被文化专制主义取而代之。"文化大革命"中，文化专制主义的盛行，最终造成了百花凋零、万马齐喑的局面。直到 1978 年 3 月，"双百"方针被写进了中华人民共和国宪法，才被当作我国科学文化发展的基本国策确定下来。

　　（二）"双百方针"在马克思主义中国化历史进程中的作用

　　自"双百方针"提出之后，毛泽东多次阐述了作为马克思列宁主义指导思想与"双百"方针的关系。1957 年 3 月，毛泽东在第十一次国务会议上说："工人阶级及其政党共产党的指导思想，就是马列主义、共产主义思想。问题是它如何领导，如何指导。并不是说要一切人都进共产党，都相信共产党的道理，去讲唯物辩证法的世界观。世界观的问题只能是逐步地使人了解，不能强迫人家相信。精神上的东西不能强迫人相信，也不能强迫人不相信。强迫人相信马克思主义的世界观是不行。"要解决人们思想境界的问题，不能靠行政命令，只能以理服人。"百花齐放、百家争鸣"就是希望通过民主讨论的形式，以达到理越辩越明的目的。

　　在"双百"方针贯彻之初，始终没有脱离辩证唯物主义的方法论原则。我们党希望通过"双百"方针，实现马克思主义在中国的发展。"马克思主义是同它的敌对力量作斗争中创造出来的，发展起来的，现在还要发展。比如我们中国办事情，如果我们不发展马克思主义，那末事情就办不好。马克思主义的原理原则到中国来实行的时候，就要带有中国的色彩，就要按照具体情况解决问题。若采取压服的方针，不让百花齐放、百家争鸣，那就会使我们的民族不活泼，简单化，不讲道理，使我们的党不去研究说理，不去学会说理。马克思主义要跟非马克思主义作斗争才能发展起来，百花齐放之所以需要，就是这个道理。"[①] 马克思主义中国化的成功实践，就是在与教条主义等错误斗争的过程中不断发展起来的，也是

[①] 《毛泽东年谱（1949—1976）》第 3 卷，中央文献出版社 2013 年版，第 114 页。

中国共产党独立思考和探索的历史产物。在中国发展马克思主义，始终离不开独立思考。历史证明，失去了对于独立思考的鼓励，失去了自由讨论的空间，真理就无法与谬误斗争，真理也就无法在实践中得以检验和发展。

（三）"双百方针"：中国特色社会主义文化建设的指导原则

1979 年 10 月 30 日，邓小平为第四次全国文代会作了《祝词》，这一《祝词》也是看作是新时期社会主义文化发展的一大转折。邓小平说："我们要继续坚持毛泽东同志提出的文艺为最广大的人民群众、首先为工农兵服务的方向，坚持百花齐放、推陈出新、洋为中用、古为今用的方针，在艺术创作上提倡不同形式和风格的自由发展，在艺术理论上提倡不同观点和学派的自由讨论。"[1] 1980 年 7 月 26 日，《人民日报》发表题为《文艺为人民服务、为社会主义服务》的社论。1981 年，针对思想战线存在的问题，邓小平说："我们坚持实行百花齐放、百家争鸣的方针，坚持正确处理人民内部矛盾，这是不会改变的。我们在思想文化的指导工作中还存在着'左'的倾向，这也必须坚决纠正和防止。"[2] 在坚持和贯彻"双百"方针的过程中，以邓小平为核心的第二代领导集体在排除"左"的干扰的同时，也保持着对于资产阶级自由化的警惕。面对资产阶级自由化的宣传，也没有放弃坚持"双百"方针，而且强调在坚持宪法和法律所保障的各项自由，坚持对思想上的不正确倾向说服教育为主，不搞任何运动和"大批判"，不允许重犯任何简单化、扩大化的"左"的错误。后来的实践证明，在资产阶级自由化的问题上，虽然我们党依旧坚持了"双百"方针，但在意识形态工作上是有失误的。所以，"双百"方针的坚持和贯彻其实是与意识形态等方面的工作紧密相关的。

进入新世纪以后，江泽民同志提出了努力建设社会主义先进文化的新要求，为了不断推进我国文学艺术事业发展繁荣，"要坚持为人民服务、为社会主义服务的方向和百花齐放、百家争鸣的方针，弘扬主旋律，提倡多样化，积极宣传爱国主义、集体主义、社会主义思想，坚决抵制拜金主义、享乐主义、极端个人主义思想，积极倡导先进文化，努力改造落后文

---

[1]　《邓小平文选》第 2 卷，人民出版社 1993 年版，第 210 页。

[2]　同上书，第 392 页。

化。"① 2011 年，胡锦涛在中国文学艺术界联合会第九次全国代表大会时，提出了对广大文艺工作者的几点希望，依然强调坚持"二为"方向和"双百"方针，奋力开创文艺发展新局面，为推动社会主义文化大繁荣大发展，建设社会主义文化强国贡献智慧和力量。

我们党在经过了社会主义文化建设的长期实践中，深化了对于文化发展规律的认识，在实践的基础上总结了贯彻"双百"方针中的经验和教训。在新的历史时期，"双百"方针已经成为我国社会主义文化建设的基本方针和指导原则，实现我国社会主义文化的大繁荣大发展的必由之路。

第十节　"大跃进"的重大失误

新中国成立之后，中国共产党带领中国人民开始了社会主义建设。从 1949 年到 1957 年的上半年，中国共产党科学地将马克思主义的基本原理与中国具体实际结合起来，制定并坚持了正确的方针政策，促进了社会主义健康发展。从 1957 年下半年开始，违背了中共八大制定的路线，犯了"左"的错误。直到"文化大革命"结束，中国共产党内的这种"左"的错误，持续了近 20 年，给国家和人民带来灾难性的影响。

一　批评"反冒进"与"大跃进"的产生

第一个五年计划后期，经济建设中开始表现出一些急于求成思想，产生了层层抬高数量指标和忽视综合平衡的冒进势头。1956 年，中共中央开始批评和纠正经济工作中的这种急躁冒进倾向。1957 年下半年，国内政治经济形势发生变化："一五"计划提前完成，全国民心振奋，人民群众在生产战线上的积极性和创造性空前高涨，一个新的生产高潮已经和正在形成。基于这样的形势判断，毛泽东在八届三中全会、杭州会议、南宁会议、成都会议等一系列会议上对反冒进的做法提出批评，认为，反冒进就是泄了 6 亿人民的劲。②《人民日报》连续发表社论，批评反冒进。例如，1957 年 10 月 27 日在题为《建设社会主义农村的伟大纲领》中，第一次以号召形式使用"跃进"一词，要求"有关农业和农村的各方面的

---

① 《江泽民文选》第 3 卷，人民出版社 2006 年版，第 403 页。
② 《毛泽东传（1949—1976）》（上），中央文献出版社 2003 年版，第 770 页。

工作在十二年内都按照必要和可能，实现一个巨大的跃进"。① 11 月 13 日在题为《发动全民，讨论四十条纲要，掀起农业生产的新高潮》的社论中批评"有右倾保守思想的人"把正确的跃进看成了"冒进"；② 12 月 12 日毛泽东主持起草的题为《必须坚持多快好省的建设方针》的社论批评说，反冒进对社会主义建设事业当然不能起积极的促进的作用，相反地起了消极的"促退"的作用。③ 毛泽东对 11 月 13 日的社论大加赞赏，认为："以'跃进'一词代替'冒进'一词从此篇起，两词是对立的。自从'跃进'这个口号提出以后，反冒进论者闭口无言了，'冒进'可反（冒进即左倾机会主义的代名词），当然可以振振有词。跃进呢？那就不同，不好反了。要反那就立刻把自己抛到一个很不光彩的地位上去了。"④

　　1958 年是国民经济第二个五年计划的开局之年。新年伊始，毛泽东提出了"不断革命"的思想。在这一思想指导下，在反对右倾保守、批评反冒进的政治氛围中，在未经充分科学论证的情况下制定形成了《工作方法六十条（草案）》，其中提出的任务和目标要求过高、过急、难以达到。而这些高指标却在南宁会议上一致通过。"大跃进"就是在这些不切实际但十分鼓舞人心的口号的激励下，在过高过急的任务的压力下，一步步地发动起来的。

　　此后的一届全国人大五次会议批准的 1958 年国民经济计划指标更是体现出了跃进的精神。在此次会议期间，《人民日报》连续发表《我们的行动口号——反对浪费，勤俭建国》、《鼓起干劲，力争上游！》、《高产区能再跃进，低产区也能跃进》、《发动群众打破陈规》等一系列社论，继续批评反冒进。1958 年 2 月 2 日《人民日报》发表社论《我们的行动口号——反对浪费，勤俭建国》宣称"我们国家现在正面临着一个全国大跃进的新形势，工业建设和工业生产要大跃进，农业生产要大跃进，文教、卫生等事业也要大跃进"。国民经济"全国大跃进"的口号由此产生。2 月 3 日，《人民日报》发表社论《鼓起干劲，力争上游！》再次批评了反冒进，并对"跃进"做了解释，认为跃进与冒进有原则的不同，它是在群众运动的高潮中，千方百计，打破常规，采取新的方法或者新的

① 薄一波：《若干重大决策与事件的回顾》（下），中共党史出版社 2008 年版，第 479 页。
② 苏星：《新中国经济史（修订本）》，中共中央党校出版社 2007 年版，第 305 页。
③ 同上书，第 306 页。
④ 《建国以来毛泽东文稿》第 7 册，中央文献出版社 1992 年版，第 254 页。

技术，以比通常快得多的速度，迈大步前进。随后，在基层全体干部中开展认真学习社论活动。随着中国共产党内部批评反冒进的范围越来越大，地方上一些领导人互相攀比，提出的生产指标也越来越高。在这种情况下召开的成都会议把对反冒进的批评提高到马克思主义与非马克思主义的层次。经过这次会议之后，反冒进已无法开展，"大跃进"已成定局。

二　"大跃进"的进程及特征

"大跃进"，是从农业开始的。1957 年召开的中国共产党八届三中全会基本通过了《一九五六年到一九六七年全国农业发展纲要（修正草案）》，将原草案中要求 5 年或 7 年内实现的指标都改成 12 年实现，但是最关键的粮食单产指标没有修改；作出了《关于在今冬明春大规模开展兴修农田水利和积肥运动的决定》，要求各地使这一运动"成为随着目前农村社会主义教育高潮而来的生产高潮的主要组成部分"。11 月、12 月各省、市、自治区相继召开了党的代表大会，贯彻八届三中全会精神，落实农业发展纲要，开展了大规模的农田水利建设和积肥运动。这样，在1957 年冬到 1958 年春，全国农村掀起了大搞农田水利基本建设的高潮。1957 年 10 月，投入农田水利建设的劳动力为 2000 万—3000 万人，11 月为 6000 万—7000 万人，12 月为 8000 万人，1958 年 1 月达到 1 亿人。①农业"大跃进"的序幕就此拉开。

1958 年 5 月，中共八大二次会议召开。这次会议通过了毛泽东在成都会议上提出的"鼓足干劲，力争上游，多快好省地建设社会主义"的总路线。"用最高的速度来发展我国的社会生产力""速度是总路线的灵魂"② 成为总路线的精神。会议通过了 15 年赶上和超过英国的目标；通过了提前 5 年完成全国农业发展纲要；通过了"苦干三年，基本改变面貌"的口号。这条总路线也因此成为一条"大跃进"的总路线。"大跃进"运动正式进入高潮。

"高指标"，成为"大跃进"的鲜明特征。八大二次会议之后，各种指标被继续拔高，工农业生产战线上"跃进"的消息不断传出。例如，农业部党组的报告称：1958 年粮食总产量超过 8000 亿斤，比 1957 年的

---

① 苏星：《新中国经济史》，中共中央党校出版社 2007 年版，第 306 页。
② 《人民日报》社论：《力争高速度》，1958 年 6 月 21 日。

3700亿斤增加4000多亿斤，增长一倍以上。① 对1958年粮棉等农产品产量的盲目乐观导致了对农业发展形势的错误估计，认为我国农业和粮食问题已基本解决，农业在逼工业，全党的工作重心要转移到工业首先是钢铁上来。冶金工业部报告说，华北地区钢的生产能力，1959年年底达到800万吨是可能的。毛泽东批转这个报告时写道："1962年，可产6000万吨钢。"这个数字比刚刚闭幕的八大二次会议上冶金工业部报告的计划数又翻了一番。毛泽东认为："只要1962年达到6000吨钢，超过美国就不难了。必须力争在钢的产量上在1959年达到2500万吨，首先超过英国。"国家计委向中共中央政治局报送的"二五"计划要点提出第二个五年计划的任务是提前实现农业发展纲要；建成基本上完整的工业体系，五年超过英国，十年赶上美国；大大推进技术革命和文化革命，为在十年内赶上世界上最先进的科学技术水平打下基础。这个计划要点，将赶上美国的时间又提前了五年。几天之后，毛泽东在批转报告时直接提出："超过英国，不是十五年，也不是七年，只需要两年到三年，两年是可能的。"② 如此，超英的时间由15年改为2年。

1958年8月在北戴河召开的政治局扩大会议，提出各级党委的工作重心应该转移到工业方面来。这次会议一共通过了40个文件，其中《中共中央政治局扩大会议号召全党全民为生产1070万吨钢而奋斗》的会议公报和《中共中央关于在农村建立人民公社问题的决议》在新中国建设和中国共产党历史上影响深远并引发世界高度关注。前一个文件直接导致了全党全民大炼钢铁运动，③ 后一个文件直接导致人民公社化运动的到来。

高指标促生和助长了各地的"浮夸风"。首先是各地农业大放高产

---

① 薄一波：《若干重大决策与事件的回顾（下）》，中共党史出版社2008年版，第484页。

② 《毛泽东传（1949—1976）》（上），中央文献出版社2003年版，第822—824页。

③ 北戴河会议之后，国民经济"以钢为纲"，其他产业均需"停车让路"，群众性的大炼钢铁运动在全国范围内迅速展开。根据当时测算，1958年的后三个月，现代化高炉炼出的铁只能满足钢产量翻一番的1/4，大部分只能靠小高炉、小土炉。1—8月，全国已经建成小高炉、土高炉24万多座，参加人数几百万人；到9月底，小高炉、土高炉激增至60万座；10月底，参加的群众增至600多万人，年底达到9000多万人，工厂、公社、部队、学校、机关都建起了土高炉和炼铁厂。经过几千万人的日夜苦干，1958年12月19日，正式宣布提产完成钢产量翻番的任务，共生产1073万吨。年底，钢产量1108万吨，生铁产量1369万吨；其中，合格的钢产量只有800多万吨，土铁占到了30.4%。绝大多数土铁、土钢质量很差，很难加工使用。（苏星：《新中国经济史》，中共中央党校出版社2007年版，第319—322页。）

"卫星"。① 当时《人民日报》报道了多地"放卫星"的情况，比如最早报道的河南省遂平县亩产小麦 2105 斤；随后的江西贵溪县水稻亩产 2340 斤；水稻"卫星"亩产最高的是广西环江县红旗农业社亩产 130434 斤。② 与此同时，大炼钢铁也不断放出高产"卫星"。如 1958 年 9 月 14 日首"放卫星"的贵州省宣布生产生铁 14000 吨，提前超额完成 9 月 9000 吨的生产计划；河南省宣布说仅 9 月 15 日一天，全省就产铁 1893.92 吨；9 月 29 日是中共中央确定的"放卫星"的日子，这一天全国钢产量近 6 万吨，铁产量近 30 万吨，出现了 9 个日产生铁超过万吨的省，73 个日产生铁超过千吨县和两个日产 5000 吨钢、一个日产 4000 吨钢的省。③

由于不切实际的高指标、严重的"浮夸风"和高估产，1958 年征粮过了头，相当数量的农民口粮和种子粮被征走，农村人均粮食消费量下降，一些地方发生浮肿病甚至发生严重死亡。由于抽调大量人力、物力、财力参与全民大炼钢铁运动，严重影响了农业生产和发展，影响了国民经济的正常发展。原材料和轻工业生产滞后，城市副食品和日用消费品供应非常紧张，劳动力极大浪费，国民经济比例严重失调。

毛泽东和中共中央意识到"大跃进"中浮夸风的严重程度和"左"的错误的危害。毛泽东曾专门批评虚报和作假问题，要求"要老老实实，不要作假"④。从 1958 年 11 月到 1959 年 7 月庐山会议前期，中共中央相继召开了第一次郑州会议、武昌会议（即中共八届六中全会）、省市自治区党委第一书记会议、第二次郑州会议、八届七中全会等一系列会议，纠正"大跃进"运动中"左"的错误。半年多的纠"左"，收到了比较明显的效果，在某些重要方面，刹住了"左"的思潮，使经济混乱的情况有所改变。但是，由于受思想认识水平限制，这种纠正始终没有脱离"左"倾指导思想的框架。

1959 年 7 月的庐山会议本来是要纠"左"，却突然改变方向，变成了"反右倾"，从上到下又开始提 1960 年要持续大跃进，原本有所收缩的高指标、瞎指挥、浮夸风又开始泛滥，农村和城市的缺粮状况更加严重。

---

① 1957 年，苏联发射了第一颗人造卫星。这在当时是一种非常了不起的成就。"大跃进"时期，那些虚报产量、无法想象的高产纪录被统称为"放卫星"。
② 薄一波：《若干重大决策与事件的回顾》（下），中共党史出版社 2008 年版，第 483 页。
③ 苏星：《新中国经济史》，中共中央党校出版社 2007 年版，第 320—321 页。
④ 《毛泽东传（1949—1976）》（上），中央文献出版社 2003 年版，第 903 页。

1960 年第一季度开始，国民经济开始滑坡，四、五月间局势已经很紧张。因为没有棉花供应，上海纱厂不得不停工。毛泽东和党中央意识到问题的严重性，6 月在上海召开了中共中央政治局扩大会议，认为"在这一段时间内，思想方法有一些不对头，忘记了实事求是的原则，有一些片面思想（形而上学思想）"。① 会议对高指标一压再压，但是由于这次会议仍然肯定"总路线"、肯定"大跃进"、肯定对彭德怀的错误批评，没有从根本上认识和改正"左"的指导思想及其危害，因此只不过是在"左"的框架内进行的"改良主义"。在全国"五风"（共产风、浮夸风、命令风、干部特殊风、瞎指挥风）造成的损失越显惨重，粮食严重减产，农村中饿死、病死、逃荒而死现象严重，有些地方干部蜕化变质、违法乱纪甚至摧残人命。毛泽东和中共中央不得不对"大跃进"以来的一些重要教训进行反思和检讨。1960 年冬，中共中央发出《关于农村人民公社当前政策问题的紧急指示信》，开始纠正农村工作中的"左"倾错误；1960 年年底 1961 年年初的中共中央工作会议纠正"五风"问题；1961 年年初，中共八届九中全会确定了"调整、巩固、充实、提高"的方针。"大跃进"运动宣告结束。

三　"大跃进"的影响和启发

毛泽东和中共中央发动"大跃进"的初衷是为了摆脱苏联模式，走自己的路，加快社会主义现代化建设。但是在方式方法上却忽视社会主义初级阶段经济建设的客观规律，大搞群众运动，急于求成，结果欲速则不达，扰乱了正常的生产秩序，严重破坏社会生产力，使国民经济遭受严重挫折，人民生活受到很大的影响。

首先，不得不承认，"大跃进"给国民经济、社会和人民带来了灾难。

由于"以钢为纲"、"保钢促钢"，重工业不断"跃进"，轻工业出现倒退，基本建设规模膨胀，工业内部比例严重失调。"大跃进"的三年，每年新增基本建设投资都在百亿元以上，1960 年比 1957 年增加 1.8 倍。1957 年重工业投资总额中所占比重为 51.6%，已经够高了，在 1958 年至 1960 年三年间，重工业比重上升到 55%—57%，轻工业所占比重除 1958

---

① 《建国以来毛泽东文稿》第 9 册，中央文献出版社 1996 年版，第 213—216 页。

年外均低于 1957 年。三年中，施工的大中型建设项目均在 1300 个以上，1960 年比 1957 年增加 83%。

农业大幅度减产，粮食供应严重不足，出现全国性的粮食和副食品危机。1960 年粮食产量比 1957 年减少 26% 以上，棉花减少 35% 以上，油料作物减少一半多，猪的存栏数减少 56%，大牲畜减少 12.5%。与此同时，伴随着工矿企业大量招工，城镇人口猛增，1960 年比 1957 年增加 3124 万人；为了维持城镇商品粮供应，采取了高征购的办法，1958 年至 1960 年的征购量分别占当年总产量的 29.4%、39.7% 和 35.6%。

财政赤字扩大，物价上涨。三年中财政支出每年增加百亿元以上，三年连续出现赤字：1958 年为 21.8 亿元、1959 年为 65.8 亿元、1960 年高达 81.8 亿元。为了弥补赤字，不得不增发货币，造成通货膨胀。1960 年末，货币流通量达 95.9 亿元，比上年增加 27.7%，而当年商品零售总额只比上年增加 9.2%。

1958 年到 1960 年，是新中国成立以来人民生活最困难的三年。农副产品奇缺，多数人吃不饱饭，长期的紧张劳作，疾病流行，出现大量非正常死亡。①

"大跃进"造成国民经济比例关系的严重失调。此后，中共中央用了五年时间对此进行调整。但是，"大跃进"的影响很难在短期内消除，尤其是它留给人们关于短缺、饥饿和痛失亲人的恐惧以及对于理想的狂热更是犹如烙印一般铭刻在几代人的心里。

其次，"大跃进"影响了党的建设的进程。"大跃进"中由于个人崇拜、主观意志、骄傲自满等情绪和心理不断膨胀，党的实事求是的思想路线、民主集中制以及密切联系群众等优良传统受到破坏，个人专断盛行，抹黑了党的形象，影响了党的执政能力和执政水平。"大跃进"造成了思想混乱，致使无政府主义泛滥。由于过分夸大人的主观意志，漠视科学、盲目攀比、蛮荒虚报等丑陋心态暴露无遗。一些企业工厂胡乱破坏规章制度，大搞管理权限下放、人员下放，有的企业甚至推行"无人管理"或"工人自我管理"，企业管理混乱，严重破坏了正常的生产秩序。

再次，不可否认，"大跃进"也为我们留下了宝贵的物质和精神遗

---

① 薄一波：《若干重大决策与事件的回顾（下）》，中共党史出版社 2008 年版，第 620—622 页；苏星：《新中国经济史》，中共中央党校出版社 2007 年版，第 364—365 页。

产。这一时期，我国的经济建设尤其是重工业建设和农田水利建设确实取得了很大成就。据统计，新中国成立以来到1964年，在新建设的大中型企业项目中（1961年到1964年基本上未开工新建大中型项目），属于1958年后开工的，在许多重工业部门都占2/3；1950—1979年新增生产能力中，"大跃进"的三年增加的比重为：炼钢36.2%，炼铁32.7%，采煤29.6%，机制纸33.8%，棉纺锭25.9%。① 北京的十大建筑、十三陵水库等一大批农田水利基本建设也是"大跃进"中建成的。通过大跃进，国家的物质技术基础确实有所增强。甚至有国外学者认为，大跃进所促成的农田水利、乡村工业和资本化副业三面的巨大进步，正是后来乡村发展的关键。②

这一时期，广大人民在党中央、毛主席的号召下，发挥不怕苦、不怕累、战天斗地的革命精神，怀着无比的虔诚和信念，以前所未有的冲劲和干劲，打破各种条框，推进社会主义现代化建设。

最后，"大跃进"留给后人无尽的思考和启发。其中最主要的一条就是要坚持实事求是，不主观臆断，不急于求成，不盲目攀比，一切从客观实际出发。这样才能把握和遵循经济发展的客观规律，戒除主观随意性，尽可能地避免失误和损失。

1981年6月中共十一届六中全会通过的《关于建国以来党的若干历史问题的决议》（以下简称《决议》）对社会主义建设总路线和"大跃进"作出了正确的评价和总结。《决议》指出："一九五八年，党的八大二次会议通过的社会主义建设总路线及其基本点，其正确的一面是反映了广大人民群众迫切要求改变我国经济文化落后状况的普遍愿望，其缺点是忽视了客观的经济规律。在这次会议前后，全党同志和全国各族人民在生产建设中发挥了高度的社会主义积极性和创造精神，并取得了一定的成果。但是，由于对社会主义建设经验不足，对经济发展规律和中国经济基本情况认识不足，更由于毛泽东同志、中央和地方不少领导同志在胜利面前滋长了骄傲自满情绪，急于求成，夸大了主观意志和主观努力的作用，没有经过认真的调查研究和试点，就在总路线提出后轻率地发动了'大跃进'运动和农村人民公社化运动，使得以高指标、瞎指挥、浮夸风和

---

① 苏星：《新中国经济史》，中共中央党校出版社2007年版，第365页。
② ［美］黄宗智：《长江三角洲小农家庭与乡村发展》，中华书局2000年版，第278页。

'共产风'为主要标志的'左'倾错误严重地泛滥开来。"①

　　今天，我们需要用平和的心态和理性的思维来面对"大跃进"这段曾经如诗如歌、如梦如幻般地出现在中国历史舞台上的波澜壮阔的群众运动。"大跃进"时代结束了。但是，"大跃进"对国家、社会和人民产生的影响却难以在短时期内消除。正视历史，总结经验，汲取教训，才能在今后的发展道路上减少失误，创造更大的成绩。

第十一节　邓小平与经济特区建设

　　中国改革开放进程中经济特区建设是在以邓小平同志为代表的党中央的倡导和亲自参与下成功实现的。它充分展现了邓小平和中国共产党高瞻远瞩、勇于创新的政治智慧。30多年来的经济特区建设实践已充分证明这一举措的正确性和坚定性。中国经济特区建设是邓小平同志将马克思主义基本原理与中国改革开放新时期的具体实际有机结合的成果。它符合中国最广大人民群众根本利益，为中国改革开放的成功推进、社会主义现代化建设的顺利推行起到了高度的示范效应。经济特区是适应世情、国情、民情和党情的马克思主义中国化的产物，是邓小平理论的重要组成部分。其成功实践再一次充分证明，只有将马克思主义与中国的具体实际、时代特征和广大人民群众的愿望有机结合，推进马克思主义中国化，才能有效地解决中国发展中的实际问题。

一　经济特区建设理论是邓小平理论的重要组成部分

　　经济特区理论是邓小平将马克思主义与中国社会主义经济建设的具体实际相结合的产物，是马克思主义中国化的理论成果。中国经济特区的成功实践开启了中国特色社会主义建设的新航程，促进了中国社会主义经济的飞速发展，其理论成果构成了邓小平理论的主要内容。

　　（一）经济特区建立的成功实践

　　中国经济特区的实践有着特殊的国内外时代背景。以邓小平同志为代表的中国共产党继续推进马克思主义中国化，将马克思主义基本理论、观点和方法与中国20世纪80年代的具体实际相结合，成功实现了中国的改

---

　　① 《三中全会以来重要文献选编》（下），人民出版社1982年版，第805—806页。

革开放，建设经济特区，为中国经济的腾飞奠定了坚实基础。

第一，经济特区建立的国内外时代背景。邓小平倡导经济特区的建设既适应和平与发展的时代主题，又抓住了中国经济发展的机遇期。首先，从国际背景来看，冷战结束后，和平与发展已经成为20世纪下半叶的时代主题，为邓小平倡导中国经济特区建设提供了有益的国际背景。冷战结束后，世界处于一个相对平静期，同时，世界主要资本主义经济发达国家经历经济快速发展期后出现了相对滞涨，大量技术和资本需要更多、更广的场所加以投放。与此同时，中国在和平共处五项原则的基础上，先后与主要发达资本主义国家日本、美国等建立了正式外交关系，逐步加强了与这些国家的经济、贸易的往来与合作。当时，邓小平曾讲："在和平共处五项原则的基础上，积极发展同世界各国的关系和经济往来，经过几年的努力，有了今天这样的、比过去好得多的国际条件，使我们能够吸收国际先进技术和经营管理经验，吸收他们的资金，这是毛泽东同志在世的时候所没有的条件。"① 邓小平同志高瞻远瞩，充分认识到了这些都将构成中国经济发展难得的机遇期，大胆提出了建立中国经济特区的设想。其次，从国内背景来看。党的十一届三中全会是我国社会主义发展过程中的历史性转折，以邓小平为代表的党中央抓住重大发展机遇果断实现了两个转变即从"以阶级斗争为纲"向"以经济建设为中心"转变和从封闭保守向改革开放的转变。两大转变适应我国社会主义发展的现实，也符合当时中国最广大人民群众的根本利益诉求。"一个能影响和带动整个国民经济的政策"② 即以建立经济特区作为改革开放的一个重要部分逐步展开。

第二，经济特区的成功实践。在广东省委省政府的积极努力下，在以邓小平为代表的党中央的积极倡导下中国经济特区得以成功实践。首先，邓小平首次提出中国建立经济特区的观点。1977年邓小平再次复出时，在多个场合多次强调不能关起门来搞建设。同年11月，邓小平、叶剑英等中央领导在广州视察工作期间，广东省委领导汇报了当时广东经济发展中所面临的系列问题，引起了中央的高度重视。1978年11月，广东省委主要领导在中央经济工作会议上谈到引进香港资金、技术和设备时，受到邓小平和党中央的高度重视。之后，邓小平在1979年4月的中央工作会

---

① 《邓小平文选》第2卷，人民出版社1994年版，第127页。
② 同上书，第152页。

议上，对广东允许华侨、港澳商人直接投资办厂等建议明确表示支持和赞同。他当时讲道：在你们广东划出一块地方来，也搞一个特区。至此，邓小平建立经济特区的思想正式提出。其次，经济特区的正式建成。邓小平倡导建立经济特区的思想一提出，在各方面引起了积极反响。7月15日，中共中央、国务院批转了广东省、福建两省委"关于对外经济活动实行特殊政策和灵活措施"的报告，并决定在深圳、珠海、汕头和厦门试办特区。8月13日，中共中央、国务院颁发《关于大力发展对外贸易增加外汇收入若干问题的规定》，明确提出了扩大地方和企业的外贸权限，鼓励增加出口，办好出口特区。1980年5月16日，中共中央、国务院批转《广东、福建两省会议纪要》，正式将"特区"定名为"经济特区"。至此，邓小平倡导的中国经济特区在中国正式建立起来。

总之，经济特区的成功实践是特定历史条件下的产物，是以邓小平为代表的中国共产党人善于抓住历史机遇期，所推行的一项重大创举。

（二）经济特区建设理论构成了邓小平理论的重要内容

邓小平理论是马克思主义普遍原理与中国社会主义建设的具体实际相结合的科学理论成果。经济特区建设理论是邓小平理论的重要组成部分。

首先，邓小平经济特区建设理论的主要内容。邓小平经济特建设理论内容广泛，涉及中国改革开放过程中怎样建设社会主义，发展经济、提高人们生活水平，最终实现共同富裕等一系列经济发展问题。其理论内容主要涵盖了经济特区是社会主义的成果，必须坚持社会主义方向；经济特区是对外开放的窗口，建设经济特区不是收而是放；经济特区是改革的试验场，要发挥经济特区的带动和示范作用等。这一系列理论思想和观点构成了邓小平经济特区建设理论的主要内容，指引着中国经济特区的不断完善和发展。

其次，经济特区建设理论是邓小平理论的重要组成部分。邓小平理论是一个完整科学的理论体系，是当代中国的马克思主义，是马克思主义基本原理与中国改革开放的具体实际相结合的成果，它科学回答了"什么是社会主义"、"怎样建设社会主义"等一系列重大理论问题和现实问题。在以社会主义初级阶段理论、社会主义本质理论、社会主义市场经济理论等邓小平理论基石上构建了社会主义发展道路、发展阶段、根本任务、政治保证等内容完善的理论大厦。而邓小平经济特区建设理论是邓小平理论与深圳、珠海等特区具体实际相结合的产物，它构成了邓小平理论的重要内容，是邓小平理论的重要组成部分。

因此，邓小平理论是马克思主义中国化的理论成果，是一个完整的科学理论体系，涉及中国社会主义建设的诸多方面，而经济特区建设理论是邓小平理论的一个重要组成部分。

二 经济特区建设理论是马克思主义中国化的重要体现

社会主义中国经济特区的建立极大地推动了中国改革开放的历史进程，加快了中国特色社会主义建设的步伐，适应了最广大人民群众的根本利益，是马克思主义与中国改革开放的具体实际相结合的产物。马克思主义对外开放发展开放型经济理论是经济特区建设的基本理论来源，经济特区建设理论体现了马克思主义基本原理。

（一）马克思的对外开放发展开放型经济理论是经济特区建设的基本理论依据

马克思的对外开放发展开放型经济理论是他在研究资本主义形成和发展，特别是英国工业革命及推动资本主义经济快速发展过程中提出的经济思想，将这一思想与中国改革开放的具体实际相结合构建中国社会主义开放型经济，形成了中国社会主义经济特区建设的基本理论依据。

第一，对外开放发展开放型经济是社会经济发展从封闭走向开放的内在要求。社会经济发展的过程是从封闭走向开放的渐近过程，这是社会进步发展的内在要求。马克思在研究资本主义产生和发展过程中曾指出："资产阶级，由于开拓了世界市场，使一切国家的生产和消费都成为世界性的了。……古老的民族工业被消灭了，并且每天都还在被消灭。……过去那种地方的和民族的自给自足和闭关自守状态，被各民族的各方面的互相往来和各方面的互相依赖所代替了。"[1] 后来，他在研究英国工业革命及资本主义经济迅速发展的过程又在其著作《哲学的贫困》中指出："在英国，机器发明之后分工才有了巨大进步……由于机器和蒸汽的应用、分工的规模已使脱离了本国基地的大工业完全依赖于世界市场、国际交换和国际分工。"[2] 当社会分工从部门发展到国内各领域再到国外，就形成了生产的国际化、销售的国际化、消费的国际化，这样一来，封闭将成为落

---

[1] 《马克思恩格斯选集》第1卷，人民出版社1995年版，第276页。

[2] 同上书，第166页。

后，对外开放、相互交流与合作成为趋势。邓小平倡导的对外开放，建立经济特区是中国社会主义建设过程中发展经济的客观需要，马克思的对外开放发展开放型经济理论是其基本理论依据。

第二，社会主义是全方位的对外开放型经济社会。马克思认为，对外开放发展开放型经济，使得大工业"首次开创了世界历史，因为它使每个文明国家以及这些国家中的每一个人的需要的满足都依赖于整个世界"①。全方位的对外开放是社会经济发展的必然要求，也是社会文明进步的必然趋势。那么，这种全方位的对外开放型经济社会何以实现？马克思给出了他的回应："共产主义是以生产力的普遍发展和与此相联系的世界交往为前提的"②；"联合的行动，至少是各文明国家的联合的行动，是无产阶级获得解放的首要条件之一"③。从马克思的论述中可见，社会主义实现全方位对外开放需要"联合"，即不仅包括全世界社会主义国家的联合，也包括与其他国家之间的联合，这是引致全世界无产阶级获得自由与解放的"首要条件之一"。邓小平倡导的对外开放、经济特区建设，即是一个从点到面，从沿海到沿江到沿边的多领域、全方位的对外开放。

总之，邓小平倡导的对外开放、经济特区的建设，不是权宜之计而是长远政策，不是局部开放而是全方位多领域开放。它是马克思的对外开放发展开放型经济理论与中国社会主义建设的具体实际相结合的产物，构成了邓小平对外开放建设经济特区的基本理论依据。

（二）经济特区建设理论体现了马克思主义基本原理

邓小平经济特区建设理论是马克思主义与中国改革开放的具体实际有机结合的产物，是马克思主义中国化的科学理论成果，它既遵循了马克思主义基本原理，又处处体现着马克思主义基本原理。

首先，邓小平经济特区建设理论是普遍性与特殊性的辩证统一，体现着马克思主义基本原理。马克思主义认为矛盾具有普遍性和特殊性的内在特性，矛盾的普遍性与特殊性是相互联结、辩证统一的。一方面，普遍性存在于特殊性之，一般只能在个别中存在，只能通过个别而存

---

① 《马克思恩格斯全集》第 3 卷，人民出版社 1960 年版，第 68 页。
② 《马克思恩格斯选集》第 1 卷，人民出版社 1995 年版，第 86 页。
③ 《马克思恩格斯文集》第 1 卷，人民出版社 1995 年版，第 291 页。

在，不存在不包含普遍性的特殊性；另一方面，特殊性中包含着普遍性，不存在不包含特殊性的普遍性，特殊性与普遍相联系而存在。邓小平经济特区建设理论是马克思主义中国化的科学理论成果，一方面，它是邓小平将马克思主义普遍真理和基本原理与中国改革开放的具体实际相结合而形成的，它体现着马克思主义基本原理的普遍性；另一方面，邓小平经济特区建设理论又不是照抄照搬、教条地运用马克思主义对外开放思想，而在充分考虑和深入分析研究中国社会主义建设的具体实际的前提下，运用发展的视野将马克思主义与中国改革开放的实际相结合而形成的，它又时刻体现着中国的具体实际和民族特性，它是马克思主义普遍性与特殊性的有机统一。

其次，邓小平经济特区建设理论是矛盾的对立统一，体现着马克思主义基本原理。马克思主义认为，任何事物都包含有不以人的意志为转移的矛盾，矛盾双方既统一又斗争，既对立又统一，是对立与统一的辩证关系，任何事物正是在自身所包含的矛盾的对立与统一中推动自身的运动变化和发展。邓小平经济特区的建立就是推行对外开放的实验场。经济特区各领域、各行业实行全方位多层次的对外开放，不仅对其他区域开放，也对全世界其他国家开放，包括资本主义国家。社会主义与资本主义是两种性质截然不同的社会制度，是根本对立的社会制度，体现出马克思主义关于矛盾的对立面；同时，社会主义与资本主义又共存于一个地球，共存于一段时间，两者又存在统一性。一方面，资本主义可以为国内剩余资本、技术找到投放场所，为过量的商品找到销售地；另一方面，社会主义还处在初级阶段，在经济社会发展过程中需要大量资金、先进技术和管理经验等，在建立经济特区实现对外开放过程中可以从发达资本主义国家获得。

因此，邓小平经济特区建设理论既是马克思主义中国化的科学理论成果，又是马克思主义关于矛盾的普遍性与特殊性辩证统一、矛盾的对立统一规律的直接体现。

三 经济特区建设的经验丰富发展了马克思主义

2010年9月，胡锦涛同志在深圳经济特区建立30周年庆祝大会上明确指出："兴办经济特区是党和国家为推进我国改革开放和社会主义现代化的一项重大决策，是中国共产党人和中国人民在探索中国特色社会主义道路上进行的一个伟大创举。"邓小平经济特区建设理论是马克思主义基本原理与中国改革开放具体实际相结合的科学理论成果,是邓小平理论的重要组成部分,为中国特色社会主义建设开创了新的历史篇章,是马克思主义发展史上重大开拓和创新之举。它丰富和发展了马克思主义的理论内容。

(一) 丰富了马克思主义社会主义建设理论

马克思恩格斯从宏观上对社会主义建设进行了理论阐述。在其著作中马克思恩格斯对社会建设思想作了构想性的论述,指出未来社会建设主要从以下几方面展开:一是,从基本价值上看,未来社会是实现每个人的全面自由发展为基本价值的社会;二是,从趋势上看,未来社会建设中实现社会的和谐是人类历史发展的必然趋势;三是,从条件上看,未来社会建设必须以生产力的高度发达为前提条件;此外,他们还从思想文化、政治、生产与消费、分配方式等方面对未来社会主义建设提出了理论说明。马克思主义对社会主义的建设理论主要体现在对未来社会建设的构想中,并做了理论上、宏观上的阐述,对于具体的建设方案、步骤等并没有给出具体的答案。

邓小平在遵循马克思主义关于社会主义建设理论和社会发展规律的基础上提出了经济特区建设思想,是对社会主义建设理论的丰富和发展。邓小平经济特区建设思想更加具体、明确。他对中国经济特区建设提出了明确的发展外向型经济的目标取向;提出了渐近稳定的实施步骤即从"实验场"、"窗口"、"基地"开始逐步辐射到全国;提出了有力的保障条件即"两手抓、两手都要硬"、"两大局思想"等。这些思想和观点都是对马克思主义社会建设理论的丰富和发展。

(二) 丰富了马克思主义政治经济学理论

马克思主义政治经济学是马克思主义理论的核心内容,是马克思运用辩证唯物主义和历史唯物主义分析资本主义的产生、发展及未来走向过程中形成的科学理论,其主要理论观点集中体现于著作《资本论》中。马克思在《资本论》中从所有制结构、商品货币、计划与市场等方面对未来社会进行了理论阐述。马克思认为,"在社会主义公有的生产中,货币资本不再存在了。社会把劳动力和生产资料分配给不同的生产部门。生产部门也许会得到纸的凭证,以此从社会的消费储备中,取走一个与他们的劳动时间相当的量。这些凭证不是货币，它们不流通的。"① 马克思的这一阐述是针对社会主义发展到一定阶段的构想。但是社会主义初级阶段应当如何发展生产力、发展经济等方面并没有做具体、明确的论述。

　　邓小平经济特区建设思想的提出和成功实践，既推进了马克思主义中国化的历史进程，又丰富和发展了马克思主义政治经济理论内容。首先，从商品、货币、市场等基本经济要素来看，邓小平经济特区建设思想突破了马克思关于社会主义不存在商品、不存在货币、不存在市场等基本观点，并提出了社会主义初级阶段理论，认为在社会主义初级阶段仍然存在商品、货币、市场等；其次，从计划与市场的关系上看，邓小平经济特区建设思想突破了马克思关于在社会主义公有制中必须实行计划经济的观点，提出了社会主义也可以有市场经济，并对计划与市场的关系做了充分的论证；再次，从所有制结构上看，邓小平经济特区建设思想突破了马克思关于社会主义必须实现单一的生产资料公有制的观点，提出了社会主义也可以有其他所有制形式作为社会主义公有制的有益补充。

　　总之，邓小平是中国经济特区的倡导者、决策者，是经济特区建设和发展的推动者。邓小平经济特区建设理论的形成推进了马克思主义中国化的历史进程，丰富和发展了马克思主义的理论内容。

---

　　① 《马克思恩格斯全集》第 24 卷，人民出版社 1972 年版，第 397 页。

主要参考文献

马克思主义经典著作

《马克思恩格斯选集》第 1—4 卷，人民出版社 1995 年版。

《列宁选集》第 1—4 卷，人民出版社 1995 年版。

《马克思恩格斯文集》第 1—10 卷，人民出版社 2009 年版。

《列宁专题文集》5 卷本，人民出版社 2009 年版。

《毛泽东选集》第 1—4 卷，人民出版社 1991 年版。

《毛泽东文集》第 1—8 卷，人民出版社 1993—1999 年版。

《毛泽东书信选集》，人民出版社 1983 年版。

《毛泽东早期文稿》，湖南人民出版社 1990 年版。

《毛泽东哲学批注集》，中央文献出版社 1988 年版。

《毛泽东思想年谱》，中央文献出版社 1998 年版。

《邓小平文选》第 1—3 卷，人民出版社 1989—1993 年版。

《邓小平年谱（1975—1997）》（上、下），中央文献出版社 2004 年版。

《邓小平思想年谱》，中央文献出版社 1998 年版。

《刘少奇选集》，人民出版社 1981 年版。

《周恩来选集》，人民出版社 1980 年版。

《陈云文集》第 1—3 卷，中央文献出版社 2005 年版。

《江泽民文选》第 1—3 卷，人民出版社 2006 年版。

重要历史文献

《十四大以来重要文献选编》（上、中、下），人民出版社 1996—1999
年版。

《十六大以来重要文献选编》（上、中、下），中央文献出版社2005—2008年版。

《十七大以来重要文献选编》（上、中、下），中央文献出版社2009—2013年版。

《三中全会以来重要文献选编》（上、下），中央文献出版社2011年版。

《改革开放三十年重要文献选编》（上、下），中央文献出版社2008年版。

《关于若干历史问题的决议》（一九四五年四月十二日），《关于建国以来党的若干历史问题的决议》（一九八一年六月二十七日），中共党史出版社2010年版。

专著部分（按出版时间排列）

谢春涛：《"大跃进"狂澜》，河南人民出版社1990年版。

胡绳主编：《中国共产党的七十年》，中共党史出版社1991年版。

刘祖熙主编：《东欧剧变的根源与教训》，东方出版社1995年版。

吴冷西著：《十年论战》，中央文献出版社1999年版。

李会滨主编：《社会主义：20世纪的回顾与前瞻》，华中师范大学出版社1999年版。

赵曜、王伟光等主编：《马克思列宁主义基本问题》，中共中央党校出版社2001年版。

赵智奎著：《邓小平理论的范畴体系》，河南人民出版社2001年版。

中共中央党史研究室著：《中国共产党历史》（第1卷）（1921—1949）上、下册，中共党史出版社2002年版。

杨春贵主编：《中国共产党实事求是100例》，中共中央党校出版社2003年版。

安贞元：《人民公社化运动研究》，中央文献出版社2003年版。

赵智奎著：《邓小平理论前沿问题研究》，青岛出版社2004年版。

吴元梁、杨学功等著：《马克思主义与时俱进理论品质的哲学基础》，贵州人民出版社2004年版。

张乐天著：《告别理想——人民公社制度研究》，上海人民出版社2005年版。

辛逸著：《农村人民公社分配制度研究》，中共党史出版社2005年版。

崔桂田著：《当代世界社会主义发展模式比较研究》，山东人民出版社2005年版。

范广军主编：《当代国外社会主义研究》，河南大学出版社2005年版。

赵智奎主编：《"三个代表"与中国共产党执政规律》，四川人民出版社2006年版。

罗平汉：《天堂实验：人民公社化运动始末》，中共中央党校出版社2006年版。

金民卿著：《现代移民都市文化》，海天出版社2006年版。

贾艳敏著：《大跃进时期乡村政治的典型：河南嵖岈山卫星人民公社研究》，知识产权出版社2006年版。

姜汉斌主编：《与时俱进：马克思主义最重要的理论品质》，解放军出版社2007年版。

夏东民著：《马克思主义中国化理论创新规律与历程研究》，吉林人民出版社2007年版。

《中国特色社会主义理论体系形成与发展大事记》（一九七八——二〇〇八年），中央文献出版社2008年版。

侯惠勤等著：《马克思主义中国化理论创新30年》，人民出版社2008年版。

赵智奎主编：《改革开放30年思想史》（上、下），人民出版社2008年版。

陈先达等著：《马克思主义基础理论若干重大问题研究》，经济科学出版社2009年版。

顾海良著：《马克思主义发展史》，中国人民大学出版社2009年版。

"马克思主义中国化的历史进程和基本经验"课题组著：《马克思主义中国化研究——历史进程和基本经验》，北京出版集团公司、北京人民出版社2009年版。

罗平汉：《"大跃进"的发动》，人民出版社2009年版。

金冲及：《二十世纪中国史纲》（1—4卷），社会科学文献出版社2009年版。

赵智奎主编：《中国社会主义六十年》，青岛出版社2009年版。

吴汉全著：《中国马克思主义学术史概论》（1919—1949），吉林人民出版社2010年版。

谭群玉著：《马克思主义哲学与现代文明》，社会科学文献出版社2010

年版。

朱志敏著：《马克思主义中国化的理论与实践》，北京师范大学出版社2010年版。

林志友著：《马克思主义中国化的进程及其规律研究》，中国社会科学出版社2010年版。

梅荣政主编：《马克思主义中国化史》，中国社会科学出版社2010年版。

王伟光主编：《社会主义通史》（1—8卷），人民出版社2011年版。

靳辉明、李崇富主编：《马克思主义若干重大问题研究》，社会科学文献出版社2011年版。

李红岩著：《中国近代史学史论》，中国社会科学出版社2011年版。

孙正聿著：《马克思主义基础理论研究》，北京师范大学出版社2011年版。

王令金著：《马克思主义中国化的历史进程及其规律》，中央编译出版社2011年版。

包心鉴等著：《马克思主义中国化的基本规律与当代走向》，人民出版社2011年版。

罗平汉等著：《党史细节：中国共产党90年若干重大事件探源》，人民出版社2011年版。

石仲泉著：《中国共产党与马克思主义中国化》，中国人民大学出版社2011年版。

中共中央党史研究室著：《中国共产党历史》（第2卷）（1949—1978）上、下册，中共党史出版社2011年版。

［英］特里·伊格尔顿著：《马克思为什么是对的》，新星出版社2011年版。

彭海红著：《中国农村集体经济道路研究》，中央民族大学出版社2011年版。

中国社会科学院当代中国研究所著：《中华人民共和国史稿》（第3卷），人民出版社、当代中国出版社2012年版。

周光迅、李芳等著：《马克思主义中国化历程、经验与启示》，中国社会科学出版社2012年版。

李崇富著：《毛泽东与马克思主义中国化》，社会科学文献出版社2012年版。

赵智奎著：《什么是中国特色社会主义》，湖南人民出版社 2012 年版。

王经西、王克群主编：《马克思主义中国化时代化大众化历史进程、经验和规律研究》，山东人民出版社 2012 年版。

余品华著：《马克思主义中国化启示录：两次历史性飞跃的途径、经验及其他》，中国社会科学出版社 2012 年版。

《国际共产主义运动史》编写组编：《国际共产主义运动史》，人民出版社 2012 年版。

［美］雷蒙德·F. 怀利著：《毛主义的崛起　毛泽东、陈伯达及其对中国理论的探索》，中国人民大学出版社 2013 年版。

张海鹏著：《中国近代史基本问题研究》，中国社会科学出版社 2013 年版。

罗平汉主编：《中国共产党群众路线思想史》，人民出版社 2013 年版。

论文部分（按发表时间顺序排列）

逍兰：《中国第一个人民公社》，《福建党史月刊》1996 年第 1 期。

胡绳：《毛泽东新民主主义理论的再评价》，《中国社会科学》1999 年第 3 期。

廖光焰：《"大跃进"的哲学反思》，《毛泽东思想研究》1999 年第 2 期。

杨奎松：《陈独秀与共产国际——兼谈陈独秀的"右倾"问题》，《近代史研究》1999 年第 2 期。

宋淑云、秦忠义：《关于"立三路线"的思考——为李立三诞辰百周年作》，《龙江党史》1999 年第 3 期。

石仲泉：《李立三：叱咤风云坎坷路的革命家》，《中共党史研究》2000 年第 1 期。

姚金果：《"陈独秀与共产国际"学术研讨会综述》，《中共党史研究》2000 年第 2 期。

王令金：《试论"大跃进"的成因及教训》，《东方论坛》2001 年第 2 期。

林建华：《毛泽东独立自主思想的由来与发展》，《党史研究与教学》2001 年第 6 期。

辛逸：《试论人民公社的历史地位》，《当代中国史研究》2001 年第 3 期。

金怡顺：《李立三"左"倾错误的国际根源》，《青海师范大学学报》（哲学社会科学版）2001 年第 1 期。

唐宝林、贾可卿：《略论陈独秀对中国革命与建设道路的探索》，《安徽史学》2001 年第 1 期。

魏汝朝：《坚持马克思主义坚持社会主义——越南、朝鲜、古巴、老挝社会主义的探索与发展》，《中共山西省委党校学报》2001 年第 2 期。

崔桂田：《越共把马克思主义与本国国情相结合的探索》，《当代世界社会主义问题》2002 年第 1 期。

赵明义：《论马克思主义的本性及品格》，《中共天津市委党校学报》2002 年第 1 期。

侯树栋、辛国安：《树立科学的马克思主义观——关于如何理解马克思主义观及其理论品质的对话》，《中国特色社会主义研究》2002 年第 5 期。

张静如、韩保卫：《论马克思主义与时俱进的理论品质》，《中共党史研究》2002 年第 2 期。

柴尚金：《当代社会主义国家改革之比较》，《社会主义研究》2002 年第 2 期。

梁树发：《论解放思想、实事求是、与时俱进是马克思主义的精髓》，《延边大学学报》（社会科学版）2003 年第 3 期。

马勇：《越南共产党对社会主义认识的深化》，《学术探索》2004 年第 8 期。

柳礼泉、薛其林：《李立三研究综述》，《湖南社会科学》2004 年第 5 期。

俞玲：《"大跃进"运动的国际动因及其教训》，《武汉理工大学学报》（社会科学版）2004 年第 8 期。

丁青：《论马克思主义的实践性品格及其历史延续》，《北京行政学院学报》2006 年第 6 期。

张传平：《实事求是与中国马克思主义理论发展的内在逻辑》，《理论探讨》2006 年第 1 期。

李爱华：《苏东剧变后的越、老、朝、古政治态势》，《山东师范大学学报》（人文社会科学版）2006 年第 2 期。

姜述贤：《古巴对社会主义道路的不断探索》，《当代世界与社会主义》2007 年第 1 期。

肖枫：《社会主义国家的不同选择与命运》，《当代世界与社会主义》2007 年第 3 期。

谭荣邦《苏东剧变后越、朝、老、古对社会主义道路的探索和发展》，《当代世界与社会主义》2007 年第 3 期。

陈先达：《马克思主义哲学的当代性与文本解读》，《中国社会科学》2007 年第 5 期。

何龙群：《越南共产党革新事业的理论和实践探索》，《当代世界与社会主义》2007 年第 5 期。

董德刚：《马克思主义的一脉相承和与时俱进》，《党政干部学刊》2007 年第 8 期。

戴小江：《马克思主义民族化与社会主义国家的探索》，《河南师范大学学报》（哲学社会科学版）2008 年第 3 期。

欧阳康：《马克思主义的实践品格与大众化取向》，《湖北社会科学》2008 年第 2 期。

陈连根：《论当代中国马克思主义大众化进程中的理论品质优势》，《思想理论教育》2008 年第 7 期。

倪志安：《论马克思主义哲学的实事求是方法》，《哲学研究》2008 年第 10 期。

潘金娥：《试论越南社会主义道路的历史必然性》，《科学社会主义》2009 年第 2 期。

陶德麟：《马克思主义中国化研究中两个问题的理解》，《中国社会科学》2009 年第 1 期。

江流：《马克思主义中国化的理论品格和实现途径》，《马克思主义研究》2009 年第 8 期。

金民卿：《五四运动为马克思主义中国化奠定了初步基础》，《中国社会科学院院报》2009 年 5 月 7 日。

何萍：《中国马克思主义哲学的普遍性品格》，《理论视野》2009 年第 1 期。

牛先锋：《马克思主义时代化进程中的中国化、大众化研究》，《科学社会主义》2009 年第 6 期。

仝华：《党的第一代中央领导集体学习马克思主义理论的历史经验》，《重庆社会科学》2010 年第 3 期。

王伟光：《正确认识马克思主义中国化、时代化、大众化的科学内涵》，《中国特色社会主义研究》2010 年第 1 期。

郭建宁：《论马克思主义中国化、时代化、大众化》，《学术探索》2010

年第 2 期。

王学俭、朱大鹏：《从辩证思维看马克思主义中国化的历程和经验》，《高校理论战线》2010 年第 9 期。

龚云：《列宁的马克思主义观及其当代启示》，《马克思主义研究》2010 年第 8 期。

陈先达：《历史唯物主义的史学功能》，《中国社会科学》2011 年第 2 期。

谢毅：《马克思主义史学理论与历史研究》，《高校理论战线》2011 年第 11 期。

杨学功：《同一与差异：马克思恩格斯哲学观比较研究》，《马克思主义与现实》2011 年第 4 期。

李琦：《中国共产党走上独立自主道路的历程》，《中共党史研究》2011 年第 7 期。

王强：《为人民服务：马克思主义政党伦理的内涵及影响——以中国共产党九十年历程为例》，《科学社会主义》2011 年第 4 期。

孙继虎：《正确理解"始于毛，成于邓"的论断——兼谈毛泽东思想和中国特色社会主义理论体系的关系》，《思想教育导刊》2011 年第 8 期。

林世昌、张璐：《马克思主义时代观理论形态的逻辑演进——论马克思、列宁、邓小平的时代理论和创新发展》，《上海行政学院学报》2012 年第 13 卷第 2 期。

金民卿：《两种异质性文化的独特融合》，《人民论坛·学术前沿》2012 年 11 月（上）。

赵智奎：《马克思主义中国化的规律研究之"问"》，《马克思主义中国化研究报告》2013 年第 5 期。

金民卿：《理论创新的重大成果及其生成机制》，《中国矿业大学学报》2013 年第 1 期。

金民卿：《中国特色社会主义理论对外宣传阐释的必要与可能》，《青海社会科学》2013 年第 5 期。

高正礼：《民主革命时期马克思主义中国化中的论争及其启示》，《马克思主义研究》2013 年第 1 期。

龚云：《马克思主义学者与中国化》，《马克思主义研究》2013 年第 9 期。

肖恩·赛耶斯、林进平：《当代马克思主义研究：从理论走向现实》，《马克思主义与现实》2013 年第 1 期。

后　记

　　本书是中国社会科学院重大课题"马克思主义中国化的基本经验及规律性认识"的最终成果。我们将在听取终审专家的意见之后，使之进一步完善。

　　该重大课题的研究和写作时间，超过三年之久。在此期间，上级交办的各项硬性任务连续不断，除了必须参与国情调研，还有中国社会科学院创新工程任务的承担。特别是党的十八大以后，课题组成员临时接受了一些更为紧迫的任务，使得该课题不得不让路，甚至需要拖延。但是在大家的齐心努力下，课题组采取了某些补救措施，得以保证课题按期完成。

　　在本书结项和出版之际，本人作为课题组组长，并没有松一口气，更没有自鸣得意，而是惴惴不安起来……

　　为什么呢？原因很简单：现在马克思主义中国化研究似已成为学术理论界的"显学"，这方面的著述汗牛充栋。一批批研究成果先后出版，无疑给课题组增加了较大压力。我们的成果能否有新的突破？即便不会有大的超越，能否有某些新的贡献？这是我辗转反侧、扪心自问的问题。

　　近年来，理论界对马克思主义中国化的经验和规律研究，日益增多起来，一些成果属于国家社会科学基金项目，对本课题组的研究有不少启发和帮助。已有这些成果促使本课题必须有自己的建树，特别是应有独到的理论观点。课题组成员对此还是自信的。本书各章都有某些"新观点"、"新阐述"，这些"新观点"、"新阐述"未必很成熟，但我们坚持解放思想，实事求是，与时俱进，提出了一些"不同"的见解和新思考。这正是本课题所坚持和秉承的追求真理的"大无畏"精神和"探索"精神。

　　本课题和本书之所以妄称是对马克思主义中国化若干问题的"新思考"，出于以下几点理由：

　　第一，对马克思主义中国化历程的追溯。本课题阐述了马克思主义中国化的逻辑原点是多发的，毛泽东是集大成者。论证了马克思主义中国化与科学社会主义理论形态、实践形态、制度形态的关系。指出了在马克思主义中国化的进程中和中国化马克思主义的形成发展中，继承和发展了科学社会主义的理论形态；推进和丰富了科学社会主义的实践形态；巩固和完善了科学社会主义的制度形态。阐述了把马克思主义理论同民族性特点相结合的民族化过程；把马克思主义理论同时代特征相结合的时代化过程；把马克思主义理论同具体实践相结合的实践化过程；把马克思主义理论同群众性实践相结合的大众化过程。从学理上论证了马克思主义中国化的理论根据；对两次伟大的历史性飞跃进行了理论反思。

　　第二，对马克思主义中国化经验的提炼。本课题认为近百年波澜壮阔的马克思主义中国化的历史进程，积淀出了具有世界历史价值的极其丰富的基本经验。论证了马克思主义中国化经验的表述方式与层次划分，提出了与马克思主义中国化"经验"密切相关的若干范畴，论述了马克思主义中国化的整体经验与阶段性经验，在此基础上，把马克思主义中国化的基本经验表述为：1. 把握理论精髓，坚持马克思主义基本原理，科学地对待马克思主义；这是实现和推进马克思主义中国化的基本前提。2. 扎根中国实践，实现马克思主义与中国革命和建设具体实际、中华优秀传统文化的"互相结合"；这是实现马克思主义中国化的根本路径。3. 筑牢群众根基，坚持马克思主义的群众观点和群众路线，使马克思主义转化为人民群众的社会实践；这是马克思主义中国化的依靠力量。4. 重视党的建设，特别是始终不懈地进行党的理论建设，始终坚持"实事求是"的思想路线；这是马克思主义中国化的进步动力和组织保证。5. 坚持世界眼光，吸收人类文明优秀成果，顺应并影响世界发展潮流；这是马克思主义中国化得以推进和不断发展的广阔视野。将这五条基本经验简略归纳为：把握马克思主义理论精髓；扎根中国革命和建设实践；筑牢人民主体和群众根基；重视党的思想等各项建设；坚持兼收并蓄的世界眼光。

　　第三，对马克思主义中国化规律性的揭示。本课题对马克思主义中国化的三个具体规律即"结合律""正反律""创新律"进行了分析和阐述：马克思主义必须与中国革命、建设的实际相结合，只有始终坚持真正的"相结合"，中国革命和建设才能取得胜利和成功。马克思主义中国化，始终伴随着正反两方面的历史经验，只有始终坚持实事求是地总结"正反"两方面的历史经验，克服形而上学，反对一种倾向掩盖另一种倾向，防止从一个极端走向另一个极端，中国革命和建设才能走入正轨，才能取得胜利和成功。马克思主义中国化，只有始终坚持理论创新，才能产生中国化马克思主义的伟大成果，唯有"创新"，才能使中国化马克思主义永葆青春活力。这三条是马克思主义中国化进程中的铁律。此外，还论证了"结合律""正反律""创新律"之间的关系及与规律性认识的关系；阐述了十多条具体的规律性认识。

第四，对中国化马克思主义品格的概括。本课题认为中国化马克思主义是马克思主义中国化的理论成果，后者在逻辑和历史上都要优先于前者。因此，中国化马克思主义的理论品格必然受到马克思主义中国化的基本经验的影响，并与之有着千丝万缕的紧密联系。例如：中国革命和建设的胜利要靠中国同志了解中国情况的基本经验，铸就了中国化马克思主义独立自主的理论品格；把握理论精髓、扎根中国实践、注重理论与实践相结合的基本经验，铸就了中国化马克思主义实事求是的理论品格；人民群众创造历史、牢筑群众根基的基本经验，铸就了中国化马克思主义服务人民的理论品格；坚持世界眼光、不断发展创新的基本经验，铸就了中国化马克思主义与时俱进的理论品格。因此，中国化马克思主义至少具有四种理论品格：独立自主、实事求是、服务人民、与时俱进。其中，独立自主是有关中国化马克思主义的存在性的理论品格，实事求是是有关中国化马克思主义的科学性的理论品格，服务人民是有关中国化马克思主义的道德性的理论品格，与时俱进是有关中国化马克思主义的完善性的理论品格。

第五，对其他社会主义国家把马克思主义"本土化"的总结和借鉴。本课题以"马克思主义本土化的国际视野"为附录，阐述了苏联、东欧八个前社会主义国家和越南、朝鲜、老挝和古巴这些曾经的和现存的共产党执政国家，是如何在社会主义革命、建设和改革的进程中探索把马克思主义的基本原理和各国具体实际相结合，并且先后形成了具有本国特色的马克思主义理论体系。认为深入研究曾经的和现存的社会主义国家实现马克思主义基本原理和各国具体实际相结合的历史进程、理论成果和经验教训，对于深刻揭示马克思主义中国化的基本经验和规律，推进中国特色社会主义伟大事业具有重要的启示和借鉴意义。尽管学术理论界对这些国家的社会主义性质有不同的评价和认识，但是我们认为现实的研究是必要的。实践标准的相对性和绝对性原理告诉我们，对上述社会主义国家性质的研究，还将是一个长期的过程。

第六，对马克思主义中国化历史进程中的部分典型案例的解析。本课题以"马克思主义中国化部分典型案例"为附录，解析了具有典型意义的十几个案例。以这些案例来支撑和说明马克思主义中国化的基本经验及规律性。对这些处在不同历史阶段和不同历史条件案例的解析，有助于学界和读者开阔思路和拓展视野。当然，还有一些典型案例没有收录进来，本课题所作的解析还只是初步的"尝试"，有待于在比较研究之后，精益求精。

第七，对马克思主义中国化发展趋势的预测和展望。本课题在结束语中认为，马克思主义中国化的发展趋势是：在巩固马克思主义在意识形态领域指导地位的前提下，不丢"老祖宗"，开辟"新境界"，在深度和广度上继续推进。在这种趋势下，机遇和挑战并存，也有亟待解决的重大问题。马克思主义中国化、时代化、大众化要并行推进，突出和彰显大众化。要强化问题意识，提出新的课题，作出新的科学回答。马克思主义中国化要引领多样化社会思潮，既要旗帜鲜明地与反马克思主义思潮作坚决斗争，又要善于正确引领非马克思主义思潮。还要扩大中国化马克思主义的国际影响。

对上述若干问题思考的所谓"新"，只是相对而言的。事实上，国内马克思主义学界的许多专家、学者，都对此付出了较大的努力。课题组力图避免简单重复已经定型了的、规范化的（虽然也是必要的）那些所谓具有权威色彩的语言和材料，按照我们自己的研究心得加以阐述，讲一些"新话"。当然，课题组提出的这些新看法和新认识，也许会在学界引出必要的讨论甚至争议，这也正是我们课题组的目的和希望。我们相信此举会促进马克思主义中国化研究更加深入。

本课题初稿完成于2013年年底，2014年年初听取了在京部分初审专家的意见，此后进行修改。经过半年多的沉淀，最近又作了部分修改。拟在进入结项程序后根据终审专家的意见，再来一次修改，争取在2014年年底之前提交出版社正式出版。课题写作分工如下：

导论：赵智奎
第一章：金民卿
第二章：杨全海、赵智奎
第三章：金民卿

第四章：陈亚联

第五章：齐冰、彭海红

第六章：王佳菲

第七章：赵智奎

第八章：贾可卿

结束语：龚云、赵智奎

附录一：李建国

附录二：金民卿、贾可卿、李建国、彭海红、王佳菲、陈亚联、齐冰

全书由赵智奎统稿、定稿。

最后，课题组诚恳地希望从事马克思主义中国化研究的专家和学者对本书的立场、观点和方法，特别是对一些重大理论问题的新思考，提出批评指正。

本课题成果对以下几位专家提出致谢，他们是：中国社会科学院学部委员、马克思主义研究院教授李崇富；马克思主义研究院编审翟胜明；清华大学马克思主义学院副院长、教授肖贵清；中共中央党校教授杨秋宝；中国人民大学马克思主义学院教授张云飞；社科文献出版社社会政法分社总编辑曹义恒。感谢中国社会科学院科研局韦丽丽研究员以及马研院科研处池重阳副处长对本课题提供的支持。感谢马克思主义研究院沈阳博士，他对课题成果的合成以及印制，做了大量的、细致的工作。

再一次感谢所有关心和帮助完成本课题的各位老师和同仁们。让我们手挽手、肩并肩，继续为马克思主义中国化的深入研究而努力、再努力。

课题组组长　赵智奎

写于北京顺义区东方太阳城公寓

2014 年 8 月 15 日